Walter Wellenhofer

Handbuch der Unterrichtsgestaltung

6. Schuljahr

bearbeitet von:

William Alexander, Klaus Bendel,
Roman Biberger, Manfred Brunner,
Edeltraud Bülow, Wilhelm Burger,
Heinrich Feichtmayr, Hubert Friedrich,
Peter Götzinger, Eleonore Großhauser,
Max Haidacher, Waltraud Haller, Oskar Hof,
Alfred Ilsanker, Ilse Jäger, Toni Jäger,
Karl-Heinz Kolbinger, Egbert Kuhlmay,
Adolf Lindenmeir, Norbert Modl,
Hans-Peter Mößner, Josef Moosmüller,
Vera Mühlfried, Erwin Müller, Renate Nemmaier,
Irmela Niederlechner, Jürgen Niederlechner,
Maria Sedlmayer, Peter Settele, Gerhard Simon,
Josef Smola, Ludwig Scholler,
Gerd-Heinz Vogel, Rudolf Zehentner

R. Oldenbourg Verlag München

© 1981 R. Oldenbourg Verlag GmbH, München

Das Werk ist urheberrechtlich geschützt. Die dadurch begründeten Rechte, insbesondere die der Übersetzung, des Nachdruck, der Funksendung, der Wiedergabe auf photomechanischem oder ähnlichem Wege sowie der Speicherung und Auswertung in Datenverarbeitungsanlagen, bleiben auch bei auszugsweiser Verwertung vorbehalten. Die in den §§ 53 und 54 Urh.G. vorgesehenen Ausnahmen werden hiervon nicht betroffen. Werden mit schriftlicher Einwilligung des Verlages einzelne Vervielfältigungsstücke für gewerbliche Zwecke hergestellt, ist an den Verlag die nach § 54 Ab. 2 Urh.G. zu zahlende Vergütung zu entrichten, über deren Höhe der Verlag Auskunft gibt.

1. Auflage 1981   4 3 2 1 0   85 84 83 82 81

Druck: Grafik + Druck München
Bindearbeiten: R. Oldenbourg Graphische Betriebe GmbH, München

ISBN 3-486-16901-7

Inhaltsverzeichnis

Das lernzielorientierte Strukturmodell – Grundkonzeption und
Erläuterung seiner didaktischen Elemente 9

Deutsch 33

Literatur und Gebrauchstexte:
Der Löwe und die Maus (von Äsop)...................................... 34
Lesen: "Sonderbarer Rechtsfall in England" von H.v.Kleist 36
"Das Gänsekind Martina" von Konrad Lorenz 38
Ernst Klee: "Dienstnummer 170 979 springt in den Tod" 40
Georg Britting: "Brudermord im Altwasser" 42
"Der Kohlenwagen" von Ludwig Thoma 44
"Die Brille" von Karl Valentin 46
"Der Winterstier" von Georg Britting (Literatur: Erschließen eines
Wintergedichts)... 48
"Der Schneider von Ulm" Gedicht von Bertold Brecht 50
"Haus ohne Mitleid" von Paul Gurk 52
"John Maynard" (Ballade von Theodor Fontane) 54
Der Zahnarzt (Johann Peter Hebel) 56
Der Mond im Teich (afr.Fabel) Vom Hund im Wasser (Luther) 58

Mündlicher und schriftlicher Sprachgebrauch:
Der persönliche Brief (eine Schreibform) 60
Sachlich abgefaßte briefliche Mitteilung (Einladung zu einer Faschingsparty 62
Einführung in die Vorgangsbeschreibung (Wir decken einen festlichen
Mittagstisch)... 64
Wie verbinde ich eine große Wunde? (Einführung in die Vorgangsbeschreibung unter kommunikativem Aspekt) 66
Mundart – Dialekt – Hochsprache (Am Rafenauer Weiher) 68
Gebrauchsanweisungen – Spielanweisungen (Wir spielen Mensch-ärgere-
dich-nicht).. 70
"Wie bereite ich einen Pudding zu?" 72
Wie ich nach dem Essen die Küche in Ordnung bringe – Vorbereitung
einer Vorgangsbeschreibung 74

Sprachlehre und Sprachkunde:
Gleiche Wörter – verschiedene Bedeutungen (Solche Mißverständnisse!). 76
"Einbruch in eine Gemäldegalerie" Wir unterscheiden Aktiv und Passiv. 78
Thomas hilft seinem englischen Brieffreund Bob 80
Wie unterscheiden wir verschiedene Satzarten? (Aussage-, Aufforderungs-, Fragesatz) 82
Die Satzverbindung (Die Klasse 6 a plant eine Party) 84
Die indirekte Rede (Ein Besuch beim Zahnarzt) 86
Indikativ und Konjunktiv (Ich wollt', ich wär ein Huhn) 88

Rechtschreiben:
Fremdwörter aus der Sprache des Fußballsports (Aus einer Sportreportage) 90
Training und Anwendung rechtschriftlicher Lösungshilfen und -techniken 92

Der z-Laut (Große Walduräumaktion) 94
Wir bereiten eine Nachschrift vor (Der Fischotter) 96
Vorbereitung einer Nachschrift (Rechtschriftlicher Schwerpunkt: Groß-
schreibung von Verben) 98
Gebräuchliche Fremdwörter (Wir hören Tanzmusik) 100

Mathematik 103

Rechnen mit Bruchzahlen in Bruchstrichschreibweise:

Konkretes Erweitern von Brüchen (Wir zerlegen Bruchteile) 104
Der größte Bruch sticht! (Wir vergleichen und ordnen Brüche) 106
Relative Häufigkeit (Wer gewinnt?) 108
Wir addieren und subtrahieren Bruchzahlen 110
Addition und Subtraktion ungleichnamiger Brüche 112
Welcher Bruchteil der Plätzchen ist angebrannt? 114
Wer bekommt am meisten? 116
"Halt! Zoll!" Wir multiplizieren einen Bruch mit einer ganzen Zahl ... 118
Wir multiplizieren Bruchzahlen mit Bruchzahlen 120
Herr Türk plant seinen Sommerurlaub. Sachaufgabe zum Bruchrechnen 122

Rechnen mit Brüchen in Dezimalschreibweise:

Einführung in die dezimale Schreibweise von Bruchzahlen 124
Sachaufgabe: Beladen eines Fahrzeuges 126
Wieviel kostet 1 kg Birnen? 128

Geometrie:

Sachaufgabe zur Flächenberechnung: "Wieviel kostet der Teppichboden?". 130
Wie berechnen wir die Fläche des Parallelogramms? (Einführung der
Flächenberechnung) 132
Hans bastelt ein Roboterkostüm. Sachaufgabe zur Oberflächenberechnung. 134
Wir drehen 136
Wie kann ich die Seilbahn an der Bergstation zeichnen? 138
Volumen des Quaders (Wieviel Margarinewürfel passen in die Schach-
tel?) 140

Funktionale Abhängigkeit:

Schlußrechnung - direktes Verhältnis (Wieviel muß Herr Keller be-
zahlen?) 142
Der absolute und der anteilmäßige Vergleich (Welche Klasse ist bes-
ser?) 144
Der relative Vergleich über 100 (Wir vergleichen mit Hundertstel) 146
Graphische Darstellung von Prozentsätzen (Wir zeichnen Prozentzahlen). 148
Bruttolohn - Nettolohn: Anwendung der Prozentrechnung (Wieviel Geld
bleibt in der Lohntüte?) 150
Berechnung des Grundwertes (Wir berechnen den Grundwert) 152
Berechnung des Prozentwertes (Wir berechnen den Prozentwert) 154
Viele Hände - ein schnelles Ende? (Durcharbeitung und Anwendung der
umgekehrten Proportion) 156
Berechnen von Jahreszinsen (Übungsstunde) 158

Physik/Chemie ... 161

Die Verbrennung ("Das Feuer im Ofen ist erstickt") ... 162
Was sind Flammen? ... 164
Wann brennt ein Stoff mit Flamme? (Wir bauen eine Kokerei.) ... 166
Wie entzünden sich Stoffe? ... 168
Verschiedene Löschtechniken aus der Praxis ("Feuer! Feuer!") ... 170
Wann glüht - verglüht ein Stoff? ... 172
Wie wird im Hochofen Eisen hergestellt? ... 174
Wie kann es zu einer Explosion kommen? ... 176
Wie nimmt man den Metalloxiden den Sauerstoff? (Herstellung von reinen Metallen aus Erzen) ... 178
Wann können wir Gegenstände sehen? ... 180
Was passiert, wenn Licht ins Wasser fällt? (Lichtbrechung beim Übergang von Luft in Wasser und umgekehrt) ... 182
Warum scheint das Schiff im Meer zu versinken? ... 184
Wie können wir mit einem ebenen Spiegel blenden? ... 186
Was ist anders im Spiegelbild? ... 188
Wie kann man mit Sammellinsen Gegenstände abbilden? ... 190
Warum können wir Nahes und Fernes nicht gleichzeitig lesen? ... 192
Warum kann man mit einem Brennglas Feuer machen? ... 194
Wir untersuchen Brillen gegen Kurzsichtigkeit ... 196
Wie entstehen die Regenbogenfarben? ... 198
Warum ist auf dem Bild nur Christoph scharf abgebildet? ... 200
Warum entsteht in der Lochkamera mit einer Sammellinse ein scharfes Bild? ... 202

Geschichte ... 205

Die Leistungen der Mönche im Mittelalter ... 206
In einem Kloster ... 208
Die Kreuzzüge (Auf ins Heilige Land) ... 210
Die Ausbreitung des Islam in Europa (Der "Heilige Krieg") ... 212
Wie lebten die Bauern im Mittelalter ... 214
Warum ist das Kind vom Bauer Huber gestorben? ... 216
Warum geraten Kaiser und Papst in Streit ... 218

Biologie ... 221

Atmungsorgane - Gasaustausch. Warum können wir nicht mehr leben, wenn die Atmung aussetzt? ... 222
Warum ist Rauchen so gefährlich? ... 224
Bau des Magens und Einwirkung der Magensäfte (Was geschieht mit der Nahrung im Magen?) ... 226
Das Rind - ein Pflanzenfresser, ein Wiederkäuer (Die Kuh "läuft auf". Was geschieht da?) ... 228
Gebisse zeigen Ernährungsbesonderheiten. (Warum haben Tiere verschiedene Gebisse?) ... 230
Wie ein Mäusebussard überleben kann ... 232
Wir untersuchen, wie die Krähe fliegen kann. (Wie sich ein guter Flieger dem Flug angepaßt hat) ... 234
Der Grasfrosch, seine Entwicklung (Wie wird aus dem Froschlaich eine Kaulquappe und aus der Kaulquappe ein Frosch?) ... 236
Soll man den Marder ausrotten? ... 238
Blütenbau, Bestäubung und Befruchtung bei der Schlüsselblume (Wie verhindert die Schlüsselblume eine Selbstbefruchtung?) ... 240

Welche Aufgabe hat die Tulpenblüte? 242
Keimung beim Weizenkorn (Wie wird aus einem Weizenkorn ein Halm mit
vielen Körnern?) 244
Die Kartoffel, ein wichtiges Grundnahrungsmittel (Wie wachsen die
vielen Kartoffeln heran? Welche Nährstoffe haben sie?) 246

Erdkunde 249

Der Dungau (Gäuboden) - Bayerns größtes Zuckerrüben- und Weizengebiet. 250
Die Hallertau - das größte geschlossene Hopfenanbaugebiet der Erde ... 252
"Gemüseanbau im Knoblauchland" 254
Sonderkulturen (Warum ist das Gebiet am Main für den Weinbau besonders geeignet?) 258
Milchwirtschaft im Allgäu 260
Gezeiten und Sturmflut 262
Wie sich der Mensch durch Deiche vor dem Meer schützt 264
Wie die Menschen dem Meer wieder Land abringen 266
Der Delta-Plan: Hollands Schutz vor dem Meer 268
SOS - Wer hilft Menschen in Seenot? 270
Im Hamburger Hafen 272
Das Meer - eine Vorratskammer: Nahrung aus dem Meer 274
Urlaub an der deutschen Ostseeküste 276
Wie aus Wasserkraft elektrischer Strom gewonnen wird 278
Wir vergleichen ein Kernkraftwerk mit einem herkömmlichen Wärmekraftwerk. (Zum Bereich "Energie") 280
Das Raffineriezentrum in Ingolstadt 282
Wie am Neckar eine "Industriegasse" entstand 284
"Warum entwickelte sich gerade das Ruhrgebiet zum Industriezentrum?" (Standortfaktoren - Schwerindustrie - Raumveränderung) ... 286
"Das Ruhrgebiet wandelt sein Gesicht" (Anfälligkeit monostrukturierter Industriegebiete - Strukturwandel) 290
Warum geben viele Landwirte im Bayerischen Wald ihren Betrieb auf?
Leitthema: Landwirtschaft 294
Wir planen eine Trabantenstadt (Lösung der Probleme einer Großstadt
mit Hilfe von Trabantenstädten) 296

Englisch 299

"Our town" - Finding our way in an English town 300
Vorbereitung einer Nacherzählung 302
Wortschatzeinführung (In a Milk Bar) 304
Einführung der Wörter: some - something, any - anything, no - nothing
(We go shopping) 306
Einführung von Mengenbegriffen (At the big shop) 308
Einführung der Ordnungszahlen 1st - 12th (Betty's birthday) 310
Einführung der Strukturen "May I ...? Yes, you may. No, you may not. -
You mustn't ...." (Bob is ill.) 312
Einführung des Simple Present (Mrs Brown's week) 314
Simple Past in Aussagesätzen 316
Steigerung von Adjektiven und Vergleiche (Towser is Lost) 318
Wortschatzarbeit zu "Let's Lay the Table" (Guests are Coming) 320
"At the hairdresser's" 322
A map of Europe 324

Das lernzielorientierte Strukturmodell –
Grundkonzeption und Erläuterung seiner didaktischen Elemente

1. Ziel und Absicht

Das vorliegende Handbuch greift Unterrichtsthemen auf, die, didaktisch durchdacht, mit Hilfe verschiedener methodischer Gestaltungselemente aufbereitet wurden. Jeder ausgewählte Lerngegenstand wird zielorientiert erfaßt und so strukturiert angeboten, daß der Unterrichtspraktiker eine handliche Arbeitshilfe in kompakter Form für die konkrete Lernprozeßgestaltung zur Verfügung hat. Mehrere Leitgedanken liegen dieser Publikation zugrunde.

Didaktische Aspekte:

- Erfassung des Lernprozesses als dynamisches Gefüge von Grob- und Feinstrukturelementen;
- Präzision beim Gebrauch der notwendigen Termini;
- keine schematisch-formale Abfolge der Phasen des Prozeßverlaufs;
- Berücksichtigung der Anordnungsprinzipien der Interdependenz (= wechselseitige Abhängigkeit der Strukturelemente – horizontaler Bezug) und der Sequenz (= sinnlogische Abfolge und Abhängigkeit der Stufen bzw. Phasen – vertikaler Bezug).

Arbeitsökonomische und unterrichtspragmatische Aspekte:

- Verzicht auf Angaben von Zeitumfängen für einzelne Phasen des Lernprozesses;
- Verzicht auf kommentierende Hinweise verwendeter didaktischer Strategien bzw. Strukturelemente;
- Verzicht auf die Fixierung von wortwörtlichen Formulierungen von geplanten Gesprächsverläufen (mit nur wenigen Ausnahmen);
- Beschränkung auf die unverzichtbaren Elemente einer methodischen Verlaufsplanung;
- methodische Verlaufsplanung in transparenter, durchgängig strukturierter Kompaktbauweise;
- Reduzierung der Quantität auf ein vertretbares und zeitlich realisierbares Mindestmaß;
- relativ geringer Zeitaufwand bei der Konzeption von Lernprozessen;
- verwendbar für die tägliche Unterrichtsplanung (nicht nur für Visitationen);
- optimale Lesbarkeit zur schnellen Orientierung in der Gebrauchssituation.

Diese methodischen Verlaufsplanungen tragen den Charakter von Produktmodellen, sie sind zweckrational, also auf ein beabsichtigtes Ziel hin konzipiert, um so den in den Lehrplänen vorgegebenen Bildungsauftrag zu erfüllen: Auseinandersetzung mit inhaltlichen Problembereichen und Entwicklung fachtypischer und fächerübergreifender psychomotorischer Qualifikationen. Die ausgewählten Fächer Deutsch, Mathematik und die sachkundlich bestimmten Bereiche werden von der Quantität her so dosiert erfaßt, daß neben diesen angebotenen sogenannten 'Einführungsstunden' ausreichend Zeit zur Verfügung bleibt, um die erarbeiteten Lernresultate zu sichern. Die Aufbereitung der Unterrichtsmodelle orientiert sich hinsichtlich des erforderlichen Leistungsniveaus an der Durchschnittsklasse. Bewußt wird auf die Darstellung von breit ausgelegten, oft entmutigenden Herzeigestunden verzichtet; weiterhin wird berücksichtigt, daß nicht durch die Fülle von Materialvorgaben der mit dem Buch arbeitende Lehrer mehr verwirrt wird, als daß man ihm echte Hilfeleistung bietet. Auf dieser Grundlage ist die vorgegebene Publikation sicher zu Recht als Handbuch bezeichnet im Sinne einer echten Arbeitshilfe, die man tagtäglich zur Hand nimmt.

2. Der Aufbau der Modelle

Jeder Lerngegenstand wird auf zwei gegenüberliegenden Seiten dargestellt. Auf der linken Seite ist neben dem Unterrichtsthema das Hauptlernziel der Unterrichtsstunde fixiert. In der Kopfzeile findet man als Empfehlung die Angabe der dafür erforderlichen Zeit. Auf eine differenzierte Zeitangabe innerhalb der Verlaufsplanung wird jedoch verzichtet, weil niemand begründbar vorhersagen kann, wie lange in der konkreten Unterrichtssituation nun tatsächlich die Stufe der Lösungsfindung, der Problembegegnung, der Lernzielkontrolle etc. dauert.

Der Abschnitt 'Vorbemerkung', bewußt kurz gehalten, sollte einige Hinweise über didaktische Kriterien, Voraussetzungen, Schwierigkeiten usw. aufgreifen. Mitunter wird auf ein Regulationselement verwiesen. Es handelt sich hier um einen Lehrschritt, der bei Zeitknappheit übersprungen werden kann oder der, wenn noch genügend Zeit zur Verfügung steht, ausgeweitet werden könnte.

Da die Modelle auf der Basis des lernzielorientierten Strukturmodells (das in übrigen drei Jahre an der Universität Regensburg erprobt wurde) aufbauen, werden die im Laufe des Lernprozesses zu erreichenden Teillernziele vorgegeben. Diese sind nun mit Bedacht nicht nach allen Gesichtspunkten formuliert, die die Lernzielforschung ermittelte. Es fehlen z.B. der Aspekt der definitiven Operationalisierung und der der Taxonomisierung. Die Teillernziele sind aber so dargestellt, daß sie für die konkrete Unterrichtsarbeit geeignet sind. Sie besitzen Inhaltskomponente und Verhaltensaspekt, weiterhin werden sie mitunter nach den 3 Lernzieldimensionen geordnet und klassifiziert. Die angegebenen Ziffern wollen keine Rangoder Reihenfolge zum Ausdruck bringen, sie dienen nur dazu, das Lernziel in der Spalte Lehrinhalte der methodischen Verlaufsplanung kurz kennzeichnen zu können (Lz 4 verweist also auf das Lernziel Nr. 4).

Der Abschnitt Medien-Literatur gibt einige Hinweise auf weitere Quellen oder didaktische Materialien, die man noch verwenden könnte. Bisweilen erscheint es auch angebracht, kurz jene Lernhilfen nochmals aufzugreifen, die im Unterrichtsmodell verwendet werden.

Das Tafelbild ist nicht im wortwörtlichen Sinne als Bild auf einer Tafel zu interpretieren. Es handelt sich hier einfach um das oder die Lernresultate, die während der Auseinandersetzung mit dem Lerngegenstand erarbeitet werden. Das so visualisierte und strukturierte Lernergebnis kann ebenso auch als Folienbild, als Applikation auf Hafttafeln und, wie in vielen Fällen empfohlen, auch als Inhalt eines Arbeitsblattes verwendet werden. Bei differenzierten Tafelbildern werden Ziffernvermerke beigefügt, die (in der Spalte Lernhilfen wieder aufscheinend) die Zuordnung der einzelnen Bildelemente zu den Arbeitsstufen, in denen sie gebraucht werden, erleichtern.

Auf der rechten Seite wird der Lernprozeß, phasisch gegliedert, mit Hilfe verschiedener Strukturelemente erfaßt. Die methodische Verlaufsplanung basiert auf einer Strukturgitterform, deren horizontaler und vertikaler Aufbau im folgenden Abschnitt dargestellt und begründet wird. Wesentliches Kriterium ist die Erfassung des Lernprozesses durch unterrichtliche Grundakte und deren Aufgliederung durch Lehrschritte. Jeder nach seiner Funktion gekennzeichnete Lehrschritt ist determiniert durch Lehrinhalte (+ Lernziele), Lehrakte des Lehrers, Lernakte des Schülers, die als Handlungsaktivitäten dargestellt sind, Sozialformen (Hb = Hörblock, Aa = Alleinarbeit, Pa = Partnerarbeit, Ga = Kleingruppenarbeit, Kf = Kreisformation, Hkf = Halbkreisformation) und den Lernhilfen.

3. Erläuterung der Aufbaustruktur

Beim Bemühen um eine gebrauchsfähige, gut strukturierte Verlaufsplanung kommt der Praktiker ohne Berücksichtigung einer angemessenen Artikulation der Unterrichtseinheit nicht aus. Die Bestimmungsfaktoren für die der Unterrichtsabsicht adäquaten Artikulation im Sinne einer phasischen Stufung sind einmal sachlogische Komponenten, die vom Lerngegenstand dem Problemfeld selbst, fordernd ausfließen. Weiterhin gilt es dabei auch die lern- bzw. entwicklungspsychologischen Faktoren zu berücksichtigen, die immer aus der Kenntnis der individuellen, unterschiedlichen Art der Problembegegnung, bestimmt durch die Gesetzmäßigkeiten der Tätigkeits- und Aneignungsprozesse seitens des Schülers (Klingberg 1973), die Stufung des Lernprozesses primär beeinflussen.

a) Unterrichtliche Grundakte (= UG). Vertreter der Unterrichtsmethodik versuchten seit der vielfach falsch interpretierten Formalstufentheorie Herbarts und dessen Interpreten immer neue Artikulationsmodelle zu entwickeln, die sich letztlich alle auf drei Grundstufen oder unterrichtliche Grundakte verdichten lassen. Die Phase der Eröffnung des Lernprozesses, die der Lernzielerarbeitung und jene der Lernzielsicherung können nun, ohne in die starren Formen von Artikulationsvorschlägen dieser oder jener schulpädagogischen Richtung zu verfallen, durch selbständig formulierte Artikulationsstufen differenzierter dargestellt werden. Dabei darf nur jene Fehlerquelle nicht übersehen werden, die dann in Erscheinung tritt, wenn die Bestimmungsfaktoren Lerngegenstand und Lerner nicht ausreichend Berücksichtigung finden.

Beleuchten wir einmal genauer eine Artikulationsphase, so können wir ohne Interpretationsschwierigkeiten erkennen, welche Aufgaben sie zu erfüllen hat. Bei der Motivierung wollen wir z.B. den Lerngegenstand in den Interessenkreis des Schülers rücken, bei einer rekurrierenden Wiederholung des Lernergebnisses wird der Lernablauf in einer bestimmten Form nochmals aufgegriffen, bei der Lernzielkontrolle wollen wir die eben erarbeiteten Kenntnisse oder die neu eingeschulten Fähigkeiten der Schüler überprüfen.

Artikulationsstufen geben also die jeweilige Absicht unseres Lehrbemühens an, sie verdeutlichen, was die gerade anstehende Unterrichtsphase bewältigen soll.
Die für eine Unterrichtseinheit gewählte Abfolge aufeinanderbezogener verschiedener Artikulationsstufen ist für eine zielorientierte und damit effektive Unterrichtsarbeit unerläßlich. Sie hat aber den Nachteil, daß sie bei zu eingehender Differenzierung innerhalb der Lehrdarstellung für die Gebrauchssituation unübersichtlich wird, wodurch das Interesse des Lehrers stärker an die Verlaufsplanung gebunden wird. Außerdem besteht die Gefahr, daß nur allzu leicht die wechselseitige Bezogenheit der verschiedenen Artikulationsstufen unberücksichtigt bleibt.

b) Grobstrukturierung des Unterrichtsprozesses durch Lehrschritte.
Aus diesen Überlegungen heraus sollte man nichts unversucht lassen, dem Unterrichtsprozeß eine transparente Struktur zu unterlegen, um die ungünstigen Auswirkungen verwendeter Artikulationsstufen auszuschalten. Wenn wir davon ausgehen, daß eine Unterrichtseinheit ein lernprozessuales Geschehen bildet, so dürfen wir weiter folgern, daß jeder Lernprozeß in sich den Charakter einer phasisch ablaufenden, geordneten Reihe trägt. Unterrichtsprozesse sind also sequentiert, weshalb Unterrichtseinheiten oft auch als Lernsequenzen aus der Sicht des Schülers bzw. als Lehrsequenzen aus der Sicht des Lehrers betrachtet werden, wobei solche Lern- bzw. Lehrsequenzen natürlich von unterschiedlich umfangreicher Dimension sein können. Wir leiten daraus die Berechtigung ab, Unterrichtseinheiten als Lehr- oder Lernsequenzen, die in Lehr- oder Lernschritten ablaufen, zu strukturieren. Bruner weist ebenfalls darauf hin, wenn er feststellt, daß beim Lernen das Problemfeld, der sog. Stoff, in Sequenzen darzustellen ist (Bruner 1972).
Dies bedeutet nichts anderes als die Strukturierung des Unterrichtsverlaufs in einzelne aufeinander bezogene Lehr- bzw. Lernschritte, immer mit dem Blick auf das gesteckte Hauptziel des Lernprozesses.
Diese, nach kleinportionierten Lernschritten gegliederte Lernsequenz stammt, vom Begriff her betrachtet, ursprünglich aus dem programmierten Unterrichtsverfahren, das die Absicht verfolgt, das Lerngeschehen in kleine und kleinste Lernschritte zu zerlegen, damit diese auch vom leistungsschwächeren Schüler voll erfaßt werden können. Für unser Bemühen kann die Portionierung der einzelnen Unterrichtsphasen ruhig größer sein, da ja in der Regel, im Gegensatz zum Programmierten Lernen, der Schüler den Lernprozeß unter intensiver Assistenz des Lehrers zu bewältigen hat. Aus terminologischen und inhaltlichen Gründen verwenden wir dafür besser die Begriffe Lehrsequenz und Lehrschritt, da ja außerdem die Planungsbemühungen fast ausschließlich vom Lehrenden zu bewältigen sind.

c) Kombination von Lehrschritten und Artikulationsstufen.
Wir haben nun zwei Möglichkeiten zur Strukturierung geplanter Unterrichtsabläufe zur Verfügung: die bisher gebräuchliche, bei reflektierter Anwendung durchaus bewährte Artikulation mit den vielfältigen Modellvorschlägen, weiterhin die aus der Lernpsychologie abgeleitete Sequentierung des Lernprozesses in aufeinanderbezogene, zielgerecht geordnete Lehrschritte. Beide wollen die Unterrichtsakte ordnen und gliedern. Die gemeinsame Funktion beider Möglichkeiten erlaubt uns, sie auch gemeinsam für die Darstellung methodischer Verlaufsskizzen (= Lehrdarstellung) zu verwenden: Wir verbinden jeweils einen Lehrschritt mit einer Artikulationsstufe, was beispielhaft verdeutlicht werden soll:

....

8.Lehrschritt (Rekurrierende Wiederholung)
9.Lehrschritt (Ausdrucksgestaltung)
10.Lehrschritt (Gesamtzusammenfassung)
11.Lehrschritt (Anwendung)
12.Lehrschritt (Wertung)

|⟵ Unterrichtseinheit ⟶|

Zunächst sei nur am Rande erwähnt, daß die hier aufgeführten Lehrschritte der dritten Hauptstufe eines Unterrichtsprozesses, nämlich der Lernzielsicherung, zugeordnet werden müssen. Die Aufgabe des jeweils fixierten Lehrschrittes ist die, den sequentierten Charakter des Lerngeschehens zum Ausdruck zu bringen. Die jedem Lehrschritt beigefügte Artikulationsbezeichnung gibt immer die Intention des jeweiligen Lehrschrittes wieder. Wir bekommen durch diese Art der Strukturierung eine größere Transparenz des Unterrichtsprozesses, weiterhin geht aber daraus auch ein größerer Zwang zu einer folgerichtigen, sequentierten Reihung der Unterrichtsakte hervor.

d) Artikulation der unterrichtlichen Grundakte. Die in der Fachliteratur angebotenen Modelle (z.B. Roth, Correll, Stöcker, Welton u.a.) bergen die Gefahr der schematisch-stereotypen Anwendung in sich. Sie sind deshalb für den Gebrauch innerhalb der methodischen Planungsphase nur nach einer mehr oder weniger starken Differenzierung bzw. gegenstandsbezogenen Relativierung geeignet. Nachfolgend werden kurz als Beispiel für eine differenzierte, den lernprozessualen Ansprüchen und dem Problemfeld angemessene Artikulation der erste und der dritte unterrichtliche Grundakt aufgezeigt.

Für die Anfangsphase werden meist gleichwertig, aber z.T. terminologisch unscharf, Begriffe verwendet wie: Einstieg, Anknüpfung, Einführung, Hinführung, Eröffnungsphase, Eröffnungsstrategie, Erregungsphase, Initialphase. Eine fachgerechte Gewichtung dieser Bezeichnungen zwingt zur Feststellung, daß die Termini Anfangs- bzw. Eröffnungsphase die geeignetsten Formulierungen darstellen. Von ausschlaggebender Bedeutung für die Artikulation sind die psychischen Funktionen, die innerhalb der Eröffnungsphase durch entsprechende Lernsteuerungsmaßnahmen im Schüler mobilisiert werden sollen. Als solche dürfen betrachtet werden: Spannung erzeugen, Neugierde wecken, Problembewußtsein schaffen, innere Teilnahme wecken, Fragehaltung erzeugen, Denkorientierung geben, Bedürfnisspannung aufbauen, insgesamt also motivieren. Von diesen psychischen Funktionen ausgehend, natürlich immer

unter Berücksichtigung der beiden Bestimmungsfaktoren Lerner und Lerngegenstand, lassen sich die jeweils erforderlichen Artikulationsstufen ohne Schwierigkeiten ableiten bzw. ermitteln.

A r t i k u l a t i o n s s t r a t e g i e n _ d e r _ E r ::
ö f f n u n g s p h a s e   (erster unterrichtlicher Grundakt)

▶ didaktische Intentionen:

das Brauchbare   das Fragwürdige   das Unbekannte
das Andersartige   das Unglaubwürdige   das Überraschende
das Provozierende   das Ungewöhnliche   das Unvollständige
das Fehlerhafte   das Problematische   das Rätselhafte
das Erschütternde

▶ Artikulationsdefinition:

Anknüpfung

Erwähnung des letzten Lernergebnisses als Anknüpfungspunkt (assoziative Stütze) für neu zu erarbeitende Lernresultate; dient der zuverlässigen Einordnung im lerngegenständlichen Gefüge; aber auch bei Aufgreifen von Vorerfahrungen aus der Umwelt des Schülers;

Wiederholung

Wiederholung unmittelbar vorher behandelter Lernergebnisse in Form einer Rekapitulation; das Beherrschen dieser Lernergebnisse bildet unerläßliche Voraussetzung für die neu zu erarbeitenden Qualifikationen;

Vorkenntnisermittlung

Einholen der Vorkenntnisse zum anstehenden Problemgegenstand; Entgegennahme der Ergebnisse zu einem vorweg gestellten Arbeitsauftrag (Sammel-, Erkundungs-, Beobachtungsauftrag); Aufgreifen von Schülerfragen;

Problemstellung – gegenständlich

aussagegleiche Begriffe: originale Begegnung, Problemkonfrontation, Problemdarstellung (-begrenzung); ein Lerngegenstandselement wird als Problem (Teilproblem) durch didaktisches Material (ausgewählte Wirklichkeit bzw. Wirklichkeitsersatz) dargestellt;

Problemstellung – verbal

aussagegleiche Begriffe: Problemdarstellung, Problembegrenzung, Problemkonfrontation; ein Lerngegenstandselement wird als Problem (Teilproblem) verbal dargeboten; Aussageträger ist das Wort (meist des Lehrers);

Arbeitsplanung

bei dominant schülerzentrierter Lernprozeßgestaltung; gemeinsame Besprechung des Arbeitsweges, der Arbeitsmittel, der Arbeitsverteilung;

Kontrastdarstellung

Gegenüberstellung unterschiedlicher Vorgänge, Prozesse, Sachverhalte, Zustände;
Voraussetzung: Fähigkeit des Ordnens und Vergleichens;
Gefahr: Vergleichsinhalte zu wenig intelligibel, zu zahlreich; oftmals Erzeugung von Emotionen;

Einstimmung

Aufbau einer subjektiven Betroffenheit; Schaffen einer inneren Teilhabe, einer stimmungshaften Ausgangslage; Mobilisierung habitueller Einstellungen, für emotional geprägte Lerngegenstände;

Sachliche Vorbesprechung

unmittelbare Ankündigung und Konfrontation mit dem neuen Lerngegenstand; Nennung der sachstrukturellen Elemente bzw. der Lernziele, außerdem der neuralgischen Stellen; überaus nüchtern, nur für ältere Schüler;

Provokation

Stiften einer 'produktiven Verwirrung'; Erschütterung der Erfahrungen und Kenntnisse der Schüler; Schaffen eines kognitiven Konflikts; Darstellen einer Entscheidungssituation; Widerspruch hervorrufen;

Zielangabe

präzise, motivierende Formulierung des Themas, visuell erfaßbar; wenn sinnvoll möglich, durch Schüler formulieren lassen (Finden der Problemfrage);
Themenangabe als Statement;

Pre – Test

umfangreiche Überprüfung der bereits vorhandenen Kenntnisgrundlage über einen größeren Inhaltsbereich in schriftl. Form innerhalb der ersten Unterrichtseinheit einer Lernsequenz (Epoche); Ziel: ökonomische Lerngegenstandserarbeitung durch Weglassen bzw. schwerpunktmäßige Erfassung bestimmter Elemente;

▲ mögliche Lehrakte:

Erarbeitungsgespräch	-	Kurzbericht	- Experiment
Partnergespräch	-	Kurzerzählung	- Vorführung
Gruppengespräch	-	Kurzbeschreibung	
Unterrichtsfrage	-	Kurzschilderung	
Unterrichtsimpuls	-	Demonstration didak-	
Sachimpuls		tischen Materials	

Der dritte unterrichtliche Grundakt wird in der Fachsprache mit einer Vielzahl von Termini umschrieben. Darunter sind etliche, die ungenau, unscharf und wenig aussagekräftig sind und daher zu Mißverständnissen Anlaß geben. Aus dem Begriffsangebot seien u.a. genannt: Übung, Vertiefung, Wiederholung, Lernzielkontrolle, Erfolgssicherung, Schlußphase, Schlußstrategie. Dabei handelt es sich wie im Falle der Eröffnungsphase wieder um Über- und Unterbegriffe, genauer um Begriffe, die die dritte Phase ausdrücken wollen (Schlußphase, Erfolgssicherung), aber auch um Formulierungen für einzelne Artikulationsstufen dieser Phase (Wiederholung, Lernzielkontrolle). Die treffendste Bezeichnung läßt sich ermitteln, wenn man Funktionen und Aufgaben dieses Grundaktes ins Auge faßt. Es geht hier zuallererst um die Steigerung der Behaltensleistung und um die Anwendungsfähigkeit des erarbeiteten Lernresultats. Aus diesem Grunde sind wohl die Termini Ergebnissicherung, Phase der Lernzielsicherung, kurz Lernzielsicherung am deutlichsten.

Zur Sicherung der erarbeiteten Lernergebnisse sind nun innerhalb dieser Phase ebenso wie bei der Eröffnungsphase verschiedene Intentionen und Strategien erforderlich, die sich durch Artikulationsstufen ausdrücken lassen. Die sich hier anbietenden Artikulationsmöglichkeiten können aufgrund ihrer Wirkungen durch verschiedene Kategorien erfaßt werden (Ausdrucksgestaltung des Lernresultats, Darstellung des Lernresultats, Wiederholung des Lernresultats, Strukturierung des Lernresultats, Anwendung des Lernresultats, Wertung des Lernresultats, Kontrolle des Lernresultats).

Sicherungsmaßnahmen, die bereits während der Erarbeitungsphase erforderlich sind, werden innerhalb der Verlaufsskizze und zwar in der schmalen Spalte 'Unterrichtliche Grundakte' (= UG) durch ein mit Schraffen versehenes Feld gekennzeichnet.

Möglichkeiten der Artikulationsdefinition von Sicherungs= (Festigungs-)strategien in Verbindung mit Lehrschritten (dritter unterrichtlicher Grundakt)

auf Eindruckswirkung abzielende, primär als Sicherungsstrategien wirkende Lehrschritte:

auf Ausdrucksgestaltung abzielende Lehrschritte im Sinne von Sicherungsstrategien:

▷ ... Lehrschritt (Teilzusammenfassung)

▷ ... Lehrschritt (Ausdrucksgestaltung)

... Lehrschritt (Gesamtzusammenfassung)

oder differenzierter:

... Lehrschritt (Darstellung des Lernresultats)

... Lehrschritt (optische Wiedergabe des Lernresultats)

o d e r

... Lehrschritt (mündl. Wiedergabe des Lernresultats)

... Lehrschritt (Ergebnisfixierung)

... Lehrschritt (schriftl. Wiedergabe des Lernresultats)

... Lehrschritt (szenische Wiedergabe des Lernresultats) [*1]

Lehrschritte, die auf Strukturierung des Lernresultats abzielen:	Wiederholungsformen als Sicherungsstrategien:	Lehrschritte, die auf Anwendung des Lernresultats abzielen:	Lehrschritte, die auf Kontrolle des Lernresultats abzielen:	Lehrschritte, die auf eine Wertung des Lernresultats abzielen:
... Lehrschritt (Einordnung)	... Lehrschritt (Rekapitulation)	... Lehrschritt (Anwendung)	... Lehrschritt (Überprüfung: Inhalt)	... Lehrschritt (Motiverhellung)
... Lehrschritt (Integration)	... Lehrschritt (rekurrierende Wiederholung)	... Lehrschritt (Verwertung)	... Lehrschritt (Überprüfung: Weg)	... Lehrschritt (Besinnung)
... Lehrschritt (Vergleich)	... Lehrschritt (kommunikative Wiederholung)	... Lehrschritt (Verifikation)	... Lehrschritt (mündl. Kontrolle)	... Lehrschritt (Kritik)
... Lehrschritt (Systematisierung)	... Lehrschritt (Arbeitsrückschau) *2	... Lehrschritt (Transfer i.e.S.) *3	... Lehrschritt (schriftl. Kontrolle) *4	... Lehrschritt (Wertung)
				o d e r
				... Lehrschritt (Beurteilung)

*1: diese Lehrschritte erfassen Schüleraktivitäten, durch die ein Lernresultat, wie aufgeführt, wiedergegeben werden soll, z.B. szenische Wiedergabe durch ein Rollenspiel;

*2: Rekapitulation ist inhaltliche Wiedergabe von Anfang an; - rekurr. Wiederholung ist inhaltliche Wiederholung vom Schluß her; - Komm. Wiederholung ist inhaltl. Wiederholung unter bestimmten Betrachtungsgesichtspunkten; - Arbeitsrückschau ist Wiederholung des Arbeitsweges, des Arbeitsverfahrens;

*3: Anwendung und Transfer dürfen nicht gleichgesetzt werden; Anwendung ist einfacher Gebrauch und/oder Übertragung eines erarbeiteten Lernresultats; Transfer beinhaltet bereits Teilelemente eines neuen Lernresultats;

*4: in der Realsituation handelt es sich immer um eine Verschränkung, z.B. eine mündliche Kontrolle kann sich auf den Inhalt oder den Arbeitsweg beziehen.

- Für die Phase der Lernzielsicherung gibt es grundsätzlich kein Artikulationsschema; die Wahl der dafür vorgesehenen Lehrschritte wird bestimmt durch die Faktoren Lerngegenstand (=Inhaltselemente) und Lernleistungsniveau des Schülers;

- Die o.g. Lehrschritte sind der besseren Transparenz und der präziseren Erfassungsmöglichkeit wegen ihrer Funktionalität nach kategorisiert;

- Sicherungsstrategien können als selbständige, geschlossene Phase (= dritter unterrichtlicher Grundakt) innerhalb eines Lernprozesses oder als integrierter Lehrschritt innerhalb der Erarbeitungsphase aufscheinen.

e) **Feinstrukturelemente zur Determinierung der einzelnen Lehrschritte.** Nach der Darstellung der Notwendigkeit einer sequentierten Abfolge der geplanten Lehrschritte wären noch deren Aufgaben und Funktionen zu erläutern. Lehrschritte erfüllen verschiedene Funktionen:

Sie
- gliedern und sequentieren das Lehr- und Lerngeschehen,
- erläutern die methodische Absicht jedes neuen Unterrichtsaktes und
- zielen auf die sie tragenden prozessualen Strukturelemente.

Die letzte Funktion sei nun kurz herausgestellt. Jeder Lehrschritt wird vollzogen in einer bestimmten Absicht. Wir geben an, was wir methodisch gesehen tun wollen, wozu der einzelne Unterrichtsakt dienen soll, beispielsweise der Problemfindung, der Problemdarstellung, der Anwendung etc.. Jeder Lehrschritt braucht aber zu seiner Realisierung einen stofflichen Hintergrund, das Problemfeld, und die daran zu entfaltenden Lernziele. Aus diesem Grunde müssen wir bei jedem Lehrschritt den Lehrinhalt durch wenige Stichpunkte einschließlich eines Hinweises auf die anstehenden Lernziele berücksichtigen, was wir als erstes Feinstrukturelement bezeichnen.

Zur Umsetzung unserer geplanten Absichten benötigen wir entsprechende Steuerungsinstrumente in Form von Lehrakten, oder wie man sie neuerdings bezeichnet sog. Aktionsformen, wie z.B. das Lehrgespräch (=Erarbeitungsgespräch), die Diskussion, die Unterrichtsfrage, den Denkimpuls, die Schilderung, den Arbeitsauftrag etc.. Lehrakte korrespondieren auf seiten der Schüler immer mit sog. Lernakten. Dieses Feinstrukturelement erläutert ganz wesentlich unser unterrichtliches Bemühen jeweils bei einem ganz bestimmten Lehrschritt, weshalb es - und dies sei als Praktiker gesagt - das Herzstück des Planungsvorgangs bildet. Die Fixierung dieser Lehrakte sollte aber nicht in einer seitenlangen Darlegung vermuteter Schülerantworten geschehen, wie wir das in der offensichtlich unausrottbaren, auch in den neuesten Veröffentlichungen immer wieder aufscheinenden Lehrer-Schüler-Gesprächskettendarstellung lesen müssen.

Gesprächsformen als Lehrakte sollten vielmehr sinnvoller in sog. Aktgruppen (Klafki) zusammengefaßt werden, damit die Verlaufsplanung nicht an Prägnanz und Übersichtlichkeit verliert. Dies könnte z.B. so erfolgen, daß anstelle der ausfor-

mulierten Lehrer-Schüler-Kommunikation der Begriff Lehrgespräch mit einer kurzen Zielangabe verwendet wird, wodurch das detaillierte Ausformulieren überwunden werden kann (siehe Ziffer 4!).

Nachdem nun auch dieses Planungselement fixiert ist, gilt es noch die Sozialformierungen zu berücksichtigen, also die Form binnenmenschlicher Interaktionen, die unter dem ungenauen und verwaschenen Begriff 'indirekte Unterrichtsformen' bekannt sind. Wir unterscheiden und betrachten dabei im wesentlichen die Allein-, Partner-, Gruppenarbeit und den Hörblock, der sich zwangsläufig beim frontalunterrichtlichen Arbeitsverfahren ergibt, weiterhin die Kreis- und Halbkreiskonstellation.

Schließlich wird jeder Lehrschritt noch durch die Angabe der jeweils zu verwendenden Lehr- und Arbeitsmittel determiniert. Hier erfolgt die Angabe der Hilfsmittel, die für die effektive Bewältigung des einzelnen Lehrschrittes benötigt werden. Die Verwendung des Begriffs Lernhilfen bringt deren Hilfs- bzw. Unterstützungsfunktion zum Ausdruck. Dieses Feinstrukturelement erfaßt ebenso wie das Bild, das Arbeitsbuch ebenso wie das Bild, das spezifische Gerät für das physikalische Experiment, den Winkelmesser, die Landkarte, das Diagramm u.a.m.

Aus diesen Überlegungen ergibt sich zur methodischen Bewältigung jedes einzelnen Lehrschritts die Notwendigkeit, folgende Feinstrukturelemente zu berücksichtigen:

UG	Lehrschritte (Artikulationsdefinition)	Lehrinhalte Lernziele (=Lz)	Lehrakte	Lernakte	Sozialformen	Lernhilfen
	1. Lehrschritt (originale Begegnung)					
	2. Lehrschritt (Problemabgrenzung)					

Wir sehen also, daß Lernprozesse vertikal durch die Angabe sog. Grobstrukturelemente (Grundakte und Lehrschritte mit der jeweiligen Artikulationsbezeichnung) und horizontal durch die Berücksichtigung der verschiedenen Feinstrukturelemente (Lehrinhalte und Lernziele, Lehr- und Lernakte, Sozialformierung, Lernhilfen) sinnvoll zu gliedern und transparent zu strukturieren sind.

4. Planbare Lehrakte (Strukturgefüge)

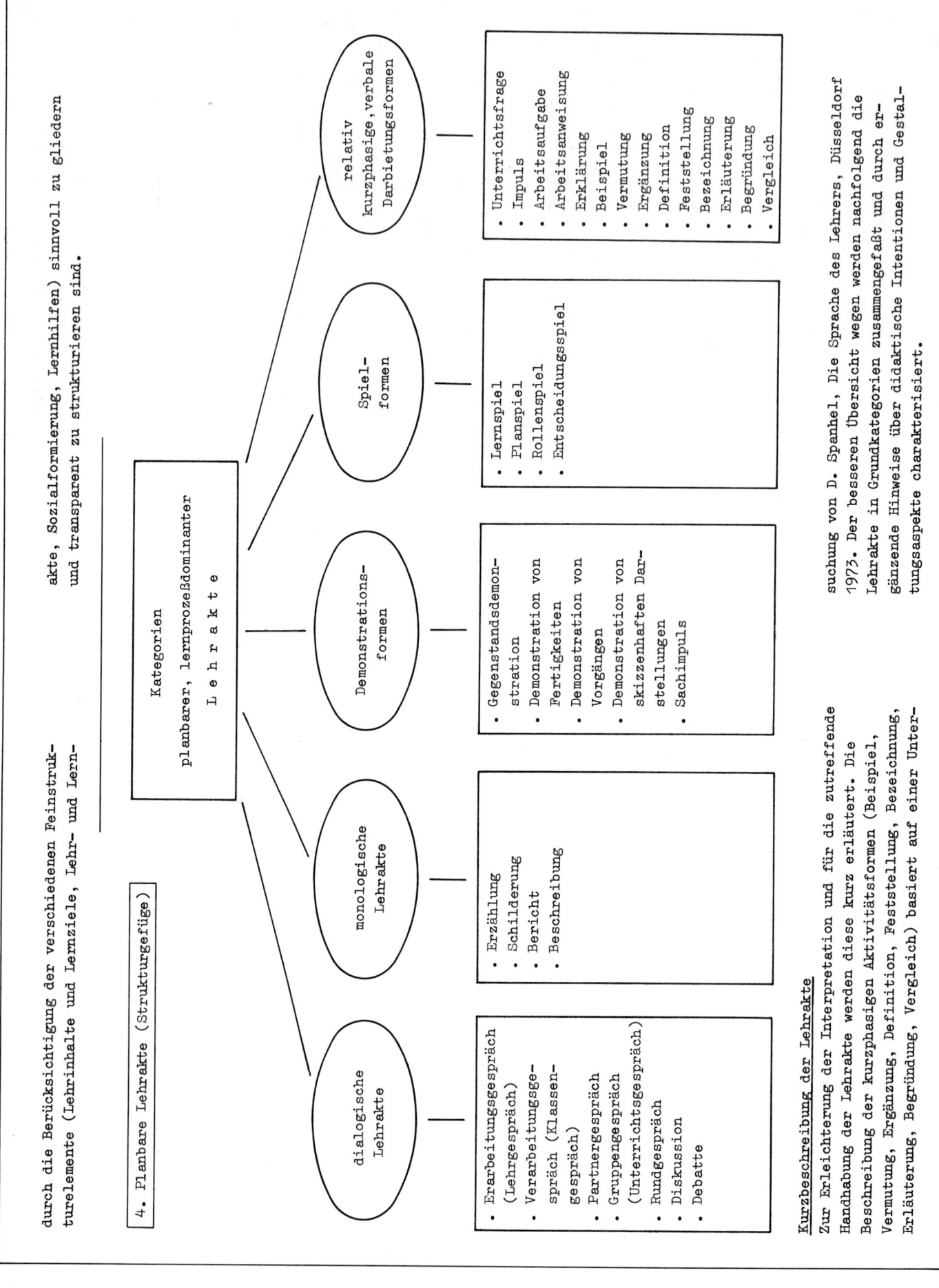

Kurzbeschreibung der Lehrakte

Zur Erleichterung der Interpretation und für die zutreffende Handhabung der Lehrakte werden diese kurz erläutert. Die Beschreibung der kurzphasigen Aktivitätsformen (Beispiel, Vermutung, Ergänzung, Definition, Feststellung, Bezeichnung, Erläuterung, Begründung, Vergleich) basiert auf einer Untersuchung von D. Spanhel, Die Sprache des Lehrers, Düsseldorf 1973. Der besseren Übersicht wegen werden nachfolgend die Lehrakte in Grundkategorien zusammengefaßt und durch ergänzende Hinweise über didaktische Intentionen und Gestaltungsaspekte charakterisiert.

a) Dialogische Lehrakte (Gesprächsformen)

Lehrakte	didaktische Intentionen	Gestaltungsaspekte	Formulierungsbeispiele	mögl. Sozialformen
Erarbeitungs-gespräch: oder: Lehrgespräch	zur Entwicklung eines Gedankenganges auf ein vorher geplantes Ziel hin; zur gesprächsweisen Erarbeitung neuer kognitiver Lerninhalte; zur Kontrolle der Schülerleistungen; zur schnelleren Bewältigung umfangreicher Lerngegenstände;	diese Aktgruppe wird durch Lehrakte gebildet: Unterrichtsfragen verschiedener Art, Unterrichtsimpulse bzw. Denkanstöße, Aufforderungen, Beispiele u.a.; kann kurz- oder langphasig sein; den Schüleraktionen breiten Raum geben; Lehrer ist Initiator und Lenker des Gesprächsablaufes; besonders zu beachten: Teil- und Gesamtzusammenfassungen bei langphasigen Gesprächen (evtl. als visualisierte und strukturierte Tafelbildelemente);	Erarbeitungsgespräch: Unterschied zwischen Passivform Fräsens und Futur I. oder: Erarbeitungsgespräch: Notwendigkeit, zahlbestimmte Sachverhalte mit mathematischen Zeichen auszudrücken und in Operationen umzusetzen.	Hb / Kf / Hkf Hb / Kf / Hkf
Verarbeitungs-gespräch: oder: Klassenge-spräch	zur Korrektur, Ergänzung, Erklärung von Arbeitsergebnissen, die durch Gruppenaktivitäten zustande kamen;	Lehrer initiiert die Gruppenarbeit; das Arbeitsergebnis jeder Gruppe wird vor und durch die Klassengemeinschaft besprochen; Arbeitsergebnisse visualisiert vorgestellt; intensivieren das Gespräch; Lehrer lenkt, ergänzt, korrigiert, faßt zusammen, integriert;	Verarbeitungsgespräch: Auswertung des Beobachtungsergebnisses: die Bedeutung des Sauerstoffes bei der Verbrennung. oder: Verarbeitungsgespräch: Verbesserung und Verbalisierung der zeichnerisch dargestellten Verschiebung im Gitternetz.	Hb / Kf / Hkf Hb / Kf / Hkf
Partner-gespräch: bzw. Gruppen-gespräch: oder Unterrichts-gespräch	dient der gesprächsweisen Erschließung eines zielorientierten Sachverhalts innerhalb und durch Kleingruppen aber auch zur Einschulung zur Qualifikation einer kritischen Gesprächsteilnahme;	Gesprächsanlässe schaffen, zur gesprächsweisen Auseinandersetzung motivieren; Gesprächsaufträge schriftlich vorgeben, Gesprächsergebnisse schriftlich fixieren lassen (Stichwortreihe, Satz, Bild, Symbol); Voraussetzungen: vorhandene Sacherfahrungen, angemessener Gesprächstechniken Beherrschen; Gesprächsunterlagen (Bild, Text, Zahl) bereitstellen; Aufgaben des Lehrers: unterstützend überwachen;	Partnergespräch (Gesprächsauftrag): Überlegt euch, welche Wege zur Hansezeit die Handelsherrn der Hafenstädte zum Transport ihrer Waren ins Binnenland benutzten! Gruppengespräch (Gesprächsauftrag): Diskutiert die Industrieentwicklung im Raum Ingolstadt! Stellt Vorteile und Nachteile gegenüber!	Pa Ga

Rund-gespräch	Einführung in Gesprächsteilnahme, zur sprachlichen Fassung von Gedanken veranlassen, zur aktiven Gesprächsteilnahme führen; Erschließung einfacher Lerngegenstände;	Gesprächsteilnahme ist obligatorisch; Gesprächsaktivität der Reihe nach; Teilnahme durch neue Gedanken oder durch Stellungnahme zu bereits geäußerten Gedanken; spätere Zwischenmeldungen werden vom Gesprächsleiter (Lehrer oder Schüler) gestattet; kleine Klassen erforderlich;	**Rundgespräch:** Entwicklungshilfe kann auf vielfältige Weise geleistet werden. Jeder nennt ein Beispiel.	Kf / Hkf
Diskussion	ein Problemfeld wird von verschiedenen Standpunkten aus erschlossen; für problemorientierte Lerngegenstände (geschichtl., politische, sozialkundliche Themen); zur Einschulung diskussionsangemessener Verhaltensformen;	Themen, die Sach- und/oder Personenidentifikationen erlauben; frühzeitige Bekanntgabe des Diskussionsthemas zur ausreichenden Sachinformation; Diskussionsleiter (Lehrer oder Schüler) gestattet Gesprächsteilnahme, hält Hauptargumente fest, lenkt abschweifende Beiträge wieder auf Thema zurück, faßt zusammen, zieht Resümee; keine Diskussion ohne abschließendes Diskussionsergebnis; evtl. Protokollführung; Diskussion kann einen kompletten geschlossenen Lernprozeß tragen (langphasiger Einsatz) oder als Montageteil dienen (kurzphasiger Einsatz); nur in kleinen Klassen sinnvoll einsetzbar;	**Diskussion:** Soll es Schülern aus der sechsten Klasse bereits erlaubt sein, mit einem Mofa auf öffentlichen Straßen zu fahren?	Kf / Hkf
Debatte	sachliche, emotionsfreie Bewältigung stark problemhaltiger Lerngegenstände (sozialkundliche, politische, historische Themen); Hinführung zum Verständnis der parlamentarischen Diskussionsform;	Debattenthema frühzeitig bekanntgeben zur Sicherung der Informationsgrundlage; genau festgelegter Gesprächsablauf; Debattenvorsitzender (Lehrer oder Schüler) formuliert Antrag; maximal 3 Teilnehmer als Befürworter, eine andere Schülergruppe (maximal 3 Teilnehmer) als Antragsgegner; je Teilnehmer festgelegte Redezeit (3-5 Minuten); Beiträge der Befürworter und Gegner erfolgen im Wechsel; nach Austauschen der Argumente: Wortmeldungen aus der Klasse; Zusammenfassung der Pro- und Contra-Argumente durch Teilnehmer; nur in höheren Klassen.	**Debatte:** Autobahn durch eine Naherholungszone! Argumente Für und Wider.	Pa/Ga und Hb

b) Monologische Lehrakte (verbale Darbietungsformen)

Lehrakte	didaktische Intentionen	Gestaltungsaspekte	Formulierungsbeispiele	mögl. Sozialformen
Erzählung	Darstellung eines Ereignisses; beim Schüler Einstellungen hervorrufen, Problembewußtsein schaffen, die Schüler psychisch mobilisieren; Spannung erzeugen; Darstellen eines zeitlichen Nacheinanders;	persönlich-emotional gefärbt, spannend, konkret, lebendig, farbig; im Mittelpunkt ein besonderes Erlebnis oder ein interessanter Vorgang; auf ausdrucksstarke Verben achten; evtl. zusätzliche Veranschaulichungshilfen notwendig (Bilder, Gegenstände, akustische Materialien); auf Spannungsbogen achten; Erzähldauer auf die Aufmerksamkeitsleistung der Schüler abstimmen; steter Blickkontakt erforderlich; Stör- und Ablenkungsfaktoren vermeiden;	<u>Erzählung:</u> Die Entwicklung eines nordatlantischen Niederschlagstiefs zum Orkan und die Bedrohung der Halligen durch die damit entstehende Sturmflut.	Hb / Hkf / Kf
Schilderung	Ansprechen der Phantasie; Zielen auf psychische Stimmungslage; beim Schüler zu den darzustellenden Sachverhalten bestimmte Einstellungen hervorrufen; Darbietung eines Zustandes;	mehrere Aussagesätze; Sachverhalt als räumliches Nebeneinander darstellen; geringerer subjektiver Charakter als bei der Erzählung, emontionale Färbung vorhanden; auf genaue Gliederung des Sachverhaltes achten; bei Möglichkeit Zielangabe vorschalten;	<u>Schilderung:</u> Die Auswirkungen von ungeklärten Abwässern auf den Zustand der Wasserqualität des Flusses ...	Hb / Kf / Hkf
Bericht	Sachlich nüchterne Darstellung eines Sachverhaltes, eines Vorganges, eines Ereignisses, menschlicher Verhaltensformen; für sachunterrichtliche Lerngegenstände etwa ab 10. Lebensjahr; bildet oft Ausgangspunkt für Problemerörterungen; als Ergebnisfindungshilfe; primär das zeitliche Nacheinander;	sachlich, nüchtern, objektiv; nicht Interpretation, sondern genaue Wiedergabe von Einzelheiten; enthält keine persönliche Stellungnahme; exakte Angaben über Ort und Zeit; kurze, prägnante Gliederung durch Stichpunkte, Symbole oder einfache Bildreihe vorgeben (Tafelbild); nicht länger als 10 Minuten;	<u>Bericht:</u> Die geophysikalischen Abläufe bei der Entstehung der Oberrheinischen Tiefebene.	Hb / Kf / Hkf
Beschreibung	Darstellung von Zuständen und Gegebenheiten, primär das räumliche Nebeneinander; zur Darstellung von Versuchsergebnissen, Bildanalysen, lokalen Merkmalen eines Lebensbereiches etc.;	wirklichkeitsgetreu, sachlich, nüchtern; knappe Darlegung eines Sachverhaltes; Aussagesätze; Veranschaulichungshilfen (Bild, Modell, Lagezeichnung) unterstützen die Beschreibung;	<u>Beschreibung:</u> Anlage und Gebäude einer mittelalterlichen Burg.	Hb / Kf / Hkf

21

c) Demonstrationsformen

Lehrakte	didaktische Intentionen	Gestaltungsaspekte	Formulierungsbeispiele	mögl. Sozialformen
Gegenstandsdemonstration	ein Stück Wirklichkeit dient als Anschauungsobjekt (Modell, Präparat, originales Material); "Beweisführung aus der Anschauung heraus", zum Aufbau der Motivationen, zur Ermittlung von Teilergebnissen, zur Verifikation, zur Ergebnissicherung;	angemessene Größe, relativ einfache Strukturen, evtl. mehrere Exemplare, ausreichend Zeit zum Beobachten und Betrachten geben, kurze, präzise Beobachtungshinweise erforderlich; Schüler zum Gegenstand sprechen lassen; sprachliche Lehreräußerungen dosieren; besser: Realobjekte den Schülern übergeben; denkendes Betrachten und handelndes Tun durch den Schüler (evtl. in Kleingruppen) vornehmen lassen;	Gegenstandsdemonstration: Zeigen von Stoppuhr und Tachometer. oder: Gegenstandsdemonstration: Modell des menschlichen Auges und Darlegung der einzelnen Organteile.	Hb / Kf / Hkf
Demonstration von Fertigkeiten	Einschulung und Ausentfaltung psychomotorischer Qualifikationen (Musik, Zeichnen, Sport, Schreiben); Automatisierung der Handlungsmuster; Lehrerdemonstration als Vorbild für den Nachvollzug;	vorbildliche Lehreraktivität (korrekt, präzise); zuerst: Vorführen von Fertigkeit als geschlossene Einheit; dann: Zerlegen in einzelne Teilabläufe; dosierte verbale Hinweise erforderlich; häufiges Üben notwendig; Einkleiden in Spiel- und Wettkampfformen;	Fertigkeitsdemonstration: Verbindung der Schreibspur von c und h.	Hb / Kf / Hkf
Demonstration durch Sachimpuls	nonverbale Demonstration von Gegenständen oder Abbildungen. Ziel: Provokation, Denkmobilisierung, Aktivierung, zu Äußerungen veranlassen; Sachverhalte, Problemgebiete veranschaulichen;	Inhalt muß gut strukturiert sein, damit der Schüler den Aussageschwerpunkt schnell erfassen kann; die Provokation geht entweder vom Inhalt oder von der Art ihrer Darstellung (äußere Form) aus; keine sprachliche Lehreraktivität zur Erläuterung erforderlich; Unterschiede: sprachlicher Sachimpuls, bildhafter Sachimpuls, Sachimpuls im eigentlichen Sinne (= der originale Gegenstand)	Sachimpuls: Konfrontation mit der Abbildung eines Umspannwerkes. oder Sachimpuls: Aufzeigen von Preisschildern für die gleiche Ware, aber mit verschiedenen Preisen und unterschiedlichen Mengenangaben.	Hb / Kf / Hkf

Demonstration von Vorgängen (Experiment)	den Ablauf eines Naturvorganges planmäßig und systematisch demonstrieren; beliebig oft wiederholbar; Funktionszusammenhänge aufdecken und erläutern; Veranschaulichung naturwissenschaftlicher Erkenntnisse; Überprüfen ermittelter Erkenntnisse; Überprüfen von Hypothesen;	organischer und folgerichtiger Einbau in den Lernprozeß; Problemstellung – Problemlösungsvermutung – Experiment (= Lösungsfunktion); oder: Problemstellung – Ergebnisdarlegung – Experiment (= Beweisfunktion); Versuchsreihe vor Schülern aufbauen, Versuchselemente beschreiben (lassen); Beobachtungen festhalten (in gemeinsamer Arbeit oder auch individuell); Verbalisieren der Versuchsergebnisse; Vergleiche vornehmen; Problemstellung – Anwendung und Tauglichkeitsprüfung des Versuchsergebnisses;	Experiment: Reinigen von Schmutzwasser mit Hilfe eines engmaschigen Siebs und eines Keramikfilters. oder: Experiment: Wirkungsweise des Ionenaustausches bei ...	Hb / Kf / Hkf
Demonstration durch skizzenhafte Darstellung	Visualisierung der Strukturen des Lerngegenstandes; Freilegen von Funktionszusammenhängen; wird mehr oder weniger stark unterstützt durch das Lehrerwort; zur Veranschaulichung und Klärung von Sachverhalten;	je jünger der Schüler, umso konkreter, realer die Elemente der Skizze (hohe Abstraktion erschwert den Wahrnehmungs- und Durchdringungsvorgang); verschiedene Arten: Flußdiagramme (erläutern größere Kausalgefüge); begriffliche Schemaskizzen (keine naturgetreue, sondern schematische Darstellung der Informationselemente); anschauliche Schemaskizze (hohes Maß an realer Erscheinung, jedoch Tendenz zur Typisierung, der Formgliederung, flächenhafte Darstellungsweise); räumlich-perspektivische Skizze (räumlich-perspektivische Darstellung, relativ natürliche Gegenstandswiedergabe);	Skizzenhafte Darstellung: Darstellung des Querschnitts einer Lippenblüte.	Hb / Kf / Hkf

d) Spielformen

Lehrakte	didaktische Intentionen	Gestaltungsaspekte	Formulierungsbeispiele	mögl. Sozialformen
Lernspiel	spielerisch-handelnder Umgang mit bereits erarbeiteten Lernresultaten; Ziele: Steigerung der Behaltensleistung bzw. Reduzierung des Bewegungsdranges (Aspekt der Psychohygiene) vornehmlich für den Grundschulbereich.	Voraussetzung: angstfreie Lern- und Arbeitsatmosphäre und ein notwendiges Maß an Disziplin; auf Beteiligung möglichst vieler Schüler achten; unterstützende Arbeitsmaterialien bereitstellen (Wortkarten, Satzstreifen, Karten mit Namen, Symbolen etc. zur leichteren Identifizierung); vielfältige Formen: Bewegungsspiele, Ordnungsspiele, Schreibspiele, Karten- und Würfelspiele etc.;	Lernspiel: Darstellen der unterschiedlichen Position der Hauptglieder eines Satzes durch Schüler (mit Hilfe von Wortkarten).	Ga und Hb Aa und Hb Pa und Hb
Planspiel	Dient der Ausdrucksgestaltung aufgenommener Eindrücke; nach Vollzug eines Probleminhalts; zur spielerischen Einschulung kognitiver Qualifikationen; zur Entfaltung von ausgewählten Verhaltensmustern;	eine gestellte Aufgabe, eine imaginäre Situation ist planmäßig (nach überlegten Schritten) zu lösen; Voraussetzung: ausreichende Sachkenntnis; auf Erkennen und Bewerten der Aussagen der Spielpartner achten; am Ende wird die zuhörende Klasse nach Korrekturmöglichkeiten der vorgeschlagenen Problemlösung aufgerufen; im Mittelpunkt immer ein vom Menschen (soziale Gruppen) zu bewältigendes Problemfeld; Schüler versuchen durch Sich-Hineinversetzen, durch logische Schlußfolgerungen, durch ihren Erfahrungsschatz die gestellte Aufgabe zu lösen; auf die Begründung der vorgeschlagenen Lösungsschritte achten;	Planspiel: Das Deichbauamt plant die Trockenlegung einer Meeresbucht.	Ga und Hb Aa und Hb Pa und Hb

Entscheidungs-spiel	dient der Offenlegung eines Falles bzw. einer Entscheidung hinsichtlich der daraus entstehenden Konsequenzen; zur bewußten Erfassung von Wenn-dann-Beziehungen;	im Mittelpunkt: Neuleistung durch Problemlösungsversuche, das Lernresultat, das Lernziel wird erst durch das Ergebnis, das dieser Lehrakt erbringt, erreicht; im vorausgehenden Unterricht wird das Problemfeld erläutert, abgegrenzt; 2 Schülergruppen spielen das Problem durch und führen es jeweils einer Lösung zu; Klasse stimmt über die bessere Lösung, über die brauchbareren Argumente ab;	Entscheidungsspiel: Bewohner eines Wohnhauses wollen die Errichtung eines Kinderspielplatzes auf der naheliegenden Grünfläche verhindern.	Pa und Hb Ga und Hb
Rollenspiel	zur Erhellung der natürlichen sozialen Umwelt; zum Erlernen von richtigen Verhaltensweisen in Konfliktsituationen; zur Identifikation mit menschlichen Problemen;	erforderliche Voraussetzungen: präzise Erläuterung und kognitives Erfassen der Problemsituation; das Stegreifspiel (kreativ, spontan) versucht den Nachvollzug einer menschlichen Verhaltensform; Schüler versetzt sich in die Situation eines anderen Menschen; Lösung der Konfliktsituation nicht erforderlich;	Rollenspiel: Einige Mitglieder des Gemeinderates versuchen ihren Kollegen die Umgestaltung zweier Baggerseen in eine Naherholungslandschaft überzeugend zu erläutern.	Pa und Hb Ga und Hb

e) Kurzphasige Aktivitätsformen (überwiegend Elemente monologischer und dialogischer Lehrakte)*

* nur in seltenen Ausnahmefällen (Schlüsselposition) wörtliche Formulierung; Ausnahmen: gelegentliche Impulse und Fragen, die Feststellung bei der Zielangabe, alle Arbeitsaufgaben und Arbeitsanweisungen.

Lehrakte	didaktische Intentionen	Gestaltungsaspekte	Formulierungsbeispiele	mögl. Sozialformen
Unterrichtsfrage	eigentlich ein Element des Lehrgesprächs; weist auf einen Probleminhalt hin, soll beim Schüler auf einen Betrachtungsgesichtspunkt des Probleminhalts verweisen; eine falsche Denkrichtung korrigieren, ein Lerngegenstandselement problematisieren; das Leistungsniveau der Schüler ermitteln;	Unterrichtsfrage als didaktische Frage ist eine berechtigte und taugliche Aktionsform; ungeeignete Fragen (Ergänzungs-, Suggestiv-, Entscheidungs- und Kettenfrage); geeignete Fragen (Prüfungs-, Wiederholungs-, entwickelnde Frage, Begründungsfrage); grundsätzlich: Fragewort an den Anfang, nicht zu eng formulieren, wenn möglich, nach Begründung der Antwort verlangen; dem Schüler Zeit zum Beantworten geben; Antwort in ganzen Sätzen nur dann, wenn dies sinn-notwendig ist;	Unterrichtsfrage: Was erwartest du von einem attraktiven Erholungsgebiet?	Hb / Kf / Hkf
Unterrichtsimpulse	eigentlich ein Element des Lehrgesprächs, zur Mobilisierung der Denkbewegung; dient der Steuerung des Lernprozesses; richtet sich auf die Wahrnehmung, Vorstellung, Handlungsantriebe; zur Auseinandersetzung des Schülers mit dem Stoff; zur Beeinflussung der Arbeitshaltung;	eine gleichwertige Aktionsform, inhaltlicher Denkanstoß und allgemeine Aufforderung ohne inhaltliches Element (z.B. Erkläre! Fasse zusammen! etc.); stummer Impuls: Gebärde, Geste, Kopfschütteln; siehe auch Sachimpuls;	Impuls: Wenn ihr den Struwwelpeter anschaut, dann seht ihr, daß Waschen alleine nicht ausreicht! oder: Impuls: Bei einer Personenbeschreibung müssen wir also auf bestimmte Merkmale achten!	Hb / Kf / Hkf Hb / Kf / Hkf

Arbeits- aufgabe	Schüler zum selbstän- digen Erwerb kognitiver Qualifikationen veran- lassen; unterstützt die Konfrontation und die direkte Auseinander- setzung mit einem Lern- gegenstand;	in jeder Lernphase ein- setzbar; Voraussetzungen: Beherrschen von Arbeits- techniken, relativ ein- fache Lernfelder, Vorhan- densein von Arbeitsmateria- lien; Arbeitsaufgaben visuell erfaßbar vorgeben; einfacher Satzbau; Schwie- rigkeiten (z.B. unbekannte Begriffe) vorher erläutern; Elemente der Arbeitsauf- gabe: Kurzaussage, die den Sachverhalt zur gedankli- chen Eingrenzung erfaßt, Auftrag in unmißverständ- licher Form (eindeutige Verben verwenden), wenn möglich Ergänzung durch Lösungshilfen; Arten: Sammelaufgaben, Beobach- tungsaufgaben, Versuchsauf- gaben; für differenzieren- de Unterrichtsarbeit: ver- schiedene Arbeitsaufgaben mit unterschiedlichen An- forderungsschwierigkeiten;	Arbeitsaufgabe: Versuche einen Schüler aus unserer Klasse, ohne daß du den Namen nennst, so genau zu beschreiben, daß wir ihn aufgrund deiner Beschreibung erkennen! oder: Arbeitsaufgabe: Suche in deinem Text Aussagen, die den Unterschied des Ver- haltens der beiden Fabeltiere deutlich machen (unterstreiche Aussagen des Hasen rot, die des Igels blau)!	Aa / Pa / Ga Aa / Pa / Ga
Arbeits- anweisung	didaktische Intentionen wie bei der Arbeitsauf- gabe; besonders zur selb- ständigen Erschließung komplexer Lerngegenstände; bildet Ausgangspunkt für relativ geschlossene und langphasige Schüleraktivi- täten an einem Problem- gegenstand;	differenzierter als Ar- beitsaufgabe, in jeder Lernphase einsetzbar; be- steht aus mehreren Auf- bauelementen: Kurzaus- sage über den Sachverhalt zur gedanklichen Eingren- zung, Hinweise bezüglich Lernhilfen und Arbeits- schritte, evtl. einen Ver- merk über Problemstellen, unmißverständlicher Ar- beitsauftrag mit eindeuti- gen Verben, gegebenenfalls auch Lösungshilfen; für differenzierende Unter- richtsarbeit: verschiedene Arbeitsanweisungen mit un- terschiedlichen Anforde- rungsschwierigkeiten;	Arbeitsanweisung: Versuche die Aufgabe zu- nächst mit deinem Spielgeld zu lösen. Achte dabei darauf, daß du zuerst die Menge von 16 Elementen in 4 Teilmengen zerlegst. Über- trage dann deine Erkenntnis in die vorbe- reitete Tabelle und mache jeweils die Pro- be mit allen waagrechten und dann mit allen senkrechten Einzelergebnissen!	Aa / Pa / Ga
Feststel- lung	Vorgabe von Regeln, Be- griffen, Urteilen, von Inhaltselementen, die die Schüler kennen müs- sen, um den weiteren Ablauf des Lernprozes- ses folgen zu können; auch für Zielangabe der Unterrichtsstunde; soll Schüler motivieren, zum Mit- und Weiterdenken anhalten;	Aussagesätze mit enger inhaltlicher Zusammen- gehörigkeit; kurz, trans- parent, einprägsam;	Feststellung: Ein dichtes und gut ausgebautes Verkehrsnetz ist für Industriestaaten unerläßlich. oder: Feststellung: Wir wollen uns heute überlegen, welche Folgen der Vertrag von Versailles für Deutschland hatte (im Sinne einer Zielangabe).	Hb / Kf /Hkf Hb / Kf / Hkf

Definition	dient dem Begriffslernen, zur Abgrenzung eines neuen Inhalts nach Erscheinungsform, Umfang und Funktion;	mehrere Aussagesätze; effektiv die gleichzeitige bildhafte Veranschaulichung; Aufzeigen der typischen Merkmale; bereits bekannte Begriffe werden als Verständniselemente herangezogen; zur Erleichterung der Einordnung auf dazugehörende Oberbegriffe verweisen;	Definition: Die Infrastruktur gibt uns das Ausmaß der Erschließung eines Gebietes mit Versorgungseinrichtungen für die hier lebenden Menschen an.	Hb / Kf / Hkf
Bezeichnung	zur Klassifizierung eines Gegenstandes oder Sachverhaltes; dient der Zuordnung oder Benennung vornehmlich bei der Erarbeitung von Begriffen;	meist nur ein Aussagesatz; dieser hat Bezeichnungsfunktion; häufige Formulierungsformen: das ist..., das heißt...; zu..., das heißt...;	Bezeichnung: Dies ist eine Spiegelachse.	Hb / Kf / Hkf
Erklärung	zur Erhellung von Sachverhalten oder Sinnzusammenhängen, die optisch erfaßbar sind (Text, Modell, Bild), das entsprechende Gegenstandselement wird gedeutet und interpretiert; über das äußerlich Erfaßbare zur Struktur, dem Funktionszusammenhang, dem Aussagegehalt vordringen; notwendig dann, wenn selbständige Auseinandersetzung der Schüler mit dem Sachverhalt nicht mehr möglich ist;	Zeit zum Wahrnehmen lassen; sprachlich transparent strukturieren; Aussagesätze, Kausalsätze; Arten: Sacherklärung (der Aussagegehalt eines Gegenstandes wird interpretiert, die dem Gegenstand innewohnenden Strukturen und Funktionszusammenhänge werden herausgestellt; nicht zu verwechseln mit Gegenstandsdemonstration! Texterklärung (bei Quellenmaterial, Freilegen der Gedanken); Bilderklärung: (Beobachtungsimpulse; Erhellen der Zusammenhänge der Bildelemente, der Wirkung menschlicher Aktivitäten; Ziel: das vollständige Erfassen des Aussagegehaltes des Bildes); vgl. auch Erläuterung!	Erklärung: In großen Höhen kann die Sonne den Schnee nicht mehr abschmelzen. Durch den großen Druck der Schneemassen und durch das immer wieder gefrierende Schmelzwasser entsteht der grobkörnige Firn aus dem sich schließlich das bläulich schimmernde Gletschereis bildet.	Hb / Kf / Hkf
Erläuterung	zur Erklärung nichtverbaler Mittel (Zeichnungen, Bilder, Versuche, Landkarten, Zahlenmaterial); Erhellung des Aussagegehalts;	Aussagesätze, kurz, anschaulich; hinweisende Gesten, Verbindungslinien, Pfeile verwenden; siehe auch Erklärung!	Erläuterung: Das Foto zeigt uns den Verlauf des Flusses ..., schräg aus der Luft aufgenommen. Man sieht hier, daß sich der Fluß genau an der Terrassenkante entlangzieht.	Hb / Kf / Hkf

Beispiel	Zur Erleichterung von Auffassungs- und Verständnisvorgängen; als ergiebiger Einzelfall zur Intensivierung der Anschauung; insgesamt zur Optimierung der Wissensvermittlung;	auf hohen Anschaulichkeitsgehalt achten, Aussagesätze, Hervorheben von Eigenschaften; zwei Formen; das belegende Beispiel: Grundlage für die Erarbeitung eines Ausgangsbeispiels, auch Lernergebnisse, das illustrierende Beispiel: zur Befestigung und Differenzierung bereits erarbeiteter Ergebnisse oder schon vorhandener Anschauungen;	Beispiel: Ein Schüler erhält von seinem Bruder, der mit seiner Klasse im Schullandheim ist, folgenden Brief: ... (als Grundlage für die Erarbeitung typischer sprachlicher Formen)	Hb / Kf / Hkf
Ergänzung	zur Optimierung der vom Schüler erarbeiteten Unterrichtsergebnisse bezüglich Präzision und Umfang; zur Vervollständigung von Schüleraussagen; immer einzuplanen bei dominanter, schülerzentrierter Unterrichtsarbeit;	Kern der Schüleraussage nochmals aufgreifen; Aussagesätze, kurz und ausdrucksstark; wenn möglich Umsetzen dieser Aktionsform durch visualisierte Formen;	innerhalb des Lernprozesses nur im Zusammenhang mit dialogischen Lehrakten;	Hb / Kf / Hkf
Vergleich	zur Herausarbeitung der Eigenart von Personen oder Gegenständen durch direktes Nebeneinanderstellen der einzelnen charakteristischen Elemente;	Bekanntgabe des Vergleichsziels; gleichzeitiges Nebeneinander ist effektiver als zeitversetztes Nacheinander; Beschreibung der Wesensmerkmale durch Gebrauch ausdrucksstarker Eigenschaftswörter; häufige Formulierungen: dagegen, anders, aber, während;	Vergleich: Landgewinnung an der deutschen und niederländischen Nordseeküste (Koog - Polder).	Hb / Kf / Hkf
Begründung	zur verbalen Verifizierung oder Bestätigung vorausgehender Aussagen über kognitive Sachverhalte und psychomotorische Handlungsabläufe;	Kausal- und Aussagesätze; häufige Verwendung von: denn, weil, infolge, darum, deshalb, daher;	innerhalb des Lernprozesses nur im Zusammenhang mit monologischen Lehrakten;	Hb / Kf / Hkf
Vermutung	zur Denkorientierung, den Schüler bei einer Problemlösung in die richtige Richtung verweisen; ein Fall, ein Inhaltsaspekt, ein Sachverhalt wird als möglich, als wahrscheinlich hingestellt;	Aussagesätze; Verwendung des Konjunktivs erforderlich; Ausdrücke wie: wahrscheinlich, vermutlich, vielleicht, es könnte sein, daß, etc.;	innerhalb des Lernprozesses nur im Zusammenhang mit dialogischen Lehrakten, im Sinne eines Impulses;	Hb / Kf / Hkf

5. Lernakte und ihre Fixierung im Strukturmodell

a) Wesensmerkmale

- Lernakte erfassen die Aktivitäten der Schüler während eines Lernprozesses, die sie jeweils in bezug auf Lehrakte äußern;

- Lernakte sind als Handlungsaktivitäten darstellbar, was dann notwendigerweise durch Verben zum Ausdruck kommen muß (in Anlehnung an den lernzieltypischen Verhaltensaspekt);

- Lernakte besitzen unterschiedliches Komplexitätsniveau (= Schwierigkeitsniveau); als Ziel gilt dabei stets, die anspruchsvolleren Problemlösestrategien und die sog. Lerntechniken (instrumentale Qualifikationen) dominant zu berücksichtigen;

- Lernakte, die kommunikatives, verbales Lernverhalten ausdrücken, dürfen nicht als vorformulierte Äußerung fixiert werden, da die individuellen Schülerreaktionen bei dialogischen Akten jeweils aus der augenblicklichen Lernsituation heraus entstehen;

- In der Fachliteratur findet man anstelle des Begriffes Lernakte die Formulierung 'Aktionsformen der Schüler' (Lehrakte = 'Aktionsformen des Lehrers');
Grund für den Gebrauch des Terminus Lernakte ist sein unmißverständlicher Aussagewert;

- aus der Vielzahl möglicher Lernakte seien beispielhaft einige den drei Kategorien zugeordnet:

rein rezeptive Lernakte	problemlösende Lernakte	operativ-handlungs-betonte Lernakte
- zuhören	- vergleichen	- markieren
- mitdenken	- verbalisieren	- falten
- nachvollziehen	- zusammenfassen	- berechnen
- aufnehmen	- begründen	- lesen
	- werten	- ausfüllen
	- einordnen	- spielhandeln

- Innerhalb des Strukturmodells werden die Lernakte mit einem sog. 'Spiegelstrich' versehen; dies dient der Verbesserung der Lesbarkeit in der Gebrauchssituation;

b) Möglichkeiten der Kategorisierung von Lernakten:

- Es gibt in der Literatur mehrere Gliederungs- bzw. Kategorisierungsvorschläge zur Erfassung der Vielfalt von Lernakten: z.B. fremdgesteuerte Lernakte – selbstgesteuerte Lernakte;

- Im Strukturmodell unterscheiden wir drei Kategorien: rein rezeptive Lernakte – problemlösende Lernakte – operativ-handlungsbetonte Lernakte; Begründung: Diese Kategorisierung macht die Realisierung der Forderung nach emanzipativen Lernakten transparent bzw. erfaßt sie zwanghaft, sowohl bei der Konzeption des Lernprozesses, als auch bei der Überprüfung und eventueller Bewertung der Verlaufsplanung;

6. Grundraster mit den didaktischen Variablen zur Planungsfixierung von Lernprozessen nach dem lernzielorientierten Strukturmodell

(Anordnungsmuster siehe nächste Seite)

- Die graphisch-gestalterische Bewältigung der einzelnen Strukturelemente wird bestimmt von deren Lesbarkeit in der Gebrauchssituation.

- Die im Sinne von Beispielen eingetragenen Strukturelemente stellen nur eine Auswahl dar.

- Dimensionierung, Auswahl und phasische Zuordnung (didaktischer Ort) der Strukturelemente innerhalb der Verlaufsplanung sind das Ergebnis didaktischer Reflexionen, beeinflußt bzw. bestimmt von den jeweiligen fachdidaktischen Forderungen und der individuellen dramaturgisch-strategischen Gestaltungsabsicht.

- Abkürzungen: **UG** = unterrichtliche Grundakte
  Sf = Sozialformen: **Hb** – Hörblock,
  Aa – Alleinarbeit,
  Pa – Partnerarbeit,
  Ga – Gruppenarbeit,
  Kf – Kreisformation
  Hkf – Halbkreisformation

In diesem Zusammenhang ist noch ein kurzer Hinweis erforderlich. Die den Modellen zugrunde liegenden Strukturelemente tragen einerseits grundsätzlichen Charakter, da beim Fehlen des einen oder anderen Elements Lernprozesse nicht zureichend geplant und organisiert werden können. Andererseits sind diese Strukturelemente in ihrer interdependenten und sequentierten Bezogenheit so offen konzipiert, daß sie immer eine adäquate Projektion auf die situative Individualität der Zielgruppe gestatten. In jedem Falle wird also der Unterrichtspraktiker in der konkreten Gebrauchssituation die aufbereiteten Themen auf den Anspruch und das Leistungsvermögen seiner Klasse abstimmen können.

Der vorliegende Band möge allen Kollegen zur Erleichterung ihrer Unterrichtsarbeit dienen. Er möge überdies Anregungen geben für eine präzise, methodisch zureichende und effektive Konzeption zielorientierter Lernprozesse.

Abschließend möchte ich einen dreifachen Dank aussprechen:

- den Studenten, die in den einschlägigen Seminaren durch kritische Beiträge und durch zahlreiche Erprobungsversuche zur Entwicklung des Strukturmodells beitrugen,
- den Autoren der Unterrichtsmodelle, die flexibel, kreativ, engagiert und aus der Fülle der Erfahrungen mit ihren Schülern die Themen aufbereiteten,
- dem Schulbuchlektorat des Verlages, das in jeder Phase die Realisierung des Projekts großzügig fördernd unterstützte.

München, 1981

Dr. Wellenhofer

Sollten Sie Themen vermissen oder gar Interesse haben, selbst ausgearbeitete Unterrichtsmodelle einzubringen, so wäre ich Ihnen dankbar, wenn Sie sich an mich wenden würden.

Anschrift: Walter Wellenhofer
Fakultät für Pädagogik und Psychologie
Postfach Universität
8400 Regensburg

UG	Lehrschritte (Artikulation)	Lehrinhalte/Lernziele	Lehrakte	Lernakte	Sozialformen	Lernhilfen
Eröffnungsphase	1. Lehrschritt (Kontrastdarstellung)	....	Sachimpuls:	- betrachten - reflektieren	Hb	Folienbild 1 Tonbandausschnitt
Eröffnungsphase	2. Lehrschritt (Problemabgrenzung)	....	Erarbeitungsgespräch:	- vergleichen - schlußfolgern	Hb	
Eröffnungsphase	3. Lehrschritt (Zielangabe)	Problemfrage: .... (Lz 1)	Arbeitsaufgabe:	- formulieren	Pa	Notizblock Tafelanschrift a)
Erarbeitungsphase	4. Lehrschritt (Hypothesenbildung)	.... (Lz 4)	Diskussion:	-	Kf	Arbeitsprojektor (Folie 2)
Erarbeitungsphase	5. Lehrschritt (erste Teilergebnisgewinnung)	Begriffe: .... (Lz 2)	Schilderung:	-	Hb	Wandbild: ....
Erarbeitungsphase	6. Lehrschritt (Ergebnisfixierung)	Lernresultat: .... (Lz 5)	Impuls: .... Erarbeitungsgespräch:	- .... -	Hb Hb	 Tafelanschrift b)-c)
	7. Lehrschritt (Rekapitulation) (Lz 1/4)		Arbeitsaufgabe: .... Verarbeitungsgespräch:	- .... -	Ga Hb	Arbeitsblatt, Abschnitt 3 Wortkarten: ..../......../.......
Erarbeitungsphase	8. Lehrschritt (Problemstellung) (Lz 5)		Partnergespräch (Gesprächsauftrag):	-	Pa	Notizblock
Erarbeitungsphase	9. Lehrschritt (Problemlösung und -fixierung)	Regel: .... (Lz 6)	Verarbeitungsgespräch: .... Frage: .... Erarbeitungsgespräch:	- .... - .... -	Hb Hb Hb	Tafelanschrift d) Tafelanschrift e) Arbeitsblatt, Abschnitt 4
Sicherungsphase	10. Lehrschritt (Ausdrucksgestaltung)	.... (Lz 7)	Rollenspiel:	-	Ga/ Hb	
Sicherungsphase	11. Lehrschritt (Anwendung und mündl. Kontrolle)	.... (Lz 3/4/6)	Arbeitsauftrag: .... Verarbeitungsgespräch:	- .... -	Aa Hb	Arbeitsblatt, Abschnitte 1 und 2 OHP
Sicherungsphase	12. Lehrschritt (Wertung)	.... (Lz 8)	Impuls: .... Erarbeitungsgespräch:	 - .... - .... -	Hb Hb	 Statistik (Folie 2)

Deutsch

Hauptlernziel:	Unterrichtsthema:	Autor:
Die Schüler sollen die Kennzeichen einer Fabel wiederholen.	Der Löwe und die Maus (von Äsop)	Max Haidacher
		Unterrichtszeit Empfehlung: 1-2 UE

Vorbemerkungen:
Die Kennzeichen einer Fabel werden bereits als bekannt vorausgesetzt. Sollte dies dennoch die erste Fabel sein, die im Unterricht behandelt wird, muß besonderer Nachdruck auf die Herausarbeitung dieser Merkmale gelegt werden.

Teillernziele:
Die Schüler sollen:
1. sich zu Bildern äußern können, (kognitiv)
2. Vermutungen anstellen können zum Inhalt der Fabel, (kognitiv)
3. die Merkmale der Fabel wiederholen und angeben können, (kognitiv/psychomotorisch)
4. das Verhalten der beiden Tiere werten können, (kognitiv)
5. Beispiele zur Lehre dieser Fabel nennen können, (kognitiv)
6. die Fabel szenisch darstellen können. (kognitiv)

Medien:
Umdruck (Text mit Arbeitsaufgaben), Tafelbild, Bildkarten.

Literatur:
Lesebuch für bayerische Hauptschulen, 5. Jahrgangsstufe, Westermann-Verlag, S. 117.

Arbeitstext (Umdruck) ③

Der Löwe und die Maus
(Äsop)

Als der Löwe schlief, lief ihm eine Maus über den Körper. Aufwachend packte er sie und war drauf und dran, sie aufzufressen. Da bat sie ihn, er solle sie doch freilassen: "Wenn du mir das Leben schenkst, werde ich mich dankbar erweisen." Lachend ließ er sie laufen.
Es geschah aber, daß bald darauf die dankbare Maus dem Löwen das Leben rettete. Denn als er von Jägern gefangen und mit einem Seil an einen Baum gebunden wurde, hörte ihn die Maus stöhnen. Sie lief zu ihm, und indem sie das Seil rundherum benagte, befreite sie ihn. "Damals," sagte sie, "hast du gelacht über mich und nicht erwartet, daß es dir vergelten könne, jetzt weißt du, daß auch Mäuse dankbar sein können!"
Die Lehre der Fabel: In schlechten Zeiten haben auch sehr Mächtige die Schwächeren nötig.

Arbeitsaufgaben für schnelle Leser:
1. Numeriere bitte mit Bleistift die Zeilen des Textes!
2. a) Unterstreiche bitte mit einem Farbstift Stellen im Text, wo vom Löwen die Rede ist.
   b) Unterstreiche bitte mit einem anderen Farbstift die Stellen, die von der Maus handeln!

Tafelbild: ②

Der Löwe und die Maus
(Äsop)

```
              Auch sehr Mächtige haben
              manchmal Schwächere nötig
                      |
                   Menschen
                      ↑
                      |
   Bild: großer       |       Bild: große
   Löwe,              |       Maus,
   kleine Maus  ←── Fabel ──→ kleiner Löwe
   wie Bild Nr. 1     |       wie Bild Nr. 4
        ‖             |            ‖
   Die Maus in Not.   ↓       Der Löwe in Not.
   Löwe als Retter. Wende-    Maus als Retter.
                    punkt
                      |
                   Tiere
```

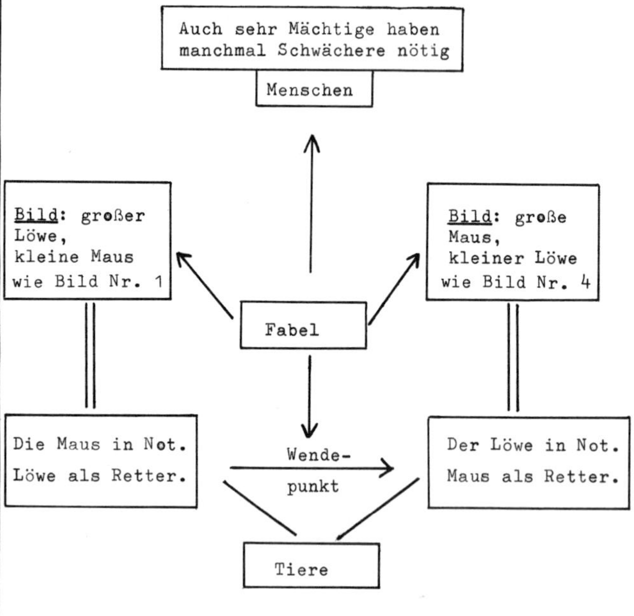

Merkmale einer Fabel:

1. Tiere sprechen miteinander,
2. Die Fabel hat einen Wendepunkt,
3. Der Mensch kann eine Lehre daraus ziehen.

UG	Lehrschritte (Artikulationsdefinition)	Lehrinhalte und Lernziele (= Lz)	Lehrakte	Lernakte	Sozialformen	Lernhilfen
Eröffnungsphase	1. Lehrschritt (Problembegegnung)	Bild als stummer Impuls	Sachimpuls: Zeichnung zeigt Löwe und Maus Erarbeitungsgespräch: Ich sehe, ich weiß, ich vermute; zusammenfassen der Vermutungen;	- Interesse wecken - berichten - Vorschläge machen - erzählen	Hb Hb	Zeichnung laut Vorlage ①
	2. Lehrschritt (Zielangabe)	Tafelanschrift: Der Löwe und die Maus	Feststellung: Wir beschäftigen uns mit der Fabel von Äsop: Der Löwe und die Maus.	- vermuten	Hb	Tafelbild: Überschrift ②
Erarbeitungsphase	3. Lehrschritt (Begegnung)	Lehrervortrag Vermutungen über den Fortgang der Geschichte (Lz 2) Erlesen der Fabel	Darbietung: Text bis: "Lachend ließ er sie laufen." Gruppengespräch: Schüler vermuten flüsternd, wie das Stück weitergeht. Arbeitsauftrag: Schüler lesen die Geschichte still zu Ende; der schwachen Lesegruppe wird von einem guten Schüler vorgelesen. Schnelle Leser bearbeiten Arbeitsaufgaben vom Umdruck.	- zuhören - vermuten - erlesen - zuhören - mitlesen - beantworten - erarbeiten	Hb Ga Aa Ga Aa	Text lt. Vorlage ③ Arbeitsaufträge lt. Vorlage
	4. Lehrschritt (Analyse)	Freie Aussprache (subjektives Meinen) Erkennen der Fabel (Lz 3) Klärung des Inhalts Fassung des Inhalts in zwei Bilder	Erarbeitungsgespräch nach W-Frage: "Wie lagen wir mit unseren Vermutungen?" Eingehen auf obige Vermutungen, Meinung zu der Geschichte. Schüler bezeichnen den Text als Fabel, weil Tiere miteinander sprechen. Arbeitsauftrag: "Suche die Stellen im Text, in denen von den beiden Tieren erzählt wird und lies sie vor (mit Zeilenangabe)." Impuls: "Du erfährst von der Maus allerlei, du erfährst vom Löwen allerlei." Ergebnis des Erarbeitungsgesprächs: 1. Die Maus ist in einer mißlichen Situation. 2. Der Löwe ist in einer mißlichen Situation.	- vergleichen - Meinung formulieren - erkennen - verbalisieren - suchen - vorlesen - mit Textstellen belegen - erzählen - Überschriften finden	Hb Aa Hb Hb	Tafelbild: ② (Tiere), (Fabel) Tafelbild: (Bilderrahmen)
	5. Lehrschritt (Teilzusammenfassung)	Zusammenfassung der wichtigsten Ergebnisse	Rundgespräch: Kinder sprechen zu den zwei Bildern.	- wiederholen - zusammenfassen	Hb	Tafelbild ②
	6. Lehrschritt (Analyse)	Erfassen des Gehalts (Lz 3)	Sachimpuls: Lehrer heftet zwei Zeichnungen an die Tafel (prägnante Situation). Erarbeitungsgespräch nach W-Fragen: Welche Eigenschaften zeigt der Löwe, bevor er in Gefahr gerät? Welche zeigt die Maus? Wie ändert sich das Verhalten der beiden im Verlauf der Geschichte? (Lz 4) Einzeichnen des Pfeiles und des Begriffes: Wendepunkt	- betrachten - sich äußern - Unterschiede feststellen - eine Wende erkennen	Hb Hb	Zwei Zeichnungen lt. Vorlage ④ Tafelbild: (Wendepunkt)
	7. Lehrschritt (Teilzusammenfassung)	Zusammenfassung des Gehalts des Textes (Lz 3)	Erarbeitungsgespräch nach Impuls: "Tiere können die Geschichte ja nicht lesen! Fabel enthält eine Lehre, die für den Menschen gedacht ist."	- eine Lehre formulieren	Hb	Tafelbild: ② (Menschen-Lehre)
Sicherungsphase	8. Lehrschritt (Anwendung)	Belegen der Lehre mit Beispielen (Lz 5)	Arbeitsauftrag: "Gilt die am Ende angeführte Lehre nur für diese Fabel oder könnt ihr noch andere passende Beispiele bringen? gibt es auch aus dem menschlichen Leben treffende Beispiele?"	- erzählen - berichten	Hb/Aa	
	9. Lehrschritt (Gesamtzusammenfassung)		Rundgespräch: Kinder äußern sich zum Tafelbild als Gesamtdarstellung.	- zusammenfassen - wiederholen	Hb/Aa	Tafelbild ②
	10. Lehrschritt (Szenische Gestaltung)	Schüler spielen die Fabel (Lz 6)	Rollenspiel: die Fabel wird von Schülern im Spiel dargestellt;	- dramatisieren	Ga/Hb	
	11. Lehrschritt (Wiederholung)	Vorlesen der Fabel	Ein Schüler liest den Text der Fabel noch einmal laut und deutlich vor. Eine Minute Besinnung.	- zuhören - mitlesen - nachdenken	Hb	Text lt. Vorlage ③
	12. Lehrschritt (Hausaufgabe)	Vertiefung des Verständnisses	Arbeitsauftrag: "Der Löwe spricht in der Fabel nicht. Es fällt euch sicher nicht schwer, einen Text für ihn zu finden."	- formulieren - fixieren	Aa	Hausheft

Hauptlernziel: Die Schüler sollen durch die Begegnung mit einem Text und über die Textanalyse Inhalt und Absicht eines Textes erschließen.	**Unterrichtsthema:** Lesen: "Sonderbarer Rechtsfall in England" von H. v. Kleist	**Autor:** Hans-Peter Mößner
		Unterrichtszeit Empfehlung 1-2 UE

Vorbemerkungen:

Der Text stellt von der Sprache und vom Verständnis her hohe Anforderungen an die Schüler. Ein gut vorbereiteter Lehrervortrag oder eine Tonbandaufzeichnung können entscheidend zum Verstehen des Textes beitragen. Die Schüler sollten mit wechselnden Unterrichtsformen vertraut sein. Die Einträge auf dem Arbeitsblatt (AB) und auf den Folien entstehen in der numerierten Reihenfolge.

Teillernziele:

Die Schüler sollen:

1. Begriffe aus der Rechtssprache kennenlernen,
2. die Einzelinhalte (Erzählschritte) erfassen und diese durch entsprechende Textstellen belegen,
3. das Verhalten, die Handlungsweise und den Gerechtigkeitssinn einer Person in einer schwierigen Situation erklären und beurteilen können,
4. befähigt werden, aus einem Text auf die dichterische Absicht zu schließen,
5. in vier Bildern den Inhalt im Rollenspiel szenisch gestalten,
6. ihre Lesefertigkeit in Bezug auf Artikulation und Rhythmus mit Hilfe eines Sprachvorbildes und einer Tonbandaufzeichnung steigern,
7. sprachlich schwierige Formulierungen mit eigenen Worten ausdrücken.

Medien:

Tonbandgerät mit Mikrophon, Arbeitsblatt, zwei Folien, Tageslichtprojektor

Literatur:

Lesen - Darstellen - Begreifen A 6, Hirschgraben-Verlag Frankfurt, 1974

Text aus: H. v. Kleist, Sämtliche Werke und Briefe, hg. von H. Sembdner, Hauser-Verlag, 1964

Heinrich von Kleist Sonderbarer Rechtsfall in England

Man weiß, daß in England jeder Beklagte zwölf Geschworene von seinem Stande zu Richtern hat, deren Ausspruch einstimmig sein muß und die, damit die Entscheidung sich nicht zu sehr in die Länge verziehe, ohne Essen und Trinken so lange eingeschlossen bleiben, bis sie eines Sinnes sind.

5 Zwei Gentlemen, die einige Meilen von London lebten, hatten in Gegenwart von Zeugen einen sehr lebhaften Streit miteinander; der eine drohte dem andern und setzte hinzu, daß, ehe vierundzwanzig Stunden vergingen, ihn sein Betragen reuen solle. Gegen Abend wurde dieser Edelmann erschossen gefunden; der Verdacht fiel natürlich auf den, der die Drohungen gegen ihn 10 ausgestoßen hatte. Man brachte ihn zu gefänglicher Haft, das Gericht wurde gehalten, es fanden sich noch mehrere Beweise, und elf Beisitzer verdammten ihn zum Tode; allein der zwölfte bestand hartnäckig darauf, nicht einzuwilligen, weil er ihn für unschuldig hielte. Seine Kollegen baten ihn, Gründe anzuführen, warum er dies glaubte, allein er ließ sich nicht darauf ein und 15 beharrte bei seiner Meinung. Es war schon spät in der Nacht, und der Hunger plagte die Richter heftig; einer stand endlich auf und meinte, daß es besser sei, einen Schuldigen loszusprechen, als elf Unschuldige verhungern zu lassen. Man fertigte also die Begnadigung aus, führte aber zugleich die Umstände an, die das Gericht dazu gezwungen hätten.

20 Das ganze Publikum war wider den einzigen Starrkopf; die Sache kam sogleich vor den König, der ihn zu sprechen verlangte; der Edelmann erschien, und nachdem er sich vom Könige das Wort hatte geben lassen, daß seine Aufrichtigkeit nicht von nachteiligen Folgen für ihn sein sollte, so erzählte er dem Monarchen, daß, als er im Dunkeln von der Jagd gekommen und sein Gewehr 25 losgeschossen, es unglücklicherweise diesen Edelmann, der hinter einem Busche gestanden, getötet habe. „Da ich", fuhr er fort, „weder Zeugen meiner Tat noch meiner Unschuld hatte, so beschloß ich, Stillschweigen zu beobachten; aber als ich hörte, daß man einen Unschuldigen anklagte, so wandte ich alles an, um einer von den Geschworenen zu werden, fest entschlossen, eher zu 30 verhungern, als den Beklagten umkommen zu lassen." Der König hielt sein Wort, und der Edelmann bekam seine Begnadigung.

Folie≙Arbeitsblatt(AB)

(1) Sonderbarer Rechtsfall in England (H. v. Kleist)

(2) Erzählschritte: *Rechtsverhältnisse um 1800 - Tatbestand - Gericht mit den beteiligten Personen (Geschworene, Publikum, König) - Entscheidung der Geschworenen - Aufklärung - Begnadigung (Urteil)*

(3)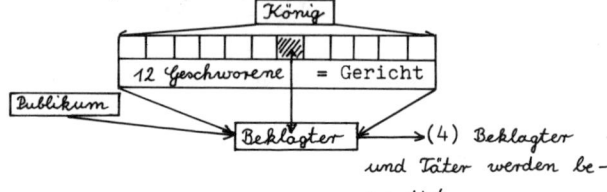

(4) *Beklagter und Täter werden begnadigt.*

(5) "...der Edelmann erschien, | und nachdem er sich vom Könige das Wort hatte geben lassen, | daß seine Aufrichtigkeit nicht von <u>nachteiligen</u> Folgen für ihn sein sollte, | so erzählte er dem Monarchen, | daß, als er im <u>Dunkeln</u> von der <u>Jagd</u> gekommen und sein Gewehr losgeschossen, | es <u>unglücklicherweise</u> diesen Edelmann, | der hinter einem Busche gestanden, | <u>getötet</u> habe."

(6) a) Widerspruch, widerwillig.
b) "ich beschloß Stillschweigen zu beobachten-bis sie eines Sinnes sind-er hielt sein Wort-er beharrte bei seiner Meinung"

Folie mit Skizze

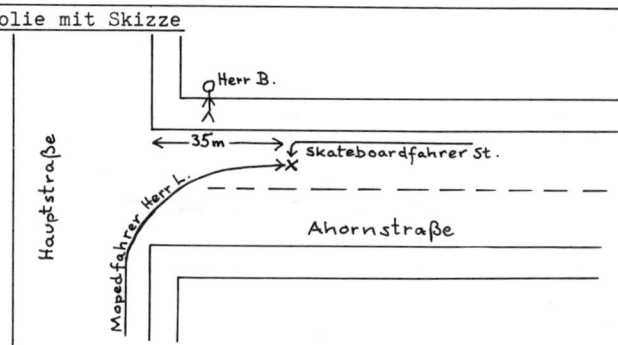

Stefan G., 11 Jahre alt, und seine Eltern kommen vor ein Gericht. Der Mopedfahrer, Herr Lechner, stürzte und erlitt einen Schädelbruch. Die Versicherung von Herrn Lechner will die Krankenkosten nicht bezahlen und reicht gegen Stefan und seine Eltern Klage ein.

Begriffe: Kläger, Beklagter, Richter, Geschworene, Zeugen, Beweise, Urteil, Schuld, Tatbestand...

Zeilenangaben: 12, 14, 15, 20, 29, 30

UG	Lehrschritte (Artikulationsdefinition)	Lehrinhalte und Lernziele (= Lz)	Lehrakte .... Lernakte		Sozial-formen	Lernhilfen
Eröffnungsphase	1. Lehrschritt (Einstimmung)	Schaffen einer Gesprächssituation, Erschließung von Begriffen aus der Rechtssprache durch Skizze mit Text (Lz 1)	Arbeitsblätter ausgeben Erarbeitungsgespräch: Betrachten und Auswerten der Skizze mit Text, einige Begriffe auf der Folie fixieren, Bezug zum Text herstellen: Richter und Beisitzer entsprechen den 12 Geschworenen im folgenden Text (Hinweis).	-betrachten -eine Skizze mit Text interpretieren	Hb	Folie mit Skizze
	2. Lehrschritt (Zielangabe)		Erläuterung: "Sonderbarer Rechtsfall in England" - der Text stammt von H. v. Kleist (1777 - 1811)		Hb	Folie(1)/ AB(1)
	3. Lehrschritt (Textbegegnung)	Gesamtauffassung, Mitlesen des Textes	Darbietung des Textes durch den Lehrer bzw. Tonbandaufzeichnung	-zuhören	Hb	evtl. Tonband
	4. Lehrschritt (Textanalyse, Klärung des Inhalts)	Spontanäußerungen, Überprüfen und Festigen des Textverständnisses (Lz 2)	Erarbeitungsgespräch: Fragen zu Inhalt und Sprache beantworten, Erarbeiten der Erzählschritte, siehe Folie	-sich spontan äußern -Erzählschritte nennen	Hb	Folie(2)/ AB(2)
Erarbeitungsphase	5. Lehrschritt (Ergebnisübertragung)	Selbständiges Ausfüllen der Skizze	Arbeitsaufgabe: "Versuche in die Rechtecke die passenden Ausdrücke einzusetzen!" Lösungen kontrollieren	-ausfüllen -überprüfen	Aa Hb	AB(3) Folie(3)
	6. Lehrschritt (Teilzielgewinnung)	Doppelfunktion der Hauptfigur, Verhalten und Handlungsweise des einen Geschworenen (Lz 3)	Impuls: Pfeile einzeichnen - "Sonderbarer..." Erarbeitungsgespräch: Hauptperson als Geschworener und Täter 1. Gerechtigkeitssinn des einen Geschworenen beurteilen (Zeilen 12,23) 2. Gerichtsentscheidung ohne den einen Geschworenen? (Zeilen 11,12) 3. Klugheit: Warum hat er sich nicht von Anfang an dem Gericht gestellt? (Zeilen 26 und 27)	-Beziehungen erkennen -beurteilen -mit Textstellen belegen	Hb	
	7. Lehrschritt (Ergebnisfixierung)	Freiheit für einen Unschuldigen, Klugheit rettet Leben	Impuls: "Durch sein entschlossenes Verhalten hat er den Ausgang des Urteils entscheidend beeinflußt."	-Formulierung finden	Hb	Folie(4)/ AB(4)
	8. Lehrschritt (Sprachbetrachtung)	Klugheit und Entschlossenheit führen zu Erfolg	Arbeitsaufgabe: Mit dem Partner Stellen für die Entschlossenheit kennzeichnen, Lösungen kontrollieren	-mit Textstellen belegen -vorlesen	Pa Hb	Zeilenangaben auf der Folie mit Szizze
	9. Lehrschritt (Wertung)	Kritik an dieser Rechtssprechung, auf die dichterische Absicht schließen (Lz 4)	Erarbeitungsgespräch: Kleist hat den Rechtsfall in einer Zeitung abdrucken lassen! Zurücktransformieren auf die Ausgangssituation: Keine zeitliche Begrenzung, Anspruch des Angeklagten auf Verteidigung, differenziertere Rechtssprechung (Unglück)	-vermuten -begründen	Hb	
Sicherungsphase	10. Lehrschritt (Szenische Wiedergabe)	Rollenspiel, Darstellung in vier Bildern (Lz 5)	Planung und Vorführung: Festlegen von Szenen und Personen: Streit (Edelmann A und B) - Unglück (Edelmann A, Täter) - Gericht (11 Geschworene+Täter, König, Publikum)	-sich in die Situation eines andern versetzen -spielhandeln	Hkf	
	11. Lehrschritt (Sprachbetrachtung)	Steigerung der Lesefertigkeit: Pausen, betonte Wörter, Satzmelodie, Erhöhung der Spannung beim Leser (Lz 6)	Erarbeitungsgespräch: Zeichen für Lesepausen, Unterstreichen betonter Wörter, Stimmführung vor dem Komma Zweimaliges Abspielen des Tonbandes Arbeitsaufgabe: Kennzeichnen der Lesepausen und betonten Wörter - Aufzeichnung durch Schüler, Wiedergabe	-zuhören -markieren -auf Band sprechen	Hb Aa	Tonbandaufzeichnung (5) AB(5) Folie(5) Tonband
	12. Lehrschritt (Hausaufgabenstellung)	Sprachliche Komponente, Ausdrücke erklären (Lz 7)	a) Zusammengesetzte Wörter mit der Vorsilbe wider- b) Neue Ausdrücke ohne Sinnveränderung		Hb	AB(6)

Hauptlernziel: Fähigkeit, einem Sachtext Informationen über Prägung und Tiersprache zu entnehmen	Unterrichtsthema: "Das Gänsekind Martina" von Konrad Lorenz	Autor: Edeltraud Bülow
		Unterrichtszeit Empfehlung: 90 Minuten

Vorbemerkungen:
Die Schüler sollen den Text mit Hilfe von Arbeitsaufträgen als vorbereitende Hausaufgabe selbständig lesen.
Die wegen der Länge des Textes notwendigen Seitenangaben beziehen sich auf das unten angegebene Lesebuch.

Teillernziele: Die Schüler sollen:	Tafel:
1. einen Sachtext zu Hause selbständig erlesen,	**Die Prägung** (2)
2. den Begriff Prägung kennenlernen,	Ein Gänseküken muß lernen, (1)
3. die Merkmale der Prägung ankreuzen,	wie seine Mutter aussieht.
4. vier Laute aus der "Gänsesprache" in die menschliche Bedeutung übertragen,	Die Mutter muß (3)
5. den Unterschied zwischen tierischer und menschlicher Kommunikation erkennen,	sich bewegen „sprechen"
6. Interesse an der Verhaltensforschung gewinnen.	Stimmfühlungslaute: (4)

Literatur - Medien:
Geschichten - Berichte - Gedichte 6, Hirschgraben-Verlag
Bild von Konrad Lorenz   Frankfurt am Main

wittttt   pfiep-pfiep
wiwiwi   gangangang

Folien: (1)   (2)
1. Sei ruhig, deine Mutter ist bei dir. gangangang
2. Ich schlafe schon, gute Nacht!   wittttt
3. Mutter, bist du da?   wiwiwiwi
4. Hilfe, ich bin ganz allein!   pfiep pfiep

(3)
1. Wie viele "Worte" können Gänse verwenden?
2. Woher kann das Gänsekind seine Sprache?
3. Wozu sprechen Gänsemutter und Gänsekind miteinander?

Lernzielkontrolle: (4)
1. Wann erfolgt die Prägung?
2. Warum kann man sagen: Martina war auf Konrad Lorenz geprägt?
3. Wie verhält sich ein geprägtes Küken, wenn es das falsche Wesen für sein Mutter hält?
4. Schreibe drei "Wörter" aus der Gänsesprache und ihre Bedeutung auf!
5. Notiere zwei Unterschiede zwischen Tier- und Menschensprache!

Arbeitsaufträge zur vorbereitenden Hausaufgabe:
Lies den Text im Lesebuch und bearbeite dann folgende Arbeitsaufträge:
1. Lies auf S.3 nach: Was geschah, nachdem die kleine Graugans einige Zeit auf der Welt war?
2. Schreibe bitte zu diesem Abschnitt auf:
   2.1. Was tat Martina? anschauen   grüßen
   2.2. Wodurch löste K.Lorenz dieses Verhalten aus? Bewegung machen   sprechen
3. Das Gänsekind hielt K.Lorenz für seine Mutter. Streiche auf S.3/4 den Absatz an, in dem es ihm das deutlich zu verstehen gibt!
4. K. Lorenz gibt auf S.5 eine Erklärung, weshalb das Gänschen immer wieder anfragt, ob die Mutter da ist. Streiche diese Erklärung im Text an!

Arbeitsblatt: (1)
Die Merkmale der Prägung

a) Ein Gänseküken
○ weiß, daß seine Mutter eine Gans sein muß.
○ weiß, daß seine Mutter ein Vogel sein muß.
⊗ nimmt jedes Wesen als Mutter an.

b) Das junge Gänschen
○ beachtet nach dem Schlüpfen seine Umgebung nicht.
⊗ versucht sofort, mit der Mutter zu "reden".
○ sucht sich als erstes etwas zu fressen.

c) Das Einprägen der Mutter geschieht
⊗ im Laufe des ersten Lebenstages.
○ in der ersten Nacht nach dem Schlüpfen.
○ jeden Tag neu, solange das Küken jung ist.

d) Wenn ein Gänschen das falsche Wesen für seine Mutter hält,
○ bemerkt es das, wenn es von der falschen Mutter schlecht behandelt wird.
○ verläßt es die falsche Mutter, sobald es eine Tiermutter sieht.
⊗ verhält es sich ein für allemal so, als ob dies seine Mutter wäre.

Solltest du die vier Aufgaben schon bearbeitet haben, schreibe diese vier Punkte in einigen zusammenhängenden Sätzen auf den Block! (2)

Der Unterschied zwischen Tier- und Menschensprache
a) Die _Tiersprache_ wird nach der Geburt sofort beherrscht.
b) Die _Menschenspr._ besteht aus vielen hundert Wörtern.
c) Die _Tiersprache_ besteht aus sehr wenigen Wörtern.
d) Die _Tiersprache_ wird verwendet, um sich zu erkundigen, ob die Mutter da ist.
e) Die _Menschenspr._ muß nach der Geburt gelernt werden.
f) Die _Menschenspr._ wird in allen Lebenslagen verwendet.

UG	Lehrschritte (Artikulationsdefinition)	Lehrinhalte und Lernziele (= Lz)	Lehrakte .... Lernakte		Sozial-formen	Lernhilfen
Eröffnungsphase	1. Lehrschritt (Anknüpfung)	Text wird in Erinnerung gerufen (Lz 1, Lz 6)	Arbeitsaufgabe: Besprecht, was ihr an dem Lesestück interessant findet! Rundgespräch: Schüler äußern ihre Einfälle	- erzählen - zuhören	Pa Hb	
	2. Lehrschritt (Zielangabe)	Begriff: Verhaltensforscher	Feststellung: Der Verhaltensforscher Konrad Lorenz hat an Martina wichtige Entdeckungen gemacht.	- zuhören	Hb	Bild Konrad Lorenz
Erarbeitungsphase	3. Lehrschritt (Textanalyse 1. Teilschritt)	Martina hält K. Lorenz für ihre Mutter Begriff: Prägung (Lz 2)	Arbeitsaufgabe: Lest S.3/4 vor, wie Martina K.Lorenz zwang, Gänsemutter zu spielen! (Hausaufgabe Nr.3) Erarbeitungsgespräch: Ein Gänseküken weiß nicht, wie seine Mutter aussieht; muß ihr Bild erst lernen Erklärung: Diesen Lernvorgang nannte K.Lorenz "Prägung"	- vorlesen - berichten - folgern - zuhören	Aa/Hb Hb Hb	Text Tafel 1 Tafel 2
		Der Vorgang der Prägung	Arbeitsaufgabe: Lest auf S.3 vor, wie Martina auf K.Lorenz geprägt wurde! (Hausaufgabe Nr. 1 und 2) Erarbeitungsgespräch: Martina schaute,- "grüßte"; K.Lorenz bewegte sich, sprach	- vorlesen - berichten	Aa/Hb Hb	Text Tafel 3
	4. Lehrschritt (Verständnis-kontrolle)	Die Merkmale der Prägung werden im multiple-choice-Verfahren angekreuzt (Lz 3)	Arbeitsaufgabe: Kreuzt auf dem Arbeitsblatt jeweils den richtigen Satz an! Vergleich der Alleinarbeit Arbeitsaufgabe: Begründet am Beispiel Martina, weshalb nur die angekreuzte Möglichkeit richtig ist! Auswertung der Partnerarbeit	- auswählen - vorlesen - besprechen - begründen	Aa Hb Pa Hb	Arbeitsblatt 1 Text " Arbeitsblatt 1 Text "
	5. Lehrschritt (Textanalyse 2. Teilschritt)	Laute aus der "Gänsesprache" (Lz 4) Begriff: Stimmfühlungslaut	Arbeitsaufgabe: Lest auf S.4/5 noch einmal still, wie die erste Nacht verlief, unterstreicht die Gänselaute! Erarbeitungsgespräch: Mutter und Kind versichern sich ihrer Anwesenheit: Stimmfühlungslaute (S.3) (Hausaufgabe Nr.4), Vorlesen der Gänselaute	- nachlesen - unterstreichen - berichten - erklären - vorlesen	Aa Hb	Text Text Tafel 4
		Die Bedeutung der Gänselaute	Arbeitsaufgabe: Besprecht, was diese Laute bedeuten könnten! So habe ich sie "übersetzt". Verarbeitungsgespräch: Auswertung der Schülermeinungen; Fixierung der Ergebnisse (Bedeutung der Gänselaute) auf der Folie	- verbali-sieren - lesen - nachlesen - zuordnen - aufschrei-ben	Pa Hb	Tafel 4 Text Folie 1 Folie 2
	6. Lehrschritt (Vergleich)	Unterschiede zwischen Tier- und Menschensprache (Lz 5)	Arbeitsaufgabe: Besprecht euch zu diesen Fragen! Auswertung der Partnerarbeit Arbeitsaufgabe: Setzt auf dem Arbeitsblatt den richtigen Begriff (Tier- oder Menschensprache) ein! Auswertung der Gruppenarbeit	- überlegen - berichten - ausfüllen - vorlesen	Pa Hb Ga Hb	Folie 3 " Arbeitsblatt 2 "
Sicherungsphase	7. Lehrschritt (Lernziel-kontrolle)	Beantworten von Fragen zum Text	Arbeitsaufgabe: Beantwortet die Fragen in Stichpunkten! Kontrolle durch Vorlesen	- schreiben - wiederholen - vorlesen	Aa Hb	Folie 4 Block
	8. Lehrschritt (Hausaufgaben-stellung)	Anregung zum Vorlesen und zur selbständigen Weiterarbeit (Lz 6)	Arbeitsaufgaben: - Lest das Lesestück zu Hause vor und berichtet, was wir gelernt haben! - Stellt Tier- und Menschensprache gegenüber, indem ihr die Gegensatzpaare vom Arbeitsblatt aufschreibt!	- zuhören - ausführen	Aa	Arbeitsblatt 2

Hauptlernziel: Die Schüler sollen zum Erfassen und Verstehen von Texten des täglichen Lebens befähigt werden.	Unterrichtsthema: Ernst Klee: "Dienstnummer 170 979 springt in den Tod"	Autor: Josef Moosmüller
		Unterrichtszeit Empfehlung: 1 UE

Lernziele:
1. Die Schüler sollen die berichtenden Teile des Textes herausarbeiten.
2. Die Schüler sollen die meinungsbildenden Teile des Textes kennenlernen.
3. Die Schüler sollen Lz 1 und Lz 2 zueinander in Beziehung setzen und die Begriffe klären.
4. Die Schüler sollen den Grund für den Selbstmord klären und ihn kritisch diskutierend werten können.
5. Die Schüler sollen erkennen, daß für solche Probleme Auswege gesucht und erfolgreich begangen werden können.
6. Die Schüler sollen lernen, erlesene Informationen zu verarbeiten und u. U. damit zu diskutieren.

Text: Dienstnummer 170 979 springt in den Tod

Ein Mann stellt die Tasse Morgenkaffe auf die Untertasse zurück, klemmt sich die Aktenmappe unter den Arm, sagt seiner Frau "Auf Wiedersehen!" und zieht die Wohnungstür zu. Um 6.30 Uhr später, vor Dienstantritt, schreibt der 52jährige bürokratenhaft ordentlich seinen Abschiedsbrief: "Ich habe gestern nachmittag die Belege Januar 71 in Februar eingeordnet. Sehen Sie bitte mal nach... Ich schaffe das nicht mehr. Schleicher 170 979." Und etwas darunter: "Vielen Dank für Ihre Mühe."
Dann verschließt Engelbert Schleicher das Büro, geht die Treppe zum vierten Stock und weiter zum Dachgarten hinauf, wo sich in der Mittagspause die Kollegen nach dem Essen ergehen. Es ist 6.55 Uhr. Während sich die Kollegen zu Hause zum Weggehen fertig machen, stirbt Schleicher im Krankenwagen.
Ein Reporter hat den Zimmergenossen befragt. Schleicher war zwanzig Jahre lang Straßenbahnschaffner gewesen, eine Aufgabe, die ihn ausfüllte, weil er wußte, er wurde gebraucht. Dann ging es nicht mehr. Schleicher wurde zum Bürohilfsarbeiter. Bei Fortzahlung des Oberschaffnerlohns ein tristes sinnloses Absitzen der Arbeitszeit. Schleicher wechselte mehrmals seinen unwichtigen Posten, oder, um es mit den Worten des Betriebsrats zu sagen: "Wir haben einen bestimmten Stamm von Personal, der, wir wollen es ehrlich sagen, sein Gnadenbrot kriegt!" Wie Schleicher ergeht es vielen. Alte Berufsbilder sind passé (= vorbei), viele schaffen die Umstellung nicht mehr. Was in den Betroffenen vor sich geht, ergründet kaum einer. Der Nachruf von Schleichers Zimmernachbar: "Ein ruhiger Mensch und willig." Die Angehörigen: "Wir können uns nicht vorstellen, daß Papa das gemacht hat. Er hatte doch immer geputzte Schuhe, sein sauberes Taschentuch und Taschengeld für sonntags."

Medien:
- Text
- Folie
- Tafel mit Wortkarten
- Block

Folie 1:
Zeitungstext:
Am Montagnachmittag stürzte sich Herr Karl W. (62 Jahre), vom Arabellahochhaus in den Tod. Die Polizei konnte noch keine Gründe für seinen Selbstmord ermitteln.

Folie 2:
Arbeitsauftrag für flinke Leser:
Das Begehen eines Selbstmordes ist oft eine Kurzschlußhandlung. Zähle Gründe auf, die Menschen veranlassen können, dies zu tun!

Literatur:
1. Lesebuch: "schwarz auf weiß" Texte 6; Hermann Schroedel Verlag KG, Darmstadt-Hannover. (Text)
2. Johann Bauer: "Lernziele Kurse Analysen" Lehrerhandbuch zu Nr. 1; H. Schroedel Verlag KG.
3. Ingeborg Unertl: Unterrichtsvorbereitung; gehalten im Okt. 1978 an der Volksschule Eching.

Tafelbild:

Dienstnummer 170 979 springt in den Tod

Berichtende Angaben ③ **Meinungsbildende Angaben** ④ **Selbstmordgründe**

Berufsleben: ① ②
- 20 Jahre → Straßenbahnschaffner
- dann → Bürohilfsarbeiter

Morgen des Todestages:
- zu Hause → macht sich fertig,
- um 6.30 Uhr → verläßt das Haus,
- wenig später → schreibt Abschiedsbrief,
- um 6.55 Uhr → stirbt im Krankenwagen.

Meinungsbildende Angaben:
- bekommt Gnadenbrot
- geputzte Schuhe
- ruhig und willig
- sauberes Taschentuch
- bürokratenhaft ordentlich
- sonntags Taschengeld

Selbstmordgründe:
- Berufswechsel,
- sinnloses Absitzen der Arbeitszeit,
- berufliches Dasein als Nummer.

Arbeitsblatt:

Ordne mit Hilfe des Textes die Tatsachen den Zeitangaben zu!

Bisheriges Berufsleben:
- 20 Jahre lang → _____
- dann → _____

Morgen des Todestages:
- Zu Hause → _____
- um 6.30 Uhr → _____
- wenig später → _____
- um 6.55 Uhr → _____

UG	Lehrschritte (Artikulationsdefinition)	Lehrinhalte und Lernziele (= Lz)	Lehrakte .... Lernakte		Sozialformen	Lernhilfen
Eröffnungsphase	1. Lehrschritt (Einstimmung)		Sachimpuls: Lehrer zeigt einen Zeitungsausschnitt auf Folie.	– lesen	HKf	Folie 1
	2. Lehrschritt (Problemdiskussion)	Gründe für Selbstmorde	Diskussion: Schüler diskutieren über mögliche Selbstmordgründe und bewerten sie.	– diskutieren – bewerten	HKf	
	3. Lehrschritt (Zielangabe)	Überschrift des Textes	Erklärung: Der Text befaßt sich mit einem solchen Todesfall näher. Sachimpuls: Lehrer teilt den Text aus.	– hören zu	HKf	Text
Erarbeitungsphase	4. Lehrschritt (Informationsentnahme)	Stilles Lesen	Auftrag: Lies den Text still für dich durch. Für flinke Leser stehen Aufträge auf der Folie.	– lesen – bearbeiten	AA	Text Folie 2
	5. Lehrschritt (Spontane Textanalyse)	Erste Aussprache	Verbaler Impuls: Sicher hat dich der Text nachdenklich gestimmt. Du darfst dich zuerst mit deinem Partner unterhalten. Rundgespräch: Schüler berichten, was sie nachdenklich machte. (Ohne Wertung!)	– reden mit Partner – sprechen über Text	PA HKf	
	6. Lehrschritt (Teilzielerarbeitung)	(Lz 1) Berichtende Textteile	Arbeitsauftrag: Über zwei Abschnitte aus Schleichers Leben erhalten wir genaue Zeitangaben. Suche diese heraus und schreibe sie auf dein AB.	– überfliegen Text – suchen heraus	AA	Text Arbeitsblatt
	7. Lehrschritt (Teilzielfixierung)	(Lz 1)	Verarbeitungsgespräch: Schüler lesen vor und ergänzen sich gegenseitig. Lehrer notiert an der T.	– lesen Arbeitsergebnisse vor	HKf	Tafel 1
	8. Lehrschritt (Teilzielerarbeitung und -fixierung)	(Lz 2) Meinungsbildende Textteile	Erarbeitungsgespräch: Die Schüler erkennen, daß sie über den Menschen Schleicher durch andere etwas erfahren. Sie lesen im Text nach und unterstreichen entsprechende Textstellen und diskutieren darüber. Sie merken, daß diese Aussagen recht oberflächlich sind und an Schleichers Problem vorbeigehen.	– lesen im Text – streichen an – diskutieren – erkennen – reagieren auf verb. Impulse – heften Kärtchen an	HKf	Text Tafel 2
	9. Lehrschritt (Begriffsklärung und -fixierung)	(Lz 3) Klärung der Begriffe: – berichtende Angaben, – meinungsbildende Angaben.	Begriffsklärung: Bei den Zeitangaben berichtet der Verfasser knapp und genau über Daten. Man spricht von "berichtenden Angaben". Über die Person Schleichers sagen andere Menschen ihre Meinung. Daraus kannst du dir wieder eine Meinung bilden. Man spricht von "meinungsbildenden Angaben".	– hören zu – nehmen auf	HKf	Tafel 3
	10. Lehrschritt (Teilzielerarbeitung)	(Lz 4) Gründe für den Selbstmord	Arbeitsauftrag: Die Angehörigen sagen: "Wir können uns nicht vorstellen, daß Papa das gemacht hat." Suche mit deinem Partner Gründe für den Selbstmord.	– überlegen – lesen im Text – schreiben auf – besprechen	PA	Text
	11. Lehrschritt (Teilzielwertung und -fixierung)	(Lz 4)	Verarbeitungsgespräch: Schüler diskutieren über die Selbstmordgründe, wie sie im Text dargestellt sind.	– diskutieren – werten – lesen Textstellen vor	HKf	Tafel 4
	12. Lehrschritt (Anwendung)	(Lz 5)	Erarbeitungsgespräch: Schüler suchen Alternativmöglichkeiten.	– diskutieren über bessere Wege.	HKf	

Hauptlernziel: Verstehen und Erschließen von Texten	Unterrichtsthema: Georg Britting "Brudermord im Altwasser"	Autor: Josef Moosmüller
		Unterrichtszeit Empfehlung: 1 UE (60)

Lernziele:
1. Die Schüler sollen den Text gedanklich in Bilder umsetzen können.
2. Die Schüler sollen von der langen Einleitung auf den Fortgang der Geschichte schließen können.
3. Die Schüler sollen die Übereinstimmung der Überschrift mit dem Inhalt der Geschichte kritisch diskutieren und mit Textstellen argumentieren.
4. Die Schüler sollen den Text in vier Bilder aufteilen und den Bildinhalt angeben können.
5. Die Schüler sollen einsehen, daß Einleitung (Dämonie der Landschaft), Höhepunkt (Tod des Bruders) und Schluß (brutale Natur) in einem engen Verhältnis zueinander stehen.
6. Die Schüler sollen die Übereinstimmung des Satzbaues und der Wortwahl mit dem Geschehen erkennen.
7. Die Schüler sollen den Begriff "Offenes Ende" kennenlernen und über mögliche Varianten diskutieren.

Bemerkungen zur Stundengliederung:
Dieser Stunde fehlt die Eröffnungsphase. Es wird sofort mit dem stillen Erlesen des 1. Teils des Textes begonnen. Die Überschrift wird in die Erarbeitungsphase miteinbezogen.
Die Phase der Informationsentnahme gliedert sich in:
- Informationsentnahme durch stilles Lesen,
- Informationsvermutung,
- Informationsübergabe durch Vorlesen,
- Informationsgespräch.
Die Phase der Textanalyse ist aufgeteilt in:
- Sachinformatorische Textanalyse (Lehrschritt 7 - 10) (Ermitteln der sachlichen Aussage),
- Kommunikativ-linguistische Textanalyse (Lehrschritt 11 - 13),
- Normative oder sozio-kulturelle Textanalyse (Lehrschritt 6 und 14).
(Siehe Literatur Nummer 1!)
Eine Sicherungsphase läßt sich nicht organisch anschließen; sie entfällt deshalb ebenfalls.

Text: Der Text Brudermord im Altwasser ist in "Mein Lesebuch" für das 6. Schuljahr, Bayerischer Schulbuch-Verlag, München, auf Seite 26 abgedruckt.

Vorbemerkungen:
1. Da die Schüler mit dem Text arbeiten (z.B. unterstreichen), sollte er ihnen vervielfältigt übergeben werden.
2. Der Text muß in zwei Teile zerschnitten werden:
Erster Teil: Bis "..aber die abgehärteten Knaben spürten die Stiche nicht mehr."
Dieser Teil wird von den Schülern still erlesen.
Zweiter Teil: Bis zum Ende. Dieser Teil wird vom Lehrer vorgelesen und dann an die Schüler verteilt.
3. Da dieser Kurzgeschichte das typische Merkmal des Verzichts auf die Einleitung fehlt, eignet sie sich nicht zur Darstellung dieser Literaturgattung. Allein der Begriff "Offenes Ende" kann hier klar herausgestellt werden. Dies geschieht am Ende der Stunde.
5. Um den Schülern die Übereinstimmung des Satzbaues mit dem Inhalt des Geschehens besonders deutlich zu machen, sollte der Höhepunkt und der Schluß vom Lehrer vorgelesen werden.

Folie:
Arbeitsauftrag für flinke Leser:
Überlege, welche Farben du verwenden würdest, wenn du dazu ein Bild malen müßtest!
Notiere sie in Stichpunkten; vergleiche mit dem Text!

Literaturangabe:
1. Deutschunterricht in Grund- und Hauptschule I Verlag Ludwig Auer Donauwörth
Konrad Lohrer: Die Behandlung eines Lesestücks im Unterricht der Hauptschule (Seite 74 - 81)
2. Exempla Band 15: "Umgang mit Texten in Grund- und Hauptschulen" Verlag Ludwig Auer Donauwörth (Seite 183 - 190)

Tafelbild:

Brudermord im Altwasser (G. Britting)

Düsterer Schauplatz	→	Wilde Spiele	→	Tat	→	Weg nach Hause
Grünschwarze Tümpel		Indianer im Dickicht		Mord oder Unglück? ①		Staunzen stechen, Weiden schlagen ins Gesicht, Brombeersträucherstacheln, Wurzelschlangen
Raubfisch: böse Augen, gefräßiges Maul		Tiefe Schramme				
Hitze - Stille - Schlamm		Menschenfressermaske				Schwarzes Loch ④
Geruch wie Fäulnis, Kot und Tod ②		Böse Streiche				↓
		Sie lachen darüber ③				Offenes Ende

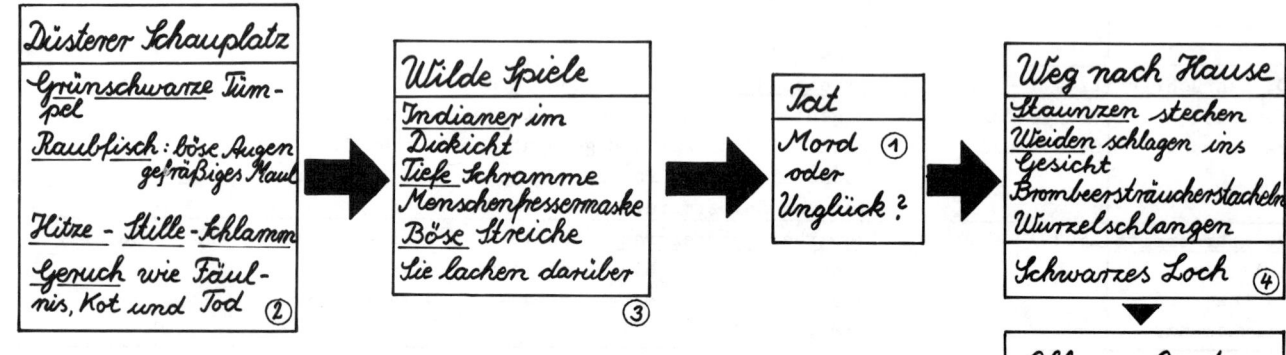

UG	Lehrschritte (Artikulationsdefinition)	Lehrinhalte und Lernziele (= Lz)	Lehrakte .... Lernakte		Sozial-formen	Lernhilfen
	1. Lehrschritt (Informations-entnahme)	Stilles Lesen	Sachimpuls: Lehrer teilt den 1. Teil des Textes aus. (Text ohne Über-schrift, bis ..aber die abgehärteten Knaben spürten die Stiche nicht mehr)	- lesen still	AA	Text
			Arbeitsauftrag für flinke Leser auf Folie.	- überlegen - bearbeiten	AA	Folie
	2. Lehrschritt (Teilziel-erarbeitung)	Bild zum Text (Lz 1)	Verarbeitungsgespräch: Schüler spre-chen über das Bild: Düstere Farben.	machen Vor-schläge	HB	
	3. Lehrschritt (Teilziel-erarbeitung)	Vermutung über Fortgang der Geschichte (Lz 2)	Unterrichtsfrage: Wie wird die Ge-schichte weitergehen?	- vermuten	HB	
	4. Lehrschritt (Informations-übergabe)		Vorlesen: Lehrer liest die Geschich-te zuende. (Anschl. wird 2. Teil ausgeteilt)	- hören zu	HB	
	5. Lehrschritt (Ausdrucksge-staltung)	Beeindruckende Textstellen	Auftrag: Die Geschichte hat dich sicher beeindruckt. Sprich kurz mit deinem Nachbarn darüber!	- sprechen mit Partner	PA	
	6. Lehrschritt (Teilziel-erarbeitung)	Werten der Über-schrift (Lz 3)	Sachimpuls: Lehrer schreibt Über-schrift an.	- lesen	HB	Tafel
			Erarbeitungsgespräch: Schüler dis-kutieren, ob es sich um Mord han-delt; sie argumentieren mit Text-stellen (z.B. die Knaben, die Mörder)	- werten - diskutieren	HB	Tafel 1
	7. Lehrschritt (Teilziel-erarbeitung)	Inhaltsanalyse in vier Bildern (Lz 4)	Arbeitsauftrag: Du sollst die Ge-schichte in vier Bildern darstellen. Überlege mit deinem Partner!	- sprechen mit Partner - notieren	PA	Text
Erarbeitungsphase	8. Lehrschritt (Teilziel-fixierung)	(Lz 4)	Verarbeitungsgespräch: Schüler be-sprechen ihre Einteilung und einigen sich auf: 1. Schauplatz, 2. Wilde Spiele, 3. Tat, 4. Weg nach Hause	- lesen vor - besprechen sich	HB	Tafel (Überschriften der 4 Rahmen)
	9. Lehrschritt (Teilziel-erarbeitung)	Einzelheiten der Bilder (Lz 4)	Arbeitsauftrag: Unterstreicht die für Bild 1, 2 und 4 wichtigen Textstellen.	- unterstrei-chen	AA	Text
	10. Lehrschritt (Teilziel-fixierung)	Bildinhalte (Lz 4)	Verarbeitungsgespräch: Schüler le-sen Textstellen vor, sprechen da-über. Lehrer notiert an d. Tafel.	- lesen vor - begründen	HB	Tafel 2,3,4
	11. Lehrschritt (Teilziel-erarbeitung)	Enges Verhältnis der Textteile (Lz 5)	Sachimpuls: Lehrer zieht von Bild 1 zu 2 und 3 einen Pfeil.	- beobachten	HB	Tafel
			Erarbeitungsgespräch: Die Schüler erkennen, daß Einleitung und Tat in einem Abhängigkeitsverhältnis zueinander stehen. Der düstere Schauplatz beeinflußt die Spiele der Buben. Es kommt zur verhäng-nisvollen Tat.	- diskutieren - erkennen Zusammen-hang	HB	
	12. Lehrschritt (Mündliche Re-kapitulation)	Sprechen zum Tafelbild	Auftrag: Schaut euch das Tafel-bild noch einmal an. Wer kann allein dazu sprechen?	- überlegen - sprechen zum Tafelbild	HB	Tafel
	13. Lehrschritt (Teilziel-erarbeitung)	Übereinstimmung des Geschehens mit dem Satzbau (Lz 6)	Verbaler Impuls: Der Autor hätte die Tat auch so beschreiben kön-nen: "Der Kleinste fiel ins Was-ser und ertrank."	- hören zu	HB	
			Auftrag: Lest die Textstelle vor!	- lesen vor	HB	Text
			Erarbeitungsgespräch: Der Satzbau und die Wortwahl stimmen mit dem Geschehen überein.	- besprechen - erkennen	HB	
			Auftrag: Sucht weitere Textstellen in denen der Zusammenhang zu er-kennen ist.	- suchen - lesen vor	AA	Text
	14. Lehrschritt (Teilziel-gewinnung)	Offenes Ende (Lz 7)	Verbaler Impuls: Lehrer liest den letzten Satz vor.	- hören zu	HB	Text
			Erklärung: Britting hat den Ausgang der Geschichte offen gelas-sen. Dies nennt man in der Litera-tur "Offenes Ende".	- hören zu	HB	Tafel
			Auftrag: Diskutiert, wie es weiter-gehen könnte!	- diskutieren	HB	

Hauptlernziel:	Unterrichtsthema:	Autor: Josef Moosmüller
Kennenlernen von satirischen Texten	"Der Kohlenwagen" von Ludwig Thoma	Unterrichtszeit Empfehlung: 1 UE

Lernziele:
1. Die Schüler sollen den Text inhaltlich erschließen.
2. Die Schüler sollen am Beispiel des Polizisten die Diskrepanz zwischen erwartetem und tatsächlichem Verhalten erschließen.
   (Der Polizist verhält sich unangemessen)
3. Die Schüler sollen erkennen, warum die Handlung des Polizisten so übertrieben beschrieben wird.
   (Aufdecken von Fehlern und Mängeln)
4. Die Schüler sollen erkennen, daß die Umständlichkeit, mit der Behörden oft Dinge erledigen, lächerlich gemacht und kritisiert werden soll.
5. Die Schüler sollen diese Geschichte von Ludwig Thoma als Satire erfassen.

Literaturangaben:
1. Lernziele, Kurse, Analysen; Lehrerhandbuch zu "schwarz auf weiß"; Herausgeber: Johann Bauer; Hermann Schroedel Verlag KG; Darmstadt, Hannover. Lernziele und Sachanalyse.
2. Deutschunterricht in Grund- und Hauptschule I; Verlag Ludwig Auer, Donauwörth, 1977. Seite 74: Konrad Lohrer "Die Behandlung eines Lesestücks im Unterricht der Hauptschule" Stundenaufbau.

Vorbereitende Arbeit:
Herstellen der Tafelzeichnung und der fünf Wortkarten zur Auflockerung des Tafelbildes.

Text:
Diese Geschichte ist im Lesebuch "schwarz auf weiß", Texte 6, Hermann Schroedel Verlag KG auf Seite 64 abgedruckt.

Sachanalyse:
Die Geschichte "Der Kohlenwagen" wurde von Ludwig Thoma in der Satiren- und Humoreskensammlung "Daheim und bei den anderen" veröffentlicht.
In übertriebener und zugespitzter Form wird das Handeln des Polizeiapparates am Beispiel eines harmlosen Verkehrsunfalles geschildert. Dabei soll die Umständlichkeit dargestellt werden, mit der der Staatsapparat Schwierigkeiten behandelt und so Kleinigkeiten zu "Staatsaffairen" hochspielt. Statt das einzig Selbstverständliche zu tun, nämlich den Kohlenwagen von der Unfallstelle wegzutransportieren, wird durch ein Handeln nach formalen Vorschriften das totale Verkehrschaos hervorgerufen.
Bezeichnend ist auch, daß die Zuschauer keineswegs an diesem Vorgehen Anstoß nehmen, sondern sich wie selbstverständlich in dieses Geschehen einbinden lassen, indem sie sich von den Polizisten in gerader Linie aufstellen lassen.
Ganz "natürlich" ist auch, daß der einzelne Versuch eines Arbeiters, das Hindernis aus dem Weg zu räumen, nicht aufgegriffen wird.
Thoma will die Unfähigkeit des staatlichen Apparates, mit Kleinigkeiten fertig zu werden, der Lächerlichkeit und dem Gespött preisgeben.

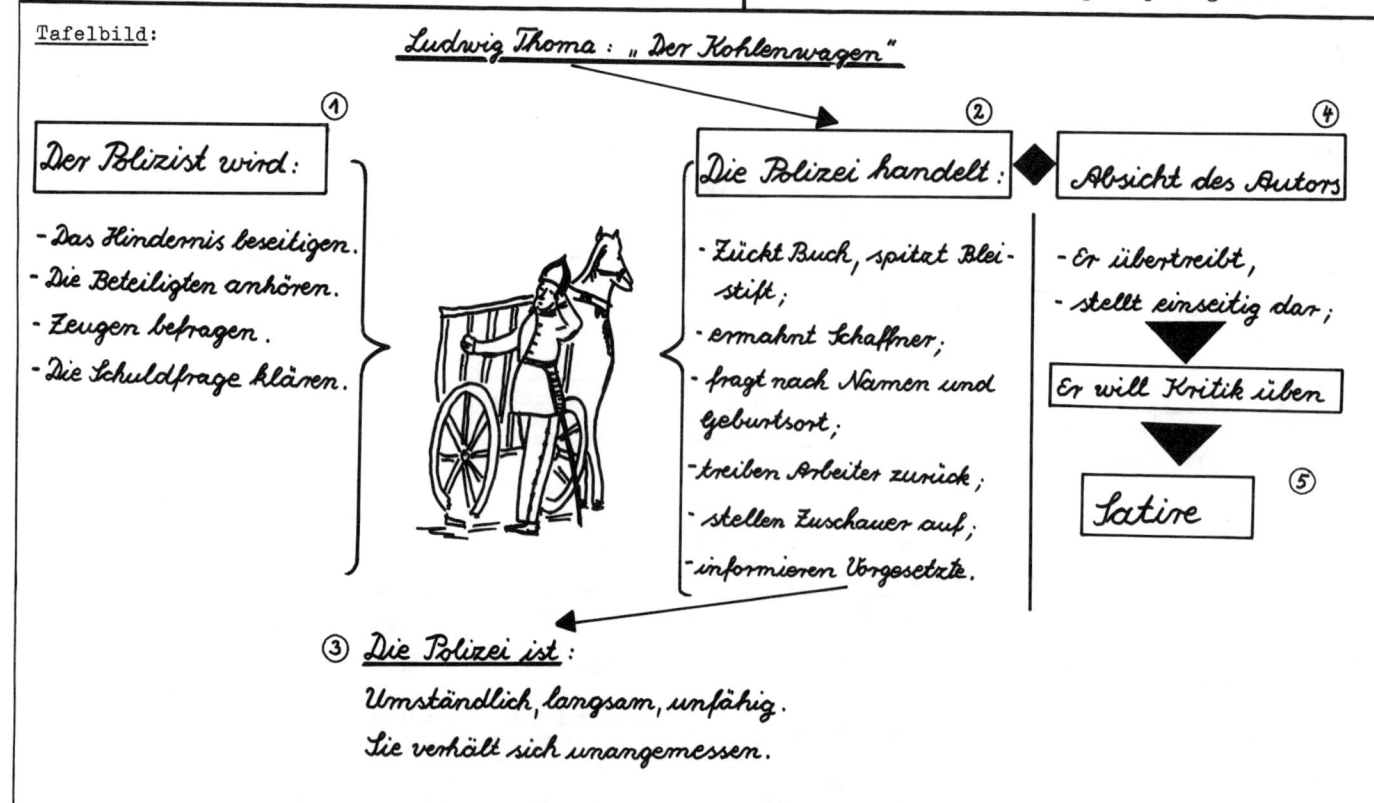

Tafelbild:

Ludwig Thoma: "Der Kohlenwagen"

① Der Polizist wird:
- Das Hindernis beseitigen.
- Die Beteiligten anhören.
- Zeugen befragen.
- Die Schuldfrage klären.

② Die Polizei handelt:
- Zückt Buch, spitzt Bleistift;
- ermahnt Schaffner;
- fragt nach Namen und Geburtsort;
- treiben Arbeiter zurück;
- stellen Zuschauer auf;
- informieren Vorgesetzte.

④ Absicht des Autors
- Er übertreibt,
- stellt einseitig dar;

Er will Kritik üben

⑤ Satire

③ Die Polizei ist:
Umständlich, langsam, unfähig.
Sie verhält sich unangemessen.

UG	Lehrschritte (Artikulationsdefinition)	Lehrinhalte und Lernziele (= Lz)	Lehrakte .... Lernakte		Sozialformen	Lernhilfen
Eröffnungsphase	1. Lehrschritt: (Einstimmung)	Schriftsteller Ludwig Thoma	Sachimpuls: Lehrer schreibt L. Thoma an die Tafel.	– lesen	HB	Tafelbild
			Rundgespräch: Schüler geben ihr Wissen wieder und sprechen über bereits gelesene Texte.	– äußern sich – beurteilen – vermuten	HB	
	2. Lehrschritt: (Zielangabe)	Vermutungen über Inhalt	Sachimpuls: Lehrer schreibt Überschrift an die Tafel.	– lesen – vermuten	HB	Tafelbild
Erarbeitungsphase	3. Lehrschritt: (Informationsübergabe)		Vorlesen: Lehrer liest den 1. Teil bis: "So? Das wer'n wir gleich haben", erwiderte der Schutzmann.	– zuhören	HB	
	4. Lehrschritt: (Hypothesenbildung)	Lösungsmöglichkeiten	Verbaler Impuls: Versetze dich in die Lage des Polizisten!		HB	
			Auftrag: Diskutiere mit dem Partner wie du nun vorgehen würdest!	– sprechen mit Partner – notieren	PA	
			Verarbeitungsgespräch: Schüler geben Lösungsmöglichkeiten und diskutieren über das richtige Vorgehen. Lehrer notiert Stichpunkte.	– berichten – diskutieren	HB	Tafel 1
	5. Lehrschritt: (Informationsentnahme)	Stilles Lesen des Textes	Auftrag: Lest die Geschichte zuende und notiert in Stichpunkten, wie die Polizei vorgegangen ist.	– lesen still – notieren	AA	Text Block
	6. Lehrschritt: (Teilzielgewinnung)	Inhaltsanalyse (Lz 1)	Verbaler Impuls: Du sollst ein Bild zur Geschichte zeichnen.	– überlegen	AA	
			Rundgespräch: Der Inhalt des Textes wird geklärt.	– äußern sich	HB	
	7. Lehrschritt: (Teilzielgewinnung)	Verhalten der Polizei (Lz 2)	Auftrag: Unterstreiche die Stellen im Text, in denen über das Handeln der Polizei berichtet wird.	– lesen im Text – unterstreichen	AA	Text
			Verarbeitungsgespräch: Schüler lesen Textstellen vor, kommentieren sie und beurteilen das Eingreifen der Polizei. Lehrer notiert das Vorgehen an der Tafel.	– lesen vor – geben ihre Meinung wieder – beurteilen	HB	Text Tafel 2
	8. Lehrschritt: (Teilzielgewinnung und -fixierung)	Die Polizei verhält sich unangemessen	Auftrag: Überlege mit deinem Partner, welche Eigenschaften du den Polizisten zuordnen könntest.	– überlegen – notieren	PA	
			Verarbeitungsgespräch: Schüler geben Eigenschaften an und belegen sie mit Textstellen	– lesen Arbeitsergebnisse vor	HB	Text Tafel 3
	9. Lehrschritt: (Wertung)	Vernünftiges Verhalten eines Zuschauers	Verbaler Impuls: Nur ein einziger Zuschauer hat das Wesentliche erkannt. Suche die Textstelle!	– lesen vor – begründen	HB	Text
	10. Lehrschritt: (Teilzielgewinnung)	Übertriebene Beschreibung, Kritik (Lz 3 und 4)	Auftrag: Diskutiert in der Gruppe, ob sich die Polizei früher wirklich so verhalten hat, oder welche Absicht in dieser Beschreibung steckt.	– reden in der Gruppe	GA	
	11. Lehrschritt (Teilzielfixierung)	Absicht des Autors	Verarbeitungsgespräch: Das Handeln der Polizei ist übertrieben und einseitig dargestellt. Absicht: Kritik üben, Umständlichkeit darstellen.	– tragen Ergebnisse vor – diskutieren	HB	Tafel 4
	12. Lehrschritt (Generalisierung)	Begriff Satire (Lz 5)	Erklärung: Texte, die mit dem Stilmittel der Übertreibung arbeiten, nennt man Satiren.	– nehmen auf	HB	Tafel 5
			Auftrag: Sucht noch andere Textstellen mit Übertreibungen.	– lesen im Text	AA	Text

Hauptlernziel: Fähigkeit, sinn- und formgerecht vorzulesen	Unterrichtsthema: "Die Brille" von Karl Valentin	Autor: Egbert Kuhlmay
		Unterrichtszeit Empfehlung: 2 UE

Vorbemerkungen:

Für die dargestellte Unterrichtseinheit sind keine besonderen Lernvoraussetzungen erforderlich.
Die unterrichtliche Arbeit gliedert sich in die Vorbereitung und Begegnung mit dem Text, eine inhaltliche Sachanalyse, eine kommunikativ-linguistische Sprachanalyse, sowie eine kurze intentionale Sinnanalyse.
Den Schwerpunkt bildet das sprachliche Gestalten des Textes, da das sinnliche Erfassen der Teile das Wiedererkennen sprachlicher Strukturen sowohl im Bereich der Syntax als auch der Semantik voraussetzt, ehe sich freie szenische Gestaltungsversuche anschließen, die z. B. in einer Aufführung bei einer Schulfeier ihren sinnvollen Höhepunkt haben können.
Die Sprachanalyse soll die durch Scheinlogik und Mehrdeutigkeit von Begriffen, durch Überdehnung kleiner Situationen hervorgerufene Sprachkomik bewußtmachen.
Als wesentliches Element des Trainings nachgestaltenden Lesens wird das variative Durchspielen isolierter Teile eingesetzt, das durch Klangdifferenzierungen Bedeutungsunterschiede erfahren läßt. Die Zurückverwandlung des Geschriebenen in Laute setzt Text- und Klangverständnis voraus, weshalb es sich verbietet, "Betonungsregeln" zu vermitteln. Die Art sprachlicher Artikulation ergibt sich allein aus dem situativen Kontext. Der Schüler muß hierbei klanglich "gesamtsignalisieren" (Stocker) können. Da dieser Vorgang rasch geschehen muß, werden "Hilfszeichen" zur Markierung einzelner Konstituenten der Phonodie eingesetzt, die ein schnelles Wiedererfassen ermöglichen und bei künftigen Lesetexten wiederverwendet bzw. erweitert werden können.

Teillernziele:

Der Schüler soll:
1. erkennen, warum und durch welche Mittel Karl Valentins "Brille" komisch wirkt (kognitiv)
2. erkennen, welche Wirkung Karl Valentin mit diesem Text beabsichtigt (kognitiv)
3. die Szene "Die Brille" mit verteilten Rollen sprachgestaltend und situationsgerecht lesen (instrumental)
4. Markierungen als Hilfen zur raschen phonetischen Dekodierung verwenden (kognitiv/psychomotorisch)
5. den Dialog szenisch nachgestalten (psychomotorisch)

Medien:

- vervielfältigter Text der "Brille"
- Originalaufnahme mit K. Valentin und Liesel Karlstadt (Electrola 1C 148 - 29788/89 M)
- Cassettenrecorder

Literatur:

Wilhelm, F.: Zwei Stücke von Karl Valentin, in: Ehrenwirth-Hauptschulmagazin, 3/1979, München.

DIE BRILLE

Textblatt (Umdruck)

1 Er: Klara!
2 Sie: Ja?
3 Er: Weißt du, wo meine Brille ist? Ich find' meine
4 Brille nicht.
5 Sie: In der Küche hab' ich sie gestern lieg'n seh'n.
6 Er: Was heißt, was heißt "gestern", vor einer Stun-
7 de hab' ich doch noch g'lesen damit.
8 Sie: Ja das kann schon sein, aber gestern ist die
9 Brille in der Küche gelegen.
10 Er: So red' doch keinen solchen unreinen Mist. Was
11 nützt mich denn des, wenn die Brille gestern
12 in der Küche gelegen ist?
13 Sie: Ja, ich sag' das doch nur, weil du sie schon
14 ein paarmal in der Küche hast liegen lassen.
15 Er: Ein paarmal! Die hab' ich schon öfters liegen
16 lassen; wo sie jetzt liegt, das will ich
17 wissen.
18 Sie: Ja, wo sie jetzt liegt, das weiß ich auch
19 nicht. Irgendwo wird's schon liegen.
20 Er: Irgendwo! Freilich liegt sie irgendwo, aber
21 wo? Wo ist denn das Irgendwo?
22 Sie: Irgendwo, das weiß ich auch nicht, nein, dann
23 liegt's halt wo anders.
24 Er: Wo anders! Ja woanders ist doch irgendwo!
25 Sie: Red' doch nicht so saudumm daher. Wo anders
26 kann doch nicht zu gleicher Zeit wo anders und
27 irgendwo sein. Aber alle Tage diese Sucherei
28 nach der saudummen Brille. Das nächste Mal
29 merkst dir's halt, wo du sie hinlegst, dann
30 weißt du auch, wo sie ist.
31 Er: Aber Frau! So kann nur wer daherreden, der von
32 einer Brille keine Ahnung hat. Wenn ich auch
33 weiß, wo ich sie hing'legt hab', das nützt mich
34 doch garnichts, weil ich doch nicht sehe, wo
35 sie liegt, weil ich doch ohne Brille nichts
36 sehen kann.
37 Sie: Sehr einfach! Dann mußt du eben noch eine Bril-
38 le haben, damit du mit der einen Brille die
39 andere suchen kannst.
40 Er: Das wär' ein teurer Spaß. Tausendmal im Jahr
41 verleg' ich meine Brille. Wenn ich da jedesmal
42 eine Brille dazu bräuchte! Die billigste Brille
43 kostet drei Mark. Das wären um dreitausend Mark
44 im Jahr.
45 Sie: Du Schaf, du. Du brauchst doch nicht tausend
46 Brillen.
47 Er: Aber zwei Stück unbedingt. Eine kurz- und eine
48 weitsichtige. Nein, nein, da fang' ich lieber
49 gar nicht an. Stell' dir vor, ich hab' die
50 Weitsichtige verlegt
51 Sie: Ja
52 Er: und habe nur die Kurzsichtige auf. Die Weit-
53 sichtige liegt aber weit entfernt, so daß ich
54 die weitsichtig entfernt liegende mit der
55 kurzsichtigen Brille nicht sehen kann.
56 Sie: Mm, dann läßt du einfach die kurzsichtige
57 Brille auf und gehst so nahe an den Platz hin
58 wo die weitsichtige liegt, ...
59 Er: So.
60 Sie: ... damit du mit der kurzsichtigen die weit-
61 sichtige liegen siehst. Ganz einfach.
62 Er: Ja, ich weiß doch den Platz nicht, wo die
63 weitsichtige liegt.
64 Sie: Der Platz ist eben da, wo du die Brille hin-
65 gelegt hast.
66 Er: Ja, um das handelt's sich's ja. Den Platz weiß
67 ich aber nicht mehr, verstehst mich denn nicht.
68 Sie: Freilich versteh' ich das, aber des kann ich
69 doch net ändern. Vielleicht hast' es im
70 Etui drinnen?
71 Er: Ja, des könnt sein, da wird sie drin sein ...
72 Gib mir mein Etui her.
73 Sie: Ja wo ist denn das Etui?
74 Er: Ja das Etui, das ist eben da, wo die Brille
75 drin steckt.
76 Sie: Ja immer ist die Brille auch nicht im Etui.
77 Er: Doch, sie ist immer im Etui, außerdem ich
78 hab' sie auf.
79 Sie: Was, das Etui?
80 Er: Nein, die Brille! ---
81 Sie: Ja was seh' ich denn da? Ja schau' dir doch
82 mal auf deine Stirne hinauf!
83 Er: Da seh' ich doch net nauf!
84 Sie: Ja dann greifst nauf! Da, auf die Stirne da,
85 da hast du deine Brille hinaufgeschoben.
86 Er: Ja, ja, das stimmt, da is' ja meine Brille,
87 aber leider ...
88 Sie: Was leider?
89 Er: ... ohne Etui.

(Karl Valentin)

Wir üben das sinngestaltende Lesen!

Trage "Hilfszeichen" für das Lesen ein! (Übrigens: Nachrichtensprecher im Fernsehen machen das auch!)

‖ Absatz im Text. Stimme wird langsamer und sinkt ab.
‖ Sprecher holt Atem.
| Sinnschritt: Die Stimme sinkt.

⌒ Ausruf (Wie herrlich das ist!)
⌒ Frage (Findest du es?)
⌒ Aussage (Peter liest gut.)

● Starke Betonung.
/ Leichte Betonung.

UG	Lehrschritte (Artikulationsdefinition)	Lehrinhalte und Lernziele (= Lz)	Lehrakte .... Lernakte		Sozialformen	Lernhilfen
Eröffnungsphase	1. Lehrschritt (Einstimmung)	Konfrontation mit Ausgangssituation: Suchen einer Brille	Pantomime: Der Lehrer sucht seine (verlegte) Brille. Vermutung: Der Lehrer findet seine Brille nicht. Sachimpuls: Kommentarloses Vorspielen der ersten drei Sätze der "Brille" (vgl. Textblatt)	– zuschauen – vermuten – zuhören	Hb	Cassette (erste 3 Sätze)
	2. Lehrschritt (Anknüpfung)	Aktivierung, vorhandenes Wissen bewußt machen	Verarbeitungsgespräch: Es sprechen Karl Valentin und Liesel Karlstadt. Die Schüler nennen weitere, ihnen bekannte Szenen der beiden Volksschauspieler.	– erkennen – notieren	Hb	Tafelanschrift beider Namen
	3. Lehrschritt (Zielangabe)	Vermutung über Inhalt der Szene und Art ihrer Darstellung	Sachimpuls: "Die Brille" (TA) Vermutung: Valentin findet seine Brille nicht. Vermutlich ist es eine nicht sehr lustige Geschichte.	– anschreiben – vermuten	Pa Hb	Tafelanschrift
Erarbeitungsphase	4. Lehrschritt (Textbegegnung)	Stilles Erlesen (Lz 1)	Arbeitsaufgabe: Lies die Szene "Die Brille" still durch! Arbeitsanweisungen für schnelle Leser: 1. Suche 3 Mißverständnisse heraus und unterstreiche sie! 2. Überlege dir den Grund für die zahlreichen Mißverständnisse!	– stilles Lesen – unterstreichen – überlegen	Aa Aa	Arbeits- und Textblatt
	5. Lehrschritt (Texterschließung)	Situations- und Sachanalyse (Lz 1/2)	Impuls: Ein komischer Vogel dieser Karl Valentin! Erarbeitungsgespräch: Der unbedeutende Anlaß der offenbar verlegten Brille wird durch absichtliche Mißverständnisse lustig und komisch.	– überlegen – berichten	Hb	
		Untersuchen sprachlicher und situativer Mittel, die Komik bewirken (Lz 1/2)	Arbeitsaufgabe: Sucht Beispiele für Mißverständnisse und markiert entsprechende Zeilen! Beispiele: Schüler lesen Beispiele vor (z. B. Zeilen 13 - 17, 22 - 24, 37 - 41 usw.) Feststellung: Karl Valentin legt die Äußerungen seiner Partnerin laufend wörtlich aus. Liesel Karlstadt meint jeweils die übertragene Bedeutung. Hierdurch entstehen zahlreiche Mißverständnisse.	– nachlesen – markieren – vorlesen – formulieren	Pa Hb Hb	Textblatt Textblatt
	6. Lehrschritt (Fixierung)	Zusammenfassendes Formulieren der Erkenntnis (Lz 1/2)	**Die Brille** (Karl Valentin) Karl Valentin nimmt Äußerungen wörtlich, legt sie falsch aus, begründet sie scheinbar "logisch".	– formulieren – fixieren	Hb/Aa	Literaturheft/ Tafelanschrift
			Beispiele: ... ein paarmal! Die hab' ich schon öfters liegen lassen. ... immer ist die Brille auch nicht im Etui. ... Tausendmal im Jahr verleg' ich meine Brille. Das wär ein teurer Spaß.	– belegen – fixieren	Hb/Aa	Literaturheft/ Tafelanschrift
			Mißverständnisse, falsche Auslegungen und Wortspiele bewirken Komik.	– abstrahieren – fixieren		Literaturheft/ Tafelanschrift
		Erkennen der Verfasserintention (Lz 3)	Feststellung: Karl Valentin will mit dem Text erheitern und zum Nachdenken über sprachliche Verständigungsschwierigkeiten anregen.	– überlegen – berichten	Ga Hb	
Sicherungsphase	7. Lehrschritt (Sprechlesendes Nachgestalten)	Sinn- und formgerechtes Lesen in verteilten Rollen (Lz 3)	Arbeitsauftrag: Lest einen kurzen Szenenausschnitt in verteilten Rollen! (ca. 10 - 15 Zeilen) Vortrag: Schüler lesen Szene vor der Klasse oder spielen eigene Aufnahme vor.	– dialogisieren – aufnehmen – vorlesen oder vorspielen	Ga/Pa Hb	Textblatt (Gruppenraum) Recorder Recorder
	8. Lehrschritt (Gestaltungshilfen)	Textmarkierungen als Lesehilfe (Lz 4)	Arbeitsauftrag: Markiere einen weiteren Textabschnitt mit den angegebenen Zeichen als Lesehilfe!	– erläutern – markieren – berichten	Hb Aa	Textblatt
	9. Lehrschritt (Ausdrucksgestaltung)	Verwendung von "Hilfszeichen" beim Lesen (Lz 3)	Arbeitsauftrag: Übt das sinngestaltende Vorlesen in Partnerarbeit! Wertung: Lob gelungener Passagen, Verbesserungsvorschläge. Vergleich mit Originalfassung von Karl Valentin u. Liesel Karlstadt.	– einüben – werten – zuhören – vergleichen	Pa Hb Hb	Textblatt Cassette/Schallplatte
	10. Lehrschritt (szenische Gestaltung)	Szenische Nachgestaltung des Dialogs (Lz 5)	Hausaufgabe: Lernen des Dialogs Spiel vor der Klasse Verbesserungsvorschläge für Detailgestaltung der Szene Aufführung (z. B. bei Schulfeier)	– einprägen – spielen – werten – verbessern und spielen	Pa	Textblatt

Hauptlernziel: Kennenlernen und Erschließen des Gedichtes "Der Winterstier" nach Gehalt und Gestalt	Unterrichtsthema: "Der Winterstier" von Georg Britting (Literatur: Erschließen eines Wintergedichts)	Autor: Maria Sedlmayer
		Unterrichtszeit Empfehlung: 1 UE=45 Min

VORBEMERKUNGEN: Den Text des Gedichtes sollte jeder Schüler in Händen haben. Als Alternative zu Lehrschritt 5 bietet sich der Gedichtvortrag durch den Lehrer an. Das Tafelbild kann ebenso gut als Folie auf dem Overhead-Projektor geboten werden.

TEILLERNZIELE: Die Schüler sollen:
1. einige Gedichte von Georg Britting nennen und kurz das Kennzeichnende beschreiben,
2. aus einem knappen Text einige Daten über den Autor entnehmen und sich merken,
3. anhand der Überschrift Vermutungen über den Inhalt des Gedichts anstellen,
4. Assoziationen, Tätigkeiten und Eigenschaften zu dem Wort "Stier" notieren,
5. über das Gedicht "Der Winterstier" durch leises Erlesen einen Überblick gewinnen und ein erstes Vortragen versuchen,
6. aus dem Gedicht Aussagen und Vergleiche finden, die den erarbeiteten Aussagen über das Wort "Stier" entsprechen und sie diesen gegenüberstellen,
7. die Bildhaftigkeit und Lautmalerei der Sprache in ihrem Ausdrucksgehalt zu erfassen versuchen,
8. den durch die Worte zum Ausdruck kommenden Inhalt im strophenweisen sprachlichen Vollzug nachzuempfinden versuchen,
9. erkennen, daß der Dichter hier kein statisches Bild des Winters malt, sondern die Dynamik von Bewegungsabläufen einfängt und mit den Mitteln der Sprache eine Handlungsentwicklung und Handlungssteigerung zum Ausdruck bringt,
10. das Erarbeitete mündlich zusammenfassen und in drei Sätzen an der Tafel notieren,
11. das Gedicht in seiner Gesamtheit unter Anwendung des Erarbeiteten möglichst eindrucksvoll vortragen.

MEDIEN:
Tafeltext und -bild, Text des Gedichtes, Arbeitsblock.

LITERATUR:
1. Baumgärtner/Künnemann: auswahl 7, Verlag Ferdinand Kamp, Bochum 1978
2. Pielow, Winfried: Das Gedicht im Unterricht – Wirkungen, Chancen, Zugänge; München 1965
3. Rank, Karl: Sprachliche Situationen im Unterricht der Volksschule, Auer Verlag Donauwörth 1966

DER WINTERSTIER

Georg Britting

Es klirrt im Frost
der Buchenwald,
das Buchenscheit
im Ofen knallt.

Der Wind aus Ost
wird abgelöst
von dem aus Nord.
Der Nordwind stößt

mit hartem Horn,
der Winterstier,
im weißen Zorn,
mit Augen blau, wie Eis,
so an die Tür,
daß wild der Riegel schreit.

Vor ihm erstarrt
der grüne Teich
weiß zu Damast,
der schwarze Bach
wird bleich.

Wer weiß, wenn das so weiter friert,
ob selbst das Buchenscheit,
das mir im Ofen rötlich klirrt,
nicht auch erblaßt!

TAFELBILD: **GEORG BRITTING: DER WINTERSTIER**

① Gedichte: Hinterm Zaun, Herbstmorgen im Gebirge, Raubritter ...

② Georg Britting: geb. 1891 in Regensburg, gest. 1964 in München. Er ist ein Erzähler und Lyriker, der in kräftiger und eigenwilliger Sprache Naturbilder und menschliche Schicksale wiedergibt.

STIER: ③	WINTER: ④
zornig	„im weißen Zorn"
wild, wütend brüllen	wild schreit der Riegel
schnauben, stampfen, an der Kette rütteln	Buchenholz klirrt, knallt
mit den Hörnern stoßen	der Nordwind stößt an die Tür
wir fürchten uns vor einem wütenden Stier	der Teich erstarrt, der Bach wird bleich, das Buchenscheit erblaßt

⑤ 1. Der Dichter vergleicht den Winter mit einem Stier.
2. Der Dichter „malt" mit Hilfe der Sprache.
3. Im Gedicht steckt eine Entwicklung und Steigerung bis zur letzten Zeile.

UG	Lehrschritte (Artikulationsdefinition)	Lehrinhalte und Lernziele (= Lz)	Lehrakte .... Lernakte		Sozial-formen	Lernhilfen
Eröffnungsphase	1. Lehrschritt (Vorkenntnis-ermittlung)	Bereits bekannte Gedichte von Britting (Lz 1)	Impuls: Schon bei manchem Gedicht ist uns der Name "Georg Britting" begegnet.. Erarbeitungsgespräch: Bei Brittings Gedichten (Raubritter, Herbstmorgen im Gebirge, Landregen, Hinterm Zaun, Unerbittlicher Sommer,..)fiel uns die etwas eigenwillige, kraftvolle Sprache mit ihren eindrucksvollen Vergleichen auf.	- zuhören - sich erinnern - besprechen	Hb Hb	Tafel ①
	2. Lehrschritt (Vertiefung der Vorkenntnisse)	Angaben über den Autor (Lz 2)	Arbeitsaufgabe: Lest die knappen Angaben über den Dichter durch und notiert, was ihr euch davon merken wollt.	- lesen - wiederholen - notieren	Aa/ Hb	Tafel ② Arbeitsblock
	3. Lehrschritt (Zielangabe)	Überschrift des Gedichts (Lz 3)	Impuls: "Der Winterstier" wird an die Tafel geschrieben. Frage: Was wird wohl mit diesem Wort gemeint sein?	- lesen - vermuten	Hb Hb	Tafel (Überschrift)
Erarbeitungsphase	4. Lehrschritt (Vorbesprechung)	Untersuchen des Grundwortes "Stier" (Lz 4)	Arbeitsaufgabe: Notiert gemeinsam mit euerem Nachbarn alle Tätigkeiten und Eigenschaften, die euch zu dem Wort "Stier" einfallen. Wir schreiben einige an die Tafel.	- überlegen - notieren - besprechen	Pa Hb	Block Tafel ③
	5. Lehrschritt (Gedichtbegegnung)	Lesen des Gedichts (Lz 5)	Arbeitsauftrag: Lest das Gedicht zuerst leise, dann laut!	- lesen - vortragen	Aa Hb	Gedichttext
	6. Lehrschritt (Inhaltsklärung)	Vergleiche und Bilder des Gedichts (Lz 6)	Erarbeitungsgespräch: Wie kommt Britting dazu, den Winter mit einem Stier zu vergleichen? - Wir suchen analoge Aussagen über den Winter und stellen sie unseren Notizen über den "Stier" gegenüber. Welche weiteren Ähnlichkeiten hat Britting gefunden (Augen, Hörner..)?	- lesen - aufsuchen - vergleichen - beschreiben - notieren	Hb	Tafel ④ Gedichttext
	7. Lehrschritt (Betrachtung der Sprache)	Sprache des Gedichts (Lz 7)	Impuls: Der Dichter hat genau die Worte gefunden, die das Bild des wilden "Winterstiers" auch mit Lauten malen. Erarbeitungsgespräch: Doppelmitlaute (bei klirren, knallen, erstarrt) und viele Wörter mit "r" machen die Sprache hart. Farbgegensätze und der Gegensatz warm - kalt (Ofen, rot - blaß, friert) unterstützen die Wirkung.	- aufsuchen - sprechen - nachempfinden	Hb Hb	Gedichttext
	8. Lehrschritt (Teilzusammenfassung)	Strophenweiser Vortrag (Lz 8)	Arbeitsauftrag: Tragt je eine Strophe so vor, daß in den Worten die Kälte des Winters zu spüren ist.	- vortragen - vergleichen	Hb/ Aa	Gedichttext
	9. Lehrschritt (Betrachtung der Handlungssteigerung)	Dynamik des Gedichts (Lz 9)	Erarbeitungsgespräch: Zu Beginn des Gedichts ist der Winter erst im Kommen. Er setzt sich immer mehr durch gegen die Wärme des Buchenscheits, das zuerst im Ofen knallt, dann rötlich klirrt und zuletzt erblaßt.	- nachlesen - erkennen - aufsuchen	Hb	Gedichttext
Sicherungsphase	10. Lehrschritt (Gesamtzusammenfassung)	Wiedergabe des Erarbeiteten (Lz 10)	Arbeitsauftrag: Wir fassen in einigen Sätzen zusammen, was wir über das Gedicht herausgefunden haben.	- wiederholen - zusammenfassen - notieren	Hb	Tafel ⑤
	11. Lehrschritt (Ausdrucksgestaltung)	Gedichtvortrag (Lz 11) Lautverbindungen (siehe Lz 7)	Partnerarbeit: Besonders hervorzuhebende Lautverbindungen werden unterstrichen als Unterstützung für den nachfolgenden Gedichtvortrag: Einzelne Schüler tragen das ganze Gedicht möglichst ausdrucksvoll vor, die übrigen beurteilen.	- unterstreichen - vortragen - beurteilen	Pa Hb	Gedichttext

Hauptlernziel: Die Schüler sollen den Inhalt des Gedichts erfassen und kritisch analysieren können.	Unterrichtsthema: "Der Schneider von Ulm", Gedicht von Bertold Brecht	Autor: Peter Settele
		Unterrichtszeit Empfehlung: 1 UE

Vorbemerkungen:
1. Den inhaltlichen Hintergrund des Gedichts bildet eine historische Begebenheit aus dem 18. Jahrhundert: Albrecht Berblinger, besser bekannt als "Schneider von Ulm", unternahm einen Flugversuch, scheiterte aber im Rahmen einer öffentlichen Veranstaltung kläglich.
2. Als Einstimmung habe ich einen kleinen Film gewählt, den ich selbst während eines Urlaubs in den Bergen gedreht habe. Als Alternative wäre auch unten angebrachtes Bild möglich.
3. Aus zeitlichen Gründen kann wohl auf die sprachliche Form des Gedichts nicht mehr eingegangen werden.
4. Zum Inhalt des Gedichts wäre noch anzumerken, daß es in Wahrheit in Ulm nie einen Bischof gab und der Flugversuch des Berblinger nicht tödlich endete.

Teillernziele:
Die Schüler sollen:
1. ... die Haupthandlungsträger des Gedichts benennen können(kognitiv),
2. ... deren verschiedene Handlungsweisen kritisch analysieren können(kognitiv),
3. ... deren verschiedene Verhaltensweisen kritisch charakterisieren und analysieren können(kognitiv),
4. ... die möglichen Ursachen des mißlungenen Flugversuchs benennen können(kognitiv),
5. ... erkennen, daß der Schneider der Vertreter des Fortschritts, der Bischof der Vertreter des Konservatismus ist(kognitiv),
6. ... einsehen, daß der Schneider trotz seines mißlungenen Versuches kein Spinner war(kognitiv),
7. ... die Haltung des Bischofs verstehen können (kognitiv, affirmativ),
8. ... eigene Vermutungen anstellen können(kognitiv),
9. ... die Ergebnisse der Arbeitsaufträge selbständig an die Tafel fixieren können(psychomotorisch),
10. ... über diese Ergebnisse diskutieren können(psychomotorisch).

Medien:
eigener 8mm Film oder eigenes Dia, 8mm Filmgerät bzw. Diaprojektor, Nachbildung des Fluggeräts des A. Berblinger(erschienen in der Südd. Zeitung, 1978/48,S.23), Arbeitsblätter, Tafelbild.

Literatur:
Henning-Schönemeier: "Fachdidaktik Deutsch", Westermann, Braunschweig; 1975
Frank/Riethmüller: "Deutschstunden in der Sekundarstufe", Klett, 1976 Stuttgart.

Tafelbild:
"Der Schneider von Ulm", von Bertold Brecht

SCHNEIDER ①	VOLK	BISCHOF
• Gruppe I	• Gruppe V	• Gruppe IV
1. Verse 1 und 3	1. Verse 13, 14, 22	1. "das sind lauter Lügen. Der Mensch ist kein Vogel"
2. anmaßend, respektlos.	2. "es war eine Hatz" - Sensationsgier	2. Es muß alles so bleiben wie es ist. Ordnung Gottes will es so.
3. Start vom Turm wegen der Öffentlichkeit.	3. Vor dem Versuch: gespannt nachher: der Bischof hatte recht	3. anmaßend-besserwissend-schadenfroh (Glocken läuten)
• Gruppe II ②		
1. Flugversuch nicht beschrieben(zwischen Verszeile 11/12)		
2. leichtsinnig und zu **idealistisch**		
3. Verse 4 und 5		
• Gruppe III		
1. Verse 4 und 5		
2. Keine Erfahrung, keine Ausbildung, schlechtes Material		
↓	↓	↓
fortschrittlich ③	in der Mitte	konservativ

Arbeitsblatt(1):
Der Schneider von Ulm, von Bertold Brecht
1 Bischof, ich kann fliegen
2 Sagte der Schneider zum Bischof.
3 Paß auf, wie ich's mach!
4 Und er stieg mit so'nen Dingen
5 Die aussahn wie Schwingen
6 Auf das große, große Kirchendach.
7 Der Bischof ging weiter.
8 Das sind lauter so Lügen
9 Der Mensch ist kein Vogel
10 Es wird nie ein Mensch fliegen
11 Sagte der Bischof vom Schneider.
12 Der Schneider ist verschieden
13 Sagten die Leute dem Bischof.
14 Es war eine Hatz.
15 Seine Flügel sind zerspellet
16 Und er liegt zerschellet
17 Auf dem harten, harten Kirchenplatz.
18 Die Glocken sollen läuten
19 Es waren nichts als Lügen
20 Der Mensch ist kein Vogel
21 Es wird nie ein Mensch fliegen
22 Sagte der Bischof den Leuten.

Arbeitsblatt(2):
Photokopie der unteren Nachbildung

Arbeitsblatt(3):
Arbeitsaufträge:

Gruppe I:
Unterstreiche die Verszeilen, wo der Schneider mit dem Bischof spricht! In welcher Weise spricht der Schneider vom Bischof? Schreibe auf, warum ausgerechnet dieser Startplatz ausgesucht wurde?

Gruppe II:
Unterstreiche die Verszeilen mit dem Flugversuch! Schreibe einige Charaktermerkmale des Schneiders auf! Unterstreiche die Verszeile, die dich an das Bild auf deinem Arbeitsblatt erinnert!

Gruppe III:
Unterstreiche die Verszeilen, wo das Fluggerät beschrieben wird! Überlege dir einige Ursachen, warum der Versuch gescheitert ist.

Gruppe IV:
Schreibe auf mit den Worten des Dichters, was der Bischof vom Flugversuch hält? Überlege und schreib auf, warum der Bischof nicht an das Gelingen des Fluges glaubt! Beschreibe das Verhalten des Bischofs gegenüber dem Schneider!

Gruppe V:
Gibt das Gedicht an, ob Leute zugeschaut haben? Begründe mit den Worten des Dichters, warum das Volk zusammenläuft! - Wie ist die Haltung des Volkes vor und nach dem Versuch? Lies genau und notiere!

Abbildung aus : Süddeutsche Zeitung (s. bei Medien)

JG	Lehrschritte (Artikulationsdefinition)	Lehrinhalte und Lernziele (= Lz)	Lehrakte .... Lernakte		Sozialformen	Lernhilfen
Eröffnungsphase	1.Lehrschritt: (Einstimmung)	Start eines Drachenfliegers von einem Berggipfel	Sachimpuls: Film	-aufnehmen -äußern	Hb	Film(8 mm) oder Bild
	2.Lehrschritt: (Hypothesenbildung)	Nachbildung des Fluggeräts des Schneiders von Ulm(Lz 8)	Impuls: Mit so einem Gerät ist schon mal einer geflogen.	-äußern -vermuten	Hb	Arbeitsblatt (2);eventuell Episkop
	3.Lehrschritt: (Zielangabe)	Bekanntgabe des Titels	Ankündigung: Heute wollen wir in einem Gedicht von Bert Brecht hören, wie der Flug endete und welche Gedanken sich der Dichter darüber gemacht hat.	-zuhören	Hb	Tafelbild: Überschrift
Erarbeitungsphase	4.Lehrschritt: (kommunikative Textanalyse)	Bekanntmachen mit dem Gedicht Die Haupthandlungsträger(Lz 1)	Vortrag: das ganze Gedicht Impuls: Kürzlich wurde über den Schneider von Ulm ein Spielfilm gedreht. Du kannst dir denken, daß man dazu viele Darsteller brauchte.	-mitlesen -aufnehmen -Aussprache -formulieren	Aa/Hb Hb Hb	Arbeitsblatt: Text Text Tafelbild ①
		Verhaltensweise des Schneiders(Lz3) Charaktermerkmale des Schneiders (Lz 2/3) Ursachen des Mißerfolgs(Lz 4) Verhalten und Haltung des Bischofs (Lz 2/3) Verhalten und Meinung des Volkes (Lz 2/3)	Arbeitsaufträge: Lest die Arbeitsaufträge genau durch und bearbeitet sie in euren Gruppen entsprechend! Wenn ihr damit fertig seid, schreibt ihr eure Ergebnisse an die Tafel!	-unterstreichen -herausschreiben -überlegen -besprechen -notieren	Ga	Arbeitsblatt (3):Arbeitsaufträge;Text; Block
			Verarbeitungsgespräch: Reflexion und Diskussion der Arbeitsergebnisse; eventuell Tafelbildkorrektur.	-berichten -begründen -diskutieren	Hb	Tafelbild ② Text
	5.Lehrschritt: (Inhaltliche Wiederholung)	Lernziele 1-4	Auftrag: Versuche an Hand des Tafelbildes nochmals die wichtigsten Ergebnisse zusammenzufassen!	-verbalisieren	Hb	Tafelbild ① ②
	6.Lehrschritt: (Erkenntniserarbeitung)	Einstellung der Haupthandlungsträger zum Fliegen (Lz 5)	Erarbeitungsgespräch: Herausarbeiten, daß der Schneider den Fortschritt, der Bischof die Haltung des Konservatismus repräsentiert; anschließend Fixierung der Arbeitsergebnisse an der Tafel.	-Aussprache -schlußfolgern -erkennen	Hb	Tafelbild ③ Text
Sicherungsphase	7.Lehrschritt: (Beurteilung)	Wertung der verschiedenen Haltungen von Schneider und Bischof(Lz6/7)	Erarbeitungsgespräch: Herausstellen der Leistung des Schneiders für die zukünftige Entwicklung der Fliegerei und Verständniswecken für die Haltung des Bischofs aus der Sicht der damaligen Zeit.	-äußern -ableiten -einsehen	Hb	Tafelbild: Gesamtdarstellung; Text
	8.Lehrschritt: (Ausdrucksgestaltung)	Sprachgestaltendes Lesen	Auftrag: Versetzt euch in die Rollen des Schneiders und des Bischofs und lest so, daß man die verschiedenen Einstellungen genau heraushören kann!	-Rollen lesen	Hb/Pa	Text
	9.Lehrschritt: (Hausaufgabenstellung)	Einprägen des Gedichts	Auftrag: Lernt das ganze Gedicht auswendig!	-einprägen	Aa	Text

Hauptlernziel:	Unterrichtsthema:	Autor: Josef Smola
Erfassen des Inhalts und des Gehalts des Textes:"Haus ohne Mitleid"	"Haus ohne Mitleid" von Paul Gurk	Unterrichtszeit Empfehlung: 2 UE = 90 Min.

VORBEMERKUNGEN:
Die ausgearbeitete Unterrichtseinheit ist für 90 Minuten geplant; sie kann jedoch auch für 45 Minuten angesetzt werden, wenn die Lehrschritte 1 - 3 als vorbereitende Hausaufgabe gestellt werden, sodaß die Eröffnungsphase mit der Auswertung dieser Arbeitsaufträge beginnt.

TEILLERNZIELE:
Die Schüler sollen:
1. den Ort der Handlung in einer Kartenskizze lokalisieren und in Text 1 den Unfallhergang unterstreichen (kognitiv/psychomotorisch);
2. eine Überschrift zu Text 1 finden und die Textsorte (Bericht) bestimmen (kognitiv);
3. den Inhalt der Geschichte erfassen, indem sie anhand von Bildern den Ablauf des Geschehens mündlich wiedergeben bzw. einen Lückentext vervollständigen (kognitiv);
4. den Inhalt des Textes begreifen und mögliche Konsequenzen für ihr eigenes Verhalten nennen (kognitiv)

MEDIEN:
Tafelbild; Overhead-Projektor; Folien; Arbeitsblätter; Lesebuch 65 für 5. und 6. Schuljahr, Schroedel/Klinkhardt 1967 S.54 f.

LITERATUR:
1. Kreuz/Greil: Umgang mit Texten in Grund- und Hauptschulen, Auer 1976
2. Smola, Josef: Didaktisch-methodische Hinweise zum Literaturunterricht, Blätter für Lehrerfortbildung, Heft 12/1977
3. Stocker, Karl: Praxis der Arbeit mit Texten, Auer 1974

FOLIEN:
1. Skizze von Frankreich (identisch mit Skizze auf dem 1. Arbeitsblatt)
2. Worterklärungen: eine Meile = engl. Längenmaß (1,609 km); Deckadresse = Anschrift unter falschem Namen; Fahrlässigkeit = Leichtsinn; Behörden = Polizei, Gericht, Regierung; Almosen = Spende;
3. Überlege: Warum lautet die Überschrift "Haus ohne Mitleid"?
4. Skizzen zum Inhalt der Geschichte:

ARBEITSBLÄTTER:

1. Arbeitsblatt

In Nordfrankreich wurde auf einer Landstraße, die einige Meilen von Paris beginnt, an einem hellen und heiteren Tage ein Arbeiter überfahren, der am Rande der Straße saß und Steine klopfte. Der Verunglückte starb während der Überführung nach dem Krankenhaus, ohne die Besinnung wiedererlangt zu haben. Einige Bauern konnten nur aussagen, daß sich der schuldige Lenker des Kraftwagens, der mit großer Geschwindigkeit gefahren sei, im schnellstem Tempo entfernt habe, ohne sich nach dem Steinarbeiter umzusehen.

Arbeitsaufträge:
1. Zeichne in die Kartenskizze ein, wo sich der Unfall ereignet haben könnte.
2. Unterstreiche im Text, was passiert ist!
3. Welche Überschrift findest du zu dem Text? Schreibe sie in die erste Zeile!

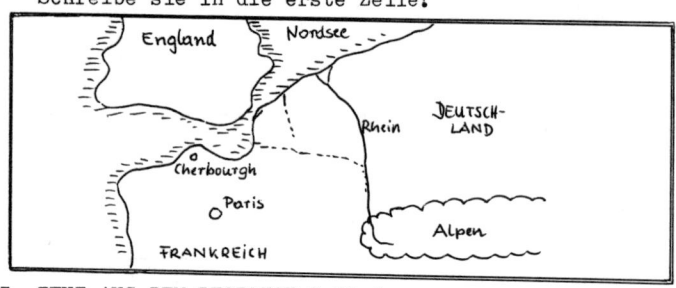

3. TEXT AUS DEM LESEBUCH S.54 f
1. Abschnitt:
"In Nordfrankreich ... bis:" weder der Kraftwagen noch der Lenker zu ermitteln gewesen seien."
2. Abschnitt:
"Je nach dem Ton des Zeitungsberichtes"... bis: "den Absender in einem wohlhabenden Pariser Kaufmann zu ermitteln".
3. Abschnitt:
"Der Kaufmann beteuerte vergebens"... bis:" daß dieser Zeuge in England nach kurzer Zeit gestorben sei."
4. Abschnitt:
Schluß des Textes

2. Arbeitsblatt
HAUS OHNE MITLEID
von _____ (1880 - 1953)

1. Setze folgende Wörter richtig ein:
ungerechterweise / Fahrerflucht / überfahren / Verbitterung / Haus ohne Mitleid / er.

In Nordfrankreich wird ein Steinhauer von einem Auto _____, dessen Fahrer _____ begeht. Ein reicher Kaufmann, welcher der unglücklichen Witwe Geld überweist, wird _____ verdächtigt, den Steinhauer überfahren zu haben; schließlich wird er von einem Gericht zu zwei Jahren Gefängnis verurteilt.
Aus _____ zieht sich der Kaufmann in einen kleinen Ort zurück und läßt keinen Menschen mehr in sein Haus. An der Vorgartentür bringt er ein Schild mit der Anschrift an:" _____ "
Nach dem Tode des Kaufmanns gibt ein Maschinenschlosser auf dem Totenbett zu, daß ___ den Steinarbeiter überfahren habe.

2. Die Geschichte ist entnommen aus dem Buch:
_____

3. Kreuze an, was uns Paul Gurk mit seiner Geschichte sagen will:

☐ Man soll für eine Tat, die man begangen hat, einstehen.

☐ Man soll eine Tat, für die wir verantwortlich sind, verheimlichen.

☐ Man soll bei jeder Tat auch die Folgen bedenken.

4. TEXT AUS DEM ANHANG DES LESEBUCHES S.288 (Verfasser- und Quellenverzeichnis)
Gurk, Paul 1880 Frankfurt/Oder; + 1953 Berlin
Haus ohne Mitleid; aus: Stunde der Entscheidung

UG	Lehrschritte (Artikulationsdefinition)	Lehrinhalte und Lernziele (= Lz)	Lehrakte .... Lernakte		Sozialformen	Lernhilfen
Eröffnungsphase	1. Lehrschritt (Lokalisierung der Handlung)	Erläuterung der geographischen Gegebenheiten (LZ 1)	Ankündigung: Die Geschichte, die wir heute kennenlernen, spielt in einem Land westlich von Deutschland. (Einblenden der Kartenskizze von Frankreich)	- hören - sehen - beschreiben	Hb	Folie 1.Skizze von Frankreich
	2.Lehrschritt (Textbegegnung)	Erfassen des Unfallgeschehens (LZ 1)	Arbeitsauftrag: Lies bitte im Arbeitsblatt nach, was sich dort ereignet hat. Wenn du fertig bist, bearbeite die Arbeitsaufträge. (Einblenden der Worterklärungen)	-stilles Erlesen - notieren	Aa	1.Arbeitsblatt Folie 2.Worterklärungen
	3.Lehrschritt (Auswertung des Textes)	Inhaltliche und stilistische Erfassung des 1.Abschnittes (LZ 1 und 2)	Auswertung der Arbeitsaufträge: Berichte, was du gefunden hast! -Eintragen der im Text genannten Orte in Folien-Skizze -Vorlesen der zutreffenden Textstellen -Vortragen und Notation möglicher Überschriften	- berichten - notieren - vorlesen	Hb	Folie 1.Skizze von Frankreich 1.Arbeitsblatt Tafel
			Impuls: Ich habe vorher von einer Geschichte gesprochen - du kannst die Art des Textes genauer bestimmen.	- diskutieren	Hb	
	4.Lehrschritt (Bekanntgabe der Überschrift)	"Haus ohne Mitleid"	Impuls: Die Geschichte heißt aber "Haus ohne Mitleid" - ganz anders als du vermutet hast. (Vermutungen zur Überschrift)	- lesen - vermuten	Hb	Tafel
Erarbeitungsphase	5.Lehrschritt (Abschnittweises Erfassen des Textes)	Abschnittweises Erlesen der Absätze 2 - 4 (LZ 3)	●Darbietung: Höre zu, wie die Geschichte weitergeht. (Lehrer liest 2.Absatz vor) Gespräch und Vermutungen	- hören - diskutieren - vermuten	Hb	Lesebuch S.54 2.Abschnitt
			●Darbietung: Vorlesen des 3.Absatzes Gespräch und Vermutungen	-hören -diskutieren -vermuten	Hb	Lesebuch S.54 3.Abschnitt
			●Arbeitsauftrag: Lies nun selbst im Lesebuch S.55 nach, wie die Geschichte endet. Gespräch: (Stellungnahme zum Ausgang der Geschichte)	-erlesen -diskutieren	Aa Hb	Lesebuch S.55 4.Abschnitt
	6. Lehrschritt (Inhaltliche Klärung)	Nachlesen der wichtigsten Textstellen zum Handlungsablauf (LZ 3)	Arbeitsauftrag: Ich habe einige Bilder gezeichnet. Betrachte sie und suche dann im Lesebuch die Stellen, die zu den Bildern passen. Ergebniskontrolle	-betrachten -erlesen -vortragen	Hb/Aa	Folie 4.Skizzen zum Ablauf Lesebuch
	7.Lehrschritt (Rekapitulation)	Wiedergabe des Handlungsablaufes (LZ 3)	Arbeitsauftrag: Nimm nun das 2.Arbeitsblatt und bearbeite Punkt 1. Ergebniskontrolle	-ausfüllen -vortragen	Aa/Hb	2.Arbeitsblatt Punkt 1
	8.Lehrschritt (Erfassen des Gehalts)	Wertende Stellungnahme (LZ 4) Klärung der Schuldfrage	Erarbeitungsgespräch nach Impuls Du kannst nun die Überschrift sicherlich erklären! Wer trägt die Schuld, daß der Kaufmann so verbittert wurde?	-diskutieren -vortragen -diskutieren	Hb	Folie 3.Überlege...
	9.Lehrschritt (Stellungnahme zur Intention des Autors)	Verfasser: Paul Gurk Buch: Stunde der Entscheidung	Arbeitsauftrag: Suche im Inhaltsverzeichnis nach, was hier vom Verfasser berichtet wird. Erarbeitungsgespräch: -Auch in diesem Text standen Menschen vor Entscheidungen! -Überlege, welche Folgen die Entscheidungen hatten!	-lesen -vortragen -diskutieren	Aa/Hb Hb	Lesebuch S.288 Verfasser- und Quellenverzeichnis Tafel
Sicherungsphase	10.Lehrschritt (Beurteilung)	Überdenken der Folgen (LZ 4)	Impuls: Du erkennst nun sicher, was uns Paul Gurk mit der Geschichte sagen wollte.	-diskutieren	Hb	
	11.Lehrschritt (Sicherung des Gehalts)	Autorintention	Arbeitsauftrag: Bearbeite nun auf Arbeitsblatt 2 die Arbeitsaufträge 2 und 3.	-lesen - notieren -vortragen	Aa/Hb	Arbeitsblatt 2 Punkt 2 und 3
	12.Lehrschritt (Weiterarbeit)	Stellung der Hausaufgabe	Arbeitsauftrag: Suche in der Zeitung einen Unfallbericht und versuche, ähnlich wie Paul Gurk, eine Erzählung daraus zu formulieren.	-hören -notieren	Hb	Aufgabenheft

Hauptlernziel: Aufgeschlossenheit für Gedichte und Einblick in deren Formelemente	Unterrichtsthema: John Maynard (Ballade von Theodor Fontane)	Autor: Rudolf Zehentner
		Unterrichtszeit Empfehlung: 1 UE = 45 Min.

VORBEMERKUNGEN:

- Die Ballade stammt aus der Spätzeit Fontanes (1886). Es liegt ihr eine tatsächlich passierte Schiffskatastrophe auf dem Eriesee (1841) zugrunde.
- Die in der Erarbeitungsphase angebotenen Betrachtungsmöglichkeiten werden natürlich dem Meisterwerk Fontanes nur ansatzweise gerecht, da die Fülle der enthaltenen lyrischen, epischen und dramatischen Aspekte den Rahmen einer 45-Minuten-Einheit der 6. Jahrgangsstufe sprengen würde.

- Es empfiehlt sich nach der Zielangabe die Lokalisation des Eriesees vorzunehmen.

TEILLERNZIELE:

Die Schüler sollen:
1. den Inhalt der Ballade kennenlernen, (kognitiv)
2. erkennen, daß die Ballade in drei Teile eingeteilt ist und daß die beiden Rahmenstrophen Teile der Grabinschrift enthalten, (kognitiv)
3. den Verlauf der Katastrophe mit eigenen Worten wiedergeben können, (kognitiv)
4. Hinweise über den Stimmungswandel von Steuermann und Passagieren heraussuchen, (kognitiv)
5. die Wiederholungen am Strophenende des 2. Teils als Spannungselemente erkennen, (kognitiv)
6. das Verhalten des Steuermanns als Heldentat werten, (affektiv)
7. den Begriff "Ballade" kennenlernen, (kognitiv)
8. das sinngestaltende Lesen üben. (psychomotorisch)

MEDIEN:
Folie/Bild/Zeichnung: brennendes Schiff;
Textblatt, Tafel

LITERATUR:
1. Klett-Lesebuch C6
1. Lehrerheft zum Klett-Lesebuch C6
3. Singer, K.: Lebendige Leseerziehung, München 1971, Ehrenwirth

TEXT:

John Maynard

John Maynard!
"Wer ist John Maynard?"
"John Maynard war unser Steuermann,
aus hielt er, bis er das Ufer gewann,
er hat uns gerettet, er trägt die Kron',
er starb für uns, unsre Liebe sein Lohn.
   John Maynard."

Die "Schwalbe" fliegt über den Eriesee,
Gischt schäumt um den Bug wie Flocken
   von Schnee;
von Detroit fliegt sie nach Buffalo -
die Herzen aber sind frei und froh,
und die Passagiere mit Kindern und Fraun
im Dämmerlicht schon das Ufer schaun,
und plaudernd an John Maynard heran
tritt alles: "Wie weit noch, Steuermann?"
Der schaut nach vorn und schaut in die Rund:
"Noch dreißig Minuten...Halbe Stund'."
Alle Herzen sind froh, alle Herzen sind frei -
da klingt's aus dem Schiffsraum her wie Schrei,
"Feuer!" war es, was da klang,
ein Qualm aus Kajüt' und Luke drang,
ein Qualm, dann Flammen lichterloh,
und noch zwanzig Minuten bis Buffalo.
Und die Passagiere, buntgemengt,
am Bugspriet stehn sie zusammengedrängt,
am Bugspriet ist noch Luft und Licht,
am Steuer aber lagert sich's dicht,
und ein Jammern wird laut: "Wo sind wir? wo?"
Und noch fünfzehn Minuten bis Buffalo. -
Der Zugwind wächst, doch die Qualmwolke steht,
der Kapitän nach dem Steuer späht,

er sieht nicht mehr seinen Steuermann,
aber durch Sprachrohr fragt er an:
"Noch da, John Maynard?"
  "Ja Herr. Ich bin."
"Auf den Strand! In die Brandung!"
  "Ich halte drauf hin!"
Und das Schiffsvolk jubelt:
  "Halt aus! Hallo!"
Und noch zehn Minuten bis Buffalo. --
"Noch da, John Maynard?" Und Antwort
  schallt's
mit ersterbender Stimme:
  "Ja, Herr, ich halt's!"
Und in die Brandung, was Klippe,
  was Stein,
jagt er die "Schwalbe" mitten hinein.
Soll Rettung kommen, so kommt sie nur so.
Rettung: der Strand von Buffalo!
Das Schiff geborsten. Das Feuer
  verschwelt.
Gerettet alle. Nur einer fehlt!
Alle Glocken gehn; ihre Töne schwell'n
himmelan aus Kirchen und Kapell'n
ein Klingen und Läuten, sonst
  schweigt die Stadt,
ein Dienst nur, den sie heute hat:

Zehntausend folgen
oder mehr,
und kein Aug' im Zuge,
das tränenleer.
Sie lassen den Sarg
in Blumen hinab,
mit Blumen schließen
sie das Grab,
und mit goldner
Schrift in den
Marmorstein
schreibt die Stadt
ihren Dankspruch ein:
"Hier ruht
John Maynard!
In Qualm und Brand
hielt er das Steuer
fest in der Hand,
er hat uns gerettet,
er trägt die Kron',
er starb für uns,
unsere Liebe sein
Lohn.
John Maynard."

   Theodor Fontane

Tafelbild

   John Maynard ①
  ③ Ballade v. Theodor Fontane

Steuermann / J. Maynard: frei, froh, zufrieden, durchhalten, sterben → TOD

②

Passagiere: froh, fröhlich, plaudern, jammern, hoffen → RETTUNG

UG	Lehrschritte (Artikulationsdefinition)	Lehrinhalte und Lernziele (= Lz)	Lehrakte .... Lernakte		Sozial-formen	Lernhilfen
Eröffnungsphase	1. Lehrschritt (Einstimmung)	Bild eines brennenden Schiffes	Sachimpuls: bildhafte Wiedergabe eines brennenden Schiffes; Aussprache mit Ziel: Vermutungen, Hypothesenbildungen;	– beschreiben – vermuten – erzählen	Hb	Folie/Bild/ Zeichnung: brennendes Schiff
	2. Lehrschritt (Ankündigung)	John Maynard von Theodor Fontane	Feststellung: "Wir lesen heute ein Gedicht von Theodor Fontane, das von einem Schiffsbrand handelt."	– zuhören	Hb	Tafelbild 1
	3. Lehrschritt (Begegnung)	Bekanntwerden mit der Ballade (Lz 1)	Lehrervortrag: L. trägt vor, anschließend Spontanäußerungen der Schüler. Arbeitsauftrag: "Lest das Gedicht nochmals still durch. Fertige Leser kreuzen die Stelle an, an der sich die Stimmung ändert!" Kontrolle!	– zuhören – lesen – ankreuzen	Hb Aa Hb	Text
Erarbeitungsphase	4. Lehrschritt (formal-inhaltliche Klärung)	3 Teile der Ballade (Lz 2)	Arbeitsauftrag: "Teile das Gedicht durch Querstriche in seine 3 Teile ein und unterstreiche im ersten und dritten Teil die Zeilen, die sich wiederholen." Verarbeitungsgespräch: Klärung	– einteilen – unterstreichen	Pa Hb	Text
		Rahmenstrophen Teil der Grabinschrift (Lz 2)	Impuls: "Wir wissen wo die wiederkehrenden Zeilen am Ende stehen!" (Grabstein)	– verbalisieren	Hb	
	5. Lehrschritt (stilistisch inhaltliche Klärung)	Ablauf der Katastrophe (Lz 3)	Impuls: "Erzähle kurz, wie sich die Katastrophe abgespielt hat!" Arbeitsauftrag: "Unterstreiche die Stellen, in denen etwas über die Stimmung der Passagiere und des Steuermanns ausgesagt wird!" Verarbeitungsgespräch: Kontrolle und Auswertung der Arbeitsergebnisse;	– erzählen – unterstreichen – verbalisieren	Hb Pa Hb	Text Text Tafelbild 2
		Wiederholung von "Buffalo" als Spannungselement (Lz 5)	Unterrichtsfrage: "Die vier Strophen des 2. Teils enden alle mit dem Wort 'Buffalo'. Was möchte der Dichter dadurch erreichen?" (Spannung, Dramatik)	– verbalisieren – ableiten	Hb	Text
	6. Lehrschritt (gehaltliche Klärung)	Wertung der Tat (Lz 6)	Impuls: "Die Tat des Steuermanns John Maynard war sicher nicht selbstverständlich"	– verbalisieren – werten	Hb	
		Begriff Ballade (Lz 3)	Erklärung: "Unser Gedicht erzählt von einer Heldentat, solche Gedichte nennt man 'Ballade'."	– zuhören	Hb	Tafelbild 3
Sicherungsphase	7. Lehrschritt (sinngestaltendes Lesen)	Lesen unter Berücksichtigung der Spannungsmomente (Lz 8)	Impuls: "Wenn wir die Ballade jetzt nochmals lesen, achten wir besonders auf die Betonung der spannenden Stellen."	– lesen	Hb/Aa	Text

Hauptlernziel:	Unterrichtsthema:	Autor:
Kennenlernen der Literaturgattung "Schwank"	Der Zahnarzt (Johann Peter Hebel)	Max Haidacher
		Unterrichtszeit Empfehlung: 1 UE

Vorbemerkungen:
Der Text dieses Schwanks von Johann Peter Hebel ist in den gängigen Lesebüchern nicht enthalten, deshalb wird er hier abgedruckt.

Teillernziele:
Die Schüler sollen
1. Hypothesen über den Fortgang der Erzählung bilden (kognitiv)
2. die Erzählung lokalisieren können, (kognitiv)
3. die handelnden Personen typisieren können, (kognitiv)
4. die Merkmale der literarischen Gattung "Schwank" erkennen und benennen können, (kognitiv)
5. die Handlungsweise der Tagediebe sowie der Landleute und Bürger wertend vergleichen, (kognitiv)
6. die Wirtshausszene dramatisieren. (kognitiv/instrumental)

Der Zahnarzt

Zwei Tagediebe, die schon lange in der Welt miteinander herumzogen, weil sie zum Arbeiten zu träg oder zu ungeschickt waren, kamen doch zuletzt in große Not, weil sie wenig Geld mehr übrig hatten, und nicht geschwind wußten, wo nehmen.

Da gerieten sie auf folgenden Einfall: Sie bettelten vor einigen Haustüren Brot zusammen, das sie nicht zur Stillung des Hungers genießen, sondern zum Betrug mißbrauchen wollten. Sie kneteten nämlich und drehten aus demselben lauter kleine Kügelchen oder Pillen, und bestreuten sie mit Wurmmehl aus altem zerfressenem Holz, damit sie völlig aussahen wie die gelben Arzneipillen. Hierauf kauften sie für ein paar Batzen einige Bogen rotgefärbtes Papier bei dem Buchbinder (denn eine schöne Farbe muß gewöhnlich bei jedem Betrug mithelfen). Das Papier zerschnitten sie alsdann und wickelten die Pillen darein, je sechs bis acht Stück in ein Päcklein.

Nun ging der eine voraus in einen Flecken, wo eben Jahrmarkt war, und in den "Roten Löwen", wo er viele Gäste anzutreffen hoffte. Er forderte ein Glas Wein, trank aber nicht, sondern saß ganz wehmütig in einem Winkel, hielt die Hand an den Backen, winselte halblaut für sich, und kehrte sich unruhig bald so her, bald so hin. Die ehrlichen Landleute und Bürger, die im Wirtshaus waren, bildeten sich wohl ein, daß der arme Mensch ganz entsetzlich Zahnweh haben müsse. Aber was war zu tun? Man bedauerte ihn, man tröstete ihn, daß es schon wieder vergehen werde, trank sein Gläslein fort, und machte seine Marktaffären aus.

Indessen kam der andere Tagedieb auch nach. Da stellten sich die beiden Schelme, als ob noch keiner den andern in seinem Leben gesehen hätte. Keiner sah den andern an, bis der zweite durch das Winseln des ersten, der im Winkel saß, aufmerksam zu werden schien.

"Guter Freund", sprach er, "Ihr scheint wohl Zahnschmerzen zu haben?" und ging mit großen und langsamen Schritten auf ihn zu. "Ich bin der Doktor Schnauzius Rapunzius von Trafalgar", fuhr er fort. Denn solche fremde volltönige Namen müssen auch zum Betrug behilflich sein, wie die Farben. "Und wenn Ihr meine Zahnpillen gebrauchen wollt", fuhr er fort, "so soll es mir eine schlechte Kunst sein, Euch mit einer, höchstens zweien, von Euren Leiden zu befreien".

"Das wolle Gott", erwiderte der andere Halunk. Hierauf zog der saubere Doktor Rapunzius eines von seinen roten Päcklein aus der Tasche und verordnete dem Patienten, ein Kügelein daraus auf den bösen Zahn zu legen und herzhaft darauf zu beißen. Jetzt streckten die Gäste aus den andern Tischen die Köpfe herüber, und einer um den andern kam herbei, um die Wunderkur mit anzusehen. Nun könnt ihr euch vorstellen, was geschah.

Auf diese erste Probe wollte zwar der Patient wenig rühmen, vielmehr tat er einen entsetzlichen Schrei. Das gefiel dem Doktor. Der Schmerz, sagte er, sei jetzt gebrochen, und gab ihm geschwind die zweite Pille zu gleichem Gebrauch.

Da war nun plötzlich aller Schmerz verschwunden. Der Patient sprang vor Freuden auf, wischte den Angstschweiß von der Stirne weg, obgleich keiner daran war, und tat, als ob er seinem Retter zum Danke etwas Namhaftes in die Hand drückte.

Der Streich war schlau angelegt und tat seine Wirkung. Denn jeder Anwesende wollte nun auch von diesen vortrefflichen Pillen haben. Der Doktor bot das Päcklein für 24 Kreuzer, und in wenigen Minuten waren alle verkauft. Natürlich gingen jetzt die zwei Schelme wieder einer nach dem andern weiter, lachten, als sie wieder zusammenkamen, über die Einfalt dieser Leute, und ließen sich's wohl sein von ihrem Geld.

Das war teures Brot. So wenig für 24 Kreuzer bekam man noch in keiner Hungersnot. Aber der Geldverlust war nicht einmal das Schlimmste. Denn die Weichbrotkügelchen wurden natürlicherweise mit der Zeit steinhart. Wenn nun so ein armer Betrogener nach Jahr und Tag Zahnweh bekam, und in gutem Vertrauen mit dem kranken Zahn einmal und zweimal darauf biß, da denke man an den entsetzlichen Schmerz, den er statt geheilt zu werden, sich selbst für 24 Kreuzer aus der eigenen Tasche machte.

Daraus ist also zu lernen, wie leicht man kann betrogen werden, wenn man den Vorspiegelungen jedes herumlaufenden Landstreichers traut, den man zum erstenmal in seinem Leben sieht, und vorher nie, und nachher nimmer; und mancher, der dieses liest, wird vielleicht denken: "So einfältig bin ich zu meinem eigenen Schaden auch schon gewesen".

Merke: Wer so etwas kann, weiß an andern Orten Geld zu verdienen, läuft nicht auf den Dörfern und Jahrmärkten herum mit Löchern im Strumpf, oder mit einer weißen Schnalle im rechten Schuh, und am linken mit einer gelben.

(Johann Peter Hebel)

Arbeitstext auf Folie oder Arbeitsblatt

TAFELBILD:

DER ZAHNARZT

ORT: ➤ Irgendwo in einem Wirtshaus ("Roter Löwe")

PERSONEN: ➤

Landstreicher	Bauern/Bürger
arbeitsscheu	fleißig
hinterlistig	ehrlich
verschlagen	gutgläubig
BETRÜGER	BETROGENE

ABSICHT DES AUTORS: ➤ belustigen - belehren

ERZÄHLUNG: ➤ Schwank

Folie (Motivationsbild) für LS 1

UG	Lehrschritte (Artikulationsdefinition)	Lehrinhalte und Lernziele (= Lz)	Lehrakte .... Lernakte		Sozialformen	Lernhilfen
Eröffnungsphase	1. Lehrschritt (Problemstellung)	Einstimmung der Schüler	Sachimpuls: Lehrer heftet ein Bild mit einem Menschen, der Zahnschmerzen hat, an die Tafel.	- beschreiben	Hb	Selbstgefertigtes Bild nach Vorlage ①
	2. Lehrschritt (Erfahrungsberichte)	Erfahrungsberichte der Schüler	Impuls: "Als du einmal Zahnschmerzen hattest!"	- berichten	Hb	
	3. Lehrschritt (Zielangabe)		Fixieren der Überschrift des Lesestücks an der Tafel	- aufnehmen	Hb	Überschrift
Erarbeitungsphase	4. Lehrschritt (Teilergebnisgewinnung)	Begegnung mit dem Text	Darbietung: die ersten vier Abschnitte des Textes. Freie Aussprache	- zuhören - erzählen	Hb	
	5. Lehrschritt (Hypothesenbildung)	Vermutungen über den Fortgang der Erzählung (LZ 1)	Arbeitsaufgabe: "Überlege dir mit deinem Partner, was sich die beiden Burschen wohl ausgedacht haben!" Kontrolle der Ergebnisse;	- erzählen - vermuten	Pa Hb	
	6. Lehrschritt (Teilergebnisgewinnung)	Stilles Erlesen des Textes	Arbeitsaufgabe: "Lies den Text selbständig zu Ende! Wenn du fertig bist, stehen an der Tafel Aufgaben für dich bereit!" Arbeitsaufgaben für flinke Leser: - Wo hat sich die Geschichte zugetragen? - Welche Personen begegnen dir in der Geschichte? - Numeriere die einzelnen Abschnitte der Reihe nach!	- erlesen - notieren - benennen - numerieren	Aa Aa Aa Aa	Text nach Vorlage ② Nebentafel ③
	7. Lehrschritt (Teilergebnisgewinnung)	Inhaltliche Erfassung	Impuls: "Die beiden Burschen hatten eine seltsame Methode, von Zahnschmerzen zu heilen!"	- sich äußern - begründen	Hb	
	8. Lehrschritt (Teilergebnisgewinnung)	Durchdringen des Textes Erarbeitung der Gehalt-Gestalt-Einheit: Lokalisierung	Auswertung des ersten Arbeitsauftrages: Arbeitsaufgabe: "Suche die Stellen im Text, wo du Angaben über den Schauplatz der Geschichte findest!" Verarbeitungsgespräch: genaue Angaben bezüglich des Ortes fehlen;	- aufsuchen - nachlesen - auswerten	Hb Aa Hb	Tafelanschrift: ORT: "Roter Löwe"
	9. Lehrschritt (Teilergebnisgewinnung)	Typisierung der handelnden Personen (LZ 3)	Auswertung des zweiten Arbeitsauftrages: Erarbeitungsgespräch nach Impuls: "In der Erzählung treten mehrere Personen auf. Versuche sie in zwei Gruppen zu ordnen!"	- sich äußern - einteilen	Hb	Tafelanschrift: PERSONEN: ...
	10. Lehrschritt (Teilergebnisgewinnung)	Charakterisierung der Personengruppen	Erarbeitungsgespräch nach Impuls: "Wir können uns die Landstreicher und die Bauern gut vorstellen."	- beschreiben - charakterisieren	Hb	Tafelanschrift: Eigenschaften
	11. Lehrschritt (Generalisierung)	Typisierung der Handlungsträger (LZ 5)	Arbeitsaufgabe: "Versuche Landstreicher und Bauern mit je einem einzigen Wort zu beschreiben!" Verarbeitungsgespräch: Ergebniskontrolle; Verbalisierung der Handlungsträger;	- beschreiben - typisieren - sich äußern	Aa Hb	Tafelanschrift: Betrüger - Betrogene
	12. Lehrschritt (Teilergebnisgewinnung)	Zeitliche Ungebundenheit der Handlungsträger	Erarbeitungsgespräch nach Impuls: "Heute wäre eine solche Betrügerei sicherlich nicht mehr möglich!" Erkenntnis: Betrügereien heute in anderer Form.	- widersprechen - sich äußern - erzählen	Hb	
	13. Lehrschritt (Teilergebnisgewinnung)	Erkennen der literarischen Gattung "Schwank"	Erarbeitungsgespräch nach W-Frage: "Warum hat uns der Autor diese Geschichte erzählt?" Rekapitulation des elften und zwölften Abschnitts; Ergebnis: Er wollte belustigen und belehren.	- suchen - vermuten - sich äußern	Hb	Tafelanschrift: ABSICHT DES AUTORS: belustigen und belehren
	14. Lehrschritt (Teilergebnisgewinnung)	Begriffsfindung für die literarische Gattung (LZ 4)	Erarbeitungsgespräch: "Kennst du vielleicht ähnliche Geschichten, wie z.B. Erzählungen von Eulenspiegel, Münchhausen, J.P. Hebel?" Erklärung: "Solche Geschichten sind Schwankerzählungen".	- sich äußern - aufzählen	Hb Hb	Tafelanschrift: Schwank
Sicherungsphase	15. Lehrschritt (Teilwiederholung)	Sinngestaltendes Lesen	Arbeitsaufgabe: "Lies bitte die Abschnitte vier bis neun laut vor!"	- vorlesen	Aa/Hb	Text nach Vorlage
	16. Lehrschritt (Ausdrucksgestaltung)	Szenische Darstellung	Rollenspiel: "Versucht die Szenen der Erzählung, die sich im Wirtshaus abspielten, in jeweils zwei Gruppen darzustellen!"	- szenisch darstellen - dramatisieren	Ga/Hb	

Hauptlernziel:	Unterrichtsthema:	Autor: Josef Moosmüller
Analyse und Vergleich von Fabeltexten	Der Mond im Teich (afr. Fabel) Vom Hund im Wasser (Luther)	Unterrichtszeit Empfehlung: 1 UE

Lernziele:

1. Die Schüler sollen die Fabel "Vom Mond im Teich" mit Luthers Fabel "Vom Hund im Wasser" vergleichen und dabei die Motivverwandtschaft erkennen.
2. Die Schüler sollen beide Texte vergleichen und Gemeinsamkeiten und Unterschiede herausstellen.
3. Die Schüler untersuchen die Schlußsätze der beiden Fabeln und stellen fest, daß in der afrikanischen Fabel keine Lehre enthalten ist, sondern daß es sich um einen immer aktuellen Satz handelt.
4. Die Schüler sollen Beispiele aus ihrem Erfahrungsbereich finden, die zu diesen Fabeln passen und sie sollen Menschen beschreiben, die sich gleich der Hyäne lächerlich machen.
5. Die Schüler sollen aus den Fabeln im Lesebuch diejenige Fabel auswählen, die ihnen am besten gefallen hat. Sie sollen ihre Entscheidung begründen.

Vorbemerkungen:

Diese Stunde bildet den Abschluß des Grundkurses "Fabel". Die Schüler sollen zwei vom Motiv her gleiche Fabeln vergleichen und dabei die Stilmerkmale der Gattung wiederholen und vertiefen. Deshalb sollte den Schülern bereits folgendes bekannt sein:

- Die Tiere in den Fabeln verkörpern menschliche Eigenschaften und Verhaltensweisen.
- Fabeln wollen Lehren erteilen.
- Die Wirkung der Fabel hängt mit ihrer Bauform zusammen.
- Mit Fabeln kann auf indirekte Weise Kritik geübt werden.

Fabeltexte:

Der Mond im Teich — Unbekannter Verfasser

Eine Hyäne fand einmal am Ufer eines Teiches einen Knochen, hob ihn auf und nahm ihn ins Maul. Der Mond schien gerade hell in das ruhige Wasser. Als die Hyäne sah, wie er sich dort spiegelte, ließ sie den Knochen fallen und schnappte nach dem Mond, denn sie hielt ihn für ein besonders fettes Stück Fleisch. Sie erwischte es aber nicht, sondern sank nur bis über die Ohren ins Wasser, aus dem sie wieder ans Ufer kroch. Als das Wasser wieder klar geworden war, sah sie auch das Fleisch wieder, machte abermals einen Satz danach, und wieder sank sie ohne ihre Beute unter. Nur das Wasser lief ihr aus dem Rachen, als sie ans Ufer zurückkehrte. Inzwischen war eine andere Hyäne des Weges gekommen und hatte den Knochen fortgetragen. Die erste aber blieb liegen, wo sie lag, bis der Morgen kam und der Mond im Tageslicht verblich. Auch am nächsten Tag kam sie wieder und so noch viele Male, bis der Platz am Ufer zuletzt ganz kahl getreten war.
Daher wurde die Hyäne von den anderen Tieren weidlich verspottet, denn sie hatten es wohl gesehen, wie sie immer wieder ins Wasser sprang und herauskam, ohne daß sie etwas gefangen hätte. Seitdem pflegt man zu jemandem, der sich lächerlich macht, zu sagen: "Du bist auch wie die Hyäne, die den Knochen wegwarf, weil sie lieber den Mond gefressen hätte."
(Siehe Literatur Nr. 1, Seite 106)

Vom Hunde im Wasser — Martin Luther

Es lief ein Hund durch einen Wasserstrom und hatte ein Stück Fleisch im Maul. Wie er aber das Spiegelbild des Fleisches im Wasser sieht, meint er, es wäre auch Fleisch, und schnappt gierig danach. Als er aber das Maul auftat, entfiel ihm das Stück Fleisch, und das Wasser führte es weg.
Also verlor er beides: das Fleisch und dessen Spiegelbild.
Diese Fabel zeigt: Man soll sich begnügen mit dem, was Gott gibt. Wer zu viel haben will, dem wird zu wenig. Mancher verliert auch das Gewisse über dem Ungewissen und die Wahrheit über dem Schein.
(Siehe Literatur Nr. 2, Seite 124.)

Literatur:

1. "schwarz auf weiß" Texte 6; Hermann Schroedel Verlag KG, Darmstadt - Hannover.
2. Lernziele, Kurse, Analysen zu "schwarz auf weiß" (Lehrerhandbuch) Hermann Schroedel Verlag KG, Darmstadt - Hannover.

Tafelbild:

Fabeltexte:

	Der Mond im Teich	Vom Hund im Wasser
• Motiv:	Täuschung durch ein Spiegelbild Mond	Fleisch
• Verfasser:	Unbekannter Verf.	Martin Luther
• Tierfiguren:	Hyäne	Hund
• Symbol für:	Gier, Geiz, Unersättlichkeit	
• Schlußsatz:	Aktueller S. (Sprichwort)	Lehre

UG	Lehrschritte (Artikulationsdefinition)	Lehrinhalte und Lernziele (= Lz)	Lehrakte .... Lernakte		Sozial-formen	Lernhilfen
Eröffnungsphase	1. Lehrschritt (Problembegegnung)	Stilles Lesen	Sachimpuls: Lehrer teilt beide Fabeltexte so aus, daß jeweils zwei nebeneinander sitzende Schüler verschiedene Texte erhalten. Arbeitsauftrag für flinke Leser: "An welchen Punkten erkennst du, daß es sich um eine Fabel handelt?"	– lesen still – lesen – bearbeiten	AA AA	Texte Nebentafel
	2. Lehrschritt (Teilzielerarbeitung)	Motivverwandtschaft der Fabeln (Lz 1)	Auftrag: Erzähle deinem Nachbarn den Inhalt der gelesenen Fabel. Sprecht über beide Fabeln. Notiert es in einem Satz.	– erzählen – besprechen – notieren	PA	
	3. Lehrschritt (Teilzielgewinnung und -fixierung)	(Lz 1)	Verarbeitungsgespräch: Schüler erkennen, daß das Motiv von der Täuschung durch ein Spiegelbild in beiden Fabeln gemeinsam ist.	– äußern sich – erkennen Gemeinsamkeit	HB	Tafel
Erarbeitungsphase	4. Lehrschritt (Teilzielerarbeitung)	Vergleich der Fabeltexte (Lz 2)	Auftrag: Vergleicht die beiden Fabeln in der Gruppe. Sucht Gemeinsamkeiten und Unterschiede heraus. Die Gliederungspunkte an der Tafel helfen euch dabei!	– bearbeiten Auftrag – schreiben – vergleichen	GA	Texte Tafel a
	5. Lehrschritt (Teilzielfixierung)	(Lz 2)	Verarbeitungsgespräch: Gruppensprecher lesen Ergebnisse vor, die Klasse diskutiert und ergänzt. Der Lehrer notiert in Stichpunkten an der Tafel.	– lesen Ergebnisse vor – ergänzen	HB	Tafel b
	6. Lehrschritt (Teilzielgewinnung)	Vergleich der Schlußsätze (Lz 3)	Auftrag: Lest die Schlußsätze beider Fabeln vor und vergleicht sie miteinander. Erarbeitungsgespräch: 1. Die Schüler interpretieren die Lehre Luthers. Sie geben sie mit eigenen Worten wieder und suchen Möglichkeiten einer Übertragung. 2. Die Schüler erkennen, daß die afrikan. Fabel keine Lehre, sondern einen immer aktuellen Schlußsatz enthält. (Sprichwort) 3. Die Schüler überlegen, ob die Lehre Luthers auch aus der anderen Fabel gezogen werden könnte.	– lesen vor – vergleichen – reagieren auf Impulse des Lehrers – geben eigene Meinung wieder – übertragen – überlegen – erkennen	HB HB	Texte Tafel
	7. Lehrschritt (Teilzielerarbeitung)	Beispiele aus eigenem Erfahrungsbereich (Lz 4)	Erarbeitungsgespräch: Den Schülern soll klar werden, daß gierige, unersättliche Menschen eigentlich unsympathisch sind. Man lacht erst über sie, wenn sie wegen ihres Geizes Schaden erleiden. (Schadenfreude!) Auftrag: Notiert Situationen, in denen sich Menschen auf ähnliche Weise lächerlich machen, wie die Hyäne in der Fabel.	– erkennen – diskutieren – überlegen – bearbeiten Auftrag	HB AA	Block
Sicherungsphase	8. Lehrschritt (Teilzielbeurteilung)	(Lz 4)	Verarbeitungsgespräch: Schüler tragen ihre Ergebnisse vor. Die Klasse beurteilt die Situationen.	– lesen vor – beurteilen – diskutieren	HB	
	9. Lehrschritt (Anwendung)	(Lz 5)	Auftrag: Wähle aus den Fabeln im Lesebuch die aus, die dir am besten gefällt. Lies sie vor. Begründe deine Wahl!	– wählen aus – lesen vor – begründen	AA	Lesebuch

Hauptlernziel: Die Schüler sollen Anlage und Aufbau des persönlichen Briefes kennenlernen.	Unterrichtsthema: Der persönliche Brief (eine Schreibform)	Autor: Hans-Peter Mößner
		Unterrichtszeit Empfehlung: 2 UE

Vorbemerkungen:

Entscheidend sind konkrete Schreibanlässe und Briefe, die der Schüler selbst abgefaßt hat. Die Unterrichtseinheit schließt sich an einen einwöchigen Aufenthalt in der Jugendherberge Lam an, woraus sich zwingende Briefsituationen ergeben. Je persönlicher und natürlicher ein Brief ist, desto weniger Wert sollte auf allzu starre und formale Kriterien gelegt werden. Der Schüler soll Freude am Schreiben bekommen. Die Einträge auf Folien und Arbeitsblatt (AB) entstehen in der numerierten Reihenfolge.

Teillernziele:

Die Schüler sollen:
1. aus der Analyse eines Vorgabemodells den Stellenwert eines persönlichen Briefes innerhalb der Mitteilungsformen beurteilen können, (kognitiv)
2. die formalen Kriterien eines persönlichen Briefes kennenlernen, (kognitiv)
3. Schreibabsicht und wirklichen Schreibanlaß als wichtige Voraussetzung beachten, (kognitiv)
4. mit Hilfe eines Stichwortzettels einen eigenen Brief abfassen und absenden,
5. den Umgang mit amtlichen Vordrucken der Bundespost üben, (instrumental)
6. erfahren, daß das Schreiben und Lesen von Briefen Freude bereiten kann. (affektiv)

Literatur:

1. deutsch, Ein Sprachbuch für Hauptschulen, 6. Jahrgangsstufe, R. Oldenbourg Verlag München, 1975
2. K. Singer, Aufsatzerziehung und Sprachbildung, Ehrenwirth Verlag München
3. Migner, Haugg, Deutsch Vorbereitung in der Jahrgangsstufe 5 und 6, mvg Moderne Verlags GmbH München, 1978
4. Muttersprache, 6. Jahrgangsstufe, Verlag L. Auer Donauwörth, 1979

Medien:

Folien, "Die Postleitzahlen", Merkblätter über Aufschrift und Absenderangabe auf Briefsendungen, Briefpapier DIN A4, Umschlag, Arbeitsblatt

Zweite Folie:

Stichwortzettel: München, 29. 5. 79 - Lieber Herr Gruber (Sehr geehrter Herr Gruber) - Ankunft in München - Erinnerung an den Aufenthalt - Anliegen - Beschreibung des Gerätes - Bitte um Zusendung - (Kostenerstattung) - Adresse - Dank - Grüße (auch von der Klasse) - Name

    Peter Sailer
    Plettstraße 25
    8000 München 83

                Herrn
                Ernst Gruber
                Jugendherberge
                8496 Lam (Bay.Wald)

Folie ≙ Arbeitsblatt (AB)

(1) **Der persönliche Brief**

(2)

Ort, Datum	Lam, den 22.5.79
Anrede	Liebe Mami, lieber Papi, liebe Brüder,
Hauptteil – erzählen – informieren – bitten	Kurz nach Mittag kamen wir gestern in der Jugendherberge an. Zuerst mußten wir die Betten überziehen. Es dauerte eine halbe Stunde, bis ich es geschafft hatte. In unserem Schlafraum (Kreuz auf der Karte) ist es sehr sauber und gemütlich. Ich schlafe unter dem Fenster. Die Herbergseltern sind sehr nett. Bis jetzt schmeckte das Essen ausgezeichnet. Heute sind wir 3 Stunden auf den Osser gestiegen. War das heiß und anstrengend! Auf dem Heimweg haben wir eine zerzauste Krähe gefangen. Ein Flügel ist lahm. Wir wollen sie gesund pflegen. Ihr Armen müßt jetzt in die Schule gehen. Matthias vergiß bitte nicht, die Goldfische zu füttern! Sicher könnt Ihr Euch vorstellen, daß es mir hier sehr gut gefällt. Hoffentlich werden die nächsten Tage genauso schön. Viele Grüße, bis bald
Grüße, Name	Eure Julia

Absicht		Anlaß/Anliegen (3)
informieren, erzählen, unterhalten	→	aus den Ferien, Winterurlaub.... Schullandheim....
bitten, anfragen	→	Ferien beim Onkel auf dem Bauernhof, Ausleihen eines Buches....
einladen	→	Geburtstagsparty, Sommerfest, zu einem Besuch....
bedanken	→	10 DM, Buch, zweite Lok für die Eisenbahn, Geschenk....
wünschen	→	Geburtstag, Genesung....
antworten	→	Brief mit Fragen, bei einem Schulwechsel, Brieffreundschaft....

UG	Lehrschritte (Artikulationsdefinition)	Lehrinhalte und Lernziele (= Lz)	Lehrakte .... Lernakte		Sozial-formen	Lernhilfen
Eröffnungsphase	1. Lehrschritt (Sprachbegegnung)	Vorgabemodell, Wählen und Begründen einer angemessenen Mitteilungsform, Schreibintention (Lz 1)	Darbietung: Schülerin liest ihren Brief vor, dann Folie einblenden Erarbeitungsgespräch: Telefongespräche von der Jugendherberge aus, Vergleich mit diesem Brief: Der Absender will etwas mitteilen, erzählen, unterhalten, erfreuen, Kontakt herstellen, Vorstellungen und Interessen wecken, vertraulicher und persönlicher Ton, der Brief als etwas Bleibendes, kann mehrmals gelesen werden	-vorlesen -zuhören -vergleichen -beurteilen -begründen	Hb	Vorgabemodell: Brief einer Schülerin Folie mit Brief
	2. Lehrschritt (Zielangabe)	Gegensatz zum sachlichen Brief andeuten	Ausgeben der Arbeitsblätter Erklärung: Der persönliche Brief - eine schriftliche Mitteilung, in der der Absender mit einer ihm bekannten Person eine Verbindung herstellt		Hb	Folie(1)/ AB(1)
Erarbeitungsphase	3. Lehrschritt (Analyse des Vorgabemodells)	a) Äußere Gliederung (Absätze) und Inhalt, formale Kriterien für die Anlage des Briefes b) Großschreibung der Anredepronomen (Lz 2) c) Natürlicher, lebendiger Stil, vertraulicher Ton	Erarbeitungsgespräch: Ort, Datum, Anrede, Hauptteil (informieren, erzählen, bitten- Gefühle, Gedanken, Hoffnungen, Eindrücke und Vorstellungen äußern, Grüße, Name, Unterstreichen der Stellen, an denen sich der Absender unmittelbar an bekannte Personen wendet An einigen Stellen können die Empfänger "mitempfinden", nacherleben, mit der Hand geschrieben	-gliedern -ergänzen -unterstreichen der Anredepronomen -an Textstellen belegen	Hb	Folie(2)/ AB(2)
	4. Lehrschritt (Ergebnisanwendung)	Schreibanlaß, Absicht, Freude am Briefschreiben wecken (Lz 3,6)	Arbeitsaufgabe: Absicht ist vorgegeben, Anlaß/Anliegen in Gruppen erarbeiten Verarbeitungsgespräch: Lösungen vorlesen und ergänzen	-Beispiele finden -vorlesen -ergänzen	Ga	AB(3) Folie(3)
	5. Lehrschritt (Problemstellung)	Ein konkreter Schreibanlaß schafft eine zwingende Briefsituation	Feststellung: Aufenthalt in der Jugendherberge, gutes Verhältnis zum Herbergsvater; Peter stellt fest, daß er sein Kofferradio stehengelassen hat, Brief aus Peters Sicht	-sich spontan äußern	Hb	
	6. Lehrschritt (Problemlösung) (Planung)	Angaben, Fragen, Erläuterungen zum Inhalt des Briefes Entwurf eines Stichwortzettels (Lz 4)	Erarbeitungsgespräch: Peter beantwortet Fragen: Farbe, Marke, Größe, in welchem Zimmer, seine Adresse, Adresse der Jugendherberge Arbeitsaufgabe: "Schreibe Stichwörter zu Inhalt und Anlage der Reihe nach auf!" Vorschlag siehe Folie Lösungen vorlesen und ergänzen	-Fragen stellen und beantworten -notieren -einen Stichwortzettel anlegen -vorlesen	Hb Pa Hb	Arbeitsblock Zweite Folie
Sicherungsphase	7. Lehrschritt (Anwenden einer konventionellen Schreibform)	Verfassen eines persönlichen Briefes nach Stichwörtern	Arbeitsaufgabe: "Schreibe einen Brief an Herrn Gruber!" Für leistungsschwächere Schüler Folie einblenden. Einige Briefe vorlesen	-niederschreiben -vorlesen	Aa Hb	Briefbogen DIN A4
	8. Lehrschritt (Ausweitung)	Umgang mit amtlichen Vordrucken, Briefumschlag beschriften (Lz 5)	Betrachten eines Merkblattes Verarbeitungsgespräch: Aufteilung: Zeilenabstände, Aufsuchen der Postleitzahl, Fluchtlinie beachten	-ein Merkblatt interpretieren -beschriften eines Umschlags	Hb/Aa	Merkblätter "Postleitzahl" Briefumschlag Zweite Folie
	9. Lehrschritt (Abschluß)	Freimachen, Absenden bzw. Einordnen des Musters	Aufforderung: Einen besonders gut gelungenen Brief senden wir mit Peters Unterschrift ab. Einordnen der Schülerbriefe mit Umschlag.	-einordnen	Aa	Mappe/Heft

Hauptlernziel:	Unterrichtsthema:	Autor: Erwin Müller
Die Schüler sollen fähig sein, Briefe sachlichen Inhalts zu schreiben	Sachlich abgefaßte briefliche Mitteilung (Einladung zu einer Faschingsparty)	Unterrichtszeit Empfehlung: 2-3 UE

VORBEMERKUNGEN:

Das Einladungsschreiben wurde nur als ein Beispiel für sachlich abgefaßte briefliche Mitteilungen ausgewählt. In ähnlicher Weise können auch Entschuldigungsschreiben, Leserbriefe, Krankmeldungen, schriftliche Anfragen und Ähnliches eingeführt werden. Es kommt bei allen Briefen sachlichen Inhalts vor allem darauf an, daß die Verständigung zwischen Adressaten und Schreiber ungestört abläuft.

TEILLERNZIELE:

Die Schüler sollen:
1. wissen, wozu Postkarten verwendet werden,
2. einsehen, daß Briefe sachlichen Inhalts zweckmäßig und adressatengerecht sein müssen,
3. wissen, welche Informationseinheiten für ein Einladungsschreiben notwendig sind, um Rückfragen des Empfängers zu vermeiden,
4. fähig sein, verschiedene Einladungsschreiben auf inhaltliche Klarheit, Vollständigkeit und Zweckmäßigkeit zu überprüfen,
5. fähig sein, selbst Einladungsschreiben adressatengerecht zu verfassen.

MEDIEN:	LITERATUR:
Postkarte, Tafel, Overhead-Projektor, OHP-Transparentstücke, OHP-Transparent, Arbeitsblatt, DIN A4-Blatt, Aufsatzheft	1. "Die Praxis", 6.Jahrgangsstufe, Heft November, Seite 1, Ehrenwirth Verlag, München 1977 2. "Die Praxis", 6.Jahrgangsstufe, Heft Oktober, Seite 2-4, Ehrenwirth Verlag, München 1977 3. Giehrl/Lehmann: "denken, sprechen, handeln", 5.Jahrgang, Auer Verlag, Donauwörth 1977

ARBEITSBLATT

Text 1:
Lieber Thomas,
zu meiner Faschingsfeier am 20. 2. 1979 möchte ich Dich herzlich einladen.
Ich freue mich auf Dein Kommen.
                    Herzliche Grüße
                    Dein Peter

Text 2:
Lieber Thomas,
am Dienstag möchte ich mit einigen Freunden Fasching feiern. Willi, Robert, Markus, Franz, Ulrike und Brigitte kommen auch. Ich hoffe, Du hast Zeit und kannst kommen.
                    Viele Grüße
                    Dein Peter

Text 3:
Lieber Thomas,
am Dienstag, den 20. 2. 1979, von 15 bis 18 Uhr, findet bei mir eine Faschingsparty statt. Ich wohne in Regensburg, Landshuterstraße 12. Damit Du den Weg besser findest, lege ich Dir eine Wegskizze bei. Ich freue mich auf Dein Kommen.

                    Dein Freund Peter

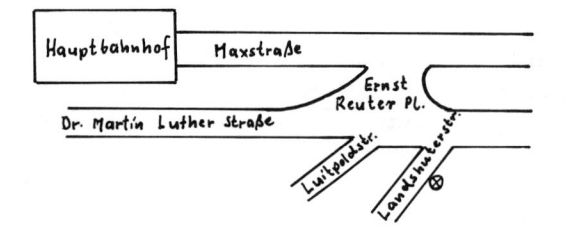

Text 4:
(Siehe Text 3)
    Damit Du den Weg besser findest, gebe ich Dir einige Anhaltspunkte: Auf der Maxstraße stadteinwärts gehen - kurz vor dem Parkhotel rechts in den Ernst Reuter Platz einbiegen - den Platz links in Richtung Finanzamt (in der Landshuterstraße) überqueren - nach wenigen Metern unser Wohnhaus auf der rechten Seite.

Überprüfe jeden Text:
1. Schreibe auf, welche Angaben fehlen!
2. Schreibe überflüssige Informationen heraus!

OHP-TRANSPARENT 2 (Lit. 2, S. 1)

- Sind Adresse und Absenderangabe vollständig?
- Enthält der Briefkopf Datum, Ort, Absender?
- Wird der Anlaß für die Einladung klar?
- Werden Beginn und voraussichtliches Ende mitgeteilt?
- Wird berücksichtigt, ob der Empfänger deine Wohnung (Ort, Straße) weiß oder nicht weiß?
- Sind die persönlichen Fürwörter groß geschrieben?
- Drückst du deutlich aus, daß du dich sehr auf den Besuch freuen würdest?
- Machst du dem Empfänger das Kommen "schmackhaft"?

OHP-TRANSPARENT 1

Was ein Einladungsschreiben enthalten muß

WAS ?   Faschingsfeier
WO ?   Regensburg, Landshuterstr. 12
WANN ? 20. 2. 1979, 15 bis 18 Uhr

UG	Lehrschritte (Artikulationsdefinition)	Lehrinhalte und Lernziele (= Lz)	Lehrakte .... Lernakte		Sozialformen	Lernhilfen
Eröffnungsphase	1. Lehrschritt (Problemstellung - gegenständlich)	Verwendungszweck einer Postkarte (LZ 1)	Rundgespräch nach Sachimpuls: Wozu man eine Postkarte verwenden kann;	- verbalisieren	Hb	Postkarte
	2. Lehrschritt (Problemstellung - verbal)	Darstellung der Ausgangssituation (LZ 2)	Kurzbericht: Peter möchte Martin, den er bei der Stadtranderholung kennengelernt hat, zu seiner Faschingsparty einladen;	- zuhören	Hb	
	3. Lehrschritt (Zielangabe)	Einladung mit Hilfe einer Karte (LZ 2)	Sachimpuls: Einladung zu einer Faschingsparty	- zuhören	Hb	
Erarbeitungsphase	4. Lehrschritt (Hypothesenbildung)	Feststellung der notwendigen Informationseinheiten (LZ 3)	Arbeitsaufgabe: Notwendige Informationen einer Einladungskarte, um Rückfragen zu vermeiden;	- ermitteln - begründen - notieren	Ga	Folienstücke (Kleinfolien) für jede Arbeitsgruppe
	5. Lehrschritt (Ergebnisgewinnung und -fixierung)	Vortragen, Vergleichen und Zusammenfassen d. Ergebnisse (LZ 3)	Verarbeitungsgespräch: Was ein Einladungsschreiben enthalten muß; Auswertung der Arbeitsergebnisse der Gruppen;	- verbalisieren - zusammenfassen - begründen	Hb/Aa	OHP-Transparent 1
	6. Lehrschritt (Teilergebnisanwendung)	Überprüfen von Einladungsschreiben auf Vollständigkeit (LZ 3, LZ 4)	Arbeitsaufgabe: Verschiedene Einladungsschreiben auf inhaltliche Klarheit, Vollständigkeit und Zweckmäßigkeit überprüfen;	- bearbeiten - vergleichen	Pa	Arbeitsblatt (Text 1 - 4)
	7. Lehrschritt (Teilergebniskontrolle und -gewinnung)	Besprechung der Ergebnisse (LZ 2, 3, 4)	Diskussion: Gefundene Lösungen besprechen;	- verbalisieren - begründen - werten	Hb	Arbeitsblatt (Text 1 - 4)
Sicherungsphase	8. Lehrschritt (Transfer)	Entwurf von Einladungsschreiben (LZ 2, 3, 5)	Arbeitsanweisung: Entwurf eines Einladungsschreibens aus verschiedenen Anlässen an verschiedene Adressaten;	- einordnen - bearbeiten	Aa	DIN A4-Blatt
	9. Lehrschritt (Überprüfung)	Überprüfen der Entwürfe durch den Nachbarn (LZ 2, 3, 4)	Kontrolle: Partnerkontrolle der Entwürfe mittels vorgegebener Fragen;	- vergleichen - werten	Pa	OHP-Transparent 2
	10. Lehrschritt (Verwertung)	Vorbereitung der Reinschrift (LZ 2, 3, 5)	Arbeitsauftrag: Anfertigung des zweiten verbesserten Entwurfs;	- einordnen - bearbeiten	Aa	DIN A4-Blatt
	11. Lehrschritt (Vergleich)	Vortragen einzelner Einladungsschreiben	Diskussion: Vortrag und Bewertung einzelner Einladungsschreiben;	- aufnehmen - mitdenken - werten	Hb	Versch. Einladungsschreiben
	12. Lehrschritt (Verifikation)	Reinschrift nach Lehrerdurchsicht und -korrektur (LZ 2, 3, 5)	Arbeitsauftrag: Anfertigung des dritten Entwurfs und Einkleben des Schreibens in das Aufsatzheft;	- anfertigen	Aa	DIN A4-Blatt

Hauptlernziel: Fähigkeit, einen Vorgang präzise und detailliert zu beschreiben	Unterrichtsthema: Einführung in die Vorgangsbeschreibung (Wir decken einen festlichen Mittagstisch)	Autor: Vera Mühlfried
		Unterrichtszeit Empfehlung: 2 UE

VORBEMERKUNG:

Alternative zum 6. Lehrschritt: Statt des Arbeitsblattes "Auszug aus einem Kochbuch" könnten auch Porzellanprospekte mit Abbildungen von festlich gedeckten Tischen eingesetzt werden.

TEILLERNZIELE:

Der Schüler soll

1. ... Vorgänge und Tätigkeiten, die er selbst ausführen kann, in einer ihm angemessenen sprachlichen Form mündlich und schriftlich beschreiben können,
2. ... gezielte Fragen im Hinblick auf eine Tätigkeit stellen können,
3. ... lernen, in höflicher Form Kritik an Aussagen der Mitschüler anzubringen,
4. ... die Bedeutung präziser, detaillierter Aussagen für den Zuhörer bzw. Leser erkennen,
5. ... verbale Anweisungen geben und Verbesserungsvorschläge machen können,
6. ... den Begriff "Vorgangsbeschreibung" verstehen und erläutern können,
7. ... die Gestaltungskriterien einer Vorgangsbeschreibung aufzählen können,
8. ... den Unterschied zwischen Erzählen, Berichten und Beschreiben nennen können,
9. ... die Bedeutung der Fähigkeit, eine Vorgangsbeschreibung anfertigen zu können, erkennen und verbalisieren können.

MEDIEN - LITERATUR:

Medien:

- Photo, Dia oder Prospekte (festlich gedeckter Tisch), Tafelbild, Entwurfheft;
- Gegenstände: Teller, Besteck, Gläser, Salatteller, Tischdecke, Servietten, Tischdekoration, Namenskärtchen;
- Arbeitsblatt: "Auszug aus einem Kochbuch" (Anleitung zum Tischdecken), z.B.: Stuber, H. M.: "Ich helf dir kochen", S. 414
- Plakat als Gestaltungshilfe für Vorgangsbeschreibungen (auch für längeres Aushängen im Klassenzimmer).

Literatur:

Sauter/Pschibul: Vom Aufsatzunterricht zur sprachlichen Kommunikation in der Sekundarstufe I (Reihe Exempla Band 9), Auer Verlag, Donauwörth 1974

Kurz G.: Aufsatzunterricht in Beispielen/Sekundarstufe I (Harms Päd. Reihe) List Verlag, München 1971

Beck O.: Aufsatzerziehung und Aufsatzunterricht/2. Band, Dürr Verlag, Bonn - Bad Godesberg 1971

Tafelbild:

DIE VORGANGSBESCHREIBUNG

Wie decke ich einen festlichen Mittagstisch?

1. Welcher Anlaß?	2. Was benötige ich?	3. Wie mache ich es?
Feiertag	Tischdecke	Vorbereitungen;
Geburtstag	Geschirr	farbliche Überein-
Kommunion	Besteck	stimmung von
Gäste	Gläser	Tischdecke, Porzellan
Taufe	Salatteller	und Servietten;
Namenstag	Servietten	genügend Abstand
Verlobung	Platzkärtchen	zwischen den Ge-
Muttertag ...	Tischdekoration:	decken.
	Blumen	hohe Blumen-
	Kerzen	sträuße vermeiden.
		Reihenfolge ...

Plakat:

Was du bei der Vorgangsbeschreibung beachten mußt:

1. Beschreibe die einzelnen Schritte des Vorgangs oder der Tätigkeit genau und ausführlich!
2. Beachte die richtige zeitliche Reihenfolge!
3. Beschreibe den Vorgang sachlich und unpersönlich!
4. Verwende treffende Bezeichnungen für Gegenstände und Handlungen!
5. Schreibe in der Gegenwart!

UG	Lehrschritte (Artikulationsdefinition)	Lehrinhalte und Lernziele (= Lz)	Lehrakte	Lernakte	Sozialformen	Lernhilfen
Eröffnungsphase	1. Lehrschritt (Einstieg)	Sprechanlaß: Arbeiten im Haushalt	Verbaler Impuls: Du hilfst bestimmt deiner Mutti manchmal im Haushalt!	-aufzählen -verbalisieren	Hb	
	2. Lehrschritt (Problemstellung)	Wie deckt man einen Tisch?	**Demonstr.:** Lehrer führt pantomimisch das Tischdecken vor	-zusehen -formulieren	Hb	Pantomime
	3. Lehrschritt (Problemabgrenzung)	Wie decke ich einen festlichen Tisch?	Sachimpuls: Lehrer zeigt Bild und fixiert Problemfrage an der Tafel	-formulieren	Hb	Bild Tafel
	4. Lehrschritt (Vorkenntnisermittlung)	Spontanes Berichten und Erzählen	Verbaler Impuls: Vielleicht hast du schon einmal einen festlichen Tisch gedeckt!	-berichten -erzählen -zuhören	Hb	
Erarbeitungsphase	5. Lehrschritt (Teilzielgew.)	Erster Versuch einer mündl. Vorgangsbeschreibung (LZ 1,2,3)	Unterrichtsfrage: Wer kann einen Tisch richtig decken? Sprich dazu! Die Mitschüler dürfen Fragen stellen und Kritik üben!	-sprechhandeln -zuhören -fragen -antworten	Kf	Gegenstände zum Tischdecken
	6. Lehrschritt (Teilzielgew.)	Was man beim Tischdecken beachten muß (LZ 4)	Arbeitsaufgabe: Hilfe für die Hausfrau: Anleitungen in Kochbüchern! Unterstreiche wichtige Stellen!	-lesen -unterstreichen	Aa	Arbeitsblatt: Auszug aus einem Kochbuch
	7. Lehrschritt (Teilzielgew.)	Ergebnisse des Arbeitsauftrages (LZ 4)	Verarb.-gespr.: Schüler tragen ihre Ergebnisse vor.	-vortragen	Hb	
	8. Lehrschritt (Teilzielgew.)	Vergleich der Ergebnisse des Arbeitsauftr. und der gedeckten Tische (LZ 5)	Partnergespräch: Schüler unterhalten sich mit ihren Partnern darüber, ob die Tische richtig gedeckt wurden und besprechen anschließend mit den Mitschülern die Fehler	-überlegen -besprechen -ergänzen -verbessern -kritisieren	Pa	Arbeitsblatt, gedeckte Tische
	9. Lehrschritt (Teilzielgew.)	Formen der Vorgangsbeschreibung: Kochrezept, Spielanleitung, Bedienungsanleitung, Gebrauchsanw. (LZ 6)	**Erarb.-gespr.:** Einführung und Erläuterung des Begriffs "Vorgangsbeschreibung - Schüler nennen Beispiele	-zuhören -aufzählen	Hb	
	10. Lehrschritt (Teilzielgew.)	Welcher Anlaß? Was brauche ich? Wie mache ich es? (LZ 7)	Erarb.-gespr.: Erarbeiten wichtiger Fragen zum Vorgang des Tischdeckens und zur Vorgangsbeschreibung allgem. Fixierung der Fragen an der Tafel	-Gesprächskette: fragen, formulieren	Hb	Tafelbild: Siehe Spalte (Lehrinhalte)!
	11. Lehrschritt (Teilzielgew.)	Erarbeitung von Gestaltungshilfen (LZ 7)	Gruppenarbeit: Vier Gruppen, jede Gruppe übernimmt eine Frage.	-überlegen -besprechen -notieren	Ga	Notizblock
	12. Lehrschritt (Teilzielgew.)	Ergebnisse des Arbeitsauftrages (LZ 7)	**Verarb.-gespr.:** Besprechen der Arbeitsergebnisse, Fixieren der Schülerbeiträge an der Tafel	-vortragen -ergänzen -besprechen	Hb	Tafelbild: Vervollst. der Spalten
	13. Lehrschritt (Teilzielgew.)	Die Vorgangsbeschreibung soll informieren (LZ 8)	**Erarb.-gespräch: Verschiedene Intentionen bei der Anfertigung einer Vorgangsbeschreibung** (Vergl. mit Erz.,..)	-überlegen -verbalisieren	Hb	Plakat
	14. Lehrschritt (Teilzielgew.)	Begründung des Schreibanl. (LZ 9)	Diskussion: Wozu lernen, wie man eine Vorgangsbeschreibung anfertigt?	-überlegen -diskutieren	Hb	
Sicherungsphase	15. Lehrschritt (Mündl. Gestaltungsversuch)	Mündliche Beschreibungsversuche	Auftrag: Beschreibe den Vorgang noch einmal mündlich! Mitschüler beurteilen den Versuch!	-beschreiben -zuhören -beurteilen	Hb/Aa	Lehrer, Mitschüler, Plakat Tafelbild
	16. Lehrschritt (Schriftl. Gestaltungsversuch)	Erstentwurf der Vorgangsbeschreibung	Arbeitsauftrag: Du kannst jetzt den Vorgang des Tischdeckens in schriftlicher Form genau u. sachlich beschreiben! Evtl. als Hausaufgabe!	-entwerfen -aufschreiben	Aa	Entwurfheft, Tafelbild, Plakat

Hauptlernziel: Fähigkeit, schriftlich über Sachzusammenhänge (hier: Vorgang) zu informieren	Unterrichtsthema: Wie verbinde ich eine große Wunde? (Einführung in die Vorgangsbeschreibung unter kommunikativem Aspekt)	Autor: Maria Sedlmayer
		Unterrichtszeit Empfehlung: 1 UE=45 Min

VORBEMERKUNGEN: Vorliegende Unterrichtseinheit ist als Einführung in die Vorgangsbeschreibung konzipiert. Bei der Gruppeneinteilung ist darauf zu achten, daß jeweils drei Gruppen zusammen einen vollständigen Bericht erarbeiten. Dabei ist inhomogenen Gruppen der Vorzug zu geben (schwächere Schüler profitieren so von den sprachlich gewandteren).

TEILLERNZIELE: Die Schüler sollen
1. eine vorgegebene Sprachsituation im Rundgespräch weiterführen, das darin enthaltene Problem benennen und als Zielangabe formulieren,
2. den für die Gestaltung nötigen Wortschatz erarbeiten, indem sie Verbandmaterialien mit den richtigen Namen benennen und diese notieren,
3. durch Benennen der vorgezeigten Gegenstände das erarbeitete Wortmaterial wiederholen,
4. den Vorgang des Verbindens demonstrieren und die Handlung in Stichpunkten mitnotieren,
5. anhand einer verdrehten Vorgangsbeschreibung die Gestaltungsaufgabe ("Wir schreiben in der richtigen Reihenfolge") erarbeiten und formulieren,
6. den Vorgang in drei Teilabschnitte gliedern, diese abgrenzen und jeweils durch eine Überschrift zusammenfassen,
7. aus mehreren Möglichkeiten (ich, Sie, du, wir, man..) die Person auswählen, in der die Beschreibung abgefaßt werden soll und die Zeit (Präsens) festlegen,
8. in Gruppenarbeit einen Teilschritt der Beschreibung schriftlich ausarbeiten,
9. die erarbeiteten "Gruppenberichte" vortragen bzw. anhören, kritisieren sowie Gelungenes herausstellen,
10. die erarbeiteten Beschreibungen durch handelnden Mitvollzug an der Wirklichkeit überprüfen.

MEDIEN: Tafelbild, vorgegebene verdrehte Beschreibung, Verbandkasten mit Verbandmaterial, Notiz- bzw. Arbeitsblock.

LITERATUR:
1. Babucke Wolfgang: Schriftliche Sprachgestaltung in: Handbuch der Unterrichtspraxis 3 (Zöpfl - Ehrenwirth München 1974)
2. Beck Oswald: Aufsatzerziehung und Aufsatzunterricht 2. Band, Dürrsche Buchhandlung Bad Godesberg
3. Ibler Martin: Sprachgestaltender Unterricht, Auer Donauwörth 1970
4. Rank Karl: Sprachliche Situationen im Unterricht Auer Donauwörth 1966
5. Reumuth/Schorb: Der muttersprachliche Unterricht, Dürrsche Verlagsbuchhandlung
6. Sauter/Pschibul: Vom Aufsatz zur sprachlichen Kommunikation in der Sekundarstufe I, Auer
7. Singer Kurt: Aufsatzerziehung und Sprachbildung, Ehrenwirth München 1966
8. Steinbügl E.: Der deutsche Aufsatz, Oldenbourg

Arbeitstext:
VERDREHTE VORGANGSBESCHREIBUNG: Wickle die Mullbinde um den Arm, indem du den Anfang mit der linken Hand festhältst und die ansonsten noch aufgewickelte Binde mit der rechten Hand um den Arm herum abrollst. Die Wunde selbst bedeckst du zuvor mit der sterilen Wundauflage, die du in jedem Verbandskasten findest. Hast du die Umgebung der Wunde etwas gesäubert? Prüfe nach, ob der Verband nicht zu fest sitzt! ...

TAFEL:

WIE VERBINDE ICH EINE GROßE WUNDE?

① Wir gebrauchen die richtigen Ausdrücke:

- Mullbinde
- sterile Wundauflage
- Wundbenzin (Alkohol)
- Watte
- Schere
- :

(evtl.: Desinfektionsspray)

② Wir beschreiben in der richtigen Reihenfolge:

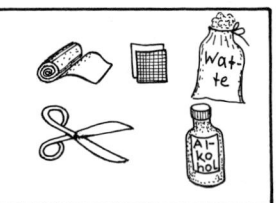

③
1. Herrichten des Verbandmaterials
2. Vorbereiten der Wunde
3. Verbinden der Wunde 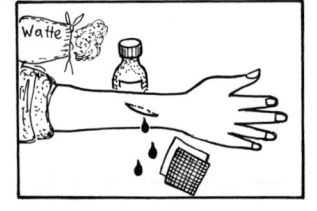 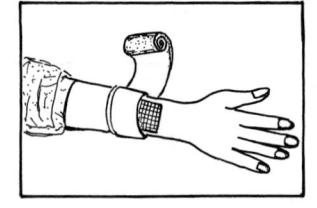

④ Wir schreiben in der Gegenwart

und gebrauchen die Form: ich, du, Sie, wir, man, wird..

- Ist der Verletzte nicht gegen Wundstarrkrampf geimpft?
- Muß die Wunde genäht werden?

⇓

SOFORT ZUM ARZT!

UG	Lehrschritte (Artikulationsdefinition)	Lehrinhalte und Lernziele (= Lz)	Lehrakte .... Lernakte		Sozialformen	Lernhilfen
Eröffnungsphase	1. Lehrschritt (Einstimmung)	Ausgangssituation	Kurzschilderung: Die elfjährige Evi und ihr kleiner Bruder Rudi sind allein zuhause. Evi liest gerade, als plötzlich lautes Geschrei aus der Küche ertönt. Rudi hat sich mit der Küchenmaschine am Arm stark verletzt. Das Blut tropft auf den Boden ...	- zuhören - sich identifizieren	Hkf	Kurzschilderung des Lehrers
	2. Lehrschritt (Zielfindung)	Weiterführen der Ausgangssituation (Lz 1)	Rundgespräch: Was wird Evi unternehmen? Kann sie eine Wunde verbinden? Frage (von den Schülern formuliert): Wie verbinde ich eine große Wunde?	- fragen - vermuten - formulieren	Hkf Hkf	Tafel (Überschrift)
Erarbeitungsphase	3. Lehrschritt (Vorbereitung des Gestaltungsversuchs: Wortschatz)	Fachausdrücke (Lz 2)	Frage: Was braucht Evi zum Verbinden? Erarbeitungsgespräch: Wir benennen das benötigte Verbandmaterial und schreiben die "Fachausdrücke" auf.	- zeigen - benennen - notieren - merken	Hkf Hkf	Verbandskasten Tafel ①
	4. Lehrschritt (Teilzusammenfassung)	Wortschatzwiederholung (Lz 3)	Arbeitsauftrag: Nennt die jeweils gezeigten Gegenstände beim richtigen Namen!	- wiederholen - benennen	Hkf/Aa	Verbandmaterial
	5. Lehrschritt (Vorbereitung des Gestaltungsversuchs: Vorgang)	Gesamtablauf des Verbindens als Gestaltungsgrundlage (Lz 4)	Demonstration: 2 "fachkundige" Schüler führen das Verbinden vor, die übrigen notieren mit. Partnerarbeit: Wir vergleichen und ergänzen unsere Notizen.	- demonstrieren - mitverfolgen - notieren	Hb Pa	Verbandskasten Notizblock
	6. Lehrschritt (Provokation)	Gestaltungsaufgabe (Lz 5)	(Verdrehte) Kurzbeschreibung: Lehrer liest eine "Anleitung" vor. Erarbeitungsgespräch: Das Erste wurde zuletzt gebracht. Die genaue Reihenfolge ist wichtig.	- zuhören - widersprechen - formulieren	Hb Hb	Arbeitstext Tafel ②
	7. Lehrschritt (Vorber. des Gestaltungsversuchs: Gliederung)	Richtige Reihenfolge (Lz 6)	Arbeitsaufgabe: Versucht, den ganzen Vorgang in drei Teilschritte zu gliedern. Sucht zu jedem Abschnitt eine zusammenfassende Überschrift! (Die Bilder an der Tafel helfen dabei)	- ordnen - gliedern - zusammenfassen - formulieren	Ga/Pa	Tafel ③ Notizen (siehe Lehrschritt 5)
	8. Lehrschritt (Vorbesprechung des Gestaltungsversuchs)	Darstellungsweise (Lz 7)	Verarbeitungsgespräch: Wir einigen uns darüber, in welcher Person wir schreiben wollen (ich, Sie, du, wir, man ..). Welche Zeit paßt für eine Beschreibung?	- vorschlagen - auswählen	Hb	Tafel ④
	9. Lehrschritt (Gestaltungsversuch)	Arbeitsteilige Gruppenarbeit (Lz 8)	Gruppenarbeit: Jede Gruppe gestaltet einen Gliederungspunkt. Je drei Gruppen zusammen erarbeiten so eine vollständige Beschreibung.	- formulieren - verbessern - auswählen - aufschreiben	Ga	Tafel, Arbeitsblock
Sicherungsphase	10. Lehrschritt (Zusammenfassung)	Gruppenberichte (Lz 9)	Arbeitsauftrag: Die ersten drei Gruppensprecher tragen das Erarbeitete zusammenfassend vor. Verarbeitungsgespräch: Was hat gut gepaßt? Wozu haben wir Einwände?	- vortragen - zuhören - einwenden - anerkennen	Hb Hb	Notizen aus der Gruppenarbeit
	11. Lehrschritt (Verifikation)	Überprüfung an der Wirklichkeit (Lz 10)	Demonstration: Die folgenden drei Gruppensprecher tragen ihre Beschreibung langsam vor. Zwei Kinder vollziehen das Verbinden genauso mit, wie es vorgelesen wird, um zu überprüfen, ob der "Evi" mit dieser Anleitung wirklich geholfen wäre.	- vorlesen - zuhören - mitvollziehen - überprüfen	Hb	Notizen, Verbandzeug

Eventuell als Hausaufgabe: Jeder Schüler führt eine vollständige Vorgangsbeschreibung in Stichpunkten aus als Kurzanleitung, wie sie z.B. auf Verpackungen zu finden ist.

Hauptlernziel: Kennenlernen der verschiedenen Ausdrucksmöglichkeiten durch Mundart, Dialekt und Hochsprache	Unterrichtsthema: Mundart – Dialekt – Hochsprache (Am Rafenauer Weiher)	Autor: Waltraud Haller
		Unterrichtszeit Empfehlung: 1 UE

Vorbemerkungen:
Die Unterrichtseinheit beschränkt sich auf die Behandlung von Mundart und Dialekt im Unterschied zur Hochsprache. Kindersprache, Sondersprachen (Fachsprachen u.ä.), sowie der Aufbau wichtigster Fremdsprachen schließen die Thematik ab. – Aufgabe 1,2,3 des Arbeitsblattes sind teilweise dem unter Literatur angeführten Buch entnommen.

Teillernziele:
Die Schüler sollen:
1. den Text inhaltlich erschließen, (kogn.)
2. die Verwendung der Perfektform im Text erkennen, (kogn.)
3. die starke Gegenwartsbezogenheit der Perfektform ergründen, (kogn.)
4. den Text in Dialekt und Hochsprache umformen, (kogn.)
5. den Unterschied zwischen Mundart, Dialekt und Hochsprache erkennen, (kogn.)
6. mündlich die verschiedenen Aussageformen einüben, (kogn.)
7. den Bildern Sätze in diesen Aussageformen zuordnen, (kogn.)
8. verschiedene Begriffe aus Hochsprache und Mundart kennenlernen, (kogn.)
9. in Spielform Verständnisschwierigkeiten überwinden lernen, (kogn., psychomot.)
10. Besonderheiten der Berliner Mundart kennenlernen und aufdecken. (kogn.)

Literatur:
Neumann/Zander, Sprache als Verständigungsmittel und Zeichensystem, Eine Einführung in die Linguistik, Crüwell-Konkordia, Dortmund 1972

Medien: Cassette, Arbeitsblatt, Folie, Tafel, Block

Tafelbild:
① Wir unterscheiden Dialekt – Mundart – Hochsprache
- Dialekt: eigenständige Ausdrücke, Grammatik
- Mundart: Teile der Hochsprache, des Dialekts
- Hochsprache: verbindliche Ausdrücke, Grammatik

Text (Cassette und Teil 1 des Arbeitsblattes):
Dann sind wir an den Weiher beim Rafenauer gekommen, und wir haben das Dampfschiff hineingetan. Die Räder sind gut gegangen, und es ist ein Stück weit geschwommen. Wir sind auch hineingewatet, und der Arthur hat immer geschrien. Ich habe ein Paket Pulver bei mir gehabt. Und ein Stück Zündschnur habe ich auch dabei gehabt.
Wir haben das Dampfschiff hergezogen. Es sind Kanonen darauf gewesen, aber sie haben kein Loch gehabt.... Ich habe das Verdeck aufgehoben und habe das ganze Paket Pulver hineingeschüttet. Dann habe ich das Verdeck wieder darauf getan und die Zündschnur durch ein Loch gesteckt. Arthur ist geschwind hinter einen Baum gelaufen....
Ich habe das Dampfschiff aufgedreht und gehalten, bis die Zündschnur gebrannt hat. Dann habe ich ihm einen Stoß gegeben, und die Räder sind gegangen, und die Zündschnur hat gebrannt.
Auf einmal hat es einen furchtbaren Krach gegeben, und ein dicker Rauch ist auf dem Wasser gewesen. Ich habe gemeint, es ist etwas an mir vorbeigeflogen, aber Arthur hat schon gräßlich geheult, und er hat seinen Kopf gehalten. Er hat aber bloß ein bißchen geblutet an der Stirn, weil ihn etwas getroffen hat.
(Ludwig Thoma)

Folie:

1)
- Fritz stand im Tor.
- Fritz ist im Tor gestanden.
- Fritz is im Tor g'standen.

2)
- Inge sitzt auf dem Pferd.
- Inge ist auf dem Pferd gesessen.
- Inge is aufm Pferdl g'sessen.

3)
- der Apfel fiel vom Baum.
- der Apfel ist vom Baum gefallen.
- der Apfe is vom Baum g'foin.

Arbeitsblatt:

Aufgabe 1:
a) In welcher Zeitform erzählt Thoma diese Geschichte? Was bewirkt diese Form?
b) Wandle den Text mündlich in Hochdeutsch und in deinen Dialekt um!

Aufgabe 2:
Ordne die richtigen Begriffe zu:
Berliner – Brötchen – Eisbein – Frikadelle – Kloß – Pilz – Reibekuchen – Rotkohl – Möhren

Schwammerl – Kartoffelpuffer – Fleischpflanzl – gelbe Rüben – Semmel – Schweinshaxe – Krapfen – Knödel – Blaukraut

Aufgabe 3:
Der Berliner ist nicht auf den Mund gefallen. Da kann man folgendes hören:
"Ihnen hamse wohl det Jehirn jeklaut?"
"Hinta die Schalltieten mußte een paar kriejen."
"Wat hamse sich eijentlich jedacht, Sie Fannkuchen mit Beene?"
"Ick kleb dir eene druff, det de durch de Rippen kiekst wie der Affe ausm Käfig."

Welche Abweichungen von der hochdeutschen Sprache kannst du feststellen?

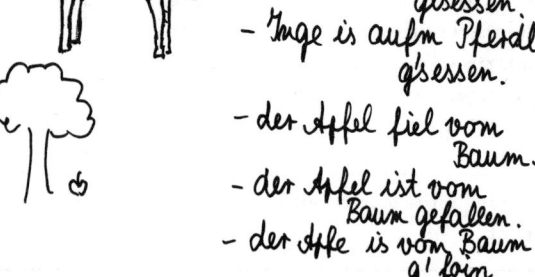

JG	Lehrschritte (Artikulationsdefinition)	Lehrinhalte und Lernziele (= Lz)	Lehrakte .... Lernakte		Sozial-formen	Lernhilfen
Eröffnungsphase	1.Lehrschritt (Problemstellung -verbal)	Begegnung mit dem Text, Aussprache über Text und Autor (Lz 1)	Sachimpuls:Vorspielen des Textes Auftrag: Erzählt kurz, was ihr gehört habt! Impuls: Ein bekannter Schriftsteller erzählt diese Geschichte.	-zuhören -nacherzählen -nennen des Verfassers	Hb Hb/Aa Hb	Cassette
	2.Lehrschritt (Zielangabe)	Hinweis auf die verwendeten Sprachmittel, Unterscheidung von Hochsprache, Mundart, Dialekt (Lz 2)	Erarbeitungsgespräch: Ludwig Thoma verwendet eine besondere Sprache. Mundart. Außer dieser gibt es noch die Hochsprache und den Dialekt.	-formulieren	Hb	Tafel 1 Tafel 2
Erarbeitungsphase	3.Lehrschritt (erste Erkenntniserarbeitung)	Finden der Perfektform, der Wirkung dieser Form (Lz 2,3) Umwandeln des Textes in Dialekt und Hochsprache (Lz 4)	Arbeitsauftrag: Bearbeite Aufgabe 1 a und b deines Arbeitsblattes! Verarbeitungsgespräch: Kontrolle, Auswertung, Zusammenfassung der Arbeitsergebnisse.	-Aufgabe bearbeiten -Text umwandeln -vorlesen -anschreiben -Text vortragen	Ga Hb	Arbeitsblatt Aufgabe 1a,b Block
	4.Lehrschritt (zweite Erkenntniserarbeitung und -fixierung)	Die Unterschiede zwischen Dialekt, Mundart und Hochsprache werden erkannt und formuliert (Lz 5)	Erarbeitungsgespräch: Hauptunterschiede zwischen Dialekt, Hochsprache, Mundart; Klärung jeweils anhand verschiedener Beispiele aus dem Ausgangstext. Fixierung der Wesensmerkmale;	-vergleichen -verbalisieren -anschreiben	Hb	Tafel 3
Sicherungsphase	5.Lehrschritt (mündliche Wiedergabe des Lernresultats)	Die verschiedenen Aussageformen werden mündlich geübt (Lz 6)	Rundgespräch nach Auftrag: Ein Schüler spricht einen Satz in der Mundart, ein anderer formt ihn in die Hochsprache um, ein dritter in den Dialekt.	-erkennen -verbalisieren	Hb/Aa	
	6.Lehrschritt (schriftliche Wiedergabe des Lernresultats)	Schriftliches Üben der Aussageformen (Lz 7)	Arbeitsauftrag: Versucht zu jedem Bild drei Sätze zu formulieren, je einen in Hochsprache, Dialekt und Mundart! Verarbeitungsgespräch: Kontrolle, Auswertung der Arbeitsergebnisse; Fixierung;	-aufschreiben -in der Folie eintragen	Ga Aa Hb	1/2/3 Folie Block 1/2/3 Folie
	7.Lehrschritt (Vergleich)	Zuordnen verschiedener Begriffe aus Mundart und Hochsprache (Lz 8)	Arbeitsauftrag: Bearbeite Aufgabe 2 des Arbeitsblattes. Stelle die zusammengehörenden Begriffe nebeneinander! Verarbeitungsgespräch:Kontrolle, Auswertung, Zusammenfassung der Arbeitsergebnisse;	-vergleichen -aufschreiben -vorlesen -verbessern	Aa Hb	Arbeitsblatt Aufgabe 2 Block
	8.Lehrschritt (szenische Wiedergabe des Lernresultats)	Schüler setzen sich in spielerischer Form mit Verständigungsschwierigkeiten auseinander (Lz 9)	Rollenspiel: Ein Herr aus Norddeutschland will in Bayern Lebensmittel kaufen. Er stößt dabei auf Schwierigkeiten.	-spielhandeln	Pa/Hb	
	9.Lehrschritt (Transfer i.e.S.)	Die gewonnenen Erkenntnisse werden auf den Berliner Dialekt übertragen (Lz 10)	Arbeitsauftrag: Bearbeite Aufgabe 3 des Arbeitsblattes; übertrage jeden Satz sofort in die Hochsprache! Verarbeitungsgespräch:Kontrolle, Auswertung, Zusammenfassung der Arbeitsergebnisse;	-lesen -vergleichen -einordnen -aufschreiben -vorlesen -verbessern	Aa Hb	Arbeitsblatt, Aufgabe 3 Block

Hauptlernziel: Verstehen und anwenden von Gebrauchs- und Spielanweisungen	Unterrichtsthema: Gebrauchsanweisungen – Spielanweisungen (Wir spielen Mensch-ärgere-dich-nicht)	Autor: Waltraud Haller
		Unterrichtszeit Empfehlung: 1-2 UE

Vorbemerkungen:
Da diese Unterrichtseinheit, besonders im 2.Teil, sehr handlungsbezogen konzipiert ist, empfiehlt es sich nach Möglichkeit 2 Unterrichtsstunden zu verwenden. Den Schülern sollte ausreichend Gelegenheit geboten werden, den Zusammenhang zwischen Handeln und sprachlichem Ausdruck herzustellen.

Teillernziele:
Die Schüler sollen:
1) eine unbrauchbare Anweisung erkennen, (kogn.)
2) Kriterien für die Formulierung von Anweisungen finden, (kogn.)
3) Fachausdrücke auffinden und erklären können, (kogn.)
4) einer Zeichnung eine Gebrauchsanweisung zuordnen, (kogn.)
5) für ein bekanntes Spiel eine Spielanweisung entwerfen, (kogn.)
6) Kriterien für eine gute Spielanweisung finden, (kogn.)
7) eigene Spielanweisungen erfinden. (kogn.)

Medien: Folie, fotokopierte Gebrauchsanweisungen (für jede Gruppe eine), Tafel, Arbeitsblatt, Mensch-ärgere-dich-nicht-Spiel (für jede Gruppe), Block, Würfel (2 für jeden Schüler)

Literatur:
Giehrl/Ibler/Sauter, Muttersprache - neu, Schülerarbeitsbuch für die 6.Klasse, Ludwig Auer, Donauwörth, 1979
Neumann/Zander, Sprache als Verständigungsmittel und Zeichensystem, Eine Einführung in die Linguistik, Crüwell-Konkordia, Dortmund, 1972

Tafelbild:

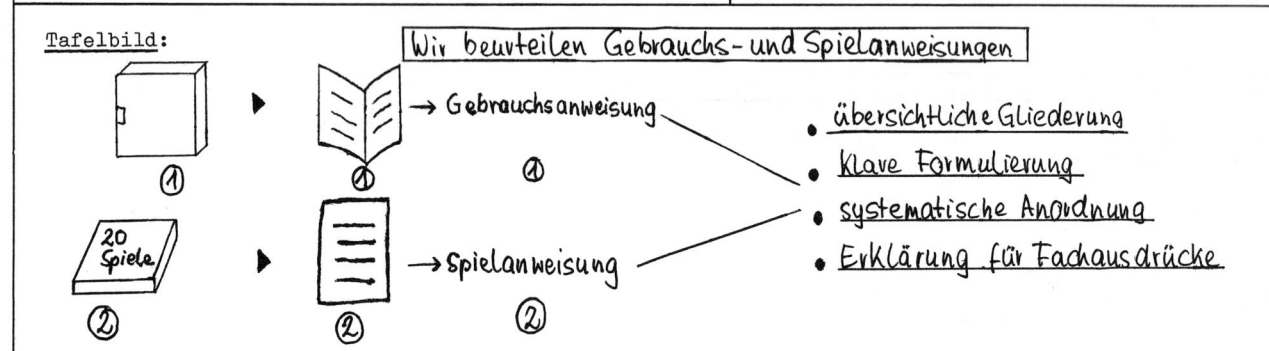

Wir beurteilen Gebrauchs- und Spielanweisungen

① → ① → Gebrauchsanweisung ①
② → ② → Spielanweisung ②

- übersichtliche Gliederung
- klare Formulierung
- systematische Anordnung
- Erklärung für Fachausdrücke

Folie:

Gebrauchsanweisung für einen Matokühl - Kühlschrank

1. Der elektrische Stecker ist vollkommen überflüssig, hängen Sie ihn an einen Platz, wo er nicht stört.
2. Sie brauchen das Gerät nicht unbedingt in die Küche zu stellen, es läßt sich auch vorzüglich im Wohnzimmer unterbringen.
3. Das Tiefkühlfach ist besonders geeignet zum Lagern von Schuhcreme.
4. Den übrigen Raum können Sie beliebig verwenden, z.B. auch zum Abstellen von Büchern.
5. Der große Vorteil dieses Geräts besteht darin, daß Sie es nie reinigen müssen.

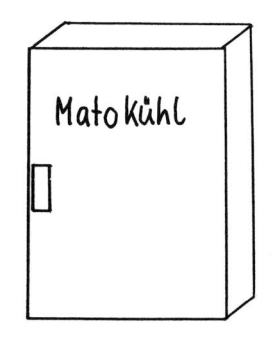

Matokühl

Arbeitsblatt

Gebrauchsanweisungen – Spielanweisungen

a) ● Schreibe eine Gebrauchsanweisung zu dem Toast-Automaten:
1. Stecke das Gerät an!
2. Schiebe das Brot ein!
3. Drücke die Taste nach unten!

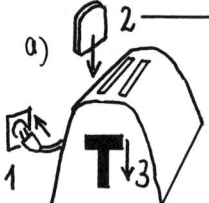

b) ● Vervollständige die Gesichtspunkte für eine gute Gebrauchsanweisung:
a) Übersichtliche __Gliederung__
b) __Klare__ Formulierung
c) Systematische __Anordnung__
d) __Erklärung__ für Fachausdrücke

c) ● Wir spielen Mensch-ärgere-dich-nicht, trage die Spielanweisung ein:

Wir rücken im Uhrzeigersinn vor.

Bei 6 darf das Feld verlassen werden.

Ist ein Feld von einem anderen Stein besetzt, darf man ihn aus dem Spiel werfen.

Sieger ist, wer alle 4 Steine im Ziel hat.

UG	Lehrschritte (Artikulationsdefinition)	Lehrinhalte und Lernziele (= Lz)	Lehrakte .... Lernakte		Sozialformen	Lernhilfen
Eröffnungsphase	1. Lehrschritt (Provokation)	Folie mit einer unpassenden Gebrauchsanweisung (Lz 1)	Ankündigung: Ich habe hier eine Gebrauchsanweisung für einen Matokühl-Kühlschrank. Sachimpuls: Projektion der Gebrauchsanweisung	–lesen –sich äußern –diskutieren	Hb	Folie
	2. Lehrschritt (Zielangabe)		Feststellung: Diese Gebrauchsanweisung ist vollkommen unpassend. Eine richtige Gebrauchsanweisung muß anders aussehen.	–sich äußern	Hb	Tafelbild: Überschrift: Wir beurteilen Gebrauchs- und Spielanweisungen
Erarbeitungsphase	3. Lehrschritt (erste Problembegegnung)	Gebrauchsanweisungen werden auf ihre klare Aussage hin überprüft, Fachausdrücke werden gesucht (Lz 2,3)	Arbeitsauftrag: Hier habe ich richtige Gebrauchsanweisungen. Überlegt euch in Gruppen, wie eine richtige Gebrauchsanweisung gestaltet sein muß. Schreibt auch Fachausdrücke heraus. Austeilen der Gebrauchsanweisungen. Verarbeitungsgespräch: Kontrolle der Arbeitsergebnisse; Verdichtung; Begriff: Gebrauchsanweisung	–lesen –werten –begründen –aufschreiben –vorlesen –anschreiben	Ga Hb	Gebrauchsanweisungen Block Tafel 1
		Erklären von Fachausdrücken (Lz 3)	Impuls: Ihr habt auch Fachausdrücke gefunden.	–vorlesen –erklären –anschreiben	Hb	Block Nebentafel
	4. Lehrschritt (Anwendung)	Zuordnung von Handlungsanordnung und Bild, Wiederholung (Lz 2,4)	Arbeitsauftrag: Bearbeite die erste Aufgabe des Arbeitsblattes! Berücksichtige dabei, was du bereits über die Abfassung einer Gebrauchsanweisung weißt! Verarbeitungsgespräch: Kontrolle, evtl. Korrektur der Arbeitsergebnisse	–Handlungsanweisung schreiben –Lücken ergänzen –vorlesen –verbessern	Aa Hb	Arbeitsblatt a
	5. Lehrschritt (zweite Problembegegnung)	Für das bekannte Mensch-ärgere-dich-nicht-Spiel wird eine Spielanweisung entworfen (Lz 5)	Erarbeitungsgespräch nach Impuls: Auch für andere Dinge gibt es Anweisungen. Arbeitsauftrag: Jede Gruppe nimmt ein Spiel und versucht eine möglichst klare Spielanweisung zu formulieren. Verarbeitungsgespräch: Kontrolle, evtl. Korrektur der Arbeitsergebnisse;	–vermuten –formulieren –spielhandeln –formulieren –aufschreiben	Hb Ga Hb	Tafel 2 Mensch-ärgere-dich-nicht-Spiele Block
	6. Lehrschritt (Problemlösung-Fixierung des Gesamtergebnisses)	Schüler finden Kriterien für eine gute Spiel- und Gebrauchsanweisung (Lz 6)	Erarbeitungsgespräch: Ermittlung und Fixierung der wesentlichsten Gestaltungsaspekte von Gebrauchs- und Spielanweisungen;	–werten –begründen –aufschreiben	Hb	Tafel 3
Sicherungsphase	7. Lehrschritt (Rekapitulation)	(Lz 5,6)	Arbeitsauftrag: Vervollständige auf deinem Arbeitsblatt die Gesichtspunkte für eine gute Gebrauchs- bzw. Spielanweisung; Ergebniskontrolle	–aufschreiben –vorlesen –verbessern	Aa Hb	Arbeitsblatt b,c
	8. Lehrschritt (Transfer)	Die Schüler erfinden selbst Anweisungen für Würfelspiele (Lz 7)	Arbeitsauftrag: Nimm 2 Würfel und denke dir mit deinem Nachbarn Spielanweisungen für Würfelspiele aus. Verarbeitungsgespräch: die Vorschläge werden besprochen.	–spielhandeln –formulieren –aufschreiben –vorlesen –beurteilen	Pa Hb	Würfel Block

Hauptlernziel: Richtiger Gebrauch der Sprache bei sachbezogenen Vorgängen (Vorgangsbeschreibung)	Unterrichtsthema: "Wie bereite ich einen Pudding zu?"	Autor: Josef Moosmüller
		Unterrichtszeit Empfehlung: 2 UE

Lernziele:

Die Schüler sollen

1. im sachgerechten Beobachten geschult werden,
2. den Ablauf des Geschehens (Puddingzubereitung) mündlich wiedergeben können,
3. die genaue Reihenfolge des Ablaufs anhand von Bildern bestimmen können,
4. beim ersten schriftlichen Gestaltungsversuch des Vorgangs
   - die Notwendigkeit von Fachausdrücken für das Arbeitsmaterial einsehen und Einzelteile benennen,
   - die Notwendigkeit fachspezifischer Verben einsehen und solche Verben sammeln,
5. die Zubereitung eines Puddings sprachlich und sachlich richtig niederschreiben können.

Nötige Vorbereitungen

1. Der Lehrer muß alle für die Zubereitung des Puddings notwendigen Dinge vorher besorgen. Die Schüler müssen das Zubereiten direkt miterleben und beobachten können.
2. Die Bildkarten (Tafelbild 2) sollten ebenfalls vorbereitet werden, da optische Eindrücke mehr und stärker haften bleiben als schriftliche Stichpunkte.
3. Das Tafelbild sollte für die Schüler kopiert werden, da sie zur ersten Reinschrift Unterlagen zur Verfügung haben sollten.

Vorbemerkungen:

Die Unterrichtseinheit ist für eine Doppelstunde konzipiert. In dieser sollen die Schüler die Vorgangsbeschreibung bereits zweimal niederschreiben. (Einmal in Gruppenarbeit, einmal in Partnerarbeit) Denn nur beim schriftlichen Darlegen werden sie wirklich mit den Schwierigkeiten dieses Aufsatztyps konfrontiert und so zu einer sachgerechten Auseinandersetzung damit gezwungen.

Sie erkennen, daß
- die Reihenfolge der Einzelvorgänge genau beachtet werden muß,
- die Fachausdrücke beherrscht werden müssen,
- plumpe Aufzählungen vermieden werden müssen.

Der Erlebnis- und Erfahrungskreis der Schüler wird beim Thema "Pudding" beachtet. Alle haben den Vorgang selbst erlebt und darüber nachgedacht.

Für "schwache" Schüler könnte der Lehrer auf einem zusätzlichen Blatt die stichpunktartigen Zubereitungshinweise abdrucken, wie sie auf den Originalpackungen angegeben sind. (Siehe Arbeitshilfe für schwache Schüler!)

Arbeitshilfe für schwache Schüler:

Auf der Packung für Dr. Oetker "galetta" Schokoladen Dessert steht:

1. 0,5 l Milch in eine Schüssel gießen.
2. Den Inhalt des Päckchens dazugeben und etwa 1 Min. schnell durchschlagen.
3. Die Creme in Portionsgläser oder in eine Glasschale füllen und etwa 20 Min. stehenlassen.

Diese Hinweise und das kopierte Tafelbild helfen Dir sicher beim Schreiben einer sachgerechten Vorgangsbeschreibung!

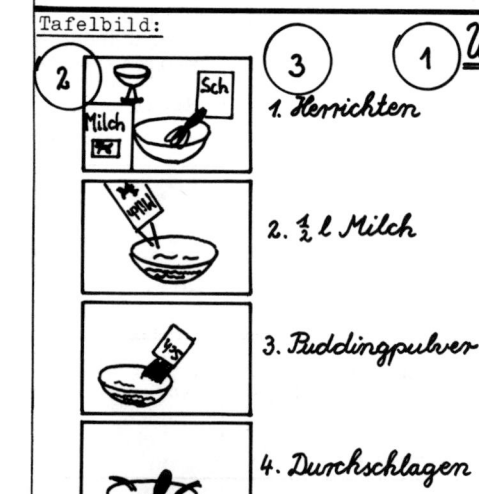

Tafelbild:

① *Wie bereite ich einen Pudding zu?*

② [Bildkarten]

③
1. Herrichten
2. ½ l Milch
3. Puddingpulver
4. Durchschlagen
5. Abfüllen

④ *Wir verwenden sachlich richtige Begriffe:*

Rührgefäß, Glasschüssel, ½ l Milch, Inhalt des Päckchens, Puddingpulver, Schneebesen, Elektroquirl, Portionsgläser, Dessertschalen.

⑤ *Wir verwenden treffende Verben:*

1. Herrichten, bereitstellen;
2. eingießen, in eine Schüssel geben, einfüllen;
3. hinzufügen, dazugeben, dazuschütten;
4. verrühren, durchschlagen, aufschlagen;
5. füllen, einfüllen, kaltstellen, stehenlassen.

UG	Lehrschritte (Artikulationsdefinition)	Lehrinhalte und Lernziele (= Lz)	Lehrakte .... Lernakte		Sozial-formen	Lernhilfen
Eröffnungsphase	1. Lehrschritt (Einstimmung)	Weckung des Gestaltungswillens	Kurzbericht: Helmut will zu seinem Geburtstag viele Freunde einladen. Damit seine Mutter nicht soviel Arbeit hat, will er ihr bei der Vorbereitung helfen. Sachimpuls: L. zeigt auf das Arbeitsmaterial, das auf dem Pult aufgebaut ist.	– zuhören

– beobachten | Hb

Hb | Milch, Schere, Schneebesen, u.s.w. |
| | 2. Lehrschritt (Zielangabe) | Formulieren des Ziels: "Wie bereite ich einen Pudding zu?" | Erarbeitungsgespräch: Sch. benennen die mitgebrachten Gegenstände und erkennen dabei, daß es sich um die Zubereitung eines Puddings handelt. Verbaler Impuls: Helmut hat das noch nie gemacht, er wird seine Mutter etwas fragen! | – benennen Teile – erkennen Ziel – erkennen und formulieren Ziel | Hb

Aa | Tafel 1 |
| Erarbeitungsphase | 3. Lehrschritt (Teilzielgewinnung) | (Lz 1) Genaues Beobachten, Notieren der Reihenfolge | Arbeitsauftrag: Ich zeige, wie man dabei vorgeht, notiere den Ablauf in Stichworten! Lehrerdemonstration | – zuhören – zusehen – notieren | Aa | Demonstration des Ablaufs |
| | 4. Lehrschritt (Teilzielgewinnung) | (Lz 2) Mündliche Wiedergabe | Frage: Kannst du es jetzt Helmut erklären? Verarbeitungsgespräch: Sch. geben den Ablauf mündlich wieder. | – zuhören – berichten – verbessern | Hb

Aa | |
| | 5. Lehrschritt (Teilzielfixierung) | (Lz 3) Bestimmen des genauen Ablaufs | Sachimpuls: L. zeigt 5 Bildkarten (ungeordnet) zum Ablauf des Geschehens. Arbeitsauftrag: Hefte die Bildkarten in der richtigen Reihenfolge an die Tafel! Arbeitsauftrag: Schreibe zu jedem Bild stichpunktartig, was es darstellt! | – beobachten

– ordnen – anheften

– notieren | Hb

Aa

Aa | Bildkarten Tafelbild 2

Tafel 2

Block Tafel 3 |
| | 6. Lehrschritt (Teilzielanwendung) | Erster Schreibversuch | Arbeitsauftrag: Schreibe Helmut genau auf, wie er den Pudding zubereiten muß! (Gruppenarbeit) | – aufschreiben – arbeiten gemeinsam | Ga | Block |
| | 7. Lehrschritt (Teilzielkontrolle und Problemstellung) | Vorlesen der Schreibversuche, Erkennen der Unvollständigkeit | Gruppenberichte: Gruppensprecher lesen vor; die Schüler diskutieren darüber und erkennen die Unvollständigkeit der Beschreibung. | – vorlesen – diskutieren – verbessern – erkennen | Hb | |
| | 8. Lehrschritt (Teilzielgewinnung und -fixierung) | (Lz 4) Sachlich richtige Begriffe, fachspezifische Verben | Erklärung: Die Gruppenaufsätze waren lückenhaft, weil ihnen z.T. die Fachausdrücke und die treffenden Verben fehlten. Sachimpuls: L. zeigt die benötigten Geräte nochmals vor, Sch. benennen sie und suchen alternative Ausdrücke. Arbeitsauftrag: Schreibe zu den Bildern an der Tafel treffende Verben! Arbeitskontrolle: Notieren an der Tafel. | – zuhören

– benennen

– aufschreiben

– lesen vor | Hb

Hb

Aa

Aa | Tafel 4

Block

Tafel 5 |
Sicherungsphase	9. Lehrschritt (Rekapitulation)	(Lz 1, 2, 3, 4)	Sachimpuls: L. schließt Tafel, Sch. formulieren Ergebnisse.	– formulieren – verbessern	Aa Hb	
	10. Lehrschritt (Anwendung)	(Lz 5) Zweiter Schreibversuch	Arbeitsauftrag: Schreibt in Pa auf, wie ein Pudding zubereitet wird! (bei geöffneter Tafel!)	– niederschreiben	Pa	Block
	11. Lehrschritt (Lernzielüberprüfung)		Arbeitskontrolle: Sch. aus fremden Klassen sollen nach Arbeitsanweisungen der eigenen Klasse versuchen, einen Pudding herzustellen. Als Hausaufgabe 1. Reinschrift	– vorlesen – nachvollziehen	Aa	Kopiertes Tafelbild

Hauptlernziel: Die Schüler sollen an einem Beispiel aus dem täglichen Leben Gestaltungsmerkmale für eine Vorgangsbeschreibung kennenlernen.	Unterrichtsthema: Wie ich nach dem Essen die Küche in Ordnung bringe – Vorbereitung einer Vorgangsbeschreibung	Autor: Hans-Peter Mößner
		Unterrichtszeit Empfehlung: 2 UE

Vorbemerkungen:

In dem folgenden Strukturmodell sollen die Schüler befähigt werden, einen einfachen Handlungsverlauf aus ihrem eigenen Erfahrungsbereich mündlich und schriftlich wiederzugeben. Damit der Vorgang in der richtigen Reihenfolge beschrieben werden kann, wird er sprachhandelnd aus einer fiktiven Ausgangssituation heraus dargestellt und nachvollzogen. Durch Umstellen von sechs Schülertischen und unter Verwendung von Handtuch, Tafellappen, Schwamm, Papierkorb, Besen und Schaufel läßt sich ein Teil des Klaßzimmers schnell in eine "Küche" verwandeln. Vorbereitete Wortkarten mit den entsprechenden Fachausdrücken werden zugeordnet. Einträge auf der Folie und auf dem Arbeitsblatt entstehen in der numerierten Reihenfolge. Rechtecke für die vorgesehenen Einträge und Leerzeilen sind vorgegeben.

Teillernziele:

Die Schüler sollen:
1. die für die Beschreibung notwendigen Fachausdrücke kennenlernen, (kognitiv)
2. über einen einfachen Vorgang sprach- und spielhandelnd in allen Einzelheiten der Reihe nach genau formulieren, (psychomotorisch, kognitiv)
3. aus einer vorgegebenen Situation im sachlichen Stil mündlich beschreiben, (kognitiv)
4. Tätigkeiten und Eigenschaften durch treffende und anschauliche Ausdrücke wiedergeben können, (kognitiv)
5. Wörter kennenlernen, die das zeitliche Nacheinander bezeichnen, (kognitiv)
6. Handlungsstichpunkte (Kurzanleitung im Infinitiv) schriftlich fixieren, (kognitiv)
7. aus der zeitnahen Anschauung heraus erkennen, daß bei der Vorgangsbeschreibung das Präsens als Zeitstufe verwendet wird. (kognitiv)

Medien:

Als Gegenstände für den Küchenaufbau:

Sechs Schülertische, vier Stühle, Schubkasten, Papierkorb, Besen, Schaufel, Lappen, vier Pappteller, vier Plastikbestecke, zwei Töpfe, Tuch zum Abtrocknen, als Herd vier schwarze Tonpapierscheiben;

Wurfsendungen oder Kataloge mit Abbildungen von Wohnungseinrichtungen und deren Bezeichnungen, Arbeitsblock, Arbeitsblatt, Folie, Tageslichtprojektor.

Literatur:

1. Migner, Haugg – Deutsch, Vorbereitung in der Jahrgangssufe 5 und 6, mvg Moderne Verlags GmbH München, 1978
2. Steinbügl – Der Deutsche Aufsatz, R. Oldenbourg Verlag, München 1975
3. Die Praxis, Hauptschule, 5. und 6. Jahrgangsstufe Deutsch, Ehrenwirth Verlag, München 1979

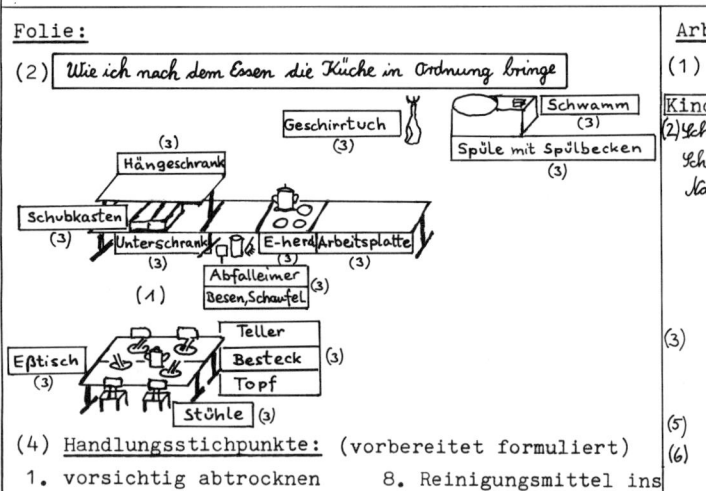

Folie:

(2) Wie ich nach dem Essen die Küche in Ordnung bringe

[Skizze einer Küche mit Beschriftungen: Geschirrtuch, Schwamm, Spüle mit Spülbecken, Hängeschrank, Schubkasten, Unterschrank, E-Herd, Arbeitsplatte, Abfalleimer, Besen/Schaufel, Eßtisch, Teller, Besteck, Topf, Stühle]

(4) **Handlungsstichpunkte:** (vorbereitet formuliert)

1. vorsichtig abtrocknen
2. Bestecke, Topf und Teller zur Spüle tragen
10. Eßtisch, Arbeitsplatte, Elektroherd und Spüle säubern
4. Töpfe in den Unterschrank räumen
5. die vier Teller zusammenstellen
6. heißes Wasser ins Spülbecken einlaufen lassen
7. Abfalleimer ausleeren
8. Reinigungsmittel ins Wasser spritzen
9. mit dem Schwamm abspülen
3. Wasser ablaufen lassen
11. Besteck in den Schubkasten ordnen
12. Geschirr in den Wandschrank stellen
13. Boden aufkehren

Arbeitsblatt:

(1) EINRICHTUNGSGEGENSTÄNDE FÜR

Kinderzimmer	Wohnzimmer	Schlafzimmer	Küche	Bad
(2) Schrankbett	Couchtisch	Hochschrank	Wand- oder Hängeschrank	Spiegelschrank
Schreibtisch	Polstersessel	Doppelbett	Unterschrank	Waschtisch
Nachtschrank...	Wohnwand...	Spiegelkommode...	Spüle mit Spülbecken..	Wandregal
			(4) Eßtisch, Stühle, Arbeitsplatte, Schaufel, Besen, Abfalleimer, Elektroherd, Schubkasten, Besteck, Teller, Geschirrtuch, Lappen, Schwamm	

(3) Wie ich nach dem Essen die Küche in Ordnung bringe

(5) Wortfeld: „putzen"
(6) abwischen, abspülen, reinigen, säubern, abwaschen, fegen, polieren, abtrocknen, kehren...

(5) "Zeitliches Nacheinander"
(6) Zuerst, jetzt, nun, dann, anschließend, zunächst, gleich darauf, nach kurzer Zeit, schließlich, hierauf, zuletzt, wenn..., sobald..., nachdem... (→ Satzgefüge),...
(vorsichtig, schnell, behutsam, mit kreisender Handbewegung, mit dem Lappen...)

Die richtige Reihenfolge muß heißen:

(7) | 2 | 5 | 2 | 6 | 8 | 9 | 1 | 12 | 4 | 11 | 10 | 3 | 13 | 7 | 2 |

(8) Aufsatzentwurf (Vorgangsbeschreibung)

UG	Lehrschritte (Artikulationsdefinition)	Lehrinhalte und Lernziele (= Lz)	Lehrakte .... Lernakte		Sozialformen	Lernhilfen
Eröffnungsphase	1. Lehrschritt (Vorkenntnisvermittlung)	Oberbegriff/Unterbegriffe; Aufzählen von Einrichtungsgegenständen (Lz1)	Arbeitsblätter und Informationsmaterial an die Gruppen ausgeben Sachimpuls: „Warenhäuser werben!" Hinweis auf Arbeitsblatteinteilung	-betrachten -benennen	Hb	Kataloge oder Prospekte mit Einrichtungsgegenständen
	2. Lehrschritt (Schriftliche Wiedergabe des Lernresultats)	Weiter Oberbegriff, engere Oberbegriffe Unterbegriffe, Fachausdrücke (Lz1)	Erarbeitungsgespräch: Einrichtungsgegenstände für Kinderzimmer usw. Arbeitsaufgabe: „Ordne einige Gegenstände richtig zu!"	-zuordnen -vorlesen	Hb Ga/Aa	Arbeitsblatt(1) Arbeitsblatt(2)
	3. Lehrschritt (Abgrenzung)	Planvorgabe für den einfachen Aufbau einer "Küche"	Skizzenhafte Darstellung: Nach Bereitstellen der Gegenstände - Aufbau entsprechend der Planvorlage	-betrachten -Ausgangslage schaffen	Hb Aa	Folie(1) Gegenstände wie bei "Medien"
	4. Lehrschritt (Zielangabe)	Diese Ankündigung ist als "Einleitung zur Vorgangsbeschreibung" möglich	Ankündigung: „Du bist mit dem Mittagessen fertig und willst deiner Mutter eine Freude bereiten. Du bringst ihr die Küche in Ordnung."	-zuhören -Zielangabe eintragen	Hb	Arbeitsblatt(3) Folie(2)
Erarbeitungsphase	5. Lehrschritt (Erste Teilzielgewinnung) (Teilzusammenfassung)	Genaue Bezeichnung von Hilfsmitteln und Einrichtungsgegenständen - Zuordnen durch Wortkarten (Lz1)	Erarbeitungsgespräch: Den Gegenständen die Wortkarten zuordnen; anschließend Eintrag der Begriffe in die Folie; Arbeitsauftrag: "Ergänze fehlende Ausdrücke auf deinem Arbeitsblatt!"	-zuordnen -ergänzen -vorlesen	Hb Aa	Wortkarten Folie(3) Arbeitsblatt(4)
	6. Lehrschritt (Zweite Teilzielgewinnung) (Mündliche Wiedergabe)	Die Reihenfolge ist bei dem Handlungsverlauf sehr eindeutig - Mündliches Beschreiben (Lz2,3)	Pantomime: „Versuche darzustellen, wie du die Handlungsschritte der Reihe nach durchführst!" Wiederholen Sprachhandelnde Darstellung: „Zuerst stelle ich die vier Teller...	-spielhandelnd darstellen -beobachten -mündlich beschreiben	Aa/Hb Aa/Hb	Gegenstände
	7. Lehrschritt (Dritte Teilzielgewinnung) (Ausweitung)	Schwierigkeiten ergeben sich bei der Wortwahl (putzen) und bei den Überleitungen, die das zeitliche Nacheinander ausdrücken, Hinweis auf Satzgefüge (Lz4,5)	Verarbeitungsgespräch: Beobachtungen und Kritik der Mitschüler: Wortwiederholungen; Besprechen der zwei Gruppenarbeitsaufgaben: 1. „Sammle andere Ausdrücke für das Wort "putzen" (Wortfeld"putzen")!" 2. „Sammle Wörter, die das zeitliche Nacheinander bezeichnen können!" Ergebnisse besprechen und kontrollieren, mögliche Überleitungen	-kritisieren -werten -sammeln von treffenden Ausdrücken -vorlesen -überprüfen -ergänzen	Ga/Hb	Arbeitsblatt(5) Arbeitsblatt(6)
	8. Lehrschritt (Szenische und schriftliche Wiedergabe eines Lernresultats)	Unter Beachtung der erarbeiteten Grundsätze sollen Handlungsstichpunkte im Infinitiv formuliert werden (Lz6)	Demonstration: Der Lehrer stellt nocheinmal den Handlungsverlauf sprachhandelnd langsam und deutlich dar, wie in Arbeitsblatt(7) Arbeitsaufgabe: „Beobachte genau und notiere in Handlungsstichpunkten: Teller zusammenstellen,...	-beobachten -Handlungsstichpunkte formulieren	Hb Aa	Arbeitsblock
Sicherungsphase	9. Lehrschritt (Gesamtzusammenfassung)	Stichpunkte als Hilfe für den Aufsatzentwurf; Überdenken der richtigen Reihenfolge; Fragezeichen erinnern an Einleitung und Schluß	Verarbeitungsgespräch: Vortragen und Bewerten der Ergebnisse Einblenden der Folie mit ungeordneten Handlungsstichpunkten Arbeitsaufgabe: „Ordne die Stichpunkte und trage die Ziffern in der richtigen Reihenfolge in die Tabelle ein!" Lösungen kontrollieren	-vergleichen -ordnen -überprüfen	Hb Aa/Hb	Arbeitsblock Folie(4) Arbeitsblatt(7)
	10. Lehrschritt (Anwendung, Textproduktion)	Differenzierungsmöglichkeit; Hinweis auf Präsens als Zeitstufe; Absätze nach Einleitung und Hauptteil (Lz7)	Arbeitsanweisung: a) Aufsatzentwurf mit Hilfe der eingeblendeten Handlungsstichpunkte b) Freie Textproduktion mit Hilfe der Angaben auf Arbeitsblatt und Block Themenvorschläge aus dem Haushalt: Wie ich mein Kinderzimmer aufräume Wie ich mein Lieblingsgericht zubereite	-niederschreiben eines Aufsatzentwurfs	Aa/Hb	Arbeitsblatt(8)

Hauptlernziel:	Unterrichtsthema:	Autor: Egbert Kuhlmay	
Einblick in die Mehrdeutigkeit von Wörtern	Gleiche Wörter – verschiedene Bedeutungen (Solche Mißverständnisse!)	Unterrichtszeit Empfehlung	1 UE

Vorbemerkungen:
Für die dargestellte Unterrichtseinheit sind keine besonderen Lernvoraussetzungen erforderlich. Sprachkunde untersucht die Bedeutung von Wörtern, wobei u. a. die Mehrdeutigkeit, der Bedeutungswandel, Bedeutungsmerkmale, die Herkunft und Stellung von Wörtern im Wortschatz der jeweiligen Sprache untersucht werden. Die Begriffe unseres Wortschatzes sind nur scheinbar eindeutig. In Wirklichkeit wird die Bedeutung eines Wortes erst durch die situativen Bedingungen des Kontextes festgelegt. Aus diesem Grunde darf sich die Wortschatzarbeit nicht in der Erstellung einer bloßen Sammlung mehrdeutiger Wörter erschöpfen, sondern muß mehrdeutige (polyseme) Wörter in Sachzusammenhänge einbetten.

Teillernziele:
Die Schüler sollen:
1. einen Einblick in die Mehrdeutigkeit von Wörtern erhalten (kognitiv)
2. erkennen, daß die Bedeutung von Wörtern vom Kontext abhängig ist (kog.)
3. mehrdeutige Wörter verschiedenen Inhalten zuordnen (kognitiv)
4. unterschiedlichen Kontexten ein gemeinsames Wort zuordnen (kognitiv)
5. die ökonomische Leistung mehrdeutiger Wörter erkennen (kognitiv)

Medien:
- Tonbandaufnahme (oder Dialog vorinformierter Schüler)
- Arbeitsblatt

Literatur:
- Krippner, D.: "mehrdeutig – eindeutig", in: Blätter für Lehrerfortbildung, 12/1974, München, Ehrenwirth.
- Franke, P.: Gliederungsbeispiele für den Deutschunterricht, 1979, Donauwörth, Auer.

Tafelbild ≙ Arbeitsblatt

Gleiche Wörter – verschiedene Bedeutungen

Zusammenhang	Bedeutung
„Ich habe mich erkältet, ich war nämlich gestern zu lange auf der Bank."	Sitzgelegenheit
„Wieso das? Die Bank war doch gestern geschlossen."	Geldinstitut
„Hm, ich saß eben zu lange im Zug."	Wind
„Du bist auch noch zu spät aus dem Zug ausgestiegen?"	Eisenbahn
„Wie kommst du denn darauf? Das Schloß wurde erst um 15 Uhr geöffnet. Da mußte ich leider noch einige Zeit warten."	Sehenswürdigkeit
„Ja, konntest du das Schloß nicht selber öffnen? Du bist doch ein Fuchs!"	Türriegel / „Schlaumeier"
„Ich bin doch kein Fuchs! Jetzt versteh' ich dich überhaupt nicht mehr..."	Tier

Mehrdeutige Begriffe werden erst im Zusammenhang eindeutig. Sie können das Gedächtnis entlasten.

1. Ergänze die graphischen Darstellungen!

a) [ ] – Fenster, Vogel, Klavier
b) [ ] – Bahn, Wind, Schach
c) [ ] – Tier, Sportgerät, Schachfigur
d) [ ] – Musik, Zeugnis, Geldschein

2. Bilderrätsel. Welche mehrdeutigen Wörter sind gemeint?
a) [ ] b) [ ] c) [ ]
d) [ ] e) [ ]

3. Mehrdeutige Inserate! Was ist gemeint?
a) Antiker Sekretär zu verkaufen. _____
b) Bauleiter gesucht. Hohes Einkommen... _____
c) Porsche zu verkaufen! 6 Zylinder... _____
d) Messe in Hannover eröffnet! _____
e) Ball der langen Nächte in... _____

4. Bilde Sätze mit anderen mehrdeutigen Wörtern!
a) _____
b) _____
c) _____
d) _____

UG	Lehrschritte (Artikulationsdefinition)	Lehrinhalte und Lernziele (= Lz)	Lehrakte .... Lernakte		Sozial-formen	Lernhilfen
Eröffnungsphase	1. Lehrschritt (Sprachbegegnung)	Motivation der Schüler und Konfrontation mit Sprachsituation	Sachimpuls: Lehrer spielt kommentarlos vorbereiteten Tonbandtext ab oder eingeweihte Schüler sprechen gleichen Dialog.(vgl. Ausgangstext auf AB)	- zuhören	Hb	Tonbandaufnahme oder Schülerdialog von Text ①
	2. Lehrschritt (Zielangabe)	Erkennen des sprachlichen Problems	Erarbeitungsgespräch: Es entstehen Mißverständnisse, weil jeder der beiden etwas anderes meint.	- reagieren - begründen	Pa Hb	
			Bericht: Im Text sind vier mißverständliche Begriffe: Bank - Zug - Schloß - Fuchs	- nennen - unterstreichen	Hb Aa	Tafelanschrift/ Arbeitsblatt
			Feststellung: Gleiche Wörter - verschiedene Bedeutungen (mehrdeutige Wörter)	- fixieren		TA und AB ②
Erarbeitungsphase	3. Lehrschritt (Sprachbetrachtung)	Festlegen der Bedeutungsinhalte d. mehrdeutigen Wörter des Ausgangstextes (Lz 1/2)	Aufträge: a) Lest das Gespräch noch einmal vor! b) Überlege dir mit dem Nachbarn die Bedeutung der mehrdeutigen Wörter!	- vorlesen - besprechen	Hb Pa	Ausgangstext
			Bericht: Festlegung und Fixierung der Wortbedeutungen.	- formulieren - fixieren	Hb	TA und AB ③
	4. Lehrschritt (Sprachbesinnung)	Erkennen der kontextuellen Abhängigkeit (Lz 2)	Impuls: Gleiche Wörter - unterschiedliche Bedeutungen...		Hb	
			Feststellung: Die Bedeutung (der Wörter) hängt vom Satz ab.	- formulieren - fixieren		TA und AB ④
		Erweiterung der Ausdrucksbreite ohne zusätzl. Gedächtnisbelastung (Lz 5)	Impuls: Ein Wort für verschiedene Bedeutungen - das hat einen Sinn. Denke an kleine Kinder und Ausländer!		Hb	
			Feststellung: Mehrdeutige Wörter sind leichter zu merken, können das Gedächtnis entlasten.	- überlegen - formulieren - fixieren	Pa Hb	TA und AB ⑤
	5. Lehrschritt (Ausweitung)	Sammel- und Bestimmungsarbeit (Lz 3/4)	Arbeitsaufgabe: Notiere weitere mehrdeutige Wörter!	- überlegen - notieren	Pa	Block
			Verarbeitungsgespräch: Schüler nennen weitere mehrdeutige Wörter und geben Bedeutungen an, z. B.: Gericht, Note, Steuer, Futter, Puppe, Tau, Kiefer, Wirbel, Pflaster, Rost...	- vorlesen - fixieren - unterscheiden	Hb	Seitentafel
	6. Lehrschritt (Integration)	Kontextualisierung (Lz 3/4)	Einbettung: Die Schüler formulieren zu jedem Begriff an der Seitentafel Sätze, durch die unterschiedliche Wortbedeutungen offenbar werden.	- formulieren - fixieren	Pa/ Hb	Seitentafel
Sicherungsphase	7. Lehrschritt (Sprachanwendung)	Erweiterung und Klärung des Repertoires an mehrdeutigen Wörtern, Sicherung (Lz 3/4)	Arbeitsauftrag: Bearbeite den 2. Teil des Arbeitsblattes! Lösungen: 1a) Flügel 1b) Zug 1c) Pferd 1d) Note 2a) Araber 2b) Boxer 2c) Karte 2d) Welle 2e) Strauß	- ausfüllen - berichten - notieren - vergleichen	Aa Pa	Arbeitsblatt ⑥ TA ⑥ und Seitentafel
	8. Lehrschritt (Lernzielkontrolle)	Gebrauch verschiedener mehrdeutiger Wörter	Arbeitsaufgaben: a) "Teekesselraten": Mein Teekessel ist auf dem Fußballplatz. - Meiner ist ein Narr. (Tor) b) Zu ganzen Sätzen Bedeutungen mehrdeutiger Wörter angeben. c) Zu unterschiedlichen Bedeutungen einen gemeinsamen Begriff angeben. d) Zu mehrdeutigen Wörtern originelle Zeichnungen anfertigen.	- umschreiben - definieren	Hb	

Hauptlernziel:	Unterrichtsthema:	Autor:
Verben im Aktiv und Passiv	"Einbruch in eine Gemäldegalerie" Wir unterscheiden Aktiv und Passiv.	Hubert Friedrich
		Unterrichtszeit Empfehlung: 2 UE

VORBEMERKUNG

Voraussetzung ist die Kenntnis der Verbformen des 2. Partizips (Partizip Perfekt). In dieser UE wird das Hilfsverb "werden" nur im Imperfekt gebraucht. Das Passiv in anderen Tempora ist Gegenstand einer weiteren Stunde.

TEILLERNZIELE

Die Schüler sollen
1. die sprachliche Wirkung von Aktiv und Passiv kennen,
2. die grammatikalische Struktur von Passivsätzen kennen,
3. Aktivsätze ins Passiv übertragen und umgekehrt.

Folie 1

FOLIE 2

DAS TAGBLATT

Die Polizei nahm gestern die beiden Ganoven Bully und Schnully fest, nachdem sie in die Gemäldegalerie Klecksl eingebrochen waren. Die Einbrecher stiegen mit einer Strickleiter über die Lichtkuppel ein. Sie zertrümmerten dabei die Glaskuppel. Bully, ein gelernter Elektriker, schaltete die Alarmanlage aus. Schnully, ein verkrachter Kunststudent, schnitt die drei wertvollsten Bilder aus ihren Rahmen.

Folie 2 — NEUE NACHRICHTEN

Beträchtlicher Schaden wurde gestern bei einem Einbruch in die Gemäldegalerie Klecksl angerichtet: Die Glaskuppel wurde zertrümmert. Die Alarmanlage wurde ausgeschaltet und dabei zerstört. Die drei wertvollsten Bilder wurden aus ihren Rahmen geschnitten. Die Einbrecher, zwei bekannte Ganoven, wurden von der Polizei überrascht und festgenommen.

TAFELBILD —— Mittelteil ——

2 Sehrichtungen (1)	
AKTIV Im Vordergrund steht der Täter (4)	**PASSIV** Im Vordergrund steht das Geschehen (4)
Subj. | Prädikat | Objekt | P Bully | schaltete | die Alarmanl. | aus (5)	Subjekt | Prädikat Die Alarmanl. | wurde ausgeschaltet (5)
Subjekt → verschwindet *oder* → Objekt (von Bully)	
(6) Objekt → Subjekt (6)	
Prädikat → "wurde" + Partizip 2	

Die Einbrecher zertrümmerten die Glaskuppel.	Die Glaskuppel wurde zertrümmert.
Bully schaltete die Alarmanlage aus.	Die Alarmanlage wurde ausgeschaltet.
Schnully schnitt die Bilder aus ihren Rahmen.	Die Bilder wurden aus ihren Rahmen geschnitten.
(2)	(3)
— linke Klapptafel —	— rechte Klapptafel —

FOLIE 3

1. Unbekannte brachen in der Nacht zum Montag im Gebäude der Hauptschule ein. Sie schlugen das Fenster zum Rektorat ein. Dort brachen die Rowdies den Schreibtisch auf und beschmierten die Wände.

2. Der Meierhof von Großhausen wurde durch einen Großbrand vollständig zerstört. Das Vieh wurde gerettet. Auch der größte Teil der Maschinen wurde in Sicherheit gebracht.

FOLIE 4

1. Zwei Lausbuben Peppi und Maxi - Kater des Hausmeisters fangen - Glöckchen an den Schwanz binden - freilassen -

2. Roland, der sein Fahrrad auf dem Schulhof abgestellt hat, klagt: Luft auslassen - Luftpumpe stehlen - Klingel abschrauben - Schloß verbiegen -

UG	Lehrschritte (Artikulationsdefinition)	Lehrinhalte und Lernziele (= Lz)	Lehrakte .... Lernakte		Sozialformen	Lernhilfen
Eröffnungsphase	1. Lehrschritt (Problembegegnung)		Sachimpuls: Einbruch in eine Gemäldeausstellung	– vermuten – sich äußern	Hb	Folie 1
	2. Lehrschritt (Textvergleich)	Verschiedene Gewichtung in den Berichten.	Arbeitsaufgabe: Vergleiche beide Berichte!	– lesen – vergleichen – sich äußern	Aa/Hb	Folien 2
	3. Lehrschritt (Zielangabe)	2 Sehrichtungen	Feststellung: Die Reporter sehen das Ereignis aus verschiedenen Richtungen und drücken es daher auch unterschiedlich aus.	– aufnehmen	Hb	Tafel 1
Erarbeitungsphase	4. Lehrschritt (Erarbeitung des 1. Teilziels)	Ausdrucksqualität von Aktiv und Passiv.	Arbeitsaufgabe: Vergleiche die drei jeweils gekürzten Sätze! Stelle fest, was beim jeweiligen Reporter im Vordergrund steht! Verarbeitungsgespräch: Einen Satzbau, der den Täter in den Vordergrund rückt, nennt man AKTIV. Einen Satzbau, der das Geschehen in den Vordergrund rückt, nennt man PASSIV.	– vergleichen – beurteilen – feststellen – aufnehmen – merken	Pa Hb	Tafel 2 Tafel 3 Tafel 4
	5. Lehrschritt (Beurteilen)	Aktiv und Passiv von der Wirkung her unterscheiden. (Lz 1)	Erarbeitungsgespräch und Arbeitsauftrag: Überlegt, welcher Kurzbericht im Aktiv und welcher im Passiv geschrieben ist!	– beurteilen	Aa/Hb	Folie 3
	6. Lehrschritt (Erarbeitung des 2. Teilziels)	Grammatikalische Struktur (Lz 2)	Arbeitsaufgaben: 1. Bestimme die Satzglieder in beiden Sätzen 2. Vergleiche Aktiv- und Passivsatz und finde mindestens drei Veränderungen!	– Satzglieder bestimmen – überprüfen	Aa Pa	Tafel 5
	7. Lehrschritt (Zusammenfassung)	Aktiv Passiv Objekt Subjekt verschwin. Subjekt Objekt Prädik. wurde + Part.2	Verarbeitungsgespräch: Kontrolle der Arbeitsergebnisse; Merkmale der unterschiedlichen grammatikalischen Struktur von Aktiv und Passiv; Fixieren des gemeinsamen Arbeitsergebnisses an der Tafel;	– Arbeitsergebnisse berichten – verdichten – fixieren	Hb	Tafel 6
Sicherungsphase	8. Lehrschritt (Verständniskontrolle)	Aktiv ins Passiv übertragen (Lz 3)	Arbeitsaufgabe: Übertrage die an der Tafel stehenden drei Aktivsätze ins Passiv! (rechter Tafelflügel zugeklappt) anschließend gemeinsame Ergebniskontrolle;	– anwenden – vergleichen – kontrollieren	Aa/Hb	Tafel 2
	9. Lehrschritt (erste Anwendung)	Aktiv ins Passiv übertragen und umgekehrt (Lz 3)	Arbeitsaufgaben: 1. Kurzbericht ins Passiv übertragen. 2. Kurzbericht ins Aktiv übertragen. Anschließend gemeinsame Ergebniskontrolle;	– umformulieren – vergleichen – kontrollieren	Pa/Hb	Folie 3
	10. Lehrschritt (zweite Anwendung)		Arbeitsaufgabe: 2 Stichwortlisten zu Kurzberichten verarbeiten. Selbst entscheiden, ob Aktiv oder Passiv angemessen ist; anschließend gemeinsame Ergebniskontrolle; (evtl. auch als Hausaufgabe)	– entscheiden – formulieren – kontrollieren	Pa/Hb	Folie 4

Hauptlernziel:	Unterrichtsthema:	Autor: Eleonore Großhauser
Die Funktionen des Partizip Perfekt	Thomas hilft seinem englischen Brieffreund Bob	Unterrichtszeit Empfehlung: 1 UE

Vorbemerkungen: Die UE setzt Einsichten in das Partizip Präsens voraus. Ihr Anliegen ist es, die Funktionen des Partizip Perfekt für die Schüler transparenter zu machen. Mehr formale Lernziele treten deshalb bei dieser Einführung bewußt in den Hintergrund.

Teillernziele:
Die Schüler sollen
1. erkennen, daß das Part. Perf. den Abschluß einer Handlung angibt (Funktion als Verb),
2. erkennen, daß das Part. Perf. den durch die Handlung erreichten Zustand bezeichnet (Funktion als Adjektiv),
3. aus 1. u. 2. ableiten, daß das Part. Perf. wie das Part. Präs. vom Verb abstammt, aber auch die Funktion eines Adjektivs übernehmen kann: Erklärung des Namens.

Medien: Tafel, Folien, Overheadproj., Arbeitsblatt.

Literatur: Der Große Duden, Grammatik, 1973, 3.Aufl. S.121 ff.

Folie: Lieber Thomas.
Ich habe mich sehr freue über Deinen Brief.
Vielen Dank für die einlegten Briefmarken.
Ich habe mit meinen Freunden tausche. Sie
haben bitten, Du sollst wieder Marken schicken.
Wir haben englische stamps für Dich sammeln. –
Wir haben viel studieren, aber in zwei Wochen
beginnen die holydays. Ich schreibe bald vom
Meer. – Dein Brief war gut. Bitte verbessere
meine Fehler wie immer.
Viele Grüße von
Bob

Tafelbild — Partizip Perfekt ⑩

① gefreut, eingelegt, getauscht, gebeten, gesammelt, studiert ②

tätig sein	die Tätigkeit ist abgeschlossen/perfekt	Ergebnis ⑦
Ich schäle einen Apfel ③	Ich habe einen Apfel geschält ④	geschälter Apfel ⑥

⑤ Verb — Adj ⑧
Teilhabe Partizip Perfekt ⑨

Arbeitsblatt:

1. Setze in den Brief von Bob die Partizipien ein und vermerke in der Klammer, ob sie als Verb (V) oder Adjektiv (A) gebraucht sind.

   Lieber Thomas.
   Ich habe mich sehr über Deinen Brief (freuen) .... ( ).
   Vielen Dank für die (einlegen) .... ( ) Briefmarken.
   Ich habe mit meinen Freunden (tauschen) .... ( ).
   Sie haben (bitten) .... ( ), Du sollst wieder Marken schicken. Wir haben englische stamps für Dich (sammeln) .... ( ). – Wir haben viel (studieren) .... ( ), aber in zwei Wochen beginnen die holydays. Ich schreibe bald vom Meer. – Dein Brief war gut. Bitte verbessere meine Fehler wie immer.
   Viele Grüße von
   Bob

2. Ergänze die Tabelle:

tätig sein	die Tätigkeit ist perfekt
Ich lese ein Buch.	
	Ein Schiff ist versunken.
Der Papagei entfliegt.	
	Peter hat den Schlauch geflickt.
	Der Arzt hat den Arm verbunden.
Das Essen brennt an.	

3. Was ging voraus? Bilde kurze Sätze.

   ⟶ zerbrochener Krug
   ⟶ gemahlener Kaffee
   ⟶ gerahmtes Bild
   ⟶ bebildertes Buch

4. Versuche, mit der folgenden Tabelle Bob eine Erklärung zu geben. Setze Überschriften ein.

a) Du bist....	b) Du hast....	c) ....
Du schälst eine Orange	Du hast eine Orange geschält	geschälte Orange

5. Gib Bob einige leichtere Übungsaufgaben und dazu auch die Lösung.
   z.B. Brot backen:
   a)   b)   c)

   Lösungen: a)Er backt Brot. b)Er hat Brot gebacken. c)gebackenes Brot.

UG	Lehrschritte (Artikulationsdefinition)	Lehrinhalte und Lernziele (= Lz)	Lehrakte .... Lernakte		Sozial-formen	Lernhilfen
Eröffnungsphase	1.Lehrschritt (Provokation)	Brief eines englischen Brieffreundes	Vorzeigen des Briefes am O-proj. Impuls: An dem Brief fällt euch bestimmt etwas auf.	– lesen – Meinungen äußern	Hb	Brief auf Folie
	2.Lehrschritt (Problemabgrenzung)	Isolierung der "Fehlerwörter"	Aufgabe: Schreibe die "Fehlerwörter" heraus und verbessere sie. Versuche, sie einer Wortart zuzuordnen.	– überprüfen korrigieren – vermuten zuordnen	Hb/Aa	Tafelan-schrift (1)
	3.Lehrschritt (Zielangabe)	Zu welcher Wortart gehören diese Wörter? (Problemfrage)	Feststellung: Diese "Fehlerwörter" werden wir genauer betrachten.	– zuhören	Hb	Tafelan-schrift (2)
Erarbeitungsphase	4.Lehrschritt (erste Ergebnis-gewinnung)	Pantomimische Szenen (L schält Apfel, durchschneidet Stoff) (Lz 1)	Aufgaben: Stellt fest: a) welche Tätigkeit ich ausführe b) wann ich sie beende Demonstration: Pantom. Szene Erarb.-gespräch: Klärung der Beobachtung.	– beobachten – verbalisieren – begründen	Hb Hb Hb	Tafelan-schrift (3)
	5.Lehrschritt (Ergebnisfixierung)	1.Funktion der gesuch-ten Wortart: Bezeich-nung der abgeschlosse-nen Handlung. Verb.	Stummer Impuls: Unterstreichen der Partizipien. Impuls: Du kannst nun schon eine Funktion der gesuchten Wortart nennen.	– nachdenken – benennen	Hb	Tafelan-schrift (4) (5)
	6.Lehrschritt (Ausdrucksgestaltg.)	Tätigkeiten und ihren Abschluß darstellen, das entscheidende Wort unterstreichen. Funk-tion als Verb. (Lz 1)	Aufgabe: Einige Sch. sollen auch in einer Pantomime eine Tätigkeit und ihren Abschluß darstellen. Die anderen raten und führen die Tabelle wie bei (3) weiter. Besprechen der Ergebnisse	– spielen – beobachten – verbalisieren – zuordnen – prüfen, begründen	Aa/Hb Hb	Tafelan-schrift (3) weiterführen
	7.Lehrschritt (zweite Ergebnis-gewinnung)	Pantomime wie bei 4.LS + Vorzeigen des Ergeb-nisses (geschälter Apfel) (Lz 2)	Aufgabe: Sucht eine zweite Funktion der gesuchten Wortart aus dem folgenden Spiel zu finden. Demonstration: Pantom. Szene Erarb.-gespräch: Klärung der Beobachtung.	– beobachten – verbalisieren – begründen	Hb Hb Hb	Tafelan-schrift (6)
	8.Lehrschritt (Ergebnisfixierung)	2.Funktion der gesuch-ten Wortart: Bezeich-nung d. Ergebn. Adj.	Impuls: Du kannst nun die zweite Funktion nennen.	– benennen	Hb	Tafelan-schrift (7) (8)
	9.Lehrschritt (Ausdrucksgestaltg.)	Tätigkeiten und ihre Ergebnisse darstellen. Funktion als Adjektiv. (Lz 2)	Aufgabe: Einige Sch. sollen nun Tätigkei-ten und ihr Ergebnis als Pantomime spielen. Die anderen raten und führen die Tabelle wie bei (6) weiter. Besprechen der Ergebnisse.	– spielen – beobachten – verbalisieren – zuordnen – prüfen, begründen	Hb Hb	Tafelan-schrift (6) weiterführen
	10.Lehrschritt (dritte Ergebnis-gewinnung)	Namen der Wortart aus ihren Funktionen fin-den: Partizip Perfekt. (Lz 3)	Impuls: Aus der Tafelanschrift kannst du die Funktionen der gesuchten Wortart ablesen. Aufgabe: Versucht in Partnerarbeit, daraus ihren Namen zu finden.	– zuordnen – benennen	Hb Pa	
	11.Lehrschritt (Ergebnisfixierung Gesamtzusammen-fassung)	Der gefundene Name wird überprüft, an der Tafel fixiert. Ver-gleich mit dem Part. Präsens.	Verarb.-gespräch d.Ergebn., Vergleich der beiden Funktionen, Begründung des Namens. Impuls: Denke an das Part. Präsens	– vergleichen – begründen – vergleichen	Hb Hb	Tafelan-schrift (9) (10) (das Fragezeichen wird durch die Gesamtüberschrift ersetzt)
	12.Lehrschritt (Ausdrucksgestaltg.)	Pantomimen wie bei 4.u.7. LS, im Wechsel (Lz 3)	Aufgabe: Entscheidet in Pa, ob die Funktion als Verb oder als Adjektiv dargestellt wird. Demonstration: Pantom. Szenen	– zuordnen – spielen	Pa Aa/Hb	
Sicherungsphase	13.Lehrschritt (Lernzielkontrolle)	Bearb. d. Arbeitsbl.; Überprüfen der Ergeb-nisse mit einer Kontrollfolie.	Aufgaben: Arbeitsblatt, Aufgaben 1 – 5	– berichten – ergänzen – verbalisieren	Pa	Arbeitsblatt

Hauptlernziel:	Unterrichtsthema:	Autor: Rudolf Zehentner
Beherrschen der wichtigsten syntaktischen Grundmuster	Wie unterscheiden wir verschiedene Satzarten? (Aussage-, Aufforderungs-, Fragesatz)	Unterrichtszeit Empfehlung: 1 UE = 45 Min.

VORBEMERKUNGEN:

- Unmittelbare Lernvoraussetzungen beim Schüler für die Durchführung dieser Unterrichtseinheit sind die Kenntnis der Satzteile und Satzzeichen, sowie die Personalform des Verbs.
- In einer nachfolgenden Vertiefungsstunde sollte im Rahmen eines kommunikationsorientierten Sprachunterrichts darauf hingewiesen werden, daß die einzelnen Satzarten Grundformen der Redeabsicht darstellen.
- Es sollten auch Umstellproben an Aussagesätzen durchgeführt werden, die die Stellung der Personalform des Verbs an zweiter Stelle verdeutlichen.
- Als nächstes Thema bietet sich dann die Einführung in die Gliedsätze an.

TEILLERNZIELE:

Die Schüler sollen:
1. fehlende Satzschlußzeichen setzen können, (kognitiv)
2. durch betontes Lesen die Satzart verdeutlichen, (kognitiv/psychomotorisch)
3. die Bezeichnungen für die einzelnen Satzarten finden, (kognitiv)
4. herausfinden, daß die Stellung der Personalform des Verbs die einzelnen Satzarten kennzeichnet, (kognitiv)
5. Satzzeichen und Tonfall als weitere Erkennungsmerkmale der Satzarten kennenlernen, (kognitiv)
6. anhand der gewonnenen Erkenntnisse Satzarten erkennen und selbst Sätze bilden. (kognitiv)

MEDIEN:
Arbeitsblatt, Tafel, Block

LITERATUR:
1. Kokett J., Kreuz A.: "Sinnvolles Sprachgestalten und Sprachüben muß auf den Satz hin angelegt sein," in Pädagogische Welt 1974, Heft 12, Seite 735, Auer, Donauwörth
2. Giehrl H., Ibler M.: Muttersprache 7, Auer, Donauwörth 1972

Tafelbild

① Wir unterscheiden verschiedene Satzarten

② | Aussagesatz | Aufforderungssatz | Fragesatz |
|---|---|---|
| ③ Ihr habt gestern die Bremsbeläge nicht nachgeprüft. Ich hole jetzt die neuen Zündkerzen. | Gib mir die Zange! Geh mit dem Werkzeug sorgfältig um! | Hast du den Keilriemen nachgespannt? Wer macht den Ölwechsel? Brauchst du den Lehrling? |

M: Die Satzarten erkenne ich

④ Personalform des Verbs

an 2. Stelle	an 1. Stelle	an 1. Stelle (Entscheidungsfrage) an 2. Stelle (Ergänzungsfrage)

⑤ Satzschlußzeichen

Punkt .	Ausrufezeichen !	Fragezeichen ?

⑤ Betonung
beim lauten Sprechen oder Lesen

Arbeitsblatt

① ▶ Gespräch in der Werkstatt

1. Hast du den Keilriemen nachgespannt
2. Gib mir die Zange
3. Wer macht den Ölwechsel
4. Ihr habt gestern die Bremsbeläge nicht nachgeprüft
5. Geh mit dem Werkzeug sorgfältig um
6. Ich hole jetzt die neuen Zündkerzen
7. Brauchst du den Lehrling

② | A......satz | A..........satz | F....satz |
|---|---|---|
| | | |
| | | |
| | | |
| | | |

③ ▶ Setze die Satzzeichen, unterstreiche die Personalform des Verbs, überlege die Satzart!

8. Wir müssen täglich die Werkstatt aufräumen
9. Wo ist mein Arbeitsanzug
10. Komme pünktlich zur Arbeit
11. Es gibt verschiedene Schraubenschlüssel
12. Reparierst du morgen den LKW
13. Nimm den Hammer
14. Einer muß sich um den Kundendienst kümmern

UG	Lehrschritte (Artikulationsdefinition)	Lehrinhalte und Lernziele (= Lz)	Lehrakte .... Lernakte		Sozial-formen	Lernhilfen
Eröffnungsphase	1. Lehrschritt (Sprachbegegnung)	Ausgangstext mit verschiedenen Satzarten ohne Satzzeichen (Lz 1)	Arbeitsaufgabe: "Setze die fehlenden Satzzeichen ein!" Kontrolle: Aussprache, evtl. vorher Partnerkontrolle;	– lesen – einsetzen	Hb/Aa	Arbeitsblatt 1
	2. Lehrschritt (Sprachliche Gestaltung)	Rollenlesen unter Beachtung des Tonfalls (Lz 2)	Impuls: "Wir lesen die Sätze mit verteilten Rollen und achten auf den Tonfall!"	– vorlesen	Hb	Arbeitsblatt 1
	3. Lehrschritt (Zielangabe)	Wie unterscheiden wir verschiedene Satzarten?	Feststellung: "Wir werden untersuchen, wie sich die einzelnen Satzarten unterscheiden, woran man sie erkennt."	– zuhören	Hb	Tafelbild 1
Erarbeitungsphase	4. Lehrschritt (Sprachreflexion)	Gruppieren des Satzmaterials, Bezeichnungen (Lz 3)	Arbeitsauftrag: "Ordnet die Sätze jeweils einer Spalte auf dem Arbeitsblatt zu, findet für jede Spalte eine Überschrift." Kontrolle: Tafelfixierung	– überlegen – zuordnen	Pa Hb	Arbeitsblatt 2 Tafelbild 2/3
	5. Lehrschritt (Vergegenständlichung der sprachlichen Mittel)	Analyse der Satzbaupläne, Stellung der Personalform des Verbs (Lz 4)	Arbeitsauftrag: "Unterstreicht in jedem Satz die Personalform des Verbs und prüft, an welcher Stelle im Satz diese steht." Aussprache Information: "Beim Fragesatz unterscheiden wir Entscheidungsfragen und Ergänzungsfragen." (Erklärung s.Tafel 4)	– unterstreichen – überprüfen – zuhören	Pa Hb Hb	Arbeitsblatt 2 Tafelbild 4
	6. Lehrschritt (Regelformulierung 1)	s. 5. Lehrschritt (Lz 4)	Verarbeitungsgespräch: "Wir könnten für jede Satzart eine Regel formulieren." Ergebnis s. Tafel 4	– formulieren	Hb	Tafelbild 4
	7. Lehrschritt (Regelformulierung 2)	Bedeutung von Satzzeichen und Tonfall (Lz 5)	Impuls: "Neben der Personalform des Verbs ist die Satzart noch an zwei weiteren Merkmalen zu erkennen." Ergebnis: Satzzeichen, Betonung	– formulieren	Hb	Tafelbild 5
Sicherungsphase	8. Lehrschritt (Rekapitulation)	Kennzeichen der Satzarten (Lz 3-5)	Frage: "Woran erkennt man die drei Satzarten, über die wir heute gesprochen haben?" Verarbeitungsgespräch: Satzarten, Stellung der Personalform des Verbs, Satzzeichen, Tonfall	– zuhören – nachdenken – verbalisieren	Hb Hb	Tafel geschlossen
	9. Lehrschritt (Anwendung)	Erkennen von Sätzen (Lz 6)	Arbeitsauftrag: "Setze im Text 2 des Arbeitsblatt die Satzzeichen, unterstreiche die Personalform des Verbs und gib die Satzart an!" Kontrolle: allgemeine Aussprache	– schreiben – unterstreichen – begründen	Aa Hb	Arbeitsblatt 3
		Bilden von Sätzen (Lz 6)	Arbeitsauftrag: "Bilde je einen Satz": a) Entscheidungsfrage b) Ergänzungsfrage c) Aussagesatz d) Aufforderungssatz Kontrolle der Arbeitsergebnisse;	– überlegen – schreiben	Aa Hb	Block

Hauptlernziel:	Unterrichtsthema:	Autor: Hans-Peter Mößner
Die Schüler sollen verschiedene Möglichkeiten der Satzverbindung kennenlernen.	Die Satzverbindung (Die Klasse 6 a plant eine Party)	Unterrichtszeit Empfehlung: 2 UE

Vorbemerkungen:

Terminologisch ist die Satzreihe der Oberbegriff zur Satzverbindung. Zusammengesetzte Sätze, bei denen der Gesamtsatz aus mehreren gleichwertigen Teilsätzen (Hauptsätzen) besteht, werden als Satzverbindung bezeichnet. Die Teilsätze können mit und ohne Konjunktion aneinandergereiht werden. Das Aneinanderreihen von Teilsätzen ohne Konjunktion wird in dieser Unterrichtseinheit vorausgesetzt. Die Einträge auf der Folie bzw. auf dem Arbeitsblatt entstehen in der numerierten Reihenfolge.

Teillernziele:

Die Schüler sollen:

1. von einer vorgegebenen Situation aus sprachlich ein Unterrichtsthema erschließen, (kognitiv)
2. deutlich erkennen, daß es sich um ein Aneinanderreihen von Hauptsätzen handelt, (kognitiv)
3. vier Satzverbindungsarten mit folgenden Konjunktionen kennenlernen: (kognitiv)
   a) ausschließend (entweder - oder, oder)
   b) einschränkend (aber, doch, dennoch, trotzdem)
   c) begründend (denn, deshalb)
   d) anreihend (und),
4. die nötige Sicherheit bei der Interpunktion vor den Konjunktionen gewinnen, (kognitiv)
5. sich durch Vorgabe von Wortmaterial in der sinnvollen Textbildung üben. (kognitiv-instrumental)

Literatur:

1. Duden, Die Grammatik (3. Auflage 1973)
2. Duden, Die Rechtschreibung (3. Auflage 1973)
3. Unsere Welt in unserer Sprache, 6. Schuljahr, Bayerischer Schulbuch-Verlag, 1973
4. E. Wittlinger, Wort-Satz-Aufsatz, Lehrerheft, westermann

Medien:

Arbeitsblatt(AB), Folie, Tageslichtprojektor, Arbeitsblock

Arbeitsblatt

Wir planen eine Party

(1) Entweder wir feiern im Klaßzimmer, oder wir feiern in der Mensa.
   [Hauptsatz] [Konjunktion] [Hauptsatz]
   [Satzverbindung]

ausschließend	einschränkend	begründend	anreihend
entweder – oder, oder	aber, doch, dennoch, trotzdem	denn, deshalb	und
Wir feiern allein, oder wir laden die 6b ein.	Wir sammeln Geld für die Getränke ein, aber Gebäck muß jeder selbst mitbringen.	Wir bauen die Stühle in Kreisform auf, denn wir brauchen Platz für die Spiele.	Einige Schüler wählen Platten und Kassetten aus, und Klaus bringt seine Ziehharmonika mit.
(2)	(3)	(4)	(5)

(6) Eine Stunde war gestern Aufregung in Harlaching... ein Gepard war aus dem Tierpark Hellabrunn ausgebrochen. Das Tier ist eigentlich ungefährlich...hätte man es leicht sofort einfangen können. Doch der Pfleger war gerade nicht da...so schlüpfte das Tier ungehindert durch eine Zaunlücke ins Freie. Nach wenigen Minuten hätten die Tierparkangestellten den Geparden fast gehabt...erkonnte entkommen. "Alarmieren sie die Polizei", riefen die Leute, "...soll das Tier erst jemanden anfallen!" Bald war die Polizei auf Raubtierfang...schließlich konnte man den Geparden stellen. Ein Arzt schoß einen Narkosepfeil auf das Tier...wäre der flinke Gepard wieder entwischt. So fiel er in tiefen Schlaf und war bald wieder in seinem Gehege.

doch, denn, und, deshalb, sonst, oder, und

(7)
Vater bleibt heute zu Hause	oder-doch	er verdient gut
Louis war ein harter Boxer	und-denn	geht er zur Arbeit
Die Straße war eisglatt	sonst aber deshalb	er war ein fairer Sportler
Der Maurer arbeitet im Akkord		der Bub stürzte

Folie

Wir planen eine Party

(1)
im Klaßzimmer feiern	in der Mensa (Turnhalle) feiern
allein feiern	Parallelklasse einladen
Musik von Platten und Kassetten hören	eigene Musikbeiträge
Geld für Getränke einsammeln	Gebäck mitbringen
Gebäck im Supermarkt kaufen	selbst backen
Gesellschaftsspiele machen	buntes Programm nach festem Zeitplan gestalten
Tische in Gruppen zusammenstellen	Stühle in Kreisform aufbauen
nur fünf Schüler dekorieren	die ganze Klasse hilft mit

(3) [Hauptsatz]   [Hauptsatz]

(2) Wir feiern im Klaßzimmer.   Wir feiern in der Mensa.

(4) Entweder wir feiern im Klaßzimmer, oder wir feiern in der Mensa.
   [Hauptsatz] [Konjunktion] [Hauptsatz]

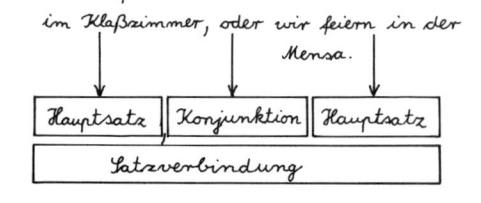

(5) [Satzverbindung]

(6) Das Haus ist modern,.....
   Der Rasen ist gepflegt,.....
   Leistungssport ist zwar anstrengend,.....
   Das Wetter ist tagsüber freundlich,.....
   Es lag mir auf der Zunge,.....

(7) Kontrollwörter in der richtigen Reihenfolge:
   denn, deshalb, und, doch, oder, und, sonst

JG	Lehrschritte (Artikulationsdefinition)	Lehrinhalte und Lernziele (= Lz)	Lehrakte .... Lernakte		Sozial-formen	Lernhilfen
Eröffnungsphase	1. Lehrschritt (Sachlich-sprachliche Problemstellung)	Möglichkeiten, Vorstellungen und Wünsche für eine Klassenparty (Lz 1)	Arbeitsblätter ausgeben Rundgespräch: "In einer Woche soll unsere Party stattfinden!" Vorschläge auf die Folie schreiben lassen	-planen -Vorschläge sammeln	Hb	Folie(1)
	2. Lehrschritt (Problemabgrenzung)	Gegenüberstellen von vollständigen Hauptsätzen (Lz 2)	Erarbeitungsgespräch: Beispiel: Wir feiern im Klaßzimmer. - Wir feiern in der Mensa. Feststellung: Hauptsätze	-Sätze bilden -ergänzen	Hb	Folie(2) Folie(3)
	3. Lehrschritt (Zielangabe)	Gleichwertige Teilsätze (Hauptsätze): Gesamtsatz	Impuls: "Diese Hauptsätze können wir auch miteinander verbinden!"	-vermuten	Hb	
Erarbeitungsphase	4. Lehrschritt (Erste Teilzielgewinnung)	Satzverbindungen mit ausschließender Konjunktion (Lz 3a)	Impuls: Auf die beiden Hauptsätze deuten. Weitere sinnvolle Sätze mit "entweder-oder" bilden	-Satzverbindungen bilden	Hb	Folie(4)
	5. Lehrschritt (Ergebnisfixierung)	Konjunktion, Komma, Satzverbindung Bilden eines eigenen Beispielsatzes (Lz 4)	Arbeitsaufgabe: a) Übertragen des Beispielsatzes und gemeinsames Ausfüllen der Rechtecke (+Komma) b) Tabelle: Von zwei möglichen Aussagen schließen wir eine aus. Achte auf die Zeichensetzung und auf die ausdrückliche Wiederholung des Subjekts! Lösungen kontrollieren Konjunktionen in der Tabelle ergänzen	-ergänzen -vorlesen	Aa Hb	AB(1) Folie(5) AB(2)
	6. Lehrschritt (Zweite Teilzielgewinnung)	Satzverbindungen mit Konjunktionen einschränkender Funktion (Lz 3b)	Impuls: Geld einsammeln für die Getränke - Gebäck mitbringen. Satzverbindung mit "aber". Weitere einschränkende Konjunktionen sammeln Beispielsatz in die Tabelle	-Satzverbindung bilden -übertragen	Hb	AB(3)
	7. Lehrschritt (Verständniskontrolle)	Sprachanwendung: Einschränkende Konjunktion (Lz 4,5)	Arbeitsaufgabe: "Vervollständige die begonnenen Satzverbindungen!" (Wiederholung von Subjekt bzw. Prädikat nicht erforderlich); Lösungskontrolle	-Sätze vervollständigen -vorlesen	Pa Hb	Folie(6) Arbeitsblock
	8. Lehrschritt (Dritte Teilzielgewinnung) (Ergebnisfixierung)	Satzverbindungen mit Konjunktionen begründender Funktion (Lz 3c) Selbständiges Eintragen	Erarbeitungsgespräch: Wir begründen unsere Entscheidungen in einigen Punkten: Wir feiern im Klaßzimmer, denn...Für zwei Klassen ist der Raum zu klein, deshalb... Arbeitsaufgabe: Konjunktionen und Beispielsatz in die Tabelle	-Satzverbindungen bilden -übertragen	Hb Aa	AB(4)
	9. Lehrschritt (Vierte Teilzielgewinnung) (Ergebnisfixierung)	Satzverbindungen mit Konjunktionen anreihender Funktion (Lz 3d)	Impuls: "Es wäre schade, wenn uns Klaus seine neuen Schlager auf der Ziehharmonika nicht vorspielen könnte!" Anreihende Satzverbindung Arbeitsaufgabe: Konjunktionen und Beispielsatz in die Tabelle (Zwei Subjekte und zwei Prädikate)	-Satzverbindung bilden -übertragen	Hb Aa	AB(5)
Sicherungsphase	10. Lehrschritt (Gesamtzusammenfassung)	Lesen der entstandenen Tabelle, Ausfüllen eines Lückentextes	Arbeitsaufgabe: "Setze die passenden Konjunktionen und die Kommas ein!" Lösungen kontrollieren Letzter Satz: Vor "und" **steht hier** kein Komma!	-ausfüllen -vorlesen -begründen	Aa Hb	AB(6) Folie(7)
	11. Lehrschritt (Sprachanwendung)	Textbildungsübungen, Sprachverständnis fördern (Lz 4,5)	Partnerarbeit: "Bilde sinnvolle, sprachlich richtige Sätze! Setze das Komma!" (z. T. veränderte Wortstellung); Lösungskontrolle (Partner)	-Satzverbindungen finden und bilden	Aa Pa	AB(7)
	12. Lehrschritt (Ergebnis der Planung)	Ausgangssituation	Erarbeitungsgespräch: Endgültige Entscheidung und Verteilung der Aufgaben zur Vorbereitung für die Klassenparty	-entscheiden -Aufgaben übernehmen	Hb	

Hauptlernziel: Kennenlernen der indirekten Rede im Unterschied zur direkten Rede.	Unterrichtsthema: Die indirekte Rede (Ein Besuch beim Zahnarzt)	Autor: Waltraud Haller
		Unterrichtszeit Empfehlung: 1-2 UE

Vorbemerkungen:
Die Beschriftung der Folie erfolgt nach den Buchstaben, die in Klammern angegeben sind.
Die mündliche Sprachsicherung steht in dieser Unterrichtseinheit im Vordergrund, da das Sprachkönnen überwiegen soll.

Teillernziele:
Die Schüler sollen:
1) direkte und indirekte Rede im Gespräch aufnehmen, (kogn.)
2) direkte und indirekte Rede als zwei verschiedene Aussageweisen erkennen, (kogn.)
3) die Begriffe kennenlernen, (kogn.)
4) die inhaltliche Unterscheidung treffen, (kogn.)
5) die grammatikalischen Unterschiede finden, (kogn.)
6) beide Formen mündlich anwenden können, (kogn.)
7) beide Formen eindeutig unterscheiden. (kogn. psychomot.)

Medien: Cassette, Folie, Arbeitsblatt, Tafel, Block

Tafelanschrift:

Wir unterscheiden zwei Redeformen

③ Direkte Rede
② Mutter sagt: „Du brauchst keine Angst zu haben."

③ Indirekte Rede
② Mutter meinte, ich bräuchte keine Angst zu haben.

Literatur:
Günter Jahn, Sprachhorizonte, Arbeitsunterlagen für den Sprach- und Literaturunterricht, Crüwell-Konkordia, Dortmund, 1972
Hans Giehrl, Martin Ibler, Helmut Sauter, Muttersprache - neu, Schülerarbeitsbuch für die 6. Jahrgangsstufe, Ludwig Auer, Donauwörth, 1979

Text für Cassette:
Mutter:
"Peter, hör mir gut zu.
Du brauchst keine Angst vor dem Zahnarzt zu haben. Der Zahnarzt hilft dir.
Wenn du beim Zahnarzt bist, mußt du zuerst an der Praxistüre läuten.
Grüße alle Leute höflich.
Nimm ein sauberes Taschentuch mit und geh auf schnellstem Weg dorthin.
Achte auf den Straßenverkehr, du weißt ja, wo und wie man eine Straße richtig überquert."
Peter:
"Ja, Mutti, das will ich beachten."

Thomas:
"Wo gehst du denn hin, Peter?"
"Ich gehe zum Zahnarzt.
Meine Mutter meinte, ich bräuchte keine Angst zu haben. Der Zahnarzt würde mir helfen.
Wenn ich beim Zahnarzt wäre, sollte ich zuerst an der Praxistüre läuten.
Ich sollte alle Leute höflich grüßen.
Ich sollte ein sauberes Taschentuch mitnehmen und auf schnellstem Weg dorthin gehen.
Außerdem sollte ich auf den Straßenverkehr achten, ich wüßte ja, wie man eine Straße richtig überquert."
Thomas:
"Bis später dann!"

Folie:
Direkte Rede — Indirekte Rede

(Sprechblasen: „Grüße den Zahnarzt höflich", „Das will ich machen" / „Meine Mutti meinte, ich solle höflich grüßen")

(1)

Ergänze folgenden Text, schreibe ihn auf dein Arbeitsblatt:
Die indirekte Rede sagt, was ein .... jemandem erzählt hat. Sie wird durch ein .... vom Hauptsatz getrennt und steht immer im ....
....
(Hausaufgabe)

(2)

J ~~~ ; J „ ~~~ , J ~~~ , K ~~~ .

J bedeutet Indikativ
K bedeutet Konjunktiv

Arbeitsblatt:

Die indirekte Rede

Direkte Rede
○ → ○
Sender Empfänger

Indirekte Rede
○ Sender
↓
○ → ○ Empfänger
Sender

● Aufgabe 1:
Unterstreiche die direkte Rede blau, die indirekte Rede rot!
Peter sagt: "Ich gehe heute zum Fußballspielen."
Mutter meinte, das Wetter wäre heute schön.
Der Lehrer sagte, Thomas und Peter würden sich gut verstehen.
Thomas ruft: "Peter, ich gehe heute zum Baden."

● Aufgabe 2:
Wandle um:
Gabi sagt: "Du mußt jetzt würfeln!"

Vater sagte, er würde sonntags zum Angeln gehen.

Der Lehrer erklärte, bei schönem Wetter würde er einen Wandertag machen.

UG	Lehrschritte (Artikulationsdefinition)	Lehrinhalte und Lernziele (= Lz)	Lehrakte .... Lernakte		Sozial-formen	Lernhilfen
Eröffnungsphase	1. Lehrschritt (Problemstellung -Zielangabe)	Begegnung mit beiden Formen der Rede mit Hilfe des Cassettentextes (Lz 1)	Sachimpuls: Wiedergabe der beiden Redeformen. Erarbeitungsgespräch: Inhaltliche Erschließung des Textes; Feststellung: ein Gespräch.	-zuhören -aufnehmen -sich äußern	Hb Hb	Cassette Tafel 1
Erarbeitungsphase	2. Lehrschritt (sprachliche Unterscheidung)	Erarbeitung der verschiedenen Redeformen (Lz 2)	Erarbeitungsgespräch: Die beiden Redeformen werden herausgearbeitet: -wie spricht die Mutter mit dem Sohn? -wie spricht Peter mit Thomas?	-vergleichen -verbalisieren -notieren -anschreiben	Hb	Tafel 2
	3. Lehrschritt (Begriffserarbeitung)	Einführung der beiden Oberbegriffe: -direkte Rede -indirekte Rede (Lz 3)	Erklärung: Beim ersten Satz spricht Mutter direkt zu Peter: - direkte Rede; beim zweiten Satz erzählt Peter einem Dritten, was Mutter ihm gesagt hat: - indirekte Rede.	-zuhören -mitdenken -wiederholen	Hb/Aa	Tafel 3
	4. Lehrschritt (graphische Veranschaulichung)	(Lz 2/3)	Erarbeitungsgespräch: Unter Verwendung der Bezeichnungen "Sender" und "Empfänger" wird der Unterschied zwischen direkter und indirekter Rede graphisch veranschaulicht.	-vergleichen -verbalisieren -differenzieren -zeichnen	Hb/Aa	Tafel 4 Arbeitsblatt a
	5. Lehrschritt (szenische Wiedergabe des Lernresultats)	Direkte und indirekte Rede werden mündlich geübt (Lz 2/3/6)	Rollenspiel: Wir werden spielen, wie Peter sich mit dem Zahnarzt unterhält. Auf dem Heimweg erzählt Peter Thomas, was der Zahnarzt alles gesagt hat.	-spielhandeln	Kf/Pa	
	6. Lehrschritt (grammatikalisch-rechtschriftliche Unterscheidung)	(Lz 5)	Erarbeitungsgespräch nach Impuls: Auch äußerlich unterscheiden sich beide Redeformen (kurze Wiederholung von Indikativ und Konjunktiv dient der Verständniserleichterung). Zusammenfassung: Zeichensetzung bei direkter und indirekter Rede: -direkte Rede: ~~~:„~~~." -indirekte Rede: ~~~J,~~~K.	-vergleichen -verbalisieren -begründen -unterscheiden -übertragen	Hb Hb	Folie: unterer Teil
Sicherungsphase	7. Lehrschritt (Verständniskontrolle)	(Lz 2,4,5)	Arbeitsauftrag: Bearbeite nun Aufgabe 1 des Arbeitsblattes! Kontrolle der Arbeitsergebnisse	-vergleichen -unterscheiden -vorlesen -verbessern	Aa Hb	Arbeitsblatt Aufgabe 1
	8. Lehrschritt (mündliche Anwendung)	Sicherung in Spielform (Lz 6)	Lernspiel: Ein Schüler spricht direkt zu einem Mitschüler, dieser spricht zur Klasse und wandelt das Gesagte in die indirekte Rede um;	-spielhandeln	Hb Aa/Pa	
	9. Lehrschritt (schriftliche Anwendung)	(Lz 7)	Arbeitsauftrag: Bearbeite nun Aufgabe 2 des Arbeitsblattes! Kontrolle der Arbeitsergebnisse	-umwandeln -vorlesen -verbessern	Aa Hb	Arbeitsblatt Aufgabe 2

Hauptlernziel: Kennenlernen der verschiedenen Aussageweisen im Indikativ und Konjunktiv	Unterrichtsthema: Indikativ und Konjunktiv (Ich wollt', ich wär ein Huhn) Sprachlehre	Autor: Waltraud Haller
		Unterrichtszeit Empfehlung: 1 UE

Vorbemerkungen:
Der Schwerpunkt dieser Unterrichtseinheit liegt auf Sprachanwendung, deshalb wird die Übung im Bilden von Sätzen und im Erkennen der Formen in den Vordergrund gestellt.

Teillernziele: Die Schüler sollen 1. den Konjunktiv als Wunschform erkennen, (kogn.) 2. den Indikativ als Wirklichkeitsform erkennen, (kogn.) 3. Sätze von einer Form in die andere verwandeln können, (kogn.) 4. den grammatikalischen Unterschied beider Formen erfassen, (kogn.) 5. Sätze im Indikativ und Konjunktiv frei sprechen können. (kogn.)	Medien: Cassette mit dem auf Folie fixierten Vers Folie Arbeitsblatt Block Tafel

Literatur:
Hans-Joachim Neumann/Sönke Zander, Sprache als Verständigungsmittel und Zeichensystem, Crüwell-Konkordia, Dortmund 1972
Hans E. Giehrl, Martin Ibler, Helmut Sauter, Muttersprache - neu, Schülerarbeitsbuch für die 6. Jahrgangsstufe, Ludwig Auer Verlag, Donauwörth 1979

Tafelbild:

Ich wollt', ich wär ein Huhn

Indikativ → Wirklichkeitsform → Verbformen

Konjunktiv → Wunschform → wäre, würde, hätte + Verb

Folie:

① Ich wollt', ich wär ein Huhn!
Ich wollt', ich wär ein Huhn!
Ich hätt' nicht viel zu tun:
Ich legte jeden Tag ein Ei
und sonntags wär ich frei.

② Konjunktiv — Indikativ
Ich würde gerne laufen.   Ich laufe gern.
                          usw.

③
J: _____   J: _____
K: _____   K: _____

Arbeitsblatt:

Indikativ - Konjunktiv

Indikativ → Verbformen

Konjunktiv → wäre, würde, hätte + Verb

● Aufgabe 1)
Forme folgende Sätze in Indikativ oder Konjunktiv um:
Ich würde gerne tanzen.
_____
Du singst.
_____
Er würde gerne lernen.
_____
Sie schläft.
_____

● Aufgabe 2)
Kreuze die richtige Form an: J   K
Ich habe ein Lied gesungen.   ☐   ☐
Ich wäre selten zu Hause.   ☐   ☐
Er würde oft schreiben.   ☐   ☐
Du spielst gern Schach.   ☐   ☐

● Aufgabe 3)

(wau)

I: _____   K: _____

UG	Lehrschritte (Artikulationsdefinition)	Lehrinhalte und Lernziele (= Lz)	Lehrakte .... Lernakte		Sozial-formen	Lernhilfen
Eröffnungsphase	1.Lehrschritt (Problemstellung)	Begegnung mit dem Vers, der den Sprachfall beinhaltet	Sachimpuls: Vorspielen des Verses; Auflegen des Textes;Freilegen der inhaltlichen Information;	–zuhören –Äußerungen machen –lesen	Hb	Cassette Folie 1
	2.Lehrschritt (Zielangabe)	Erkennen der Wunschform und der Wirklichkeitsform, Einführung der Begriffe Indikativ und Konjunktiv (Lz 1,2)	Erarbeitungsgespräch nach Impuls: Es handelt sich hier nicht um Wirklichkeit. Wunschform - Konjunktiv Impuls: Es gibt noch eine zweite Form. Wirklichkeitsform -Indikativ.	–entdecken –verbalisieren	Hb	Tafel:Indikativ =Wirklichkeits- form Konjunktiv = Wunschform
Erarbeitungsphase	3.Lehrschritt (erste Teil- zielerarbei- tung)	Schüler verwandeln Sätze vom Indikativ in den Konjunktiv und umgekehrt (Lz 3)	Erklärung: Vorgang der Umwandlung von Indikativ auf Konjunktiv und umgekehrt; Erarbeitungsgespräch: erste gemeinsame Versuche der Umwandlung	–auffassen –formulieren –anschreiben –umwandeln	Hb Hb	Folie 2
	4.Lehrschritt (Verständnis- kontrolle)	Schriftliche Übung (Lz 3)	Arbeitsauftrag: Bearbeite nun Aufgabe 1 auf deinem Arbeitsblatt! Verarbeitungsgespräch:Kontrolle der Arbeitsergebnisse; evtl. Korrektur;	–ausfüllen –vorlesen –verbessern	Aa Hb	Arbeitsblatt Aufgabe 1
	5.Lehrschritt (zweite Teil- zielerarbei- tung)	Der grammatikalische Unterschied wird erarbeitet (Lz 4)	Arbeitsauftrag: Überlegt in Gruppen den Unterschied zwischen den beiden sprachlichen Formen! Verarbeitungsgespräch: Kontrolle der Arbeitsergebnisse;Verdichtung der neuen Erkenntnis; Fixierung;	–vergleichen –zusammenfassen –aufschreiben –vorlesen –anschreiben	Ga Hb	Block Tafel:Verbform - wäre,würde, hätte + Verb- form Arbeitsblatt a
	6.Lehrschritt (Verständnis- kontrolle)	Schüler treffen die Unterscheidung zwischen Indikativ und Konjunktiv (Lz 4)	Arbeitsauftrag: Bearbeite nun Aufgabe 2 auf deinem Arbeitsblatt! Verarbeitungsgespräch: Kontrolle der Arbeitsergebnisse;evtl.Korrektur;	–ausfüllen –vorlesen –kontrollieren	Aa Hb	Arbeitsblatt Aufgabe 2
Sicherungsphase	7.Lehrschritt (mündliche An- wendung)	Schüler sprechen Sätze in beiden Formen zu den Bildern der Folie, anschließend Kettensätze im Konjunktiv (Lz 5)	Rundgespräch:Sätze in beiden Formen zu den Bildern auf der Folie; Auftrag: Vollende den Satz: Wenn ich Geld hätte, ...	–sprechen –anschreiben –formulieren	Kf/Aa Kf/Aa	Folie 3
	8.Lehrschritt (schriftliche Anwendung)	Schüler bilden einen Satz im Indikativ und Konjunktiv (Lz 5)	Arbeitsaufgabe:Bearbeite nun Aufgabe 3 auf deinem Arbeitsblatt! Verarbeitungsgespräch:Kontrolle der Arbeitsergebnisse;evtl. Korrektur;	–ausfüllen –vorlesen –verbessern	Aa Hb	Arbeitsblatt Aufgabe 3
	9.Lehrschritt (kommunikative Wiederholung)	In Spielform üben die Schüler die Anwendung von beiden Formen (Lz 5)	Lernspiel: Die Klasse wird in 2 Gruppen geteilt.Jede Gruppe hat 3Minuten Zeit, um möglichst viele Antworten zu finden.Wer die meisten Antworten gefunden hat, ist Sieger. Die erste Frage lautet: Was würdest du tun, wenn du beim Baden wärst? Anzahl der Antworten durch Striche an der Tafel markieren; Zeit stoppen.	–formulieren	Ga	Tafel

Hauptlernziel:	Unterrichtsthema:	Autor: Egbert Kuhlmay
Erschließen des Sinngehalts neuen Wortschatzes	Fremdwörter aus der Sprache des Fußballsports (Aus einer Sportreportage)	Unterrichtszeit Empfehlung: 2 UE

Vorbemerkungen:

1. Durch die Klärung von Wortbedeutungen und die rechtschriftliche Sicherung erarbeiteten Wortschatzes ist die vorliegende Unterrichtseinheit sowohl der Sprachlehre und Sprachkunde als auch dem Rechtschreiben zuzuordnen. Hierbei ist es notwendig beide Zielsetzungen unterrichtlich zu realisieren.
2. Der jeweilige Ausgangstext - ein Spielbericht - sollte von einem aktuellen Ereignis des Fußballsports handeln, wobei die Sportberichterstattung im Fernsehen und Rundfunk und in den Zeitungen zahlreiche Anregungen liefert. Der hier vorliegende Ausgangstext sollte demnach nur als mögliches Formulierungsbeispiel verstanden werden.
3. Die Sportsprache eröffnet mit ihrem umfangreichen Wortschatz zahlreiche Möglichkeiten der Textgestaltung und Sprachbetrachtung. Als kleine Anregung zur Textgestaltung mögen folgende Fremdwörter dienen, die bei Fußballreportagen häufig Verwendung finden, z. T. aber auch in anderen Sportarten gebräuchlich sind:
Aktion, Akteur, Attacke, Cup, Chance, clever, Coach, Dress, defensiv, Double, Doping, Dribbling, Debakel, Derby, Duell, Effet, Favorit, Finale, fair, Foul, Fan, Fair Play, Funktionär, Handicap, Hattrick, Kombination, Keeper, Konter, Lokalderby, optimistisch, pessimistisch, Parade, Paß, Qualifikation, Routine, Tackling, volley.

Teillernziele:
Die Schüler sollen:
1. den Sinngehalt neuen Wortschatzes erschließen (kognitiv)
2. die Bedeutung neuen Wortschatzes dem Wörterbuch entnehmen (psychomotorisch)
3. für den neuen Wortschatz Synonyme angeben (kognitiv)
4. den neuen Wortschatz richtig gebrauchen (kognitiv/psychomotorisch)
5. den neuen Wortschatz anhand des Schriftbildes richtig aussprechen (psycho.)
6. den neuen Wortschatz richtig schreiben (psychomotorisch/kognitiv)

Medien:
- Geräuschcassette (Fußballstadion)
- Tafelanschrift (Folie) mit zugedeckten Fremdwörtern
- Arbeitsblatt mit gleichem Text (a)
- Wörterbuch
- Arbeitsblatt mit rechtschriftlichen Übungsaufgaben (b)

Literatur:
Winkler, H.J.: Sportbegriffe von A - Z, Humboldt-Taschenbuch, Band 324, 1978, Augsburg.

---

① **Aus einer Reportage** (Tafelanschrift u. Arbeitsblatt (a))

Weisweiler: Wir holen den Cup!

Tolle Stimmung im Gelsenkirchener Stadion. Das Team aus Köln spielt in weißen Trikots, die Düsseldorfer in rotem Dress. Die Kölner gelten als Favoriten. Schon im Training zeigten sie gute Leistungen. Trainer Weisweiler ist optimistisch: „Wir werden das Finale knapp gewinnen!" - Das Spiel ist fair. Flohe hat soeben eine große Chance vergeben. An der Strafraumgrenze begeht ein Düsseldorfer ein Foul. Der fällige Freistoß wird hereingehoben, Cullmann ist zur Stelle - es steht 1:0! Die Düsseldorfer werden noch einmal offensiv. Doch in der 89. Minute entscheidet van Gool das Match: Köln hat den Pokal gewonnen, der Manager strahlt!

② Fremdwort	Bedeutung ③	② Fremdwort	Bedeutung ③
1. Reportage	Bericht	8. optimistisch	zuversichtlich
2. der Cup	Pokal	9. das Finale	Endspiel
3. das Team	Mannschaft	10. fair	einwandfrei
4. das Trikot	Sporthemd	11. die Chance	Gelegenheit
5. das Dress	Sportkleidung	12. das Foul	Regelwidrigkeit
6. der Favorit	vermutlicher Sieger	13. offensiv	angriffslustig
7. das Training	Übung	14. das Match	Spiel, Schlacht
		15. der Manager	Betreuer

---

④ **Arbeitsblatt (b)** — Zeige, was du kannst!

1. Gib die treffenden Fremdwörter an!
a) [Trikot Nr. 5] b) [Stadion SCHALKE] c) [FIFA Pokal] d) [Fernseher] e) [Fuß - au!]

2. Welches Lösungswort ergibt das Kreuzworträtsel?
- vermutlicher Sieger
- Wettkampfstätte
- Übung
- Spiel
- Regelwidrigkeit
- Bericht

Lösungswort: ____

3. Der Schülerduden hilft dir!

Einzahl	Mehrzahl
das Stadion	
das Team	
die Chance	
	die Trikots
	die Favoriten
	die Manager

4. Silbenrätsel! (Beachte die Großschreibung!)

sta - fa - na - re - ge - kot - op - stisch - of -
vo - dion - rit - fi - ta - tri - trai - ti - ger -
le - por - ning - mi - ma - chan - siv -
na - ce - fen

UG	Lehrschritte (Artikulationsdefinition)	Lehrinhalte und Lernziele (= Lz)	Lehrakte .... Lernakte		Sozialformen	Lernhilfen
Eröffnungsphase	1. Lehrschritt (Einstimmung)	Schaffen einer Reizsituation: Erinnerung an ein aktuelles Fußballspiel	Sachimpuls: Geräusche aus einem Fußballstadion	– zuhören	Hb	Geräuschcassette
			Rundgespräch über Situation (Erinnerung an Fernsehübertragung)	– vermuten – formulieren		
	2. Lehrschritt (Sprachbegegnung)	Konfrontation mit Sprachganzem als Voraussetzung zur Worterschließung	Auftrag: Lies die Reportage vor! Spontanaussprache durch Impulse: – Die Kölner waren Favoriten! – Das war das Finale! o. ä.	– vorlesen – besprechen	Hb	Arbeitsblatt
	3. Lehrschritt (Zielangabe)	Isolieren des sprachlichen Übungsmaterials (Lz 5)	Sachimpuls: Aufdecken des gleichlautenden Textes mit zugedeckten Fremdwörtern. Auftrag: Lies diesen Text vor! Feststellung: Die zugedeckten Wörter sind Fremdwörter aus der Sportsprache	– lesen – vorlesen – erkennen – aufschreiben	Hb	TA oder Folie (mit verdeckten Fremdwörtern) TA ①
Erarbeitungsphase	4. Lehrschritt (Sprachbetrachtung)	Sichern der Aussprache (Lz 5)	Auftrag: Unterstreiche alle Fremdwörter und schreibe sie mit Artikel untereinander in die Tabelle!	– unterstreichen – vorlesen	Hb	AB und TA TA ②
	5. Lehrschritt (Sprachbesinnung)	Erschließen und Formulieren der Wortbedeutungen (Lz 1/3)	Impuls: Fremdwörter ... Klassengespräch: Die meisten Fremdwörter kommen aus England, dem Ursprungsland des Fußballsports. Auftrag: Überlege dir mit deinem Nachbarn die Wortbedeutungen! Erarbeitungsgespräch: Angeben deutscher Bedeutungen Auftrag: Schlage unbekannte Bedeutungen im Wörterbuch nach und ergänze die Tabelle!	– vermuten – begründen – überlegen – definieren – aufschreiben – nachschlagen – berichten – aufschreiben	Hb Pa Hb Aa	 TA ② TA ③ Wörterbuch TA ②
	6. Lehrschritt (Wiederholung)	Bewußtes Einprägen von Fremdwortbedeutungen (Lz 3/4)	Rätsel bei zugedeckter Tabellenhälfte: a) Gib zu den Fremdwörtern die deutsche Bedeutung an! b) Gib zu den deutschen Bedeutungen die Fremdwörter an! Anschließend: Ergebniskontrolle;	– raten – vergleichen	Pa Hb	TA ②
	7. Lehrschritt (Spracharbeit)	Sicherung der Schriftbilder (Lz 5/6)	Aufträge: 1. Unterstreiche in jedem Fremdwort die schwierige Stelle rot! 2. Lies die Fremdwörter vor! 3. Schreibe die Fremdwörter in die Luft, auf die Bank usw. 4. Löse die Rechtschreibrätsel auf dem Arbeitsblatt! Vergleich mit Lösungen eines Mitschülers an der Tafelrückseite oder am OHP.	 – unterstreichen – vorlesen – "schreiben" – ergänzen – vergleichen	 Aa Hb Aa PA	 TA ② AB ④ TA ④ oder OHP
Sicherungsphase	8. Lehrschritt (Sprachprobe)	Selbständige Anwendung (Lz 4/6)	Diktat: (deutsche Begriffe sollen durch Fremdwörter ersetzt werden!) Morgen findet in Rom ein wichtiges Endspiel statt. Es geht um den Europapokal der Fußballmeister. Die Wettkampfstätte ist ausverkauft. Die Mannschaft aus Mönchengladbach spielt in weißer Sportkleidung. Das Spiel beginnt um 19 Uhr.	– aufschreiben – vergleichen	Aa Pa	Block OHP/Tafelrückseite
	9. Lehrschritt (Ausklang, Transfer)	Ausweitung (Lz 1/2/3)	Auftrag: Suche im Sportbericht der Tageszeitung weitere Fremdwörter und gib ihre deutsche Bedeutung an! (Hausaufgabe) Tip für den Spielausgang.		Aa	Zeitung und Wörterbuch

Hauptlernziel:	Unterrichtsthema:	Autor: Egbert Kuhlmay
Gebrauch rechtschriftlicher Lösungstechniken	Training und Anwendung rechtschriftlicher Lösungshilfen und -techniken	Unterrichtszeit Empfehlung: 1 UE

Vorbemerkungen:

Nur 7% der Wörter der deutschen Sprache sind lauttreu; zahlreiche Schreibkonventionen sind willkürlich und logisch nicht begründbar, nur ganz wenige Regeln sind ohne Ausnahme gültig. Angesichts der Vielzahl möglicher Wörter muß dem Schüler jedoch ein Instrumentarium zur selbständigen Bewältigung schwieriger Rechtschreibsituationen und rechtschriftlicher Zweifelsfälle in die Hand gegeben werden. Hierzu gehören:
- der sichere und zeitökonomische Gebrauch des Wörterbuches
- die Fähigkeit, Lautlängen und -schärfungen zu diskriminieren
- Wortklang- und Wortstammanalogien zu erkennen
- eigene Schreibleistungen mit dem gedächtnismäßig gespeicherten Vorbild zu vergleichen
- Wortlängen zu reduzieren und zu vergrößern.

Da nicht alle der angeführten Strategien eindeutig sind, sind Fehler nicht auszuschließen. Die Fertigkeit zu verständigem Anwenden der instrumentalen Lösungshilfen kann nur durch intensives Training und langfristiges Sensibilisieren erreicht werden, wozu die dargestellte Unterrichtseinheit eine Möglichkeit aufzeigt.

Teillernziele:

Die Schüler sollen:
1. einen Einblick in systemgestaltende Rechtschreibprinzipien erhalten (k)
2. rechtschreibkritische Stellen feststellen (psychomotorisch)
3. geeignete Ableitungs- und Lösungshilfen anwenden (psychomotorisch/kog.)
4. gegebene Schreibweisen begründen (kognitiv/psychomotorisch)
5. ihr Interesse an rechtschriftlichen Fallprüfungen steigern (affektiv)
6. zu künftigem Gebrauch geeigneter Lösungstechniken motiviert werden (aff.)

Medien:
- Zeichnung eines Fuchses
- Arbeitsblatt mit gleichlautender Tafelanschrift
- Papierstreifen zum Abdecken der "Problemwörter"

Literatur:

Jeziorsky, W.: Eine Unterrichtsvorbereitung für den Rechtschreibunterricht, in: Blätter für Lehrerfortbildung, Heft 2/1978, München, Ehrenwirth.

Tafelanschrift ≙ Arbeitsblatt

① *Der verfolgte „Räuber"*

Füchse sind die größten einheimischen Raubtiere. Ihre Beute töten sie mit den dolchartigen Eckzähnen und zerlegen sie dann mit den scharfen Reißzähnen, wie man die hinteren Backenzähne __nennt__. Füchse sind nicht wählerisch. Vom Käfer bis zum Kaninchen __fressen__ sie alles, was sie erwischen. Meist sind es Mäuse, die sie mit Ohren und Nase aufspüren, wie eine __Katze__ beschleichen und mit einem __Sprung__ fangen. Größere Tiere __erbeuten__ sie nur, wenn diese schwach oder krank sind. Auch Aas verschmähen sie nicht. Planmäßige Jagd im Rudel gibt es beim Fuchs nicht.

Der Fuchs hat nur einen __wirklichen__ Feind, den Menschen.

aus: CVK-Biologie 5/6, S. 128, 1977, Bielefeld

② *Wir trainieren Lösungshilfen:*

A Wortfamilie	Räuber ↔ rauben, ... Ecke ↔ eckig, ...
B Verlängern	nennt ↔ nennen, ... krank ↔ kränken, ...
C Verkürzen	wählerisch ↔ Wahl, ... Mäuse ↔ Maus, ...
D Reimen	Beute ↔ Leute, ... Katze ↔ Tatze, ...
E Sprechen/Hören (Regelwissen)	Katze (SL-tz), fressen (SL-ss-SL), Eckzahn (SL-ck), ...

1. Kennzeichne „schwierige" Stellen rot. Ordne die Wörter danach oben einer geeigneten Lösungshilfe zu:

froh, er fängt, geräuchert, Gefahr, zwei Gäule, er bellt, er zieht, blaß, Bäume, Behälter, Freund

2. Verlängere (verkürze) folgende Wörter geeignet:

Schläuche ↔ _____   er stellt ↔ _____

Ränder ↔ _____   Läufer ↔ _____

Saft ↔ _____   das Leid ↔ _____

fettig ↔ _____   Stärke ↔ _____

UG	Lehrschritte (Artikulationsdefinition)	Lehrinhalte und Lernziele (= Lz)	Lehrakte .... Lernakte		Sozialformen	Lernhilfen
Eröffnungsphase	1. Lehrschritt (Einstimmung)	Aktivierung des vorhandenen Sachwissens	Sachimpuls: Zeichnung eines Fuchses wird aufgedeckt. Erarbeitungsgespräch: Der Fuchs ist ein Raubtier, er überträgt Tollwut...	– anschauen – formulieren	Hb	Zeichnung (TZ, OHP oder Bild)
	2. Lehrschritt (Sprachbegegnung)	Optisch-akustische Konfrontation mit dem sprachlichen Übungsmaterial	Auftrag: Lies die Geschichte vom Fuchs! Inhaltsgespräch (das zum Nachlesen veranlaßt) durch geeignete Impulse: – Füchse sind einheimische Raubtiere! – Sie sind nicht wählerisch! usw.	– durchlesen – vorlesen – nachlesen – begründen	Hb	Arbeitsblatt, Teil ①
	3. Lehrschritt (Problemhinführung)	Bewußtmachen von Rechtschreibschwierigkeiten (Lz 1)	Impuls: Das Lesen war einfach! Schreiben müßte man's können! Auftrag: Unterstreiche die 5 schwierigsten Wörter! (Anschließend Nennung mit Tafelanschrift einiger Beispiele.)	– unterstreichen – nennen	Hb Aa	Arbeitsblatt, Teil ① Seitentafel
	4. Lehrschritt (Zielangabe)	Motivation zur Selbsthilfe durch geeignete Lösungstechniken (Lz 1)	Impuls: Du könntest es ohne Duden! Vorschlag: z. B. "wählerisch" kommt von "Wahl" usw. Fixierung: Wir trainieren Lösungshilfen.	– notieren – anschreiben	Hb	Seitentafel TA und AB ② (Überschrift)
Erarbeitungsphase	5. Lehrschritt (Teilergebnisgewinnung)	Berücksichtigung individueller Schülervorschläge (Lz 1/2)	Feststellung (je nach unterstrichenen Wörtern): Wir suchen verwandte Wörter aus der jeweiligen Wortfamilie oder suchen Reimwörter. (vgl. AB 3a und 3d)	– vorschlagen – fixieren	Hb	TA und AB ③a und ③d
	6. Lehrschritt (Spracharbeit)	Bestimmung geeigneter Ableitungs- und Lösungshilfen, vgl. AB ③a bis ③e (Lz 3/4)	Sachimpuls: Aufdecken der TA ①, bei der rechtschreibkritische Stellen mit Papierstreifen zugedeckt sind, z. B.: w☐lerisch, R☐ber, planm☐ßig usw. Erarbeitungsgespräch: Schüler geben geeignete Ableitungen an. Verallgemeinerung: Bezeichnung der Lösungshilfen (vgl. AB ③A bis ③E)	– lesen – überlegen – vorschlagen – fixieren – benennen – fixieren	Hb Pa Hb	Tafelanschrift mit Papierstreifen TA/AB ③a bis ③e TA/AB ③A bis ③E
	7. Lehrschritt (Ausweitung)	Feststellen rechtschreibkritischer Stellen, Zuordnung geeigneter Lösungshilfen (Lz 2 bis 5)	Arbeitsaufgabe: Markiere bei den unterstrichenen Wörtern die rechtschreibschwierigen Stellen und ordne sie einer geeigneten Lösungshilfe zu! Verarbeitungsgespräch: Schüler geben notierte Beispiele an.	– markieren – zuordnen/umformen – berichten	Aa Hb	AB ① AB ③a bis ③e TA ③a bis ③e
Sicherungsphase	8. Lehrschritt (Rekapitulation)	(Lz 2/3)	Rundgespräch: Schüler sollen auswendig die 5 Lösungshilfen aufzählen und je 2 Beispiele angeben.	– zusammenfassen	Hb	
	9. Lehrschritt (Anwendung)	(Lz 2/3)	Zuordnung: Lehrer nennt oder schreibt Wörter mit rechtschriftlichen Schwierigkeiten an die Seitentafel. Schüler sollen geeignete Lösungstechniken anwenden und eintragen. Anschließend gemeinsamer Vergleich	– anschreiben – eintragen – anschreiben	Pa Hb	Seitentafel AB ③a bis ③e TA ③a bis ③e
	10. Lehrschritt (Lernzielkontrolle)	Selbständige Anwendung der Lösungshilfen (Lz 2/3/5/6)	Arbeitsauftrag: Bearbeite die Aufgaben 1 und 2 des AB selbständig! Lehrerrundgang zur Kontrolle, evtl. Eintrag von Beispielen in TA; Ausklang durch textbezogene Impulse: – "Räuber" steht in Anführungszeichen! (natürliches Verhalten) – Der "verfolgte" Räuber!	– ergänzen – eintragen – begründen	Aa Hb	AB Nr. ① und ②

Hauptlernziel: Die Schüler sollen verschiedene Schreibweisen des z-Lautes kennenlernen.	Unterrichtsthema: Der z-Laut (Große Waldräumaktion)	Autor: Hans-Peter Mößner
		Unterrichtszeit Empfehlung: 1-2 UE

Vorbemerkungen:

Zur besseren Übersicht empfiehlt es sich, mehrere Folien zu verwenden. Die Einträge auf der Folie und auf den Arbeitsblättern (AB) entstehen in der numerierten Reihenfolge. Die Spalten der Tabelle sind für die Einteilung vorgegeben. Die Übungsvorschläge zur Sprachanwendung sollten auf mehrere Stunden verteilt oder als Hausaufgabe bearbeitet werden.

Teillernziele:

Die Schüler sollen:
1. einen Text beurteilen können und ihr eigenes Verhalten überdenken, (kognitiv)
2. sich angesichts des komplexen Sachverhalts einen begrenzten Wortschatz akustisch und optisch einprägen, (kognitiv)
3. aus einer Textvorlage verschiedene Schreibweisen des z-Lautes kennenlernen, (kognitiv)
4. selbständig zwei einprägsame Regeln finden, (konitiv)
5. zunehmend auch nicht speziell geübte Wörter richtig schreiben können, (kognitiv)
6. erkannte Regeln im Textzusammenhang bzw. bei der Textbildung richtig anwenden. (kognitiv)

Literatur:

1. **Unsere Welt in unserer Sprache**, 6. Schuljahr, Bayerischer Schulbuch-Verlag, 1973
2. Hirschenauer, Verstehen und Gestalten, 5. und 6. Schuljahr, R. Oldenbourg Verlag München, 1975

Medien:

Zwei Arbeitsblätter, Folien Tageslichtprojektor, Tafel

Tafelanschrift

Umweltverschmutzung im Wald	Umweltschutz im Wald
Müllhalden (Matratzen, Öfen, Benzintanks...) Eßabfälle, **Befahren verbotener Wege**...	Räumaktionen, Aufstellen von Schildern: Schuttabladen verboten! Naturschutzgebiet! Landschaftsschutzgebiet! Schützt die Pflanzen! Aufstellen von Papierkörben...

Folie ≙ Arbeitsblatt (AB)

(1) **Große Waldräumaktion**

Liebe Mitbürger!

Die Umweltverschmutzung nimmt von Jahr zu Jahr zu. Viele Wochenendausflügler werfen ihren Müll einfach in den Wald. Besonders wir als Stadtrandgemeinde beobachten solche wilden Müllkippen. Nächsten Samstag wollen wir wieder unsere umliegenden Wälder von Unrat und Schmutz säubern. Die Gemeinde hofft allseits auf Unterstützung, besonders die junge Generation ist zur Mithilfe aufgerufen. Sie alle leisten damit einen wichtigen Beitrag zum Umweltschutz.

Treffpunkt: Samstag, 9 Uhr am Holzhauser Weg. Einige Bauern stellen Traktoren und Anhänger. Abends spendiert die Gemeinde Würstl und Getränke. Die Schützenkapelle spielt auf!

Der Bürgermeister

(2) Der z-Laut

(3) Verschiedene Schreibweisen:

(4)

z am Wortanfang	z	tz	ds	ts	ti(on) Fremdwörter	zz
zu Zielfoto	Holzhauser Weg Pflanzen stürzen Arzt Weizen heizen Kreuzung März	Umweltverschmutzung Schmutz Unterstützung Umweltschutz Schützenkapelle Satz	abends nirgends	allseits Landschaftsschutz bereits rechts Geburtstag	Waldräumaktion Generation funktioniert	Skizze

(5) steht nach l, n, r und eu, ei, au | steht immer nach kurz gesprochenem Vokal

Arbeitsblatt mit Übungen

1. Tanz Pflanzen | Pantoffel Bergwerk
   Quarz Holz Salz + ? Stock Schutzmittel Muskel
   Wurzel Herz Kerzen | Uhr Flamme Schuhe

2. Partnerdiktat: Trenne t - z!
   platzen, sitzen, verletzen, spritzen, putzen, blitzen, benetzen, setzen

3. Ergän.e im Rä..el:
   Auf einer langen Stange si...,
   ein Rudel junger Kä..chen.
   Doch keines seine Ohren spi...,
   und keines mit den Augen bli...
   und keines regt ein Tä..chen.
   Nun rate gut und rate schlau.
   Der Kopf ist schwar..., der Leib ist grau
   und sammetweich das Pel.chen.

   Joh. Aug. Schmitt

Diktatvorschlag:

Orkanartige Stürme richteten in der Nacht zum Freitag in weiten Teilen Deutschlands entsetzliche Schäden an. Bäume wurden entwurzelt, Schaufenster zerbrachen, Heizungen fielen aus, Bauzäune stürzten um, Fernsprechleitungen waren zeitweise unterbrochen. Feuerwehren waren bereits nach kurzer Zeit überall im Einsatz. Im gesamten Streckennetz der Bundesbahn traten Zugverspätungen ein. Die Bevölkerung mußte große Strapazen erdulden.

(6) Kontrollwörter für Übung Nr. 1 und 3:
1. Tanzschuhe, Pflanzenschutzmittel, Quarzuhr, Holzpantoffel, Salzbergwerk, Wurzelstock, Herzmuskel, Kerzenflamme
3. Ergänze, Rätsel, sitzt, Kätzchen, spitzt, blitzt, Tätzchen, schwarz, Pelzchen

UG	Lehrschritte (Artikulationsdefinition)	Lehrinhalte und Lernziele (= Lz)	Lehrakte .... Lernakte		Sozialformen	Lernhilfen
Eröffnungsphase	1. Lehrschritt (Sprachbegegnung, Problemstellung)	Handzettel einer Stadtrandgemeinde Umweltverschmtzung und Umweltschutz im Wald (Lz 1)	Arbeitsblätter ausgeben Erarbeitungsgespräch: "Gestern fand ich diesen Handzettel im Briefkasten." Beobachtungen zu Umweltverschmutzung und Umweltschutz im Wald an der Tafel fixieren, eigenes Verhalten überdenken und zu ähnlichen Aktionen anregen	-vorlesen -sich spontan äußern -nach Lösungen suchen	Hb	Folie(1)/ AB(1) Tafelanschrift
	2. Lehrschritt (Problemabgrenzung)	Eliminieren des Rechtschreibfalles	Impuls: Lehrer unterstreicht einige Wörter mit z-Laut an der Tafel Thema der Unterrichtseinheit	-beobachten -vergleichen	Hb	Folie(2)/ AB(2)
	3. Lehrschritt (Zielangabe)		Ankündigung: "Für den z-Laut gibt es verschiedene Schreibweisen."		Hb	Folie(3)/ AB(3)
Erarbeitungsphase	4. Lehrschritt (Teilzielerarbeitung)	Wörter mit z-Laut aus dem Text, optisches und akustisches Erfassen des z-Lautes (Lz 2)	Arbeitsaufgabe: "Unterstreiche die Wörter, in denen du einen z-Laut hörst!" Langsames Vorlesen durch den Lehrer, Schüler unterstreichen	-mitlesen -unterstreichen	Aa	AB(1)
	5. Lehrschritt (Teilzielgewinnung)	Verschiedene Schreibweisen werden deutlich (Lz 3)	Verarbeitungsgespräch: Vorlesen der Lösungen - Erklären der Schreibweisen: Ableitung (abends, allseits), Fremdwörter (Aktion, Generation) - einzelne Sätze mehrmals lesen	-vorlesen -von bekannten Wörtern ableiten	Hb	
	6. Lehrschritt (Sprachbetrachtung) (Sicherung eines Lernresultats)	Anlegen einer Tabelle, einordnen (Lz 3) Wörter, die häufig im Sprachgebrauch verwendet werden	Erarbeitungsgespräch: Verschiedene Schreibweisen eintragen, zz mit Skizze angeben Arbeitsaufgabe: "Ordne Beispielwörter aus dem Text und von der Tafel in die entsprechenden Spalten ein!" Für schnelle Schüler: Erweitern der Tabelle Angegebene Wörter ergänzen	-Tabelle anlegen -einordnen -erweitern -ergänzen	Hb Aa	Folie(4)/ AB(4)
	7. Lehrschritt (Regelfindung) (Ergebnisfixierung)	Selbständiges Finden von zwei einprägsamen Regeln (Lz 4)	Impuls: Deutliches Sprechen und Zuhören bei den Wörtern der 3. Spalte (tz nach kurzem Vokal, Schärfung) Betrachten der Laute vor dem z-Laut bei den Wörtern der 2. Spalte (z nach l, n, r und den Zwielauten)	-Regeln mündlich und schriftlich formulieren	Hb	Tabelle Folie(5)/ AB(5)
Sicherungsphase	8. Lehrschritt (Verständniskontrolle)	Gehördiktat (Lz 2) Wörter mit z-Laut aus dem Zusammenhang heraus erfassen	Arbeitsaufgabe: Vorlesen von sieben Sätzen, Wörter mit z-Laut in die Spalten übertragen: 1.Der Autofahrer bog rechts ab. 2.An der Kreuzung biegen wir links ab. 3.Im März blühen die Krokusse. 4.Mit einem riesigen Satz sprang der Gepard über den Graben. 5.Erst das Zielfoto ermittelte den Sieger. 6.Im Januar hatte Klaus Geburtstag. 7.Erkläre mir bitte, wie dein Radiorecorder funktioniert! Schreibweise kontrollieren	-genau hinhören -einordnen -begründen	Aa Hb	Tabelle
	9. Lehrschritt (Sprachanwendung)	Motivierende und differenzierte Übungsbeispiele zur Sprachanwendung Erweiterung des Sprachschatzes (Lz 6)	Arbeitsblätter mit Übungen ausgeben 1. Zusammengesetzte Substantive 2. Partnerdiktat: Trennung von "tz" 3. Lückentext Lösungen kontrollieren	-neue Wörter bilden -trennen -ausfüllen -vorlesen	Pa Hb	AB(6)=Arbeitsblatt mit Übungen Kontrollwörter Folie(6)
	10. Lehrschritt (Lernzielkontrolle)	Erkenntnisse im Textzusammenhang anwenden (Lz 5,6)	Diktatvorschlag dient der Lernzielkontrolle; anschließend Partnerkontrolle;		Hb/Aa Pa	Diktatvorschlag

Hauptlernziel:	Unterrichtsthema:	Autor: Edeltraud Bülow
Rechtschriftliche Vorbereitung eines Diktattextes, Schwerpunkt: Bildung des Partizip Präsens	Wir bereiten eine Nachschrift vor (Der Fischotter)	Unterrichtszeit Empfehlung: 45 Minuten

Vorbemerkungen:
Der Nachschrifttext wird an die Schüler ausgegeben, inhaltlich geklärt, rechtschriftlich geübt und nach einigen Tagen in unveränderter Form diktiert. Der Begriff Partizip P r ä s e n s wird nur genannt, wenn das Partizip Perfekt bereits bekannt ist. Schüler, die mit der Alleinarbeit (Arbeitsaufgaben Nr.2a-g auf dem Arbeitsblatt) fertig sind, schreiben die Wörter einer Arbeitsaufgabe auf verschiedene Folien. Diese werden später bei der Kontrolle eingesetzt.

Teillernziele:
Die Schüler sollen:
1. die Beschreibung des Fischotters als kurzes Sachlesestück lesen,
2. die Regel für die Bildung des Partizip (Präsens) lernen,
3. Partizipien erkennen, bilden und den Endlaut "d" richtig schreiben,
4. den Text mit Hilfe verschiedener Arbeitsaufgaben rechtschriftlich üben,
5. sechs bis acht Wörter aus dem Text fehlerfrei schreiben,
6. eine möglichst fehlerfreie Nachschrift schreiben.

Tafel:
(3) Das Partizip (Präsens)
(1) stehen
fließen
(2) schlängeln
auffallen
→ d
(4) [Grundform des Verbs] + [d]

Medien:
Dia eines Fischotters (Serie 10 0938: Einheimische Marder)
sieben leere Folien

Literatur:
K. Singer: Rechtschreiben, Skriptum PH München
Der Text der Nachschrift wurde in abgeänderter Form dem Begleitheft zur angegebenen Diaserie entnommen.

Arbeitsblatt: (1)

Der Fischotter
Der Fischotter ist ein Wassermarder, der an stehenden und fließenden Gewässern lebt. Seine Vorder- und Hinterfüße tragen Schwimmhäute, seine Nasen- und Ohrlöcher sind verschließbar. Selbst im eiskalten Wasser fühlt sich der Otter wohl. Gegen Abkühlung schützt ihn das dichte Unterhaar, gegen Nässe das derbe, reichlich eingefettete Oberhaar.
Seinen Namen verdankt er den schlängelnden Bewegungen, mit denen er sich auf der Futtersuche im Wasser fortbewegt. Er ernährt sich von Fischen, Fröschen und Wasserratten.
Ein auffallender Spieltrieb zeichnet den Fischotter aus. Er baut sich Rutschbahnen an Steilufern und im Schnee. Junge, aus dem Bau genommene Fischottern können zahm werden. Sie folgen ihrem Herrn wie ein treuer Hund und kommen auf seinen Pfiff herbei. Gern klettern sie auf seinen Schoß, um ihn zum Spielen aufzufordern. (2)

a) Bilde aus den Verben in Spalte 1 Partizipien und schreibe sie mit den passenden Substantiven aus Spalte 2 auf!

Spalte 1: Verben	Spalte 2: Substantive
bellen	Stern
weinen	Schiff
sinken	Hund
brennen	Kind
funkeln	Kerze

der bellende Hund — die brennende Kerze
das weinende Kind — der funkelnde Stern
das sinkende Schiff

b) Suche jene sieben Wörter im Text, die sich auf die folgenden reimen, und schreibe sie neben das Reimwort: genießbar *verschließbar*
er wühlt *er fühlt* — es nützt *es schützt*
die Blässe *die Nässe* — er bewährt sich *er ernährt sich*
das Schiff *der Pfiff* — das Floß *der Schoß*

c) Bilde die zusammengesetzten Substantive aus dem Text:
schwimmen: die Häute *d. Schwimmhäute* — spielen: der Trieb *d. Spieltrieb*
rutschen: die Bahn *d. Rutschbahn* — steil: das Ufer *d. Steilufer*
vorne: die Füße *die Vorderfüße* — hinten: die Füße *d. Hinterfüße*
unten: das Haar *das Unterhaar* — oben: das Haar *d. Oberhaar*

d) Schreibe die anderen sechs zusammengesetzten Substantive aus dem Text heraus:
Fischotter   Nasenlöcher   Futtersuche
Wassermarder   Ohrlöcher   Wasserratten

e) Ordne die betreffenden Wörter aus dem Text in die richtigen Spalten ein:

8 Wörter mit hörbarem "h"	9 Wörter mit Dehnungs-h
z.B. *Hinterfüße, stehend*	*fühlt, Abkühlung*
(8 Zeilen)	(9 Zeilen)

f) Schreibe die 17 Wörter aus dem Text auf den Block, auf welche die Regel zutrifft:
Nach kurzem Selbstlaut folgt doppelter Mitlaut.

g) Das Silbenrätsel ergibt acht Wörter aus dem Text. Schreibe sie auf!

| auf be be dankt der dern eis for fort kal |
| lich Na net men reich ten ver wegt zeich zu |

Namen   zeichnet   reichlich
verdankt   fortbewegt   aufzufordern
eiskalten   derbe

UG	Lehrschritte (Artikulationsdefinition)	Lehrinhalte und Lernziele (= Lz)	Lehrakte .... Lernakte		Sozialformen	Lernhilfen
Eröffnungsphase	1. Lehrschritt (Einstimmung)	Gelegenheit, Vorwissen zu äußern	Sachimpuls: Der Begriff "Der Fischotter" wird fixiert	– lesen – sich äußern	Hb	Nebentafel
	2. Lehrschritt (Zielangabe)		Feststellung: Unsere nächste Nachschrift berichtet über den Fischotter.	– zuhören	Hb	
	3. Lehrschritt (Informationsübergabe)	Lesen und Besprechen des Textes (Lz 1)	Arbeitsaufgabe: Lies den Text still! Erarbeitungsgespräch: Säugetier, dem Wasser angepaßt, verspielt	– lesen – berichten – vorlesen	Aa Hb	Arbeitsblatt 1 "
	4. Lehrschritt (Veranschaulichung)	Überprüfung: Dia - Vorstellung	Frage: Hast du ihn dir so vorgestellt?	– betrachten – zeigen	Hb	Dia Fischotter
	5. Lehrschritt (Rechtschriftliche Arbeit am Text)	Suchen von Partizipien im Text	Arbeitsaufgabe: Unterstreicht im ersten Satz die beiden Verben, die wie Adjektive gebraucht werden! Vergleich: "stehend", "fließend" Arbeitsaufgabe: Unterstreicht im Text zwei weitere solche Wörter! Vergleich: "schlängelnd", "auffallend"	– unterstreichen – nennen – unterstreichen – nennen	Aa Hb Aa Hb	Arbeitsblatt 1 Tafel 1 Arbeitsblatt 1 Tafel 2
	6. Lehrschritt (Erarbeitung)	Begriff: Partizip Regelfindung (Lz 2)	Erarbeitungsgespräch: Gewinnung der Regel: Ein aus einem Verb gebildetes Adjektiv heißt Partizip.	– zuhören – verbalisieren	Hb	Tafel 3
	7. Lehrschritt (Rechtschriftliche Einsicht)	Schreibweise des Endlauts "d" (Lz 3)	Erklärung: Schreibweise des Endlauts "d" bei Partizipien	– einprägen – "d" farbig hervorheben	Hb	Tafel 4
Erarbeitungsphase	8. Lehrschritt (Lernzielkontr.)	Bilden von Partizipien (Lz 3)	Arbeitsaufgabe: Bearbeitet die Nr.2a Kontrolle durch Folie	– schreiben – vergleichen	Aa Hb	Arbeitsbl. 2a Folie ≙ Abl.2a
	9. Lehrschritt (Rechtschriftliche Übung)	Reimwörter (Lz 4)	Arbeitsaufgabe: Lest die Wörter von Nr. 2b laut und schreibt das Reimwort aus dem Text daneben! Kontrolle durch betontes Vorlesen Unterstreichen der Schwierigkeit	– vorlesen – reimen – aufschreiben – vorlesen	Ga Hb	Arbeitsbl. 2b Folie ≙ Abl.2b
		Zusammengesetzte Substantive	Arbeitsaufgabe: Bearbeitet Nr. 2c und 2d! Kontrolle durch Folien (siehe Vorbemerkungen) Hinweis: Wörter von Nr. 2c werden groß geschrieben	– schreiben – vorlesen – vergleichen	Aa Hb	Abl. 2c/2d Folien ≙ Abl. 2c/2d
		Dehnungs-h hörbares "h" Mitlautverdopplung Silbenrätsel	Arbeitsaufgabe: Prüft, ob ihr die Nummern 2 e,f und g versteht! Arbeitsaufgaben: – Bearbeitet diese Nummern! – Lest die Wörter halblaut und unterstreicht die Schwierigkeit! – Fertige Schüler schreiben Folien Kontolle durch Folien	– nennen Beispielwörter – schreiben – betont vorlesen – vergleichen	Aa Aa bzw. Pa Hb	Abl. 2e - 2g Abl. 2e - 2g Folien≙Abl.2e-g
Sicherungsphase	10. Lehrschritt (Lernzielkontrolle)	Wortdiktat (Lz 5)	Wortdiktat: 6-8 Wörter aus dem Text Eigenkorrektur/Partnerkorrektur mit Hilfe der Tafelanschrift	– schreiben – überprüfen	Aa Aa/Pa	Tafel/Block "
	11. Lehrschritt (Ausklang)	abschließendes Vorlesen des Textes	Arbeitsaufgabe: Lest den Text noch einmal betont vor!	– vorlesen	Hb	Arbeitsblatt 1
	12. Lehrschritt (Hausaufgabenstellung)	Anleitung zur selbständigen Arbeit am Text und zur Anwendung der Regel (Lz 6)	Arbeitsaufgaben: – Lest den Text täglich zweimal und schreibt ihn ins Übungsheft! – Erfindet ein Silbenrätsel zu acht Wörtern (mit Lösung)! – Schreibt sechs Beispiele für Partizipien in Verbindung mit Substantiven auf (z.B.: das aufregende Spiel)!	– zuhören – notieren – ausführen	Hb/Aa	Arbeitsblatt 1 Übungsheft Block

Hauptlernziel: Fähigkeit, als Substantiv gebrauchte Wörter groß zu schreiben	Unterrichtsthema: Vorbereitung einer Nachschrift (Rechtschriftl. Schwerpunkt: Großschreibung von Verben)	Autor: Rudolf Zehentner
		Unterrichtszeit Empfehlung: 1 UE = 45 Min.

VORBEMERKUNGEN:

1. Voraussetzung für die Vorbereitung und Durchführung vorliegender Nachschrift ist die Kenntnis der Regel zur Großschreibung von Zeitwörtern.
2. Bei der Textauswahl wurde darauf geachtet, daß der Inhalt die Schüler sachlich interessiert (Verbindung zum Fach Geschichte!) und eine Häufung des Rechtschreibfalls vermieden wird.
3. Keinesfalls darf die Behandlung und Übung der übrigen Problemwörter vernachlässigt werden. (Lehrschritte 7 und 8)

TEILLERNZIELE:

Die Schüler sollen:
1. durch mehrfaches Lesen den Text inhaltlich und optisch durchdringen, (kognitiv/psychomotorisch)
2. substantivierte Verben als solche erkennen und herausschreiben, (kognitiv)
3. die Regel zur Großschreibung von Zeitwörtern rekapitulieren, (kognitiv)
4. durch optische, motorische und logische Lösungshilfen die Fallwörter einüben, (kognitiv/psychomotorisch)
5. sich über individuelle Schwierigkeiten klar werden und diese herausschreiben, (kognitiv)
6. sich durch variative Übung schwierige Wortbilder einprägen, (kognitiv)
7. die bearbeiteten Wörter nach Lehrerdiktat schreiben können. (kognitiv/psychomotorisch)

MEDIEN:

Bild (Lagerfeuer), Arbeitsblatt, Tafel, Block

LITERATUR:

1. Kern, A.: Rechtschreiben in organisch-ganzheitlicher Schau, Braunschweig 1970
2. Franke, P.: Gliederungsbeispiele für den Deutschunterricht, Donauwörth 1979

TEXT DER NACHSCHRIFT:

Das Feuer

Die Entdeckung und Zähmung des Feuers war für den Urmenschen ein großer Fortschritt. Nun konnte er das Fleisch wilder Tiere im Feuer garen, denn er fand heraus, daß das Kauen von gebratenem Fleisch leichter war als das von rohem. Dies war die Erfindung des Kochens. Da selbst die wildesten Tiere sich vor dem Feuer fürchteten, wurde es zum Jagen benutzt, indem man damit die Tiere in die Enge trieb. Auch zum Vertreiben und Fernhalten der Bestien zündete man nun ein Feuer an. So war ein sicheres Ruhen an der nächtlichen Feuerstelle möglich und die Menschen hielten sich gerne in der Nähe des wärmenden und schützenden Feuers auf. Es wurde zum Mittelpunkt der Gemeinschaft und das Sprechen und Erzählen am Lagerfeuer beschleunigte die Entwicklung der Sprache.

Tafelbild

② Das Feuer
(7. Nachschrift)

① garen = kochen
Bestie = wildes Tier

③ Hauptwörtlich gebrauchte Zeitwörter schreibt man groß. Es steht ein Artikel davor.

④ Problemwörter: Zeitung
Fortschritt
Urmenschen
...
usw.

ARBEITSBLATT

1. Vervollständige!

.auen	das _____
.ochen	die Erfindung des _____
.agen	zum _____
.ertreiben	zum _____
.ernhalten	zum _____
.uhen	ein sicheres _____
.prechen	das _____
.rzählen	das _____

2. Bilde mit den in die Lücken eingetragenen Hauptwörtern Sätze!

3. (ehfernnalt) (evrrteiebn) (erhzläen)

f _____ das _____ e _____ beim
v _____ zum _____

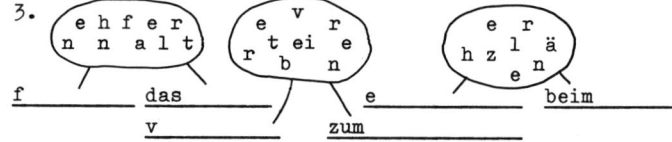

4. Man schreibt sie groß!

≡≡≡ ung

5. Erkläre!

Uhr-/ Ur / Ur
-menschen
-zeit
-zeit

6. egbranmtee ielthne iesBten

? ? ? ? ? ?
w..m....n und sch..z.....n

7. Wort mit drei "t": _____
Wort mit "-schaft": _____

UG	Lehrschritte (Artikulationsdefinition)	Lehrinhalte und Lernziele (= Lz)	Lehrakte .... Lernakte		Sozialformen	Lernhilfen
Eröffnungsphase	1. Lehrschritt (Hinführung)	Vorbereitendes Fachgespräch	Sachimpuls: Lehrer zeigt Bild eines Lagerfeuers und lenkt das Gespräch auf die Bedeutung des Feuers für den Menschen	– beschreiben – verbalisieren	Hb	Bild (Lagerfeuer)
	2. Lehrschritt (Optisch-akustische Begegnung)	Textdurchdringung durch stilles und lautes Lesen, Wortklärung (Lz 1)	Arbeitsauftrag: "Lest den Text langsam still durch, anschliessend lesen ihn zwei Schüler laut vor." Wortklärung: garen, Bestien	– lesen – vorlesen – zuhören		Textblatt Tafelbild 1
	3. Lehrschritt (Zielangabe)	Text als Nachschrift	Feststellung: "Dieser Text ist unsere nächste Nachschrift, wir bereiten ihn heute vor."	– zuhören	Hb	Tafelbild 2
Erarbeitungsphase	4. Lehrschritt (Isolation des Rechtschreibfalls)	Erkennen und Herausschreiben großgeschriebener Zeitwörter (Lz 2)	Arbeitsauftrag: "In der letzten RS-Stunde sprachen wir über die Großschreibung von Zeitwörtern. Schreibe aus diesem Text die großgeschriebenen Zeitwörter heraus!" Kontrolle: Vergleich im Klassengespräch	– herausschreiben – vorlesen	Aa Hb	Textblatt Block
	5. Lehrschritt (Regelwiederholung)	Hauptwörtlich gebrauchte Zeitwörter schreibt man groß. Es steht ein Artikel davor. (Lz 3)	Impuls: "Wir haben in der letzten RS-Stunde gelernt, wann Zeitwörter groß geschrieben werden." Rundgespräch: Formulierung der Regel, Nennen von Beispielen;	– begründen – formulieren – Beispiele nennen – ableiten	Hb Hb/Aa	Tafelbild 3
	6. Lehrschritt (Arbeit am Rechtschreibfall)	Variative Übungen zu den Fallwörtern (Lz 4)	Arbeitsauftrag: "Bearbeite in Einzelarbeit die Übungen 1-3 auf dem Arbeitsblatt." Kontrolle: Aussprache zu den Übungen	– überlegen – bearbeiten	Aa Hb	Arbeitsblatt: 1-3
	7. Lehrschritt (Individualisierung)	Zusammenstellen individueller Schwierigkeiten (Lz 5)	Arbeitsauftrag: "Schreibe nun alle Wörter heraus, die für dich persönlich schwierig sind und begründe ihre Schreibweise." Fixierung!	– herausschreiben – begründen	Aa Hb	Block Tafelbild 4
	8. Lehrschritt (Arbeit an übrigen Schwierigkeiten)	Variative Übungen zu den von den Schülern genannten Problemwörtern (Lz 6)	Arbeitsauftrag: "Wir versuchen nun die übrigen schwierigen Wörter einzuüben. Bearbeite dazu die Übungen 4-7 auf dem Arbeitsblatt!" Kontrolle: Aussprache zu den Übungen	– bearbeiten – vortragen – kontrollieren	Pa Hb	Arbeitsblatt: 4-7
Sicherungsphase	9. Lehrschritt (Optische Durchdringung)	Lesen, beachten und anstreichen der Schwierigkeiten (Lz 1)	Arbeitsauftrag: "Lies den Text nochmals still durch; unterstreiche die Fallwörter rot und die fünf für dich schwierigsten Wörter blau!"	– lesen – unterstreichen	Aa	Arbeitsblatt
	10. Lehrschritt (Rekapitulation)	Diktat schwieriger Wörter (Lz 7)	Lehrerdiktat: Fallwörter, Schwierigkeiten, die von den Schülern in Lehrschritt 7 angegeben wurden. Hausaufgabe: Text abschreiben, üben, usw.	– schreiben	Hb/Aa	Block

Hauptlernziel:	Unterrichtsthema:	Autor:
Kennenlernen wichtiger und gebräuchlicher Fremdwörter, Sicherung der Bedeutung und Schreibweise	Gebräuchliche Fremdwörter (Wir hören Tanzmusik)	Waltraud Haller
		Unterrichtszeit Empfehlung: 1 UE

Vorbemerkungen:
Da es sich in dieser Unterrichtseinheit um gebräuchliche Fremdwörter handelt, ist darauf zu achten, daß die Schüler inhaltlich die Begriffe erfassen. Mündliche Erklärungen zu den einzelnen Begriffen sind unerläßlich und werden im Stundenaufbau nicht immer gesondert erwähnt.

Teillernziele:	Medien:
Die Schüler sollen: 1.) die Fremdwörter aus dem Text begrifflich erfassen, (kogn.) 2.) die angegebenen Wörter richtig in den Text einsetzen, (kogn.) 3.) die Fremdwörter nach Schreibschwierigkeit ordnen, (kogn.) 4.) Fremdwörter mit Hilfe des Wörterbuches finden und erklären, (kogn.) 5.) Fremdwörter anhand von Rätsel und Bild finden und richtig schreiben, (kogn.) 6.) bei Leistungsdifferenzierung unbekannte Wörter richtig schreiben bzw. richtig abschreiben können. (kogn.)	Schallplatte, Plattenspieler (Rock'nRoll) Folie Arbeitsblatt Sprachbuch, Wörterbuch Block Tafel Blatt mit Fremdwörtern für Gruppe B, zugleich Wortdiktat für Gruppe A: Paket, kompakt, elektrisch, Prozeß, präzis, Notiz, Physik, Hyäne, Dynamit, Chemie, Chor, Phantasie. Begriffe für Lehrschritt 8: **Gruppe 1:** Pyramide, Prophet, Gymnasium **Gruppe 2:** Produkt, Phlox, Pony

Literatur:
Wolf-Dietrich Jägel, Übungs- und Prüfungsdiktate zur Rechtschreibung und Zeichensetzung, Schöning Paderborn, Blutenburg Verlag München, 1966
Hans E. Giehrl, Martin Ibler, Muttersprache, Schülerarbeitsbuch für die 6. Jahrgangsstufe, Auer Verlag, Donauwörth, 1972

Folie:

Wir hören Tanz.........
Rock'n Roll ist ein Tanz, der schon in den 50er-Jahren modern war. Er wird geprägt von einem starken .... und dient heute auch als Begleitmusik zu ...., da sein ....mitreißend wirkt. Tanzpaare verwenden bei Aufführungen häufig auch ...., um das .... zu begeistern. Mit Hilfe der .... und .... ist es jetzt leider möglich, Tanzmusik in einer Lautstärke zu ...., deren ......zahl das menschliche Ohr überfordert und die den .... einer Begleitmusik verloren hat.

Setze ein:
Charakter, Phon, produzieren, Technik, Elektronik, Publikum, Akrobatik, Rhythmus, Gymnastik, Takt, Musik.

Gebräuchliche Fremdwörter

k	z	y	ph	ch

• Eintrag der o.a. Wörter und der Ergebnisse der Gruppenarbeit

• Eintrag der Lösungen der Rätsel

Lokomotive   Polizist
Tabak
Fabrik

Bewertungstabelle für Lehrschritt 9, Leistungsgruppe A

12/11 Punkte = 1
10/ 9   "   = 2
 8/ 7   "   = 3
 6/ 5   "   = 4
 4/ 3   "   = 5
 2/ 1/0 "   = 6

Arbeitsblatt:

Aufgabe 1   Gebräuchliche Fremdwörter

k	z	y	ph	ch

Aufgabe 2:
Schreibe die richtigen Bezeichnungen ein:

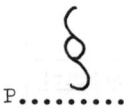

I..........   Z..........   P..........

A..........   P..........

Aufgabe 3:
Schreibe die Wörter nach Diktat bzw. Vorlage ein:

_____
_____

Anzahl der Fehler: Note:

UG	Lehrschritte (Artikulationsdefinition)	Lehrinhalte und Lernziele (= Lz)	Lehrakte .... Lernakte		Sozialformen	Lernhilfen
Eröffnungsphase	1.Lehrschritt (Einstimmung)	Durch die Schallplatte wird der Text inhaltlich vorbereitet	Sachimpuls: Vorspielen der Schallplatte Erarbeitungsgespräch: Aufschließen der musikalischen Information	-zuhören -Äußerungen machen	Hb Hb	Rock'n Roll-Platte Plattenspieler
	2.Lehrschritt (Problemstellung)	Die Folie mit dem Lückentext wird erarbeitet (Lz 1,2)	Sachimpuls: Projektion der Folie	-lesen -sich äußern -vermuten -einschreiben	Hb	Folie
	3.Lehrschritt (Zielangabe)	Die Fremdwörter werden mit ihren Schreibschwierigkeiten erkannt (Lz 1,3)	Impuls: Wir merken etwas: Feststellung: Wir wollen nun gebräuchliche Fremdwörter erarbeiten.	-vermuten -verbalisieren -anschreiben	Hb Hb	Folienüberschrift
Erarbeitungsphase	4.Lehrschritt (erste Teilzielerarbeitung)	Die Schüler ordnen die Wörter nach Schreibschwierigkeiten (Lz 3)	Ankündigung: Wir ordnen jetzt diese Wörter. Arbeitsblatt ausgeben Kontrolle der Arbeitsergebnisse Erklärung: unterschiedliche Schreibweise, Ableitung etc.	-einordnen -vorlesen -anschreiben -verbessern	Aa Hb Hb	Arbeitsblatt Folie
	5.Lehrschritt (zweite Teilzielerarbeitung)	Wortsammlung unter Zuhilfenahme von Büchern (Lz 4)	Auftrag: Ihr sucht jetzt mit Hilfe des Sprach- und Wörterbuches weitere Beispiele. Verarbeitungsgespräch: Kontrolle der Ergebnisse; Erklärung der verschiedenen Schreibweise, Herkunft bzw. Ableitung der einzelnen Fremdwörter etc.	-lesen -vergleichen -verbalisieren -aufschreiben -vorlesen -einschreiben -begrifflich erklären	Ga Hb	Sprachbuch Wörterbuch Block Folie
Sicherungsphase	6.Lehrschritt (Anwendung)	Schüler notieren Wörter zu den gestellten Rätseln (Lz 5)	Lernspiel: Rätsel 1. Ein Fahrzeug auf Schienen (Lokomotive) 2. Etwas zum Rauchen (Tabak) 3. Ein Gebäude, in dem etwas hergestellt wird (Fabrik) 4. Ein Mann, der für Recht und Ordnung sorgt (Polizist) 5. Ein Gerät, mit dem man Cassetten abspielen kann (Recorder)	**-Lösungswort notieren** -vorlesen -verbessern -anschreiben	Hb/Aa	Block Folie
	7.Lehrschritt (Anwendung)	Anhand von Bildern wird das Wortmaterial erweitert (Lz 5)	Arbeitsauftrag: Bearbeite die Aufgabe 2 des Arbeitsblattes! Kontrolle der Arbeitsergebnisse;	-ausfüllen -vorlesen -besprechen	Aa Hb	Arbeitsblatt
	8.Lehrschritt (kommunikative Wiederholung)	Durch ein Wettspiel werden neue Ausdrücke in ihrer Schreibweise gesichert (Lz 5) Begriffe: Pyramide, Prophet, Gymnasium - Produkt, Phlox, Pony	Lernspiel: Ich teile die Klasse in 2 Gruppen. Jede Gruppe bekommt 3 Min. Zeit. Ich nenne dem besten Zeichner einen Begriff, der versucht ihn an die Tafel zu zeichnen. Wer den Begriff errät, hat einen Punkt. Sieger ist die Gruppe mit den meisten Punkten. Besprechen der Wörter	-raten -verbalisieren -anschreiben	Kf Hb	Tafel
	9.Lehrschritt (schriftliche Kontrolle)	Schüler schreiben Fremdwörter nach Diktat bzw. nach der Vorlage (Lz 6)	Erklären der folgenden Wörter Leistungsdifferenzierung Die Klasse wird in 2 Gruppen geteilt: gute und schwache Rechtschreiber • Blatt mit Fremdwörtern an Gruppe B ausgeben • Diktat dieser Wörter für Gr.A	-aufnehmen -erklären -abschreiben -vergleichen -verbessern -korrigieren	Hb Ga Pa	Blatt mit Wortmaterial für Gr.B, s. gegenüberliegende Seite, Abschnitt Medien Benotungstab.

Mathematik

Hauptlernziel:	Unterrichtsthema:	Autor: Manfred Brunner
Fertigkeit im Benennen konkreter Brüche	Konkretes Erweitern von Brüchen (Wir zerlegen Bruchteile)	Unterrichtszeit Empfehlung: 45 min

Vorbemerkungen:

In dieser Einheit soll im konkreten und im zeichnerischen Handeln einerseits das rasche Erkennen der Beziehung Bruchteil-Ganzes qualitativ angehoben werden, andererseits soll in diesem Handeln auch eine deutliche Unterscheidung von Einteilung eines Bruchteils (im Sinne des Erweiterns) und von Verteilung (im Sinne des Dividierens) erfolgen. Im Lehrschritt 5 dieses Modells wird den Schülergruppen Arbeitsmaterial zur Verfügung gestellt: Aus Zeichenkarton ausgeschnittene und wirklichkeitsnah bemalte 'Essensreste', wie sie auf dem Arbeitsblatt dargestellt sind. Im Lehrschritt 6 werden zur Demonstration die gleichen Materialien (möglichst in größerer Ausfertigung) mit Klebestreifen an der Tafel befestigt. Das Einteilen und das Ergänzen zum Ganzen (siehe Tafelbild) erfolgt mit Farbkreide. Im Lehrschritt 12 ließe sich durchaus differenzieren (z.B. mit den schwächeren Schülern gemeinsam arbeiten; sehr gute Schüler als Helfer sehr schwacher Schüler einsetzen).

Teillernziele:

Der Schüler soll ...

1. ... in vorgegebene Ganze Bruchteile einzeichnen und vorgegebene Bruchteile zu Ganzen ergänzen können,
2. ... vorgegebene Bruchteile mehrfach unterteilen können,
3. ... diese 'neuen' Bruchteile benennen können,
4. ... die vorgegebenen und die durch Teilung erhaltenen Bruchteile zueinander in Beziehung setzen können.

Medien:

Overheadprojektor; Folienstifte; Transparente 1 und 2; Arbeitsmaterialien wie unter 'Vorbemerkungen' beschrieben; Arbeitsblatt; Wandtafel; Farbkreide

Literatur:

1. Weiser G., "Der Mathematikunterricht in der Hauptschule", Verlag Ludwig Auer, Donauwörth 1975, S. 55 ff.
2. Kuntze/Sattler, "Bausteine der Mathematik 6", Verlage Oldenbourg und Schroedel, München/Hannover 1977, S. 3 ff.
3. Oehl/Palzkill, "Die Welt der Zahl - Neu - 6", Verlage Oldenbourg und Schroedel, München/Hannover 1977, S. 22/23

Transparent 1 (= Arbeitsblatt 1)

1. Zeichne den Bruchteil ein!

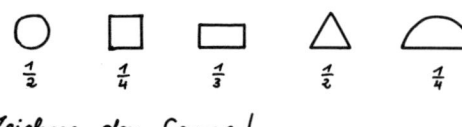

$\frac{1}{2}$ $\frac{1}{4}$ $\frac{1}{3}$ $\frac{1}{2}$ $\frac{1}{4}$

2. Zeichne das Ganze!

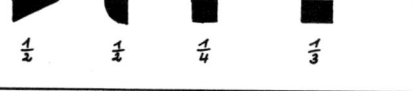

$\frac{1}{2}$ $\frac{1}{2}$ $\frac{1}{4}$ $\frac{1}{3}$ $\frac{1}{4}$

Transparent 2

$\frac{1}{4}$ Streußelkuchen $\frac{1}{3}$ Torte $\frac{1}{2}$ Nußkranz

Von diesen Leckerbissen wollen auch die anderen Familienmitglieder etwas haben! Streußelkuchen möchten Mutter, Annette und Vater. Torte möchten Oma, Björn und Annette. Vom Nußkranz möchten Opa, Vater, Mutter und Björn essen.

Tafelbild:

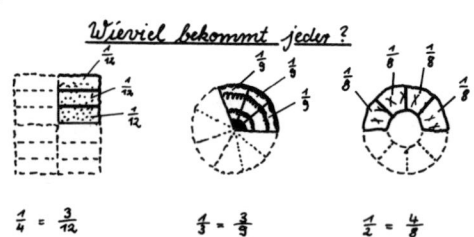

Wieviel bekommt jeder?

$\frac{1}{4} = \frac{3}{12}$ $\frac{1}{3} = \frac{3}{9}$ $\frac{1}{2} = \frac{4}{8}$

Jeder erhält $\frac{1}{12}$ vom Ganzen.   Jeder erhält $\frac{1}{9}$ vom Ganzen.   Jeder erhält $\frac{1}{8}$ vom Ganzen.

Arbeitsblatt 2:

Wieviel bekommt jeder?

1. Diese Kuchen- und Tortenreste werden gerecht verteilt.
Streußelkuchen: Mutter, Annette und Vater
Torte: Oma, Björn und Annette
Nußkranz: Opa, Vater, Mutter und Björn

$\frac{1}{4}$ Streußelkuchen $\frac{1}{3}$ Torte $\frac{1}{2}$ Nußkranz

$\frac{1}{4} =$ $\frac{1}{3} =$ $\frac{1}{2} =$

Jeder erhält ___ vom Ganzen.   Jeder erhält ___ vom Ganzen.   Jeder erhält ___ vom Ganzen.

2. Versuche auch diese Teile einzuteilen und stelle fest, wie die neuen Teile heißen!

	$\frac{1}{2}$	$\frac{1}{2}$	$\frac{1}{3}$
Teile ein in	3 Teile	5 Teile	4 Teile
1 Teil heißt denn	$\frac{1}{2} =$	$\frac{1}{2} =$	$\frac{1}{3} =$

UG	Lehrschritte (Artikulationsdefinition)	Lehrinhalte und Lernziele (= Lz)	Lehrakte .... Lernakte		Sozialformen	Lernhilfen
Eröffnungsphase	1. Lehrschritt (Wiederholung)	Beziehung Ganzes-Bruchteil	Arbeitsauftrag: "Bearbeite alleine die Aufgaben 1 und 2 auf deinem Arbeitsblatt!"	-sich äußern -zeichnen	Aa	Arbeitsblatt 1
		(LZ 1)	Verarb.-gespräch nach Auftrag: "Zeigt mir auf dem Transparent, wie ihr gearbeitet habt!"	-darstellen -begründen	Hb	Transparent 1 Arbeitsblatt 1
	2. Lehrschritt (Sachbegegnung)	Sachverhalt Geburtstagsfeier	Erzählung (Kindergeburtstag; nach Abschluß Aufräumarbeiten; Essensreste wie auf Transparent 2)	-zuhören	Hb	
	3. Lehrschritt (Problemvorbereitung)	Sachverhalt Geburtstagsfeier	Rundgespräch nach Impuls: Mutter überlegt, was sie mit den Essensresten tun könnte."	-sich äußern	Hb	Transparent 2 (nur Bildteil)
	4. Lehrschritt (Problembegegnung)	Verteilung von Bruchteilen	Erarb.-gespr. nach Impuls: Transparent einblenden (welche Familienmitglieder; welche Wünsche; gerechte Verteilung; Zielfrage)	-lesen -sich äußern	Hb	Transparent 2 (Bild- und Textteil); TA: Wieviel bekommt jeder?
Erarbeitungsphase	5. Lehrschritt (Problemlösungsversuch)	Handelndes Teilen konkreter Bruchteile	Arbeitsauftrag: "Ich habe für jede Gruppe Arbeitsmaterial vorbereitet. "Versucht gerecht zu teilen!"	-sich besprechen -zeichnen -schneiden	Ga	Arbeitsmaterial Schere
	6. Lehrschritt (Ergebnisdiskussion)	(LZ 1,2)	Verarb.-gespräch nach Auftrag: "Zeige an der Tafel, wie ihr in der Gruppe gearbeitet habt!"	-berichten -einzeichnen	Hb	Demonstrationsmaterial; TA: z.B.
	7. Lehrschritt (Problemstellung)	Benennen der durch Teilen entstandenen neuen Bruchteile	Erarb.-gespr. nach Impuls: Lehrer zeigt auf die Problemfrage (Notwendigkeit der Bezeichnung der 'neuen' Bruchteile)	-lesen -sich äußern -vermuten	Hb	Tafelbild
	8. Lehrschritt (Problemlösungsversuch)	(LZ 3)	Partnergespräch nach Auftrag: "Besprich dich zuerst mit deinem Nachbarn!"	-sich besprechen -benennen	Pa	Tafelbild
	9. Lehrschritt (Problemlösung)		Verarb.-gespr. nach Frage: "Habt ihr herausgefunden wie die neuen Bruchteile heißen?" (Beziehung Essensrest - Ganzes; Anzahl der 'neuen' Teile im Essensrest; Schluß auf das Ganze)	-berichten -begründen -zeichnen	Hb	Tafelanschrift: z.B. $\frac{1}{12}$ $\frac{3}{12}$ $\frac{2}{12}$
	10. Lehrschritt (Vergleich)	Unterscheidung zwischen Einteilen (i.S. des Ergänzens) und dem Verteilen (i.S. des Dividierens) (LZ 4)	Erarb.-gespr. nach Frage: "Darf ich zum Viertel jetzt ein Zwölftel schreiben?" (Ein Viertel gleich drei Zwölftel; nur ein einziges 'neues' Kuchenteil heißt ein Zwölftel; dann Übertragung auf die anderen Essensreste)	-sich äußern -vergleichen -notieren	Hb	Tafelanschrift: $\frac{1}{4} = \frac{3}{12}$ Jeder erhält $\frac{1}{12}$ vom Ganzen
Sicherungsphase	11. Lehrschritt (Anwendung)	Konkretes Erweitern von Brüchen - Unterscheidung zwischen Einteilen und Verteilen (i.S. des Erweiterns und des Dividierens) (alle LZ)	Arbeitsauftrag: "Übertragt dies in euer Arbeitsblatt! Vielleicht schafft ihr es, ohne an die Tafel zu sehen." anschl.: Kontrolle der Ergebnisse	-nachvollziehen -bzw. abzeichnen	Aa Hb	Arbeitsblatt 2 evtl. Tafelbild
	12. Lehrschritt (Anwendung)		Arbeitsauftrag: "Löse jetzt zusammen mit deinem Nachbarn die Aufgabe 2 auf deinem Arbeitsblatt!" Überwachung, Hilfestellung, Kontrolle (evtl. Differenzierung wie unter 'Vorbemerkungen' vorgeschlagen) anschließend: Kontrolle der Ergebnisse	-sich besprechen -zeichnen -benennen	Pa Hb	Arbeitsblatt 2

Hauptlernziel: Fähigkeit, Bruchzahlen zu ordnen	Unterrichtsthema: Der größte Bruch sticht! Wir vergleichen und ordnen Brüche.	Autor: Hubert Friedrich
		Unterrichtszeit Empfehlung: 1 UE

VORBEMERKUNGEN

Wenn möglich, sollte das Kartenspiel (Lehrschritte 1, 6, 11) an der Flanelltafel gezeigt werden. Andernfalls eignen sich auch aus Folie geschnittene Karten am OHP.

TEILLERNZIELE

Die Schüler sollen
1. Brüche mit gleichen Nennern der Größe nach ordnen,
2. Brüche mit gleichen Zählern der Größe nach ordnen,
3. die jeweilige Regel dazu finden,
4. die Regeln auf anschauliche Weise begründen.

MEDIEN

Tafel, OHP
Spielkarten für Flanelltafel oder OHP

TAFELBILD (Mittelteil)

Wir vergleichen Brüche der Größe nach (1)

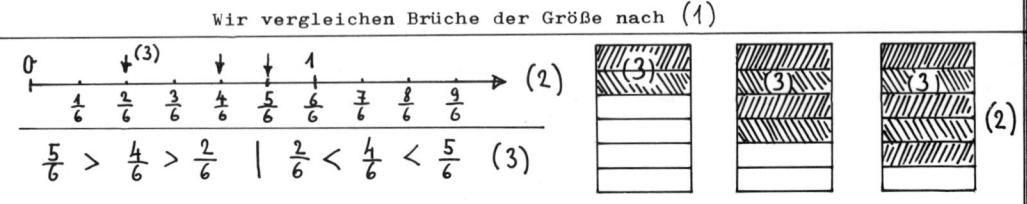

Zahlenstrahl mit $\frac{1}{6}, \frac{2}{6}, \frac{3}{6}, \frac{4}{6}, \frac{5}{6}, \frac{6}{6}, \frac{7}{6}, \frac{8}{6}, \frac{9}{6}$ (2)

$\frac{5}{6} > \frac{4}{6} > \frac{2}{6}$ | $\frac{2}{6} < \frac{4}{6} < \frac{5}{6}$ (3)

Von Brüchen mit gleichen Nennern sind immer die Brüche größer, deren Zähler größer ist. (4)

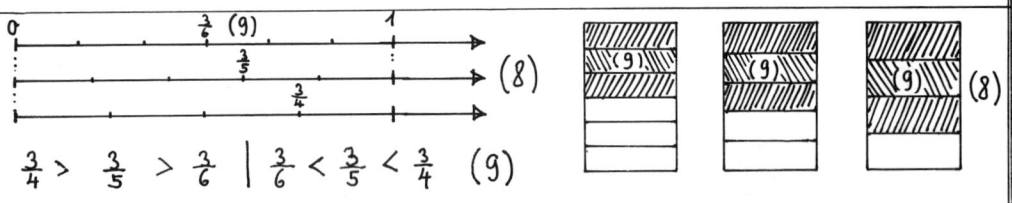

Zahlenstrahl mit $\frac{3}{6}, \frac{3}{5}, \frac{3}{4}$ (8)

$\frac{3}{4} > \frac{3}{5} > \frac{3}{6}$ | $\frac{3}{6} < \frac{3}{5} < \frac{3}{4}$ (9)

Von Brüchen mit gleichen Zählern sind die Brüche größer, deren Nenner kleiner ist. (10)

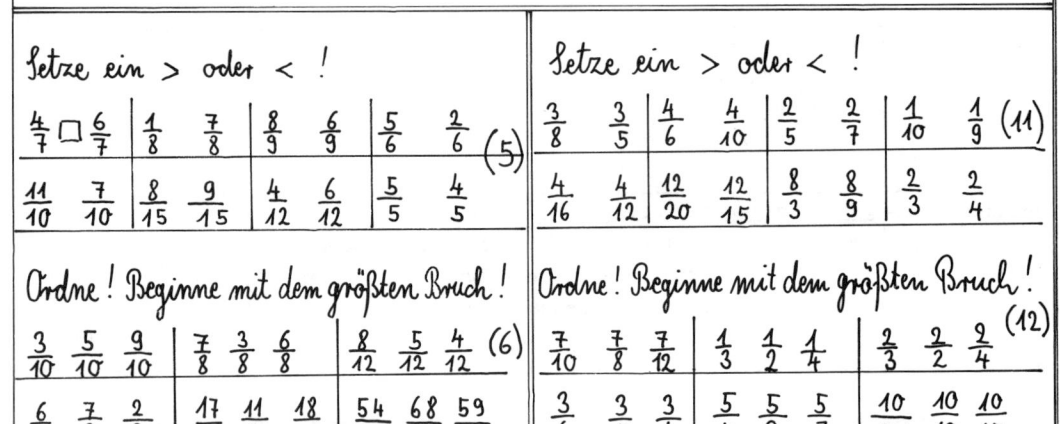

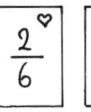

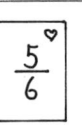

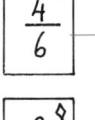

linke Klapptafel

Setze ein > oder < !

$\frac{4}{7} \square \frac{6}{7}$ | $\frac{1}{8}\;\frac{7}{8}$ | $\frac{8}{9}\;\frac{6}{9}$ | $\frac{5}{6}\;\frac{2}{6}$ (5)

$\frac{11}{10}\;\frac{7}{10}$ | $\frac{8}{15}\;\frac{9}{15}$ | $\frac{4}{12}\;\frac{6}{12}$ | $\frac{5}{5}\;\frac{4}{5}$

Ordne! Beginne mit dem größten Bruch!

$\frac{3}{10}\;\frac{5}{10}\;\frac{9}{10}$ | $\frac{7}{8}\;\frac{3}{8}\;\frac{6}{8}$ | $\frac{8}{12}\;\frac{5}{12}\;\frac{4}{12}$ (6)

$\frac{6}{9}\;\frac{7}{9}\;\frac{2}{9}$ | $\frac{17}{20}\;\frac{11}{20}\;\frac{18}{20}$ | $\frac{54}{100}\;\frac{68}{100}\;\frac{59}{100}$

$\frac{4}{9}\;\frac{6}{9}\;\frac{1}{9}\;\frac{8}{9}\;\frac{7}{9}\;\frac{2}{9}\;\frac{10}{9}$ (7)

rechte Klapptafel

Setze ein > oder < !

$\frac{3}{8}\;\frac{3}{5}$ | $\frac{4}{6}\;\frac{4}{10}$ | $\frac{2}{5}\;\frac{2}{7}$ | $\frac{1}{10}\;\frac{1}{9}$ (11)

$\frac{4}{16}\;\frac{4}{12}$ | $\frac{12}{20}\;\frac{12}{15}$ | $\frac{8}{3}\;\frac{8}{9}$ | $\frac{2}{3}\;\frac{2}{4}$

Ordne! Beginne mit dem größten Bruch!

$\frac{7}{10}\;\frac{7}{8}\;\frac{7}{12}$ | $\frac{1}{3}\;\frac{1}{2}\;\frac{1}{4}$ | $\frac{2}{3}\;\frac{2}{2}\;\frac{2}{4}$ (12)

$\frac{3}{6}\;\frac{3}{5}\;\frac{3}{4}$ | $\frac{5}{4}\;\frac{5}{9}\;\frac{5}{7}$ | $\frac{10}{100}\;\frac{10}{10}\;\frac{10}{15}$

$\frac{4}{11}\;\frac{4}{8}\;\frac{4}{5}\;\frac{4}{3}\;\frac{4}{15}\;\frac{4}{10}\;\frac{4}{4}$ (13)

FOLIE (1)

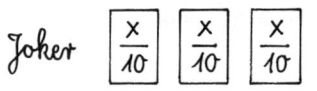

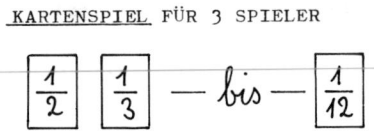

Vergleiche

$\frac{3}{4}\quad \frac{5}{12}\quad \frac{8}{12}$

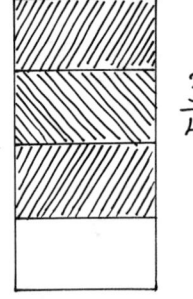

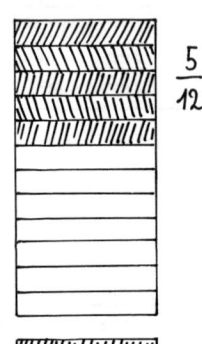

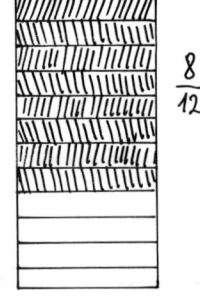

(Balkendiagramme für $\frac{3}{4}$, $\frac{5}{12}$, $\frac{8}{12}$)

KARTEN FÜR LEHRSCHRITT 1 UND 6

$\frac{2}{6}$♥ $\frac{5}{6}$♥ $\frac{4}{6}$♥

$\frac{3}{5}$♦ $\frac{3}{6}$♦ $\frac{3}{4}$♦

KARTENSPIEL FÜR 3 SPIELER

$\frac{1}{10}\;\frac{2}{10}$ — bis — $\frac{12}{10}$

3 Joker: $\frac{x}{10}\;\frac{x}{10}\;\frac{x}{10}$

KARTENSPIEL FÜR 3 SPIELER

$\frac{1}{2}\;\frac{1}{3}$ — bis — $\frac{1}{12}$

3 Joker: $\frac{1}{x}\;\frac{1}{x}\;\frac{1}{x}$

UG	Lehrschritte (Artikulationsdefinition)	Lehrinhalte und Lernziele (= Lz)	Lehrakte	Lernakte	Sozialformen	Lernhilfen
Eröffnungsphase	1. Lehrschritt (Vorkenntnisermittlung)		Impuls: Der größte Bruch sticht!	– überlegen – sich äußern	Hb	$\frac{2}{6}$ $\frac{5}{6}$ $\frac{4}{6}$ Flanelltafel
	2. Lehrschritt (Zielangabe)	Notwendigkeit des Vergleichs	Feststellung: Wir vergleichen Brüche der Größe nach.		Hb	Tafel (1)
	3. Lehrschritt (Klärung)	Bruchvergleich am konkreten Modell. (Lz 4)	Arbeitsauftrag: Ordnet die 3 Brüche der Größe nach und begründet eure Entscheidung anhand des Zahlenstrahls und der Rechtecke!	– überlegen – begründen	Pa	Flanelltafel Tafel (2)
			Demonstration: Pfeile am Zahlenstrahl setzen. Bruchteile an den Rechtecken schraffieren. Brüche in geordneter Reihe.	– mitarbeiten	Hb	Tafel (3)
	4. Lehrschritt (Abstraktion)	Regelbildung (Lz 3)	Arbeitsauftrag: Sucht aus jeder Reihe den größten Bruch! Bildet eine Regel!	– generalisieren	Pa	Tafel (6)
		Die Regel gilt nur für Brüche mit gleichen Nennern	Verarbeitungsgespräch: Kontrolle, wenn nötig Korrektur bzw. Ergänzung des Arbeitsergebnisses; Verbalisierung der Regel;	– verbalisieren – kritisch vergleichen	Hb	Folie (1) Tafel (4)
Erarbeitungsphase	5. Lehrschritt (Ergebnisfixierung, -anwendung)	(Lz 1)	Arbeitsanweisung: Hefteintrag: Überschrift und Regel, Anwendungs- bzw. Kontrollaufgaben auf der linken Klapptafel;	– schreiben – ordnen	Aa	Tafel (1,4,5,6,7)
	6. Lehrschritt (Problemstellung)	(Lz 2) Gleiche Zähler	Impuls: Der größte Bruch sticht! Achtung! Ein anderes Kartenspiel!	– analysieren – begründen	Pa	$\frac{3}{5}$ $\frac{3}{6}$ $\frac{3}{4}$ Flanelltafel
	7. Lehrschritt (Vermutung)	(Lz 2)	Arbeitsauftrag: Ordnet der Größe nach!	– überlegen	Pa	
	8. Lehrschritt (Klärung)	Bruchvergleich am konkreten Modell (Lz 4)	Impuls: Begründet an den Zahlenstrahlen und an den Rechtecken!	– begründen – erklären	Pa	Tafel (8)
			Demonstration: Brüche eintragen. Bruchteile schraffieren. Brüche in geordneter Reihe	– reflektieren – nachvollziehen	Hb	Tafel (9)
	9. Lehrschritt (Abstraktion)	Regel:	Erarbeitungsgespräch: Ermittlung des größten Bruches in jeder Reihe; Formulierung der Regel;	– ordnen – formulieren	Hb	Tafel (12) Tafel (10)
Sicherungsphase	10. Lehrschritt (Ergebnisfixierung, -anwendung)	(Lz 2)	Arbeitsanweisung: Hefteintrag: Regel; Anwendungs- bzw. Kontrollaufgaben auf der rechten Klapptafel;	– schreiben – ordnen	Aa	Tafel (10,11,12,13)
	11. Lehrschritt (Anwendung)	Spielerisches Einüben	Lernspiel (Spielregel): 3 bis 5 Spieler. Der größte Bruch sticht. Wer die meisten Stiche hat, ist Sieger. Das X im Joker muß benannt werden. Der Joker darf die zuletzt ausgespielte Karte nur um den geringstmöglichen Betrag überstechen.	– spielhandeln	Ga/Hb	Flanelltafel, 2 verschiedene Kartenspiele

Hauptlernziel:	Unterrichtsthema:	Autor: Manfred Brunner
Fähigkeit, die relative Wahrscheinlichkeit als Verhältnisbruch darzustellen	Relative Häufigkeit (Wer gewinnt?)	Unterrichtszeit Empfehlung: 45 min

Vorbemerkungen:

In dieser Einheit begegnet den Kindern die relative Häufigkeit in der Form von Gewinnchancen beim Würfelspiel. Dieses Spiel wird so durchgeführt: Zwei Spieler treten gegeneinander an; jeder Spieler hat 2 Würfel, die miteinander geworfen werden; entspricht die geworfene Augenzahl einer vor dem Spiel ausgewählten und auch für das gesamte Spiel gültigen 'Gewinnzahl', dann wird sie mit einem Pluspunkt belohnt; das Spiel endet nach einer vorher (frei) bestimmten Zeit oder nach einer bestimmten Anzahl von Würfen; wer die meisten Pluspunkte gesammelt hat, der gewinnt. Für das Demonstrationsspiel im Lehrschritt 3 sollte der Lehrer zwei verschiedenfarbige Würfel mitbringen; diese Verschiedenfarbigkeit ist besonders wichtig für ein einsichtiges Feststellen der möglichen Elementarereignisse (Lehrschritte 7 und 8). Auch die Darstellungen auf Transparent, Arbeitsblatt und an der Tafel sollten verschiedenfarbig erfolgen (im Modell schwarz und schraffiert dargestellt). Das Tafelbild entsteht im Verlauf der Einheit.

Teillernziele:

Der Schüler soll ...

1. ... für das o.a. Würfelspiel die möglichen Einzelergebnisse (Elementarereignisse) darstellen können,
2. ... für dieses Würfelspiel auch die Chance eines bestimmten Elementarereignisses in Form eines Bruches nennen können,
3. ... diese Chance als Wahrscheinlichkeit erkennen und begründen.

Medien:

Spielesammlung; zwei verschiedenfarbige Demonstrationswürfel; Overheadprojektor; farbige Folienstifte; Transparent; Arbeitsblatt; Wandtafel; Farbkreide;

Literatur:

1. Kuntze/Sattler, "Bausteine der Mathematik 6", Verlage Oldenbourg und Schroedel, München/Hannover 1977, Schülerbuch S.17, Begleitbuch S. 28 ff.
2. Franz/Politzka/Schießl, "Mathematik 6", Paul List Verlag, München 1977, S. 42

Transparent:

■□		■□		■□		■□		■□		■□	
1	1	2	1	3	1	4	1	5	1	6	1
1	2	2	2	3	2	4	2	5	2	6	2
1	3	2	3	3	3	4	3	5	3	6	3
1	4	2	4	3	4	4	4	5	4	6	4
1	5	2	5	3	5	4	5	5	5	6	5
1	6	2	6	3	6	4	6	5	6	6	6

Arbeitsblatt

Wer gewinnt?

Diese Würfelmöglichkeiten gibt es:

■□		■□		■□		■□		■□		■□	
1	1	2	1								
1	2	2	2								
1	3	2	3								
1	4	2	4								
1	5	2	5								
1	6	2	6								

Tafelbild:

Würfelspiel

Hans (4): III   Peter (8): IIII

Gibt es eine Zahl, mit der man bestimmt gewinnt?

■	□	■	□
1	1	2	1
	2		2
	3		3
	4		4
	5		5
	6		6

$2 \rightarrow 1$ von 36 Möglichkeiten $= 1/36$
$3 \rightarrow 2$ von 36 Möglichkeiten $= 2/36 = 1/18$
$4 \rightarrow 3$ von 36 „ $= 3/36 = 1/12$
$5 \rightarrow 4$ von 36 „ $= 4/36 = 1/9$
$6 \rightarrow 5$ von 36 „ $= 5/36$
$7 \rightarrow 6$ von 36 „ $= 6/36 = 1/6$
$8 \rightarrow 5$ von 36 „ $= 5/36$
$9 \rightarrow 4$ von 36 „ $= 4/36 = 1/9$
$10 \rightarrow 3$ von 36 „ $= 3/36 = 1/12$
$11 \rightarrow 2$ von 36 „ $= 2/36 = 1/18$
$12 \rightarrow 1$ von 36 „ $= 1/36$

Diese Gewinnzahlen kann man erreichen:

2 → _____
3 → _____
4 → _____
5 → _____
6 → _____
7 → _____
8 → _____
9 → _____
10 → _____
11 → _____
12 → _____

UG	Lehrschritte (Artikulationsdefinition)	Lehrinhalte und Lernziele (= Lz)	Lehrakte .... Lernakte		Sozialformen	Lernhilfen
Eröffnungsphase	1. Lehrschritt (Sachbegegnung)	Gewinnspiele	Erarb.-gespr. nach Impuls: "Heute habe ich euch etwas mitgebracht!" (Vorzeigen der Spielesammlung)	−erzählen −zuhören	Hb	Spielesammlung
	2. Lehrschritt (Sacheingrenzung)	Gewinnspiel mit Würfeln	Erklärung des Würfelspiels (Siehe unter Vorbemerkungen)	−zuhören	Hb	Zwei (verschiedenfarbige) Würfel
	3. Lehrschritt (Problemvorbereitung)		Demonstration des Spiels mit zwei Schülern vor der Klasse (Auswahl der Gewinnzahl; möglicher Zahlbereich; Spiel mit Notation der Pluspunkte)	−beobachten −würfeln −vergleichen −notieren	Hb	Würfel Tafelanschrift: Hans (4): /// Peter (8): ////
	4. Lehrschritt (Problembegegnung)		Erarb.-gespr. nach Impuls: "Hans hat neulich vor dem Spiel lange nachgedacht." (Problemfrage)	−nachdenken −sich äußern −vermuten	Hb	Tafelanschrift: Gibt es eine Zahl....
Erarbeitungsphase	5. Lehrschritt (Problemlösungsversuch)	Feststellen möglicher Gewinnzahlen	Partnergespräch nach Auftrag: "Unterhalte dich mit deinem Nachbarn über diese Frage!"	−sich besprechen	Pa	Tafelbild (Problemfrage)
	6. Lehrschritt (Ergebnisdiskussion)		Verarb.-gespräch nach Frage: "Habt ihr eine solche Zahl gefunden?"	−berichten −vermuten	Hb	
	7. Lehrschritt (Lösungsanbahnung)	Feststellen der möglichen Elementarereignisse (Fallmöglichkeiten) (LZ 1)	Erarb.-gespr. nach Frage: "Hast du schon nachgedacht, wie viele verschiedene Würfelmöglichkeiten es gibt?" (Möglichkeiten, wenn der schwarze Würfel immer 1 zeigt; Möglichkeiten, wenn der schwarze Würfel immer 2 zeigt)	−sich äußern −vergleichen −notieren	Hb	Demonstrationswürfel; Tafelanschrift: 1 1 2 1 2 2 3 3
	8. Lehrschritt (Anknüpfung)		Arbeitsauftrag: "Die anderen Möglichkeiten kannst du selbst finden. Das Arbeitsblatt hilft dir dabei."	−vergleichen −notieren	Aa	Arbeitsblatt (Tabelle)
	9. Lehrschritt (Arbeitsrückschau)	Wiederholung der bisherigen Arbeitsschritte	Rundgespräch nach Frage: "Haben wir jetzt auch alle Möglichkeiten für den Fall, daß beim roten Würfel immer die 1 kommt? (Bedeutung der waagrechten Zeilen in der Tabelle)	−betrachten −sich äußern	Aa Hb	Transparent
	10. Lehrschritt (Lösungsvorbereitung)	Feststellen der Trefferwahrscheinlichkeit (LZ 2)	Erarb.-gespr. nach Frage: "Wie viele unterschiedliche Möglichkeiten gibt es?" (Feststellen der Anzahl; Feststellen der Augenzahl beider Würfel in der ersten Doppelspalte)	−ablesen −sich äußern −addieren −notieren	Hb	Transparenteintrag: 1 1 2 1 1 2 3 2
	11. Lehrschritt (Anknüpfung)		Arbeitsauftrag: "Stelle auch in den anderen Spalten die möglichen Augenzahlen fest, trage sie in dein Arbeitsblatt ein!"	−addieren −notieren	Aa	Arbeitsblatt
	12. Lehrschritt (Problemlösung)		Verarb.-gespr. nach Frage: "Fällt dir nichts auf?" (Manche Zahlen öfter da; Feststellen der Häufigkeit; Beziehung zur Gesamtzahl der Möglichkeiten; Darstellung als Bruch)	−auswerten −verbalisieren −notieren	Hb	Tafelanschrift: 2 → 1 von 36 Mögl 3 → 2 von 36 Mögl 4 →
Sicherungsphase	13. Lehrschritt (Wertung)	Begriff 'Wahrscheinlichkeit' (LZ 3)	Erarb.-gespr. nach Impuls: "Mit der Gewinnzahl 7 kann ich nie mehr verlieren!" (Abhängigkeit von der Dauer des Spiels; je länger, desto wahrscheinlicher ein Sieg)	−sich äußern	Hb	Tafelbild (Gesamtdarstellung)

Hauptlernziel:	Unterrichtsthema:	Autor: Karl-Heinz Kolbinger
Die vier Grundrechenarten im Bereich der Bruchzahlen in Bruchstrichschreibweise ausführen können	Wir addieren und subtrahieren Bruchzahlen	Unterrichtszeit Empfehlung: 90 Min.

Vorbemerkungen:

Beim Multiplizieren und Dividieren von Bruchzahlen wird in der heutigen Mathematikdidaktik das Operatormodell nutzbringend angewandt. Bei der ersten Operationsstufe (Addition und Subtraktion) jedoch ist dies nicht möglich. Man greift deshalb auf Instrumentarien zurück, die aus der traditionellen Mathematikdidaktik bekannt sind: flächenhafte Darstellungen (Kreis, Streifen, Rechteck ...) und auf den Zahlenstrahl. Mit diesem läßt sichddas Addieren und Subtrahieren analog dem Addieren und Subtrahieren natürlicher Zahlen als ein Vorwärts- bzw. Rückwärtsschreiten aufzeigen.
In dieser Unterrichtseinheit soll im Überblick ein Operationsverständnis für Addition und Subtraktion von Bruchzahlen geboten werden. Es werden deshalb immer nur Bruchzahlen addiert bzw. subtrahiert. Auf eine Verbindung von Addition und Subtraktion in mehrgliedrigen Termen wird verzichtet. Vielmehr wird auf das behutsame Fortschreiten der Summen- und Differenzbildung mit gleichnamigen Brüchen zu ungleichnamigen Brüchen, bei denen der Hauptnenner bestimmt werden muß, geachtet.
In dieser Unterrichtseinheit wird vorausgesetzt Fertigkeiten im Kürzen und Erweitern, Fertigkeiten im Bilden von Schnittmengen von Vielfachenmengen, das Aufsuchen des kleinsten gemeinsamen Vielfachen, die Kenntnis von gleichnamigen und ungleichnamigen Bruchzahlen und die Fertigkeit gemischte Zahlen in unechte Bruchzahlen verwandeln zu können.

Teillernziele:

Der Schüler soll:
1. ... wissen, daß man mit Hilfe der Schnittmengen zweier Vielfachenmengen das kgV der beiden entsprechenden natürlichen Zahlen und damit den Hauptnenner bestimmen kann (kognitiv),
2. ... die Addition und Subtraktion von gleichnamigen Bruchzahlen ausführen können (kognitiv),
3. ... Bruchzahlen, bei denen ein Teiler schon Hauptnenner ist, addieren und subtrahieren können (kognitiv),
4. ... Bruchzahlen, bei denen die Nenner teilerfremd sind, addieren und subtrahieren können (kognitiv),
5. ... Bruchzahlen, deren Nenner einen gemeinsamen Teiler haben, addieren und subtrahieren können (kognitiv).

Medien:

2 Folien, Wandtafel, Arbeitsblatt, Notizblock;

Literatur:

1. Hayen, Vollrath, Weidig, Gamma 6, Klett Verlag, S. 16 ff;
2. Nordmeier, Westermann Mathematik, 6. Jgst., Ausgabe Bayern, Westermann Verlag, S. 20 ff;
3. Lauter, Baireuther, Zahl und Form, 6. Jgst., Auer Verlag, S. 18 ff;
4. Oehl/Palzkill, die Welt der Zahl-Neu, 6. Jgst., Ausgabe Bayern, Oldenbourg/Schroedel Verlag, S. 28 ff;
5. Altmann, Gaßner, Gruber, Seminar und Schule, Band 1: Mathematik, Neufassung, Oldenbourg Verlag, S. 279 ff;

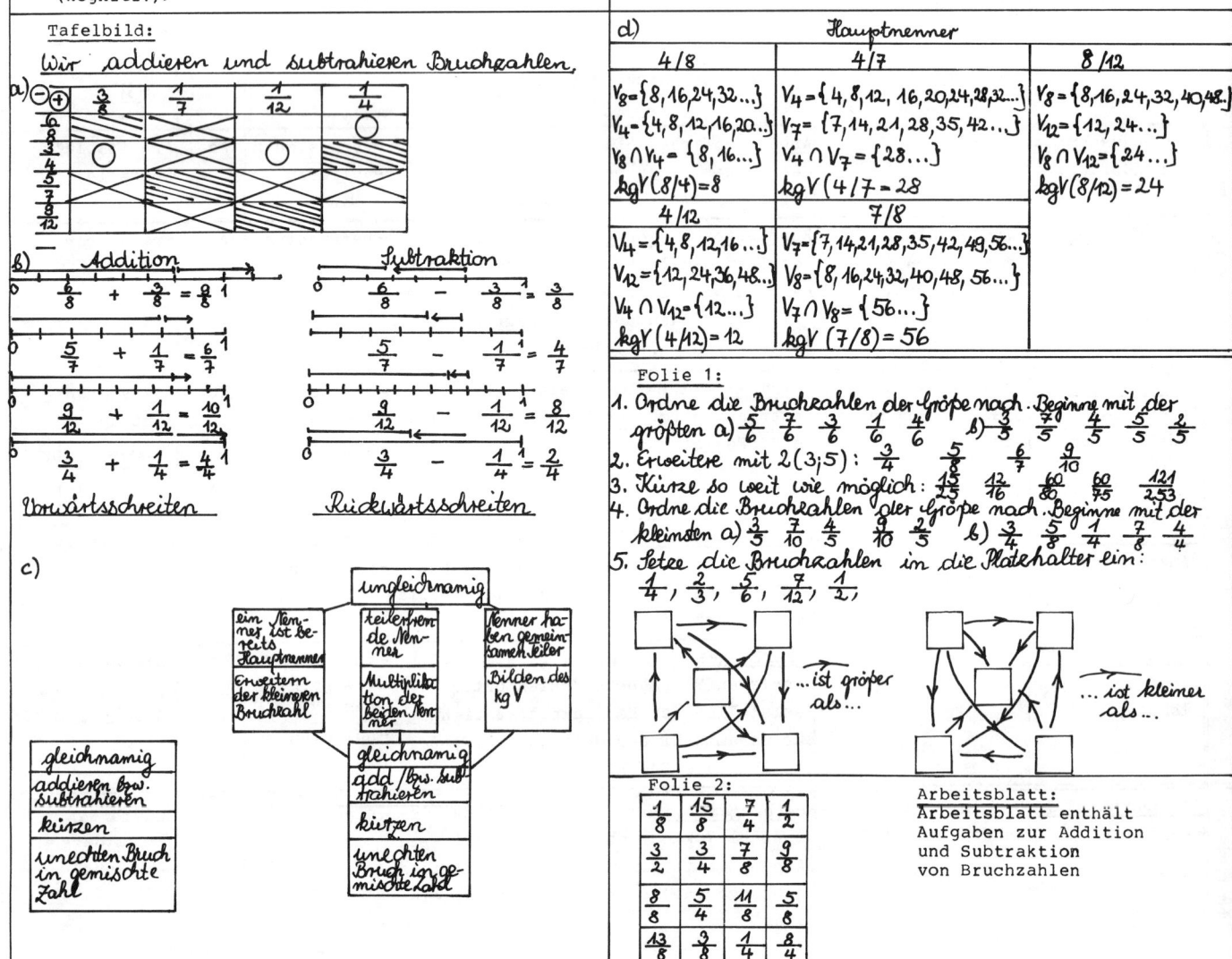

Tafelbild:

Wir addieren und subtrahieren Bruchzahlen.

a) [Tabelle mit Bruchdarstellungen: $\frac{3}{6}, \frac{1}{7}, \frac{1}{12}, \frac{1}{4}$ gegenüber Zeilen $\frac{1}{6}, \frac{2}{6}, \frac{3}{6}, \frac{4}{6}, \frac{5}{6}, \frac{7}{6}, \frac{9}{12}$]

b) Addition / Subtraktion (Zahlenstrahldarstellungen):
$\frac{6}{8} + \frac{3}{8} = \frac{9}{8}$; $\frac{6}{8} - \frac{3}{8} = \frac{3}{8}$
$\frac{5}{7} + \frac{1}{7} = \frac{6}{7}$; $\frac{5}{7} - \frac{1}{7} = \frac{4}{7}$
$\frac{9}{12} + \frac{1}{12} = \frac{10}{12}$; $\frac{9}{12} - \frac{1}{12} = \frac{8}{12}$
$\frac{3}{4} + \frac{1}{4} = \frac{4}{4}$; $\frac{3}{4} - \frac{1}{4} = \frac{2}{4}$

Vorwärtsschreiten / Rückwärtsschreiten

c) ungleichnamig:
- ein Nenner ist bereits Hauptnenner → Erweitern der kleineren Bruchzahl
- teilerfremde Nenner → Multiplikation der beiden Nenner
- Nenner haben gemeinsamen Teiler → Bilden des kgV

→ gleichnamig add./bzw. subtrahieren, kürzen, unechten Bruch in gemischte Zahl

gleichnamig: addieren bzw. subtrahieren, kürzen, unechten Bruch in gemischte Zahl

d) **Hauptnenner**

4/8	4/7	8/12
$V_8=\{8,16,24,32...\}$	$V_4=\{4,8,12,16,20,24,28,32...\}$	$V_8=\{8,16,24,32,40,48...\}$
$V_4=\{4,8,12,16,20...\}$	$V_7=\{7,14,21,28,35,42...\}$	$V_{12}=\{12,24...\}$
$V_8 \cap V_4=\{8,16...\}$	$V_4 \cap V_7=\{28...\}$	$V_8 \cap V_{12}=\{24...\}$
$kgV(8/4)=8$	$kgV(4/7)=28$	$kgV(8/12)=24$

4/12	7/8
$V_4=\{4,8,12,16...\}$	$V_7=\{7,14,21,28,35,42,49,56...\}$
$V_{12}=\{12,24,36,48...\}$	$V_8=\{8,16,24,32,40,48,56...\}$
$V_4 \cap V_{12}=\{12...\}$	$V_7 \cap V_8=\{56...\}$
$kgV(4/12)=12$	$kgV(7/8)=56$

Folie 1:

1. Ordne die Bruchzahlen der Größe nach. Beginne mit der größten a) $\frac{5}{6}, \frac{7}{6}, \frac{3}{6}, \frac{1}{6}, \frac{4}{6}$ b) $\frac{3}{5}, \frac{7}{5}, \frac{6}{5}, \frac{4}{5}, \frac{2}{5}$
2. Erweitere mit 2 (3;5): $\frac{3}{4}, \frac{5}{6}, \frac{6}{7}, \frac{9}{10}$
3. Kürze so weit wie möglich: $\frac{15}{25}, \frac{12}{16}, \frac{60}{80}, \frac{60}{75}, \frac{121}{253}$
4. Ordne die Bruchzahlen der Größe nach. Beginne mit der kleinsten a) $\frac{3}{5}, \frac{7}{10}, \frac{4}{5}, \frac{2}{10}, \frac{2}{5}$ b) $\frac{3}{4}, \frac{5}{8}, \frac{1}{4}, \frac{7}{8}, \frac{4}{4}$
5. Setze die Bruchzahlen in die Platzhalter ein: $\frac{1}{4}, \frac{2}{3}, \frac{5}{6}, \frac{7}{12}, \frac{1}{2}$

[Diagramme mit Platzhaltern] ...ist größer als... / ...ist kleiner als...

Folie 2:

$\frac{1}{8}$	$\frac{15}{8}$	$\frac{7}{4}$	$\frac{1}{2}$
$\frac{3}{2}$	$\frac{3}{4}$	$\frac{7}{8}$	$\frac{9}{8}$
$\frac{8}{8}$	$\frac{5}{4}$	$\frac{11}{8}$	$\frac{5}{8}$
$\frac{13}{8}$	$\frac{3}{8}$	$\frac{1}{4}$	$\frac{8}{4}$

Arbeitsblatt:

Arbeitsblatt enthält Aufgaben zur Addition und Subtraktion von Bruchzahlen

UG	Lehrschritte (Artikulationsdefinition)	Lehrinhalte und Lernziele (= Lz)	Lehrakte .... Lernakte		Sozial-formen	Lernhilfen
Eröffnungsphase	1. Lehrschritt: (Anknüpfung)	Fertigkeitsübungen mit vorbereitendem Charakter (Lz 1)	Arbeitsaufgabe: a) mündlich (Aufg. 1/2) b) halbschriftlich (Aufg. 3/4) c) schriftlich (Aufg. 5 für leistungsstärkere Schüler) Verarbeitungsgespräch: Die Ergebnisse werden gemeinsam besprochen.	− überlegen − notieren − sich äußern	Aa Hb	Folie (1)
	2. Lehrschritt: (Vorbereitung der Zielangabe)		Arbeitsanweisung: Die 2 . 16 Aufgaben, die in der Tabelle enthalten sind, sollen wie folgt aufnotiert werden: Aufgaben mit schraffiertem Ergebniskästchen sollen in eine linke Spalte, die restlichen in eine rechte eingetragen werden. Vergleiche die beiden Spalten.	− hinhören − notieren − vergleichen	Hb	Tafelbild (a)
	3. Lehrschritt: (Zielangabe)		Feststellung: Wir addieren und subtrahieren gleichnamige und ungleichnamige Bruchzahlen.	− sich äußern	Hb	Tafelbild Überschrift
Erarbeitungsphase	4. Lehrschritt: (bildliche und formale Repräsentation)	(Lz 2)	Demonstration von Vorgängen: Vorwärtsschreiten (Addition) und Rückwärtsschreiten (Subtraktion) wird am Zahlenstrahl aufgezeigt. Zugehörige Bruchgleichungen werden dazugeordnet.	− betrachten − auswerten − notieren	Hb	Tafelbild (b)
	5. Lehrschritt: (Ergebnisgewinnung)		Erklärung: Addition und Subtraktion von gleichnamigen Bruchzahlen: Zähler werden addiert bzw. subtrahiert. Nenner werden beibehalten.	− sich äußern	Hb	Tafelbild (c)
	6. Lehrschritt: (Vorbereitung zu erneuter Ergebnisgewinnung)		Arbeitsanweisung: Lehrer setzt Kreuze und Kreise in Ergebniskästchen der Tabelle ein. Die Schüler sollen die bereits notierten Aufgaben mit gelber, blauer Farbe und die übrigbleibenden mit roter Farbe markieren.	− markieren	Aa/Hb	Tafelbild (a)
	7. Lehrschritt: (Ergebnisgewinnung durch bereits bekannte Möglichkeit)	(Lz 1)	Demonstration von Vorgängen: Hauptnenner wird mit Hilfe der Schnittmenge zweier Vielfachenmengen und anschließendem Aufsuchen des kgV gefunden.	− betrachten − vergleichen	Hb	
	8. Lehrschritt: Ergebnisgewinnung)	(Lz 3/4/5)	Erarbeitungsgespräch: Gelb unterstrichene Gleichungen: Einer der beiden Nenner ist bereits Hauptnenner. Blau unterstrichene Gleichungen: Hauptnennerfindung durch Multiplikation der beiden Nenner. Rot unterstrichene Gleichungen: Hauptnennerfindung durch kgV Bildung. Bei allen Aufgaben soll nach Möglichkeit gekürzt werden und unechte Brüche in gemischte Zahlen verwandelt werden.	− sich äußern	Hb	Tafelbild (c)
Sicherungsphase	9. Lehrschritt: (Anwendung)	(Lz 3/4/5)	Arbeitsauftrag: Löst die Aufgaben auf dem Arbeitsblatt. Partnergespräch: Aufgaben werden mit dem Partner besprochen.	− notieren − besprechen − vergleichen	Pa Pa	Arbeitsblatt bzw. entsprechende Aufgaben aus dem Math.B.
	10. Lehrschritt: (Ausklang)	(Lz 3/4/5)	Erarbeitungsgespräch nach Sachimpuls: Wie oft kannst du denselben Summenwert 4 1/4 errechnen?	− berechnen − abzählen − antworten	Hb	Folie (2)

Hauptlernziel:	Unterrichtsthema:	Autor:
Fähigkeit, Brüche an Modellen darzustellen, zu benennen, zu addieren und zu subtrahieren	Addition und Subtraktion ungleichnamiger Brüche	G.H.Vogel/I. u. T.Jäger
		Unterrichtszeit Empfehlung: 45 Min.

Vorbemerkungen:

Bei der Erarbeitung der Addition und Subtraktion ungleichnamiger Brüche werden neben der Felddarstellung auch die verschiedenen Flächenformen zur Veranschaulichung herangezogen. Bei der Übung bleibt anfangs die Rechenoperation an diese Modelle gebunden. Erst allmählich wird versucht, eine Lösung von konkreten Darstellungsformen zu erreichen. Spielerische Formen (Zauberquadrate, Gruppenwettkampf) bringen Abwechslung und ermöglichen lustbetontes Üben.

Teillernziele:

Die Schüler sollen:

1. natürliche Zahlen in unechte Brüche bzw. in gemischte Zahlen verwandeln können und umgekehrt,
2. am Zahlenstrahl Bruchzahlen lokalisieren können, wobei sie auch die Erkenntnis verwenden, daß einem Punkt am Zahlenstrahl mehrere wertgleiche Brüche zugeordnet sind,
3. Bruchzahlen mit ungleichen Nennern addieren und subtrahieren können, wobei sie anfangs mittels konkreter Vorgaben die Rechenoperationen aufbauen und sich veranschaulichen können.

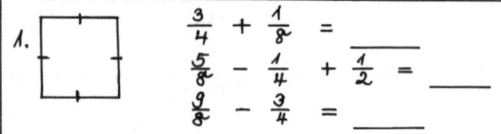

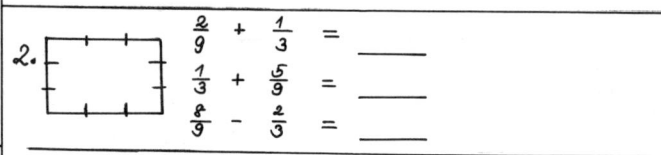

Medien:

Tafelanschriften;
Arbeitsblätter;
OHP-Folien;
Papierbögen (vgl. Abb. oben rechts);
Filz- und Folienstifte;
Kontroll- bzw. Lösungsfolien;
farbige Kreiden;

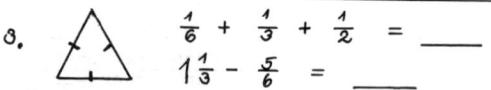

Papierbögen für Gruppenwettkampf:

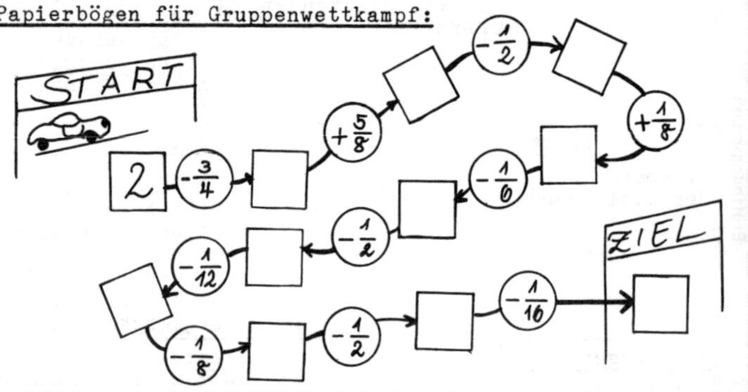

Arbeitsblatt:

Addition und Subtraktion ungleichnamiger Brüche

1. $\frac{3}{4} + \frac{1}{8} =$ ___
    $\frac{5}{8} - \frac{1}{4} + \frac{1}{2} =$ ___
    $\frac{9}{8} - \frac{3}{4} =$ ___

2. $\frac{2}{9} + \frac{1}{3} =$ ___
    $\frac{1}{3} + \frac{5}{9} =$ ___
    $\frac{8}{9} - \frac{2}{3} =$ ___

3. $\frac{1}{6} + \frac{1}{3} + \frac{1}{2} =$ ___
    $1\frac{1}{3} - \frac{5}{6} =$ ___

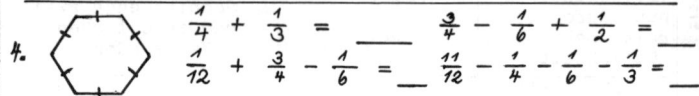

4. $\frac{1}{4} + \frac{1}{3} =$ ___ $\frac{3}{4} - \frac{1}{6} + \frac{1}{2} =$ ___
    $\frac{1}{12} + \frac{3}{4} - \frac{1}{6} =$ ___ $\frac{11}{12} - \frac{1}{4} - \frac{1}{6} - \frac{1}{3} =$ ___

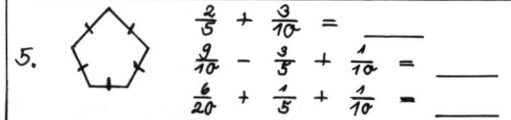

5. $\frac{2}{5} + \frac{3}{10} =$ ___
    $\frac{9}{10} - \frac{3}{5} + \frac{1}{10} =$ ___
    $\frac{6}{20} + \frac{1}{5} + \frac{1}{10} =$ ___

6. Fülle die leeren Felder der Quadrate so mit Brüchen, daß die Summe jeder Zeile, jeder Spalte und der Diagonalen 1 beträgt!

$\frac{5}{12}$	$\frac{1}{3}$	
	$\frac{2}{6}$	
		$\frac{1}{4}$

	$\frac{1}{2}$	
	$\frac{1}{3}$	
$\frac{5}{12}$	$\frac{1}{6}$	

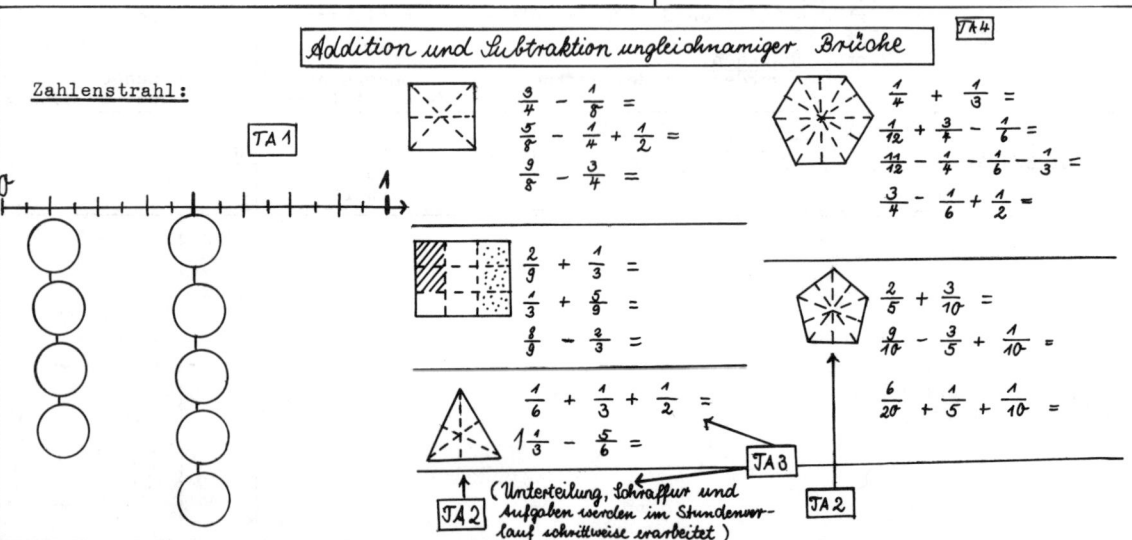

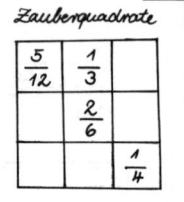

Addition und Subtraktion ungleichnamiger Brüche

Zahlenstrahl: [TA 1]

[TA 4]
$\frac{3}{4} - \frac{1}{8} =$
$\frac{5}{8} - \frac{1}{4} + \frac{1}{2} =$
$\frac{9}{8} - \frac{3}{4} =$

$\frac{1}{4} + \frac{1}{3} =$
$\frac{1}{12} + \frac{3}{4} - \frac{1}{6} =$
$\frac{11}{12} - \frac{1}{4} - \frac{1}{6} - \frac{1}{3} =$
$\frac{3}{4} - \frac{1}{6} + \frac{1}{2} =$

$\frac{2}{9} + \frac{1}{3} =$
$\frac{1}{3} + \frac{5}{9} =$
$\frac{8}{9} - \frac{2}{3} =$

$\frac{2}{5} + \frac{3}{10} =$
$\frac{9}{10} - \frac{3}{5} + \frac{1}{10} =$
$\frac{6}{20} + \frac{1}{5} + \frac{1}{10} =$

$\frac{1}{6} + \frac{1}{3} + \frac{1}{2} =$
$1\frac{1}{3} - \frac{5}{6} =$

[TA 2] (Unterteilung, Schraffur und Aufgaben werden im Stundenverlauf schrittweise erarbeitet)

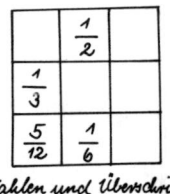

[TA 3]

[TA 5] Zauberquadrate

$\frac{5}{12}$	$\frac{1}{3}$	
	$\frac{2}{6}$	
		$\frac{1}{4}$

	$\frac{1}{2}$	
	$\frac{1}{3}$	
$\frac{5}{12}$	$\frac{1}{6}$	

(Zahlen und Überschrift werden im Stundenverlauf eingetragen; Zeichnung schon vorbereitet)

UG	Lehrschritte (Artikulationsdefinition)	Lehrinhalte und Lernziele (= Lz)	Lehrakte .... Lernakte		Sozialformen	Lernhilfen
Eröffnungsphase	1.Lehrschritt (Anknüpfung)	Verwandeln von ganzen Zahlen in unechte Brüche bzw. in gemischte Zahlen und umgekehrt (Lz 1)	Arbeitsaufgabe: Ich nenne dir die Ganzen, verwandle in Drittel usw.! Arbeitsaufgabe: Verwandle in Ganze (z.B. 12/4, 12/3, 12/5, 12/6, 12/12)! Arbeitsaufgabe: Verwandle in gemischte Zahlen (z.B. 9/8, 5/4, 10/8, 18/4, 14/4, 12/10...) !	- nennen oder notieren - umwandeln - kürzen - erweitern	Aa/Hb	auch schrittweises Aufdecken des Zahlenmaterials auf vorbereiteter OHP-Folie möglich
	2.Lehrschritt (Wiederholung)	Einordnen von Brüchen am Zahlenstrahl und Erkennen äquivalenter Brüche (Lz 2)	Sachimpuls: Aufdecken TA 1 (Zahlenstrahl); Spontanäußerungen der Schüler sammeln; Arbeitsaufgabe: Zeige am Zahlenstrahl 1/2, 9/12, 3/8, 1 1/8, 9/8 ... ! (Aufgaben auch von Schülern stellen lassen) Arbeitsaufgabe: Finde möglichst viele Namen für diesen Bruchteil (z.B. für 1 1/4, 1 1/2; in Pa notieren)!	- verbalisieren - zeigen - stellen Aufgaben - notieren - umformen	Hb Aa/Hb Pa	TA 1 Zahlenstrahl mit Unterteilung, aber ohne Beschriftung (wird erst entwickelt)
Sicherungsphase	3.Lehrschritt (Aufgabenentwicklung)	Bilden von Additions- bzw. Subtraktionsaufgaben (Hilfsmittel: Zahlenstrahl) (Lz 3)	Arbeitsaufgabe: Notiere in Pa möglichst viele Additions-/Subtraktionsaufgaben, die als Ergebnis diesen Wert haben (Lehrer zeigt auf 1 3/4 am Zahlenstrahl). Kontrolle durch OHP; Zeigen am Zahlenstrahl; Verstärken;	- addieren - notieren - Aufgaben bilden - erklären - zeigen	Pa Hb	OHP-Folien, die von einzelnen Gruppen erstellt werden
	4.Lehrschritt (Übung auf ikonischer Ebene)	Addition und Subtraktion ungleichnamiger Brüche an verschiedenen Flächenformen (Lz 3)	Sachimpuls: Aufdecken TA 2. Impuls: Auch hier kannst du Brüche einzeichnen. Flächenformen werden unterteilt (vgl. TA). Sachimpuls: Lehrer malt Teilflächen der Figuren verschiedenfarbig aus und initiiert die Bildung von Additionsaufgaben (vgl. Schraffur im aufgezeichneten Rechteck), die unter die Zeichnungen notiert werden (TA 3 und TA 4) Arbeitsaufgabe: Ich nenne dir Aufgaben, du sagst mir, an welcher Figur du sie zeigen und lösen kannst (TA 3 wird weitergeführt) Arbeitsaufgabe: Arbeitsblatt Nr. 1 mit 5 in Aa/Pa; Lehrer arbeitet mit schwächeren Schülern unter Nutzung des Tafelbildes; Ergebnisfeststellung; Klärung der Rechenwege, Verstärkung;	- unterteilen - zeichnen - benennen - erklären - addieren - zeigen - notieren - erklären - zeigen - notieren - addieren - subtrahieren - notieren - kontrollieren - vergleichen	Hb Hb Hb Aa/Pa	TA 2: verschiedene Flächenformen, die von Schülern unterteilt werden; Teilflächen werden schraffiert Notation von Aufgaben unter die entsprechenden Flächenformen Arbeitsblatt Tafel
	5.Lehrschritt (Übung auf symbolischer Ebene)	Addition und Subtraktion ungleichnamiger Brüche (Lösung von Darstellungsmodellen) (Lz 3)	Impuls: Probieren wir doch, ob wir solche Aufgaben auch ohne Flächenformen lösen können! Aufdecken der Zauberquadrate; Sammeln der Spontanäußerungen; Klärung der Aufgaben; Bearbeitung in Gruppenarbeit (diese Darstellung bietet die Möglichkeit der Eigenkontrolle)	- erklären - addieren - subtrahieren - kontrollieren - prüfen	Hb/Ga	Tafel (auch Folie) mit "Zauberquadrat"; TA 5 Arbeitsblatt
	6.Lehrschritt (Anwendung)		Sachimpuls: Vorzeigen eines Papierbogens mit der Überschrift 'Wettrennen'. Schüler formulieren Aufgabe; Durchführung eines Gruppenwettkampfes. Ergebnisfeststellung durch Vergleich der bearbeiteten Papierbögen; Hausaufgabenstellung aus dem Schulbuch;	- formulieren - um die Wette rechnen - vergleichen - Sieger ermitteln	Ga Hb	für jede Gruppe einen Papierbogen mit dem aufgezeichneten "Wettrennen" (vgl. vorangehende Seite)

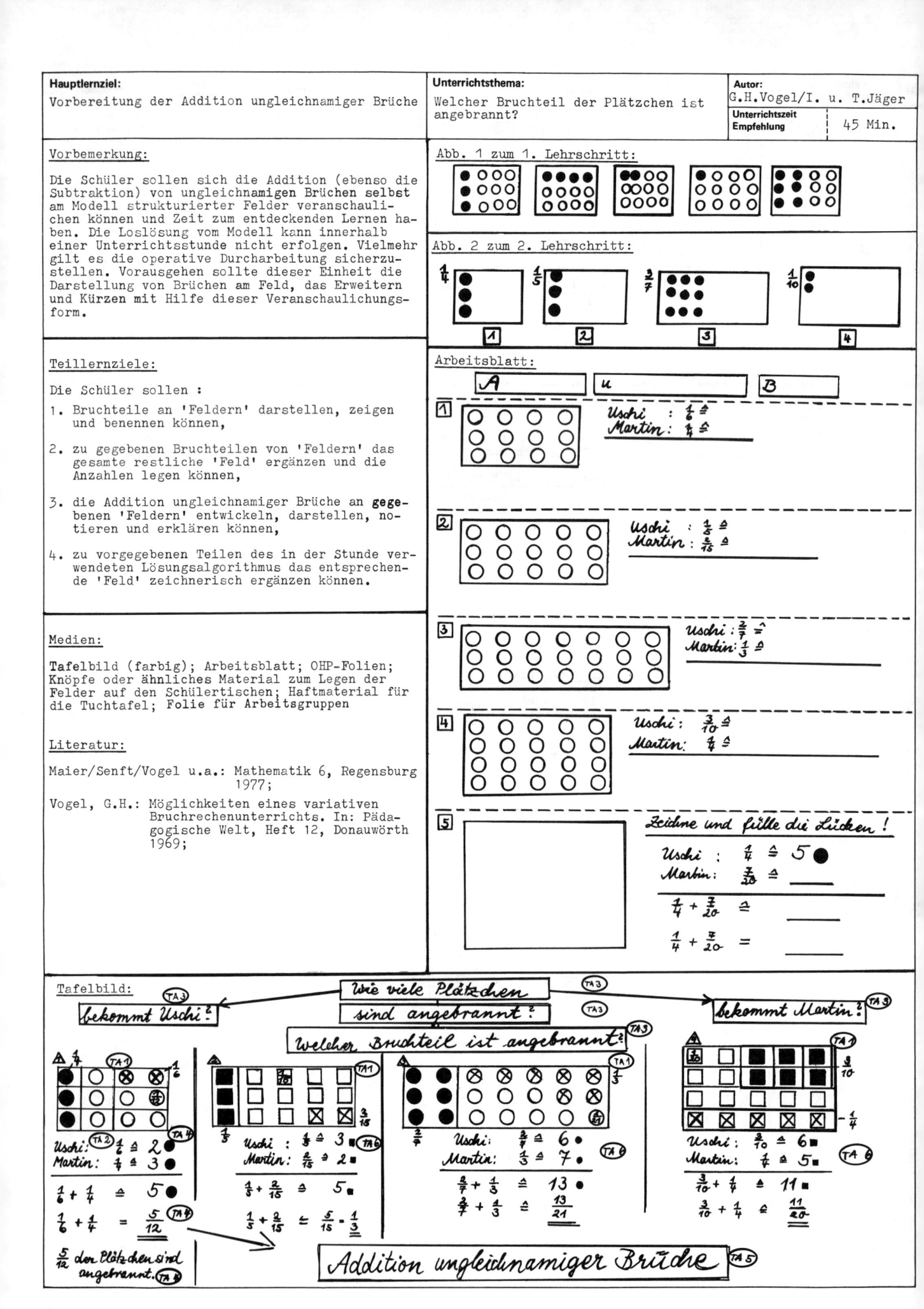

Hauptlernziel:	Unterrichtsthema:	Autor:
Vorbereitung der Addition ungleichnamiger Brüche	Welcher Bruchteil der Plätzchen ist angebrannt?	G.H.Vogel/I. u. T.Jäger
		Unterrichtszeit Empfehlung: 45 Min.

Vorbemerkung:

Die Schüler sollen sich die Addition (ebenso die Subtraktion) von ungleichnamigen Brüchen selbst am Modell strukturierter Felder veranschaulichen können und Zeit zum entdeckenden Lernen haben. Die Loslösung vom Modell kann innerhalb einer Unterrichtsstunde nicht erfolgen. Vielmehr gilt es die operative Durcharbeitung sicherzustellen. Vorausgehen sollte dieser Einheit die Darstellung von Brüchen am Feld, das Erweitern und Kürzen mit Hilfe dieser Veranschaulichungsform.

Teillernziele:

Die Schüler sollen:

1. Bruchteile an 'Feldern' darstellen, zeigen und benennen können,
2. zu gegebenen Bruchteilen von 'Feldern' das gesamte restliche 'Feld' ergänzen und die Anzahlen legen können,
3. die Addition ungleichnamiger Brüche an **gegebenen** 'Feldern' entwickeln, darstellen, notieren und erklären können,
4. zu vorgegebenen Teilen des in der Stunde verwendeten Lösungsalgorithmus das entsprechende 'Feld' zeichnerisch ergänzen können.

Medien:

Tafelbild (farbig); Arbeitsblatt; OHP-Folien; Knöpfe oder ähnliches Material zum Legen der Felder auf den Schülertischen; Haftmaterial für die Tuchtafel; Folie für Arbeitsgruppen

Literatur:

Maier/Senft/Vogel u.a.: Mathematik 6, Regensburg 1977;

Vogel, G.H.: Möglichkeiten eines variativen Bruchrechenunterrichts. In: Pädagogische Welt, Heft 12, Donauwörth 1969;

Abb. 1 zum 1. Lehrschritt:

Abb. 2 zum 2. Lehrschritt:

Arbeitsblatt:

Tafelbild:

UG	Lehrschritte (Artikulationsdefinition)	Lehrinhalte und Lernziele (= Lz)	Lehrakte .... Lernakte		Sozialformen	Lernhilfen
Eröffnungsphase	1.Lehrschritt (Anknüpfung)	Bruchteile herstellen und benennen (Lz 1)	Sachimpuls: Plättchen an Tuchtafel; durch Wenden entstehen zu bestimmende Bruchteile (vgl. Abb. 1); anfangs stellt Lehrer, später Schüler die Aufgaben;	- benennen - herstellen	Hb	Tuchtafel, Plättchen (vgl. Abb. 1)
	2.Lehrschritt (Inversion)	zum Bruchteil die entsprechende Einheit angeben (Lz 2)	Arbeitsanweisung: Lege mit deinen Knöpfen (Papierkreisen oder dergl.) jeweils das ganze Feld (Aufgabe über OHP-Folie, Abb. 2). Schülergruppe arbeitet an verdeckter Tuchtafel. Verarbeitungsgespräch: Lösungsvergleich auch durch Öffnen der vorbereiteten TA 1; Diskussion der Lösungswege; Kontrolle; Verstärkung;	- inverse Operation durchführen - legen - vergleichen - erklären - kontrollieren	Ga/Pa	OHP-Folie (vgl. Abb. 2); Tuchtafel, Plättchen, Knöpfe oder dergl. für die Arbeit auf den Schülertischen; TA 1
Erarbeitungsphase	3.Lehrschritt (Problembegegnung)	einkleidende Sachsituation mathematisieren	Erzählung: Uschi und Martin helfen Mutti beim Plätzchenbacken. Angebrannte dürfen sie essen. Beim 1. Blech bekommt Uschi $\frac{2}{4}$ und Martin $\frac{1}{4}$ (TA 2). Bilde Rechenfragen! Ergebnis: TA3 Hilfsimpuls: Mutti behauptet, ihr sei ein sehr großer Bruchteil angebrannt. Problem: Welcher Bruchteil ... ist angebrannt?	- problematisieren - formulieren - fixieren	Hb	TA 1,2 und 3
	4.Lehrschritt (Lösungsplanung)	Addition ungleichnamiger Brüche mit Hilfe der Felder ausführen (Lz 3)	Arbeitsaufgabe: Besprich dich, wie man dies herausfinden könnte? Betrachte unsere TA und dein erstes gelegtes Blech Plätzchen! Verarbeitungsgespräch: mit dem Ergebnis: Bruchteile an den Mengen darstellen (wie 1.Lehrschritt), dann Plättchen addieren...	- besprechen - vorschlagen - anknüpfen - erklären	Pa Hb	TA 1,2 und 3; gelegte Felder auf Schülertischen
	5.Lehrschritt: (Lösungsdurchführung)		Arbeitsanweisung: Jede Gruppe erhält nochmals eine Folie mit dem ersten Plätzchenblech. Überlegt, zeichnet eure Lösung ein, schreibt die Aufgabe dazu und erklärt anschließend. Probiert mit dem Feld auf eurem Tisch aus! (Eine Gruppe an Tuchtafel)	- besprechen - zeichnen - notieren - lösen - darstellen	Ga	OHP-Folien für Gruppen, identisch mit Nr.1 vom AB; Tuchtafel, Plättchen;
	6.Lehrschritt (Lösungsdarstellung)		Verarbeitungsgespräch: Gruppensprecher tragen mittels Folien vor, Diskussion, Vergleich auch mit Tuchtafel; bei Ergebnisfeststellung entwickelt sich TA 4, wird versprachlicht; nochmals konkret handelnder Vollzug;	- berichten - demonstrieren - besprechen - darstellen	Hb	OHP-Folien, TA 4; Tuchtafel, konkretes Material;
	7.Lehrschritt (Ergebnisfixierung)		Arbeitsauftrag: Nr. 1 des Arbeitsblattes möglichst ohne Blick zu TA 4 bearbeiten, anschließend Kontrolle;	- fixieren	Aa Hb	Arbeitsblatt Nr. 1
	8.Lehrschritt (Begriffsbildung)	Addition ungleichnamiger Brüche mittels der Felddarstellung erklären (Lz 3)	Impuls: Mit Hilfe des Feldes ist uns etwas gelungen, was wir vorher nicht konnten. Erkenntnis: Addition ungleichnamiger Brüche (TA 5). Arbeitsaufgabe: Überlege in Pa, wie man ungleichnamige Brüche addieren kann! Erneutes Versprachlichen.	- abstrahieren - verbalisieren	Hb Pa	TA 5
Sicherungsphase	9.Lehrschritt (Anwendung)	adäquate Aufgaben unter Nutzung des gleichen Modells lösen	Arbeitsaufgabe: Nr. 2 mit 4 des Arbeitsblattes in Pa; je 2 Schüler an halbverdeckter Tafel zum späteren Vergleich. Bei der Ergebnisfeststellung und der Kontrolle entwickelt sich schrittweise TA 6. Besprechen der Lösungswege durch verschiedene Gruppen; farbiges Kennzeichnen; evtl. Korrektur der AB-Einträge;	- anwenden - fixieren - erklären - vergleichen - korrigieren	Pa Hb	Arbeitsblatt Nr. 2,3,4; Tafelanschrift 6
	10.Lehrschritt (operative Durcharbeit)	Darstellungs- und Lösungsweise operativ durchdringen (Lz 4)	Arbeitsaufgabe: Nr. 5 des Arbeitsblattes erklären; Lösung nach Partnergespräch an der Tuchtafel, durch Legen der Plättchen auf den Tischen, durch Aufzeichnen, Arbeitsblatteintrag; Verbalisieren; Aufgabenstellungen für Hausarbeit	- umdenken - umstrukturieren - legen - zeichnen - anwenden	Hb Pa Hb	Arbeitsblatt Nr. 5; Tuchtafel; konkretes Material Tafel Schulbuch

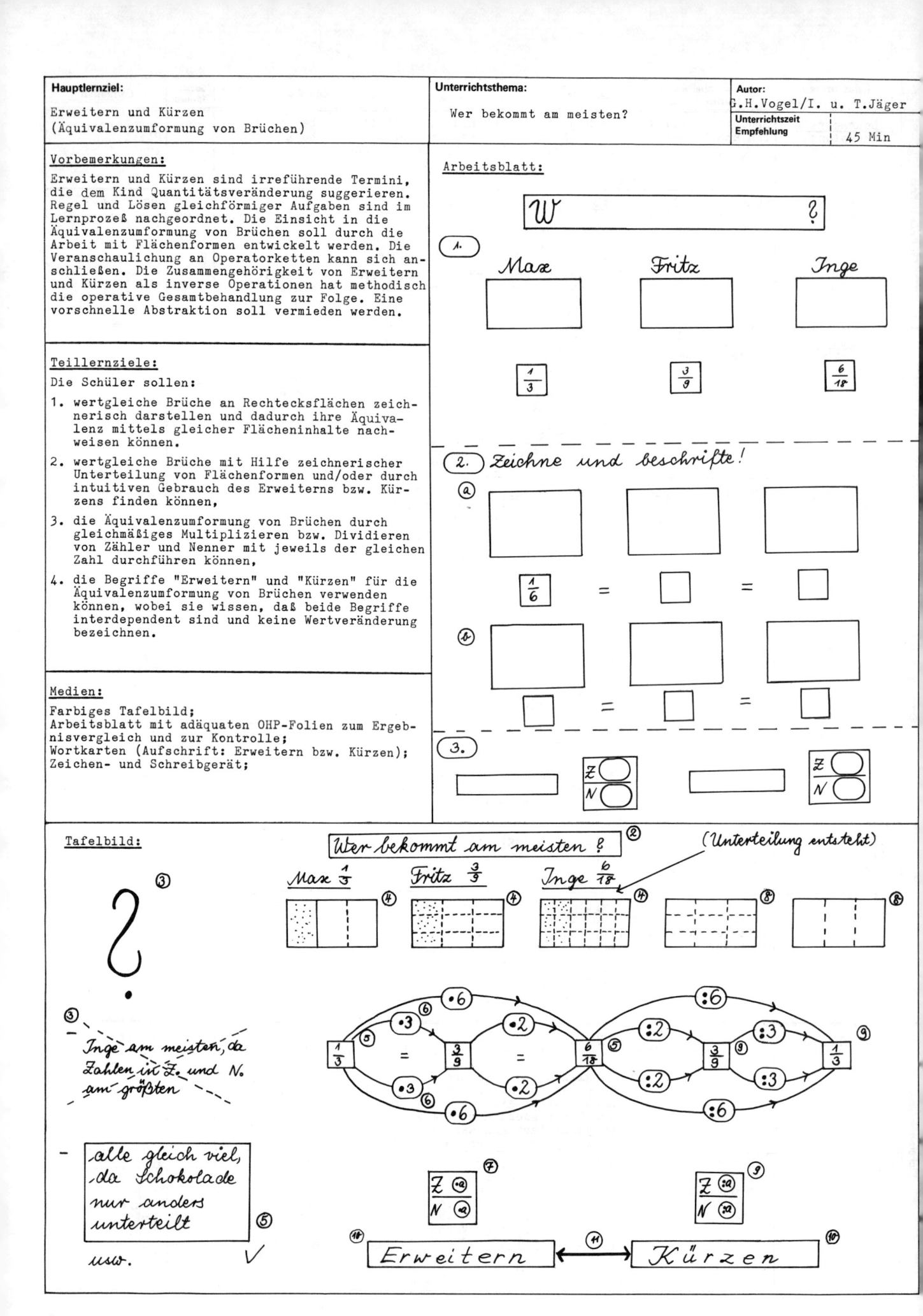

Hauptlernziel:	Unterrichtsthema:	Autor: G.H.Vogel/I. u. T.Jäger
Erweitern und Kürzen (Äquivalenzumformung von Brüchen)	Wer bekommt am meisten?	Unterrichtszeit Empfehlung: 45 Min

Vorbemerkungen:
Erweitern und Kürzen sind irreführende Termini, die dem Kind Quantitätsveränderung suggerieren. Regel und Lösen gleichförmiger Aufgaben sind im Lernprozeß nachgeordnet. Die Einsicht in die Äquivalenzumformung von Brüchen soll durch die Arbeit mit Flächenformen entwickelt werden. Die Veranschaulichung an Operatorketten kann sich anschließen. Die Zusammengehörigkeit von Erweitern und Kürzen als inverse Operationen hat methodisch die operative Gesamtbehandlung zur Folge. Eine vorschnelle Abstraktion soll vermieden werden.

Teillernziele:
Die Schüler sollen:
1. wertgleiche Brüche an Rechtecksflächen zeichnerisch darstellen und dadurch ihre Äquivalenz mittels gleicher Flächeninhalte nachweisen können.
2. wertgleiche Brüche mit Hilfe zeichnerischer Unterteilung von Flächenformen und/oder durch intuitiven Gebrauch des Erweiterns bzw. Kürzens finden können,
3. die Äquivalenzumformung von Brüchen durch gleichmäßiges Multiplizieren bzw. Dividieren von Zähler und Nenner mit jeweils der gleichen Zahl durchführen können,
4. die Begriffe "Erweitern" und "Kürzen" für die Äquivalenzumformung von Brüchen verwenden können, wobei sie wissen, daß beide Begriffe interdependent sind und keine Wertveränderung bezeichnen.

Medien:
Farbiges Tafelbild;
Arbeitsblatt mit adäquaten OHP-Folien zum Ergebnisvergleich und zur Kontrolle;
Wortkarten (Aufschrift: Erweitern bzw. Kürzen);
Zeichen- und Schreibgerät;

Arbeitsblatt:

W ?

1. Max — Fritz — Inge
   $\frac{1}{3}$ — $\frac{3}{9}$ — $\frac{6}{18}$

2. Zeichne und beschrifte!
   a) $\frac{1}{6}$ = □ = □
   b) □ = □ = □

3. □ $\frac{Z}{N}$ □ □ $\frac{Z}{N}$ □

Tafelbild:

Wer bekommt am meisten?

Max $\frac{1}{3}$ — Fritz $\frac{3}{9}$ — Inge $\frac{6}{18}$ (Unterteilung entsteht)

- Inge am meisten, da Zahlen in Z. und N. am größten (durchgestrichen)
- alle gleich viel, da Schokolade nur anders unterteilt ✓
- usw.

$\frac{1}{3}$ $\xrightarrow{\cdot 3, \cdot 6}$ = $\frac{3}{9}$ $\xrightarrow{\cdot 2}$ = $\frac{6}{18}$ $\xrightarrow{:2, :3, :6}$ = $\frac{3}{9}$ = $\frac{1}{3}$

$\frac{Z \cdot a}{N \cdot a}$ $\frac{Z : a}{N : a}$

Erweitern ⟷ **Kürzen**

	Lehrschritte (Artikulationsdefinition)	Lehrinhalte und Lernziele (= Lz)	Lehrakte .... Lernakte		Sozialformen	Lernhilfen
Eröffnungsphase	1. Lehrschritt (Problemstellung)	Problematisieren einer Sachsituation (wertgleiche Brüche)	Erzählung: Opa verteilt die Schokolade recht sonderbar. Max erhält 1/3, Fritz 3/9, und Inge 6/18 davon. Gleich gibt es Streit ... (TA 1) Gewinnen der Problemfrage: Wer bekommt am meisten? (TA 2)	- zuhören - problematisieren	Hb	Tafelanschriften 1 und 2 ;
Erarbeitungsphase	2. Lehrschritt (Lösungsanbahnung)	Darstellen wertgleicher Brüche an Rechtecksflächen (Lz 1)	Sachimpuls: Fragezeichen (TA 3) initiiert Vermutungen; Impuls: Das Aufzeichnen der Schokolade könnte uns weiterhelfen (TA 4). Eine Gruppe unterteilt die Rechtecke an der Tafel, Rest auf Arbeitsblatt (Nr. 1) bzw. Gruppensprecher auf Folie.	- vermuten - begründen - vorschlagen - messen - unterteilen - schraffieren	Hb Ga	Tafelanschrift 3 und 4 Arbeitsblatt Nr. 1 und einige hierzu identische OHP-Folien
	3. Lehrschritt (Lösungsdarstellung)	Erkennen wertgleicher Brüche an Rechtecksflächen (Lz 1)	Verarbeitungsgespräch: ... jeweils gleiches Flächenstück schraffiert; ... nur anders unterteilt;... jeder gleich viel; verschiedene Bruchzahlen, doch gleich viel... Fixierung mit mathem. Zeichen (TA 5); Rückgriff auf TA 3: Verifikation bzw. Falsifikation; Beantwortung der Problemfrage (Einrahmen bzw. Durchstreichen, vgl. TA 5)	- versprachlichen - vergleichen - beantworten - begründen	Hb	Tafelanschrift 4 farbig unterteilt und schraffiert; Folien mit Nr. 1 vom Arbeitsblatt Tafelanschrift 5
	4. Lehrschritt (Problemausweitung)	Finden und Darstellen wertgleicher gekürzter bzw. erweiterter Bruchzahlen (Lz 2)	Arbeitsanweisung: Ihr könnt in Ga selbst solche Aufgaben finden, wie sie der Großvater gestellt hat. Nr. 2 deines AB hilft dir. Erkläre! Gruppensprecher auf Folienstücke; Verarbeitungsgespräch: Ergebnisvergleich (mehrere Lösungen möglich); Gruppenberichte zum Lösungsweg; Unterteilungen einzeichnen/aussparen oder Zähler und Nenner mit der gleichen Zahl multiplizieren (2a)/ dividieren (2b)	- versprachlichen - messen - unterteilen - Brüche umformen - bezeichnen - erklären	Hb/Ga Hb	Folien mit Nr. 2 vom Arbeitsblatt
	5. Lehrschritt (Begriffsbildung)	Entstehen wertgleicher Brüche durch Multiplikation bzw. Division von Zähler und Nenner mit jeweils der gleichen Zahl (Lz 3)	Sachimpuls: Pfeile mit Platzhaltern (TA 6). Schüler tragen Erweiterungszahlen ein; Vorgang wiederholt sich bei AB Nr. 2 über OHP (TA 7 entsteht und wird verbalisiert). Sachimpuls: TA 8 aufdecken; Spontanäußerungen: ... wieder vereinfacht ... zurückgeführt... Impuls: Auch hier kannst du Pfeile mit Zahlen und ein Kästchen darunterzeichnen (Partnergespräch). Verarbeitungsgespräch: TA 9 entsteht Impuls: Zähler und Nenner werden multipliziert/dividiert, da muß der Bruch doch größer/kleiner werden. Versprachlichen und Gegenargumentation an Zeichnungen verdeutlichen	- eintragen - erklären - versprachlichen - kombinieren - weiterführen - argumentieren - aufzeigen	Hb Hb Pa Hb Hb	Tafelanschrift 6 Folie mit Nr. 2 vom Arbeitsblatt ergänzt Tafelanschrift 8 Tafelanschrift 9 Tafelanschriften
	6. Lehrschritt (Begriffsanalyse)	Verstehen der Begriffe "Erweitern" und "Kürzen" als Bezeichnung für wertgleiche Umformung (Lz 4)	Bezeichnung: Dieses wertgleiche Verändern von Brüchen hat in der Mathematik irreführende Namen (Wortkarten, TA 10). Warum wohl? Schüler decken Widersprüche auf. Impuls: Kürzen und Erweitern stehen in einem Zusammenhang (TA 11). Schüler erklären erneut unter diesem Aspekt.	- erklären - kombinieren	Hb Hb	Wortkarten Tafelanschrift 10 Tafelanschrift 11
Sicherungsphase	7. Lehrschritt (Erkenntnisfixierung)	Zusammenfassen, Fixieren und Anwenden der Ergebnisse	Arbeitsaufgabe: AB Nr. 3 zur Erkenntnisfixierung; anschließend: Kontrolle der Arbeitsergebnisse		Aa Hb	Arbeitsblatt Nr. 3
	8. Lehrschritt (Arbeitsrückschau)		Arbeitsaufgabe: Betrachte unser Tafelbild, besprich dich in Pa und fasse zusammen! Kontrolle	- zusammenfassen	Pa Hb	Tafelbild Gesamtdarstellung
	9. Lehrschritt (Anwendung)		Arbeitsaufgabe: Ergänze AB Nr. 2 durch Einzeichnen aller möglichen Pfeile! Anschließend: Kontrolle der Arbeitsergebnisse	- anwenden	Aa Hb	Arbeitsblatt

Hauptlernziel: Multiplizieren von Bruchzahlen mit einer ganzen Zahl.	Unterrichtsthema: "Halt! Zoll!" Wir multiplizieren einen Bruch mit einer ganzen Zahl.	Autor: Hubert Friedrich
		Unterrichtszeit Empfehlung: 2 UE

VORBEMERKUNGEN

Es ist sinnvoll, die Lehrschritte 6, 7, 8 in eine zweite UE zu verlegen und dafür die Übungsphasen auszudehnen. – Vom Tafelbild ist (1), (2), (7), (8), (10) vor der Stunde vorbereitet.

TEILLERNZIELE

Die Schüler sollen

1. die Multiplikation als verkürzte Addition verstehen,
2. die Regel finden,
3. Brüche mit ganzen Zahlen multiplizieren,
4. nach Möglichkeit vor der Multiplikation Nenner und Multiplikator kürzen.

MEDIEN

Tafel

TAFELBILD

(4) Wir multiplizieren einen Bruch mit einer ganzen Zahl

(2) [10 Flaschen]

(3) $\frac{7}{10}l + \frac{7}{10}l + \frac{7}{10}l + \frac{7}{10}l + \frac{7}{10}l + \frac{7}{10}l + \frac{7}{10}l + \frac{7}{10}l + \frac{7}{10}l + \frac{7}{10}l = \frac{70}{10}l$

$\frac{7}{10}l \cdot 10 = \frac{70}{10}l$ (5)↑

$\frac{7 \cdot 10}{10} = \frac{70}{10}$ (6)

| Zähler mal ganze Zahl |
| Nenner bleibt | (6)

Zahlenstrahl: 0 $\frac{1}{4}$ $\frac{2}{4}$ $\frac{3}{4}$ 1 2 3 4 5

$\frac{3}{4} \cdot 6 = \frac{18}{4} = 4\frac{2}{4} = 4\frac{1}{2}$ (8)

$\Box \cdot \Box = 4\frac{1}{2}$

1. Nenner u. Multiplikator kürzen!
2. Dann multiplizieren!

← (9) → $\frac{3 \cdot \cancel{6}}{\cancel{4}} = \frac{3 \cdot 3}{2}$ gekürzt mit 2!

Mittelteil

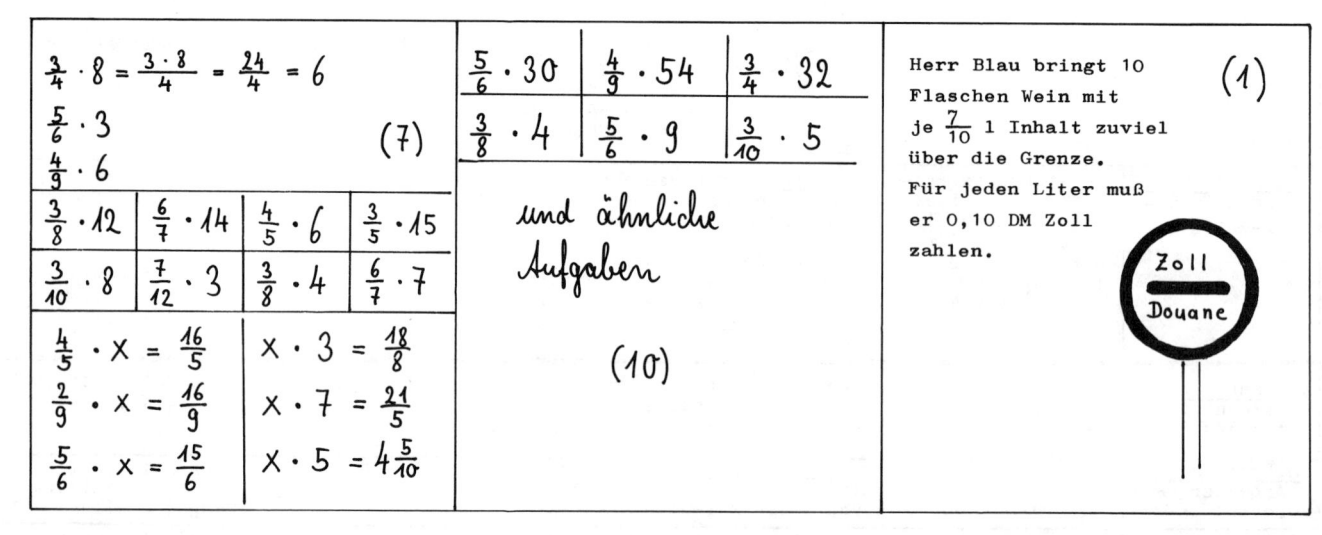

linke Klapptafel:

$\frac{3}{4} \cdot 8 = \frac{3 \cdot 8}{4} = \frac{24}{4} = 6$

$\frac{5}{6} \cdot 3$

$\frac{4}{9} \cdot 6$ (7)

| $\frac{3}{8} \cdot 12$ | $\frac{6}{7} \cdot 14$ | $\frac{4}{5} \cdot 6$ | $\frac{3}{5} \cdot 15$ |
| $\frac{3}{10} \cdot 8$ | $\frac{7}{12} \cdot 3$ | $\frac{3}{8} \cdot 4$ | $\frac{6}{7} \cdot 7$ |

$\frac{4}{5} \cdot x = \frac{16}{5}$	$x \cdot 3 = \frac{18}{8}$
$\frac{2}{9} \cdot x = \frac{16}{9}$	$x \cdot 7 = \frac{21}{5}$
$\frac{5}{6} \cdot x = \frac{15}{6}$	$x \cdot 5 = 4\frac{5}{10}$

rechte Klapptafel:

| $\frac{5}{6} \cdot 30$ | $\frac{4}{9} \cdot 54$ | $\frac{3}{4} \cdot 32$ |
| $\frac{3}{8} \cdot 4$ | $\frac{5}{6} \cdot 9$ | $\frac{3}{10} \cdot 5$ |

und ähnliche Aufgaben

(10)

Rückseite:

Herr Blau bringt 10 Flaschen Wein mit je $\frac{7}{10}$ l Inhalt zuviel über die Grenze. Für jeden Liter muß er 0,10 DM Zoll zahlen.   (1)

[Zoll / Douane Schild]

UG	Lehrschritte (Artikulationsdefinition)	Lehrinhalte und Lernziele (= Lz)	Lehrakte .... Lernakte		Sozialformen	Lernhilfen
Eröffnungsphase	1. Lehrschritt (Problembegegnung)	Wieviel Liter muß Herr Blau verzollen?	Textdarbietung Impuls: Die Frage fehlt!	– lesen – sich äußern – formulieren	Hb	Tafel (1)
	2. Lehrschritt (Provokation)	Die Addition als Lösungsweg ist umständlich	Demonstration: Addieren des Inhalts der Flaschen. (Mitschreiben an der Tafel)	– Brüche addieren	Hb	Tafel (2) Tafel (3)
	3. Lehrschritt (Zielangabe)	Wir multiplizieren einen Bruch mit einer ganzen Zahl.	Feststellung: Es gibt ein kürzeres Verfahren; Formulierung des Stundenthemas;	– Zielangabe formulieren	Hb	Tafel (4)
Erarbeitungsphase	4. Lehrschritt (erste Teilergebnisgewinnung)	Regelbildung (Lz 1) (Lz 2)	Erarbeitungsgespräch: Der Wert des Produkts ist uns durch die Addition bekannt. Wir untersuchen, wie man durch Multiplizieren zu dem Ergebnis kommt. Formulierung der Regel;	– vergleichen – abstrahieren – formulieren	Hb	Tafel (5) Tafel (6)
	5. Lehrschritt (Teilergebnisfixierung, Verständniskontrolle)	(Lz 3)	Erarbeitungsgespräch: Gemeinsame Formulierung und Fixierung des ersten Teilergebnisses und der Regel an Tafel und im Heft; anschließend Arbeitsauftrag zur Lösung der Aufgaben der linken Klapptafel"	– schreiben – rechnen	Hb/Aa	Tafel (4,6) Tafel (7)
	6. Lehrschritt (Problemstellung)	Mathematische Zusammenhänge aufspüren	Erarbeitungsgespräch und Arbeitsauftrag: $\frac{13}{14} \cdot 28 \quad \frac{12}{25} \cdot 75$ Die Rechnung ist umständlich, das Ergebnis so verblüffend einfach; wenn man die Zahlen genau studiert, kann man eine Vereinfachung finden!	– rechnen – vermuten	Hb	Notizblock Tafel: $\frac{13}{14} \cdot 28 = 26$ $\frac{12}{25} \cdot 75 = 36$
	7. Lehrschritt (zweite Teilergebnisgewinnung)	Durch Kürzen von Nenner und Multiplikator läßt sich die Rechnung vereinfachen. (Lz 4)	Auftrag: Betrachtet das Pfeildiagramm! Schreibt die vereinfachte Rechnung auf und vergleicht! Erklärung: Nenner und Multiplikator werden gekürzt. Zusätzliche Erläuterung durch einige Beispiele;	– vergleichen – schlußfolgern – aufnehmen – reflektieren	Pa Hb	Tafel (8) Tafel (9)
Sicherungsphase	8. Lehrschritt (Teilergebnisfixierung, Verständniskontrolle)	(Lz 3 und 4)	Erarbeitungsgespräch: Gemeinsame Formulierung und Fixierung des zweiten Teilergebnisses und der Regel an Tafel und im Heft; anschließend Arbeitsauftrag zur Lösung der Aufgaben der rechten Klapptafel; abschließend Kontrolle der Rechenergebnisse;	– schreiben – rechnen	Hb/Aa	Tafel (9) Tafel (10)

Hauptlernziel:	Unterrichtsthema:	Autor: Karl-Heinz Kolbinger
Die vier Grundrechenarten im Bereich der Bruchzahlen in Bruchstrichschreibweise ausführen können	Wir multiplizieren Bruchzahlen mit Bruchzahlen	Unterrichtszeit Empfehlung: 90 min

Vorbemerkungen:

Die Bruchzahlen werden mit Operatoren eingeführt. Mit Hilfe dieser Operatoren können die Rechenverfahren der Multiplikation und Division von Bruchzahlen einsichtig gemacht werden.
In der herkömmlichen Didaktik wurden die Operationen der zweiten Stufe (Multiplikation und Division) mit denjenigen Fällen eingeführt, bei denen der Multiplikator oder Divisor eine natürliche Zahl ist. In einem langwierigen Lehrgang wurde auf die Multiplikation und Division von Bruchzahlen miteinander allmählich ausgeweitet. In der heutigen Vorstellung steigt man mit Hilfe der Verkettung von Operatoren sofort mit dem allgemeinsten Fall ein: Bruchzahl multipliziert mit Bruchzahl. Die Sonderfälle, z. B. Multiplikation von Bruchzahlen mit einer natürlichen Zahl oder die Multiplikation von gemischten Zahlen mit gemischten Zahlen werden auf diesen allgemeinsten Fall zurückgeführt. Auf diese Weise wird dem Schüler nicht eine Unmenge von Regeln aufgebürdet, die dann bei der Anwendung allzu leicht verwechselt werden. Im Bereich der Multiplikation von Bruchzahlen genügt eine Regel: Zähler mal Zähler, Nenner mal Nenner.

Teillernziele:

Der Schüler soll
1. ... durch anschauliche Darstellung des Operationsvorganges und rechnerische Durchdringung den Operationsvorgang der Multiplikation von Bruchzahlen verstehen lernen (kognitiv),
2. ... anschauliche Darstellungen zum Operationsvorgang selbst herstellen können (psychomotorisch),
3. ... wissen, daß man die Verkettung von Bruchoperatoren auch als Multiplikation der Bruchzahlen bezeichnen kann (kognitiv),
4. ... die Regel für die Multiplikation von Bruchzahlen formulieren und anwenden können (kognitiv),

Medien:

Notizblock; Overheadprojektor; 2 Folien; Fahnen von Deutschland, von Österreich, von Frankreich; Wandtafel; Arbeitsblatt; kariertes Papier;

Literatur:

1. Oehl/Palzkill, Die Welt der Zahl-Neu, Ausgabe Bayern, 6. Jgst., Oldenbourg/Schroedel Verlag, S.34 ff;
2. Lauter, Baireuther, Zahl und Form, 6. Jgst., Auer Verlag, S. 25 ff;
3. Nordmeier, Westermann Mathematik, 6. Jgst., Ausgabe Bayern, Westermann Verlag, S. 23 ff;
4. Hayen, Vollrath, Weidig, Gamma 6, Ausgabe Bayern, Klett Verlag, S. 25 ff;

Tafelbild:

Wir multiplizieren Bruchzahlen mit Bruchzahlen

a) Eine Fahne hat einen Flächeninhalt von $\frac{7}{10}$ dm². $\frac{3}{4}$ der Fahne ist blau gefärbt.

b) 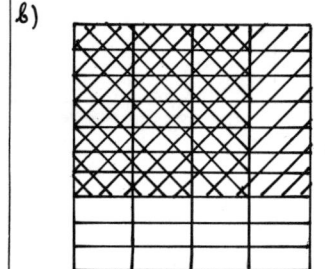
1. Quadratmeter zeichnen
2. Fahnenfläche ermitteln
3. blau gefärbte Fläche der Fahne zeichnen

Anzahl der Kästchen, die schraffiert und zugleich blau gefärbt sind: 21
Anzahl der Gesamtkästchen: 40

$\frac{7}{10}$ m² · $\frac{3}{4}$ = $\frac{21}{40}$

c) 1dm² $\xrightarrow{\cdot \frac{7}{10}}$ $\frac{7}{10}$ dm² $\xrightarrow{\cdot \frac{3}{4}}$ $\frac{21}{40}$ dm²

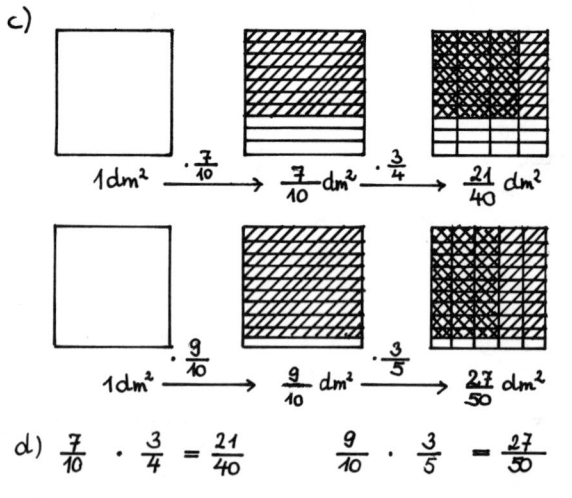

1dm² $\xrightarrow{\cdot \frac{9}{10}}$ $\frac{9}{10}$ dm² $\xrightarrow{\cdot \frac{3}{5}}$ $\frac{27}{50}$ dm²

d) $\frac{7}{10} \cdot \frac{3}{4} = \frac{21}{40}$ $\frac{9}{10} \cdot \frac{3}{5} = \frac{27}{50}$

Zähler mal Zähler, Nenner mal Nenner

Folie (2):

1. Zeichne
a) 1dm² $\xrightarrow{\cdot \frac{3}{5}}$ $\frac{3}{10}$ □ dm²
b) 1dm² $\xrightarrow{\cdot \frac{5}{8}}$ $\frac{7}{10}$ □ dm²

2. Übersetze in die Operatorschreibweise

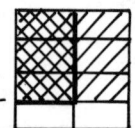

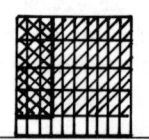

Folie (1):

1. a) 30 cm $\xrightarrow{\cdot \frac{2}{3}}$ ○ cm   b) 45 kg $\xrightarrow{\cdot \frac{4}{9}}$ ○ kg
c) 1 t $\xrightarrow{\cdot \frac{1}{2}}$ ○ kg   d) 30 g $\xrightarrow{\cdot \frac{5}{6}}$ ○ g

2. In einer Klasse sind von 30 Schülern 25 anwesend. Bruchteil?

3. Welcher Bruchteil ist dargestellt?
a)   b)   c)

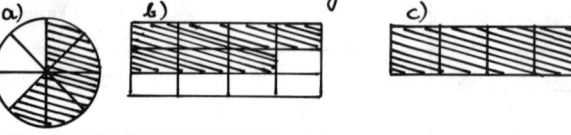

Ergebnisse von Folie (1):

1. a) 20 cm   b) 20 kg   c) 500 kg   d) 25 g

2. 30 $\xrightarrow{:30 \cdot 25}$ 25   30 $\xrightarrow{:6 \cdot 5}$ 25 $\frac{5}{6}$ von 30 Schülern sind anwesend.

3. a) $\frac{5}{8}$ b) $\frac{7}{12}$ c) $\frac{4}{5}$

Arbeitsblatt:

1. Fülle aus. Kürze wenn möglich.

·	$\frac{2}{3}$	$\frac{4}{7}$	$\frac{7}{9}$	$\frac{9}{11}$
$\frac{1}{9}$				
$\frac{5}{7}$				
$\frac{5}{9}$				

·	$\frac{4}{5}$	$\frac{8}{9}$	$\frac{2}{3}$	$\frac{4}{11}$
$\frac{7}{9}$				
$\frac{3}{7}$				
$\frac{6}{19}$				

2.

1. Faktor	$\frac{4}{5}$	$\frac{3}{4}$	$\frac{6}{7}$	$\frac{3}{4}$	$\frac{1}{2}$	$\frac{7}{10}$
2. Faktor	$\frac{3}{8}$		$\frac{5}{9}$			
Produkt		$\frac{21}{32}$		$\frac{15}{44}$	$\frac{4}{10}$	$\frac{21}{160}$

UG	Lehrschritte (Artikulationsdefinition)	Lehrinhalte und Lernziele (= Lz)	Lehrakte .... Lernakte		Sozialformen	Lernhilfen
Eröffnungsphase	1. Lehrschritt: (Anknüpfung)	Anwendung eines Bruchoperators auf Größen, auf Anzahlen und flächenhafte Darstellungen	Arbeitsauftrag: Löse die Aufgaben. Verarbeitungsgespräch: Ergebnisse werden gemeinsam besprochen.	- bearbeiten - besprechen	Aa Hb	Notizblock Folie 1
	2. Lehrschritt: (Vorbereitung der Sachsituation)		Erarbeitungsgespräch nach Sachimpuls: Schüler vergleichen die Fahnen. Sie sprechen über ihre Farben und beschreiben weitere bekannte Fahnen.	- sich äußern	Hb	Fahnen: Deutschland, Österreich, Frankreich
	3. Lehrschritt: (Ausbreiten der Sachsituation)		Informationsübergabe: Schüler lesen Tafeltext.	- lesen	Hb	Tafelbild (a)
	4. Lehrschritt: (Zielangabe)		Feststellung: Wir berechnen den Flächeninhalt der blauen Fläche. "von" bedeutet "multiplizieren". Wir rechnen: $\frac{7}{10} m^2 \cdot \frac{3}{4}$ Wir multiplizieren Bruchzahlen mit Bruchzahlen.	- sich äußern	Hb	Tafelbild: Überschrift
Erarbeitungsphase	5. Lehrschritt: (Hypothesenbildung)		Diskussion: Evtl. folgende Vorschläge: Umwandeln von $\frac{7}{10} m^2$ in dm^2 Einwirkung eines Multiplikations- und eines Divisionsoperators; Zeichnerische Lösung;	- besprechen	Kf	
	6. Lehrschritt: (bildliche Repräsentation)	deutliche Gliederung in 3 Phasen: Ausgangssituation; Fahnenfläche; Färbungsfläche; Rechtecksdarstellung (Lz 1)	Demonstration von Vorgängen: 1. Phase: Einen Quadratmeter zeichnen 2. Phase: Entstehung der Fahnenfläche: zehn waagrechte Teilungsstriche werden gezogen, durch die 10 gleichgroße Teilflächen entstehen. 7 davon werden schraffiert; 3. Phase: Entstehung der Färbungsfläche: 4 senkrechte Teilstriche werden gezogen. 3 der 4 gleichgroßen Flächen werden blau angemalt. Es wird festgestellt, wie viele von der Gesamtzahl der Kästchen zugleich blau und zugleich schraffiert sind.	- zusehen - mitdenken	Hb	Tafelbild (b)
	7. Lehrschritt: (bildliche Repräsentation)	Rechtecksdarstellung (Lz 1/2)	Arbeitsanweisung: Stelle durch Zeichnung fest: $\frac{7}{10}$ von $\frac{3}{4} dm^2$; $\frac{3}{5}$ von $\frac{9}{10} dm^2$; Verarbeitungsgespräch: Mit Hilfe der Tafelzeichnung werden die Lösungen gemeinsam besprochen.	- zeichnen - feststellen - besprechen	Aa Hb	kariertes Papier Tafelbild (c)
	8. Lehrschritt: (bildliche Repräsentation)	Zuordnung des Operatormodells zur zugehörigen Rechtecksdarstellung (Lz 1/2)	Impuls: Zu den drei Flächen läßt sich das Operatormodell angeben.	- hinhören	Hb	Tafelbild (c)
	9. Lehrschritt: (bildliche Repräsentation)	Umwandlungen vom Operatormodell zur Rechtecksdarstellung und umgekehrt (Lz 1/2)	Arbeitsauftrag: a) Operatorvorgabe in flächenhafte Darstellung umwandeln b) flächenhafte Darstellung in Operator umwandeln Verarbeitungsgespräch: Die Ergebnisse werden gemeinsam besprochen.	- zeichnen - notieren - besprechen	Ga Hb	Folie 2
	10. Lehrschritt: (formale Repräsentation)	Regelfindung für Multiplikation von Bruchzahlen (Lz 1/2/3/4)	Erarbeitungsgespräch: Regelfindung Durch Vergleich mit den behandelten Aufgaben läßt sich feststellen: Bruchzahlen werden miteinander multipliziert, indem man Zähler mit Zähler und Nenner mit Nenner multipliziert.	- schließen - sich äußern	Hb	Tafelbild (d)
Sicherungsphase	11. Lehrschritt: (Anwendung)	(Lz 4)	Arbeitsauftrag: Lösen von Aufgaben auf Arbeitsblatt. Verarbeitungsgespräch: Ergebnisse werden gemeinsam besprochen.	- berechnen - sich äußern	Pa Hb	Arbeitsblatt Nr. 1 und 2
	12. Lehrschritt: (Rückschau)	(Lz 4)	Erarbeitungsgespräch nach Impuls: Der Flächeninhalt der blauen Fläche der Fahne läßt sich leicht berechnen.	- begründen	Hb	

Hauptlernziel: Fähigkeit, Sachaufgaben zur Addition und Subtraktion von Bruchzahlen zu lösen.	Unterrichtsthema: Herr Türk plant seinen Sommerurlaub. Sachaufgabe zum Bruchrechnen.	Autor: Hubert Friedrich
		Unterrichtszeit Empfehlung: 1 UE

VORBEMERKUNGEN

Voraussetzung ist die Beherrschung des Addierens und Subtrahierens von ungleichnamigen Brüchen.

TEILLERNZIELE	MEDIEN
Die Schüler sollen	Tafel, OHP
1. aus dem Text Zahlenangaben herauslösen und deren Bedeutung anhand einer Schemazeichnung erläutern,	Reiseprospekte
2. Lösungswege finden,	Wandkarte des Mittelmeerraumes
3. den Rechenvorgang anhand von Lösungsplänen erklären,	oder Schüleratlanten
4. Bruchteile und Größen in Beziehung setzen,	evtl. Lichtbilder von Istanbul
5. die Rechnung nach dem erarbeiteten Plan lösen.	

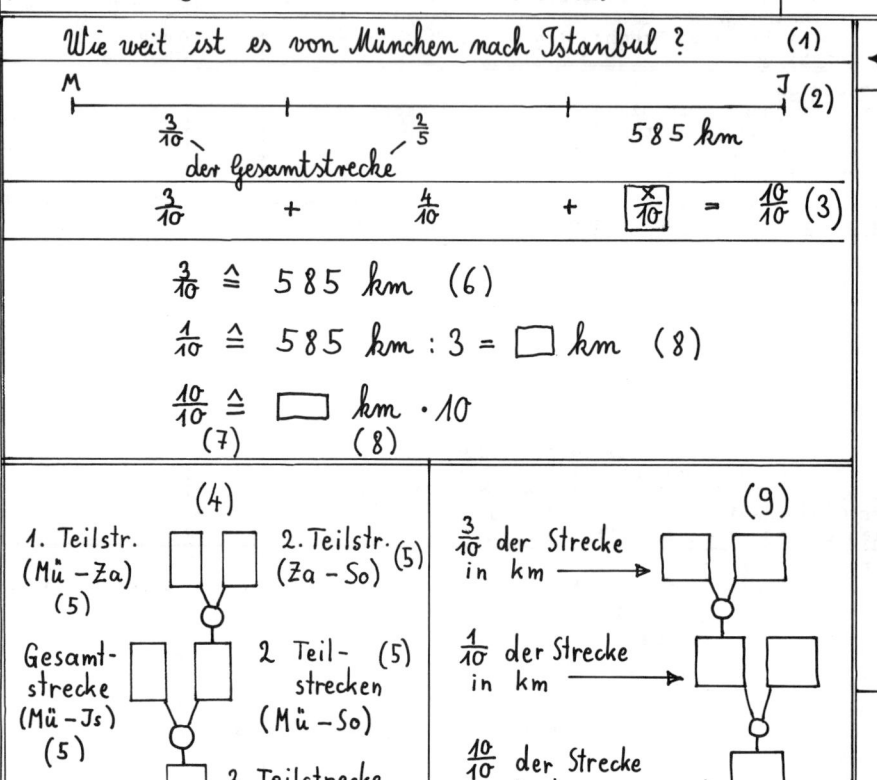

TAFELBILD (Mittelteil)

TEXT = FOLIE (1)

Herr Türk plant seinen Sommerurlaub. Er will mit seiner Frau nach Istanbul (Türkei) fahren. Er schätzt, daß er mit dem Auto 3 Tage unterwegs sein wird:

Am 1. Tag will er von München aus $\frac{3}{10}$ der Gesamtstrecke fahren und bei Zagreb (Jugoslawien) übernachten.

Am 2. Tag will er $\frac{2}{5}$ der Gesamtstrecke bewältigen und bei Sofia (Bulgarien) übernachten. Von dort aus sind es noch 585 km nach Istanbul.

Wie weit ist es von München nach Istanbul?

(Wie weit ist es von München nach Zagreb und von Zagreb nach Sofia?)

Wie weit ist es von München nach Istanbul? (1)

$\frac{3}{10}$ + $\frac{4}{10}$ + $\boxed{\frac{x}{10}}$ = $\frac{10}{10}$ (3)

$\frac{3}{10} \triangleq 585\ km$ (6)

$\frac{1}{10} \triangleq 585\ km : 3 = \square\ km$ (8)

$\frac{10}{10} \triangleq \square\ km \cdot 10$ (7)(8)

(4) 1. Teilstr. (Mü–Za) (5) / 2. Teilstr. (Za–So) (5)
Gesamtstrecke (Mü–Is) (5) / 2 Teilstrecken (Mü–So) (5)
3. Teilstrecke (So–Is) (5)

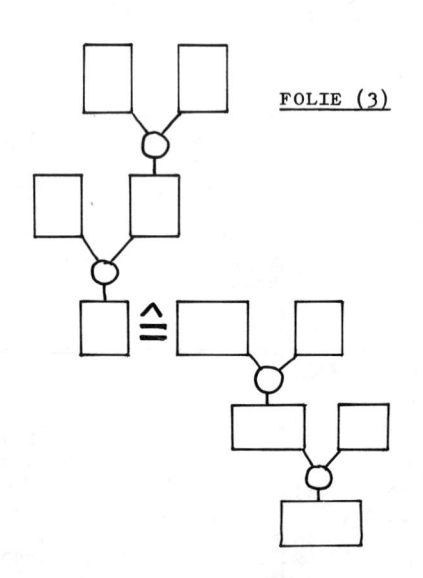

(9) $\frac{3}{10}$ der Strecke in km →
$\frac{1}{10}$ der Strecke in km →
$\frac{10}{10}$ der Strecke in km →
(10)

linke Klapptafel | rechte Klapptafel

FOLIE (2)

FOLIE (3)

UG	Lehrschritte (Artikulationsdefinition)	Lehrinhalte und Lernziele (= Lz)	Lehrakte .... Lernakte		Sozial-formen	Lernhilfen
Eröffnungsphase	1. Lehrschritt (Problembegegnung)	Sachlicher Hintergrund	Impuls: Reiseprospekt vorzeigen (evtl. Lichtbild von Istanbul)	– sich äußern – anschauen	Hb	Prospekte Lichtbild
	2. Lehrschritt (Textbegegnung)	Herr Türk will nach Istanbul	Textdarbietung	– lesen	Hb	Folie (1)
	3. Lehrschritt (Zielangabe)	Wie weit ist es von München nach Istanbul?	Frage: Was müssen wir berechnen?	– antworten	Hb	Tafel (1)
Erarbeitungsphase	4. Lehrschritt (Sachliche Klärung)	Reiseweg	Erarbeitungsgespräch: Ermitteln des Reiseweges; Lokalisieren der Städte, Länder, Meere;	– Kartenarbeit	Hb (Pa	Folie (2) Wandkarte Atlas)
	5. Lehrschritt (Mathematische Durchdringung)	Herauslösen und In-Beziehung-Setzen der Zahlenangaben	Erarbeitungsgespräch: Schematische Darstellung des Reiseweges; Nennung der Zwischenstationen; jeweils mit Fixierung an der Tafel;	– herauslösen – in Beziehung setzen	Hb	Tafel (2) M Z S J $\frac{3}{10}$ $\frac{2}{5}$ 585 km
	6. Lehrschritt (Erarbeitung des 1. Teilziels)	Welcher Bruchteil der Gesamtstrecke ist die letzte Teilstrecke? $\frac{2}{5} = \frac{4}{10}$ $\frac{3}{10} + \frac{4}{10} + \frac{x}{10} = \frac{10}{10}$	Arbeitsauftrag: Zeichnet ein Schema der Gesamtstrecke (Länge 10 cm). Tragt genau ein, wo Zagreb und Sofia liegen! Impuls: Aus der Zeichnung können wir eine weitere Angabe über die letzte Teilstrecke entnehmen, die wir auch durch Rechnung finden können! Arbeitsauftrag: Anschließend Kontrolle der Arbeitsergebnisse;	– zeichnen – berechnen – Rechenansatz suchen – verknüpfen	Aa/Pa Hb Pa	Heft Lineal Tafel (3) Tafel (4)
	7. Lehrschritt (Verständniskontrolle)	Zahl und Sache	Erarbeitungsgespräch: Herausarbeitung der Bedeutung jeder Zahl; Fixierung an der Tafel;	– verbalisieren	Hb	Tafel (5)
	8. Lehrschritt (Erarbeitung des 2. Teilziels)	Bruchteil und Größe in Beziehung setzen (Lz 4) $\frac{1}{10} \triangleq 585 : 3 = \square$ $\frac{10}{10} \triangleq \square \cdot 10$	Impulse: Zur 3. Teilstrecke haben wir nun 2 Zahlenangaben! Wir wissen nun, wieviel km $\frac{3}{10}$ der Gesamtstrecke sind. Wir müssen ausrechnen, wieviel $\frac{10}{10}$ sind. Erklärung des Rechenweges Arbeitsauftrag: Berechnet mit diesem Lösungsplan! Anschließend Kontrolle der Arbeitsergebnisse;	– verbinden – schlußfolgern – mitdenken – verknüpfen – rechnen	Hb Hb Pa	Tafel (6) Tafel (7) Tafel (8) Tafel (9)
Sicherungsphase	9. Lehrschritt (Verständniskontrolle)	Zahl und Sache	Erarbeitungsgespräch: Herausarbeitung der Bedeutung jeder Zahl; Fixierung an der Tafel;	– verbalisieren	Hb	Tafel (10)
	10. Lehrschritt (Gesamtlösung des Rechenproblems)	(Lz 5)	Aufträge: Dies ist die Verknüpfung der beiden Lösungspläne. 1. Nennt die Operationszeichen und die Bedeutung eines jeden Kästchens! 2. Löst die Aufgabe mit diesem Plan!	– verbalisieren – rechnen	Hb/Aa	Folie (3) Heft

Hauptlernziel:	Unterrichtsthema:	Autor: Karl-Heinz Kolbinger
Rechnen mit Bruchzahlen in Dezimalschreibweise	Einführung in die dezimale Schreibweise von Bruchzahlen	Unterrichtszeit Empfehlung: 45 min

Vorbemerkungen:
Beim Dezimalsystem beträgt jeder Stellenwert, der um eine Stelle von rechts nach links rückt, das Zehnfache. Bei der Darstellung natürlicher Zahlen geben die Einer den letzten Stellenwert an. Zur Darstellung von Bruchzahlen werden die Stellenwerte von links nach rechts erweitert. Die Stellenwerte nach den Einern werden Dezimale genannt. Zwischen Einern und den Dezimalen wird ein Komma gesetzt. Die Zehntel sind die erste Stelle nach dem Komma, es folgen Hundertstel, Tausendstel ... Die Dezimalen werden, um Verwechslungen vorbeugen zu können, einzeln gesprochen, z. B. 3,74: drei-Komma-sieben-vier.
Die Dezimalzahlen sind dem Schüler aus der Grundschule und aus der 5. Jgst. bekannt. In dieser Unterrichtseinheit soll jedoch das Prinzip der Darstellung dieser Bruchzahlen und der Zusammenhang zwischen Bruchzahlen in Bruchstrichschreibweise verständlich gemacht werden.

Teillernziele:
Der Schüler soll
1. ... Dezimalbrüche in Verbindung mit Größen verwenden können (kognitiv),
2. ... wissen, daß die erste, zweite ... Dezimale Zehntel, Hundertstel ... bedeutet (kognitiv),
3. ... einen Dezimalbruch in eine Stellentafel eintragen und ablesen können (psychomotorisch),
4. ... Dezimalbrüche als gewöhnliche Brüche und umgekehrt schreiben können (kognitiv),
5. ... wissen, daß der gewöhnliche Bruch 37/100 und der Dezimalbruch 0,37 nur verschiedene Namen derselben Bruchzahl sind (kognitiv),

Medien:
Wandtafel, Folie mit Ergebnissen, Arbeitsblatt, Notizblock;

Literatur:
1. Hayen, Vollrath, Weidig, Gamma 6, Ausgabe Bayern, Klett Verlag, S. 36 ff;
2. Nordmeier, Westermann Mathematik, 6. Jgst., Ausgabe Bayern, Westermann Verlag, S. 36 ff;
3. Lauter, Baireuther, Zahl und Form 6, Auer Verlag, S. 44 ff;
4. Oehl/Palzkill, Die Welt der Zahl-Neu, 6. Jgst., Ausgabe Bayern, Oldenbourg/Schroedel Verlag, S. 42 ff;
5. Kriegelstein, Der Mathematikunterricht in der 5./6. Jgst. der Hauptschule, Ehrenwirth Verlag, S. 66 ff;

Tafelbild:

Wir erweitern die Stellentafel nach rechts

a) $1\,dm = \frac{1}{10}\,m$ $1\,cm = \frac{1}{100}\,m$ $1\,mm = \frac{1}{1000}\,m$

$0,5\,m = 5\,dm$ $0,05\,m = 5\,cm$ $0,005\,m = 5\,mm$

b) Stellentafel:

M	HT	ZT	T	H	Z	E
				3	1	2
			3	1	2	0
		3	1	2	0	0
	3	1	2	0	0	0
3	1	2	0	0	0	0

H	Z	E	z	h	t
3	1	2			
	3	1	2		
		3	1	2	
			3	1	2

← nach links: Zehnfache   nach rechts: zehnter Teil →

E	z	h	t
1	$\frac{1}{10}$	$\frac{1}{100}$	$\frac{1}{1000}$
0	2	7	8

$= \frac{2}{10} + \frac{7}{100} + \frac{8}{1000} = \frac{278}{1000}$

Dezimalbruch   Zehnerbruch

Folie mit Ergebnissen (für Ls 1):

3579 ; 3597 ; 3759 ; 3795 ; 3957 ; 3975
5379 ; 5397 ; 5739 ; 5793 ; 5937 ; 5973
7359 ; 7395 ; 7539 ; 7593 ; 7935 ; 7953
9357 ; 9375 ; 9573 ; 9537 ; 9735 ; 9753

Arbeitsblatt:

1. Schreibe als Dezimalbruch: 3m 18cm, 5hl 3l, 7t 250 kg, 3 DM 3 Pf, 9 kg 25 g, 1 kg 37 g

2. Schreibe mit zwei Maßeinheiten: 6,25 hl, 7,378 km, 9,07 m, 10,04 cm², 17,54 DM

3. Fülle aus:

4E 42h	0E 7t	3E 6h	
$4\frac{42}{100}$	$\frac{675}{100}$	$\frac{75}{100}$	
$\frac{442}{100}$			$\frac{7026}{1000}$
4,42		0,005	

Ergebnisse des Arbeitsblattes:

1. 3,18 m ; 5,03 hl, 7,250 t, 3,03 DM, 9,025 kg, 1,037 kg

2. 6 hl 25 l ; 7 km 378 m ; 9 m 7 cm ; 10 cm² 4 mm² ; 17 DM 54 Pf

4E 2h	6E 75h	0E 7t	0E 75h	3E 6h	0E 5t	7E 26t
$4\frac{42}{100}$	$6\frac{75}{100}$	$\frac{7}{1000}$	$\frac{75}{100}$	$3\frac{6}{100}$	$\frac{5}{1000}$	$7\frac{26}{1000}$
$\frac{442}{100}$	$\frac{675}{100}$	$\frac{7}{1000}$	$\frac{75}{100}$	$\frac{306}{100}$	$\frac{5}{1000}$	$\frac{7026}{1000}$
4,42	6,75	0,007	0,75	3,06	0,005	7,026

UG	Lehrschritte (Artikulationsdefinition)	Lehrinhalte und Lernziele (= Lz)	Lehrakte .... Lernakte		Sozial-formen	Lernhilfen
Eröffnungsphase	1. Lehrschritt: (Vorbereitung der Vorkenntnis-ermittlung)	kombinatorische Zahlbildungen	Arbeitsaufgabe: Mit den Ziffern 3,5,7,9 lassen sich 24 verschiedene vierstellige Zahlen zusammenstellen. Partnergespräch: Anhand der Folie mit den Ergebnissen werden die Zahlen kontrolliert.	- kombinieren - besprechen - vergleichen	Pa Pa	Folie mit Ergebnissen
	2. Lehrschritt: (Mobilisierung des Vorwissens)	Ziffern- und Stellenwert einer Zahl	Impuls: In jeder Zahl sind nur die Ziffern 3,5,7,9 enthalten; trotzdem hat jede Zahl einen anderen Wert. Schüler erkennen: gleiche Ziffern, doch die Ziffern haben verschiedenen Stellenwert.	- hinhören - erkennen - sich äußern	Hb	
	3. Lehrschritt: (Mobilisierung des Vorwissens)	Gesetzmäßigkeiten bei Erweiterung der Stellentafel nach links	Erarbeitungsgespräch nach Sachimpuls Vorzeigen einer Stellentafel, in der untereinander die Zahlen: 312, 3 120, 31 200 ... eingetragen sind. Schüler erkennen folgende Gesetzmäßigkeiten: Die Zahlen werden jeweils mit 10 multipliziert. Jedesmal, wenn eine Ziffer nach links gerückt wird, erhalten die Ziffern den zehnfachen Stellenwert. Die Stellentafel wird nach links erweitert.	- hinsehen - erkennen - sich äußern	Hb	Tafelbild (b) linke Stellentafel
	4. Lehrschritt: (Zielangabe)		Feststellung: Wir erweitern die Stellentafel nach rechts.	- hinhören	Hb	Tafelbild Überschrift
Erarbeitungsphase	5. Lehrschritt: (enaktive Repräsentation)	(Lz 1)	Demonstration von Vorgängen: Am Meterstab wird aufgezeigt: 1 dm (1 cm, 1 mm) ist der zehnte (hundertste, tausendste) Teil eines Meters. o,5 m (0,05 m, 0,005 m) bedeutet 5 dm (5 cm, 5 mm). Die Länge wird jeweils um den zehnten Teil kleiner.	- hinsehen - reflektieren - sich äußern	Hb	Tafelbild (a)
	6. Lehrschritt: (formale Repräsentation)	Veränderung des Stellenwertes (Lz 2/3/4/5) Stellenwerte rechts neben den Einern Bedeutung der Dezimalzahl Sprechweise der Dezimalzahl Zusammenhang zwischen Bruchzahlen in Bruchstrich- und Dezimalschreibweise	Erläuterung: Beim Verschieben einer Ziffer in die benachbarte linke Spalte wächst der Stellenwert auf das Zehnfache; beim Verschieben um eine Spalte nach rechts, geht der Stellenwert auf den zehnten Teil zurück. Die Stelle rechts neben den Einern gibt die Zehntel, die zweite die Hundertstel, die dritte die Tausendstel an. Der zehnte (hundertste, tausendste) Teil von 1 beträgt 1 Zehntel (1 Hundertstel, 1 Tausendstel). 0,278 besitzt zwei Zehntel, sieben Hundertstel und acht Tausendstel. Die Ziffern rechts vom Komma heißen Dezimalziffern. Die Dezimalzahl wird gelesen: null-Komma-zwei-sieben-acht oder zweihundertachtundsiebzig Tausendstel. Bruchzahlen mit den Nennern 10, 100, 1 000 heißen Zehnerbruchzahlen. Dezimalzahlen sind eine andere Schreibweise für Zehnerbrüche.	- hinhören - mitdenken	Hb	Tafelbild (b)
Sicherungsphase	7. Lehrschritt: (Anwendung)	(Lz 2/3/4/5)	Arbeitsauftrag: Löse die Aufgaben auf dem Arbeitsblatt. Verarbeitungsgespräch: Ergebnisse werden gemeinsam besprochen.	- notieren - besprechen - vergleichen	Aa Hb	Arbeitsblatt
	8. Lehrschritt: (sachinhaltliche Ergänzung)	(Lz 4)	Erarbeitungsgespräch: nach Frage: Worauf muß beim Übertragen von Zehnerbruchzahlen in Dezimalzahlen und umgekehrt geachtet werden? Nullen füllen die unbesetzten Dezimalstellen aus. Anzahl der Nullen des Nenners des Zehnerbruches entspricht der Anzahl der Dezimalstellen der Dezimalzahlen.	 - überlegen - antworten	Hb	
	9. Lehrschritt: (erneute Anwendung)	kombinatorische Zahlbildungen (Lz 2/3/4)	Arbeitsanweisung: Verwende die Ziffern 3,4,5 jeweils einmal. Notiere alle Dezimalzahlen mit drei (vier) Dezimalstellen, die kleiner als 1 sind. Nenne die größte (kleinste) Dezimalzahl. Ergebniskontrolle:	- kombinieren - sich äußern	Aa Hb	Notizblock

125

Hauptlernziel: Anwendung der 4 Grundrechnungsarten mit Dezimalbrüchen in Sachaufgaben	Unterrichtsthema: Sachaufgabe: Beladen eines Fahrzeuges	Autor: Egbert Kuhlmay
		Unterrichtszeit Empfehlung: 1 UE

Vorbemerkung:
Die vorliegende Sachaufgabe setzt die Beherrschung der vier Grundrechnungsarten, sowie die Anwendung der "Klammerregel" und der Regel "Punkt vor Strich" voraus. Je nach Formulierung des Ausgangstextes läßt sich der Sachverhalt jedoch auch auf die Addition und Subtraktion beschränken. Die Dezimalbrüche könnten durch allgemeine Brüche ersetzt werden, so daß der Sachverhalt "Beladen eines Fahrzeuges" in der 6. Jahrgangsstufe mehrfach rechnerisch durchgearbeitet werden kann. Die Struktur des dargestellten methodischen Unterrichtsverlaufs bliebe dadurch im wesentlichen erhalten.

Lernziele:
Die Schüler sollen:
1. Sicherheit im Umgang mit Rechengesetzen (Klammerregel, "Punkt vor Strich") erlangen (kognitiv)
2. Lösungswege mathematisch korrekt und übersichtlich darstellen (kognitiv/psychomotorisch)
3. Lösungswege zu Sachaufgaben des dargestellten Schwierigkeitsgrades im Gesamtterm darstellen (kognitiv)
4. Überschlagsrechnungen mit Abweichungstendenz durchführen können (kognitiv/psychomotorisch)
5. schriftliche Rechenverfahren mit Dezimalbrüchen korrekt ausführen (kognitiv/psychomotorisch)

Medien:
Zeichnung eines Traktors mit beladenem Anhänger (TZ oder OHP), evtl. analoges Arbeitsblatt.

Literatur:
Kuhlmay, E.: Sachaufgaben zum Thema "Beladen eines Fahrzeuges", in: Ehrenwirth-Hauptschulmagazin, Heft 12/1978.

Tafelanschrift

① **Berechne und begründe Unterschiede!**

1. a) $4,8 - 1,2 : 4 =$
   b) $(4,8 - 1,2) : 4 =$
   c) $4,8 - (1,2 : 4) =$

2. a) $4,8 - (1,2 \cdot 4) =$
   b) $4,8 - 1,2 \cdot 4 =$
   c) $(4,8 - 1,2) \cdot 4 =$

3. a) $4,8 : (1,2 - 0,4) =$
   b) $(4,8 : 1,2) - 0,4 =$
   c) $4,8 : 1,2 - 0,4 =$

⑤ Landwirt Strobel transportiert Material zu der Baustelle seiner neuen Scheune. Er hat bereits 385 Hohlblocksteine zu je 4,8 kg auf dem Anhänger. Er will noch Eisenträger zu je 110 kg aufladen.
Dem Kraftfahrzeugschein entnimmt er folgende Angaben:
Traktor: Gewicht: 1,825 t
Anhänger: Leergewicht: 0,782 t
Nutzlast: 3,5 t
Auf dem Heimweg muß Herr Strobel auf dem Feldweg über eine Brücke mit einer Traglast von nur 6,5 t.

③ₐ 6,5t Gewicht 1,825t ② ⑦ Nutzlast 3,5t mögliche Zuladung? Leergew. 0,782t ③_b

④ Der Bauer darf nicht überladen!
⑤ 1. Wieviele Eisenträger dürfen aufgeladen werden?
   2. Darf der Traktor die Brücke befahren?

⑧⑨ **Lösung:** 1. $(3,500 t - 4,8 kg \cdot 385) : 0,110 t =$
$(3,500 t - 1,848 t) : 0,110 t =$
$1,652 t : 0,110 t = 15,018$
≈ 15

⑩ Es dürfen noch 15 Eisenträger aufgeladen werden.

⑧⑨ 2. $6,500 t - (1,825 t + 3,500 t + 0,782 t) =$
$6,500 t - 6,107 t = \underline{0,393 t}$

⑩ Der Traktor darf die Brücke befahren. Das zulässige Gesamtgewicht ist kleiner als 6,5 t.

(Die Nebenrechnungen fehlen aus Platzgründen!)

Zeige, daß du's kannst! ⑪

Auf einem Lkw liegen bereits 1300 Ziegel zu je 2,9 kg. Es sollen noch Ytongplatten zu je 103 kg aufgeladen werden. Der Lkw hat ein Leergewicht von 1,925 t, seine Nutzlast beträgt 6,5 t.
Auf dem Weg zur Baustelle ist eine Brücke mit 8,5 t Tragfähigkeit.
Formuliere 2 sinnvolle Rechenfragen und beantworte sie durch Rechnung!

UG	Lehrschritte (Artikulationsdefinition)	Lehrinhalte und Lernziele (= Lz)	Lehrakte .... Lernakte		Sozial-formen	Lernhilfen
Eröffnungsphase	1. Lehrschritt (Wiederholung)	Aktivierung der Rechenregeln (Lz 1)	Rechenbeispiele: Schüler rechnen mündlich oder schriftlich. Erklärung der Rechenwege u. Regeln	– rechnen – vergleichen – begründen	Aa Hb	TA ① (oder OHP)
	2. Lehrschritt (Problemstellung verbal)	Dramatisieren des Vorfeldes der Sachaufgabe	Sachimpuls: Tafelzeichnung Vermutungen der Schüler über Situation Sachimpulse: Einzeichnen der Eisenträger, sowie des Verkehrszeichens; Formulierung des vermutlichen Sachverhalts	– betrachten – vermuten – ergänzen – vermuten – formulieren	Hb	TA ② TA ③a und ③b
	3. Lehrschritt (Zielangabe)	Herausstellen des Sachproblems	Impuls: Der Bauer muß aufpassen! Reaktion: Er darf nicht überladen...	– vermuten – formulieren	Hb	TA ④
Erarbeitungsphase	4. Lehrschritt (Quantifizierung)		Auftrag: Überlege dir eine passende Rechengeschichte!	– formulieren	Pa Hb	Tafelzeichnung
	5. Lehrschritt (Darbietung)	Textrezeption	Informationsübergabe durch Text Tafelanschrift wird geöffnet.	– stilles Lesen – lautes Lesen	Hb	TA ⑤
	6. Lehrschritt (Verständnis-kontrolle)	Textreflexion	Sachimpuls: Zudecken versch. Textpassagen; Wiedergabe mit eigenen Worten	– rekonstruieren	Hb	TA ⑤ teilweise zudecken
	7. Lehrschritt (Problemformulierung)	Erkennen des mathematischen Problems	Unterrichtsfragen: 1. Wieviele Eisenträger dürfen noch aufgeladen werden? 2. Darf der Traktor die Brücke befahren?	– überlegen – formulieren – fixieren	Pa Hb	TA ⑥
	8. Lehrschritt (Strukturierung)	Darstellen der mathemat. Struktur (Lz 2)	Auftrag: Beschrifte die Zeichnung mit gegebenen Größen und Fachwörtern! Vergleich durch Verarb.-gespräch	– beschriften – berichten	Aa	TA ⑦ und Heft (oder AB)
	9. Lehrschritt (Problemlösung)	Darstellung als Gesamtterm (Lz 3)	Auftrag: Überlege dir einen geeigneten Lösungsweg! Bericht: Angabe nötiger Verknüpfungen Fixierung des Gesamtterms	– besprechen – formulieren – aufschreiben	Pa Hb	TA ⑧ und Heft (oder AB)
	10. Lehrschritt (Überschlag)	(Lz 4)	Auftrag: Mache den Überschlag und überlege, ob das tatsächliche Ergebnis nach unten oder oben abweicht!	– überschlagen – notieren – begründen	Aa	Seitentafel
	11. Lehrschritt (Lösen der Aufgabe)	Schriftliche Durchführung (Lz 1/2/5)	Auftrag: Rechne selbständig! Bericht des Ergebnisses	– ausrechnen – aufschreiben	Aa Hb	Heft TA ⑨
	12. Lehrschritt (Ergebnisstufe)		Formulierung einer Antwort Vergleich mit Überschlag	– aufschreiben – vergleichen	Hb	TA ⑩ und Heft (oder AB)
Sicherungsphase	13. Lehrschritt (Übung)	Variation; quantitative und qualitative Differenzierung (Lz 1 – 5)	Arbeitsanweisung: Löse ein ähnliches Beispiel selbständig! (Möglichkeiten: Variation der Zahlenwerte, Veränderung des Sachverhaltes oder der Lösungsstruktur)	– berechnen	Aa	TA ⑪ und Heft
	14. Lehrschritt (Ergebniskontrolle)		Verarbeitungsgespräch: Gemeinsame Besprechung erhaltener Ergebnisse	– sich äußern – vergleichen	Hb	TA (Ergebnisse)

Hauptlernziel:	Unterrichtsthema:	Autor:
Fähigkeit, den mathematischen Sachverhalt in Textaufgaben zu erkennen und in mathematische Sprache zu übersetzen	Wieviel kostet 1 kg Birnen?	G.H.Vogel/I. u. T.Jäger
		Unterrichtszeit Empfehlung 45 Min.

Vorbemerkung:

Mit einer sich schrittweise verändernden Bildsituation soll eine Sachsituation entwickelt werden. Eine Textaufgabe wird also nicht vorgegeben, sondern erst gefunden. Das Zahlenmaterial kann variiert, die Sachsituation aus anderen Bereichen gewählt werden.

Teillernziele:

Die Schüler sollen:
1. aus einer Bildvorgabe die Sachsituation erschließen und das gestellte Rechenproblem nennen können (Mathematisieren von Sachverhalten),
2. die gegebenen Zahlenwerte tabellarisch anordnen können,
3. einen Rechen-/Lösungsplan bzw. Teile davon entwerfen können.
4. Gruppe A: den Lösungsvollzug übersichtlich durchführen können,
   Gruppe B: den Lösungsvollzug unter Vorgabe von Teilüberschriften durchführen und darstellen können,
   Gruppe C: den Lösungsvollzug unter Mithilfe des Lehrers ausführen können,
5. das Lösungsergebnis konkretisieren können,
6. die Struktur des Lösungsweges unter Zuhilfenahme von Wortkarten angeben können.

Medien:

Tafel, Farbkreide, Tabelle, Wortkarten, OHP, Transparente, Folienstifte, Arbeitsblatt

Literatur:

Maier, H.: Methodik des Mathematikunterrichts 1-9, Donauwörth 1976,
Maier/Reischl/Vogel: Planungshilfen für den Mathematikunterricht in der Grundschule, Donauwörth 1976,
Strauß, J.: Sachrechnen im 5.-10. Schuljahr, Stuttgart 1970.

Folie 1 (Kopfrechenübung)

Frau Meier kauft ein

① Fleisch 10.25 DM
   Obst 9.75 DM
   Milch 1.15 DM
   Summe _____ DM

② Fleisch 12.75 DM
   Lebensmittel 22.25 DM
   Zeitungen _____ DM
   Summe 39.40 DM

③ 1 kg Schweinefleisch kostet 4.50 DM. Sie kauft 1½ kg und muß dafür ☐ DM bezahlen.

④ 1 Pfd. Mandarinen kostet 1.20 DM. Sie bezahlt 3.60 DM. Also hat sie ☐ kg gekauft.

Tafelbild:

Orangen	1 Pfd. - 0,45 DM	2½ kg
Äpfel	1 kg - 2 DM	2½ kg
Birnen	1 kg -	3 kg
	Summe: 11,45 DM	

(Gerüst und einige Zahlenangaben schon vorbereitet; Eintrag der fehlenden Werte nach Lösungsvollzug.)

Arbeitsblatt:

① ≡ mit Folie 2

② ≡ mit Folie für Gruppe B

a) Preis der Orangen

b) Preis der Äpfel

c) Preis der Orangen und Äpfel

d) Preis der Birnen

e) Preis für 1 kg Birnen

③ Beide Rechenpläne passen zu unserer Aufgabe. Probiere aus!

1. Plan

2. Plan

Wieviel kostet 1 kg Birnen?

Preis für Orangen
2,5 · 0,90 DM = ☐
                    11,45 DM — Preis für Äpfel und Orangen
2,5 · 2 DM = ☐   ☐ DM : 3 = ☐ DM
Preis für Äpfel   Preis für Birnen

1 kg Birnen kostet _____ DM.

NR:
2,5 · 0,9   5,00
  2,25   + 2,25
            ——————
             7,25 (7,25)

2,5 · 2
  5,0

4,20 : 3 = 1,40

(Je nach Leistungsstand zu handhaben.)

UG	Lehrschritte (Artikulationsdefinition)	Lehrinhalte und Lernziele (= Lz)	Lehrakte .... Lernakte		Sozialformen	Lernhilfen
Eröffnungsphase	1. Lehrschritt (Einstimmung)	Kopfrechnen: Schulung der Rechenfähigkeit und Rechenfertigkeit; Verbindung der vier Grundrechenarten	<u>Demonstration</u> von Folie ①; Spontanäußerungen sammeln; <u>Arbeitsaufgabe</u>: Ich decke einige Aufgaben auf. Überlege und notiere die Ergebnisse auf! Erläuterung und Vergleich der Rechenwege und Ergebnisse; Eintrag auf Folie; Verstärkung (Wer hat ... richtig?)	− sich äußern − rechnen − notieren − vergleichen − erklären − kontrollieren	Hb Aa	OHP-Transparent, das schrittweise aufgedeckt wird;
Erarbeitungsphase	2. Lehrschritt (Problementwicklung)	Darstellen und Entwickeln einer Rechensituation; Klärung des Sachverhalts; Entwickeln einer Rechenfrage; (Lz 1)	<u>Demonstration</u> von Folie ②; Spontanäußerungen sammeln; Ergänzung der Bilddarstellung durch folgende Eintragungen bei Äpfel: 1 kg 2,-- DM bei Orangen: 1 Pfd. 0,45 DM bei Birnen: 1 kg <u>Verarbeitungsgespräch</u> mit Problemfrage als Ergebnis: Wieviel kostet 1 kg Birnen? (TA 1)	− beschreiben − formulieren	Hb Hb	Bildsituation auf OHP-Transparent, das schrittweise aufgedeckt und durch Eintragungen ergänzt und vervollständigt wird; TA (Problemfrage);
		Entwickeln der "Rechengeschichte"; Mathematisierung des Sachverhalts	<u>Demonstration</u>: leere Sprechblase wird ins Folienbild zur einkaufenden Frau als Sprechanlaß gelegt; Schüler machen Vorschläge, was eingekauft werden könnte. Eintrag in die Sprechblase: 2 1/2 kg Orangen 2 1/2 kg Äpfel 3 kg Birnen	− vorschlagen − vermuten − vorlesen − zusammenfassen	Hb	Folienstück wird eingelegt und anschließend beschriftet
		Herausheben des mathematischen Sachverhalts	<u>Provokation</u>: Jetzt können wir zu rechnen beginnen. Protest der Schüler: Hinweis auf fehlende Angaben und mögliche Ergänzungen <u>Demonstration</u>: Sprechblase für die abgebildete Marktfrau wird eingelegt; Aufschrift: "macht 11,45 DM." <u>Partnergespräch</u>: Wie könnte unsere Rechengeschichte im Rechenbuch stehen?	− widersprechen − argumentieren − verbalisieren − diskutieren − formulieren	Hb Hb Pa	 Bildsituation ergänzt und vervollständigt; Bildsituation
	3. Lehrschritt (Lösungsplanung)	Zahlenwerte tabellarisch anordnen (Lz 2) Sachgespräch mit Zahlen	<u>Partnergespräch</u>: Überlege, wie man diese Tabelle durch Eintrag unserer gegebenen Zahlenwerte ergänzen könnte! <u>Verarbeitungsgespräch</u> und Eintrag <u>Impuls</u>: Jetzt sieht man, was uns noch fehlt.	− besprechen − vorschlagen − tabellieren − erklären	Pa Hb	Tabelle, TA ②
		Lösungsplan entwerfen (Lz 3)	<u>Partnergespräch</u>: Versucht einen oder mehrere Rechenwege oder Teilschritte zu finden, die ihr der Klasse erklären könnt. <u>Verarbeitungsgespräch</u> und Mitnotation an der Tafel (TA ③)	− diskutieren − beraten − berichten	Pa Hb	TA ③: Rechenplan mit Platzhalter
	4. Lehrschritt (Lösungsvollzug)	Durchführen der Lösung in differenzierter Form mittels verschiedener Hilfen und Darstellungen (Lz 4)	<u>Arbeitsanweisung</u>: Wer die Aufgabe jetzt alleine rechnen will, bekommt leere Folien (Gruppe A). Die Gruppen sollen den Weg übersichtlich darstellen und erklären. Wer nicht so ganz sicher ist, erhält eine Folie mit kleinen Hilfen (Gruppe B). Mit allen anderen rechne ich gemeinsam an der Tafel (TA 4: Nebenrechnungen)	− rechnen − darstellen − eintragen − lösen − ergänzen	Ga	verschiedene Folien (vgl. nebenstehende Seite); TA wird schrittweise mit Gruppe C durch Ergebniseintrag in die Platzhalter ergänzt;
	5. Lehrschritt (Lösungsfeststellung)	Vergleich der verschiedenen Darstellungsformen; Kontrolle der Ergebnisse; Erklären des Rechenweges (Lz 5)	<u>Verarbeitungsgespräch</u>: Transparente auflegen, Rechenschritte vergleichend erklären lassen, Tafelbild als Kontrolle für alle Gruppenergebnisse; Beantwortung der Rechenfrage TA ⑤;	− erklären − zeigen − vergleichen − versprachlichen	Hb	Folien, TA ③ ergänzt, TA ⑤ erstellt
Sicherungsphase	6. Lehrschritt (Arbeitsrückschau)	Durchstrukturierung des Lösungsweges; rekapitulierende und rekurrierende Betrachtung (Lz 6)	<u>Impuls</u>: Nun können wir auch die Lücken in unserer Tabelle füllen! <u>Impuls</u>: Wir können sogar die Probe machen. Summe muß den Wert 11,45 DM ergeben; <u>Demonstration</u> durch Wortkarten <u>Partnergespräch</u>: Ordne unserem Rechenplan diese Wortkarten richtig zu und begründe!	− eintragen − zusammenfassen − zeigen − erläutern − zuordnen − versprachlichen	Hb Pa	TA ② wird ergänzt Wortkarten TA ⑥
	7. Lehrschritt (Anwendung)	Übertragung a. and. Darstellungsformen	<u>Arbeitsauftrag</u>: Bearbeite dein Arbeitsblatt zu Hause!	− fixieren − rekapitulieren	Hb Aa	Arbeitsblatt

Hauptlernziel: Die Schüler sollen Flächeninhalte von zusammengesetzten Flächen berechnen lernen.	Unterrichtsthema: Sachaufgabe zur Flächenberechnung: "Wieviel kostet der Teppichboden?"	Autor: Josef Moosmüller
		Unterrichtszeit Empfehlung: 1 UE

Lernziele:

1. Die Schüler sollen anhand einer Sachaufgabe erkennen, daß sich zusammengesetzte Flächen durch Zerlegung in bekannte Teilflächen berechnen lassen.
2. Die Schüler sollen Fragen zur Aufgabe formulieren können.
3. Die Schüler sollen den Lösungsweg verbalisieren können.
4. Die Schüler sollen bereit sein, sich gegenseitig beim Lösen der Aufgabe helfend zu unterstützen.
5. Die Schüler sollen an eine notwendige Differenzierung gewöhnt werden.

Medien:
- Tafel (siehe Tafelbild!)
- Arbeitsblätter
- Block, Schere
- Kärtchen für Lösungsschritte
- Skizze auf Plakatkarton

Vorbemerkungen:

Die Schüler müssen bereits fähig sein, Rechteck- und Quadratflächen nach den bekannten Flächenformeln zu berechnen.

Sie sollten auch das übliche Ablaufschema für das Lösen von Sachaufgaben kennen:
- Wir wissen (gegeben) . . . . G
- Wir fragen . . . . F
- Wir überlegen . . . . U   Als Buchstaben-
- Wir rechnen . . . . R   karten!
- Wir antworten . . . . A

Es hat sich als günstig erwiesen, die Grobgliederung des Ablaufschemas auf Kärtchen zu schreiben. Die Schüler sind dann in der Lage, beim Anheften der entsprechenden Karte den jeweiligen Lösungsschritt sofort zu vollziehen.

Eine Differenzierung ist wegen der unterschiedlichen mathematischen Fähigkeiten einer Klasse unbedingt nötig.

Fertigkeitsübungen für Lz 1:

1. Ein Rechteck ist 5,50 m lang und 3 m breit. Berechne die Fläche, den Umfang!
2. Die Seite eines Quadrats hat eine Länge von 7 m. Berechne die Fläche, den Umfang!
3. Ein Grundstück ist 60m lang und 40m breit. Berechne die Fläche! Der Quadratmeter kostet 80 DM. Berechne den Wert.
4. Ein Haus hat eine Grundfläche von 120 Quadratmetern. Es ist 10m breit. Berechne die Länge.
5. Gib zu Nr. 4 mögliche Längen und Breiten an!

Literatur:

1. Johann Rott: Lehrprobe; gehalten im Juni 78 an der Volksschule Eching.
2. Günter Weiser: "Sachrechnen in der Orientierungsstufe"; EXEMPLA Band 17 L. Auer.
3. Alfred Kriegelstein: "Der Mathematikunterricht in der 5./6. Jahrgangsstufe der Hauptschule"; Franz Ehrenwirth Verlag, 1977

Arbeitsblatt:

1. Enthält Tafelbild Nr. 1 und die Quersumme der Lösungen (zur selbständigen Kontrolle):
   a) Quersumme der Gesamtfläche: 21
   b) Quersumme des Preises: 21

2. Aufgabe für flinke Rechner:
   (Zusatzaufgabe oder als Hausaufgabe!)
   Zwei Grundstücksbesitzer streiten sich, wer das größere Grundstück besitzt.
   Skizze der Grundstücke:

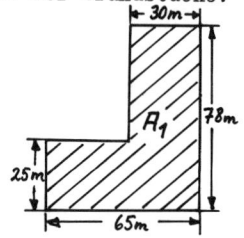

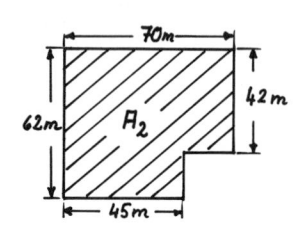

   (Skizze: A_1 mit Maßen 30m, 78m, 25m, 65m; A_2 mit Maßen 70m, 42m, 62m, 45m)

   Berechne die Flächen beider Grundstücke!
   (Lösung: $A_1 = 3215 m^2$; $A_2 = 3840 m^2$)

Tafelbild:

① Herr Meier möchte in seiner neuen Wohnung die Diele mit einem Teppichboden auslegen. Deshalb hat er sie ausgemessen und eine Skizze angefertigt. Der Teppichboden, den er kaufen will, kostet 17 DM pro m^2.

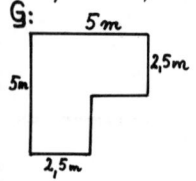

G: (Skizze: 5m, 2,5m, 5m, 2,5m)

F: a) Wie groß ist die Fläche der Diele? ②
   b) Wieviel kostet der neue Teppichboden?

Ü: 1. **Zerlegen in bekannte Teilflächen:** ③

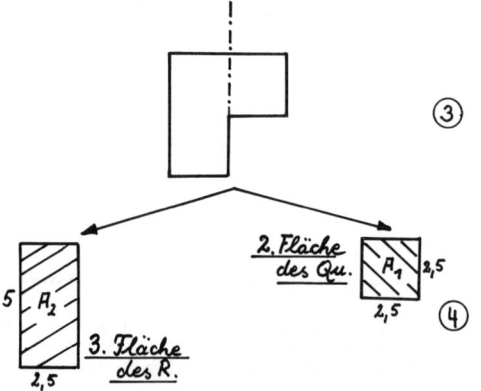

(Diagramm: Gesamtfigur zerlegt in A_2 (5 × 2,5) — 3. Fläche des R. — und A_1 (2,5 × 2,5) — 2. Fläche des Qu. ④)

4. **Gesamtfläche:** Summe der beiden Teilflächen ($A_1 + A_2$)
5. $1 m^2$ kostet 17 DM → $X m^2$ kosten X mal so viel

R:
$A_1 = 2,5 \cdot 2,5 = 6,25$
$A_2 = 2,5 \cdot 5 = 12,50$
$A_G = 6,25 + 12,50 = 18,75 [m^2]$

Preis: $17 DM \cdot 18,75 =$
$= 318,72 DM$

A: Der Teppichboden kostet 318,72 DM.

	Lehrschritte (Artikulationsdefinition)	Lehrinhalte und Lernziele (= Lz)	Lehrakte .... Lernakte		Sozialformen	Lernhilfen
Eröffnungsphase	1. Lehrschritt (Anknüpfung)	Flächenberechnung mündlich	Verbale Aufgabenstellung: Schüler rechnen im Kopf.	- rechnen mündlich	HB	Fertigkeitsübungen
	2. Lehrschritt (Problemkonfrontation)	Informationsentnahme	Sachimpuls: Lehrer schlägt die Tafel auf, auf der die Aufgabe angeschrieben ist.	- lesen still - lesen laut	AA HB	Tafel 1
			Sachimpuls: Lehrer schließt die Tafel.	- wiederholen Text	HB	
	3. Lehrschritt (Zielangabe)	Frageformulierung (Lz 2)	Arbeitsauftrag: Notiere, was Herr Meier unbedingt wissen will!	- notieren Fragestellung	AA	Block
	4. Lehrschritt (Zielfixierung)	(Lz 2)	Sachimpuls: Lehrer heftet Schild [F] an. Schüler lesen mögliche Fragestellungen vor.	- lesen vor	HB	Tafel 2
Erarbeitungsphase	5. Lehrschritt (Teilzielerarbeitung)	Entwickeln von Lösungsstrategien (Lz 1 und 3)	Arbeitsauftrag: Überlege zusammen mit deinem Partner, wie du die Fläche berechnen könntest. (Austeilen des Arbeitsblattes)	- besprechen sich - überlegen	PA	Arbeitsblatt
	6. Lehrschritt (Teilzielfixierung)	Flächenzerlegung (Lz 1)	Verarbeitungsgespräch: Schüler berichten über Arbeitsergebnisse: Zerlegen der Fläche in zwei Teilflächen. Ein Schüler vollzieht es an der Tafel. (Kartonskizze wird zerschnitten!)	- berichten - diskutieren Lösungsmöglichkeiten	HB	Tafel 3
	7. Lehrschritt (Teilzielerarbeitung)	Verbalisieren des ganzen Lösungsweges	Erarbeitungsgespräch: Schüler verbalisieren den Lösungsweg: Berechnen der Teilflächen - Berechnen der Gesamtfläche - Berechnen des Preises.	- sprechen über Lösungsweg - geben Teilschritte an	HB	
	8. Lehrschritt (Differenzierung)	Abkopplung der A-Gruppe (Lz 4, 5)	Arbeitsauftrag: Einige können die Aufgabe jetzt allein rechnen. (Evtl. in Nebenraum!) Die Quersummen der Lösungen sind angegeben. Zusatzaufgabe!	- gehen in Nebenraum - rechnen allein - kontrollieren selbständig	AA	
	9. Lehrschritt (Teilzielfixierung)	Lösungsplan schriftlich	Verarbeitungsgespräch: Schüler wiederholen die Lösungsschritte. Lehrer notiert sie an der Tafel.	- wiederholen Lösungsweg	HB	Tafel 4
	10. Lehrschritt (Teilzielerarbeitung)	Rechnen der Aufgabe	Arbeitsauftrag: Rechnet die Aufgabe auf dem Block!	- rechnen	AA	Block
	11. Lehrschritt (Differenzierung)	Abkoppeln der C-Gruppe	Aufforderung: Wer sich noch nicht sicher ist, soll zu mir an die Tafel kommen!	- kommen heraus	HKf	
			Lehrer rechnet die Aufgabe mit einigen Schülern im Flüsterton an der Tafel.	- rechnen mit Lehrer		Tafel 5
Sicherungsphase	12. Lehrschritt (Gesamtzusammenfassung)	Formulieren einer Antwort	Lehrer holt Gruppen zusammen. Sachimpuls: Lehrer heftet Schild [A] an.	- formulieren Antwort	HB	Tafel 6
	13. Lehrschritt (Arbeitsrückschau)	Rekapitulation des Lösungsweges	Verarbeitungsgespräch: Schüler heben die Flächenzerlegung besonders hervor.	- sprechen über die Lösung	HB	
	14. Lehrschritt (Anwendung)	Lösen ähnlicher Aufgaben	Arbeitsauftrag: Rechnet die Aufgabe 2 auf dem Arbeitsblatt als Hausaufgabe. (A-Gruppe erhält Aufgabe aus dem Rechenbuch!)	- rechnen zu Hause	AA	Arbeitsblatt

Hauptlernziel: Fähigkeit den Flächeninhalt des Parallelogramms zu berechnen	**Unterrichtsthema:** Wie berechnen wir die Fläche des Parallelogramms? (Einführung der Flächenberechnung)	**Autor:** Maria Sedlmayer
		Unterrichtszeit Empfehlung 1 UE=45 Min

VORBEMERKUNGEN: Für die Einführung der Flächenberechnung von Parallelogrammen erweist es sich als günstig, wenn die Berechnung von Dreiecksflächen bereits vorausgegangen ist. Die Parallelogramme aus Papier für die Gruppenarbeit (etwa 4 Stück je Gruppe) werden vom Lehrer vorbereitet oder in der vorausgehenden Hausaufgabe von den Schülern selbst erstellt. Als Ersatz für den abzumessenden Holzrahmen kann z.B. eine maßstabsgetreue Zeichnung dienen.

TEILLERNZIELE: Die Schüler sollen

1. bekannte Flächenformen (Rechteck, Quadrat, Dreieck, Parallelogramm..) anhand ihrer Eigenschaften erraten sowie die Fläche des Rechtecks aus Länge und Breite errechnen können,
2. erkennen, daß zur Lösung der vorgegebenen Sachaufgabe die Flächenberechnung des Parallelogramms notwendig ist und dies als Stundenziel formulieren,
3. einen parallelogrammförmigen Holzrahmen abmessen und die gewonnenen Maße in die Tafelskizze übertragen,
4. ausgehend von den eigenen "Erfahrungen" in der Geometrie erkennen, daß die Umwandlung der Parallelogrammfläche in eine bereits geläufige Flächenform eine Lösung des Problems bieten würde,
5. in Gruppenarbeit einige gleiche, vorgegebene Parallelogramme durch Zerschneiden und Zusammenfügen auf verschiedene Weise in Rechtecke oder Dreiecke umwandeln, sowie die gefundenen Lösungen mit Hilfe des Flanelltafelmaterials erklären und demonstrieren,
6. die einfachste Art der Umwandlung des Parallelogramms in ein Rechteck erkennen, zeichnerisch darstellen und die Identität beider Flächengrößen durch Aufsuchen der einzelnen Größen zeigen (Begriff "deckungsgleich"!)
7. mit Hilfe der Umwandlung in ein Rechteck die Parallelogrammfläche aus den angegebenen Maßen errechnen und die Sachaufgabe (s. Problemstellung!) rechnerisch lösen,
8. die Flächenberechnung eines Parallelogramms allgemein beschreiben und als "Formel" darstellen,
9. rückblickend die einzelnen Schritte des Lösungswegs mündlich wiederholen und beschreiben,
10. mit Hilfe des Erarbeiteten die Aufgaben auf dem Arbeitsblatt (differenziert nach Leistungsgruppe A und B) selbständig lösen,
11. die gefundenen Lösungen mit Hilfe der Folie auf dem Overhead-Projektor vergleichen und Rechenfehler erkennen und verbessern.

MEDIEN: Tafelzeichnung und -anschrift, Dia (oder Skizze) einer parallelogrammförmigen Glasscheibe, parallelogrammförmiger Holzrahmen, Papiermodelle gleicher Parallelogramme für die Schüler, 3 Parallelogramme für die Flanelltafel, Overhead-Projektor zur Lösungskontrolle.

LITERATUR:
1. Hagen Michael: Wir rechnen - 6.Schülerjahrgang, Datterer, Freising
2. Nett Benedikt: Sachrechnen in der Volksschule, Schülerheft für das 5. und 6. Schuljahr, L.Auer Donauwörth
3. Odenbach Karl: Raumlehre im Unterricht, Westermann Braunschweig
4. Popp Walter: Fachbereich Mathematik in: Meißner/ Zöpfl, Handbuch der Unterrichtspraxis 3, Ehrenwirth München 1974
5. Unser Raumlehrebuch für Bayern, Klett Verlag Stuttgart 1966

KONTROLLFOLIE FÜR Ls 12:

1. Fläche: $6 \text{ cm}^2 \cdot 2 = 12 \text{ cm}^2$

2. Dreiecksfläche: $F_\Delta = \frac{6}{2} \cdot 2 \text{ cm}^2 = 6 \text{ cm}^2$
   Parallelogrammfläche: $F_{\square} = 2 \cdot F_\Delta$
   $2 \cdot 6 \text{ cm}^2 = 12 \text{ cm}^2$

3. $\frac{4{,}25 \cdot 1{,}6 \text{ m}^2}{2550}$ ... Die Fläche mißt $6{,}8 \text{ m}^2$
   $\overline{6{,}800 \text{ m}^2}$

4. Fläche eines parallelogrammförmigen Parkplatzes: $2{,}3 \cdot 7 \text{ m}^2 = 16{,}1 \text{ m}^2$
   Fläche eines rechteckigen Parkplatzes: $5{,}5 \cdot 3 \text{ m}^2 = 16{,}5 \text{ m}^2$
   Bei den parallelogrammförmigen Parkplätzen wird eine Fläche von 40 dm^2 pro Parkplatz gespart. Verkehrstechnisch sind sie ebenfalls günstiger.

ARBEITSBLATT: WIR BERECHNEN DIE FLÄCHE VON PARALLELOGRAMMEN

1. B Verwandle dieses Parallelogramm durch Zeichnen in ein Rechteck, miß seine Höhe und Grundseite und berechne seine Fläche!
2. A Verwandle das Parallelogramm von 1. durch Einzeichnen einer Diagonale in 2 Dreiecke! Kannst du seine Fläche nun auch berechnen?
3. B+A Die Wandfläche eines Treppenaufgangs hat die Form eines Parallelogramms. Sie bekommt bis zu 1,60 m Höhe einen Ölfarbenanstrich. Der Aufgang ist 4,25 m lang. Der Maler verlangt für 1 m² Anstrich 5,20 DM. Zeichne und rechne!
4. A Parallelogrammförmige Parkplätze müssen eine Länge von 7m und eine "Höhe" von 2,3 m haben. Bei rechteckigen Parkplätzen müßte die Breite 3 m betragen, damit die Wägen besser einfahren können, die Länge jedoch nur 5,5 m. Zeichne und rechne!

TAFEL:

② AUFGABE: Ein Glaser setzt eine Drahtglasscheibe ein, das m² zu 24 DM.

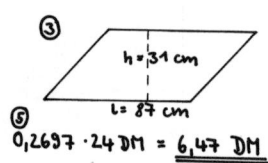

③ h=31 cm, l=87 cm

⑦ $0{,}2697 \cdot 24 \text{ DM} = \underline{6{,}47 \text{ DM}}$

WIE BERECHNEN WIR DIE FLÄCHE EINES PARALLELOGRAMMS?

(*) Wir verwandeln es in ein ....

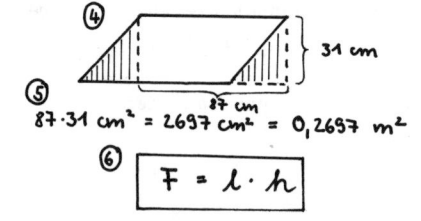

④ 31 cm

⑤ $87 \cdot 31 \text{ cm}^2 = 2697 \text{ cm}^2 = 0{,}2697 \text{ m}^2$

⑥ $F = l \cdot h$

① RECHTECKSFLÄCHEN:

a	b	F
12 cm	3 cm	
15 m	6 dm	
25 m	8 m	

UG	Lehrschritte (Artikulationsdefinition)	Lehrinhalte und Lernziele (= Lz)	Lehrakte .... Lernakte		Sozial-formen	Lernhilfen
Eröffnungsphase	1. Lehrschritt (Vorkenntnis-aktivierung)	Rechentechnische Übungen (Lz 1)	Geometrisches Ratespiel: Ein Schüler denkt sich eine Flächenform, die Klasse errät sie anhand ihrer Eigenschaften (Hat sie 4 Ecken?..) Arbeitsaufgabe: Berechnet aus der gegebenen Länge und Breite drei Rechtecksflächen! Notiert nur die Ergebnisse auf dem Block!	– fragen – vorstellen – (er)raten – berechnen	Hb Aa	Tafel ① Arbeitsblock
	2. Lehrschritt (Problemdar-stellung)	Sachaufgabe	Sachimpuls: Dia (Bild) zuzüglich einer Kurzbeschreibung des Problems als Aufga-benstellung: Eine Glasscheibe soll einge-setzt werden. 1 m² Drahtglas kostet 24 DM	– betrachten – zuhören – mitdenken	Hb	Dia (Bild) Tafel ②
	3. Lehrschritt (Zielangabe)	Problemfindung und -formulierung durch die Kinder (Lz 2)	Erarbeitungsgespräch: Um den Preis zu er-rechnen, muß man zuerst die Fläche kennen. Wie berechnet man aber die Fläche eines Parallelogramms?	– vermuten – fragen – formulieren – notieren	Hb	Tafel (Über-schrift)
Erarbeitungsphase	4. Lehrschritt (Vorbereitung der Problemlö-sung)	Maßangaben zur Sach-aufgabe gewinnen (Lz 3)	Erarbeitungsgespräch: Wir messen den Holzrahmen und übertragen die Maße in die Tafelzeich-nung.	– messen – aufschreiben	Hb	parallelogramm-förmiger Rahmen Tafel ③
	5. Lehrschritt (Lösungspla-nung)	Vorschläge zum Lö-sungsweg (Lz 4)	Erarbeitungsgespräch: Können wir die Fläche so berechnen, wie sie ist? – Wir müssen ver-suchen, sie in eine andere, uns bekannte Fläche umzuwandeln.	– vermuten – vorschlagen	Hb	Tafel (✗)
	6. Lehrschritt (Problemlösung: effektives Ope-rieren)	Gruppenarbeit (Lz 5)	Arbeitsaufgabe für die Gruppenarbeit: Ver-sucht, unseren Lösungsvorschlag mit Hilfe euerer Parallelogramme zu verwirklichen! Demonstration der gefundenen Lösungen an der Flanelltafel.	– probieren – falten – schneiden – zerteilen – zusammenfügen	Ga Hb	Papier-Parallelo-gramme (etwa Heftblatt-Größe), Schere Flanelltafel
	7. Lehrschritt (Problemlösung: zeichnerisches Darstellen)	Tafelzeichnung als Wiederholung (Lz 6)	Arbeitsauftrag: Versucht, die einfachste Lösung an der Tafel zu zeichnen. Vergleich von Parallelogramm und entstan-denem Rechteck durch Aufsuchen der einzel-nen Größen: beide Flächen sind deckungsgleich!	– wiederholen – zeichnen – vergleichen – mitdenken	Hb/Aa	Tafel ④
	8. Lehrschritt (Lösung auf der Ebene des Arith-metischen)	Berechnung (Lz 7)	Arbeitsauftrag: Berechne nun unsere Auf-gabe! Anschließend: Ergebniskontrolle	– überlegen – berechnen – besprechen	Aa Hb	Tafel ⑤ als Kontrolle
	9. Lehrschritt (Lösung auf der Ebene des Algeb-raischen)	Formelgewinnung (Lz 8)	Erarbeitungsgespräch: Wir schreiben den ge-fundenen Lösungsweg allgemeingültig, als Formel auf.	– verallgemeinern – "codieren" – notieren	Hb	Tafel ⑥
Sicherungsphase	10. Lehrschritt (Rekapitulation)	Lösungsweg (Lz 9)	Rundgespräch: Wiederholung des Lösungs-weges von Anfang an!	– wiederholen – mitdenken	Hb/Aa	Tafel (Gesamt-darstellung)
	11. Lehrschritt (Anwendung und Transfer)	Differenzierte Aufga-ben auf dem Arbeits-blatt (Lz 10)	Arbeitsauftrag: Löst folgende Aufgaben auf dem Arbeitsblatt selbständig. Sie sind mit A oder B je nach Leistungsgruppe bezeichnet.	– lesen – durchdenken – berechnen	Aa/Ga	Arbeitsblatt Heft
	12. Lehrschritt (Lösungskontrol-le)	Aufgabenlösungen (Lz 11)	Kontrolle der gefundenen Lösungen mit Hilfe des Overhead-Projektors.	– lesen – vergleichen – verbessern	Hb/Aa	Folie mit Lösun-gen

Hauptlernziel:	Unterrichtsthema:	Autor:
Fähigkeit, Sachaufgaben zur Oberflächenberechnung von Quadern und Würfeln zu lösen.	Hans bastelt ein Roboterkostüm. Sachaufgabe zur Oberflächenberechnung	Hubert Friedrich
		Unterrichtszeit Empfehlung: 1-2 UE

VORBEMERKUNG

Der 11. Lehrschritt ist gedacht für das A-Niveau im Rahmen der inneren Differenzierung.

TEILLERNZIELE

Die Schüler sollen

1. Größen aus dem Text auf ein Modell übertragen,
2. die Größen auf das Netz des Modells übertragen,
3. die Teilflächen berechnen,
4. Vereinfachungen (gleiche Teilflächen) finden,
5. einen Lösungsplan und den Gesamtterm erstellen,
6. die Aufgabe lösen.

TAFELBILD (Mittelteil)

Wieviel m² Alufolie braucht Hans? Oberfläche des Roboterkostüms. (2)

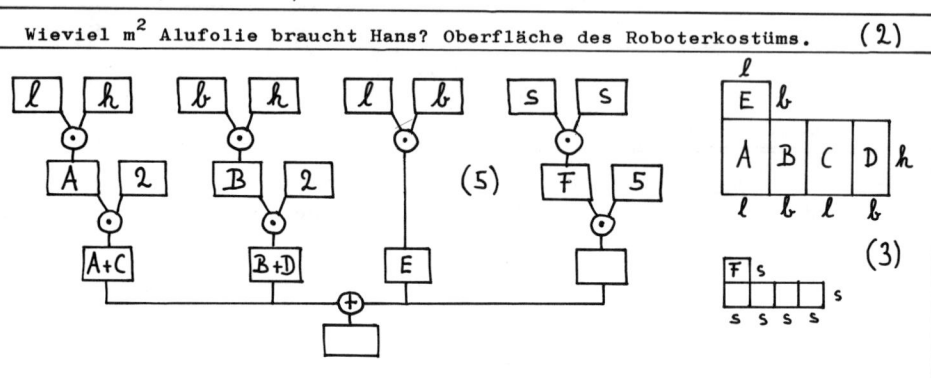

$$0{,}60 \cdot 0{,}80 \cdot 2 + 0{,}45 \cdot 0{,}80 \cdot 2 + 0{,}60 \cdot 0{,}45 + 0{,}25 \cdot 0{,}25 \cdot 5$$

(6)

Hans hat sich zum Fasching ein Roboterkostüm aus Pappe gebastelt. Der Körper ist quaderförmig, 0,60 m lang, 0,45 m breit und 0,80 m hoch. Der Kopf ist ein Würfel mit der Kantenlänge 0,25 m. Er will beide Teile mit Alufolie bekleben. Auf einer Rolle sind 5 m².

(1)

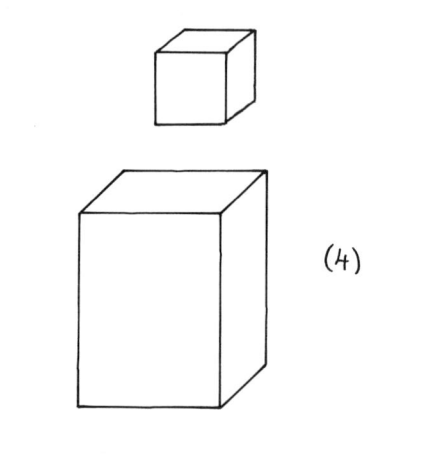

linke Klapptafel | rechte Klapptafel

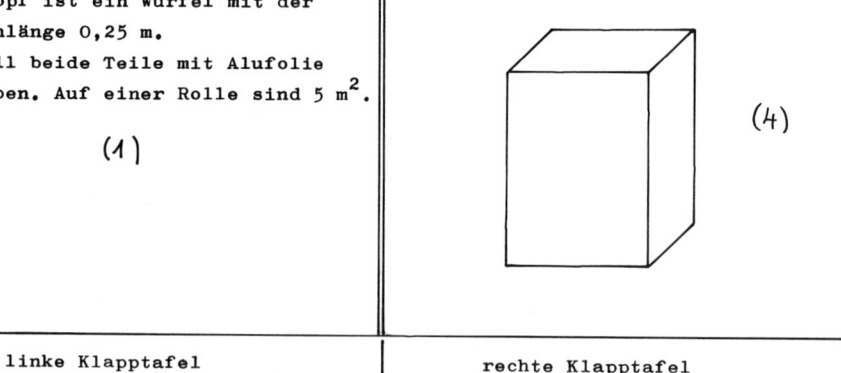

FOLIE 1

FOLIE 2

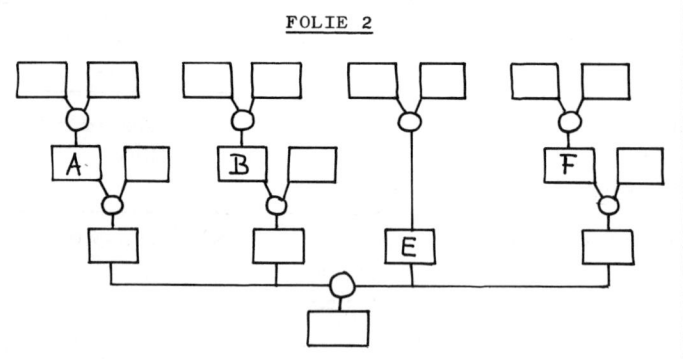

FOLIE 3

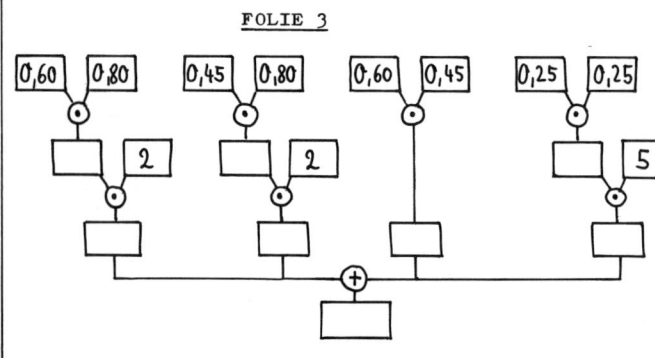

UG	Lehrschritte (Artikulationsdefinition)	Lehrinhalte und Lernziele (= Lz)	Lehrakte .... Lernakte		Sozial-formen	Lernhilfen
Eröffnungsphase	1. Lehrschritt (Provokation)	Sachlicher Hintergrund	Bildimpuls	– sich äußern – vermuten – erkennen	Hb	Folie 1
	2. Lehrschritt (Textbegegnung)		Textdarbietung	– lesen	Aa	Tafel 1
	3. Lehrschritt (Zielangabe)	Sinn der Rechnung	Arbeitsauftrag: Notiere mögliche Fragen zum Rechentext! Anschließend Entwicklung und Fixierung des Unterrichtsthemas.	– überlegen	Pa/Hb	Notizblock Tafel 2
Erarbeitungsphase	4. Lehrschritt (Veranschaulichung)	Konkrete Vorstellungen bilden	Erläuterung: Am Modell wird gezeigt, welche Flächen beklebt werden müssen.	– zeigen – sich äußern	Hb	Tafel 1 Modell
	5. Lehrschritt (Konkretisierung)	(Lz 1)	Erarbeitungsgespräch: Die Zahlenangaben des Textes werden dem Modell zugeordnet.	– zuordnen – zeigen	Hb	Tafel 1 Modell
	6. Lehrschritt (erste Teilergebniserarbeitung)	Die Oberfläche des Körpers wird zum Nebeneinander von Teilflächen (Lz 2)	Demonstration Modell zum Netz entfalten und an die Tafel heften; Netzflächen dem Schrägbild zuordnen. Anweisung Netze ins Heft zeichnen (1 : 10) und Maße eintragen	– zuordnen – nachvollziehen – zeichnen	Hb Aa	Tafel 3 Tafel 4
	7. Lehrschritt (zweite Teilergebniserarbeitung)	Teilflächen berechnen. Teilflächen zur Gesamtfläche zusammenfassen. Rechenvorteile erkennen. (Lz 3/4)	Erarbeitungsgespräch: Rechensatz zu den Teilflächen suchen; nicht jede Fläche muß eigens berechnet werden; der Lösungsplan wird fertiggestellt;	– Simplexe bilden – Simplexe erweitern – verknüpfen	Hb/Aa	Notizblock Notizblock Tafel 5
	8. Lehrschritt (Abstraktion)		Erarbeitungsgespräch: Zahlen aus dem Text dem leeren Lösungsplan zuordnen; Bedeutung des Ergebnisses in jedem (leeren) Kästchen;	– zuordnen – schließen	Hb	Folie 2 Folie 3
	9. Lehrschritt (dritte Teilergebniserarbeitung)	Term (Lz 5)	Arbeitsauftrag: Erstelle aus dem Lösungsplan den Gesamtterm!	– Term bilden	Pa	Notizblock Tafel 6
Sicherungsphase	10. Lehrschritt (Schätzung des Gesamtergebnisses)	Überschlagendes Rechnen (Lz 5)	Arbeitsauftrag: Überschlage mit runden Zahlen! (In den Lösungsplan an der Tafel eintragen)	– runden – überschlagen	Aa/Hb	Tafel 5
	11. Lehrschritt (Alternativlösung)	Operatives Prinzip $(2 \cdot l + 2 \cdot b) \cdot h + l \cdot b$	Erarbeitungsgespräch und Impuls: Die Oberfläche des Quaders läßt sich auch noch anders berechnen! (Rückseite des Quadernetzes zeigen)	– Term suchen	Hb	
	12. Lehrschritt (Anwendung)	Aufgabe lösen (Lz 6)	Arbeitsauftrag: Löst die Rechnung! Anschließend: Kontrolle des Ergebnisses;	– rechnen	Aa/Hb	Heft

Hauptlernziel:	Unterrichtsthema:	Autor: Karl-Heinz Kolbinger
Die einzelnen Formen der Kongruenz-abbildung kennenlernen	Wir drehen	Unterrichtszeit Empfehlung: 45 Min.

Vorbemerkungen:

Ebenso wie die Verschiebung läßt sich die Drehung durch zwei Geradenspiegelungen erzeugen. Im Gegensatz zur Verschiebung müssen sich die Spiegelachsen in einem Punkt schneiden. Eine Drehung ist festgelegt durch den Drehpunkt, Drehwinkel und der Drehrichtung. Verschiebung, Geradenspiegelung und Drehung sind Kongruenzabbildungen. Kongruenzabbildungen sind streckentreu, winkeltreu, parallelentreu und flächentreu. Bei der Geradenspiegelung ändert sich der Umlaufsinn der Figur. Bei Drehung und Verschiebung bleibt der Umlaufsinn erhalten. Die Geometrie wird heute mit Hilfe von Abbildungen aufgebaut. Diese abbildungsgeometrische Methode läßt eine genetische Behandlung zu. So werden die geometrischen Objekte nicht als Resultat einer Konstruktion betrachtet, sondern die Konstruktion, die zum geometrischen Objekt führt, ist Gegenstand des Unterrichts. Diese angewandte Methode kommt der ausgeprägten Motorik der Schüler zugute. Sie sind nicht mehr an Figuren klebende Betrachtungen angewiesen, sondern sie sind durch eine Vielzahl von Aktivitäten im Unterricht in operativ-handlungsbetonte Lernakte integriert.

Teillernziele:

Der Schüler soll:
1. ... erkennen, daß man einer Figur durch Drehung eine Bildfigur zuordnen kann (kognitiv),
2. ... wissen, daß eine Drehung durch Drehpunkt, Drehwinkel und Drehsinn festgelegt ist (kognitiv),
3. ... erkennen, daß durch eine Drehung jedem Punkt P der Ebene ein Bildpunkt P' zugeordnet wird (kognitiv),
4. ... zu einer vorgegebenen Figur und einer vorgegebenen Drehung die Bildfigur zeichnen können (psychomotorisch),
5. ... zu einer vorgegebenen Bildfigur und einer vorgegebenen Drehung die Figur zeichnen können (psychomotorisch).

Medien:

Bilder: Eisenbahnsignal, Riesenrad, Tachometer; Pappuhr mit Stundenzeiger, Wandtafel, Overheadprojektor, 2 Folien, Lineal, Winkelmesser, Zirkel, kariertes Heft, Umschläge für Gruppentische, in denen folgende geometrische Figuren mit bereits eingezeichnetem Drehpunkt liegen: gleichseitiges Trapez, Rechteck, regelmäßiges Sieben- und Achteck;

Literatur:

Hayen, Vollrath, Weidig, Gamma 6, Ausgabe Bayern, Klett Verlag, S. 62 ff;
Lauter, Baireuther, Zahl und Form, 6. Jgst., Auer Verlag, S. 87 ff;
Nordmeier, Westermann Mathematik, 6. Jgst., Ausgabe Bayern, Westermann Verlag, S. 98 ff;
Oehl/Palzkill, Die Welt der Zahl-Neu, 6. Jgst., Ausgabe Bayern, Oldenbourg/Schroedel Verlag, S. 97 ff;

Tafelbild:

Wir drehen

a)

Anfangsstand des Zeigers	7	4			8	6
Drehung	R5	L9	R3	L15		
Endzustand des Zeigers			8	9	12	2

R: Rechtsdrehung   L: Linksdrehung

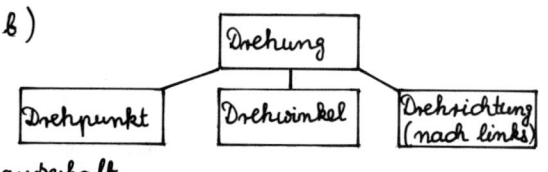

b)

```
            Drehung
   ┌───────────┼───────────┐
Drehpunkt  Drehwinkel  Drehrichtung
                        (nach links)
```

- außerhalb
- an der Ecke, an der Seite
- innerhalb der Figur

c)

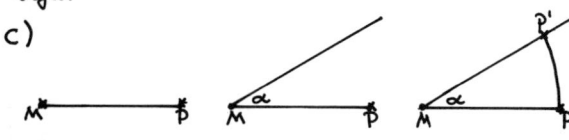

Figuren im Umschlag:

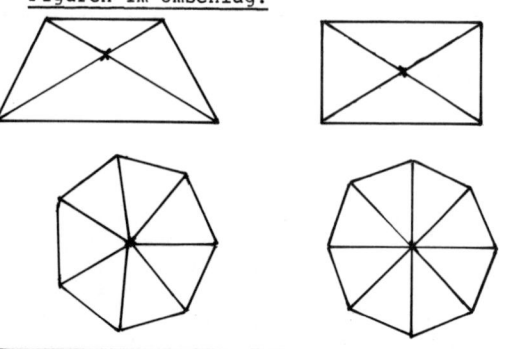

Arbeitsblatt:

1. Um welchen Drehwinkel wurde gedreht?

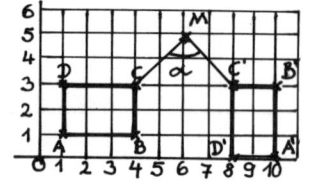

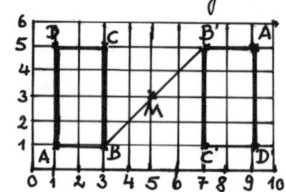

2. Drehe das Quadrat mit A(1/3), B(4/3), C(4/6), D(1/6) um den Drehpunkt M(6/6). Drehwinkel 90° (Gegenuhrzeigersinn). Gib die Gitterpunkte von A'B'C'D' an.

3. Der Bildpunkt P'(9/4) wurde um 90° gedreht. Drehpunkt (7/1). Wo liegt P?

4. Gegeben ist das Rechteck A(2/3), B(6/3), C(6/6), D(2/6), Drehwinkel: 180°. Finde die Bildpunkte A'B'C'D'
   a) Drehpunkt M(8/6)
   b) Drehpunkt M(6/3)
   c) Drehpunkt M(5/4)

Bilder:

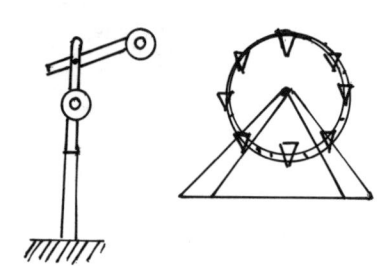

UG	Lehrschritte (Artikulationsdefinition)	Lehrinhalte und Lernziele (= Lz)	Lehrakte .... Lernakte		Sozialformen	Lernhilfen
Eröffnungsphase	1. Lehrschritt: (Kontrastdarstellung)	Klassifizieren von Gegenständen nach ihrer Bewegung	Erarbeitungsgespräch nach Impuls: Die folgenden Gegenstände sollen in Bewegung versetzt werden. Zwei davon führen eine andere Bewegung aus. Finde sie. Töpferscheibe, Windmühle, Uhr, Karussell, Schallplatte, Drehkran, startendes Flugzeug, Wetterfahne, Riesenrad, Schiffschaukel, Bergbahn; Schüler erkennen: zwei Gegenstände führen keine Drehbewegung aus (Bergbahn, startendes Flugzeug).	- hinhören - überlegen - sich äußern	Hb	
	2. Lehrschritt: (Zielangabe)		Feststellung: Wir führen Drehbewegungen aus.	- sich äußern	Hb	Tafelbild: Überschrift
Erarbeitungsphase	3. Lehrschritt: (Hypothesenbildung)		Diskussion: Was uns bei diesen Drehbewegungen interessieren könnte. - nach welcher Richtung gedreht wird - Drehweite: Halb-, Viertel-, Volldrehung;	- vermuten - sich äußern	Kf	
	4. Lehrschritt: (bildliche Repräsentation)	(Lz 2)	Vergleich: Vorgabe von Bildern mit Eisenbahnsignal, Riesenrad, Tachometer Diese Gegenstände haben eine Gemeinsamkeit. Schüler erkennen: Drehungen um einen Punkt, den sog. Drehpunkt	- betrachten - vergleichen - sich äußern	Hb	Bilder von Eisenbahnsignal, Riesenrad, Tachometer
	5. Lehrschritt: (enaktive Repräsentation)	Drehbewegungen eines Stundenzeigers einer Uhr (Lz 2)	Demonstration von Vorgängen: Dieser Stundenzeiger kann um den Drehpunkt nach rechts (im Uhrzeigersinn) und nach links (im Gegenuhrzeigersinn) gedreht werden.	- hinsehen	Hb	Pappuhr mit Stundenzeiger
	6. Lehrschritt: (operative Durchdringung)	(Lz 2)	Arbeitsanweisung: Folgende Bewegungen sollen an der Uhr mit dem Stundenzeiger ausgeführt werden. Deine Armbanduhr wird dir eine Hilfe sein. Verarbeitungsgespräch: Ergebnisse werden gemeinsam besprochen. Bei Fehler wird Aufgabe an der Pappuhr demonstriert.	- notieren - besprechen	Pa Hb	Tafelbild (a) Pappuhr
	7. Lehrschritt: (formale Repräsentation)	geometrische Festlegung einer Drehung (Lz 1/2/3) positive Drehrichtung Umlaufsinn Ausführungsmöglichkeiten von Drehungen	Erarbeitungsgespräch: Auch in der Geometrie können Figuren gedreht werden. Eine Urfigur wird durch Drehung mit einem bestimmten Drehwinkel und einer Drehrichtung an einem Drehpunkt zu einer Bildfigur. Die Drehrichtung in der Geometrie wird immer im Gegenuhrzeigersinn ausgeführt. Der Umlaufsinn der Bildfigur bleibt erhalten. Der Drehpunkt kann außerhalb der Figur, an der Seite bzw. Ecke der Figur oder innerhalb der Figur selbst liegen.	- beobachten - reflektieren - sich äußern	Hb	Tafelbild (b) Overheadprojektor 1. Folie: Urfigur 2. Folie: Bildfigur Drehpunkt wird mit Zirkelspitze festgehalten
	8. Lehrschritt: (formale Repräsentation)	Konstruktion einer Drehung eines Punktes (Lz 1/2/3/4)	Demonstration von Vorgängen: Zuerst Konstruktion als Ganzes, dann Konstruktion in Konstruktionsschritten: a) Punkt wird mit Drehpunkt verbunden b) Drehrichtung im Gegenuhrzeigersinn beachten c) Drehwinkel mit Winkelmesser konstruieren; Schenkel einzeichnen d) Mit Zirkel Bildpunkt P' ermitteln	- hinsehen - beschreiben	Hb	Tafelbild (c) Lineal Winkelmesser Zirkel
Sicherungsphase	9. Lehrschritt: (Anwendung)	(Lz 1/2/3/4/5)	Arbeitsaufgabe: Löst die Aufgaben auf dem Arbeitsblatt. Verarbeitungsgespräch: Ergebnisse werden gemeinsam besprochen.	- bearbeiten - besprechen	Pa Hb	Arbeitsbl.Nr.1-4 kariertes Heft Lineal Winkelmesser Zirkel
	10. Lehrschritt: (Ausklang)	punktsymmetrische Figuren (Lz 1/2/3/4)	Arbeitsanweisung: Findet die Figuren, die beim Drehen um den Drehpunkt bei 180° wieder dieselbe Figur ergeben. Anschließend Ergebniskontrolle	- drehen - feststellen - sich äußern - kontrollieren - korrigieren	Ga Hb	Umschläge mit geometrischen Figuren

Hauptlernziel:	Unterrichtsthema:	Autor:
Entwicklung des Konstruktionsverfahrens zur Parallelverschiebung	Wie kann ich die Seilbahn an der Bergstation zeichnen?	G.H.Vogel/I. u. T.Jäger
		Unterrichtszeit Empfehlung 45 Min.

Vorbemerkung:

Zu den Lernvoraussetzungen für diese Unterrichtsstunde gehört die Fertigkeit im Zeichnen von Parallelen mit Hilfe des Geo-Dreiecks bzw. mittels zweier Dreiecke. Die vorliegende Unterrichtseinheit will keineswegs ein optimales Konstruktionsverfahren am Stundenende vermittelt haben. Vielmehr soll gezeigt werden, wie ein solches mittels freiem Experimentieren durch die Schüler schrittweise entwickelt und weiter optimiert werden kann, was weiteren Unterrichtsstunden vorbehalten bleibt. So sollen die Schüler mögliche Verfahren für die zu behandelnde geometrische Abbildung entdecken und erproben. Das Benennen der Bestimmungsstücke einer Verschiebung ist dem handelnden Tun, mit dem Denken unmittelbar verbunden ist, untergeordnet und in dieser Stunde von sekundärer Bedeutung. Ein Abstraktionsvorgang und Konstruktionsvorgang wird eingeleitet, kann aber in einer 45-Minuten-Einheit nicht abgeschlossen sein.

Teillernziele:

Die Schüler sollen:

1. in einer Sachsituation die Verschiebung (Translation) als Bewegung erkennen, versprachlichen sowie verschiedene Vorschläge für mögliche zeichnerische Lösungen erproben,

2. aufgrund erkannter Mängel und Schwierigkeiten probierend ein Konstruktionsverfahren entwickeln und schrittweise verfeinern, wobei sie die Parallelverschiebung verwenden, um zu einer vorgegebenen Figur die Bildfigur (Abbild) zeichnen zu können,

3. analysierend die Kennzeichen der Parallelverschiebung, wie die Bewegung auf parallelen, gleichlangen Strecken, nennen können (Richtungspfeil als Bestimmungsstück).

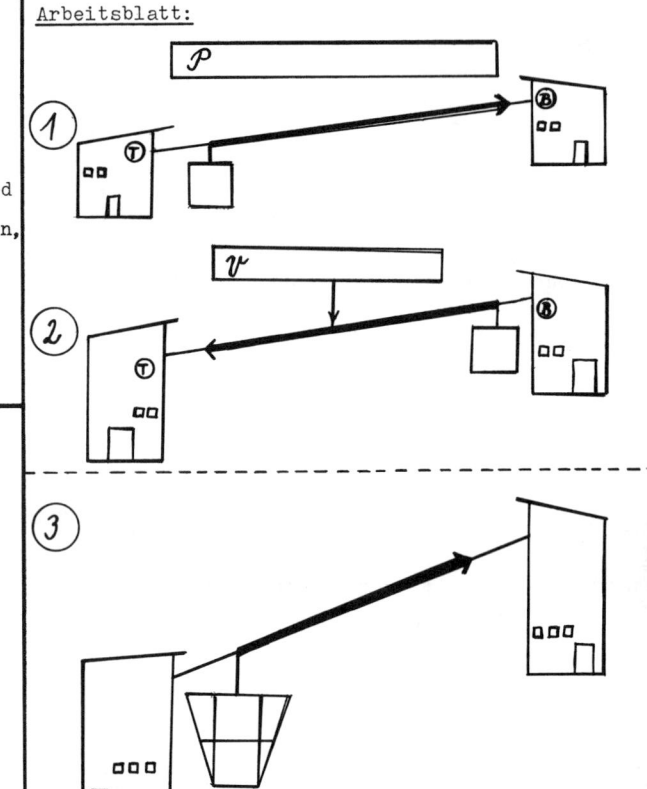

Medien:

Wandtafel, zeichnerische Darstellungen auf Zeichenblockpapier; Schablonen (Gondel); Arbeitsblatt und passende Kontrollfolien für OHP; geometrisches Zeichengerät;

Literatur:

Maier/Senft/Vogel u.a.: Mathematik 6, Regensburg 1977;

Arbeitsblatt:

Tafelbild:

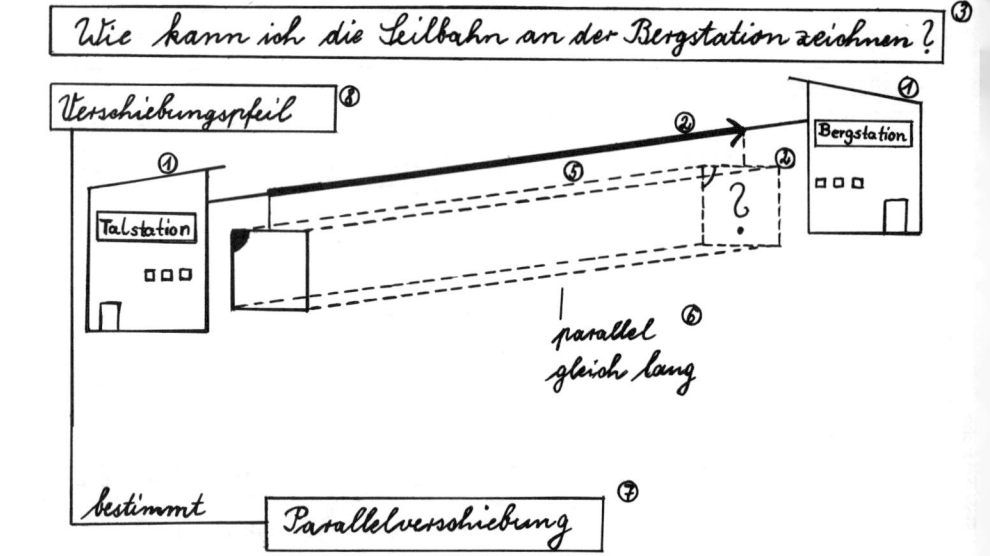

UG	Lehrschritte (Artikulationsdefinition)	Lehrinhalte und Lernziele (= Lz)	Lehrakte .... Lernakte		Sozialformen	Lernhilfen
Eröffnungsphase	1.Lehrschritt (Problembegegnung)	Sachsituation verbalisieren	Sachimpuls: vorbereitete TA ①; Sammeln der Spontanäußerungen;	- versprachlichen	Hb	TA ① Lift mit Gondel an der Talstation
	2.Lehrschritt (Problemfestlegung)	Sachsituation hinsichtlich der geometrischen Abbildung problematisieren (Lz 1)	Sachimpuls: Einzeichnen des Richtungspfeils und eines Fragezeichens an der Stelle, wo später die Gondel zu zeichnen ist (TA ②). Vermutungen der Schüler führen zur Problemfrage (TA ③): Wie kann ich die Seilbahn an der Bergstation zeichnen?	- formulieren - vermuten - problematisieren	Hb	Richtungspfeil und Fragezeichen wird ergänzt TA ② und ③
Erarbeitungsphase	3.Lehrschritt (Lösungsvermutungen)	Lösungsmöglichkeiten vorschlagen und erklären (Lz 1)	Sachimpuls: durch Fragezeichen auf linker Tafelhälfte zur Initiierung von Lösungsvorschlägen (TA ④). Das Auflegen einer passenden Papierschablone, die von Schülern allmählich nach oben geführt und befestigt wird, wirkt ideeanregend.	- besprechen - zeigen - erklären - demonstrieren - fixieren	Hb	TA ④; deckungsgleiche Schablone, die bewegt und befestigt werden kann;
	4.Lehrschritt (Lösungsversuche)	Lösungsvorschläge erproben (Lz 1)	Arbeitsanweisung: Jede Gruppe bekommt ein Zeichenblockblatt mit der Tafelbilddarstellung. Ihr dürft in Ga eine mögliche Lösung ausprobieren. Euren Weg und eure Schwierigkeiten erklärt ihr anschließend.	- ausprobieren - besprechen - zeichnen - messen - schieben - bewegen - umfahren	Ga	vorbereitete großflächige Zeichnungen (≙ TA ①)
		Schwierigkeiten erkennen (Lz 2)	Verarbeitungsgespräch: Lösungsdemonstration der Gruppensprecher an der Tafel; Diskussion der einzelnen Lösungsausführungen mit dem Ergebnis: umständliches und ungenaues Vorgehen.	- diskutieren - demonstrieren	Hb	verschiedene Gruppenergebnisse auf Papierbögen
	5.Lehrschritt (Analyse)	Abbildungsvorgang analysieren	Arbeitsaufgabe: Wir wollen unseren Lift von der Talstation zur Bergstation fahren lassen. Versuche den Weg der gekennzeichneten Ecke des Lifts zu verfolgen! Schüler führen mehrmals aus; Sammeln der Spontanäußerungen; Einzeichnen der Verbindungslinien (TA ⑤) durch Schüler;	- schieben - beobachten - einzeichnen - versprachlichen	Hb	Schablone mit markierter Ecke auf TA ① legen und nach oben bewegen TA ⑤
		Vorwissen aktivieren (Lz 2)	Sachimpuls: Zeigen auf die Verbindungslinien; Schüler erkennen und beschreiben die parallelen Strecken; Lehrer fährt farbig deren Länge nach; Schüler erkennen deren Gleichheit;	- versprachlichen - benennen - fixieren	Hb	TA ⑥
	6.Lehrschritt (Lösungsdurchführung)	Konstruktionsverfahren der Parallelverschiebung durchführen (Lz 2)	Sachimpuls: durch OHP-Folie (identisch mit Arbeitsblatt Nr. 1 und 2); erkennen und formulieren der Arbeitsanweisung durch Schüler; kurzes Demonstrieren der Vorgehensweise durch Schüler mittels Geo-Dreiecke am OHP. Bearbeitung unter Hilfestellung des Lehrers auf den Arbeitsblättern in Aa/Pa; Kontrollfolien liegen bereit (darüberdecken)	- erläutern - konstruieren - kontrollieren - vergleichen - besprechen	Hb Aa/Pa	OHP-Folie, Stifte, Geodreiecke Arbeitsblatt Lösungsfolien
	7.Lehrschritt (Lösungskontrolle)	Konstruktionsverfahren begründend versprachlichen (Lz 3)	Verarbeitungsgespräch: Schüler zeigen und erläutern Konstruktionsablauf; sprachliche Wiederholung der Merkmale (parallel; gleiche Länge; gleiche Richtung der Verbindungslinien;); Kontrolle, Ergebnisvergleich;	- versprachlichen - vorzeigen - kontrollieren	Hb	OHP-Folie Arbeitsblätter Kontrollfolien
	8.Lehrschritt (Ergebnisdurchdringung)	Begriffsbildung, Kennzeichen des Konstruktionsverfahrens nennen (Lz 3)	Unterrichtsfrage: Vielleicht findest du einen Namen für dieses Konstruktionsverfahren. TA-Eintrag ⑦; Parallelverschiebung; Impuls: Um die Gondel an der Bergstation zeichnen zu können, braucht man eigentlich wenig Vorgaben. Erkenntnis: Verschiebungspfeil TA ⑧ als Bestimmungsstück;	- bezeichnen - eintragen - abstrahieren - eintragen	Hb Hb	Tafelanschrift Tafelanschrift
Sicherungsphase	9.Lehrschritt (Gesamtzusammenfassung)	Falsifikation bzw. Verifikation der Problematik	Arbeitsaufgabe: Beantworte unsere Problemfrage und erkläre, vergleiche mit unseren Lösungsvorschlägen vom Stundenanfang!	- zusammenfassen - vergleichen	Hb	Tafelbild
	10.Lehrschritt (Anwendung)	Konstruktionsverfahren anwenden	Arbeitsaufgabe: Arbeitsblatt Nr. 3 als Hausaufgabe;	- erklären	Hb	Arbeitsblatt

Hauptlernziel:	Unterrichtsthema: Volumen des Quaders	Autor: Wilhelm Burger
Einsicht, daß Quader ausgemessen werden können	(Wieviel Margarinewürfel passen in die Schachtel?)	Unterrichtszeit Empfehlung: 1 UE

Vorbemerkungen: Der Berechnung des Quadervolumens geht die Berechnung der Oberfläche des Quaders und Würfels voraus. Da dabei Quader und Würfel aus ihren Netzen hergestellt wurden, stehen für das Ausmessen eines Quaders genügend Einheitswürfel (dm-Würfel) zur Verfügung. Eine Schwierigkeit liegt allerdings darin, daß eine mit den Einheitswürfeln genau auslegbare Schachtel gefunden werden muß. Da der dm-Würfel auch gute Dienste leistet beim Aufbau der Raummaße, ist es günstig, eine oder zwei passende Schachteln herzustellen. Weniger aufwendig erweist sich ein Gang in ein Lebensmittelgeschäft: In eine Ramaschachtel passen genau 40 Würfel von je 6,5 cm Seitenlänge. Diese können beim Aufbau des Würfels aus seinem Netz von den Kindern angefertigt werden (Hausaufgabe!). Alle Einträge erfolgen in der numerierten Reihenfolge.

Teillernziele: Die Schüler sollen:
1. erkennen, daß zum Ausmessen eines Quaders ein Raummaß erforderlich ist.
2. erkennen, daß beim Ausmessen eines Quaders eine bestimmte Lösungsstruktur beachtet werden muß.
3. den Quader aus Würfeln, Stangen und Platten aufbauen.
4. erfahren, daß das Messen des Rauminhalts eines Quaders ein Feststellen ist, wieviele Einheitswürfel in den Quader eingebaut werden können.
5. erkennen, daß ein Würfel genauso ausgemessen wird wie ein Quader.
6. die gewonnene Lösungsstruktur richtig anwenden.
7. den Quaderinhalt überschlagend bestimmen.

Medien:
Tafel, drei Schachteln (siehe Vorbemerkungen), ca 30 Meßwürfel von zweierlei Größe (siehe Vorbemerkungen), Arbeitsblatt (=OHP-Transparent), Overhead-Projektor,

Literatur:
Schmitt/Wohlfarth: Mathematikbuch 6, S.104 f, Bayerischer Schulbuch-Verlag, München
Sedlmaier/Wörle/Fahmüller: Arithmetik 2 mit Geometrie S.107 ff, Bayerischer Schulbuch-Verlag, München
Barth/Popp/Wolf: Mathematik 6 für Hauptschulen, S.70, Ehrenwirth Verlag, München

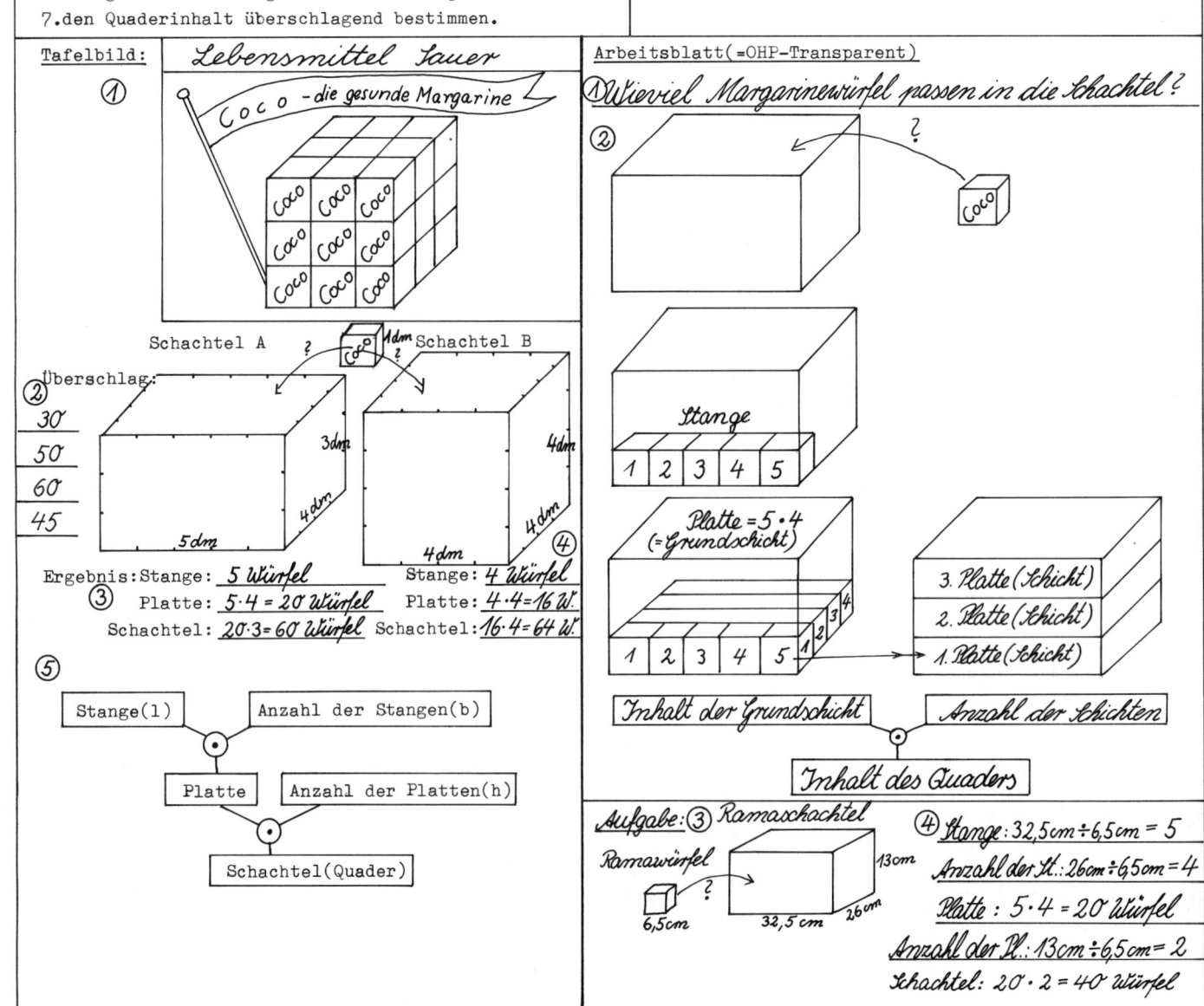

Tafelbild:

① *Lebensmittel Sauer* — Coco - die gesunde Margarine

Schachtel A (5 dm · 4 dm · 3 dm)   Schachtel B (4 dm · 4 dm · 4 dm)

② Überschlag:
30
50
60
45

Ergebnis: Stange: 5 Würfel   Stange: 4 Würfel
③ Platte: 5·4 = 20 Würfel   Platte: 4·4 = 16 W.
Schachtel: 20·3 = 60 Würfel   Schachtel: 16·4 = 64 W.

⑤
Stange(l)   Anzahl der Stangen(b)
        ⊙
Platte   Anzahl der Platten(h)
        ⊙
Schachtel(Quader)

Arbeitsblatt (=OHP-Transparent)

① Wieviel Margarinewürfel passen in die Schachtel?

② Stange (1 2 3 4 5)

Platte = 5·4 (= Grundschicht)
1. Platte (Schicht)
2. Platte (Schicht)
3. Platte (Schicht)

Inhalt der Grundschicht · Anzahl der Schichten
= Inhalt des Quaders

Aufgabe: ③ Ramaschachtel (6,5 cm · 32,5 cm · 26 cm, 13 cm hoch) Ramawürfel

④ Stange: 32,5 cm ÷ 6,5 cm = 5
Anzahl der St.: 26 cm ÷ 6,5 cm = 4
Platte: 5·4 = 20 Würfel
Anzahl der Pl.: 13 cm ÷ 6,5 cm = 2
Schachtel: 20·2 = 40 Würfel

140

UG	Lehrschritte (Artikulationsdefinition)	Lehrinhalte und Lernziele (= Lz)	Lehrakte .... Lernakte		Sozialformen	Lernhilfen
Eröffnungsphase	1.Lehrschritt (Problemstellung, Problemabgrenzung)	Ausbreitung der Sachsituation (Lz 1)	Sachimpuls:Konfrontation mit Schaufensterbild:Attrappe eines Margarinewürfels	- beschreiben - vermuten	Hb	Tafel ①
			Arbeitsaufgabe:Nachbau des Schaufensterbildes. Impuls:Die echten Margarinewürfel liegen nicht im Schaufenster!	-spielhandeln	Hb	27 dm-Würfel
	2.Lehrschritt (Zielangabe)	Wieviel Margarinewürfel passen in die Schachtel?	Sachimpuls:Gegenüberstellung von Margarinewürfel und Schachtel.	-formulieren	Hb	Schachtel, dm-Würfel OHP-Transp.①
Erarbeitungsphase	3.Lehrschritt (Problemlösungsvermutung)	Überschlagen: Anzahl der benötigten Würfel? (Lz 7)	Erarbeitungsgespräch:Überlegen,wieviel Margarinewürfel in die Schachtel passen.(Größenangaben siehe Tafel!)	-überschlagen -notieren	Hb	Tafel ②
	4.Lehrschritt (Problemlösung durch Zählen)	zählendes Einfüllen (Lz 2)	Arbeitsaufgabe:Nun füllen wir die Schachtel mit unseren dm-Würfeln voll.	-spielhandeln -zählen	Hkf	Schachtel A, 20-30 Würfel
	5.Lehrschritt (Teilergebnisgewinnung)	Quader ausmessen (Lz 2,3) Begriffe:Stange, Platte	Impuls: Unsere Würfel reichen nicht aus! Demonstration von Vorgängen:Hineinmessen der Würfel in die Schachtel.	-vermuten -spielhandeln -verbalis.	Hkf Hkf	Schachtel A, 20-30 Würfel
	6.Lehrschritt (Teilzusammenfassung)	Volumen des Quaders(Schachtel A) (Lz 2,3)	Verarbeitungsgespräch:Auswertung der Vorgangsdemonstration:Struktur des Quaders herausarbeiten.	-begründen -aufschreiben	Hkf	Tafel ③
	7.Lehrschritt (Vergleich)	Vergleich mit Überschlag	Verarbeitungsgespräch:Vergleiche die Überschlagszahlen mit dem Ergebnis.	-vergleichen -werten	Hb	Tafel ③②
	8.Lehrschritt (Teilergebnisgewinnung)	Würfel (Schachtel B)ausmessen (Lz 5) Würfel(Schachtel B) nach Zahlenangaben an der Tafel berechnen.	Gruppe B:Vorgangsdemonstration: Strukturiertes Ausmessen des Würfels mit dm-Würfeln. Gruppe A:Erarbeitungsgespräch:Notwendigkeit,zahlbestimmte Sachverhalte in mathematische Operationen umzusetzen und zu berechnen.	-spielhandeln -verbalisieren -begründen -berechnen	Ga Hb	Schachtel B 10 "dm-Würfel" Tafel ④
	9.Lehrschritt (Teilzusammenfassung)	Volumen des Würfels(Schachtel B) (Lz 5)	Verarbeitungsgespräch:Auswertung und Zusammenfassung der Gruppenarbeiten.	-vergleichen -verbalisieren,notieren	Hb	Tafel ④
	10.Lehrschritt (Erkenntnisgewinnung)	Volumen von Quader und Würfel (Lz 3)	Erarbeitungsgespräch:Möglichkeit,den Rauminhalt eines Quaders oder Würfels zu berechnen.	-zusammenfassen -aufschreiben	Hb	OHP-Transp.② (=Arbeitsblatt)
Sicherungsphase	11.Lehrschritt (Arbeitsrückschau)	allgemeiner Lösungsweg (Lz 2-4)	Erarbeitungsgespräch:Erstellen eines allgemeinen Lösungsweges mit Hilfe der Tafelskizze.	-verbalisieren -notieren	Hb	Tafel ⑤
	12.Lehrschritt (Anwendung)	Volumen bestimmen (Lz 6) (Differenzierung nach Leistungsgruppen)	Gruppe A:Arbeitsaufgabe:Lösung der Aufgabe mit Hilfe der Zahlenangaben Gruppe B:Arbeitsaufgabe:Einfüllen der 6,5 cm-Würfel(Margarinewürfel)in die Margarineschachtel("Rama").	-berechnen -spielhandeln -beschreiben	Aa Hkf	Arbeitsblatt (=OHP-Transp.) ③ Ramaschachtel 6,5cm-Würfel (ca 10 Stück)
	(Ergebniskontrolle)		Verarbeitungsgespräch:Auswertung der Alleinarbeit und Gruppenarbeit.	-verbalisieren -vergleichen -aufschreiben	Hb	OHP-Transp. (=Arbeitsblatt) ④

Hauptlernziel:	Unterrichtsthema:	Autor: Wilhelm Burger
Fähigkeit, Größenpaare einer Proportion zu bestimmen	Schlußrechnung - direktes Verhältnis (Wieviel muß Herr Keller bezahlen?)	Unterrichtszeit Empfehlung: 1 UE

Vorbemerkungen:
In der schriftlichen Fertigkeitsübung der Vorphase werden Zweisatzrechnungen (Vielheit--Einheit, Einheit--Vielheit) wiederholt, da sie wesentliche Elemente des Schlußrechnens mit dem Dreisatz darstellen. In dieser Unterrichtseinheit wird der Lösungsweg über 1 gegangen. Die Zahlen sind so gehalten, daß kein anderer Weg möglich ist. In nachfolgenden Unterrichtsstunden werden auch Aufgaben gelöst, bei denen mehrere Wege beschritten werden können. Für die leistungsschwächere Gruppe erscheint ein mehrmaliges Aufzeigen der Lösungsstruktur angebracht. Das Tafelbild entsteht in der numerierten Reihe, ebenso der Arbeitsblatteintrag.

Teillernziele: Die Schüler sollen:
1. einfache Zweisatzaufgaben berechnen können. (Wiederholung)
2. die im Text enthaltenen Angaben grafisch darstellen.
3. die funktionale Abhängigkeit als Eigenschaft eines ganz bestimmten Sachzusammenhangs erkennen, hier: Warenmenge -- Preis!
4. erkennen, daß man mit zwei Rechenschritten von jedem Wertepaar einer Wertetabelle zu jedem anderen Wertepaar kommen kann.
5. die Aufgaben in der schriftlichen Form des Dreisatzes darstellen und berechnen.

Literatur:
Oehl/Palzkill: Die Welt der Zahl - neu 6, S.58, Oldenbourg Verlag, München
Weiser, Günter: Der Aufbau didaktischer Strukturen im Schlußrechnen, in: Päd.Welt, Heft 3, 1976 Ludwig Auer Verlag, Donauwörth
Sedlmaier/Wörle/Fahmüller: Arithmetik 2 mit Geometrie, S. 131 ff., Bayerischer Schulbuch Verlag, München
Hurych, Friedrich: Hilfen beim Lösen von Textaufgaben in: Blätter für Lehrerfortbildung, Heft 10, 1975 S.381-388, Ehrenwirth Verlag, München

Medien:
Tafel, Hafttafel, Hafttafelsymbole (Rechtecke, Pfeile, Operationszeichen), Overhead - Projektor, Notizblock, OHP-Transparent (=Arbeitsblatt)

Tafelbild

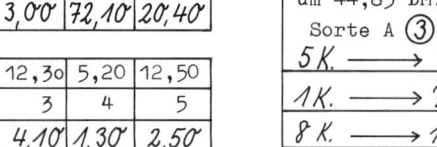

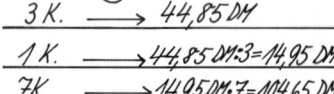

①
Preis je kg	1,50	2,10	0,75	10,30	3,40
Warenmenge in kg	6	8	4	7	6
② Kosten	9,00	16,80	3,00	72,10	20,40

①
Kosten	5,40	7,20	12,30	5,20	12,50
Warenmenge in kg	9	6	3	4	5
② Preis je kg	0,60	1,20	4,10	1,30	2,50

(Hafttafel)

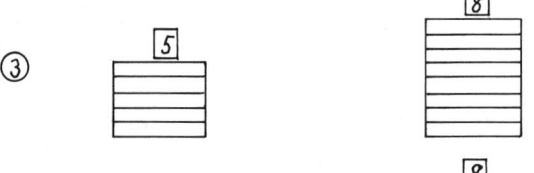

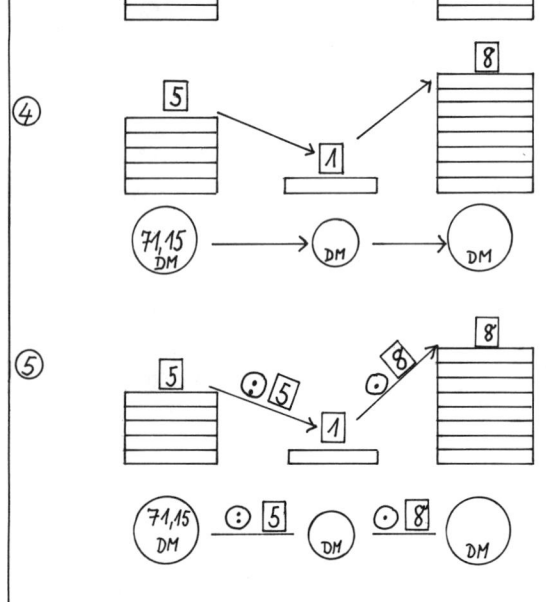

Arbeitsblatt (=OHP-Transparent)
Schlußrechnung - direktes Verhältnis
② *Wieviel muß Herr Keller bezahlen?*
Obsthändler Keller kaufte im Großhandel Äpfel ein. Von ① der Sorte A kaufte er letzte Woche 5 Kisten um 71,15 DM. Diese Woche kaufte er davon 8 Kisten.
Von der Sorte B kaufte Herr Keller letzte Woche 3 Kisten um 44,85 DM. Diese Woche kaufte er davon 7 Kisten.

Sorte A ③
5 K. → 71,15 DM
1 K. → 71,15 DM : 5 = 14,23 DM
8 K. → 14,23 DM · 8 = 113,84 DM

Sorte B ④
3 K. → 44,85 DM
1 K. → 44,85 DM : 3 = 14,95 DM
7 K. → 14,95 DM · 7 = 104,65 DM

⑤

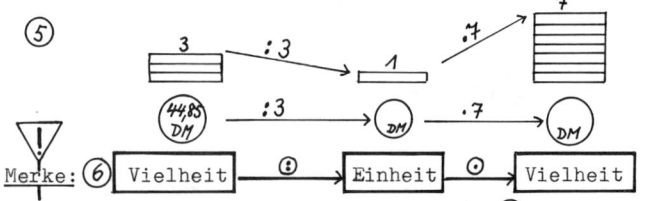

Merke: ⑥ Vielheit → Einheit → Vielheit

Aufgabe 2: ⑦
Frau Kahl kaufte 5 kg einer Ware und bezahlte dafür 31,50 DM. In dieser Woche kaufte sie davon 12 kg.
5 kg → 31,50 DM
1 kg → 31,50 DM : 5 = 6,30 DM
12 kg → 6,30 DM · 12 = 75,60 DM

Aufgabe 3: ⑦
Hans bezahlte für 5 Hefte 1,75 DM. Evi kaufte 8 solche Hefte.
5 H. → 1,75 DM
1 H. → 1,75 DM : 5 = 0,35 DM
8 H. → 0,35 DM · 8 = 2,80 DM

Aufgabe 4: ⑧
Herr Dichtl bezahlte für 5 Flaschen Wein 23,50 DM. Sein Freund kaufte 7 Flaschen von der gleichen Sorte. 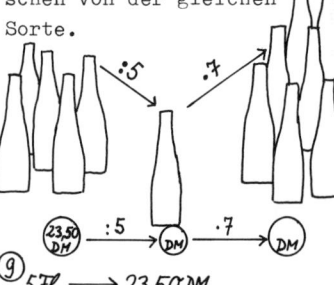
⑨ 5 Fl. → 23,50 DM
1 Fl. → 23,50 DM : 5 = 4,70 DM
7 Fl. → 4,70 DM · 7 = 32,90 DM

UG	Lehrschritte (Artikulationsdefinition)	Lehrinhalte und Lernziele (= Lz)	Lehrakte .... Lernakte		Sozialformen	Lernhilfen
Eröffnungsphase	1. Lehrschritt (Wiederholung)	Vielheit-Einheit ? Einheit-Vielheit ? (Lz 1)	Arbeitsaufgabe: a) Berechne den Preis der Waren! b) Berechne den kg-Preis !	– berechnen	Aa	Tafel ① Notizblock
			Arbeitsaufgabe: Kontrolliere die Ergebnisse deines Nachbarn!	– vergleichen – markieren	Aa	Tafel ②
	2. Lehrschritt (Sachbegegnung) (Textvorlage)	Ausbreitung der Sachsituation	Erarbeitungsgespräch: Der Weg des Obstes vom Erzeuger bis zum Verbraucher.	– diskutieren	Hb	
			Arbeitsaufgabe: Lest den Text zweimal still durch!	– lesen	Aa	OHP-Transp. ①
	3. Lehrschritt (Zielangabe)	Wieviel muß Herr Keller bezahlen?	Partnergespräch: Schreibt Fragen auf, die man zu diesem Text stellen könnte!	– aufschreiben	Pa	Notizblock OHP-Transp. ②
Erarbeitungsphase	4. Lehrschritt (Klärung des Sachverhalts)	Sachverhalt der Aufgabe darstellen (Lz 2,3)	Sachimpuls: Lehrer klebt an die Hafttafel rechteckige Symbole für die Obstkisten.	– vermuten – verbalisieren	Hb	③ Tafel (=Hafttafel), Hafttafelsymbole aus Zeichenkarton ca 25 cm x6cm
			Erarbeitungsgespräch: Darstellen und erkennen des Sach-Zahl-Bezugs.	– verbalisieren – aufkleben	Hb	
	5. Lehrschritt (Entwicklung von Lösungsstrategien)	Lösungswege finden (Lz 3,4)	Arbeitsaufgabe: Versucht, die angegebenen Zahlen zu einem Lösungsplan zusammenzustellen.	– begründen – notieren	Pa	Notizblock
			Verarbeitungsgespräch: Berichte (verbal oder zeichnerisch) der Schüler über ihre Partnerarbeit.	– berichten – zeichnen	Hb	
	6. Lehrschritt (Strukturierung des Lösungsweges)	Festlegen eines geeigneten Lösungsweges (Lz 4)	Erarbeitungsgespräch: Den Schluß über die Einheit (Dreisatzrechnung) als Lösungsweg herausstellen und bildhaft veranschaulichen.	– verbalisieren – zuordnen – begründen	Hb	Tafel (=Hafttafel) ④
	7. Lehrschritt (Darstellen der Zahlverknüpfungen)	Fixierung der Rechenoperationen (Lz 4)	Impuls: Wir müssen noch jeden Pfeil mit einem Operationszeichen versehen!	– zuordnen – begründen	Hb	Tafel (=Hafttafel) ⑤
	8. Lehrschritt (rechnerischer Vollzug)	Preis für 8 Kisten (Lz 5) (Sorte A)	Arbeitsaufgabe: Berechne den Preis für 8 Kisten Äpfel!	– verbalisieren – berechnen	Hb	③ Arbeitsblatt (=OHP-Transp.)
	9. Lehrschritt (Fixierung und Vollzug der Rechenoperationen)	Preis für Sorte B (Lz 5)	Arbeitsaufgaben für Differenzierung: Gruppe A: Berechnet den Preis für die Sorte B!	– berechnen	Aa	④ Arbeitsblatt (=OHP-Transp)
			Gruppe B: Erarbeitungsgespräch: Nochmalige gemeinsame Darstellung der Lösungsstruktur bei Sorte B.	– verbalisieren – zuordnen – berechnen	Hb	Arbeitsblatt (=OHP-Transp.) ⑤
	(Ergebniskontrolle)		Verarbeitungsgespräch: Verbesserung der Alleinarbeit.	– vergleichen – verbessern	Hb	OHP-Transp. ④ (=Arbeitsblatt)
Sicherungsphase	10. Lehrschritt (Arbeitsrückschau)	allgemeine Lösungsstruktur (Lz 3,4)	Erarbeitungsgespräch: Eintrag eines allgemeinen Lösungsweges in eine vereinfachte Skizze.	– beschriften – begründen	Hb	Arbeitsblatt (=OHP-Transp.) ⑥
	11. Lehrschritt (Anwendung)	Aufgaben mit gleicher Struktur ausrechnen (Lz 5)	Arbeitsaufgaben: Gruppe A: Berechnet die Aufgaben 2 und 3 auf dem Arbeitsblatt!	– berechnen	Aa	Arbeitsblatt ⑦
			Gruppe B: Darstellung der Lösungsstruktur für Aufgabe 4.	– beschriften	Hb	Arbeitsblatt ⑧ (=OHP-Transp.)
	(Ergebniskontrolle)		Gruppe A: Kontrolle der Ergebnisse.	– vergleichen	Hb	OHP-Transp. ⑦
			Gruppe B: Aufgabe 4 ausrechnen.	– berechnen	Aa	Arbeitsblatt ⑨

Hauptlernziel: Fähigkeit, Zahlen und Zahlverhältnisse zu vergleichen	Unterrichtsthema: Der absolute und der anteilmäßige Vergleich (Welche Klasse ist besser?)	Autor: Manfred Brunner
		Unterrichtszeit Empfehlung: 45 min

Vorbemerkungen:
Dieser Einführungseinheit in das Prozentrechnen sollte eine Wiederholungseinheit vorangestellt werden, in der sowohl Kürzen und Erweitern von Brüchen als auch der Verhältnisbruch (3 Bleistifte von 6 Bleistiften = $\frac{3}{6} = \frac{1}{2}$) geübt werden. Diese Techniken bzw. Einsichten sind unabdingbare Voraussetzung, um die so notwendige Einsicht in den Unterschied zwischen absolutem und anteilmäßigem (relativem) Vergleich nicht zu stören. Im vorliegenden Unterrichtsmodell werden insgesamt vier Vergleichs-Sachverhalte bearbeitet. Weitere strukturgleiche Sachverhalte können besonders im Lehrschritt 11 herangezogen werden; die meisten Schülerbücher bieten eine breite Palette solcher Aufgaben an. Damit kann Lehrschritt 11 auch als zeitliches Regulationselement dienen. Im Anschluß an Lehrschritt 12 ließe sich bei zeitlicher Ausweitung auch eine Differenzierungsphase durchführen, in der die Richtiglöser alleine weiterarbeiten (Schülerbuch!) und die Falschlöser ihre individuellen Verständnisschwierigkeiten artikulieren könnten. Das Tafelbild entsteht im Verlauf der Einheit.

Teillernziele:

Der Schüler soll ...

1. ... seine Fertigkeit steigern, Bruchzahlen der Größe nach zu ordnen,
2. ... zwischen absolutem und anteilmäßigem Vergleich unterscheiden können,
3. ... solche Vergleiche selbst durchführen können.

Medien:

Overheadprojektor; Transparente 1 und 2; Folienschreibstifte; Arbeitsblatt; Wandtafel;

Literatur:

1. Kuntze/Sattler, "Bausteine der Mathematik 6", Verlage Oldenbourg und Schroedel, München/Hannover 1977, S. 100 ff.
2. Reich/Schropp, "Stufen der Mathematik 6", C.C. Buchners Verlag, Bamberg 1977, S. 151 ff.
3. Geisreiter/Heining/Kohlmeier, "Westermann Mathematik 6", Westermann Verlag, Braunschweig 1977, S. 83 ff.

Transparent 1:

(1) $\{\frac{1}{2}, \frac{3}{4}, \frac{5}{6}, \frac{1}{3}, \frac{7}{12}\}$

(2) $\frac{1}{2} = \frac{3}{6} = \frac{6}{12}$; $\frac{3}{4} = \frac{9}{12}$; $\frac{5}{6} = \frac{10}{12}$, $\frac{1}{3} = \frac{4}{12}$;

$\frac{5}{6} > \frac{3}{4} > \frac{7}{12} > \frac{1}{2} > \frac{1}{3}$

Transparent 2:

Ergebnisse BJS

Klasse	Urkunden	Klassenstärke
6a	16	34
6b	15	30

Arbeitsblatt:

Wer ist besser?

1. Bei den Bundesjugendspielen erhielt die Klasse 6a insgesamt 16 Urkunden (34 Schüler) und die Klasse 6b 15 Urkunden (30 Schüler).

2. Michael und Willi besuchen das Volksfest. An der Schießbude versuchen sie ihr Glück. Michael schießt zwölfmal und hat 8 Treffer, Willi schießt sechsmal und hat 5 Treffer. Wer hat besser geschossen?

3. Klaus spendet von seinen 5 DM Taschengeld bei einer Kirchensammlung 1 DM. Stefan gibt bei der gleichen Sammlung 50 Pfennige; er hat nur 2 DM Taschengeld.

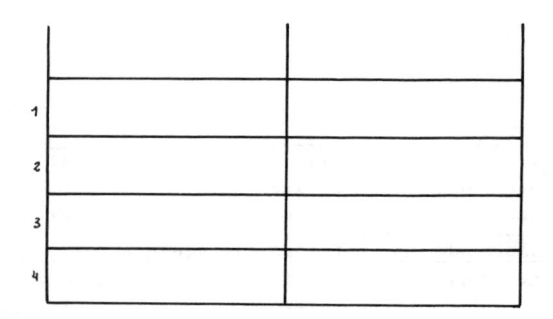

1		
2		
3		
4		

4. Die Klasse 6a hat bei 28 Schülern 21 Schwimmer und 7 Nichtschwimmer. In der Klasse 6c sind unter den 25 Schülern 20 Schwimmer und 5 Nichtschwimmer.

Tafelbild:

Wer ist besser?

absoluter Vergleich	anteilmäßiger Vergleich
6a, denn 16 Urkunden > 15 Urkunden	6b, denn $\frac{15}{30} > \frac{16}{34}$
Michael, denn 8 Treffer > 5 Treffer	Willi, denn $\frac{5}{6} > \frac{8}{12}$
Klaus, denn 1 DM > 50 Pf.	Stefan, denn $\frac{50}{200} > \frac{100}{500}$
6a, denn 21 Schwimmer > 20 Schwimmer	6c, denn $\frac{20}{25} > \frac{21}{28}$

UG	Lehrschritte (Artikulationsdefinition)	Lehrinhalte und Lernziele (= Lz)	Lehrakte .... Lernakte		Sozial-formen	Lernhilfen
Eröffnungsphase	1. Lehrschritt (Wiederholung)	Kopfrechnen – Ordnen von Bruchzahlen (LZ 1)	Arbeitsauftrag: "Ordne diese Brüche der Größe nach! Schreib auf deinen Rechenblock!"	–vergleichen –ordnen	Aa	Transparent 1 Teil (1)
			Verarb.-gespr. nach Frage: "Welches Ergebnis hast du; wie hast du gearbeitet?" (Hauptnenner suchen; Erweitern)	–berichten –begründen –berechnen	Hb	Transparenteintrag wie unter Teil (2)
	2. Lehrschritt (Problemvorbereitung)	Sachverhalt Bundesjugendspiele – Aktion 'Wer ist die beste Sportklasse?'	Erzählung (Bundesjugendspiele beendet; Preis ausgesetzt für die beste Klasse; Schüler warten gespannt auf die Ergebnisliste)	–zuhören	Hb	
	3. Lehrschritt (Problembegegnung)		Impuls: "Zuerst waren diese beiden sechsten Klassen ausgewertet." (Einblenden des Transparentes)	–lesen	Hb	Transparent 2
Erarbeitungsphase	4. Lehrschritt (Problemlösungsversuch)	Absoluter und relativer Vergleich bei Sachverhalt 6a: 16 Urkunden 34 Schüler 6b: 15 Urkunden 30 Schüler (LZ 3)	Partnergespräch nach Auftrag: "Besprich dich zuerst mit deinem Nachbarn!"	–sich besprechen	Pa	Transparent 2; Tafelanschrift: *Wer ist besser?*
	5. Lehrschritt (Ergebnisdiskussion)		Verarb.-gespr. nach Frage: "Habt ihr euch entschieden?" (wahrscheinlich zwei unterschiedliche Meinungen)	–sich äußern –begründen	Hb	
	6. Lehrschritt (Problemlösung)		Erarb.-gespr. nach Impuls: "Es gibt tatsächlich zwei mögliche Lösungen!" (Urkundenvergleich ohne Berücksichtigung der Klassenstärke; Vergleich der Urkunden im Verhältnis zur Schülerzahl; zweite Lösung als 'chancengerechte' Lösung)	–sich äußern –begründen –vergleichen –notieren	Hb	Tafelanschrift: *6a, denn 16 Urkunden > 15 Urkunden* *6b, denn $\frac{15}{30} > \frac{16}{34}$*
	7. Lehrschritt (Anwendung)	Absoluter und relativer Vergleich bei strukturgleichen Sachverhalten (LZ 3)	Gruppengespräch nach Auftrag: "Bearbeitet in der Gruppe die Beispiele 2 und 3 auf eurem Arbeitsblatt; notiert die Ergebnisse in der Tabelle!"	–sich besprechen –notieren	Ga	Arbeitsblatt
	8. Lehrschritt (Kontrolle)		Verarb.-gespr. nach Auftrag: "Tragt eure Ergebnisse in die Tafeltabelle ein und begründet!" (Schwerpunke wie unter Lehrschritt 6)	–berichten –begründen –notieren	Hb	Tafelanschrift: *Michael, denn 8 Treffer > 5 Treffer* (usw)
	9. Lehrschritt (Ergebnisvergleich)	Begriffe 'absoluter Vergleich' und 'anteilmäßiger Vergleich' (LZ 2)	Erarb.-gespr. nach Frage: "Könntest du mir zu jeder dieser Tabellenspalten eine Überschrift nennen?" (mögliche Unterscheidungsbegriffe)	–verbalisieren –verbegrifflichen	Hb	Tafelbild *absoluter Vergleich* *anteilmäßiger Vergleich*
Sicherungsphase	10. Lehrschritt (Ergebnisvervollständigung)	Vergleichsmöglichkeiten	Arbeitsauftrag: "Übertrage jetzt die noch fehlenden Einträge in dein Arbeitsblatt!"; anschl. Ergebniskontrolle	–eintragen	Aa Hb	Tafelbild Arbeitsblatt
	11. Lehrschritt (Anwendung)	Absoluter und relativer Vergleich (LZ 2/3)	Arbeitsauftrag: "Auf deinem Arbeitsblatt findest du ein weiteres Beispiel. Bearbeite diese Aufgabe jetzt ohne Hilfe des Nachbarn!"	–lesen –vergleichen –notieren	Aa	Arbeitsblatt
	12. Lehrschritt (Kontrolle)		Verarb.-gespr. (Feststellung d. Richtiglösungen; mögliche Fehlerquellen bei Falschlösungen)	–begründen –analysieren	Hb	Arbeitsblatt Tafelanschrift: *6a, denn 21 Schwimmer > 20 Schwi...* (usw)

Hauptlernziel:	Unterrichtsthema:	Autor:
Fähigkeit, Zahlenverhältnisse über die Vergleichszahl 100 zu vergleichen	Der relative Vergleich über 100 (Wir vergleichen mit Hundertstel)	Manfred Brunner
		Unterrichtszeit Empfehlung: 45 min

Vorbemerkungen:
Diese Einheit ist nicht als direkte Nachfolgeeinheit zum Unterrichtsmodell 'Der absolute und der anteilmäßige Vergleich' zu sehen. Vielmehr sollten in einer zwischengeschalteten Einheit im Sinne der Reversibilität von Operationen zunächst die zum anteilmäßigen Vergleich inversen Aufgabenstellungen behandelt werden. Der Lehrschritt 1 dieser vorliegenden Einheit wiederholt diese Arbeit; dabei wird auch gleichzeitig das notwendige Zahlenmaterial für die Weiterarbeit beschafft. Als Alternative ließe sich an diese Stelle auch die in die Problemlösung (Lehrschritte 7,9,10) eingebettete Reaktivierung von Wissen (Lehrschritt 8) setzen. Als besonders wichtig wird die flexible Differenzierung im Lehrschritt 11 erachtet; hier ließe sich auch sehr gut ein Schülerbuch einsetzen. Das Tafelbild entsteht im Verlauf der Einheit.

Teillernziele:

Der Schüler soll ...

1. ... den Zusammenhang von Ausgangsgröße – Anteil – Vergleichsbruch rechnerisch bewältigen,
2. ... sicherer werden im Umwandeln echter Brüche in Dezimalbrüche und umgekehrt,
3. ... Zahlenverhältnisse in Hundertstelbrüchen darstellen können.

Medien:

Overheadprojektor; Transparent; Folienschreibstifte; Arbeitsblatt; Wandtafel;

Literatur:

1. Kuntze/Sattler, "Bausteine der Mathematik 6", Verlage Oldenbourg und Schroedel, München/Hannover 1977, S. 101 ff.
2. Reich/Schropp, "Stufen der Mathematik 6", CC. Buchners Verlag, Bamberg 1977, S. 152 ff.
3. Geisreiter/Heining/Kohlmeier, "Westermann Mathematik 6", Westermann Verlag, Braunschweig 1977, S. 83 ff.

Transparent:

Ergebnisse BJS

Klasse	Schüler	Urkunden	Vergleichsbruch
5a	32	8	
5b	35	7	
5c	30	12	
6a	36		$\frac{1}{6}$
6b	33		$\frac{1}{3}$
6c	35		$\frac{1}{5}$
7a		9	$\frac{4}{5}$
7b		12	$\frac{3}{5}$
7c		9	$\frac{3}{10}$

Arbeitsblatt:

Klasse	Schüler	Urkunden	Vergleichsbruch	
5a	32	8		
5b	35	7		
5c	30	12		
6a	36		$\frac{1}{6}$	
6b	33		$\frac{1}{3}$	
6c	35		$\frac{1}{5}$	
7a		9	$\frac{4}{5}$	
7b		12	$\frac{3}{5}$	
7c		9	$\frac{3}{10}$	

Nebenrechnungen:

Vergleiche ebenso:

Klasse	Schüler	davon sind krank	Vergleichsbruch	

Nebenrechnungen:

Tafelbild:

Wir vergleichen mit Hundertstel

$\frac{1}{4} = \frac{25}{100}$; $\frac{2}{5} = \frac{40}{100}$; $\frac{3}{10} = \frac{30}{100}$;

$\frac{1}{7} \approx \frac{14}{100}$ $\frac{1}{6} \approx \frac{17}{100}$

$1 : 7 = 0{,}142...$ $1 : 6 = 0{,}166\dot{6}$
$\underline{}10$ 10
7 6
$\overline{30}$ $\overline{40}$
28 36
$\overline{20}$ $\overline{40}$
14 36
$\overline{6}$ $\overline{4}$

JG	Lehrschritte (Artikulationsdefinition)	Lehrinhalte und Lernziele (= Lz)	Lehrakte .... Lernakte		Sozialformen	Lernhilfen
Eröffnungsphase	1. Lehrschritt (Wiederholung)	Kopfrechnen - Vergleich von Zahlenverhältnissen (LZ 1)	Aufgabenstellung: "In dieser Ergebnisliste fehlen einige Angaben. Ergänze sie zusammen mit deinem Nachbarn!"	–sich besprechen –berechnen	Pa	Transparent; Arbeitsblatt
			Verarb.-gespräch nach Auftrag: "Tragt die Ergebnisse in das Transparent ein und begründet das jeweilige Ergebnis!"	–notieren –begründen	Hb	Transparent; Arbeitsblatt
	2. Lehrschritt (Anknüpfung)	Unterscheidung von absolutem und relativem Vergleich	Erarb.-gespr. nach Frage: "Wer war denn nun Sieger?" (Unterscheidung: Klasse mit den meisten Urkunden - Klasse mit dem höchsten Anteil an Urkunden)	–sich äußern –vermuten –begründen	Hb	Transparent
Erarbeitungsphase	3. Lehrschritt (Problemstellung)	Vergleich der Bruchzahlen $\frac{1}{4}, \frac{1}{7}, \frac{2}{5}, \frac{1}{6}, \frac{1}{3}, \frac{2}{7}, \frac{1}{3}, \frac{3}{7}, \frac{3}{10}$ über einen gemeinsamen Hauptnenner	Arbeitsauftrag: "Versucht in der Gruppe eine Reihenfolge bei diesem Wettbewerb aufzustellen! Entscheidend ist der höchste Anteil an Urkunden."	–zuhören	Ga	Transparent; Arbeitsblatt
	4. Lehrschritt (Lösungsversuch)		Gruppengespräch (Suchen eines gemeinsamen Hauptnenners)	–sich besprechen –berechnen –ordnen	Ga	Arbeitsblatt
	5. Lehrschritt (Ergebnisdiskussion)		Verarb.-gespräch nach Impuls: "Ich glaube, das hat einige Schwierigkeiten bereitet!" (evtl. Möglichkeit eines Grobvergleichs)	–berichten –vergleichen	Hb	Transparent
	6. Lehrschritt (Problemstellung)	Vergleich dieser Bruchzahlen über den Hauptnenner 100 (LZ 3)	Impuls: "Um solch schwierige Probleme zu umgehen, hat man entschieden, einfach alle Brüche in Hundertstel umzuwandeln!"	–zuhören –nachdenken	Hb	Transparent Arbeitsblatt *Wir vergleichen mit Hundertstel*
	7. Lehrschritt (Problemteillösung)		Erarb.-gespr. (Manche Brüche lassen sich leicht umwandeln, die anderen zunächst nicht)	–sich äußern –umwandeln	Hb	Tafelanschrift: $\frac{1}{4} = \frac{25}{100}; \frac{2}{5} = \frac{40}{100}; \frac{3}{10} = \frac{30}{100}$
	8. Lehrschritt (Wiederholung)	Darstellung eines echten Bruches als Dezimalbruch (LZ 2) Darstellung eines Dezimalbruches als Hundertstelbruch (LZ 3)	Erarb.-gespr. mit Leitfragen: "Kann man nicht die Hundertstelbrüche auch als Dezimalbrüche schreiben?" (Darstellung der bereits in Lehrschritt 7 umgewandelten Brüche als Dezimalbrüche); "Kann man nicht alle Brüche in solche Dezimalbrüche umwandeln?" (Berechnung zweier Beispiele); "Dezimalbrüche kann man aber sehr leicht als Hundertstelbrüche schreiben!" (Umwandlung der beiden o.a. Beispiele)	–sich erinnern –sich äußern –umwandeln –umrechnen	Hb	Tafelanschrift: $\frac{1}{7}$ $1 : 7 = 0{,}142...$ $\frac{10}{7}$ $\frac{30}{28}$ $\frac{20}{14}$ 6 $\frac{1}{7} \approx \frac{14}{100}$ (usw.)
	9. Lehrschritt (Anknüpfung)		Arbeitsauftrag: "Die restlichen Bruchzahlen kannst du jetzt alleine umwandeln!"; anschl. Kontrolle;	–berechnen –umwandeln	Aa	Arbeitsblatt
	10. Lehrschritt (Problemlösung)	Vergleich der Hundertstelbrüche	Erarb.-gespr. nach Frage: "Kannst du jetzt die richtige Reihenfolge nennen? (Vergleich der Hundertstelbrüche)	–sich äußern	Hb	Transparenteintrag (Hundertstelbrüche)
Sicherungsphase	11. Lehrschritt (Anwendung)	Darstellung von Zahlverhältnissen als echte Brüche - Umwandeln in Hundertstelbrüche (LZ 2/3)	Arbeitsauftrag: "Wer sich die nächsten Aufgaben schon zutraut, darf alleine arbeiten!"	–berechnen	Aa	Arbeitsblatt
			Erarb.-gespr. mit schwächeren Schülern (Gemeinsames Bearbeiten der Aufgabenstellungen unter Berücksichtigung individueller Verständnisschwierigkeiten)	–sich äußern –fragen –berechnen	Hb	Arbeitsblatt Tafel

Hauptlernziel: Fähigkeit, Prozentsätze graphisch darzustellen	Unterrichtsthema: Graphische Darstellung von Prozentsätzen (Wir zeichnen Prozentzahlen)	Autor: Manfred Brunner
		Unterrichtszeit Empfehlung: 45 min

Vorbemerkungen:

In der unterrichtlichen Verwirklichung der Einführung in das Prozentrechnen sollte nach dem vorangestellten Modell 'Der relative Vergleich über 100' eine Übungseinheit folgen, in der auch der Prozentbegriff eingeführt wird. Als weitere Folgeeinheit ist dann dieses Modell zu sehen. Hier soll mit Hilfe des Prozentquadrates und der Prozentsäule die Vorteilhaftigkeit einer Hunderteinteilung bei der graphischen Prozentdarstellung erfaßt werden. Dabei haben die Schüler zunächst selbst Gelegenheit eine brauchbare Darstellungsform zu finden (Lehrschritt 5). Hierzu sollte der Lehrer etwa plakatgroße Zeichenkartons für jede Schülergruppe bereitstellen. Die Gruppensprecher können dann bequem ihren Zeichenkarton an die Tafel heften (Klebestreifen) und das Gruppenergebnis erläutern (Lehrschritt 6). Sollten hier bereits Darstellungen, die dem Prozentquadrat oder der Prozentsäule sehr nahe kommen, vorgestellt werden, muß der Lehrer die im Modell vorgeschlagenen Lehrschritte sicherlich etwas modifizieren (Lehrschritte 8 und 11). Das Tafelbild entsteht im Verlauf der Einheit.

Teillernziele:

Der Schüler soll ...

1. ... sicherer werden in der mathematischen Bestimmung der Beziehung Bruchteil-Ganzes,
2. ... das hundertteilige Ganze als geeignetes Veranschaulichungsmittel für Prozentzahlen erkennen und begründen können,
3. ... Prozentsätze im Prozentquadrat und in der Prozentsäule darstellen können,
4. ... aus solchen graphischen Darstellungen die Prozentsätze entnehmen können.

Medien:

3 Transparente mit Abdeckblatt; Folienschreibstifte; Overheadprojektor; Zeichenkartons in Plakatgröße; Wandtafel; Tafellineal;

Literatur:

1. Weiser, "Der Mathematikunterricht in der Hauptschule", Ludwig Auer Verlag, Donauwörth 1975, S. 58 ff. und 131 ff.
2. Kuntze/Sattler, "Bausteine der Mathematik 6", Verlage Oldenbourg und Schroedel, München/Hannover 1977, S. 108
3. Geisreiter/Heining/Kohlmeier, "Westermann Mathematik 6", Westermann Verlag, Braunschweig 1977, S. 89

Transparent 1

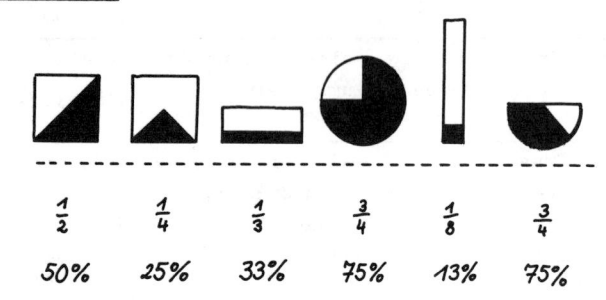

$\frac{1}{2}$	$\frac{1}{4}$	$\frac{1}{3}$	$\frac{3}{4}$	$\frac{1}{8}$	$\frac{3}{4}$
50%	25%	33%	75%	13%	75%

Transparent 2:

(1) *Zeichne so, daß man es ganz genau sieht:*

13%   21%   26%   53%   86%

(2) [100-Kästchen-Raster]

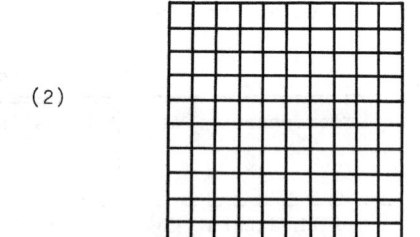

Transparent 3:

[5 Säulen, erste zu 13% gefüllt]

13%

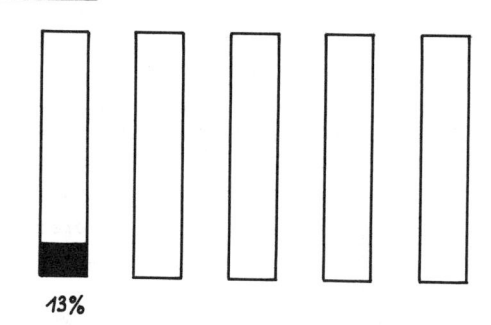

Tafelbild:

Wir zeichnen Prozentzahlen

Prozentquadrat (100 Kästchen)

(1) 21%

Prozentsäule (100 mm hoch)

(2) 26%

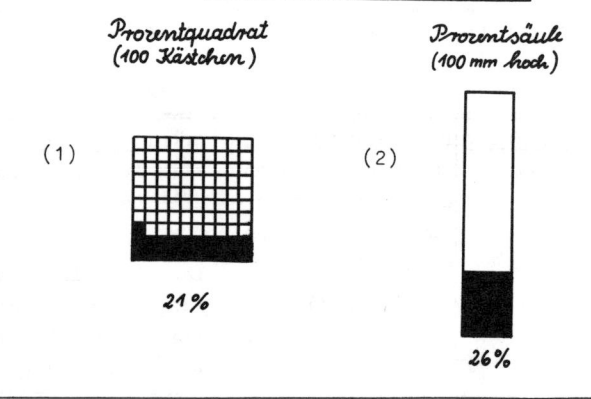

UG	Lehrschritte (Artikulationsdefinition)	Lehrinhalte und Lernziele (= Lz)	Lehrakte .... Lernakte		Sozialformen	Lernhilfen
Eröffnungsphase	1. Lehrschritt (Wiederholung)	Verschiedenartige Bruchteile - grafische Darstellung (LZ 1)	Arbeitsauftrag: "Notiere, welcher Teil jeweils schwarz angemalt ist!" (Sukzessives Aufdecken des Transparentes). Anschl. Kontrolle	-vergleichen -notieren -berichten	Aa Hb	Transparent 1 mit Deckblatt
	2. Lehrschritt (Anknüpfung)	Darstellung der Bruchzahlen als Prozentzahlen (LZ 1)	Erarb.-gespr. nach Impuls: "Du hättest mir auch Prozentzahlen nennen können!" (Echter Bruch - Hundertstelbruch - Prozentzahl)	-sich äußern -umwandeln	Hb	Transparent 1 mit Lösungen
	3. Lehrschritt (Zielangabe)	Hauptlernziel	Erklärung: "Jetzt gebe ich dir die Prozentzahlen vor, und du sollst sie so zeichnen, daß ein anderer sie ganz genau ablesen kann!"	-zuhören -lesen	Hb	Tafelanschrift:
Erarbeitungsphase	4. Lehrschritt (Problemstellung)	Möglichkeiten zeichnerischer Darstellung von Prozentsätzen (LZ 1/2)	Arbeitsauftrag: "Diese Prozentzahlen sollt ihr zeichnen! Zeichnet in der Gruppe auf die großen Zeichenkartons! Einer erläutert nachher das Ergebnis!"	-zuhören	Hb	Transparent 2 (1); Zeichenkartons
	5. Lehrschritt (Lösungsversuch)		Gruppengespräch (Möglichkeiten zeichnerischer Darstellung)	-sich besprechen -zeichnen	Ga	Transparent 2 (1); Zeichenkartons
	6. Lehrschritt (Ergebnisdiskussion)		Verarb.-gespräch nach Auftrag: "Berichtet jetzt der Klasse!" (evtl. Zusatzimpuls: "Ob diese Zeichnung auch genügend genau ist?")	-berichten -aufzeigen -vergleichen -beurteilen	Hb	Zeichenkartons mit Lösungen der Schüler
	7. Lehrschritt (Problemstellung)	Das Prozentquadrat als Möglichkeit zeichnerischer Darstellung von Prozentsätzen; Begriff 'Prozentquadrat' (LZ 2/3)	Impuls: "Du kennst sicherlich Flächen, die aus genau 100 kleineren Teilflächen bestehen."	-zuhören -nachdenken	Hb	
	8. Lehrschritt (Problemlösung)		Erarb.-gespr.(Mögliche Hunderterflächen, z.B. 1 dm^2 = 100 cm^2; Vor- und Nachteile solcher Flächen, z.B. Größe, Handhabung; Quadrat aus 10x10 Karos im Rechenheft; Einzeichnen von 13% auf Transparent 2; Prozentquadrat auf karierter Tafelfläche - Einzeichnen von 21 %)	-sich äußern -vergleichen -einzeichnen	Hb	Transparent 2 (2) Tafelbild (1)
	9. Lehrschritt (Anwendung)	Prozentsätze im Prozentquadrat (LZ 3)	Arbeitsauftrag: "Zeichnet drei solche Prozentquadrate in euer Rechenheft, zeichnet ein 26%, 53% und 86%!"	-darstellen -einzeichnen	Aa	Tafelbild Rechenheft
	10. Lehrschritt (Problemstellung)	Die Prozentsäule als Möglichkeit zeichnerischer Darstellung von Prozentsätzen; Begriff 'Prozentsäule' (LZ 3/4)	Impuls: "Der Zeichner dieses Bildes hat behauptet, seine Darstellung sei ebenso genau wie ein Prozentquadrat."	-betrachten	Hb	Transparent 3
	11. Lehrschritt (Problemlösung)		Erarb.-gespr.(Schülermeinungen; Hilfsimpuls "Benütze einmal dein Lineal!"; Höhe 100 mm - je mm 1 Prozent; Begriff 'Prozentsäule; Einzeichnen von 21% in die Transparent-Säule; Zeichnen einer Säule an der Tafel - Eintrag 26%)	-sich äußern -messen -vergleichen -einzeichnen	Hb	Transparent 3; Tafelbild (2)
Sicherungsphase	12. Lehrschritt (Anwendung)	Prozentsätze in der Prozentsäule (LZ 3/4)	Arbeitsauftrag: "Zeichnet drei solche Prozentsäulen in euer Rechenheft, zeichnet ein 26%, 53% und 86%!"	-darstellen -einzeichnen	Aa	Rechenheft
	13. Lehrschritt (Besinnung)	Graphische Darstellung von Prozentsätzen (LZ 2)	Erarb.-gespr. nach Auftrag: "Vergleiche!" (Genauigkeit der Darstellungen; entscheidend die Hundertereinteilung; weitere Möglichkeiten, z.B. Zahlenstrahl)	-vergleichen -beurteilen	Hb	Transparent 1 Tafelbild

Hauptlernziel: Fähigkeit, Prozentwerte zu berechnen	Unterrichtsthema: Bruttolohn – Nettolohn: Anwendung der Prozentrechnung (Wieviel Geld bleibt in der Lohntüte?)	Autor: Wilhelm Burger
		Unterrichtszeit Empfehlung: 1 UE

Vorbemerkungen:
In dieser Unterrichtseinheit soll die Berechnung des Prozentwertes geübt werden. Den sachlichen Rahmen bildet die Lohnabrechnung eines Betriebes. Die Begriffe Bruttolohn, Nettolohn und die verschiedenen Abzüge müssen geklärt werden. Die Steuern wurden in einem gemeinsamen Prozentsatz angegeben, nicht in Lohn- und Kirchensteuer differenziert, da bei der Berechnung der Kirchensteuer von der Lohnsteuer mathematische Schwierigkeiten auftreten könnten: Die Lohnsteuer wäre in diesem Fall einmal Prozentwert vom Bruttolohn, dann wieder Grundwert für die Kirchensteuer. Tafelbild und OHP-Transparent-Eintrag entstehen in der numerierten Reihenfolge.

Teillernziele: Die Schüler sollen:
1. die Begriffe Bruttolohn, Nettolohn, Abzüge (Steuern, Versicherungen) inhaltlich erfassen und klären.
2. die neuerworbenen Begriffe der Prozentrechnung (Grundwert, Prozentwert, Prozentsatz) im Sachzusammenhang erkennen.
3. den Sachverhalt quantifizieren können.
4. die komplexe Aufgabe in Teilschritte zerlegen und einen Lösungsplan festlegen.
5. den Prozentwert bei gegebenem Grundwert und Prozentsatz berechnen.
6. die gewonnenen Erkenntnisse in anderen Aufgaben anwenden.
7. den Nettolohn aus der Differenz zwischen Bruttolohn und Abzüge berechnen.

Medien:
Tafel, Hafttafel, Notizblock, Wortkarten für Hafttafel, Overhead-Projektor, OHP-Transparent, Arbeitsblatt, Heft, Lohnabrechnungsformular,

Literatur:
Oehl, Wilhelm: Der Rechenunterricht in der Hauptschule, S. 279 ff, Hermann Schroedel Verlag, Hannover
Breidenbach, Walter: Rechnen in der Volksschule, S. 269, Hermann Schroedel Verlag, Hannover
Berkmüller, Hans: Strukturmodell einer Sachrechenstunde, in: Christ und Bildung, Jg. 1976, G. Meiners Verlag, Oettingen
Dannhäuser, A: Strukturmodell einer Sachrechenstunde, in: abj-Seminarhilfen, Heft 9, 1975

Tafelbild:

Kiener Franz
Lohnabrechnung Mai 1979

Stunden	Stundenlohn	Bruttolohn
172	11,70	2012,40

① $11{,}70 \cdot 172$
1170
8190
$11{\,}2340$
$2012{,}40$

②
Bruttolohn	100 %
Steuern	12 %
Krankenversicherung	5 %
Arbeitslosenversicherung	1,5 %
Rentenversicherung	9 %

③ Bruttolohn ⊖ Abzüge ⊜ Nettolohn

④ **Steuern:**
$100\% \triangleq 2012{,}40\ DM$
$1\% \triangleq 2012{,}40\ DM : 100 = 20{,}124\ DM$
$12\% \triangleq 20{,}124\ DM \cdot 12 = 241{,}488\ DM = \underline{241{,}49\ DM}$

Krankenversicherung:
$100\% \triangleq 2012{,}40\ DM$
$1\% \triangleq 2012{,}40\ DM : 100 = 20{,}124\ DM$
$5\% \triangleq 20{,}124\ DM \cdot 5 = \underline{100{,}62\ DM}$

Arbeitslosenversicherung:
$100\% \triangleq 2012{,}40\ DM$
$1\% \triangleq 2012{,}40\ DM : 100 = 20{,}124\ DM$
$1{,}5\% \triangleq 20{,}124\ DM \cdot 1{,}5 = 30{,}186\ DM = \underline{30{,}19\ DM}$

Rentenversicherung:
$100\% \triangleq 2012{,}40\ DM$
$1\% \triangleq 2012{,}40\ DM : 100 = 20{,}124\ DM$
$9\% \triangleq 20{,}124\ DM \cdot 9 = 181{,}116\ DM = \underline{181{,}12\ DM}$

⑤ **Abzüge:** Gruppe B / Gruppe A
241,49 DM
100,62 DM
30,19 DM
181,12 DM
553,42 DM

Gruppe A:
$12\% + 5\% + 1{,}5\% + 9\% = 27{,}5\%$
$100\% \triangleq 2012{,}40\ DM$
$1\% \triangleq 2012{,}40\ DM : 100 = 20{,}124\ DM$
$27{,}5\% \triangleq 20{,}124\ DM \cdot 27{,}5 = 553{,}41\ DM$

⑥ **Nettolohn:**
$2012{,}40\ DM$
$-\ 553{,}42\ DM$
$1458{,}98\ DM$

Arbeitsblatt (=OHP-Transparent):

Aufgabe: ① Herr Kiener arbeitet im Sachsenwerk. Sein Stundenlohn beträgt 11,70 DM. Im Mai arbeitete er 172 Stunden. Er zahlt 12 % Steuern, 5 % Krankenversicherung, 1,5 % Arbeitslosenversicherung und 9 % Rentenversicherung.

② *Wieviel Geld bleibt in der „Lohntüte"?*

③
1. Steuern?
2. Krankenversicherung?
3. Arbeitslosenversicherung?
4. Rentenversicherung?
5. Abzüge?
6. Nettolohn?

Kiener Franz
Lohnabrechnung Mai 1979

Stunden	Stundenlohn	Bruttolohn	Steuern	Krankenversicherung	Arbeitslosenversicherung	Rentenversicherung	Abzüge	Nettolohn
172	11,70	2012,40	④				⑤	

Aufgabe: ⑥

Saller Johann
Lohnabrechnung Mai 1979

Stunden	Stundenlohn	Bruttolohn	Steuern	Krankenversicherung	Arbeitslosenversicherung	Rentenversicherung	Abzüge	Nettolohn
176	10,50							

Herr Saller zahlt 14 % Steuern, 4,8 % Krankenversicherung, 1,5 % Arbeitslosenversicherung und 9 % Rentenversicherung.

UG	Lehrschritte (Artikulationsdefinition)	Lehrinhalte und Lernziele (= Lz)	Lehrakte .... Lernakte		Sozialformen	Lernhilfen
Eröffnungsphase	1. Lehrschritt (Problemstellung-verbal)	Sachliche Hinführung: Bruttolohn	Kurzerzählung: Menschen erhalten für Arbeit Lohn.	-zuhören	Hb	
			Arbeitsaufgabe: Herr Kiener arbeitet im Sachsenwerk. Sein Stundenlohn beträgt 11,70 DM. Im letzten Monat arbeitete er 172 Stunden.	-berechnen	Hb/Aa	Tafel ① Notizblock
	2. Lehrschritt (Provokation) (Sachbegegnung)	Bruttolohn = Nettolohn ?	Impuls: Herr Kiener betrachtet am Monatsende seinen Lohnstreifen!	-vermuten -erklären	Hb	Lohnstreifen
			Arbeitsaufgabe: Lest den Text still durch!	-lesen	Aa	OHP-Transp. ①
	3. Lehrschritt (Zielangabe)	Wieviel Geld bleibt in der "Lohntüte?"	Feststellung: Wir wollen heute berechnen, wieviel Geld Herrn Kiener von seinem Verdienst in der "Lohntüte" bleibt.	-zuhören -aufschreiben	Hb	OHP-Transp. ②
Erarbeitungsphase	4. Lehrschritt (Sachklärung)	Begriffe: Bruttolohn, Nettolohn, Abzüge (Lz 1)	Erarbeitungsgespräch: Darstellen und erkennen des Sachbezugs.	-verbalisieren -Wortkarten anheften	Hb	Tafel(=Hafttafel) ②
	5. Lehrschritt (Quantifizierung)	Bruttolohn = Grundwert (100 %) (Lz 2,3) Abzüge = Prozentsätze	Erarbeitungsgespräch: Zuordnen der Prozentsätze zu den Sachverhalten.	-verbalisieren -Wortkarten anheften	Hb	Tafel(=Hafttafel) ③
	6. Lehrschritt (Entwickeln von Lösungsstrategien)	Lösungsweg finden (Lz 4)	Erarbeitungsgespräch: Notwendigkeit, die zahlbestimmten Sachverhalte in einem Lösungsplan anzuordnen.	-strukturieren -aufschreiben	Hb	OHP-Transp. (=Arbeitsblatt) ③
	7. Lehrschritt (Teilergebnisgewinnung)	Prozentwert berechnen: Steuer, Krankenversich., Arbeitslosenvers. Rentenversich. (Lz 5)	Erarbeitungsgespräch: Fixieren der Teilaufgaben.	-notieren	Hb	Tafel ④
			Arbeitsaufgabe: Berechnet die Teilaufgaben (Prozentwerte)! (in arbeitsteiliger Gruppenarbeit).	-berechnen	Ga	Tafel + Heft ④
	8. Lehrschritt (Ergebniskontrolle)		Verarbeitungsgespräch: Vergleich mit den Ergebnissen an der Tafel und Ausfüllen des Lohnstreifens.	-vergleichen -ausfüllen	Hb	Tafel + Heft ④ Arbeitsblatt ④ (=OHP-Transp.)
	9. Lehrschritt (Teilergebnisgewinnung) (Ergebniskontrolle)	Gesamtabzüge (Lz 5)	Arbeitsaufgaben: Gruppe B: Berechnet die Gesamtabzüge über die Summe der Teilabzüge!	-berechnen	Ga	Heft + Tafel ⑤
			Gruppe A: Kontrolliert die Gesamtabzüge, indem ihr den Prozentsatz der Gesamtabzüge bestimmt und den Prozentwert dazu errechnet!	-berechnen -vergleichen	Ga	Heft
	10. Lehrschritt (Teilergebnisgewinnung) (Kontrolle)	Nettolohn (Lz 7)	Unterrichtsfrage: Wieviel bleibt Herrn Kiener in der "Lohntüte"?	-erklären -berechnen	Hb	Tafel + Heft ⑥
Sicherungsphase	11. Lehrschritt (Arbeitsrückschau)	Festigen der Lösungsstruktur (Lz 4)	Verarbeitungsgespräch: Schüler als Lohnbuchhalter im Sachsenwerk: Stelle die Lohnabrechnung fertig und erkläre Herrn Kiener die Eintragungen!	-notieren -verbalisieren	Hb	OHP-Transp. ⑤ (=Arbeitsblatt)
	12. Lehrschritt (Anwendung) (Ergebniskontrolle)	Anwendungsaufgaben: Prozentwert berechnen (Lz 5,6)	Arbeitsaufgaben: Zum Monatsende müssen auch die Lohnabrechnungen für die anderen Arbeiter des Sachsenwerkes fertiggestellt werden. Berechnet sie!	-berechnen	Aa	Arbeitsblatt ⑥ Heft
			Kontrolle mit Overhead-Projektor.	-überprüfen	Hb	OHP-Transp. ⑥

Hauptlernziel: Fähigkeit, den Grundwert zu berechnen	Unterrichtsthema: Berechnung des Grundwertes (Wir berechnen den Grundwert)	Autor: Manfred Brunner
		Unterrichtszeit Empfehlung: 45 min

Vorbemerkungen:

In dieser Einheit wird zunächst ohne Sachmotivation das rein mathematische Problem in den Mittelpunkt der Problematisierung gestellt (Lehrschritte 2 und 3). In Klassen, in denen diese rein fachliche Motivation noch wenig Anreize bietet, kann auch sofort nach der Wiederholung (Lehrschritt 1) die sachliche Problemstellung (Lehrschritt 5) erfolgen. Sehr bedeutsam ist die strukturorientierte Arbeit im Lehrschritt 6; hier sollte der Lehrer wegen einer übersichtlichen Ergebnisdarstellung im folgenden Lehrschritt jeder Arbeitsgruppe ein unbeschriftetes Transparent und Folienschreibstifte zur Verfügung stellen. Ebenso notwendig scheint die Differenzierung im Lehrschritt 9, die hier als flexible Differenzierung vorgeschlagen wird. Die Tafelanschrift entsteht im Verlauf der Einheit; die Prozentquadrate sollten vorbereitend an die Tafel gezeichnet werden.

Teillernziele:

Der Schüler soll ...

1. ... seine Fähigkeit steigern, den Prozentsatz und den Prozentwert zu berechnen,
2. ... sein mathematisches Problembewußtsein steigern,
3. ... den Grundwert mit Hilfe des Operatormodells berechnen können,
4. ... die zur Grundwertberechnung inversen Operationen finden und ausführen können.

Medien:

Overheadprojektor; Transparente 1 und 2; unbeschriftete Transparente für die Gruppenarbeit; Folienschreibstifte; Arbeitsblatt; Wandtafel;

Literatur:

1. Kuntze/Sattler, "Bausteine der Mathematik 6", Verlage Oldenbourg und Schroedel, München/Hannover 1977, S. 112
2. Lauter/Baireuther, "Zahl und Form - Mathematik 6", Verlag Ludwig Auer, Donauwörth 1977, S. 136 ff.
3. Reich/Schropp, "Stufen der Mathematik 6", C.C. Buchners Verlag, Bamberg 1977, S. 161 ff.

Transparent 1:

6% von 300 DM = _____   70 Treffer von 200 Versuchen = _____
15% von 600 kg = _____   7% von 600 Bananen = _____
3 l von 15 l = _____   14 m von 140 m = _____
7 g von 28 g = _____   61% von 20 DM = _____

Transparent 2:

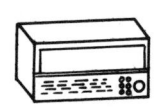

Beim Kauf eines Radios bekommt Herr Vollath 7% Preisnachlaß. Das sind 21 DM Ersparnis. Wie teuer war das Radio ohne Preisnachlaß?

Tafelbild:

Wir berechnen den Grundwert

(1) [Prozentquadrat mit 21 DM markiert]
(2) [Prozentquadrat mit 60,30 DM markiert]

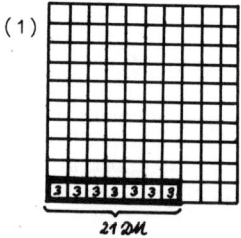

21 DM —(:7)→ 3 DM —(·100)→ 300 DM
60,30 DM —(:3)→ 20,10 DM —(·100)→ 2010 DM

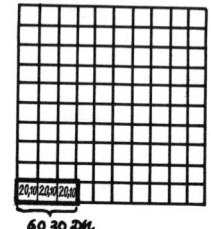

(3) **Kontrollen:**

300 DM —(:100)→ 3 DM —(·7)→ 21 DM   2010 DM —(:100)→ 20,10 DM —(·3)→ 60,30 DM

21 DM von 300 DM = $\frac{21}{300} = \frac{7}{100} = 7\%$

Arbeitsblatt:

Wir berechnen den Grundwert

1. Ein Kaufmann gewährt 3% Preisnachlaß bei Barzahlung. Das sind bei einem Fernsehapparat (AT 4000) 60,30 DM. Wie teuer ist dieser Fernsehapparat ohne Preisnachlaß?

2. Ein Kleinbauer hat eine 3720 m² große Wiese. Das sind 15% seines gesamten Grundbesitzes. Wie groß ist dieser Grundbesitz?

3. Der Monatslohn eines Arbeiters wird um 90 DM erhöht. Das sind 5% seines früheren Monatslohnes. Wie hoch war dieser Monatslohn?

4. Von seinem Gehalt wurden Herrn Müller insgesamt 399,60 DM an Steuern abgezogen. Das sind 18% seines Gehaltes. Wieviel Geld bleibt Herrn Müller übrig? (Vorsicht - Falle!)

UG	Lehrschritte (Artikulationsdefinition)	Lehrinhalte und Lernziele (= Lz)	Lehrakte .... Lernakte		Sozial-formen	Lernhilfen
Eröffnungsphase	1. Lehrschritt (Wiederholung)	Berechnung des Prozentsatzes und des Prozentwertes (LZ 1)	Arbeitsauftrag: "Löse diese Aufgaben alleine! Du hast drei Minuten Zeit."	-berechnen	Aa	Transparent 1; Rechenblock
			Verarb.-gespr. nach Auftrag: "Nenne deine Ergebnisse und beschreibe den Rechenweg!" (Hilfen zur ausführlichen Versprachlichung)	-berichten -begründen	Hb	
	2. Lehrschritt (Anknüpfung)	Begriffe 'Prozentsatz', 'Prozentwert', 'Grundwert'	Erarb.-gespr. nach Frage: "Was haben wir eben berechnet?" (Prozentsatz und Prozentwert; es gibt eine dritte Größe, den Grundwert)	-sich äußern -verbegrifflichen	Hb	Transparent 1
	3. Lehrschritt (Problembegegnung)	Mögliche Aufgabenstellungen zur Grundwertberechnung (LZ 2)	Partnergespräch nach Auftrag: "Unterhaltet euch in der Partnergruppe darüber, wie eine Aufgabe aussehen müßte, bei der der Grundwert gesucht wird!"	-sich besprechen -notieren	Pa	Rechenblock; Tafelanschrift: *Wir berechnen den Grundwert*
	4. Lehrschritt (Problemdiskussion)		Verarb.-gespr. nach Auftrag: "Tragt eure Ergebnisse vor!"	-berichten -diskutieren -begründen	Hb	
Erarbeitungsphase	5. Lehrschritt (Problemstellung)	Möglichkeiten zur Berechnung des Grundwertes	Aufgabenstellung: "Lies diese Aufgabe still durch und denk etwas nach! Du darfst dir dann einige Notizen machen."	-lesen -planen -notieren	Aa	Transparent 2; Rechenblock
	6. Lehrschritt (Lösungsversuch)		Arbeitsauftrag: "Besprecht euch jetzt in der Gruppe! Versucht vor allem den Rechenweg **übersichtlich darzustellen**!"	-sich besprechen -planen -notieren	Ga	Transparent 2; jede Gruppe ein unbeschriftetes Transparent
	7. Lehrschritt (Ergebnisdiskussion)		Verarbeitungsgespräch nach Auftrag: "Die Gruppensprecher berichten!"	-demonstrieren -diskutieren	Hb	von Schülern beschriftete Transparente
	8. Lehrschritt (Problemlösung)	Berechnung des Grundwertes im Operatormodell (LZ 3)	Erarb.-gespr. (Kennzeichnen des Prozentsatzes im Prozentquadrat; Gleichsetzung mit Prozentwert; Feststellen des Wertes von 1 Prozent - Darstellung als Geteilt-Operator; Wert des ganzen Prozentquadrates - Darstellung als Mal-Operator)	-sich äußern -zeichnen -berechnen	Hb	Tafelanschrift (1)
Sicherungsphase	9. Lehrschritt (Anwendung)	Berechnung des Grundwertes im Operatormodell (LZ 3)	Arbeitsauftrag: "Wer jetzt solche Aufgaben schon alleine lösen kann, darf es auf dem Arbeitsblatt ausprobieren!"	berechnen	Aa	Arbeitsblatt
		Arbeit mit dem Prozentquadrat hin zum Operatormodell (LZ 3)	Erarb.-gespr. nach Aufforderung: "Wer sich noch nicht sicher ist, kommt zu mir an die Tafel!" (Nachvollzug des Lehrschrittes 8; in gleicher Weise gemeinsame Bearbeitung Aufgabe 1 des Arbeitsblattes)	-sich äußern -zeichnen -berechnen	Hk	Tafelanschrift (2)
	10. Lehrschritt (Besinnung)	Beziehungen zwischen Grundwert, Prozentwert und Prozentsatz (LZ 4)	Erarb.-gespr. nach Frage: "Hast du dir schon überlegt, wie du deine Ergebnisse kontrollieren könntest?" (Gegenoperatoren, wenn Grundwert und Prozentsatz bekannt; Verhältnisbruch, wenn Grundwert und Prozentwert bekannt)	-sich äußern -berechnen	Hb	Tafelanschrift (3)
	11. Lehrschritt (Anwendung)		Arbeitsauftrag: "Überprüft jetzt auch eure Rechenergebnisse auf dem Arbeitsblatt!" Hilfestellung; Kontrolle	-überprüfen -berechnen	Aa	Arbeitsblatt

Hauptlernziel: Fähigkeit, den Prozentwert zu berechnen	Unterrichtsthema: Berechnung des Prozentwertes (Wir berechnen den Prozentwert)	Autor: Manfred Brunner
		Unterrichtszeit Empfehlung: 45 min

Vorbemerkungen:

In dieser Einheit sollen die Schüler zunächst selbständig Lösungsmöglichkeiten erarbeiten (Lehrschritt 5). Dieses Vorhaben erfordert dann im Lehrschritt 6 eine ausführliche Verbalisierung. Richtiglösungen werden hier natürlich gewürdigt, auch wenn die Lösungsstruktur anders verläuft, als sie das unterrichtliche Vorhaben intendiert. Möglicherweise können die Inhalte der Lehrschritte 7 und 8 in der Form eines Lehrgesprächs in die Ergebnisdiskussion im Lehrschritt 6 einfließen. Die inhaltlichen Schwerpunkte bleiben dabei unverändert. Sehr wesentlich ist die Differenzierung im Lehrschritt 10, die aufgrund einer Lernerfolgskontrolle erfolgt. Für die still arbeitenden Schüler bietet sich an dieser Stelle zusätzlich der Einsatz eines Schülerbuches an. Im Lehrschritt 12 sollten die Begriffe nicht einfach vorgegeben werden; zumindest ein kurzes Suchen nach möglichen Bezeichnungen sollte erfolgen. Transparenteintrag und Tafelanschrift erfolgen im Verlauf der Einheit.

Teillernziele:

Der Schüler soll ...

1. ... seine Fertigkeit in der Bruchteil-Auffassung steigern,
2. ... den Prozentwert mit Hilfe des Operatormodells berechnen können,
3. ... den Prozentwert mit Hilfe des Prozentquadrates ermitteln können,
4. ... die Begriffe 'Grundwert', 'Prozentsatz' und 'Prozentwert' verstehen und richtig anwenden können.

Medien:

Overheadprojektor; Transparente 1 und 2; Folienschreibstifte; Arbeitsblatt; Wandtafel

Literatur:

1. Kuntze/Sattler, "Bausteine der Mathematik 6", Verlage Oldenbourg und Schroedel, München/Hannover 1977, S. 106 ff.
2. Geisreiter/Heining/Kohlmeier, "Westermann Mathematik 6", Westermann Verlag, Braunschweig 1977, S. 91
3. Reich/Schropp, "Stufen der Mathematik 6", C.C. Buchners Verlag, Bamberg 1977, S. 159

Transparent 1:

Herr Gammanik pflanzte eine Hecke. Dazu brauchte er 500 Jungpflanzen. Jetzt muß er feststellen, daß 6% der Jungpflanzen nicht anwachsen.

Transparent 2:

(1)

(2)

Grundwert — Prozentsatz — Prozentwert
Wert für 1%

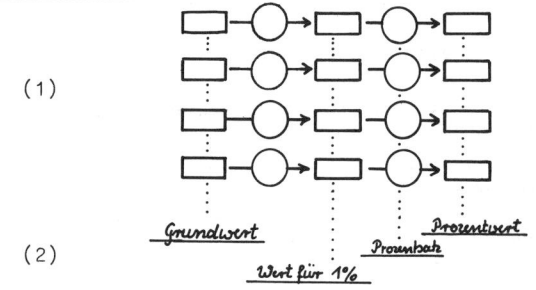

Tafelbild:

Wie viele Pflanzen wuchsen nicht an?

(1)

6% von 500 Pflanzen
$\frac{6}{100}$ von 500 Pflanzen

500 Pfl. $\xrightarrow{:100}$ 5 Pfl. $\xrightarrow{\cdot 6}$ 30 Pfl.

30 Pflanzen wuchsen nicht an

(2)

$5+5+5+5+5+5 = 30$
$6 \cdot 5 = 30$

6%

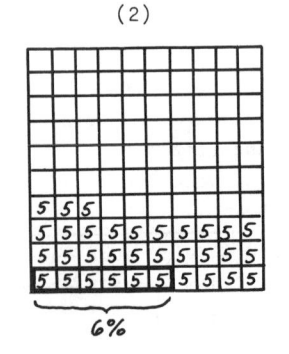

Arbeitsblatt:

Wir berechnen den _____

1. Die Miete einer Wohnung beträgt 310 DM. Nun soll sie um 8% erhöht werden. Wieviel muß der Mieter mehr bezahlen? _____

2. Hans kauft einen Radiorecorder. Auf den Ladenpreis von 280 DM erhält er 15% Preisnachlaß. Wieviel Geld spart Hans dadurch ein? _____

3. Ein Lastkraftwagen wird mit 2800 Dachziegeln beladen. 12% davon sind aus Glas. Wie viele Dachziegel sind das? _____

4. Klaus erhält im Monat 15 DM Taschengeld. Er gibt nur 60% davon aus. Wieviel DM spart Klaus? _____

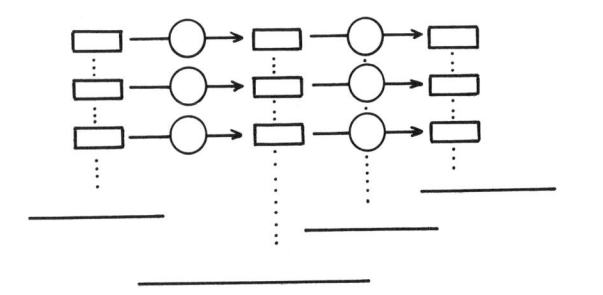

UG	Lehrschritte (Artikulationsdefinition)	Lehrinhalte und Lernziele (= Lz)	Lehrakte .... Lernakte		Sozialformen	Lernhilfen
Eröffnungsphase	1. Lehrschritt (Wiederholung)	Ablesen am Prozentquadrat; Umwandlung Prozentsatz – echter Bruch (LZ 1)	Arbeitsauftrag: "Notiere, wie viele Prozent schwarz angemalt sind; wandle diesen Prozentsatz in einen echten Bruch um!" (Sukzessives Aufdecken der Graphiken; anschl. Kontrolle)	-ablesen -notieren -umwandeln -überprüfen	Aa	Transparent 1 (nur Bildteil)
	2. Lehrschritt (Problemvorbereitung)	Sachverhalt: Anpflanzen eines lebenden Zaunes	Erzählung: (Beobachtung, wie ein Gärtner einen Ligusterzaun anpflanzt; 5 Pflanzen je Meter; Zaunlänge rund einhundert Meter)	-zuhören -erzählen	Hb	
	3. Lehrschritt (Problembegegnung)		Impuls: "Was aus diesem Zaun geworden ist, habe ich euch aufgeschrieben"; später:"Eines der Prozentquadrate paßt dazu."	-lesen -vergleichen	Aa	Transparent (Bild- und Textteil)
	4. Lehrschritt (Problemklärung)	Formulierung der Problemfrage	Erarb.-gespr.(Sachverhalt; Zuordnung Text-Graphik; Herausstellen der gegebenen Größen; Feststellen, daß eine Größe fehlt)	-sich äußern -formulieren	Hb	Transparent; Tafelanschrift: *Wie viele Pflanzen wachsen nicht an?*
Erarbeitungsphase	5. Lehrschritt (Lösungsversuch)	Berechnen des Prozentwertes	Partnergespräch nach Auftrag: "Versucht in der Partnergruppe dieses Problem zu lösen!"	-sich besprechen -rechnen	Pa	Transparent; Tafelbild; Rechenblock
	6. Lehrschritt (Ergebnisdiskussion)		Verarb.-gespr. nach Frage: "Was habt ihr nun herausgebracht?" (Lösungsmöglichkeiten; Ergebnisse)	-berichten -fragen -begründen	Hb	
	7. Lehrschritt (Problemlösung)	Berechnen des Prozentwertes im Operatormodell (LZ 2)	Erarb.-gespr.(6 Prozent heißt 6 Hundertstel; Darstellen des Bruches als Operator; Anwenden des Operators auf die Ausgangsgröße 500 Pflanzen)	-sich äußern -sich erinnern -notieren	Hb	Tafelanschrift: (1)
	8. Lehrschritt (Lösungsdarstellung)	Graphische Darstellung im Prozentquadrat (LZ 3)	Erarb.-gespr. nach Impuls: "Auch das Prozentquadrat kann uns bei der Lösung helfen." (Wert eines Teilquadrates - Vergleich mit Operator : 100 ; Beschriften der Teilquadrate; Berechnung durch Addition oder Multiplikation der Teilquadrate)	-sich äußern -einzeichnen -berechnen -vergleichen	Hb	Tafelanschrift: (2)
Sicherungsphase	9. Lehrschritt (Lernerfolgskontrolle)	Berechnen des Prozentwertes im Operatormodell (LZ 2)	Arbeitsauftrag: "Löse jetzt alleine Aufgabe 1 auf dem Arbeitsblatt!" anschließend Kontrolle	-berechnen	Aa	Arbeitsblatt (Aufgabe 1)
	10. Lehrschritt (Anwendung)	Berechnen des Prozentwertes im Operatormodell (LZ 2)	Arbeitsauftrag für Schüler mit richtigen Lösungen: "Bearbeitet alleine die nächsten Aufgaben. Die Operatorketten habe ich schon vorgezeichnet!"	-berechnen	Aa	Arbeitsblatt (Aufgaben 2,3, und 4)
		Arbeit mit dem Prozentquadrat hin zum Operatormodell (LZ 2/3)	Erarb.-gespr. für Schüler mit Falschlösungen (Wiederholung des Lehrschrittes 8 mit neuer Aufgabenstellung - Arbeitsblatt Aufgabe 1)	-sich äußern -fragen -einzeichnen -berechnen	Hk	Tafelanschrift wie (1) und (2)
	11. Lehrschritt (Ergebniskontrolle)	Prozentwertberechnung (LZ 2/3)	Verarb.-gespr. (Eintrag der Ergebnisse in das Transparent 2; ständiges Begründen des Lösungsweges)	-berichten -begründen -verbessern	Hb	Transparent 2 Eintrag (1)
	12. Lehrschritt (Verbegrifflichung)	Begriffe 'Grundwert' 'Prozentsatz' und 'Prozentwert' (LZ 4)	Erarb.-gespr. nach Frage: "Fällt dir jetzt auf dem Transparent etwas auf?" (Gemeinsamkeiten; Suchen von möglichen Begriffen; Eintrag auch ins Arbeitsblatt)	-versprachlichen -notieren	Hb	Transparent 2 Eintrag (2); Arbeitsblatt

Hauptlernziel: Fähigkeit, Größenpaare einer umgekehrten Proportion zu bestimmen	Unterrichtsthema: Viele Hände - ein schnelles Ende? (Durcharbeitung und Anwendung der umgekehrten Proportion)	Autor: Maria Sedlmayer
		Unterrichtszeit Empfehlung: 1 UE=45 Min

VORBEMERKUNGEN: Bei vorliegender Unterrichtseinheit handelt es sich um Durcharbeitung bis Anwendung der umgekehrten Proportion; die Einführung sollte bereits vorausgegangen sein.

Zur Differenzierung: Leistungsgruppe A rechnet nach dem gemeinsamen Formulieren der Teilfragen selbständig weiter (Abkoppelung nach Lehrschritt 5). Gruppe C steht die Flanelltafel zur Veranschaulichung zur Verfügung. Zudem hilft der Lehrer, während Gruppe A und B selbständig rechnen. Bei Lehrschritt 8 wird die gesamte Klasse wieder zusammengefaßt. Differenziert wird erneut bei der Anwendung, wie es auf dem Arbeitsblatt vermerkt ist.

TEILLERNZIELE: Die Schüler sollen:

1. eine vom Lehrer gemachte Aussage sofort als falsch erkennen und als Fehlerquelle die Nichtbeachtung der umgekehrten Proportion erkennen,
2. von den drei Größen Arbeiter - Arbeit - Zeit jeweils zwei in Beziehung setzen und mit Hilfe von Skizzen die umgekehrte Proportion (Arbeiter - Zeit) erklären,
3. aus der Darstellung des Sachverhalts in einer Sachaufgabe die Hauptfrage erkennen, formulieren und notieren,
4. die zur Lösung der Sachaufgabe erforderlichen Teilfragen finden, formulieren und in eine Reihenfolge bringen,
5. den Teilfragen die zu ihrer Lösung notwendigen Lösungsstrategien bzw. Rechenoperationen (malnehmen, teilen..) zuordnen,
6. die Aufgabe berechnen (die schwächsten Schüler unter Zuhilfenahme der Flanelltafel als Anschauungsmittel) und alle Teilantworten notieren,
7. den Lösungsweg wiederholen, begründen und diskutieren sowie die Antwort auf die Hauptfrage formulieren,
8. den Lösungsweg auf weitere Sachaufgaben übertragen, d.h. zu jeder Aufgabe (s. Arbeitsblatt) Teilfragen formulieren, sie berechnen und beantworten.

MEDIEN: Tafelanschrift, Flanelltafel mit Haftelementen (6 "Arbeiter", Quadrate oder Kreise als Symbole für Arbeitsstunden), Overhead-Projektor, Arbeitsblatt.

LITERATUR:
1. Lehrplan für die Orientierungsstufe an Hauptschulen und Gymnasien Entwurf 1970, Link Verlag
2. Oehl/Palzkill: Die Welt der Zahl - Neu, Oldenbourg Verlag München 1977
3. CULP für die Orientierungsstufe, Jahrgang 5 und 6, Maiß Verlag München

ARBEITSBLATT: DAS UMGEKEHRTE VERHÄLTNIS - SACHAUFGABEN
(Gruppe C rechnet mit Gruppe B)

1. B Herbert soll für seine Mutter den Gemüsegarten umgraben. Im letzten Jahr hat er dazu 4,5 Stunden gebraucht. Diesmal wollen ihm zwei Freunde helfen.
2. A+B Der Bauführer hat ausgerechnet, daß 4 Bagger den Graben für eine Ölleitung in 12 Tagen auswerfen können. Vor Beginn der Arbeit fällt 1 Bagger aus. In welcher Zeit wird der Graben fertiggestellt?
3. A Ein Bauer hat 6 Reitpferde im Stall. Er berechnet, daß er mit seinem Vorrat an Hafer genau 4 Wochen lang füttern könnte. Am selben Tag jedoch stellt ein Freund 2 weitere Pferde bei ihm ein.
4. A+B Wenn Peter täglich 1,50 DM ausgibt, reicht sein Taschengeld 14 Tage. Er muß damit aber noch 20 Tage auskommen.
5. A Für die Anlage eines Hausgartens rechnen 5 Arbeiter mit 5 Arbeitstagen. Nach 2 Tagen erkranken 2 Arbeiter.
6. Vervollständige die Tabelle und übertrage die Werte ins Gitternetz: (Gruppe A!)

Arbeiter	1		3	4	6	
Arbeitszeit (Tage)		6	4		2	1

LÖSUNGSFOLIE:
1. - Wieviel Stunden arbeiten 3 Buben? $4\frac{1}{2}$ Std. : 3 = $1\frac{1}{2}$ Std.
2. - Wie lange bräuchte 1 Bagger? $4 \cdot 12$ Tg = 48 Tg.
   - Wie lange brauchen 3 Bagger? 48 Tg : 3 = 16 Tg
3. - Wie lange reicht der Vorrat für 1 Pferd? 4 Wo $\cdot$ 6 = 24 Wo
   - Wieviel Pferde sind im Stall? 6 + 2 = 8
   - Wie lange reicht der Vorrat für 8 Pferde? 24 Wo : 8 = 3 Wo
4. - Wieviel DM gibt Peter insgesamt aus? 1,50 DM $\cdot$ 14 = 21 DM
   - Was darf er pro Tag ausgeben? 21 DM : 20 = 1,05 DM
5. - Wie lange bräuchte 1 Arbeiter? 5 Tg $\cdot$ 5 = 25 Tg
   - Was leisten 5 Arbeiter in 2 Tagen? 5 $\cdot$ 2 Tgleist. = 10 Tgl.
   - Wieviel "Tagesleistungen" bleiben für 3 Arbeiter? 25 Tg - 10 Tg = 15 Tg.
   - Wie lange brauchen die 3 Arbeiter noch? 15 Tg : 3 = 5 Tg
   - Wann ist der Garten insgesamt fertig? 5 Tg + 5 Tg = 10 Tg

6.
Arbeiter	1	2	3	4	6	12
Tage	12	6	4	3	2	1

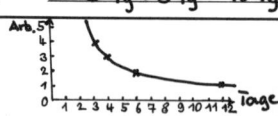

TAFEL:

VIELE HÄNDE - EIN SCHNELLES ENDE?

②: 6 Arbeiter sollen einen Garten anlegen. Sie rechnen mit einer Arbeitszeit von 5 Tagen. Vor Beginn der Arbeit erkranken 2 Arbeiter.

③ Frage: In wieviel Tagen wird die Gartenanlage fertig?

④ Teilfragen:
1. Wie lange bräuchte 1 Arbeiter?
2. Wieviel Arbeiter helfen zusammen?
3. Wieviel Tage brauchen die restlichen Arbeiter?

⑤ Rechnung:
6 $\cdot$ 5 Tg = 30 Tg
6 - 2 = 4
30 : 4 = 7,5

⑥ Antworten:
1 Arb. b. 30 Tg
4 Arbeiter
4 Arb. b. $7\frac{1}{2}$ Tg

⑦ Antwort: Der Garten ist in $7\frac{1}{2}$ Tagen fertig angelegt.

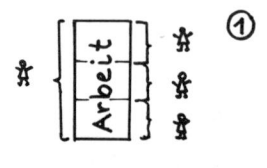

umgekehrtes Verhältnis:
Arbeiter — Zeit

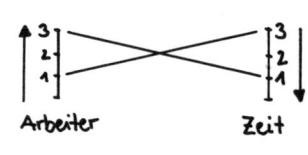

UG	Lehrschritte (Artikulationsdefinition)	Lehrinhalte und Lernziele (= Lz)	Lehrakte .... Lernakte		Sozial-formen	Lernhilfen
Eröffnungsphase	1. Lehrschritt (Provokation)	Richtigstellen einer falschen Aussage (Lz 1)	Kurzschilderung: Ein Mann brauchte für den Bau seiner Gartenmauer 14 Tage. Er denkt sich: Gut, daß ich alleine war. 10 Arbeiter hätten 140 Tage gebraucht!	- zuhören - widersprechen - richtigstellen	Hb	Tafel: "Viele Hände -"
			Erarbeitungsgespräch: Ein Arbeiter allein braucht viel länger als mehrere zusammen. Es handelt sich hier um das umgekehrte Verhältnis.	- notieren	Hb	Tafel: "ein schnelles Ende"
	2. Lehrschritt (Rekapitula-tion)	Erklären der umgekehr-ten Proportion (Lz 2)	Erarbeitungsgespräch: Die Arbeit bleibt gleich, es entfällt jedoch weniger auf eine Person, wenn mehrere zusammenhelfen: Die Arbeitszeit verkürzt sich.	- erklären - wiederholen - mitdenken - skizzieren	Hb	Tafel ①
			Arbeitsauftrag: Zeichnet die Skizzen von der Tafel ab und vervollständigt sie!		Aa	
	3. Lehrschritt (Problemstel-lung)	Sachaufgabe	Arbeitsauftrag: Lest folgende Sachaufgabe laut und leise durch; wiederholt sie mit eigenen Worten!	- lesen - merken - wiederholen	Hb/Aa	Tafel (Folie) ②
	4. Lehrschritt (Zielangabe)	Problemfrage (Lz 3)	Erarbeitungsgespräch: Was der Gartenbesit-zer gerne wissen möchte: In wieviel Tagen ist dann wohl der Garten fertig?	- durchdenken - fragen - formulieren	Hb	Tafel ③
Erarbeitungsphase	5. Lehrschritt (Lösungspla-nung)	Lösungsfragen (Lz4) Differenzierung: Ab-koppeln von Gruppe A	Impuls: In vorgegebener Aufgabe stecken noch viele Teilprobleme..	- fragen - mitdenken	Hb	Tafel ④
			Erarbeitungsgespräch: Finden der Einzel-fragen und Festlegen ihrer Reihenfolge.	- ordnen	Hb	
			Arbeitsauftrag für Leistungsgruppe A: Beginnt gleich zu rechnen! Weitere Aufgaben findet ihr auf dem Arbeitsblatt.		Aa	
	6. Lehrschritt (Vorbereitung der Problem-lösung)	Lösungsstrategien (Lz 5)	Erarbeitungsgespräch: Welche Rechenoperati-onen helfen uns, die Teilfragen zu beant-worten?	- zuordnen - begründen - notieren	Hb (Aa Gr.A)	Tafel ⑤
	7. Lehrschritt (Problemlö-sung und -fi-xierung)	Berechnung (Lz 6)	Arbeitsauftrag: Rechnet in euer Heft und no-tiert die Teilantworten. Die Kinder der Gruppe C dürfen die Flanelltafel zu Hilfe nehmen.	- rechnen - formulieren - notieren - kontrollieren	Aa	Arbeitsblock Flanelltafel
Sicherungsphase	8. Lehrschritt (Rückblick)	Gesamtzusammenfas-sung (Lz 7)	Verarbeitungsgespräch: Was wußten wir zu Beginn? Wie rechneten wir und warum? Hätten wir auch anders rechnen können?	- wiederholen - mitdenken - kontrollieren	Hb	Tafel ⑥ und ⑦
	9. Lehrschritt (Anwendung/Transfer)	Weitere Aufgaben (Lz 8)	Arbeitsanweisung: Berechnet die restlichen Aufgaben auf dem Arbeitsblatt, die für die jeweiligen Gruppen gekennzeichnet sind!	- rechnen - formulieren - zeichnen - notieren	Aa	Arbeitsblatt
	10. Lehrschritt (Lösungskon-trolle)	Lösungen zu den Auf-gaben des Arbeits-blattes	Verarbeitungsgespräch: Wir vergleichen unse-re Lösungen mit denen auf der Folie des Tageslichtprojektors.	- vergleichen - prüfen - kontrollieren	Hb	Folie: Lösungen

zu Aufgabe 6 des Arbeitsblattes:

(Diagramm: TAGE über ARBEITER, umgekehrt proportionale Kurve von 0 bis 13)

Hauptlernziel: Die Schüler sollen über Finanzierungsprobleme reflektieren und ihre Fertigkeiten im Zinsrechnen vertiefen und üben.	**Unterrichtsthema:** Berechnen von Jahreszinsen (Übungsstunde)	**Autor:** Peter Settele
		Unterrichtszeit Empfehlung 1 UE= 45 Min.

Vorbemerkungen:
1. Es handelt sich bei dieser Unterrichtseinheit um eine reine Übungsstunde.
2. Der CULP sieht die Einübung in das Zinsrechnen bereits am Ende der 6. Klasse vor, allerdings nur die Berechnung der Jahreszinsen.
3. Es scheint zweckmäßig, die Schüler mit Sachverhalten vertraut zu machen, mit denen er später immer wieder konfrontiert werden kann. Zudem soll der Kauf eines Rennrades einen zusätzlichen Motivationshintergrund schaffen.

Teillernziele:
Die Schüler sollen:
1. ... ihre Fertigkeiten im Kopfrechnen steigern (kognitiv),
2. ... die verschiedenen Finanzierungsmöglichkeiten für den Kauf einer Ware kennenlernen (kognitiv),
3. ... die Problemfrage formulieren können (kognitiv),
4. ... aus einer Sachaufgabe das Zahlenmaterial entnehmen können (kognitiv),
5. ... die Lösungen der Aufgabe schätzen können (kognitiv),
6. ... Lösungswege aufzeigen können (kognitiv),
7. ... notwendige rechnerische Operationen selbständig durchführen können (kognitiv),
8. ... analoge Sachsituationen finden können (kognitiv).

Medien:
Tonbandgerät bzw. Cassettenrekorder, OH Projektor, Folien, Arbeitsblatt, Wandtafel, Schülerheft, Rechenblock.

Literatur:
Hoffmann/Loch/Persch: "Inhalt und Aufbau der Unterrichtsvorbereitung"-Frankonius
Schlagbauer: "Textaufgaben für den Mathematikunterricht in Grund-und Hauptschulen", Auer
Oehl, Palzkill: "Die Welt der Zahl", Oldenbourg

Tafelbild:

	1. Barzahlung (Man kann das Rad sofort kaufen; 3% Nachlaß; es fehlen 500 DM)	2. Ratenzahlung (Rad bleibt zunächst Eigentum des Händlers)	3. Bankkredit (Man muß Zinsen zahlen)
Wir wissen:	Preis: 1.200 DM Skonto: 3%	Preis: 1.200 DM Anzahlung: 700 DM 12 Raten/60 DM	Preis: 1.200 DM Kreditsumme: 500 DM Laufzeit: 12 Monate Zinssatz: 8% $Z=\frac{k \cdot p \cdot t}{100}$
Lösung:	100% = 1.200 DM 3% = 36 DM	60 DM · 12 = 720 DM	$Z=\frac{500 \cdot 8}{100} = 40$ DM
Kosten:	1.200 DM − 36 DM = 1.164 DM	700 DM + 720 DM = 1.420 DM	700 DM + 500 DM = 1.240 DM
Antwort:		Der Bankkredit ist für Peter die günstigste Finanzierungsart	

Tonbandgespräch (1. Teil):
Peter: "Servus, Klaus!"
Klaus: "Grüß dich!"
Peter: "Ich muß dir etwas Wichtiges erzählen".
Klaus: "Da bin ich aber gespannt. Schieß'los!"
Peter: "Was würdest du sagen, wenn ich schon nächste Woche mit einem echten Rennrad, so wie es der Thurau fährt, zur Schule käme?"
Klaus: "Da würden die anderen vielleicht schauen! Aber so ein Renner kostet doch eine Stange Geld. Der kostet doch mindestens so um die 1500 DM."
Peter: "Ganz so teuer soll er nicht werden, aber mit 1200 DM werde ich schon rechnen müssen.
Klaus: "Hast du überhaupt so viel Geld?"
Peter: "Bis jetzt habe ich erst 700 DM, aber..."
Klaus: "..aber dann fehlen dir noch 500 DM. Und wo willst du die bis nächste Woche herbringen?"
Peter: "Es gibt da verschiedene Möglichkeiten".

Tonbandgespräch (2. Teil)
Peter: "Ich bin mir noch nicht ganz sicher, zu welcher Möglichkeit ich mich entschließen werde. Ich könnte das Rad in Raten zahlen. Ich müßte da 12 Monate lang 60 DM zahlen".
Klaus: "Das jeden Monat? Ganz schön viel!"
Peter: "Ich könnte auch noch eine Weile sparen und dann das Rad bar bezahlen. Da bekäme ich sogar noch 3% Skonto."
Klaus: "Aber dann hast du das Rad nächste Woche nicht."
Peter: "Dann ist es vielleicht doch gut, bei einer Bank einen Kredit aufzunehmen".
Klaus: "Und wie geht das vor sich?"
Peter: "Da habe ich mich schon erkundigt. Ich müßte 8% Zins zahlen für die 500 DM, die mir noch fehlen. Ich hätte dann ein Jahr lang Zeit, den Kredit samt Zinsen zurückzuzahlen".
Klaus: "Das würde ich mir schon überlegen".
Peter: "Das tue ich auch. Aber wie gesagt, ich muß alle Möglichkeiten noch einmal in Ruhe durchrechnen".

Folie (Rechenfertigkeitsübungen):

	K	Zf	Jahreszinsen
1.	5000 DM	7% (3%, 9%)	350.- (150.-, 450.-)
2.	4900 DM	5% (3%, 9%)	245.- (147.-, 341.-)
3.	8500 DM	3% (7%, 9%)	255.- (595.-, 765.-)
4.	9000 DM	11% (4%, 6%)	990.- (360.-, 540.-)

Arbeitsblatt=Folie: Kreuze die richtige Lösung an!

1. Kapital: 480 DM
   Zinssatz: 12%
   Zeit: 12 Monate
   - 5,76 DM Zinsen
   - 57,60 DM Zinsen ✗
   - 50,00 DM Zinsen

2. Kapital: 7580 DM
   Zinssatz: 9,5%
   Zeit: 12 Monate
   - 720,10 DM Zinsen ✗
   - 720,00 DM Zinsen
   - 72,00 DM Zinsen

3. Kapital: 10672 DM
   Zinssatz: 5%
   Zeit: 12 Monate
   - 53,00 DM Zinsen
   - 533,60 DM Zinsen ✗
   - 530,00 DM Zinsen

UG	Lehrschritte (Artikulationsdefinition)	Lehrinhalte und Lernziele (= Lz)	Lehrakte .... Lernakte		Sozialformen	Lernhilfen
Eröffnungsphase	1.Lehrschritt: (Fertigkeitsrechnen)	Berechnen von Jahreszinsen	Arbeitsauftrag:Versucht die Aufgaben zu berechnen! anschließend gemeinsame Kontrolle der Ergebnisse.	−berechnen −notieren	Aa Hb	Folie Rechenblock
	2.Lehrschritt: (Vorbereiten einer aktuellen Sachsituation)	Kauf eines Fahrrades als Sachhintergrund	Sachimpuls:Lehrer spielt Tonbandaufnahme vor.	−zuhören −äußern	Hb	Tonbandaufnahme, 1.Teil
	3.Lehrschritt: (Ausbreiten der aktuellen Sachsituation)	Die verschiedenen Finanzierungsmöglichkeiten für ein Fahrrad (Lz 2)	Erarbeitungsgespräch:Herausstellen der Finanzierungsmöglichkeiten und Gegenüberstellung deren Vorteile und Nachteile; anschließend Fixierung an der Tafel.	−überlegen −Aussprache −verbalisieren	Hb	Tafelbild: 3-teilige Überschrift
	4.Lehrschritt: (Verwertung und Zielangabe)	**Die günstigste Finanzierungsart für Peter?** (Lz 3)	Auftrag nach Sachimpuls: Formuliere auf deinem Block die Problemfrage der heutigen Stunde!	−zuhören −formulieren −notieren	Aa	Tonbandaufnahme,2.Teil Notizblock
Erarbeitungsphase	5.Lehrschritt: (Wiederholung der Aufgabenstellung)	Überprüfung des Sach-und Zahlenverständnisses (Lz 4)	Verarbeitungsgespräch:Wiederholung aller wesentlichen Fakten und Zahlen,anschließend Fixierung an der Tafel.	−wiederholen	Hb	Tafelbild: Wir wissen
	6.Lehrschritt: (Problemlösungsversuch)	Lz 5,6,7	Arbeitsauftrag:Überlege mit deinem Nachbarn, wie man diese Aufgabe lösen könnte! anschließend Entgegennahme der Lösungsversuche und gemeinsames Vorausschätzen der eventuellen Ergebnisse!	−überlegen −sich besprechen −notieren −überschlagen	Pa Hb	Rechenblock
	7.Lehrschritt: (Problemlösung)		Arbeitsauftrag:Versuche die Aufgaben auszurechnen! Vergleiche anschließend mit deinen Nachbarn! Gruppe I löst Aufgabe 1 Gruppe II löst Aufgabe 2 Gruppe III löst Aufgabe 3	−berechnen −vergleichen	Aa/ Ga	Rechenblock
	8.Lehrschritt: (Ergebniskontrolle und fixierung)		Verarbeitungsgespräch:Die Lösungen der Aufgaben werden entgegengenommen, besprochen und gleichzeitig an die Tafel fixiert.	−vortragen −eintragen	Hb	Tafelbild: Lösung/Kosten Rechenheft
	9.Lehrschritt: (Rückkehr zum Ausgangsproblem)		Erarbeitungsgespräch:Herausarbeiten der Erkenntnis,daß es für Peter am besten ist, einen Kredit einer Bank in Anspruch zu nehmen,um das Rad gleich bar bezahlen zu können. Anschließend Formulierung dieser Erkenntnis und Fixierung an der Tafel.	−zusammenfassen −erkennen −formulieren	Hb	Tafelbild: Antwortsatz
Sicherungsphase	1o.Lehrschritt: (Wiederholung)	Arbeitsrückschau	Verarbeitungsgespräch nach Frage:Was ist dir an dieser Aufgabe besonders schwer gefallen? Wer kann die ganze Aufgabe an Hand des Tafelbildes noch einmal wiederholen?	−äußern −verbalisieren	Hb	Tafelbild: Gesamtdarstellung
	11.Lehrschritt: (inhaltliche Ausweitung)	Finden analoger Situationen(Lz 8)	Impuls:In solche oder ähnliche Situationen kannst auch du heute oder später geraten.	−überlegen −äußern **−Beispielfälle anführen**	Hb	
	12.Lehrschritt: (Anwendung)	Lösung von Analogaufgaben(Lz 7)	Arbeitsauftrag:Kreuze auf dem Arbeitsblatt die richtigen Antworten an! anschließend Kontrolle der Ergebnisse.	−berechnen −ankreuzen −überprüfen	Aa Hb	Arbeitsblatt Rechenblock Folie= Arbeitsblatt

Physik/Chemie

Hauptlernziel: Kenntnis erlangen, daß Luft am Verbrennungsvorgang beteiligt ist.	Unterrichtsthema: Die Verbrennung ("Das Feuer im Ofen ist erstickt")	Autor: Wilhelm Burger
		Unterrichtszeit Empfehlung: 1 UE

Vorbemerkungen: Diese Unterrichtseinheit steht am Anfang des Themenkreises "Verbrennung und Luft". Im Mittelpunkt stehen die Versuche, die meist von den Schülern (unter Anleitung des Lehrers) geplant und durchgeführt werden sollen. Lediglich der Versuch V 3 ist als Demonstrationsversuch geplant, da größere Glaswannen nicht in genügender Zahl zur Verfügung stehen. Ist reiner Sauerstoff(Sauerstoffflasche) nicht vorhanden, kann er durch Erhitzen von Kaliumpermanganat hergestellt werden. In diesem Fall sollte aus Zeitgründen auch der Versuch V 4 als Demonstrationsversuch durchgeführt werden. Alle Einträge erfolgen in der numerierten Reihenfolge. Der Schriftführer jeder Arbeitsgruppe notiert die Versuchsergebnisse und berichtet darüber.

Medien:
für V 1: Verbrennungsrohr aus Glas, stumpfwinkelig; Bunsenstativ, Doppelmuffe, Universalklemme, Gummistopfen ungebohrt, Gasbrenner, Holzkohle, Blasebalg – je Arbeitsgruppe
für V 2: Kerze, Becherglas hohe Form, Zündholz – je Arbeitsgruppe
für V 3: große Glaswanne, Becherglas hohe Form, Kerze mit Halter, zwei Unterlegklötze, Zündholz
für V 4: reiner Sauerstoff (aus der Flasche), Reagenzglas, Holzspan, Zündholz, Bunsenstativ, Doppelmuffe, Universalklemme – je Arbeitsgruppe
außerdem: Tafel, Overhead-Projektor, OHP-Transparent, Notizblock

Literatur:
Butschek/Hofmeister: Physik/Chemie 5/6 für die Hauptschule, S.111-112, Verlag Sellier, Freising
Bauer/Huber/Rossel/Holzmann: Physik u. Chemie 5/6, S.116, Ehrenwirth-Verlag, München
Lindenblatt Felix: Chemie experimentell, Schülerversuche 5.-9. Schuljahr, Industrie-Druck GmbH Verlag, Göttingen

Teillernziele: Die Schüler sollen:
1. erkennen, daß zur Verbrennung Luft gebraucht wird.
2. erkennen, daß beim Verbrennen eines Stoffes nur ein Teil der Luft verbraucht wird.
3. erfahren, daß der zur Verbrennung benötigte Teil der Luft Sauerstoff heißt.
4. erfahren, daß die Luft ungefähr zu einem Fünftel aus Sauerstoff und zu vier Fünftel aus Stickstoff besteht.
5. die Begriffe Sauerstoff, Stickstoff kennenlernen.
6. den Sauerstoffanteil der Luft bestimmen können.
7. erkennen, daß im reinen Sauerstoff die Stoffe besser brennen.
8. Hypothesen zu einem Problem bilden können.
9. Versuche dazu planen und durchführen können.
10. Versuche beschreiben können.

Tafelbild: (bzw. Folienbild)

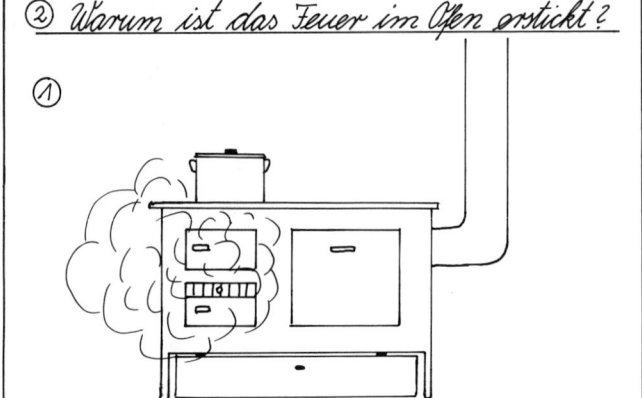

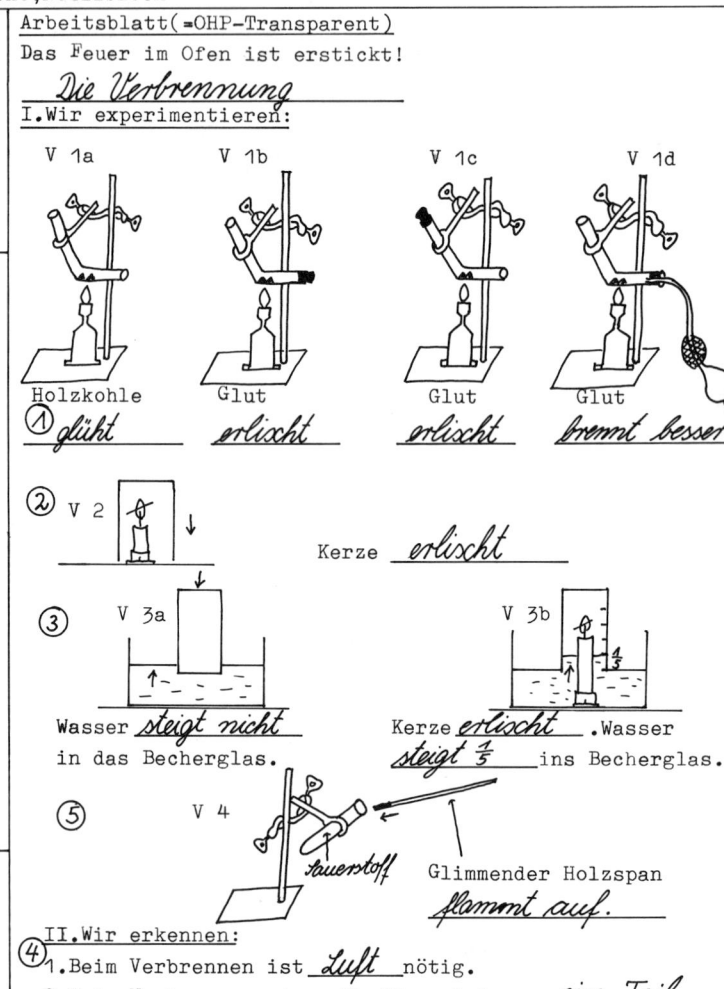

② *Warum ist das Feuer im Ofen erstickt?*

①

Arbeitsblatt (=OHP-Transparent)
Das Feuer im Ofen ist erstickt!
Die Verbrennung

I. Wir experimentieren:

V 1a — Holzkohle ① *glüht*
V 1b — Glut *erlischt*
V 1c — Glut *erlischt*
V 1d — Glut *brennt besser*

② V 2 — Kerze *erlischt*

③ V 3a — Wasser *steigt nicht* in das Becherglas.
V 3b — Kerze *erlischt*. Wasser *steigt 1/5* ins Becherglas.

⑤ V 4 — Sauerstoff, Glimmender Holzspan *flammt auf*.

II. Wir erkennen:
④ 1. Beim Verbrennen ist *Luft* nötig.
2. Beim Verbrennen eines Stoffes wird nur *ein Teil der Luft* benötigt.
3. Der zur Verbrennung benötigte Teil der Luft heißt *Sauerstoff*.
4. Die Luft besteht ungefähr aus *1/5 Sauerstoff u. 4/5 Stickstoff*.
⑤ 5. In *reinem* Sauerstoff brennen die Stoffe *besser*.

UG	Lehrschritte (Artikulationsdefinition)	Lehrinhalte und Lernziele (= Lz)	Lehrakte .... Lernakte		Sozial-formen	Lernhilfen
Eröffnungsphase	1.Lehrschritt (Problem-stellung)	Ausbreitung der Sachsituation : Holzofen	Erzählung:Karin soll Omas Holzofen nachheizen.Das Feuer im Ofen ist erstickt.	- zuhören	Hb	
			Demonstration durch skizzenhafte Darstellung: Holzofen	- betrachten - beschreiben	Hb	Tafel ①
	2.Lehrschritt (Zielangabe)	Warum ist das Feuer im Ofen erstickt?	Feststellung:Wir wollen uns heute überlegen,warum das Feuer im Holz-ofen der Oma erstickt ist.	- aufnehmen	Hb	Tafel ②
Erarbeitungsphase	3.Lehrschritt (Hypothesen-bildung)	Gründe für das Ersticken des Feuers?(Lz 8)	Gruppengespräch:Überlegt euch,warum das Feuer im Ofen erstickt ist!	- vermuten - notieren	Ga	Notizblock
			Verarbeitungsgespräch:Auswertung des Gruppengesprächs.	- berichten	Hb	
	4.Lehrschritt (Versuchs-planung)	Vereinfachter Nachbau des Holz-ofens (Lz 9) Planung der Ver-suche 1a,1b,1c,1d	Impuls:Dieses gebogene Glasrohr ist unser Ofen. In das Röhrchen ge-ben wir Holzkohlestückchen .Wie kön-nen wir damit nachprüfen,daß zur Verbrennung Luft nötig ist?	- betrachten - vermuten	Hb	gebogenes Glas rohr,Holzkohle Bunsenstativ, Doppelmuffe, Universalklem-me,Gasbrenner,
			Erarbeitungsgespräch:Nachbau der Wirklichkeit (Glasrohr = Ofen).	- vergleichen - begründen	Hb	Gummistopfen....
	5.Lehrschritt (Versuchs-durchführung, Teilzusammen-fassung)	Versuche 1a - 1d (Lz 1,9,10)	Experiment:Einfluß der Luftzufuhr auf den Brennvorgang im Ofen.	- experimen-tieren	Ga	Geräte des 4.Lehrschritts je Gruppe
			Verarbeitungsgespräch:Versuchser-gebnisse herausarbeiten und fest-halten.	- berichten - begründen - notieren	Hb	OHP-Transp.①
	6.Lehrschritt (Versuchs-planung)	Ersticken einer Kerzenflamme (Lz 9)	Impuls:Die Bedeutung der Luft bei der Verbrennung kann auch mit einer Kerzenflamme beobachtet werden.		Hb	Kerze,hohes Becherglas je Gruppe
			Erarbeitungsgespräch:Planung eines geeigneten Versuchs.	- vorschlagen - begründen	Hb	
	7.Lehrschritt (Versuchs-durchführung, Teilzusammen-fassung)	Versuch 2 (Lz 1,2)	Experiment:Einfluß der Luft bzw. des Luftentzugs auf eine Kerzen-flamme.	- experimen-tieren	Ga	Geräte wie bei 6.Lehrschritt
			Verarbeitungsgespräch:Festhalten der Versuchsergebnisse.	- berichten - begründen	Hb	
			Impuls:Sonderbar,daß die Kerzen-flamme nicht sofort erloschen ist!	- aufschreiben	Hb	OHP-Transp.②
			Erarbeitungsgespräch:Notwendigkeit eines Teils der Luft für Verbrennung.	- begründen	Hb	
	8.Lehrschritt (Versuchs-planung)	Versuch 3a Zusammensetzung der Luft?	Vorgangsdemonstration:Becherglas mit Öffnung nach unten ins Wasser drücken.	- zuschauen -erklären	Hkf	Wasserwanne Becherglas
			Erarbeitungsgespräch:Planung eines ge-eigneten Versuchs	-vorschla-gen	Hkf	
	9.Lehrschritt (Versuchs-durchführung, Teilzusammen-fassung)	Versuch 3b Zusammensetzung der Luft Begriffe:Sauer-stoff,Stickstoff (Lz 5,2,3,4,6)	Experiment:Ersticken der im Wasser ste-henden Kerzenflamme durch Überstülpen eines Becherglases.	-zuschauen -verbali-sieren	Hkf	Wasserwanne Becherglas Kerze mit Hal-ter OHP-Transpa-rent ③
			Verarbeitungsgespräch:Herausarbeiten und Festhalten der Ergebnisse.	-notieren	Hb	
	10.Lehrschritt (Gesamtzusam-menfassung)	Was geschieht bei der Verbrennung? (Lz 1-5)	Verarbeitungsgespräch:Festhalten der erarbeiteten allgemeinen Erkenntnisse.	- zusammen-fassen - notieren	Hb	OHP-Transp. + Arbeitsblatt ④
Sicherungsphase	11.Lehrschritt (Anwendung)	Rückkehr zur Aus-gangssituation	Impuls:Die Oma kommt,sieht den Qualm und meint:"Der Ofen muß ziehen!"		Hb	
			Verarbeitungsgespräch:Bedeutung des Sauerstoffs bei Verbrennung.	- zusammen-fassen	Hb	
	12.Lehrschritt (Transfer)	Reiner Sauerstoff und Verbrennung? Versuch 4	Experiment:Reaktion eines glimmenden Holzspans in reinem Sauerstoff.	- zuschauen - begründen	Hkf	reiner Sauer-stoff,glimmen-der Holzspan, OHP-Tr.⑤Glas
			Verarbeitungsgespräch:Auswertung des Versuchs und Fixierung der Ergebnisse.	- begründen - aufschreib.	Hb	

Hauptlernziel:	Unterrichtsthema:	Autor: Klaus Bendel
Die Schüler sollen erkennen, daß die Flamme immer ein brennendes Gas ist. (Physikalischer Vorgang)	Was sind Flammen?	Unterrichtszeit Empfehlung: 1 UE

VORBEMERKUNGEN: a) allgemein: In dieser Unterrichtseinheit soll die Flamme nicht als ein neues Ereignis dargestellt werden. Im Gegensatz zu den verglühenden festen Körpern und im Gegensatz zur stillen Oxidation soll sie als Gas in einer besonderen Form der Verbrennung besprochen werden. Es stellt sich als Hauptziel, wie aus festen und flüssigen Stoffen brennbare Gase gewonnen werden können. Der genaue Aufbau der Kerzenflamme ist erst als Transfer angezeigt.

b) Hinweise zur Versuchsdurchführung: Die Versuche verlangen eine gute Beobachtung und Fingergeschicklichkeit bei der Versuchsausführung. Die Flammenversuche mit Benzol, Schwefel, Naphtalin sollten nur vom Lehrer durchgeführt werden. Vorsicht! Naphtalin und Benzol rußen sehr stark, Schwefel reizt die Atemwege, deshalb während der Verbrennung unter die Abzugshaube geben. Geschicklichkeit erfordert der Versuch mit der Tochterflamme. Das Röhrchen muß man in die blaue Zone (mit Holzzange) halten und den ausströmenden weißen Nebel anzünden. Beim Versuch mit dem Kerzendampf müßte der heiße Dampf einer gerade ausgeblasenen Kerze etwa 1cm über der Kerze wieder zu entflammen sein. Eventuell ist es günstig, ein breites Glasrohr um die Kerze zu stellen, damit der Dampf nicht seitlich entweicht.

TEILLERNZIELE:
Die Schüler sollen:
1. erkennen, daß Flammen brennende Gase sind (kognitiv),
2. erkennen, daß flüssige Stoffe verdampfen müssen; erst dann entzünden sich die Stoffe und verbrennen mit Flamme (kognitiv),
3. erkennen, daß aus festen Stoffen Gase durch Vergasung gewonnen werden können (kognitiv),
4. verstehen, daß beim Vergasen ein fester Stoff in den gasförmigen Zustand übergeführt wird (kognitiv).

MEDIEN:
Tafelbild, Tageslichtprojektor, Transparente, Arbeitsblatt, Applikationen, Bunsenbrenner, Benzol, Spiritus, Schwefel, Naphtalin, Kerzen, Holzspäne, Wollfäden, Verbrennungslöffel, Verbrennungsschüsseln, Abdeckungen, Glasröhrchen (6 mmØ - innen, ca 5 cm lang);

LITERATUR:
Curricularer Lehrplan Physik/Chemie 6. Jahrgang Bayern KMBI Sondernummer 10 vom 16.7.1976
Hermann Houben, Didaktik und Praxis der Schulphysik 1 Herder Verlag, Freiburg 1971;

TAFELBILD: Was ist eine Flamme? ①

② Flamme — ③ Entzündung des Kerzenrauches — ④ Tochterflamme

Beim [Erhitzen] entsteht ein [brennbares Gas]. ⑤
Parafin wird [vergast].

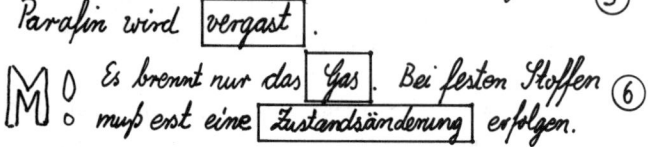

M: Es brennt nur das [Gas]. Bei festen Stoffen ⑥ muß erst eine [Zustandsänderung] erfolgen.

ARBEITSBLATT (TRANSPARENT) - VORDERSEITE:

Was sind Flammen? - Physikalische Reaktion

1. Wir betrachten Flammen:

Flammenart	Flammenbeschreibung	⑧ Erklärung
Bunsenflamme	leuchtend gelb ①	brennbare Gase, glühende Kohlenstoffteilchen Gas
Benzolflamme	② gelb, stark rußend	brennbare Dämpfe von Flüssigkeiten
Spiritusflamme	③ blau	
Schwefelflamme	④ blau	brennbare Dämpfe von festen Stoffen
Naphtalinflamme	⑤ gelb, stark rußend	
Kerzenflamme	⑥ dunkler Kern, leuchtender Mantel (gelb), Saum unten (blau)	
Flamme aus Holzspan	⑦ gelb	

Folgerung: Eine Flamme ist ein brennender Gasstrom.
⑨ Ihr Leuchten wird durch kleinste, glühende Kohlenstoffteilchen hervorgerufen.

ARBEITSBLATT (TRANSPARENT) - RÜCKSEITE:

2. Kerzenflammen:

⑩ gelber Mantel — glühende Kohlenstoffteilchen
dunkler Kern — Wachsdämpfe - kältester Teil
blauer Saum — Gas + Sauerstoff - heißester Teil

⑪ Erklärung:
1. Der Docht saugt flüssiges Wachs hoch. Durch die Hitze des brennenden Dochtes erfolgt die Spaltung des Wachses in verschiedene Dämpfe.
2. Die blaue Flamme entsteht durch totale Verbrennung der Dämpfe mit Sauerstoff (heißester Teil der Flamme).
3. Im gelben Mantel sind unzählige kleinste verglühende Kohlenstoffteilchen.
4. Der dunkle Kern entsteht durch ungenügende Verbrennung wegen Sauerstoffmangels (kältester Teil).

Versuch:
Halte einen Zündholzkopf in den Kern der Kerzenflamme!
Ergebnis: Längere Zünddauer des Zündholzkopfes.

Wir merken uns: ⑫

M: Die entstehenden Dämpfe lassen sich entzünden und brennen mit Flamme. Es sind brennbare G A S E.
Die Stoffe werden vergast.

APPLIKATIONEN:
Offener Glaszylinder — Glasrohr — Porzellanschale mit Verbrennungsstoffen — Holzklammer — Flamme

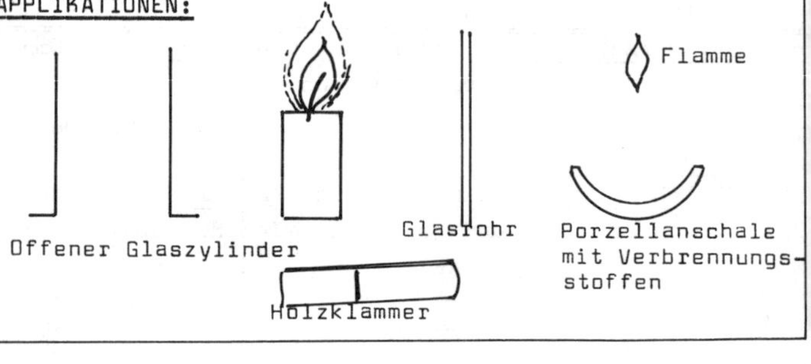

UG	Lehrschritte (Artikulationsdefinition)	Lehrinhalte und Lernziele (= Lz)	Lehrakte .... Lernakte		Sozial-formen	Lernhilfen
Eröffnungsphase	1. Lehrschritt (Problembegegnung)	Historischer Bericht	Sachimpuls: Bericht: Heute wollen wir mit einem Versuch beginnen, den der berühmte englische Physiker Faraday vor etwa 100 Jahren vor seinen Studenten dargeboten hat.	– zuhören	Hb	Kerze
	2. Lehrschritt (Problemfindung)	Schaffung des Problembewußtseins	Schülerexperiment: Schüler erhitzen Parafin, verbrennen einen Wollfaden.	– untersuchen	Ga	Parafin, Wollfaden, Unterlage
	3. Lehrschritt (Problemerkenntnis)	Weckung der Lernbegierde	Schülerbericht: Das Wachs schmilzt, brennt aber nicht. Der Wollfaden glimmt, aber entflammt nicht.	– berichten	Hkf	
	4. Lernschritt (Zielangabe)	Was sind Flammen? (Lz 1)	Feststellung: Wir wollen heute untersuchen, was Flammen sind.	– zuhören	Hb	Tafelbild 1
Erarbeitungsphase	5. Lehrschritt (Hypothesenbildung)	Geistiges Durchdringen des Problems	Schülerdiskussion: Schüler notieren Vermutungen.	– vermuten – notieren	Kf	Notizblock bzw. Seitentafel
	6. Lehrschritt (Problemstellung gegenständlich)	Steuerung der Denkaktivitäten (Lz 1/2)	Experiment:	– betrachten – überlegen – beschreiben – erklären – notieren	Hkf	Bunsenbrenner Arbeitsblatt 1
			Kontrolle durch Folie Benzol wird entzündet	– kontrollieren – s.o.	Hkf	Benzol Arbeitsblatt 2
			Spiritus wird entzündet	– s.o.	Hkf/Ga	Spiritus Arbeitsblatt 3
			Schwefel wird entzündet	– s.o.	Hkf	Schwefel Arbeitsblatt 4
			Naphtalin wird entzündet	– s.o.	Hkf	Naphtalin Arbeitsblatt 5
			Kerze wird entzündet	– s.o.	Ga	Kerze Arbeitsblatt 6
			Holzspan wird entzündet	– s.o.	Ga	Holzspan Arbeitsblatt 7
	7. Lehrschritt (Erste Erkenntnisgewinnung)	Schluß auf physikalische Zusammenhänge (Lz 1/2)	Erarbeitungsgespräch: Die Flamme ist ein brennender Gasstrom. Kontrolle durch Folie.	– verbalisieren – fixieren – überprüfen	Ga/Hkf Aa	Arbeitsblatt 8
	8. Lehrschritt (Rekapitulation)	Zusammenfassung (Lz 1/2)	Rundgespräch: Experiment zur Unterstützung: Die Kerze wird ausgeblasen und der Kerzendampf wieder entzündet. Bestätigung: Die Flamme ist ein brennendes Gas.	– verbalisieren – experimentieren – beobachten – feststellen – fixieren	Hkf Ga	Tafelbild 2 Applikationen Tafelbild 3
	9. Lehrschritt (Problemstellung)	Umsetzen der Realität in die Versuchswelt (Lz 3)	Schülerexperiment: Tochterflamme	– experimentieren – feststellen – fixieren	Ga	Applikationen Tafelbild 4
	10. Lehrschritt (Problemstellung und Fixierung)	Zusammenschau	Gelenktes Rundgespräch: Festhalten der Feststellung	– verbalisieren – fixieren	Hkf	Tafelbild 5
Sicherungsphase	11. Lehrschritt (Zusammenfassung)	Erarbeitung eines Merktextes (Lz 1-3)	Erarbeitungsgespräch: Wenn feste oder flüssige Stoffe brennen sollen, muß erst eine Zustandsänderung erfolgen. Kontrolle durch Folie	– formulieren – fixieren – eintragen – überprüfen	Hkf Aa	Tafelbild 6 Arbeitsblatt 9
	12. Lehrschritt (Transfer)	Gewonnene Erkenntnis vertiefen (Lz 4)	Arbeitsaufträge: ● Entzünde den Docht einer Kerze, beobachte den Aufbau der Flamme genau und zeichne sie auf dein Arbeitsblatt! Kontrolle durch Folie ● Ergänze den Lückentext auf dem Arbeitsblatt! Kontrolle durch Folie	– experimentieren – betrachten – fixieren – besprechen – überprüfen – ausfüllen – überprüfen	Pa Hb/Aa Hb/Aa	Arbeitsblatt 10 Arbeitsblatt 11
	13. Lehrschritt (Ausdrucksgestaltung)	Beantwortung des Ausgangsproblems	Rundgespräch: Formulierung eines Merksatzes Kontrolle durch Folie	– verbalisieren – fixieren – überprüfen	Hkf	Arbeitsblatt 12
	14. Lehrschritt (Ausweitung)	Gewonnene Erkenntnis auf Sachverhalt aus der Umwelt anwenden	Rundgespräch: Jetzt weißt du, welche Gefahren in einem leeren Benzintank drohen. ... beim Verwenden von Spiritus beim Grillen lauern. ...	– sich äußern – begründen	Hkf	

Hauptlernziel: Die Schüler sollen erkennen, daß brennende Stoffe vor der Verbrennung immer gasförmig werden müssen (Chemische Reaktion).	Unterrichtsthema: Wann brennt ein Stoff mit Flamme? (Wir bauen eine Kokerei.)	Autor: Klaus Bendel
		Unterrichtszeit Empfehlung: 1 UE

VORBEMERKUNGEN: a) allgemein: In der Unterrichtseinheit "Was sind Flammen?" haben die Schüler den physikalischen Vorgang der Vergasung kennen gelernt. In dieser Einheit soll die chemische Reaktion der Entgasung aufgezeigt werden. Im Mittelpunkt steht auch hier, wie aus festen oder flüssigen Stoffen brennbare Gase gewonnen werden können.

b) Hinweise zur Versuchsdurchführung: Anstelle der Steinkohle kann im Schülerversuch auch Sägemehl verwendet werden. Die Steinkohle sollte nicht zu grobkörnig sein. Im Kokereiversuch sollte die Watte nicht zu fest sitzen, so daß Gas noch durchdringen kann.

TEILLERNZIELE:

Die Schüler sollen:

1. wissen, daß Flammen brennende Gase sind (kognitiv),
2. erkennen, daß aus festen Stoffen Gase durch Entgasung gewonnen werden können (kognitiv),
3. verstehen, daß beim Entgasen ein fester Stoff in den gasförmigen Zustand übergeführt wird (kognitiv).

MEDIEN:

Tafelbild, Tageslichtprojektor, Transparente, Arbeitsblatt, Applikationen von Laborgeräten, Bunsenbrenner, Reagenzgläser, Bechergläser, Stativmaterial, Winkelröhrchen, Gummischlauch, Mörser mit Pistille, Watte, Steinkohle (Sägemehl), Gaswaschflaschen, Reagenzglas mit rechtwinkligem Ausgangsrohr;

LITERATUR:

Curricularer Lehrplan Physik/Chemie 6. Jahrgang Bayern, KMBI - Sondernummer 10 vom 16. 7. 1976

Butschek/Hofmeister, Physik/Chemie 6 L, Sellier Verlag, Freising 1977,

H. Christen, Einführung in die Chemie, Otto Salle Verlag, Frankfurt 1969;

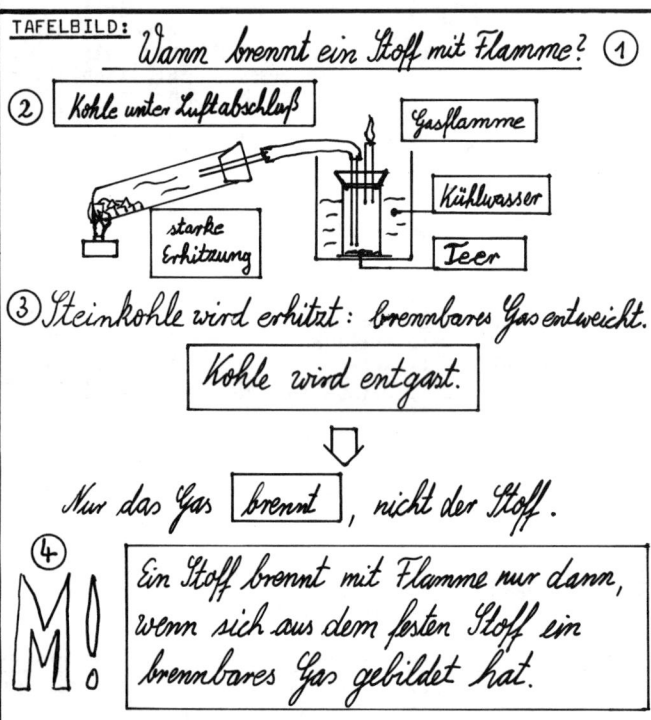

TAFELBILD:

① Wann brennt ein Stoff mit Flamme?

② Kohle unter Luftabschluß — starke Erhitzung — Gasflamme — Kühlwasser — Teer

③ Steinkohle wird erhitzt: brennbares Gas entweicht.

Kohle wird entgast.

Nur das Gas brennt, nicht der Stoff.

④ M! Ein Stoff brennt mit Flamme nur dann, wenn sich aus dem festen Stoff ein brennbares Gas gebildet hat.

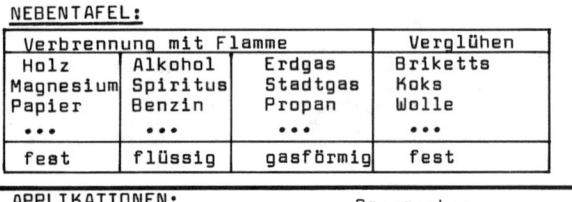

NEBENTAFEL:

Verbrennung mit Flamme			Verglühen
Holz	Alkohol	Erdgas	Briketts
Magnesium	Spiritus	Stadtgas	Koks
Papier	Benzin	Propan	Wolle
...	...	...	...
fest	flüssig	gasförmig	fest

APPLIKATIONEN:

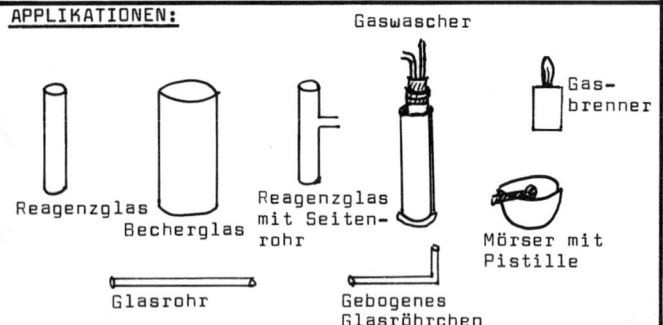

Reagenzglas, Becherglas, Reagenzglas mit Seitenrohr, Gaswascher, Gasbrenner, Mörser mit Pistille, Glasrohr, Gebogenes Glasröhrchen

ARBEITSBLATT (TRANSPARENT):

Was sind Flammen? – Chemische Reaktion

① **Wann brennt ein Stoff mit Flamme?**

Du hast die Flamme als brennbare Gasflamme kennen gelernt. Die brennbaren Gase hast Du durch die Änderung des AGGREGATZUSTANDES erhalten. Es gibt aber noch einen anderen Weg: die CHEMISCHE REAKTION.

Woher kommt das Stadtgas?

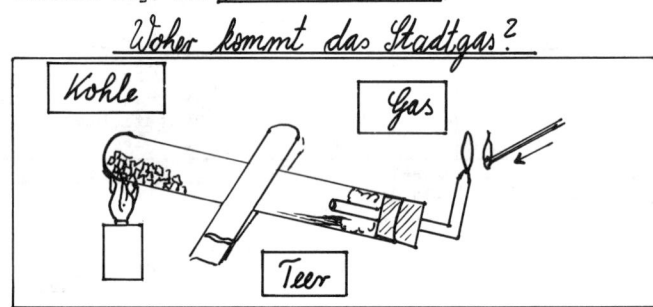

Kohle — Gas — Teer

Wir beobachten:

Unter Luftabschluß können Stoffe [zerlegt] werden. [Kohle] zerfällt in [Teer und Gas]. Das entweichende Gas läßt sich [entzünden]. Es brennt [mit Flamme].

Wir merken uns:

M! Der Stoff (z.B. Kohle), der unter Luftabschluß zerlegt wird, wird entgast. CHEMISCHE REAKTION!

② **Verkokung von Steinkohle**

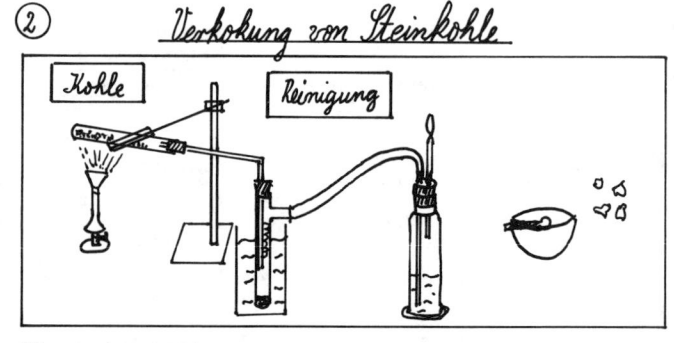

Kohle — Reinigung

Wir merken uns:

M! Stadtgas wird durch trockene Destillation von Steinkohle gewonnen.

③

UG	Lehrschritte (Artikulationsdefinition)	Lehrinhalte und Lernziele (= Lz)	Lehrakte .... Lernakte		Sozialformen	Lernhilfen
Eröffnungsphase	1. Lehrschritt (Kontrastdarstellung)	Ausbreitung der Sachsituation (Lz 1)	Sachimpuls: Versuch: Glühende Holzkohle, glimmender Holzspan wird in Sauerstoff getaucht. Die Kohle glüht nur auf. Der glimmende Holzspan fängt zu brennen an.	– beobachten	Hkf	Versuch
	2. Lehrschritt (Problemabgrenzung)	Herauslösen des Stundenproblems	Erarbeitungsgespräch: Aufstellen einer Tabelle über Stoffe, die mit Flamme verbrennen und die, welche nur verglühen.	– verbalisieren – einordnen – notieren	Hkf	Nebentafel
	3. Lehrschritt (Problemerkenntnis)	Weckung der Lernbegierde	Feststellung: Mit Flamme können Stoffe in allen drei Zustandsformen verbrennen. Verglühen können nur feste Stoffe.	– feststellen	Hkf	
	4. Lehrschritt (Zielangabe)	Wann brennt ein Stoff mit Flamme? (Lz 1/2)	Impuls: Überlege, was eine Flamme ist!	– überlegen – verbalisieren	Hkf	Tafelbild 1
Erarbeitungsphase	5. Lehrschritt (Hypothesenbildung)	Schulung konstruktiven und funktionalen Denkens (Lz 1/2)	Diskussion: ... alle Stoffe müssen in Gase verwandelt werden.	– sich äußern – vermuten – begründen	Ga/Hkf	Notizblock bzw. Seitentafel
	6. Lehrschritt (erste Teilergebnisgewinnung)	Aktualisierung des Vorwissens	Versuch: Brennender Holzspan wird einem aufgedrehten Bunsenbrenner von oben genähert. Beobachtung: Gas entzündet sich in einem Augenblick und brennt mit Flamme weiter.	– beobachten – überdenken – verbalisieren	Hkf	Laborgeräte
	7. Lehrschritt (Versuchsplanung)	Umsetzen der Realität in die Versuchswelt (Lz 2)	Planungsgespräch: Mit Hilfe von Applikationen wird ein Versuchsaufbau zur Entgasung eines Stoffes aufgezeigt.	– planen – besprechen – zuhören – verbessern	Hkf	Applikationen Tafelbild 2
	8. Lehrschritt (Versuchsaufbau)	Schulung der Arbeitstechnik	Versuchsaufbau: Schüler wählen die richtigen Geräte und bauen auf.	– auswählen – zusammenarbeiten – aufbauen	Ga	Laborgeräte
	9. Lehrschritt (Versuchsdurchführung)	Befragung der Natur durch das Experiment	Versuchsdurchführung: Erhitzen der Kohle unter Luftabschluß. Anzünden des austretenden Gases.	– durchführen – beobachten – überdenken	Ga	Versuchsaufbau
	10. Lehrschritt (Versuchserkenntnis)	Feststellen und fixieren der Beobachtungen	Erarbeitungsgespräch: Das entstehende Gas läßt sich anzünden. Feststellung: Kohle (Sägemehl) wird entgast.	– formulieren – erklären – beschriften – feststellen – fixieren	Hkf Hkf	Tafelbild 2 Tafelbild 3
	11. Lehrschritt (Erkenntnisformulierung)	Formulierung der Antwort	Erarbeitungsgespräch: Überlege dir eine Antwort auf die Problemfrage!	– formulieren	Hkf	Tafelbild 4
Sicherungsphase	12. Lehrschritt (Anwendung)		Arbeitsauftrag: Beschrifte die Kästen auf dem Arbeitsblatt und überlege dir einen passenden Merktext. Kontrolle mit Transparent	– überdenken – beschriften – überprüfen	Aa	Arbeitsblatt 1
	13. Lehrschritt (Transfer)	Ergebnis auf einen Sachverhalt aus dem Alltag anwenden (Lz 3)	Arbeitsauftrag: Überlege dir eine Versuchsanordnung zur Kokerei. Erarbeitungsgespräch: Darstellen eines Versuchsaufbaues. Versuchsaufbau: Schüler hilft Lehrer beim Aufbau. Versuchsdurchführung: Ergebnisbetrachtung: Kontrolle durch Transparent	– überlegen – verbalisieren – zeigen – begründen – verbessern – helfen – beobachten – notieren – überdenken – formulieren – fixieren – überprüfen	Ga Hkf Hkf Hkf Hkf Pa Hkf Aa	Applikationen Arbeitsblatt 2 Notizblock Arbeitsblatt 3
	14. Lehrschritt (Anwendung)	Anwendung auf weitere Sachverhalte der Umwelt	Rundgespräch: Jetzt weißt du Bescheid über die Herstellung von Stadtgas, Koks, die Entstehung des Erdgases ... Jeder formuliert dazu einen Satz!	– zuhören – verbalisieren – begründen	Hkf	

Hauptlernziel: Erkenntnis, daß zum Brennen drei Voraussetzungen erfüllt sein müssen: Brennstoff, Entzündungstemperatur, Sauerstoff.	Unterrichtsthema: Wie entzünden sich Stoffe ?	Autor: Klaus Bendel
		Unterrichtszeit Empfehlung: 1 UE

VORBEMERKUNGEN: a) allgemein: Im Zeitalter der Zentralheizung mit Gas- bzw. Ölfeuerung dürften die wenigsten Kinder ein großes Erfahrungswissen über das Feuermachen haben. Aus den Grundschuljahren ist vielleicht noch die Bedeutung der Luft bekannt. So soll diese Stunde die Grundlagen zum Verstehen des Verbrennungsablaufes bringen.

b) Hinweise zur Versuchsdurchführung: Anmerkung zum Versuch der Entzündungstemperatur: Die Entzündungstemperatur des Schwefelkohlenstoffes beträgt 232 °C, von Brennspiritus, Benzin ca 500 °C. Ein glimmender Holzspan besitzt eine Temperatur von ca 400 °C, ein brennender Holzspan eine von ca 700 °C. Die Drahtspirale, mit der im gekühlten Zustand eine Kerzenflamme gelöscht werden kann, sollte aus einem ca 3mm starken Kupferdraht bestehen. Ca 8 Windungen über einen dicken Bleistift wickeln und dann auf 3 cm ausziehen.

TEILLERNZIELE:
Die Schüler sollen:
1. erkennen, daß zum Brennen ein brennbarer Stoff vorhanden sein und auf Entzündungstemperatur gebracht werden muß (kognitiv),
2. erfahren, daß die Entzündungstemperatur zum Weiterbrennen erhalten bleiben muß (kognitiv),
3. erkennen, daß das Erreichen der Entzündungstemperatur vom Zerteilungsgrad des Stoffes abhängt (kognitiv),
4. die Fähigkeit erwerben, die Kenntnisse anwenden zu können (kognitiv/psychomotorisch).

MEDIEN:
Tafelbild, Tageslichtprojektor, Transparentfolie, Arbeitsblatt, Schwefel, roter Phosphor, Benzin, Brennspiritus, Schwefelkohlenstoff, Zündhölzer, Reagenzgläser, Bunsenbrenner, Metallplatte, Dreifuß, Kerzen, Drahtspirale, Halteklammern, Holzspäne;

LITERATUR:
Curricularer Lehrplan Physik/Chemie 6. Jahrgang Bayern KMBl-Sondernummer 10 vom 16.7.1976

Butschek/Hofmeister, Physik/Chemie 6L, Sellier Verlag Freising 1977

H. Christen, Einführung in die Chemie, Frankfurt 1969

TAFELBILD:

① Wie entzünden sich Stoffe ?

② Sauerstoff

② Brennmaterial   ③ Entzündungstemperatur

SCHAUBILD:

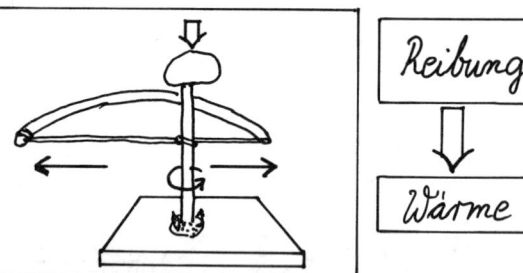

Reibung → Wärme

ARBEITSBLATT (TRANSPARENT):

① 1. Wie können wir Stoffe entzünden ?

Durch Versuch haben wir festgestellt:
Seidenpapier brennt: schnell
Holzspan brennt: erst nach einiger Zeit
Holzscheit brennt: erst, wenn es mit großer Flamme entflammt wird.

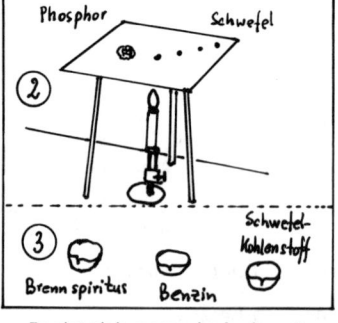

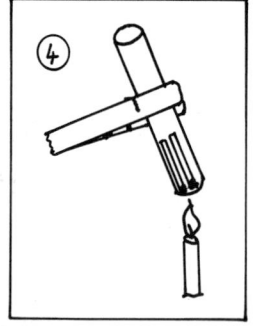

② Phosphor, Schwefel
③ Brennspiritus, Benzin, Schwefelkohlenstoff
④ (Versuch mit Kerze)

Beobachtungen bei den Versuchen:
Wenn sich Stoffe entzünden sollen, müssen sie
⑤ erwärmt werden.

Wir merken uns:
M! Zum ENTZÜNDEN muß der Stoff auf seine Entzündungstemperatur gebracht werden.

2. Ein Stoff soll weiter brennen

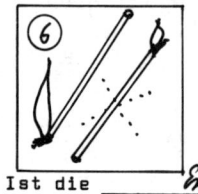

⑥ (Bild Holzspäne)

Beim Verbrennen entsteht ⑦ Wärme.
Durch die Wärmeströmung steigt die Wärme nach oben.
Der restliche Holzteil wird vorgewärmt.
Ist die Entzündungstemperatur erreicht, brennt das restliche Holz weiter.

Wir merken uns:
M! Zum Weiterbrennen muß die Entzündungs-temperatur ständig erhalten werden.

3. Warum entzünden sich gleiche Stoffe verschieden schnell?

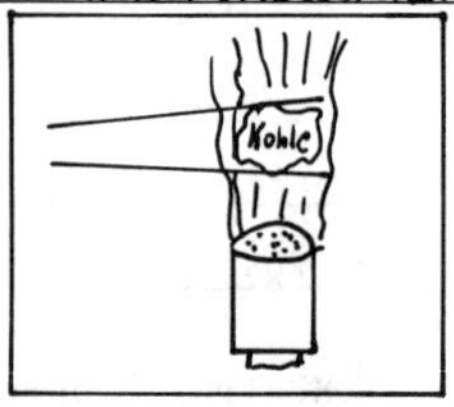

⑧ (Kohle / Kohlenstaub)

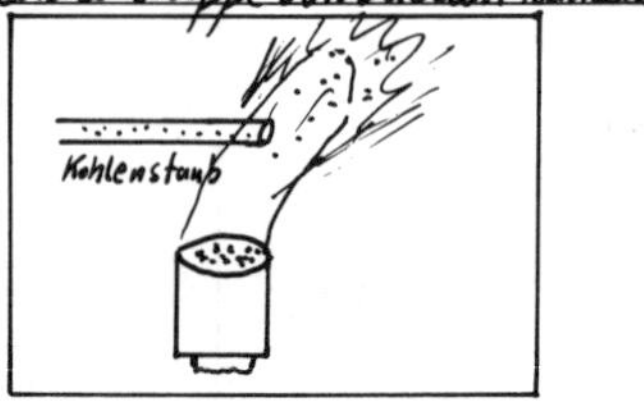

Wir merken uns: ⑨
M! Je feiner der Stoff aufgegliedert ist, desto besser brennt er, da der Sauerstoff leichter zur Flamme gelangt.

UG	Lehrschritte (Artikulationsdefinition)	Lehrinhalte und Lernziele (= Lz)	Lehrakte .... Lernakte		Sozial-formen	Lernhilfen
Eröffnungsphase	1. Lehrschritt (Einstieg)	Historischer Bericht	Sachimpuls: Lehrer zeigt Bild mit Bohrer	– betrachten – beschreiben	Hb	Schaubild
	2. Lehrschritt (Problemabgrenzung)	Vorgang des Feuermachens	Erläuterung: Bereits die Naturvölker entfachten Feuer. Mit einem Bogen drehten sie den Bohrstab so lange, bis sich im Bohrloch der leicht brennbare Stoff (Zunder) entzündete.	– beschreiben – verbalisieren	Hkf	Wortkarten zum Schaubild
	3. Lehrschritt (Zielangabe)	Wie können wir Stoffe entzünden?	Feststellung: Auch wir können mit der Reibungswärme Stoffe entzünden.	– zuhören	Hb	Tafelbild 1
Erarbeitungsphase	4. Lehrschritt (Hypothesenbildung)	Geistiges Durchdringen des Problems	Impuls: Dazu kannst du sicher etwas sagen.	– sich äußern – notieren	Hkf	Notizblock bzw. Seitentafel Tafelbild 2
	5. Lehrschritt (Versuchsplanung u. Durchführung)	Umsetzen der Realität in die Versuchswelt	Erarbeitungsgespräch: Verschiedene Stoffe sollen entzündet werden.	– verbalisieren – zuhören – überdenken	Hkf	
	6. Lehrschritt (Erstes Teilergebnis)	Befragung der Natur durch das Experiment (Lz 1)	Schülerversuch: Seidenpapier, Holzspan, Holzscheit werden angezündet. Ergebnis: Die Stoffe brennen verschieden schnell.	– durchführen – beobachten – berichten – fixieren – überprüfen	Ga Aa	Laborgeräte u. Material Arbeitsblatt 1
	7. Lehrschritt (Problemstellung)	Durchdenken des Problems (Lz 1/4)	Rundgespräch: Verschiedene Stoffe gleichzeitig erhitzen. Versuch 1: Lehrer: Auf einer Eisenplatte wird gleichzeitig erhitzt: Roter Phosphor, Zündholzköpfe, die aus der Mitte in Abständen gelegt werden. Versuch 2: Verschiedene Flüssigkeiten werden erhitzt. Versuch 3: (Schüler) Streichhölzer im Reagenzglas werden erhitzt.	– verbalisieren – durchführen – beobachten – beobachten – durchführen	Hkf Hkf Hkf Ga	Arbeitsblatt 2 Arbeitsblatt 3 Arbeitsblatt 4
	8. Lehrschritt (Problemlösung)	Erkenntnis aus dem Experiment	Verarbeitungsgespräch: Der Stoff muß durch Erwärmung auf seine Entzündungstemperatur gebracht werden. Kontrolle immer durch Transparent	– berichten – fixieren – überprüfen	Ga/Hkf Aa	Notizblock Arbeitsblatt 5
	9. Lehrschritt (Rekapitulation)	Sicherung (Lz 1)	Auftrag: Betrachte das Tafelbild und vervollständige es!	– zuhören – verbalisieren	Hb Hkf	Tafelbild 3
	10. Lehrschritt (Problemstellung)	Weitere Durchdringung des Problems (Lz 2)	Versuchsauftrag: Brenne einen Holzspan bis zum Ende ab!	– durchführen	Pa	Arbeitsblatt 6
	11. Lehrschritt (Problemfindung)	Festhalten der Erkenntnis (Lz 2)	Verarbeitungsgespräch: Der Holzspan muß so gehalten werden, daß die Flamme das nächste Holz vorwärmt. Die Entzündungstemperatur muß erhalten bleiben. Kontrolle durch Transparent	– berichten – fixieren – überprüfen	Pa/Hkf Aa	Arbeitsblatt 7
	12. Lehrschritt (Problemstellung)	Weitere Durchdringung des Problems (Lz 3)	Schülerversuch: + Ein Stück Holzkohle wird in die Bunsenbrennerflamme gehalten. + Kohlenstaub wird in die Flamme geblasen.	– beobachten – durchführen – werten	Hkf Ga	Arbeitsblatt 8
	13. Lehrschritt (Problemfindung)	Festhalten der Erkenntnisse	Verarbeitungsgespräch: Je feiner der Stoff, desto leichter brennt er. Kontrolle durch Transparent	– berichten – begründen – fixieren – überprüfen	Ga/Hkf Aa	Arbeitsblatt 9
Sicherungsphase	14. Lehrschritt (Wertung)	Gewonnene Erkenntnis wird in Zusammenhang gestellt	Verarbeitungsgespräch: Durchbesprechung der einzelnen Versuchsergebnisse	– berichten	Hkf	Tafelbild Gesamtdarstellung
	15. Lehrschritt (Anwendung)	Bezugnahme auf einen Sachverhalt aus der Umwelt	Schülerversuch: Über eine brennende Kerze wird eine gekühlte und normale Kupferspirale gestülpt. Ergebnis: Bei der gekühlten Spirale geht die Kerzenflamme aus.	– durchführen – werten – begründen	Ga Ga/Hkf	vorbereitete Drahtspiralen (s. Vorbemerkungen)
	16. Lehrschritt (Ausweitung)	Anwendung auf Sachverhalte aus der Umwelt	Rundgespräch: Überlege die Gefahr des Kohlenstaubs im Bergwerk. Auch in der Küche droht Gefahr. Wird Fett zu stark erhitzt, verdampft viel Fett und die Fetteilchen verteilen sich in der Luft. Jetzt weißt Du, was Du beim Bau eines Lagerfeuers beachten mußt. ...	– zuhören – beurteilen – begründen	Hkf	Zeitungsberichte aus der jüngsten Zeit

Hauptlernziel: Kenntnis, daß ein Feuer gelöscht werden kann	Unterrichtsthema: Verschiedene Löschtechniken aus der Praxis ("Feuer!Feuer!")	Autor: Wilhelm Burger
		Unterrichtszeit Empfehlung: 1 UE

Vorbemerkungen: Nachdem in der vorausgegangenen Unterrichtseinheit die Voraussetzungen für eine Verbrennung besprochen worden sind, ist das Ziel dieser Unterrichtseinheit aufzuzeigen, wie ein Brand gelöscht werden kann. Aus der Vielzahl der Löschtechniken werden die wesentlichen ausgewählt. Stellvertretend für alle festen Brennstoffe wird ein Holzfeuer gelöscht, das Benzinfeuer steht für alle flüssigen Brennstoffe. Im Mittelpunkt der Unterrichtseinheit stehen die Versuche, die allerdings wegen der Gefährlichkeit bzw. aus Sauberkeitsgründen als Demonstrationsversuche durchgeführt werden, wobei einzelne Schüler auch bei der Durchführung mit einbezogen werden. Die Ausgangssituation kann auch als Lehrererzählung gegeben werden. Der 13. Lehrschritt erfolgt erst in der Anschlußstunde. Das Tafelbild entsteht in der numerierten Reihenfolge, ebenso der Arbeitsblatteintrag und der Eintrag ins OHP-Transparent.

Medien:
Tafel, Overhead-Projektor, OHP-Transparent, Notizblock, Cassettenrecorder, Cassette, Eisenschalen, mindestens 3, besser 5, Holzstäbchen, Holzspäne, Pappkarton, Wasserspritze, Modell eines Feuerlöschers (aus dem Physikschrank), Chemikalien: Natriumhydrogencarbonat, Weinsäure (beide zur Erzeugung von Kohlendioxid), Saponin

Inhalt der Cassette: (M1)
Anton: "Servus Fritz. Schön, daß du gekommen bist. Ich bin nämlich allein zu Hause."
Fritz: "Grüß dich, Anton! Was machst du da gerade?"
Anton: "Ich experimentiere mit meinem neuen Chemie-Baukasten. Da schau her! Jetzt gebe ich noch etwas von dieser Flüssigkeit dazu. Nun wird das Gemisch erhitzt... So ..." (..Krachen..)
Fritz: "Aua, aua, Hilfe! Hilfe!"
Anton: "Feuer! Feuer!"

Literatur:
Lindenblatt Felix: Chemie experimentell, S. 58 ff, Industrie-Druck GmbH Verlag, Göttingen
Butschek/Hofmeister: Physik/Chemie für die Hauptschule 5/6, Seite 117-118, Verlag Sellier, Freising
Czinczoll/Althaus: Wege in die Physik+Chemie 6, S.11-12, Ernst Klett Verlag, Stuttgart
Kotter, Ludwig: Physik/Chemie 6, S.50-51, Verlag Ludwig Auer, Donauwörth

Teillernziele: Die Schüler sollen:
1. Kenntnis gewinnen, daß der zur Verbrennung nötige Sauerstoff beim Löschen entzogen werden muß.
2. erkennen, daß die zur Verbrennung notwendige Entzündungstemperatur beim Löschen unterschritten wird.
3. erkennen, daß der zur Verbrennung notwendige Brennstoff beim Löschen entzogen werden muß.
4. erkennen, daß beim Löschen die Art des Feuers eine Rolle spielt (verschiedene Brennstoffe!).
5. Kenntnis gewinnen, welche Löschmethode bei einem Holzfeuer wirkungsvoll anzuwenden ist.
6. Kenntnis gewinnen, welche Löschmethode bei einem Benzinfeuer wirkungsvoll anzuwenden ist.
7. Hypothesen zu einem Problem bilden können.
8. Versuche zur Problemsituation planen können.
9. Versuche beschreiben und Ergebnisse notieren.
10. Erkenntnisse anwenden können.

Tafelbild:

① Wie können wir ein Feuer löschen?

Löschmöglichkeiten	Feuerarten
② Wasser spritzen	③ Holzfeuer
Feuer zudecken	Papierfeuer
Feuer ersticken	Stoffe brennen
mit Feuerlöscher	Benzinfeuer
mit Schaum	Spiritus brennt
mit Sand	......

Versuchsplanung: ④
a) Was brauchen wir?
b) Was tun wir?
c) Was erwarten wir?

Arbeitsblatt (=OHP-Transparent)
"Feuer! Feuer!"
Wie können wir ein Feuer löschen?

I. Wir experimentieren:

V 1 ①
Ergebnis: Das Holzfeuer wird durch *Wasser gelöscht*.

V 2 ②
Ergebnis: Das Holzfeuer wird durch *Zudecken erstickt*.

V 3 ③
Ergebnis: Benzin *schwimmt* auf dem *Wasser* und *brennt weiter*.

V 4 ④
Ergebnis: Das Benzinfeuer wird durch *Zudecken erstickt*.

V 5 ⑤ — 3 Löffel Natriumhydrogencarbonat, 2 Löffel Weinsäure, 1 Löffel Saponin (=Schaumbilder) — Wasser, Schaum
Ergebnis: Schaum *erstickt* die Benzinflamme.

II. Wir erkennen:

Wichtig zur Verbrennung ist	Wichtig zur Brandbekämpfung ist ⑥
1. ein Brennstoff	1. *Brennstoff entfernen*
2. der Sauerstoff	2. *Sauerstoff abhalten*
3. eine bestimmte Entzündungstemperatur	3. *Entzündungstemperatur unterschreiten*

III. Wir erklären: Kreuze an, welche Brandbekämpfung wirksam wird! ⑦

	1	2	3
Spiritusflamme zudecken		X	
brennenden Vorhang herunterreißen	X		
auf brennendes Papier Wasser spritzen			X
Decke über brennendes Kissen werfen		X	
brennenden Teppich mit Feuerlöscher löschen		X	

UG	Lehrschritte (Artikulationsdefinition)	Lehrinhalte und Lernziele (= Lz)	Lehrakte .... Lernakte		Sozialformen	Lernhilfen
Eröffnungsphase	1. Lehrschritt (Problemstellung -verbal)	Ausbreitung der Sachsituation	Darbietung: Vorspielen der Ausgangssituation auf Cassette.	- zuhören	Hb	Cassettenrecorder (Medien M1)
	2. Lehrschritt (Problemabgrenzung)	Es brennt. Es muß gelöscht werden.	Erarbeitungsgespräch: Notwendigkeit, den Zimmerbrand zu löschen.	- sich äußern - vermuten	Hb	
	3. Lehrschritt (Zielangabe)	Wie können wir ein Feuer löschen?	Impuls: "Feuer! Feuer!" schreit der Fritz. - Wir wollen uns überlegen, wie wir das Feuer löschen können.	- vermuten	Hb	Tafel ①
Erarbeitungsphase	4. Lehrschritt (Hypothesenbildung)	verschiedene Löschmöglichkeiten (Lz 7)	Gruppengespräch: Möglichkeiten, ein Feuer zu löschen. Verarbeitungsgespräch: Auswertung des Gruppengesprächs.	- vermuten - berichten - notieren	Ga Hb	Notizblock (Schriftführer) Tafel ②
	5. Lehrschritt (Teilzielerarbeitung)	Feuerarten (Lz 4)	Impuls: Fritz rennt die Treppe hinunter und will einen Eimer Sand holen! Erarbeitungsgespräch: Abhängigkeit der Löschmethode von der Art des Feuers.	- vermuten - diskutieren - notieren - diskutieren	Hb	Tafel ③
	6. Lehrschritt (Versuchsplanung)	Wie kann ein Holzfeuer gelöscht werden? (Lz 8)	Erarbeitungsgespräch: Möglichkeit des Versuchsaufbaus und der Durchführung eines geeigneten Experiments.	- planen - begründen	Hb	Tafel ④
	7. Lehrschritt (Versuchsdurchführung) (Teilzusammenfassung)	Holzfeuer löschen (Lz 9,5,2,1)	Experiment: Löschen eines Holzfeuers a) mit Wasser b) durch Zudecken Verarbeitungsgespräch: Herausarbeiten und Festhalten der Versuchsergebnisse	- zuschauen - spielhandeln - zusammenfassen, notieren	Hkf Hkf	2 Eisenschalen Holzspäne Wasserspritze Pappkarton OHP-Transparent ①②
	8. Lehrschritt (Versuchsplanung)	Wie kann ein Benzinfeuer gelöscht werden? (Lz 8)	Impuls: Das Holzfeuer wurde mit der Wasserspritze schnell gelöscht. Nun soll ein "Feuerwehrmann" ein Benzinfeuer löschen! Erarbeitungsgespräch: Herausarbeiten der möglichen bzw. ungeeigneten Löschtechniken bei einem Benzinfeuer.	- diskutieren - vermuten - begründen - planen - vermuten - begründen	Hkf	Tafel ④
	9. Lehrschritt (Versuchsdurchführung) (Teilzusammenfassung)	Benzinfeuer löschen (Lz 9,6,1)	Experiment: Löschen eines Benzinfeuers a) mit Wasser ? b) durch Zudecken c) mit Schaum Erklärung: Erzeugung von Kohlendioxid und Schaum Verarbeitungsgespräch: Herausarbeiten und Festhalten der Ergebnisse.	- zuschauen - spielhandeln, verbalisieren - aufnehmen - zusammenfassen, notieren	Hkf	3 Eisenschalen mit je 5-7ccm Benzin, Holzstab, Wasserspritze, Karton Modell eines Feuerlöschers OHP-Transp. ③④⑤
	10. Lehrschritt (Erkenntnisgewinnung)	Was geschieht beim Löschen? (Lz 1,2,3)	Erarbeitungsgespräch: Gründe, warum bei den einzelnen Löschtechniken das Feuer ausgeht.	- vermuten - begründen - notieren	Hb	OHP-Transp. (=Arbeitsblatt) ⑥
Sicherungsphase	11. Lehrschritt (Anwendung, Lernzielkontrolle)	Rückkehr zur Ausgangssituation (Lz 10)	Arbeitsaufgaben: Zimmerbrand bei Fritz. Kreuze an, was du tun würdest, wenn... Verarbeitungsgespräch: Kontrolle der Alleinarbeit.	- anwenden - notieren - berichten - verbessern	Aa Hb	OHP-Transp. (=Arbeitsblatt) ⑦
	12. Lehrschritt (Ergebnisfixierung)	(Lz 9)	Arbeitsaufgabe: Trage zu Hause die Versuchsergebnisse ins Arbeitsblatt ein!	- zeichnen - ausfüllen	Aa	Arbeitsblatt ①-⑤
	13. Lehrschritt (Anwendung in der Anschlußstunde)	verschiedene Anwendungsmöglichkeiten (Lz 10)	Erarbeitungsgespräch: Löschen von verschiedenen Bränden.	- erklären - begründen	Hb	Buch

Hauptlernziel: Erkennen des Unterschiedes zwischen Glühen (keine Stoffveränderung) und Verglühen (Verbrennung)	Unterrichtsthema: Wann glüht - verglüht ein Stoff?	Autor: Klaus Bendel
		Unterrichtszeit Empfehlung: 1 UE

VORBEMERKUNGEN: a) allgemein: Diese Stunde stellt eine Fortsetzung der Unterrichtseinheit über die Verbrennung mit Flamme dar. Es soll aufgezeigt werden, daß das Verglühen fester Stoffe als eine Verbrennung ohne Flamme anzusehen ist; denn auch beim Verglühen wird Wärme und Licht frei.

b) Hinweise zur Versuchsdurchführung: Alle Versuche sollten im farblosen Flammenbereich durchgeführt werden. Zur Feststellung der Gewichtszunahme ist nicht unbedingt eine Präzisionsbalkenwaage nötig. Als Ersatz kann man auch aus der Mechanik den gleichseitigen Hebel aufbauen oder eine Latte nehmen, die man als gleichseitigen Hebel aufhängt. Es empfiehlt sich lediglich, ein größeres Stück Stahlwolle zu nehmen. Zur leichteren Erklärung von Versuchsaufbauten können auf Folie gezeichnete Applikationen der Laborgeräte dienen, die die Schüler bei der Vorbesprechung auf dem Tageslichtprojektor zurechtschieben. Das fällt ihnen wesentlich leichter als Skizzen zu zeichnen.

TEILLERNZIELE:
Die Schüler sollen:
1. erkennen, daß das Verglühen auch eine Verbrennung ist (kognitiv),
2. einsehen, daß Glühen und Verglühen ein unterschiedlicher Vorgang ist (kognitiv),
3. erfahren, daß das Produkt, welches verglüht, schwerer wird (kognitiv),
4. in der Lage sein, Kohlendioxid nachzuweisen (kognitiv/psychomotorisch).

MEDIEN:
Tafelbild, Tageslichtprojektor, Transparente, Platindraht, Eisenfeilspäne, Kohle, Koks, Holz, Holzkohle, Holzspan, Stahlwolle, Kalkwasser, Bunsenbrenner, Stativmaterial, Dreifuß, Trichter, Verbrennungsschalen, Reagenzgläser, Winkelröhrchen, Gummischläuche, Balkenwaage, Gewichtssatz;

LITERATUR:
Curricularer Lehrplan Physik/Chemie 6. Jahrgang Bayern KMBl Sondernummer 10 vom 16.7.1976
Butschek/Hofmeister Physik/Chemie 6L Freising 1977 Sellier Verlag
H. Christen, Einführung in die Chemie Frankfurt 1969

TAFELBILD:

Wann glüht - verglüht ein Stoff? ①

② Glühen   ③ Verglühen = Verbrennung ohne Flamme

Physikalischer Vorgang   ④ Chemischer Vorgang

② keine Stoffveränderung   ③ Stoffveränderung

⑤ Beispiele siehe Arbeitsblatt

ARBEITSBLATT (TRANSPARENT):

Wann glüht - verglüht ein Stoff?

Nicht jedes Glühen ist ein Verglühen. Wir suchen den Unterschied.

1. G l ü h e n   Versuch 1: Platindraht

● Eigenschaften vor dem Erhitzen:
Der Platindraht ist silbrig, glatt, biegsam. ①

● Beobachtung während des Versuches:
Er glüht hell auf.

● Eigenschaften nach dem Erhitzen:
Der Draht ist unverändert silbrig, glatt, biegsam.

Wir erkennen:
E! Der Platindraht bleibt _unverändert_. Es fand keine _Stoffumwandlung_ statt.

Wir merken uns:
M! G l ü h e n bedeutet _keine_ chemische Reaktion. Es ist _keine Verbrennung_.
②

2. V e r g l ü h e n ③ Versuch 2: Holzkohle verglüht

● Eigenschaften vor dem Erhitzen:
Schwarzes, leicht glänzendes Stück

● Beobachtung während des Versuches:
Glüht hellrot auf.

● Eigenschaften nach dem Erhitzen:
Wir erhalten graue Asche.

④ Versuch 3: Stahlwolle

● Eigenschaften vor dem Versuch:
Sie ist glänzend, elastisch, grau

● Eigenschaften während des Versuches:
Sie glüht durch.

● Eigenschaften nach dem Versuch:
Sie ist matt, brüchig, schwerer.

Wir erkennen:
E! Beim Erhitzen von Kohle entsteht _Kohlendioxid_. Die Stahlwolle wird nach dem Versuch _schwerer_. → _Sauerstoffaufnahme_

Wir merken uns:
M! V e r g l ü h e n bedeutet _eine_ chemische Reaktion. Es ist _eine Verbrennung_.

Wortgleichungen:
Kohle + _Sauerstoff_ → _Kohlendioxid_
Eisen + _Sauerstoff_ → _Eisenoxid_

3. G l ü h e n - V e r g l ü h e n

Vorgang	glühen	verglühen
Glühende Herdplatte	X	
Glühender Kerzendocht		X
Glühende Zigarette		X
Glühendes Magnesiumband		X
Glühende Glasschmelze	X	
Glühender Lötkolben	X	

⑤

UG	Lehrschritte (Artikulationsdefinition)	Lehrinhalte und Lernziele (= Lz)	Lehrakte .... Lernakte		Sozialformen	Lernhilfen
Eröffnungsphase	1. Lehrschritt (Einstieg)	Aktivierung des Vorwissens	Sachimpuls: Ein Holzspan glimmt.	– beobachten	Hkf	Holzspan
	2. Lehrschritt (Problemabgrenzung)	Herauslösen des Stundenproblems	Impuls: Schildere deine Beobachtungen! Erarbeitungsgespräch: Der Holzspan verändert sich. Rest ist Asche.	– verbalisieren – berichten	Hkf	
	3. Lehrschritt (Zielangabe)	Wann glüht – verglüht ein Stoff?	Feststellung: Wir wollen heute unter dem physikalischen und dem chemischen Vorgang unterscheiden lernen.	– zuhören	Hb	Tafelbild 1
Erarbeitungsphase	4. Lehrschritt (Hypothesenbildung)	Schulung konstruktiven und funktionalen Denkens	Streitgespräch: Was ist glühen – verglühen?	– verbalisieren – begründen – fixieren	Hkf	Notizblock bzw. Seitentafel
	5. Lehrschritt (Problemstellung)	Befragen der Natur durch das Experiment (Lz 2)	Schülerversuch: Platindraht wird erhitzt.	– betrachten – beobachten – werten	Ga	Platindraht Bunsenbrenner
	6. Lehrschritt (Problemfindung)	Feststellen und fixieren der Beobachtungen	Verarbeitungsgespräch: Platin war vor dem Versuch silbrig, glatt, biegsam. Während des Versuches glüht er hell auf. Nach dem Versuch hat er die gleichen Eigenschaften wie vor dem Versuch. Kontrolle durch Transparent	– verbalisieren – formulieren – fixieren – überprüfen	Ga/Hkf Aa	Tafelbild 2 Arbeitsblatt 1
	7. Lehrschritt (Problemstellung)	Befragung der Natur durch das Experiment (Lz 1/2)	Schülerversuch: Holzkohle wird zum Glühen gebracht.	– planen – durchführen – beobachten	Ga/Hkf	Laborgeräte Holzkohle
	8. Lehrschritt (Problemfindung)	Feststellen und fixieren der Beobachtungen	Verarbeitungsgespräch: Die Holzkohle strahlt Wärme aus und durch die Glut etwas Licht. Im Laufe der Zeit bleibt nur noch Asche zurück. Sie hat sich verändert.	– werten – formulieren	Ga/Hkf	Tafelbild 3
	9. Lehrschritt (Rekapitulation)	Unterscheidung von Vorgängen (Lz 2)	Erarbeitungsgespräch: Beim Glühen erfolgt keine Zustandsänderung. Es ist ein physikalischer Vorgang. Beim Verglühen erfolgt eine Zustandsänderung. Es ist eine chemische Reaktion. Arbeitsauftrag: Suche Beispiele für beide Vorgänge!	– verbalisieren – überprüfen – verbalisieren – einordnen – begründen	Hkf Ga/Hkf	Tafelbild 4 Tafelbild 5
	10. Lehrschritt (Problemerweiterung)	Befragung der Natur durch das Experiment (Lz 4)	Versuchsfortführung: Die beim Verglühen von Kohle entstehenden Gase werden mit einem Trichter aufgefangen und durch einen Schlauch in Kalkwasser geleitet.	– durchführen	Ga	Laborgeräte
	11. Lehrschritt (Problemfindung)	Feststellen und fixieren der Beobachtungen	Erarbeitungsgespräch: Das Kalkwasser trübt sich. Es muß Kohlendioxid sein. Kontrolle durch Transparent	– berichten – formulieren – fixieren – überprüfen	Hkf Aa	Arbeitsblatt 3
	12. Lehrschritt (Problemerweiterung)	Befragen der Natur durch das Experiment (Lz 3)	Schülerversuch: Stahlwolle wird auf der Balkenwaage gewogen, erhitzt und wieder gewogen.	– planen – durchführen	Ga	Laborgeräte
	13. Lehrschritt (Problemfindung)	Feststellen und fixieren der Beobachtungen (Lz 3)	Erarbeitungsgespräch: Stahlwolle ist glänzend und elastisch. Beim erhitzen glüht sie durch. Sie wird matt und brüchig und schwerer. Sie muß Sauerstoff aufgenommen haben. Kontrolle durch Transparent	– formulieren – fixieren – überprüfen	Ga/Hkf Aa	Arbeitsblatt 4
Sicherungsphase	14. Lehrschritt (Wertung)	Gewonnene Erkenntnis wird in Zusammenhang gestellt (Lz 1-4)	Verarbeitungsgespräch: Kritische Überprüfung der Lösungswege	– zusammenfassen – werten	Hkf	Tafelbild Arbeitsblatt Nr. 1,3,4
	15. Lehrschritt (Verdichtung des Ergebnisses)	Kontrolle im Arbeitsblatt	Erarbeitungsgespräch: Formulierung des Merktextes auf dem Arbeitsblatt Kontrolle durch Folie	– formulieren – fixieren – überprüfen	Hkf Aa	Arbeitsblatt 2
	16. Lehrschritt (Anwendung)	Gewonnene Erkenntnis untermauern (Lz 2)	Arbeitsauftrag: Unterscheide in der Tabelle auf dem Arbeitsblatt unter glühen und verglühen! Kontrolle durch Transparent	– ausfüllen – überprüfen	Aa Aa	Arbeitsblatt 5
	17. Lehrschritt (Ausweitung)	Gewonnene Einsicht anwenden (Lz 1-3)	Impuls: Ein Blitzlichtwürfel hat im Innern Aluminiumwolle und Luft. Er wird abgeblitzt. Denke an die Gewichtszunahme! Verarbeitungsgespräch: Er muß schwerer werden.	– zuhören – betrachten – überdenken – verbalisieren – begründen	Hkf Hkf	Blitzlichtwürfel

Hauptlernziel: Einblick, wie im Hochofen durch Reduktion aus Eisenoxiden Eisen gewonnen wird.	Unterrichtsthema: Wie wird im Hochofen Eisen hergestellt?	Autor: Klaus Bendel
		Unterrichtszeit Empfehlung: 2 UE

VORBEMERKUNGEN:

a) **allgemein:** In den vorausgegangenen Unterrichtseinheiten haben die Schüler gelernt, daß ein Stoff sich mit Sauerstoff verbinden kann. Diese Sauerstoffaufnahme wurde Oxidation genannt. Im Verlaufe der Zeit hat der Schüler auch gelernt, daß Vorgänge in der Physik/Chemie umkehrbar sind. Dementsprechend muß es auch eine Möglichkeit geben, einem Stoff den Sauerstoff wieder entziehen zu können. Diesen Sauerstoffentzug wird er als Reduktion kennenlernen.

b) **Hinweise zur Versuchsdurchführung:** Der Versuch kann als Demonstrations- oder Schülerversuch durchgeführt werden. Das Gemisch besteht aus 1g Holzkohlenpulver und 10g rotem Eisenoxid. Das beim Erhitzen austretende Gas wird mit einem Gummischlauch in Kalkwasser geleitet. Beim Beenden des Versuchs zuerst den Schlauch aus dem Kalkwasser nehmen und dann die Flamme entfernen. Den Nachweis, daß es sich bei dem Rest im Reagenzglas um Eisen handelt, kann man mit einem Magneten führen. Zum Vergleich sollte man aber auch das ursprüngliche Gemisch mit dem Magneten prüfen. Das Gemisch bei dem Versuch mit dem Bleioxid besteht aus 1g Holzkohlenpulver und 37g gelbes Bleioxid. Wegen der Giftigkeit sollte man das bei dem Versuch entstehende Blei vom Reagenzglas kratzen und in einer Büchse einsammeln.

TEILLERNZIELE:

Die Schüler sollen:

1. wissen, daß Reduktion eine Umkehrung der Oxidation ist (kognitiv),
2. erkennen, daß es Stoffe gibt, die Oxiden den Sauerstoff entziehen. Sie werden Reduktionsmittel genannt (kognitiv),
3. verstehen, daß der Vorgang der Reduktion eine chemische Reaktion ist (kognitiv),
4. in der Lage sein, die Vorgänge bei der Reduktion mit Wortgleichungen aufzuzeigen (kognitiv),
5. Einblick gewinnen, wie im Hochofen durch Reduktion aus Eisenoxiden Eisen gewonnen wird (kognitiv/psychomotorisch).

MEDIEN:

Tafelbild, Tageslichtprojektor, Transparente, Arbeitsblatt, Stativmaterial, Reagenzgläser, Standzylinder, Stopfen mit Bohrung, Gasbrenner, rotes Eisenoxid, Kohlenstoff, Kalkwasser, Folie über Hochofen;

LITERATUR:

Curricularer Lehrplan Physik/Chemie 6. Jahrgang Bayern KMBI Sondernummer 10 vom 16.7.1976

Butschek/Hofmeister, Physik/Chemie 6L, Freising, 1977

H. Christen, Einführung in die Chemie, Frankfurt, 1969

Wir merken uns:

M! ⑦ Das Verlangen der Stoffe Bindungen einzugehen nennen wir *Affinität*.

TAFELBILD:

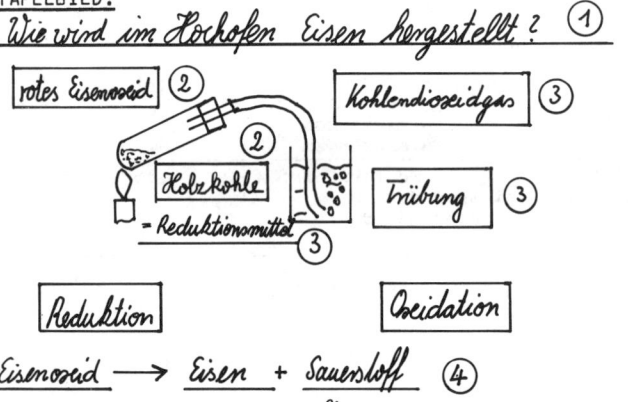

Wie wird im Hochofen Eisen hergestellt? ①

[Skizze: rotes Eisenoxid ②, Holzkohle = Reduktionsmittel ②, Kohlendioxidgas ③, Trübung ③]

| Reduktion | Oxidation |

Eisenoxid → Eisen + Sauerstoff ④

Sauerstoff + Kohlenstoff → Kohlendioxid

Redoxvorgang

TAFELBILD (=RÜCKSEITE - ARBEITSBLATT):

Verschiedene Reduktionsmittel

1. **Kohlenstoff als Reduktionsmittel** ⑤

Kupferoxid + *Kohlenstoff* → *Kupfer* + *Kohlendioxid*
Bleioxid + *Kohlenstoff* → *Blei* + *Kohlendioxid*
Eisenoxid + *Kohlenstoff* → *Eisen* + *Kohlendioxid*

2. **Metalle als Reduktionsmittel** ⑥

Eisen reduziert Wasserstoffoxid (=Wasser)
Wasserstoffoxid + *Eisen* → *Wasserstoff* + *Eisenoxid*

Magnesium reduziert Kohlendioxid
Kohlendioxid + *Magnesium* → *Kohlenstoff* + *Magnesiumoxid*

Aluminium reduziert Eisenoxid
Eisenoxid + *Aluminium* → *Eisen* + *Aluminiumoxid*

ARBEITSBLATT (Vorderseite):

Wie kann aus Eisenoxid Eisen gewonnen werden?

[Skizze: Eisenoxid, Holzkohle, Kohlendioxid, Kalkwasser wird trüb]

Beobachtung:

Das Kalkwasser wird *trüb*.

Der Rest im Reagenzglas wird *grauschwarz und läßt sich durch einen Magneten ablenken*.

Vorgänge:

Eisenoxid → *Eisen* + *Sauerstoff*   Reduktion
Sauerstoff + *Kohlenstoff* → *Kohlendioxid*   Oxidation

Verlaufen Reduktion und Oxidation gleichzeitig, so sprechen wir von *Redoxvorgängen*.

Entzieht ein Stoff einem Oxid den Sauerstoff so nennt man ihn *Reduktionsmittel*.

TRANSPARENT: VERHÜTTUNG

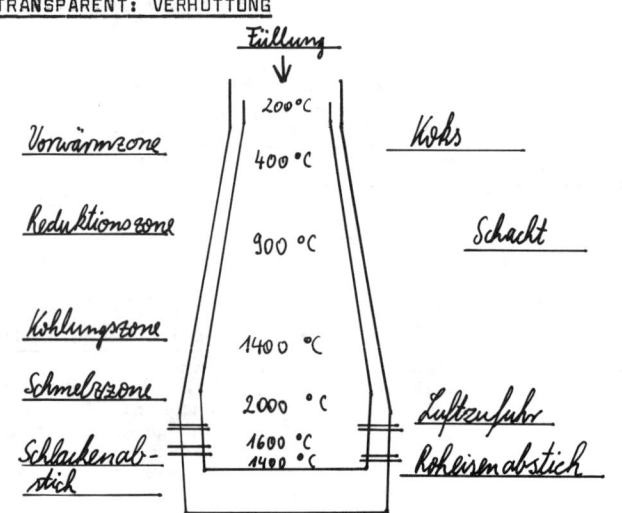

Füllung ↓

Zone	Temperatur	
Vorwärmzone	200 °C / 400 °C	Koks
Reduktionszone	900 °C	Schacht
Kohlungszone	1400 °C	
Schmelzzone	2000 °C	Luftzufuhr
Schlackenabstich	1600 °C / 1400 °C	Roheisenabstich

174

UG	Lehrschritte (Artikulationsdefinition)	Lehrinhalte und Lernziele (= Lz)	Lehrakte .... Lernakte		Sozialformen	Lernhilfen
Eröffnungsphase	1. Lehrschritt (Einstieg)	Ausbreitung der Sachsituation	Sachimpuls: Lehrer zeigt einen Brocken Eisenerz.	– betrachten	Hkf	Eisenerzbrocken
	2. Lehrschritt (Problemabgrenzung)	Schaffung des Problembewußtseins	Rundgespräch: Roheisen besteht zum größten Teil aus Eisenoxid. Diesem muß der Sauerstoff entzogen werden.	– verbalisieren	Hkf	
	3. Lehrschritt (Zielangabe)	Wie wird im Hochofen Eisen hergestellt? (Lz 5)	Feststellung: Wir wollen heute untersuchen, wie dem Eisenoxid der Sauerstoff entzogen werden kann.	– zuhören	Hb	Tafelbild 1
Erarbeitungsphase	4. Lehrschritt (Hypothesenbildung)	Aktivierung des Vorwissens	Erarbeitungsgespräch: Mit Hilfe gewonnener Erkenntnisse aus den Vorstunden und des allgemeinen Erfahrungswissens werden Lösungsvorschläge aufgezeigt.	– verbalisieren – fixieren	Hkf	Notizblock bzw. Nebentafel
	5. Lehrschritt (Problemstellung)	Befragung der Natur durch das Experiment (Lz 2/3/5)	Schülerversuch: Im Reagenzglas wird Eisenoxid erhitzt. Der Schlauch wird in Kalkwasser gelegt.	– planen – durchführen	Ga	Tafelbild mit Versuchsskizze Laborgeräte
	6. Lehrschritt (Versuchsauswertung)	Feststellen der Beobachtung	Verarbeitungsgespräch: Es erfolgt keine Reaktion. Wir brauchen einen Stoff, der den Sauerstoff entreißen kann. Wir nehmen Kohlenstoff.	– berichten – verbalisieren	Hkf	
	7. Lehrschritt (Versuchsdurchführung)	Befragen der Natur durch das Experiment (Lz 2/3/5)	Schülerversuch: Ein Reagenzglas wird mit der Mischung Kohle-Eisenoxid gefüllt und erhitzt. Ein Schlauch wird in Kalkwasser geführt.	– planen – auswählen – durchführen – beobachten	Ga	Tafelbild 2
	8. Lehrschritt (Problemfindung)	Feststellen und fixieren der Beobachtungen	Verarbeitungsgespräch: Kalkwasser hat sich getrübt. Es muß Kohlendioxidgas entstanden sein. Eisenoxid verlor seine Farbe. Text im Tafelbild ergänzen.	– verbalisieren – fixieren	Hkf	Tafelbild 3
	9. Lehrschritt (Rekapitulation)	Klärung von Begriffen und des Versuchsvorganges (Lz 1/2/3/4)	Partnergespräch: Vollziehe den Versuch nocheinmal nach! Verarbeitungsgespräch: Begriffe: Reduktion, Oxidation, Redoxvorgang werden geklärt bzw. gefestigt. Der Versuchsvorgang wird in eine Wortgleichung gesetzt.	– zuhören – überdenken – verbalisieren – formulieren	Hb Aa/Pa Hkf	Tafelbild 4
	10. Lehrschritt (Problemausweitung)	Erweiterung der ersten Erkenntnis (Lz 2/4)	Schülerversuch: Versuch wird ähnlich mit Bleioxid durchgeführt. Auswertung im Verarbeitungsgespräch: Am oberen Rand entsteht ein Bleiniederschlag. Wortgleichung wird aufgestellt. Weitere Wortgleichungen mit Kupferoxid werden aufgestellt.	– planen – durchführen – beobachten – auswerten – anschreiben	Ga Hkf	Laborgeräte
	11. Lehrschritt (Problemausweitung)	Erweiterung der Erkenntnis (Lz 2/4)	Schülerversuch: In ein Reagenzglas wird feuchter Sand gegeben und anschließend Eisen. Nun wird erhitzt. Das auftretende Gas wird aufgefangen. Es entsteht Wasserstoff. – Brennendes Magnesium in ein Standzylinder mit Kohlendioxidgas stecken. Es entstehen Rußflocken und Magnesia. ... Auswertung: Auch Metalle sind Reduktionsmittel Verarbeitungsgespräch (gelenkt): Klärung des Begriffes Affinität und ihre Rangordnung	– planen – durchführen – auswerten – verbalisieren – verbalisieren – formulieren	Ga Hkf Hkf	Tafelbild 6 Tafelbild 7
Sicherungsphase	12. Lehrschritt (Gesamtzusammenfassung)	Gewonnene Erkenntnisse in den Zusammenhang stellen.	Verarbeitungsgespräch: Kritische Überprüfung der Lösungswege	– zusammenfassen – werten	Hkf	Tafelbild
	13. Lehrschritt (Festigung)	Kontrolle im Arbeitsblatt	Arbeitsauftrag: Bearbeite dein Blatt! Kontrolle durch Transparent	– ausfüllen – überprüfen	Ga	Arbeitsblatt
	14. Lehrschritt (Ausweitung)	Einblick in den Alltag (Lz 5)	Impuls: Betrachte dir das Bild! Was erwartest du vom Film? Verarbeitungsgespräch: Funktion des Hochofens	– verbalisieren – betrachten – verbalisieren	Hkf Hkf	Dia/Bild aus Physikbuch Film über den Hochofen Transparent Verhüttung

175

Hauptlernziel: Kenntnis über die verschiedenen Oxidationsformen	Unterrichtsthema: Wie kann es zu einer Explosion kommen?	Autor: Klaus Bendel
		Unterrichtszeit Empfehlung: 1 UE

VORBEMERKUNGEN:

a) allgemein:

Der Unterrichtseinheit sollte die Verbrennung als Oxidationsform mit Sauerstoffaufnahme und die stille Oxidation vorausgegangen sein. In dieser Stunde soll nur noch eine Gegenüberstellung der drei Oxidationsformen Verbrennung, Explosion und stille Oxidation erfolgen.

b) Hinweise zur Versuchsdurchführung:

Der Versuch mit Verbrennung von Magnesium und der Versuch mit der feuchten Stahlwolle zur stillen Oxidation (Tafelbild) soll nur als Einstieg gelten. Falls letzterer nocheinmal ganz vorgeführt werden soll, kann man den Versuchsablauf stark beschleunigen, wenn man die Stahlwolle vorher in Essigsäure gibt.

Zur Explosion gibt es eine Reihe mehr oder weniger gefährliche Versuche. In einer Blechdose (1l mit einklemmbaren Deckel) wird kurz über dem Boden ein Loch gebohrt. In diese Dose werden einige Blechstücke (bessere Durchmengung) und Tropfen (zuviel = Absaufen des Motors) Benzin gegeben. Anschließend wird gut durchgeschüttelt. An der Öffnung wird das Gasgemisch mit einem brennenden Holzspan entzündet.

In einer weiteren Blechdose wird auch in den Deckel ein Loch gemacht. Durch das untere Loch wird Gas eingeführt und nach einer Weile oben am Deckel angezündet. Dann wird die Gaszufuhr geschlossen. Die Gasflamme wird immer schwächer; denn durch die unten nachströmende Luft wird der Gasgehalt immer weniger, bis es zu einem Luft-Gas Gemisch kommt, das zur Explosion führt. Achtung! Die Explosion kann auch erst nach dem Erlöschen der Flamme kommen. Sie erfolgt immer!

Die Mehlstaubexplosion ist die harmloseste Versuchsdurchführung. Aufbau siehe Arbeitsblatt. Bei Anschluß an die Sauerstofflasche kann der Deckel sehr weit fliegen. Es genügt aber auch die Atemluft, wenn der Deckel nicht zu sehr fest geklemmt wird. Beim Reinblasen der Atemluft darf man nicht nachatmen, da sonst das Mehl in den Mund kommt.

Will man den Knallgasversuch von den Schülern durchführen lassen, sollte man darauf achten, daß der Gasentwickler entfernt ist. Am besten den Schülern nur die vorbereitete Knallgasschale geben.

TEILLERNZIELE:

Die Schüler sollen:

1. erkennen, daß es verschiedene Formen von Oxidationen gibt (kognitiv),
2. Beispiele den Oxidationsformen zuordnen können (kognitiv),
3. das Zustandekommen einer Explosion verstehen lernen (kognitiv).

MEDIEN:

Tafelbild, Tageslichtprojektor, Transparent, Arbeitsblatt, verdünnte Salzsäure, Zinkspäne (fein), Spülmittel, Holzspan, Magnesiumband, Stahlwolle, Essigsäure mit Standzylinder, Reagenzglas, Becherglas, Gummistopfen mit Bohrung, Glasrohr (6mm Ø), Benzin, Mehl, für die Explosionsversuche vorbereitete Blechbüchsen;

LITERATUR:

Curricularer Lehrplan Physik/Chemie 6.Jhrgng. Bayern KMBl Sondernummer vom 16.7.1976

H.Houben: Didaktik und Praxis der Schulphysik, Herder Verlag, Freiburg 1971

TAFELBILD:

Wie kann es zu einer Explosion kommen?

① feuchte Stahlwolle — Magnesium in Sauerstoff — Benzin-Luft Gemisch ⑤

Sauerstoff verbindet sich mit:

Eisen ② — ② Magnesium — ⑥ Benzin-Luft-G.

↓ ④ Reaktion ↓ ⑥

Langsame Reaktion ohne Flamme | Freiwerden von Licht und Wärme | Schlagartige Verbrennung

Stille Oxidation | Verbrennung | Explosion

Beschlagen von Metallen: Rosten von Eisen | Flamme Holz / Verglühen Metalle | ⑦ Mehlstaub- Kohlenstaub- Gasexplosion

→ Oxidationen ←

Anmerkung: Ab REAKTION ist das Tafelbild gleich Rückseite des Arbeitsblattes. ④

ARBEITSBLATT (TRANSPARENT):

Wie kann es zur Explosion kommen?

① 1. Der Bunsenbrenner

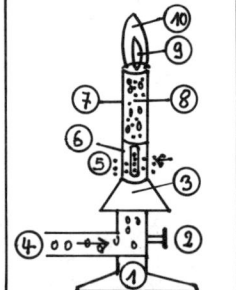

1	Fuß	6	Luftregler
2	Regulierhahn	7	Brennrohr
3	Düse	8	Gas-Luftgemisch
4	Gas	9	ausströmendes Gas
5	Luft	10	brennendes Gas

Wir merken uns:

M! Je _größer_ die Luftzufuhr ist, desto _heißer_ wird die Flamme.

② 2. Die Explosion (Mehlstaubexplosion)

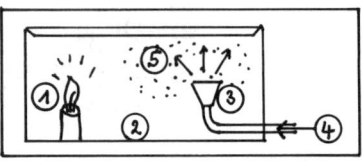

1 Flamme (Kerze)
2 Metallgehäuse
3 Trichter mit Mehl
4 Sauerstoff (Luft)
5 Gemisch: Sauerstoff-Mehlstaub

Wir merken uns:

M! Eine plötzliche Verbrennungserscheinung unter Knall heißt _Explosion_.

③ 3. Verbrennung oder Explosion?

Ein Luftgemisch verbrennt
im freien Raum → Verbrennung
im geschlossenen Raum → Explosion

Die Entzündungstemperatur wird erreicht
sofort vom ganzen Luftgemisch → Explosion
nur vom austretenden Gas → Verbrennung

UG	Lehrschritte (Artikulationsdefinition)	Lehrinhalte und Lernziele (= Lz)	Lehrakte .... Lernakte		Sozial-formen	Lernhilfen
Eröffnungsphase	1. Lehrschritt (Problembegeg-nung)	Aktivierung des Vor-wissens (Lz 1)	Sachimpuls: Wiederholung des Versuches zur stillen Oxidation und Verbrennung	– beobachten	Hkf	Versuchsaufbau Tafelbild 1
	2. Lehrschritt (Problemabgren-zung)	Herauslösen des Stundenproblems (Lz 3)	Erarbeitungsgespräch: Sauerstoff verbindet sich mit Eisen, Magnesium.	– verbalisieren	Hkf	Tafelbild 2
	3. Lehrschritt (Zielangabe)	Wie kann es zu einer Explosion kommen? (Lz 3)	Feststellung: Bei beiden vorausgegangenen Versuchen wurde Sauerstoff aufgenommen.	– zuhören	Hb	Tafelbild 3
Erarbeitungsphase	4. Lehrschritt (Hypothesenbil-dung)	Schulung konstrukti-ven und funktiona-len Denkens	Schülerrundgespräch: Schüler greifen Wissen aus Zeitungs-berichten über Explosionen auf. Sie bringen Wissen über den Automotor. Es muß ein bestimmtes Sauerstoffgemisch ein.	– verbalisieren	Hkf	
	5. Lehrschritt (Problemstel-lung)	Befragung der Natur durch das Experiment (Lz 3)	Schülerversuch: Wann brennt eine Flamme besonders gut? Es erfolgt die Beobachtung der Flamme bezüglich auf den Sauerstoff-durchlauf. Der Holzstab wird quer durch die Flamme gelegt zur Beobachtung der Hitzeverteilung. Streichholz wird in die Flamme gelegt.	– durchführen – beobachten	Ga	Bunsenbrenner Holzspan Streichholz
	6. Lehrschritt (Problemfindung)	Feststellen und fi-xieren der Beobach-tungen	Verarbeitungsgespräch: Beim Bunsenbrenner brauche ich kei-nen Docht, weil der Brennstoff schon ein Gas ist. Bei geschlossener Luft-schraube flackert die Flamme gelb, rußend. Anhand des Holzspanes sieht man, daß die Flamme nicht überall gleich heiß ist. Der Holzspan brannte nur an den Flammenrändern (=heißeste Zone). Das Streichholz entflammte nur an der Spitze. Bei geöffneter Luftschraube rauscht die Flamme, leuchtet und rußt nicht mehr. Das Streichholz entflammt sofort. Die Flamme ist also heißer. Je besser die Luft-zufuhr ist, desto besser ist die Verbrennung. Kontrolle durch die Transparentfolie.	– berichten – begründen – fixieren – überprüfen	Hkf Aa	Angebrannter Holzspan Arbeitsblatt 1
	7. Lehrschritt (Rekapitulation)	Zusammenstellung des bisherigen Wissens (Lz 1/2)	Erarbeitungsgespräch: Wiederholung der bisher bekannten Oxidationserscheinungen und ihre Erscheinungsbilder. Beispiele werden zugeordnet.	– verbalisieren – zuordnen	Hkf	Tafelbild 4
	8. Lehrschritt (Problemstel-lung)	Befragung der Natur durch das Experiment (Lz 5)	Versuchsüberlegung: Ein Brennstoff muß mit Sauerstoff gemischt werden. Durchführung des Experiments: Herstellung eines Benzin-Luftgemisches in einer Büchse, Zündung, Explosion; Herstellung eines Gas-Sauerstoffgemisches in einer Büchse, Zündung der Gasflamme am Deckel, abdrehen der Gaszufuhr, Explosion; Herstellung eines Knallgases (Salzsäure auf Zinkspäne). Das Knallgas wird in eine mit Seifenschaum gefüllte Petrischale geleitet. Kann von Schülern mit einem bren-nenden Holzspan gezündet werden. (Gaserzeuger entfernen!)	– planen – beobachten	Hkf Hkf	Tafelbild 5 Versuchsaufbau Petrischale
	9. Lehrschritt (Problemfindung)	Festhalten und fi-xieren der Beobach-tungen	Verarbeitungsgespräch: Sauerstoff hat sich mit Benzin(...) zu einem Luftgemisch verbunden. Dabei gab es eine schlagartige Verbrennung. Es kam zu einer Explosion. Schüler berichten von Explosionen, von denen sie gehört haben.	– verbalisieren – zuordnen	Hkf	Tafelbild 6 Tafelbild 7
Sicherungsphase	10. Lehrschritt (Wertung)	Rückschau auf die Hypothesen und Lösungswege	Rundgespräch: Explosion = schlagartige Verbrennung. Es ist eine bestimmte Brennstoff-Sauerstoffmischung nötig. Fein verteilte Teilchen fördern den blitz-artigen Ablauf	– verbalisieren	Hkf	Tafelbild als Gesamtdarstel-lung
	11. Lehrschritt (Anwendung)	Nachvollzug einer Mehlstaubexplosion	Experiment: Das im Trichter liegende Mehl wird durch die eingeblasene Luft verteilt. Die Luft und Verbrennungsgase werden durch die freiwerdende Wärme blitz-artig erhitzt und schlagen auf die ruhende Luft. Kontrolle durch Transparent	– aufbauen – durchführen – beobachten – ergründen – fixieren – überprüfen	Hkf Aa	Arbeitsblatt 2
	12. Lehrschritt (Lernzielkon-trolle)	Einübung und Festi-gung (Lz 1-3)	Arbeitsauftrag: Bearbeite die Fragen unter Punkt 3 und bearbeite das restliche Arbeitsblatt! Kontrolle durch Transparent.	– ausfüllen – überprüfen	Aa	Arbeitsblatt 4 (=Tafelbild ab Reaktion)

Hauptlernziel: Die Schüler sollen Kenntnisse über Reduktion, Reduktionsmittel und Oxidationsmittel erwerben	Unterrichtsthema: Wie nimmt man den Metalloxiden den Sauerstoff? (Herstellung von reinen Metallen aus Erzen)	Autor: Erwin Müller
		Unterrichtszeit Empfehlung: 2-3 UE

VORBEMERKUNGEN:
Hauptanliegen der Unterrichtseinheit ist die Klärung des Reduktionsbegriffs und die Herausstellung des Gegensatzes zwischen Reduktion und Oxidation.

TEILLERNZIELE:
Die Schüler sollen:
1. bereit und fähig sein, naturwissenschaftliche Probleme zu erkennen,
2. fähig sein, zu beobachten,
3. fähig sein, Vermutungen zu Problemen zu äußern,
4. fähig sein, Versuche durchzuführen und das erforderliche Gerät sachgerecht zu handhaben,
5. fähig sein, Versuchsergebnisse auszuwerten,
6. fähig sein, die erworbenen Kenntnisse auf verwandte Probleme anzuwenden,
7. wissen, daß eine chemische Reaktion, bei der einer Verbindung Sauerstoff entzogen wird, Reduktion der Verbindung heißt,
8. wissen, daß bei der Reduktion einer Verbindung das Reduktionsmittel oxidiert wird,
9. fähig sein, bei chemischen Wortgleichungen, die Reduktionen von Oxiden zu beschreiben, das Reduktions- und Oxidationsmittel anzugeben,
10. wissen, daß verschiedene Elemente unterschiedliches Bestreben zeigen, sich mit Sauerstoff zu verbinden,
11. erfahren, daß Stoffe, die einem Oxid den Sauerstoff entziehen, Reduktionsmittel genannt werden.

MEDIEN:
Erzbrocken, Lehrbuch (Lit.1) Seite 18, Tafel, Versuchsmaterial, Overhead-Projektor, OHP-Transparent, Arbeitsblatt

LITERATUR:
1. G.Althaus u.a.: "Wege in die Physik + Chemie 6", Klett Verlag, Stuttgart 1977, Lehrbuch
2. Dr.H.Bauer u.a.: Siehe Lit.1, Lösungsheft zum Arbeitsheft, Klett Verlag, Stuttgart 1979
3. Stiegler u.a.: "Natur und Technik, Physik und Chemie 5/6", Ausgabe B, CVK Verlag, Bielefeld 1978
4. Siehe Lit.3, Lehrerbuch, Berlin 1979

VERSUCHSMATERIAL 1:
Brenner, schwer schmelzbares Reagenzglas, gelbes Bleioxid, Zange;

VERSUCHSMATERIAL 2:
Gelbes Bleioxid, zerstampfte Holzkohle, schwer schmelzbares Reagenzglas, Brenner, Zange;

VERSUCHSMATERIAL 3:
Standzylinder, Kohlendioxid, Holzspan, Magnesiumband, Zange

OHP-TRANSPARENT 1: Bleioxid
OHP-TRANSPARENT 2: Bleioxid + Holzkohle
OHP-TRANSPARENT 3:
a. brennender Holzspan / Kohlendioxid
b. brennendes Magnesiumbandes / Kohlendioxid

●**ARBEITSBLATT 1:**
1. Versuchsergebnis: Nach dem Erkalten erkennt man ...Blei... Kohlendioxid entweicht als Gas.

| Bleioxid chem.Verbindung | + | Kohlenstoff Element | → | Blei Element | + | Kohlendioxid chem.Verbindung |

●**ARBEITSBLATT 2:**
2. Versuchsergebnis: In einem mit Kohlendioxid gefüllten Standzylinder erlischt ein brennender Holzspan. Ein Magnesiumband brennt weiter.

| Kohlendioxid chem. Verbindung | + | Magnesium Element | → | Kohlenstoff Element | + | Magnesiumox. chem. Verbindung |

●**ARBEITSBLATT 4:**
▶I.
1. Kohlenstoff + Blei-oxid → Kohlendioxid + Blei
2. Magnesium + Kohlendioxid → Magnesiumoxid + Kohlenstoff
3. Aluminium + Eisenoxid → Aluminiumox. + Eisen

Oxidation / Reduktion

▶II. Ein Oxidationsmittel gibt Sauerstoff ab. Es wird dabei selbst reduziert.
Ein Reduktionsmittel nimmt Sauerstoff auf. Es wird dabei selbst oxidiert.

▶III. a. Welche Aufgaben hatte früher die Holzkohle bei der Gewinnung von Metallen aus Erzen?
b. Aus Quecksilberoxid haben wir Quecksilber gewonnen, aus Bleioxid Blei. Erkläre den Unterschied zwischen beiden Reaktionen!

●**ARBEITSBLATT 3:**

Kupferoxid + Kohlenstoff → Kohlendioxid + Kupfer

JG	Lehrschritte (Artikulationsdefinition)	Lehrinhalte und Lernziele (= Lz)	Lehrakte .... Lernakte		Sozial-formen	Lernhilfen
Eröffnungsphase	1.Lehrschritt (Problemstellung gegenständlich)	Vorkommen von Metallen in der Natur; Klärung des Begriffs Erz; (LZ 1, 2)	Gegenstandsdemonstration: (bzw. Sachimpuls) Arten von Erzen; Erze sind Metalloxide;	– zuhören	Hb	Erzbrocken (Bild, Lit.1, S. 18)
	2.Lehrschritt (Zielangabe)	Herstellung von reinen Metallen;	Erarbeitungsgespräch: Problemfrage: Wie nimmt man den Metalloxiden den Sauerstoff?	– zuhören	Hb	
Erarbeitungsphase	3.Lehrschritt (Hypothesenbildung)	(LZ 3)	Impuls: Hinweis auf die Zersetzung von Quecksilberoxiden (durch Erhitzen)	– verbalisieren	Hb	
	4.Lehrschritt (Problemstellung)	Erhitzen von Bleioxid; (LZ 2, 4)	Arbeitsanweisung: f.Schülerversuch Erhitzen von Bleioxid; Untersuchung des Glasinhalts nach dem Abkühlen;	– handeln – notieren	Ga	Versuchsmaterial 1; OHP-Transparent 1;
	5.Lehrschritt (Problemlösung)	(LZ 1)	Verarbeitungsgespräch: Auswertung; Umwandeln von Bleioxid in Blei durch Erhitzen nicht möglich;	– verbalisieren – zusammenfassen	Hb	
	6.Lehrschritt (Problemstrukturierung)	Unterschiedliches Bindungsbestreben v.Metallen zu Sauerstoff (LZ 10)	Erklärung: Hinweis auf das starke Bindungsbestreben von unedlen Metallen zu Sauerstoff	– zuhören	Hb	
	7.Lehrschritt (Teilergebnisgewinnung)	Umwandlung von Bleioxid mit Hilfe von Holzkohle in Blei (LZ 2, 4)	Arbeitsanweisung: f.Schülerversuch Erhitzen von Bleioxid mit zerstampfter Holzkohle bis zum Glühen; Prüfung d.Reaktionsprodukte;	– vergleichen – handeln – notieren	Ga	Versuchsmaterial 2, OHP-Transparent 2;
	8.Lehrschritt (Ergebnisfixierung)	Aufstellen der Reaktionsgleichung (LZ 5)	Verarbeitungsgespräch: Auswertung; Entstehung von reinem Blei und Kohlendioxid;	– zusammenfassen – bearbeiten	Hb/Aa	Arbeitsblatt 1 (OHP-Transparent)
	9.Lehrschritt (Generalisierung)	Einführung der Begriffe Reduktion, Reduktions- und Oxidationsmittel (LZ 5,7,8,9,11)	Definition: Erläuterung der Begriffe Reduktion, Reduktions- und Oxidationsmittel	– mitdenken – einordnen	Hb	Arbeitsblatt 1 (OHP-Transparent)
	10.Lehrschritt (Verifikation)	Umwandlung von Kohlendioxid mit Hilfe von Magnesium in Kohlenstoff; (LZ 2,5,6,8,9)	Demonstration eines Vorgangs: Beobachtung eines brennenden Holzspans und Magnesiumbandes in einem mit Kohlendioxid gefüllten Standzylinder Verarbeitungsgespräch: Darstellung des Versuchsergebnisses	– aufnehmen – vergleichen – zusammenfassen – einordnen – bearbeiten	Hb Hb/Aa	Versuchsmaterial 2; OHP-Transparent 3; Arbeitsblatt 2 (OHP-Transparent)
Sicherungsphase	11.Lehrschritt (Transfer)	Reduktion von Kupferoxid; (LZ 2,4, 5,6,8,9)	Arbeitsanweisung:f.Schülerversuch Mischung aus gleichen Anteilen Kupferoxid u.Holzkohle in einem schwerschmelzbaren Reagenzglas erhitzen; Kontrolle u.Auswertung d.Ergebnisse;	– einordnen – bearbeiten – handeln	Ga/Hb	Arbeitsblatt 3 (OHP-Transparent)
	12.Lehrschritt (Schriftliche Kontrolle)	Bearbeiten eines Arbeitsblattes; (LZ 5 bis 9, LZ 11)	Arbeitsaufträge: Lösung von Aufgaben, anschließend gemeinsame Ergebniskontrolle;	– begründen – bearbeiten – einordnen	Aa/Hb	Arbeitsblatt 4 (OHP-Transparent)

Hauptlernziel:	Unterrichtsthema:	Autor: Roman Biberger
Kenntnis des Unterschieds zwischen selbstleuchtenden und beleuchteten Körpern	Wann können wir Gegenstände sehen?	Unterrichtszeit / Empfehlung: 1 UE = 45 Min.

Vorbemerkungen:

1) Sachliche Hinweise:
   Voraussetzungen und Versuchsmaterial: Möglichst vollständig verdunkelbarer Raum, Taschenlampe, Glühlampe, Leuchtstoffröhre, Fernsehgerät, Kerze, Blechschirm, Verbindungsschnüre;
   Darstellungshilfen (Tafelbild): Bildsymbolkarten von Lichtquellen und beleuchteten Körpern. Natürliche und künstliche Lichtquellen werden auf verschiedenfarbigen Kartons dargestellt; evtl. Wortkarten;
   Arbeitsmittel für Schüler: Butschek-Hofmeister, Physik-Chemie 6, Seite 6 und 7 oder Arbeitsblatt mit entsprechenden Lerninhalten.

2) Methodische Hinweise:
   Die einzelnen Versuche bzw. Versuchsreihen werden von den Schülern selbst ausgeführt (Lernprinzip: Selbsttätigkeit).
   - Bei der Benützung der Leuchtstoffröhre ist zu beachten, daß sie sich etwas erwärmt.
   - Das Fernsehgerät ist zur Veranschaulichung des kalten Lichts notwendig, ein Empfang ist nicht erforderlich.
   - Der Übergang zwischen den Lehrschritten kann meist mit Hilfe stummer Impulse überbrückt werden, so daß die Lehrperson im Sinne eines "schülerorientierten Unterrichts" zurücktreten kann.
   - Der zwölfte Lehrschritt kann durch einen Schülerversuch bewältigt werden, wobei die Sonne durch eine Reuterlampe, Erde und Mond durch Tischtennisbälle veranschaulicht werden, die auf Stricknadeln befestigt sind.
   - Der Einsatz des Buches oder Arbeitsblattes im letzten Lehrschritt dient der selbständigen Informationsentnahme im Sinne der Einschulung von Arbeitsweisen.

Teillernziele:

Der Schüler soll:

1. ... selbstleuchtende und beleuchtete Körper, natürliche und künstliche Lichtquellen, warmes und kaltes Licht unterscheiden können;
2. ... erfahren, daß wir Lichtquellen nur sehen, wenn sie Licht direkt ins Auge senden;
3. ... erfahren, daß wir beleuchtete Körper nur sehen, wenn sie ausgesandtes Licht ins Auge reflektieren;
4. ... wichtige Begriffe wie Lichtquellen, reflektieren, selbstleuchtende und beleuchtete Körper kennen;
5. ... den verschiedenen Lichtquellen Beispiele zuordnen können.

Medien:
Buch oder Arbeitsblatt zur Information, Tafelbild, Versuchsmaterial (Vorbemerkungen)

Literatur:
Butschek-Hofmeister, Physik-Chemie 6
Sellier, Freising 1978

Wege in die Physik und Chemie 6, Stuttgart 1977

Tafelbild ≙ Arbeitsblatt

- Wir fragen ▶ ① *Wann können wir Gegenstände sehen?*
- Wir erarbeiten ▶ *Lichtquellen* ② — *natürlich* ▶ / *künstlich* ▶
  - ③ *warm*: Sonne — *kalt* ③: Leuchtkäfer
  - Glühlampe — Fernsehbildschirm
  - ▼ *selbstleuchtende Körper* ▼ | *beleuchtete Körper* ▼
- Wir untersuchen ▶ ④ *Licht fällt direkt in unser Auge* | ⑤ *Licht wird von einem Gegenstand in unser Auge reflektiert*
- Wir erkennen ▶ ⑥ *Wenn Lichtstrahlen von ihnen direkt oder reflektiert in unsere Augen fallen*

JG	Lehrschritte (Artikulationsdefinition)	Lehrinhalte und Lernziele (= Lz)	Lehrakte .... Lernakte		Sozial-formen	Lernhilfen
Eröffnungsphase	1. Lehrschritt (Problembegegnung - gegenständlich)	Wir sehen nichts	Demonstration: Licht ausschalten Rundgespräch: "Wir sehen nichts, weil... Wir sehen nur etwas, wenn.."	- berichten - Meinungsäußerungen	Hb Hb/Aa	Verdunkelung
	2. Lehrschritt (Problemfindung)	Wann können wir Gegenstände sehen?	Erarbeitungsgespräch: Finden, formulieren, umformulieren der Frage (Warum... Wie...)	- Problem finden	Hb	Licht Tafelbild (1)
Erarbeitungsphase	3. Lehrschritt (Meinungsbildung)		Rundgespräch: Einbringung des Primärwissens, der Meinungen, der Vermutungen;	- berichten - vermuten	Hb/Aa	Seitentafel: wir vermuten..
	4. Lehrschritt (Problemlösungsversuch)	Kennenlernen verschiedener Lichtquellen (Lz 1)	Objektdemonstration: Vorstellen verschiedener Lichtquellen, benennen, anheften der entsprechenden Symbolkarten an der Tafel	- beobachten - benennen	Hb	Taschenlampe, Kerze, Sonnenlicht (siehe Vorbemerkungen)
	5. Lehrschritt (Begriffserarbeitung)	Lichtquellen, selbstleuchtende Körper, natürlich-künstlich (Lz 1/4)	Erarbeitungsgespräch: Begriffserarbeitung, finden weiterer Lichtquellen (Blitz), unterscheiden anhand der Farben der Bildkarten, ordnen;	- Begriffe finden - notieren - ordnen	Hb	Tafelbild (2) Wortkarten
	6. Lehrschritt (Begriffsdifferenzierung)	Warme und kalte Lichtquellen (Lz 1)	Erarbeitungsgespräch: Durch Berühren finden die Schüler die Unterschiede; einordnen der Lichtquellen in die Matrix;	- berühren - unterscheiden - ordnen - notieren	Hb/Aa	Tafelbild (3) evtl. Wortkarten
	7. Lehrschritt (Erkenntnisgewinnung)	Das Licht der Lichtquellen fällt direkt ins Auge (Lz 2)	Experiment: Abdecken der Lichtquellen durch Schirm, Verbalisieren der Erkenntnis, grafische Darstellung an der Tafel;	- beobachten - zeichnen	Hb	Verdunkelung Schirm Tafelbild (4)
	8. Lehrschritt (Rückbezug zur Frage, Teilwiederholung)	Ausgangsfrage teilweise beantworten	Verarbeitungsgespräch: Wir sehen Lichtquellen, weil .... Wir sehen Lichtquellen nicht, weil ..."	- erklären - formulieren	Hb	Tafelbild (4)
	9. Lehrschritt (Begriffsausweitung)	Beleuchtete Körper werden angeleuchtet und reflektieren das Licht (Lz 3)	Objektdemonstration: Ein Bild hinter einer Spiegelglasscheibe wird mit einer Taschenlampe angeleuchtet; nennen weiterer beleuchteter Körper;	- beobachten - beschreiben - erklären - notieren	Hb/Aa	Bild, Taschenlampe, Symbolkarten, Tafelbild (5)
	10. Lehrschritt (Erkenntnisgewinnung)	Beleuchtete Körper sehen wir nur, weil sie die Lichtstrahlen ins Auge reflektieren (Lz 3)	Experiment: Die einfallenden und reflektierten Lichtstrahlen werden durch Schwebeteilchen sichtbar gemacht. Wir unterbrechen die Lichtstrahlen an verschiedenen Stellen, so daß der beleuchtete Körper nicht mehr sichtbar ist.	- beobachten - beschreiben - erkennen	Hb	Kreidestaub (Rauch) Schirm
			Verarbeitungsgespräch: Die Erkenntnis wird formuliert und grafisch an der Tafel dargestellt.	- erklären - zeichnen	Hb	Tafelbild (5)
Sicherungsphase	11. Lehrschritt (Wiederholung, Rückbezug zur Ausgangsfrage)	Wir sehen Gegenstände, wenn Licht direkt oder reflektiert von ihnen ins Auge gelangt (Lz 5)	Experiment: Mit sichtbarer Lichtquelle wird ein Gegenstand beleuchtet. Die Schüler erklären, warum sie beide sehen. Wir beantworten unsere Ausgangsfrage und fixieren die Erkenntnis an der Tafel.	- beobachten - beschreiben - erläutern	Hb/Aa	Taschenlampe, Gegenstand, Tafelbild (6)
	12. Lehrschritt (inhaltliche Ausweitung)	Anwendung der Erkenntnis, Gemeinsamkeit von Licht- und Wärmestrahlen	Erarbeitungsgespräch: Anhand eines Bildes erkennen wir die Sonne als Lichtquelle, den Mond als beleuchteten Körper; die Licht- und Wärmestrahlen der Sonne brauchen keinen Stoff zur Ausbreitung;	- betrachten - beschreiben - erläutern - wiederholen	Hb	Bild: Sonne, Mond
	13. Lehrschritt (Lernzielkontrolle)	Kontrolle der Ergebnisse	Arbeitsauftrag: Lücken und Zeichnungen des Arbeitsblattes ergänzen, aus Buch oder Informationsblatt weitere Lichtquellen finden; anschließend: Kontrolle;	- ergänzen - zeichnen - Information entnehmen	Aa Hb	Buch Arbeitsblatt

Hauptlernziel: Kenntnis der Lichtbrechung als Erscheinung beim Durchgang des Lichts durch optisch verschieden dichte Stoffe	Unterrichtsthema: Was passiert, wenn Licht ins Wasser fällt? (Lichtbrechung beim Übergang von Luft in Wasser und umgekehrt)	Autor: Maria Sedlmayer
		Unterrichtszeit Empfehlung: 2 UE=90 Min

VORBEMERKUNGEN: Das Bereitstellen des jeweiligen Versuchsmaterials gehört zur Vorbereitung der Stunde. Anstelle des Tafelbildes empfiehlt es sich, zumindest ab Lehrschritt 4, eine Folie auf dem Overhead-Projektor zu verwenden, da bei vorbereiteter Tafelzeichnung die Versuchsplanung vorweggenommen wird, die Folie aber sukzessiv aufgedeckt werden kann.

TEILLERNZIELE: Die Schüler sollen:

1. in der Gesprächskette bereits behandelte Gesetze der Optik wiederholend nennen,
2. an einem schräg ins Wasser gehaltenen Bleistift dessen scheinbare "Brechung" beobachten und benennen,
3. mit Hilfe dieser Beobachtungen eine Hypothese für den Übergang des Lichts von Luft in Wasser aufstellen und diese notieren,
4. ausgehend vom bereitstehenden Versuchsmaterial den Versuch I zur Überprüfung der Hypothese planen,
5. bei der Durchführung des Versuchs mithelfen und ihn beobachtend mitverfolgen,
6. das Versuchsergebnis formulieren und fixieren (Zeichnung und Merksatz am Overhead-Projektor vervollständigen),
7. für die Umkehrung des Versuchs den folgerichtigen Strahlengang benennen,
8. den "umgekehrten" Versuch (vom Wasser in die Luft) durchführen bzw. beobachten,
9. das Ergebnis dieses Versuchs benennen und auf der Folie schriftlich festhalten,
10. beide Versuche und die zugehörigen Ergebnisse in knapper Form mündlich zusammenfassen,
11. als Grund für die Lichtbrechung die Geschwindigkeitsbremsung im optisch dichteren Stoff erkennen,
12. in der Gruppe mit Hilfe schriftlicher Arbeitsanweisungen beide durchgeführte Versuche zu einem zusammenfassen und das Versuchsergebnis fixieren,
13. selbständig die Ergebnisse der Unterrichtseinheit auf dem Arbeitsblatt schriftlich wiedergeben.

MEDIEN: Versuchsmaterialien zu den einzelnen Versuchen, Tafelbild oder Folie für den OVerhead-Projektor, Arbeitsanweisungen für Versuch III (s.u.), Arbeitsblatt.

LITERATUR:
1. Butschek/Hofmeister: Physik - Chemie 5/6, Sellier Freising 1977
2. Butschek/Hofmeister: Lehrerbuch 6 Physik - Chemie, Sellier Freising 1977
3. Stiegler/Schröder: Natur und Technik, Physik und Chemie 5/6, Cornelsen Velhagen & Klasing Berlin 1978

ZU VERSUCH III:

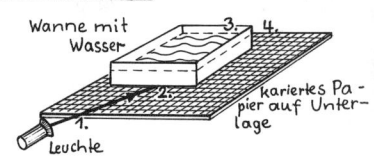

ZU VERSUCH I:

Versuchsmaterial: Leuchte, Blende mit 1 Schlitz (oder bis auf 1 Schlitz verklebte Taschenlampe), Plexiglaswanne zu 2/3 mit Wasser gefüllt, Schirm, Stativmaterial, evtl. Badezusatz für Wasser.

Versuchsdurchführung: Ein schmales, rechteckiges Strahlenbündel herstellen und es so ins Wasser einfallen lassen, daß es entlang des Schirms gleitet und so besser sichtbar wird. Erst senkrecht und dann immer schräger ins Wasser leuchten und Strahlenverlauf jeweils außerhalb des Wassers und im Wasser beobachten.

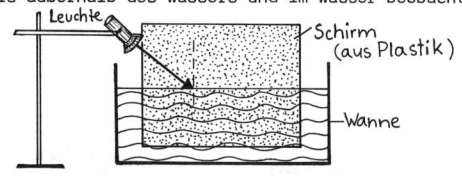

ZU VERSUCH II:

Versuchsmaterial wie bei Versuch I, dazu Handspiegel, der mittels Magnet oder Becherglas parallel zur Wasseroberfläche in der Glaswanne befestigt wird.

Versuchsdurchführung: Lichtbündel so einfallen lassen, daß die Strahlen im Wasser auf den Spiegel treffen. Den Strahlenverlauf des Lichts vom Spiegel zurück aus dem Wasser mit Hilfe des Schirms verfolgen.

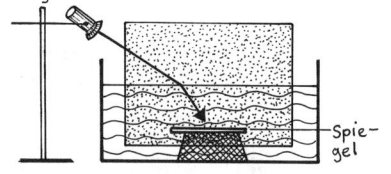

VERSUCH III:

Versuchsmaterial: Plexiglaswanne mit Wasser, bis auf Schlitzblende verklebte Taschenlampe, kariertes Papier auf Unterlage.

ARBEITSANWEISUNG:
- Zeichnet die Umrisse der Wanne auf dem Papier nach!
- Laßt nun das Lichtstrahlenbündel seitlich schräg ins Wasser fallen und markiert mit einem Stift auf der Unterlage:
  1. den Ausgangspunkt des Lichtbündels am Papierrand,
  2. den Eintritt ins Wasser,
  3. den Eintritt in die Luft,
  4. das Verlassen des Papiers.
- Verbindet die markierten Punkte. Könnt ihr die gefundenen "Gesetze" wiedererkennen?

FOLIE BZW. TAFEL: **Was passiert, wenn Licht ins Wasser fällt?**

① Lichtstrahlen verlaufen geradlinig, Licht kann gespiegelt, zerstreut, absorbiert werden ...

② Hypothese: Lichtstrahlen werden gebrochen beim Übergang von Luft in Wasser

③ Versuch I: Wir lassen ein Strahlenbündel aus der Luft „ins Wasser fallen":

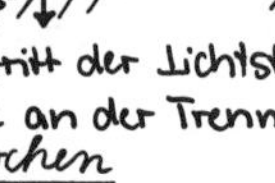

④ Ergebnis I:
Beim schrägen Übertritt der Lichtstrahlen von Luft in Wasser werden sie an der Trennungsfläche zum Lot hin gebrochen 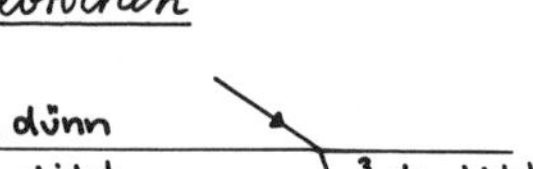

⑤ Hypothese: Licht wird auch gebrochen beim Übergang von Wasser in Luft

⑥ Versuch: Wir strahlen ein Lichtbündel aus dem Wasser in die Luft:

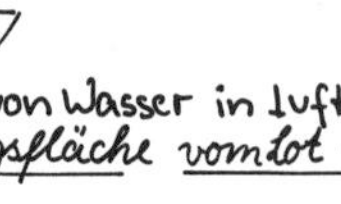

⑦ Ergebnis II:
Treten Lichtstrahlen schräg von Wasser in Luft über, werden sie an der Trennungsfläche vom Lot weg gebrochen. 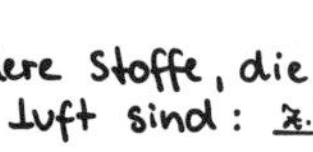

⑧ Luft — optisch dünn
Wasser — optisch dicht — $\tfrac{3}{4}$ der Lichtgeschwindigkeit

zu ⑧ Es gibt noch andere Stoffe, die optisch dichter oder dünner als Luft sind: z.B. Glas...

ARBEITSBLATT analog zu ④ und ⑦ der Tafelanschrift einschließlich der zu vervollständigenden Zeichnungen! Dazu Merksatz (siehe nächste Seite).

UG	Lehrschritte (Artikulationsdefinition)	Lehrinhalte und Lernziele (= Lz)	Lehrakte .... Lernakte		Sozialformen	Lernhilfen
Eröffnungsphase	1. Lehrschritt (Wiederholung)	Gesetze aus der Optik (Lz 1)	Gesprächskette: Wir kennen bereits einige Gesetze über Lichtstrahlung..	- wiederholen - notieren	Hkf	Folie ①
	2. Lehrschritt (einstimmender Versuch)	Kurzversuch (Lz 2)	Arbeitsanweisung: Ein Schüler hält einen langen Bleistift zuerst senkrecht, dann immer schräger in ein Glas Wasser. Beobachtungen?	- probieren - beobachten - berichten	Hkf	1 Glas mit Wasser, Bleistift
	3. Lehrschritt (Zielangabe)	Thema der Stunde	Frage: Was passiert, wenn Licht ins Wasser fällt?	- zuhören - überlegen	Hkf	Folie (Überschrift)
Erarbeitungsphase	4. Lehrschritt (Hypothesenbildung)	Vermutungen, Hypothesen (Lz 3)	Erarbeitungsgespräch: Ausgehend von unseren Beobachtungen mit dem Bleistift versuchen wir, die Frage zu beantworten.	- vermuten - formulieren - notieren	Hb	Folie ②
	5. Lehrschritt (Versuchsplanung)	Gemeinsame Planung (Lz 4)	Frage: Wie überprüfen wir die Hypothese? Erarbeitungsgespräch: Wir planen den Versuch mit Hilfe des bereitgestellten Materials.	- durchdenken - überlegen - planen	Hb	Folie ③ Versuchsmaterial
	6. Lehrschritt (Versuchsdurchführung)	Versuch I: Übergang von Luft in Wasser (Lz 5)	Experiment: Versuch I wird als Demonstrationsversuch durchgeführt (unter Mithilfe von Schülern)	- beobachten - erkennen	Hkf	Versuchsmaterial zu Versuch I
	7. Lehrschritt (Ergebnisfixierung)	1. Teilergebnis (Lz 6)	Verarbeitungsgespräch: Was konnten wir beobachten? Wurde unsere Hypothese bestätigt? Haben wir noch mehr herausgebracht? Arbeitsauftrag: Vervollständigt Zeichnung und Merksatz!	- berichten - wiederholen - zeichnen - vervollständigen	Hkf	Folie ④
	8. Lehrschritt (2.Hypothesenbildung)	Umkehrung des Strahlengangs (Lz 7)	Frage: Wenn nun das Licht umgekehrt aus dem Wasser in die Luft strahlte? Erarbeitungsgespräch: Die Strahlen würden vom Lot weg gebrochen..	- überlegen - folgern - formulieren	Hkf	Folie ⑤
	9. Lehrschritt (Versuchsdurchführung)	Übergang des Lichts von Wasser in Luft (Lz 8)	Feststellung: Ein Spiegel hilft uns, das Licht aus dem Wasser zurückzuwerfen. Experiment: 2 Schüler führen Versuch II als Demonstrationsversuch vor.	- überlegen - ausführen - beobachten - mitverfolgen	Hkf	Folie ⑥ Versuchsmaterial zu Versuch II
	10. Lehrschritt (Teilzusammenfassung)	Ergebnis des 2.Versuchs (Lz 9)	Verarbeitungsgespräch: Berichte über Beobachtungen, Vervollständigung des Merksatzes.	- formulieren - wiederholen - ergänzen	Hkf	Folie ⑦
Sicherungsphase	11. Lehrschritt (Gesamtwiederholung mündlich)	Versuchsergebnisse (Lz 10)	Arbeitsauftrag: Berichtet klar und knapp über Versuche und Versuchsergebnisse!	- rekapitulieren - formulieren	Hb	(ohne Lernhilfen)
	12. Lehrschritt (Ergebnisbegründung)	Theoretische Erklärung der Lichtbrechung (Lz 11)	Bericht (nach Erklärungsversuchen der Schüler): Wasser ist optisch dichter als Luft. Es bremst das Licht auf 3/4 seiner normalen Geschwindigkeit. Bei schrägem Auftreffen wird Licht aus der Richtung abgelenkt wie ein Schlitten, der plötzlich in Tiefschnee gerät.	- überlegen - mitdenken - verstehen	Hb	Skizze ⑧
	13. Lehrschritt (Gesamtzusammenfassung durch Versuch)	Schülerversuch (Lz 13)	Arbeitsauftrag: Führt den zusammenfassenden Versuch in der Gruppe durch und notiert das Ergebnis! Kontrolle: Lehrer geht von Gruppe zu Gruppe und läßt sich die Ergebnisse erklären.	- experimentieren - zeichnen - erklären	Ga	schriftliche Arbeitsanweisungen s.Versuch III
	14. Lehrschritt (schriftliche Kontrolle)	Rekapitulation (Lz 13)	Arbeitsauftrag: Bearbeitet das Arbeitsblatt selbständig! Anschließend gemeinsame Ergebniskontrolle	- wiederholen - überprüfen	Aa Hb	Arbeitsblatt

ERGÄNZUNG ZUM ARBEITSBLATT: Merke: Beim Übergang von einem optisch dichten in einen optisch dünnen Stoff wird Licht *vom* Lot *weg* gebrochen. Tritt Licht schräg von einem optisch dünnen in einen optisch dichten Stoff über, wird es *zum* Lot *hin* gebrochen.

Hauptlernziel: Kenntnis der geradlinigen Ausbreitung des Lichts und einer Anwendung dieser Tatsache	Unterrichtsthema: Warum scheint das Schiff im Meer zu versinken?	Autor: Roman Biberger
		Unterrichtszeit Empfehlung: 1 UE = 45 Min.

Vorbemerkungen:

1) Bilder eines Leuchtturms (1. Lehrschritt) sind in fast allen Physik-Chemie Büchern zu finden. Der Informationstext kann dem Schüler durch Bucheinsatz, über den Tageslichtprojektor oder durch das Episkop vermittelt werden.
2) Zur Anfertigung des Lehrermodells: Ein Pappstreifen von ca. 1 m Länge wird gebogen und auf eine Unterlage geklebt. Das Modell kann mit Tesakrepp an der Tafel befestigt werden, so daß Lichtbündel bzw. Lichtstahlen sichtbar gemacht werden können. Diese lassen sich dann leicht nachziehen.
3) Versuchsmaterial: Für den Lehrer: 1 Modell, 1 Reuterlampe mit und ohne Tubus, 1 Schiffsmodell, 1 Trafo, 1 Fünffachschlitzblende

   Für den Schüler: Reuterlampen, Schirme, Einfachschlitzblenden, Lineale (Nachmessen der geradlinigen Ausbreitung der Lichtstrahlen), Pappstücke zum Abdecken der Blendenöffnung, Trafos

   Pappe-Modell

4) Ein zum Tafelbild analog gestaltetes Arbeitsblatt bietet sich an, wobei wir das CULP Lernziel I.1.4 operativ verwirklichen, indem die Schüler den Begriffen Zeichnungen und den Zeichnungen Begriffe zuordnen durch Zeichnen bzw. Notieren.

Teillernziele:
Der Schüler soll:
1. ... erkennen, daß sich Licht nach allen Seiten ausbreitet,
2. ... wissen, daß sich Licht geradlinig ausbreitet,
3. ... wissen, daß Lichtbündel aus vielen einzelnen Lichtstrahlen bestehen und sie eine verschiedene Breite haben können,
4. ... wissen, daß Lichtstrahlen nicht sichtbar sind bzw. nur sichtbar sind, wenn sie auf einen Körper treffen und von ihm reflektiert werden,
5. ... verschiedene Lichtbündel und Lichtstrahlen zeichnen können.

Medien:
Physik/Chemie Buch (nach Auswahl)
Episkop
Tageslichtprojektor (mit Informationstext)
Tafel
Versuchsmaterial
Demonstrationsmodell
Arbeitsblatt

Literatur:
Schülerbuch der 6. Jahrgangsstufe, z.B. Butschek-Hofmeister, Physik-Chemie 6 Freising 1978

Sachinformationstext (2. Lehrschritt): Die gewaltigen Scheinwerfer eines Leuchtturms sieht man kilometerweit. Beobachten wir ein auslaufendes Schiff, dann scheint es allmählich im Meer zu versinken. Plötzlich ist es ganz verschwunden. Doch nichts ist zwischen ihm und dem Leuchtturm zu sehen, kein Berg, kein Haus, nur das offene flache Meer.

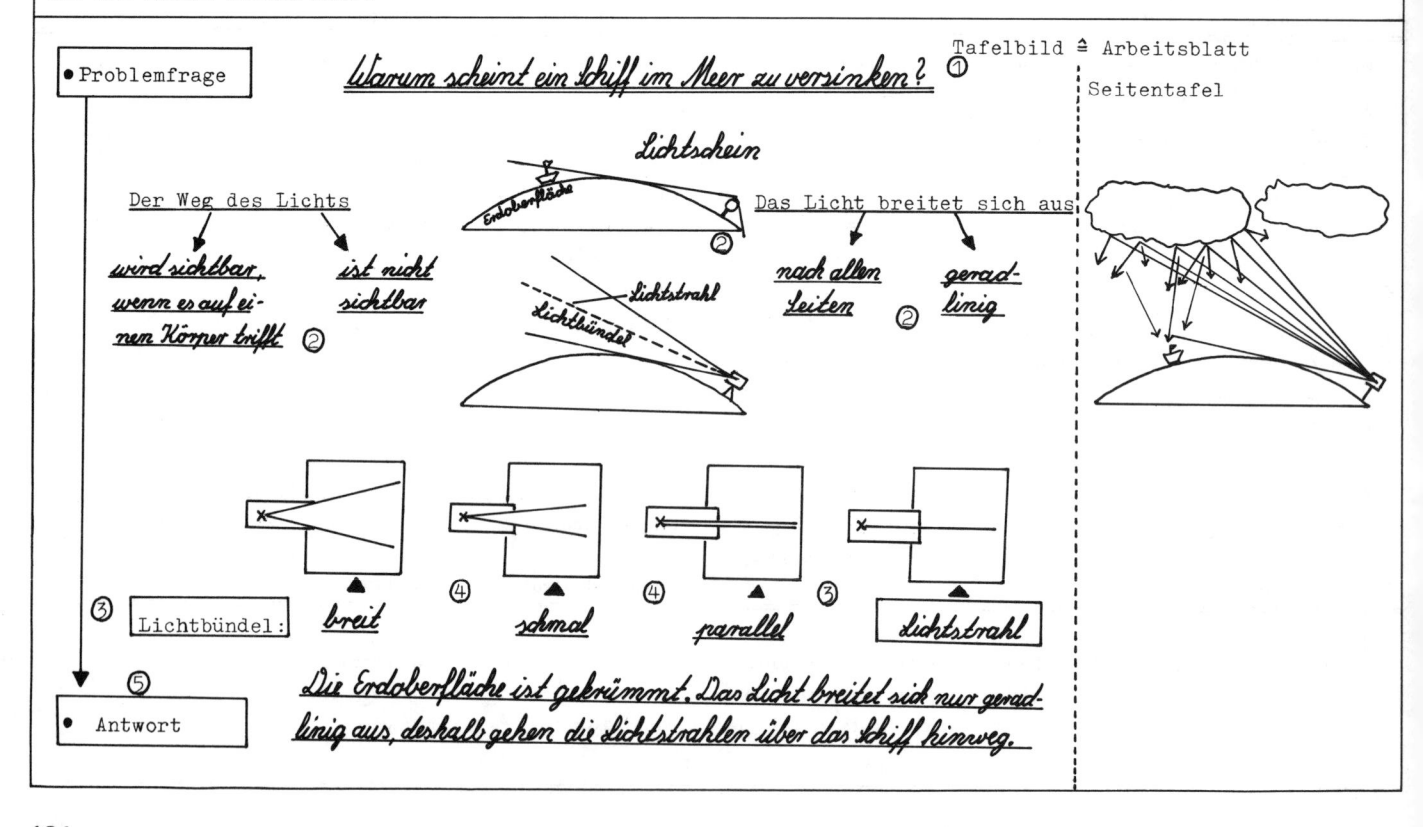

Tafelbild ≙ Arbeitsblatt / Seitentafel

Warum scheint ein Schiff im Meer zu versinken?

- Problemfrage
- Der Weg des Lichts: wird sichtbar, wenn es auf einen Körper trifft; ist nicht sichtbar
- Lichtschein — Erdoberfläche — Lichtstrahl — Lichtbündel
- Das Licht breitet sich aus: nach allen Seiten; geradlinig
- Lichtbündel: breit, schmal, parallel, Lichtstrahl
- Antwort: Die Erdoberfläche ist gekrümmt. Das Licht breitet sich nur geradlinig aus, deshalb gehen die Lichtstrahlen über das Schiff hinweg.

UG	Lehrschritte (Artikulationsdefinition)	Lehrinhalte und Lernziele (= Lz)	Lehrakte .... Lernakte		Sozialformen	Lernhilfen
Eröffnungsphase	1. Lehrschritt (Problembegegnung)	Kennenlernen der Aufgaben eines Leuchtturms	Sachimpuls: Vorzeigen des Bildes eines Leuchtturms	– betrachten – vermuten	Hb	Bild: Leuchtturm (Episkop)
			Sachinformation: Text lesen und wesentliche Inhalte wiedergeben (nach Butschek, Seite 9): ...sichere Hafeneinfahrt .... Elbe 1 ... Helgoländer Leuchtturm 77 m ... bis zu 44 km erkennbar	– Information entnehmen – verbalisieren	Aa	Buch oder Folientext
	2. Lehrschritt (Problemfindung)	Warum scheint ein Schiff im Meer zu versinken?	Erarbeitungsgespräch: Aussprache über den Text, Einbringen von Vorwissen, Entwicklung der Problemfrage;	– Information einbringen – formulieren	Hb	Folientext Tafelbild (1)
Erarbeitungsphase	3. Lehrschritt (Meinungsbildung)	Was wir vermuten	Rundgespräch: Austausch von Meinungen, berichten, vermuten;	– Hypothesen aufstellen	Hb/Aa	Seitentafel mit Schülervermutungen
	4. Lehrschritt (Versuchsplanung)	Isolierung der Wirklichkeit in einem Versuch	Erarbeitungsgespräch: Was wir brauchen: Lampe für den Leuchtturm, Modell (Globus) für die Erde, Schiffsmodell;	– berichten – planen	Hb	
	5. Lehrschritt (Teilproblemlösung und Teilerkenntnis)	Licht nicht sichtbar ... Erde gekrümmt ... Licht geradlinige Ausbreitung ... sichtbar, wenn es auf einen Körper trifft ... Ausbreitung nach allen Seiten (Lz 1/2/4)	Experiment: Der Versuch mit dem Modell wird demonstriert: zuerst auf dem Lehrertisch vorgeführt, dann wird das Modell an die Tafel geklebt und der Versuch wiederholt. Der Lichtschein wird sichtbar.	– beobachten	Hb	Modell Reuterlampe ohne Tubus Trafo Schiffsmodell Tafel
			Erarbeitungsgespräch: Nach dem Dreischritt: Was wir tun – was wir beobachten – was wir erkennen Die Erkenntnis wird zeichnerisch und schriftlich an der Tafel festgehalten;	– beobachten – berichten – erläutern – formulieren	Hb	Tafelbild (2)
	6. Lehrschritt (Rückblende; Ausgangsproblem)	Hinführung zum Lichtbündel	Sachimpuls: Das Bild des Leuchtturms wird nochmals gezeigt, Erläuterung der Funktionsweise;	– betrachten – berichten	Hb	Episkop Bild: Leuchtturm
	7. Lehrschritt (Problemlösung und Teilerkenntnis)	Begriff: Lichtbündel, Sicherung der Erkenntnis des 5. Lehrschritts, Begriff: Lichtstrahl (Lz 3)	Experiment: Der Versuch des 5. Lehrschritts wird wiederholt, doch wird die Reuterlampe mit Tubus verwendet (Lichtbündel). Aufstecken einer Fünffachschlitzblende (Lichtstrahl)	– beobachten	Hb	vgl. 5. Lehrschritt Reuterlampe ohne Tubus
			Erarbeitungsgespräch: Während des Versuchs werden Beobachtungen und Erkenntnisse verbalisiert und an der Tafel festgehalten.	– erkennen – berichten – formulieren	Hb	Tafelbild (3)
	8. Lehrschritt (inhaltliche Ausweitung und Fixierung)	Wir untersuchen Lichtbündel: Paralleles Lichtbündel, Lichtstrahl	Schülerversuche: Die Blendenöffnungen der Reuterlampen werden verschieden geöffnet, so daß breite, parallele Bündel bzw. ein Lichtstrahl entstehen. Sichtbarmachung durch Schirm.	– Versuche durchführen – beobachten	Ga	Reuterlampen Schirm Lineale
			Erarbeitungsgespräch: Beobachtungen verbalisieren; fixieren;	– berichten	Hb	Tafelbild (4)
		(Lz 5)	Arbeitsauftrag: Lichtbündel bzw. Lichtstrahlen zeichnen; anschliessend Kontrolle;	– zeichnen	Pa Hb	Arbeitsblatt
	9. Lehrschritt (Funktionszusammenhang)	Klärung der Ausgangsfrage	Erarbeitungsgespräch: Problemfrage beantworten, Formulierung des Gesamtergebnisses;	– berichten – vergleichen – begründen	Hb	Tafelbild (5)
Sicherungsphase	10. Lehrschritt (Transfer)	Wissensverknüpfung	Erarbeitungsgespräch: Wir befinden uns auf dem Schiff und beobachten den Leuchtturm;	– erklären – ableiten	Hb	
	11. Lehrschritt (inhaltliche Ausweitung)	Reflexion des Lichts durch Wolken (Lz 4)	Erklärung: Wolkenbedeckter Himmel, Hinweis auf Reflexion des Lichts durch die Wolken, die Lichtstrahlen gelangen ins Auge.	– übertragen – erkennen	Hb	

Hauptlernziel:	Unterrichtsthema:	Autor: Roman Biberger, Ludwig Scholler
Der Schüler soll am Beispiel des Blendens das Reflexionsgesetz kennenlernen.	Wie können wir mit einem ebenen Spiegel blenden?	Unterrichtszeit Empfehlung 1 UE = 45 Min.

Vorbemerkungen:
Die UE deckt das Lernziel I.5 (Optik) des CULP ab. Bei dieser UE überträgt der Schüler die gewonnenen außerschulischen Erfahrungen (Blenden) ins Klassenzimmer, so daß Vorwissen zu erwarten ist. Durch probierenden Umgang erspürt der Schüler den etwaigen Weg der Lichtstrahlen. Die Untersuchungsmethoden werden im Laufe der UE verfeinert, so daß er allmählich das Reflexionsgesetz erfaßt. Es ist nicht beabsichtigt, die Konstruktion des Strahlengangs intensiv zu üben, da sie erfahrungsgemäß dem Schüler Schwierigkeiten bereitet. Die UE beschränkt sich weiter nur auf einen kurzen Hinweis zur diffusen Reflexion (vgl. CULP). Anstelle der Kreisteilscheiben können für die Versuche zur Messung der Winkel auch optische Scheiben verwendet werden. Es empfiehlt sich jedoch, bei diesen die Winkelmaße einzutragen (0° = Einfallslot), um das Ablesen für den Schüler zu erleichtern.

Teillernziele:
Der Schüler soll:
1. ... die Richtung der einfallenden und reflektierten Lichtstrahlen in einem Versuch schätzen können.
2. ... die Begriffe einfallender Lichtstrahl, reflektierter Lichtstrahl, Einfallswinkel, Reflexionswinkel und Einfallslot im Zusammenhang mit der Spiegelreflexion kennen.
3. ... das Reflexionsgesetz kennen.
4. ... am Beispiel der Lichtstreuung durch helles Papier den Begriff der diffusen Reflexion kennen und als zerstreute Reflexion verstehen.
5. ... die Gefahr des Blendens am Beispiel der Blendwirkung der Scheinwerfer nachfolgender Fahrzeuge in der Nacht durch den Rückspiegel kennen.

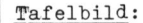

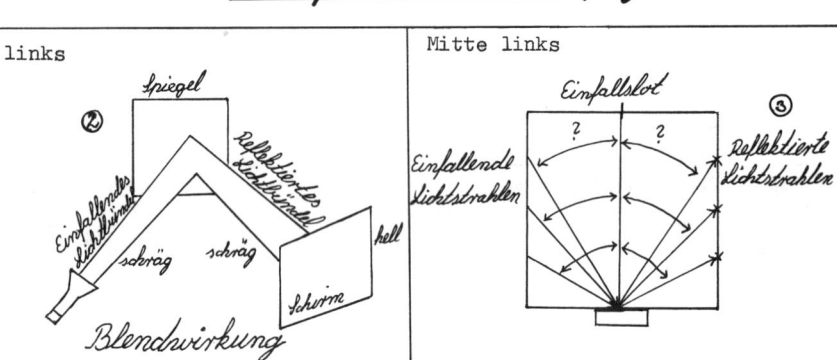

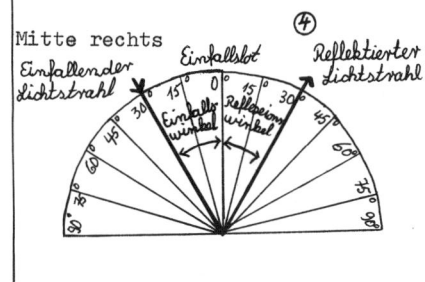

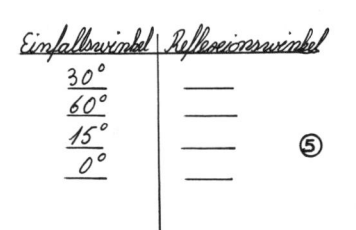

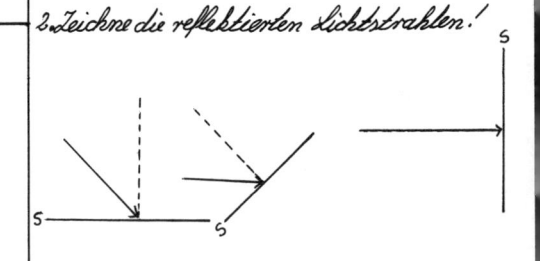

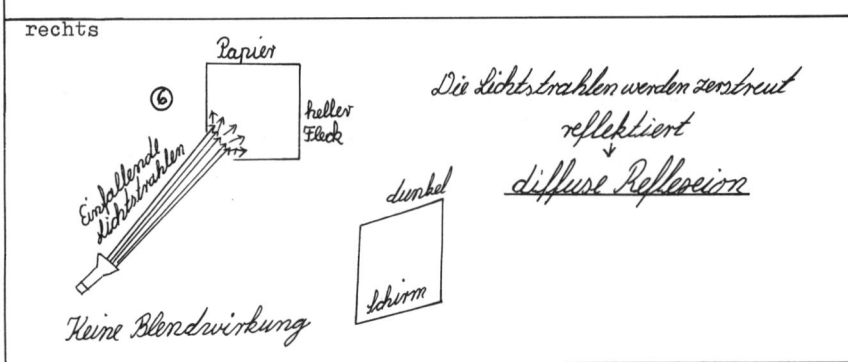

Medien:
Episkop, Bild (Motiv: Blendung in der Nacht durch den Autorückspiegel), Tafelbild, Arbeitsblatt, Versuchsmaterial: Taschenlampen, Spiegel, Schirme weiß, Einfachschlitzblenden, Reuterlampen, Trafos, Plastillin, Strohhalme, Kreisteilscheiben oder optische Scheiben
Literatur: CULP 6, Schülerbücher der 6. Jahrgangsstufe

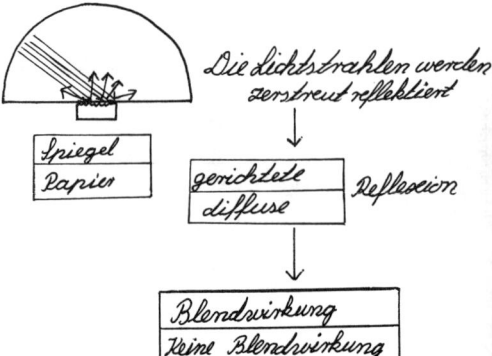

UG	Artikulation	Lehrinhalte (+ LZ)	Lehr- und Lernakte		Sozial-formen	Lernhilfen
Eröffnungsphase	1. Lehrschritt: (Einstimmung)	Wir blenden mit einem ebenen Spiegel (Lz 1)	Demonstrationsversuch: Lehrer blendet einige Schüler. Rundgespräch: Vorwissen wiederholen, Erfahrungswissen aufbereiten	-beobachten -beschreiben -wiederholen	Hb	Taschenlampe oder Sonnenlicht, Spiegel
	2. Lehrschritt: (Problemfindung)	Wie können wir mit einem ebenen Spiegel blenden? Wie reflektiert ein ebener Spiegel das Licht?	Schülerdemonstration: Schülerversuch, Klasse erkennt Schwierigkeiten	-Problem erkennen, formulieren, -fixieren	Pa	Tafelbild (1) Block
Erarbeitungsphase	3. Lehrschritt: (Hypothesen)	Was wir vermuten (Lz 1,2)	Partnergespräch: (Gesprächsauftrag): Entstehung der Blendwirkung	-vermuten	Pa	
	4. Lehrschritt: (Planung und Teillösung)	Lichtwegschätzungen Begriffe: Ein- und ausfallendes (reflektiertes) Lichtbündel	Planung: Was wir brauchen Schülerversuch: Was wir beobachten Auswertung: Was wir erkennen	-beschreiben -berichten erkennen	Ga Hb	Tafelbild (2) Taschenlampe, Spiegel, Schirm weiß
	5. Lehrschritt: (Vorläufige Erkenntnisformulierung)	Wenn das Licht steil (schräg,...) einfällt, dann wird es steil (..) reflektiert. (Lz 1,2)	Auftrag: Blende über den auf dem Spiegel markierten Punkt die Ziele! Zeichne die Lichtstrahlen auf dem Schirm ein! Schülerversuch: Was wir beobachten Auswertung: Was wir erkennen	-versuchen -zeichnen -berichten -erkennen	Hb	Einfachschlitzblende, Reuterlampe, Schirm, Spiegel Tafelbild (3)
	6. Lehrschritt: (Lösungsausdifferenzierung)	Einfallslot, vorläufige Beziehungsformulierungen (Lz 1,2)	Versuch: Das Lot auf dem ebenen Spiegel errichten Verarb.gespr: Verbalisieren der Beziehung zu den Lichtstrahlen: Je näher...., desto	-versuchen -Ergebnisse vortragen	Ga Hb	Lot (Plastillin Strohhalm) Tafelbild(4)
	7. Lehrschritt: (Hypothesen)	Vermutungen zum Reflexionsgesetz (Lz 1,2)	Erarbeitungsgespräch: Schüler vermuten die Zusammenhänge und verbalisieren.	-vermuten -formulieren	Hb	
	8. Lehrschritt: (Lösung)	Messen, Erkennen der Gesetzmäßigkeiten Begriffe: Einfallswinkel und Reflexionswinkel (Lz 2,3)	Impuls: Wir wollen euere Vermutungen nachprüfen. Schülerversuch: Ersetzen des Schirms durch vorbereitete Kreisteilscheibe, Versuche wiederholen und Eintrag der Ergebnisse in eine Tabelle	-versuchen -messen -Tabelle ergänzen	Hb	Kreisteilscheibe Tafelbild(4)
	9. Lehrschritt: (Erkenntnis)	Reflexionsgesetz: Einfallswinkel = Reflexionswinkel(Lz 3)	Auftrag: Ihr könnt euere Ergebnisse kurz zusammenfassen! Verarb.gespr.: Schülervorschläge	-fixieren -formulieren	Hb	Tafelbild(5)
	10. Lehrschritt: (Rückbezug)	So reflektiert ein ebener Spiegel das Licht. (Lz 2,3)	Deutimpuls: Lehrer zeigt auf Ausgangsfragen Rundgespräch: Schüler wiederholen, Bearbeitung des ersten Teils des Arbeitsblattes	-beschreiben -eintragen	Hb	Tafelbild Arbeitsblatt Nr.1
Sicherungsphase	11. Lehrschritt: (Variation)	Einprägen der Begriffe und Gesetzmäßigkeit (Lz 2,3)	Schülerversuch: Drehen der Kreisteilscheibe! Verarb.gespr.: Begriffe und Beziehung unter veränderten Bedingungen wiederholen Bearbeitung des 2. Teils des Arbeitsblattes	-versuchen -beschreiben -messen -wiederholen -zeichnen	Ga Hb Aa	Versuchsmaterial unverändert Arbeitsblatt Nr.2
	12. Lehrschritt: (Anwendung)	Blendgefahr (Lz 4,5)	Sachimp.: Autofahrt bei Nacht! Blendwirkung durch den Rückspiegel bei nachfolgenden Fahrzeugen!	-beschreiben -werten	Hb	Episkop Illustriertenbild
	13. Lehrschritt: (Ausweitung)	Hinweis auf die diffuse Reflexion (Lz 4,5)	Sachimpuls: Blenden mit Papier! Schülerversuch: Spiegel mit Papier abdecken! (oder Lehrerversuch) Auswertung: heller Schein, Lichtzerstreuung, diffuse Reflexion. Arbeitsblatteintrag	-vermuten -versuchen -beobachten -erklären -ergänzen	Hb Aa	Papier weiß (wie oben) Tafelbild (6) Arbeitsblatt Nr.3

Hauptlernziel: Der Schüler soll das Spiegelbild und seine Entstehung kennenlernen	Unterrichtsthema: Was ist anders im Spiegelbild?	Autor: Roman Biberger
		Unterrichtszeit Empfehlung: 1 UE = 45 Min.

Vorbemerkungen:

1. Versuchsmaterial: Wandspiegel (aus einem Klassenzimmer), Planspiegel, Bleistift, Kugelschreiber, Spiegelglasscheibe, Meterstab, Kerzen, Streichhölzer, Reuterlampe, Einschlitzblende, Trafo, Zeichenblatt, Schirm, Symbole für Bleistift und Kugelschreiber (Bildkarten).

2. Schülerversuch im 3. Lehrschritt: Der Bleistift wird senkrecht vor den Planspiegel hingelegt und wir erkennen, daß vorne und hinten vertauscht sind. Anschließend wird neben den Bleistift ein Kugelschreiber gelegt und der Planspiegel seitlich vom Bleistift aufgestellt (parallel). Wir erkennen, daß die Seiten rechts und links im Spiegelbild vertauscht sind.

3. Schülerversuch im 9. Lehrschritt: Wir legen das Zeichenblatt auf den Tisch und stellen die Spiegelglasscheibe darauf. Wir markieren auf dem Blatt einen Punkt. Jeder beleuchtete Gegenstand sendet Lichtstrahlen aus. Wir schieben eine Einschlitzblende senkrecht auf die Reuterlampe und lassen durch den Punkt (Gegenstand) einen Lichtstrahl senkrecht auf die Spiegelglasscheibe fallen. Ein Teil des Lichts geht durch die Glasscheibe und wir sehen den Spiegelpunkt auf dem Lichtstrahl hinter dem Spiegel. Das Licht wird am Spiegel reflektiert und gelangt in unser Auge. Wir schauen den Lichtstrahl entlang und sehen das Bild hinter dem Spiegel. Wir ändern dann die Blickrichtung und lassen von dem Punkt den Lichtstrahl schräg auf die Glasscheibe auffallen, so daß der Lichtstrahl ins Auge reflektiert wird. Wir sehen den reflektierten Lichtstrahl entlang und finden so den Ort des Spiegelbildes.

4. Spiegelbilder sind durch die Spiegelglasscheibe deutlich zu sehen, wenn wir etwas von oben auf das Spiegelglas sehen.

Teillernziele:
Der Schüler soll:
1. ... wissen, daß der Spiegel ein seitenvertauschtes Bild erzeugt, das so weit hinter dem Spiegel zu liegen scheint, wie sich der Gegenstand vor dem Spiegel befindet,
2. ... das Spiegelbild als scheinbares (nicht auffangbares, nicht wirkliches) Bild kennen,
3. ... den Weg der Lichtstrahlen und die Blickrichtung entlang der Lichtstrahlen kennen,
4. ... Spiegelbilder zeichnen können.

Medien:
Versuchsmaterial (s. Vorbemerkungen), Arbeitsblatt, Tafelbild

Literatur:
R. Töpfer, Wir experimentieren, Band 1, Göttingen 19709,
H. Bergmann u.a., Arbeitsbogen für Naturlehre, Wolfenbüttel

Tafelbild

Wir fragen ▼
Was ist anders im Spiegelbild? ①

Wir untersuchen ▼

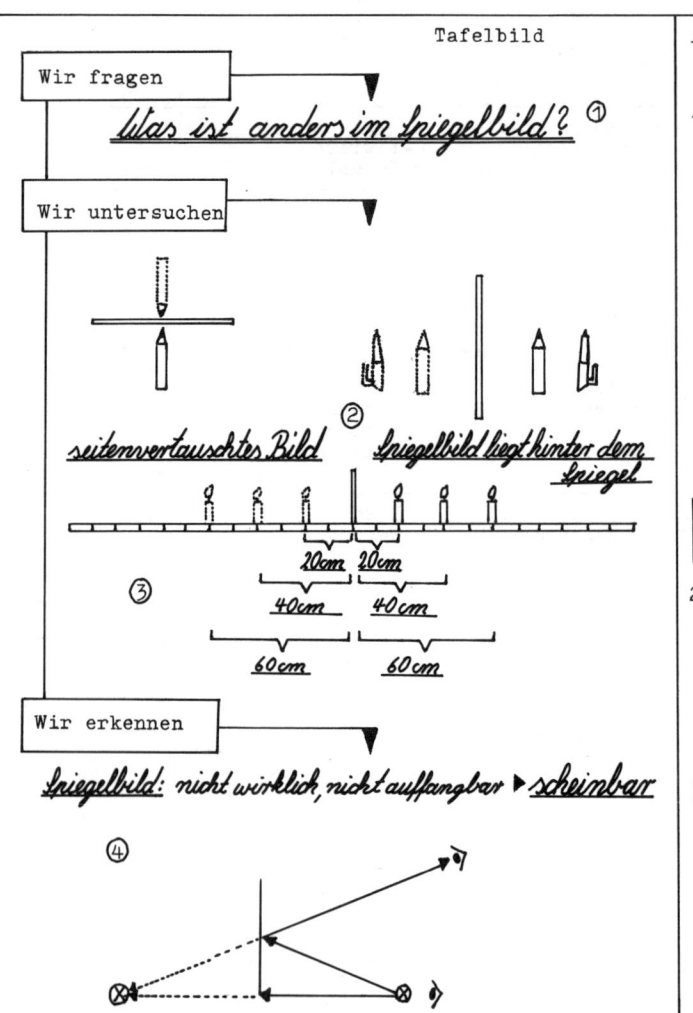

② *seitenvertauschtes Bild*   *Spiegelbild liegt hinter dem Spiegel*

③ 20cm 20cm / 40cm 40cm / 60cm 60cm

Wir erkennen ▼
Spiegelbild: nicht wirklich, nicht auffangbar ▶ scheinbar

④

Arbeitsblatt (kariert)

Was ist anders im Spiegelbild?

1) Zeichne die genauen Spiegelbilder!
   a) mit Hilfe der Spiegelglasscheibe
   b) ohne Hilfsmittel

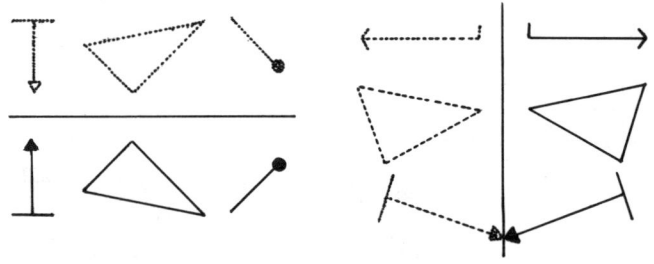

Das Spiegelbild ist *seitenvertauscht* und liegt *hinter* dem Spiegel.

2) Zeichne die Punkte mit den entsprechenden Farben ein und ergänze! (> <=)

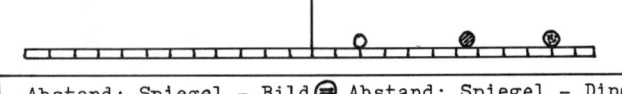

Abstand: Spiegel – Bild ⊜ Abstand: Spiegel – Ding
Das Spiegelbild ist ein *scheinbares* Bild.

3) Zeichne den genauen Ort des Spiegelbildes zum Punkt und den Weg der Lichtstrahlen vom Punkt über den Spiegel zum Auge!

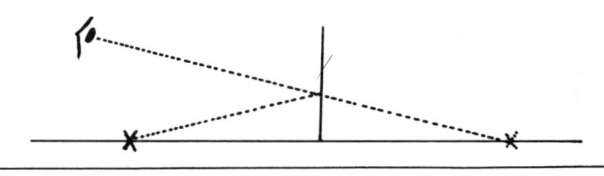

UG	Lehrschritte (Artikulationsdefinition)	Lehrinhalte und Lernziele (= Lz)	Lehrakte .... Lernakte		Sozial-formen	Lernhilfen
Eröffnungsphase	1. Lehrschritt (Problemab-grenzung gegen-ständlich)	Wiederholung des Reflexionsge-setzes	Sachimpuls: Herzeigen eines Wand-spiegels. Wiederholung! Berichte über eigene Beobachtungen mit dem Spiegelbild;	– wiederholen – berichten	Hb	Wandspiegel
	2. Lehrschritt (Problemfin-dung)	Was ist anders im Spiegelbild? (Wie sehen wir uns im Spiegel?)	Erarbeitungsgespräch: Formulieren der Frage, umformulieren, analoge Fragen finden und notieren;	– Problem finden – notieren	Hb	Tafelbild (1) Block
	3. Lehrschritt (Problemlösungs-versuch)	Wir untersuchen das Spiegelbild	Schülerversuch: Planung der Hand-lungsschritte nach vorbereiteter Tafelzeichnung, Durchführung der Versuche, Notation der Beobach-tungen, symbolhafte Darstellung der Spiegelbilder an der Tafel;	– planen – Versuche durchführen – notieren	Hb/Ga	Planspiegel Bleistift Kugelschreiber Bildsymbole Tafelbild
	4. Lehrschritt (Teilerkennt-nisgewinnung)	Spiegelbild ist seitenvertauscht und liegt hinter dem Spiegel (Lz 1)	Verarbeitungsgespräch: Auswertung der Untersuchungsergebnisse; Wie-derholung der Handlungsschritte; Formulierung und Fixierung der Erkenntnis;	– berichten – erkennen	Hb	Tafelbild (2)
	5. Lehrschritt (Verständnis-kontrolle)	zeichnerische Dar-stellung von Spie-gelbildern	Schülerversuch: Wir verwenden die Spiegelglasscheibe. Schüler er-läutern Vorteil anhand von Be-obachtungen.	– untersuchen – beobachten	Ga	Spiegelglas-scheibe
			Arbeitsaufträge: Zeichnet die ersten drei Spiegelbilder auf dem Arbeits-blatt mit Hilfe der Spiegelglas-scheibe! Zeichnet drei weitere Spiegelbil-der ohne Hilfsmittel!	– zeichnen	Aa	Arbeitsblatt (1)
			Verarbeitungsgespräch: Kontrolle bzw. Wiederholung der Erkenntnis;	– vortragen	Hb	
Erarbeitungsphase	6. Lehrschritt (Erkenntnis-differenzie-rung)	Bild so weit hin-ter dem Spiegel wie Gegenstand vor dem Spiegel	Schülerversuch: Spiegelglasscheibe auf Meterstab aufstellen (vgl. Tafelbild), brennende Kerze vor Spiegelglasscheibe aufstellen, nicht brennende Kerze an den Ort des scheinbaren Bildes stellen, Bild versuchen mit Schirm auf-zufangen, Gegenstandsweite ver-ändern und Bildweite messen, Be-obachtungen notieren, tabella-risch auf dem Block festhalten.	– Versuch durchführen – beobachten – messen – notieren	Ga	Spiegelglas-scheibe 2 Kerzen Meterstab Streichhölzer Block
	7. Lehrschritt (Erkenntnis-formulierung)	scheinbares Bild Abstand: Gegen-stand – Spiegel = Abstand: Spiegel – Bild (Lz 2)	Verarbeitungsgespräch: Berichte über Beobachtungen und Messungen, Erkenntnisformulierung und gra-fische Darstellung an der Tafel;	– berichten – erkennen	Hb	Tafelbild (3)
	8. Lehrschritt (Verständnis-kontrolle)	zeichnerische Dar-stellung von Bild-punkten	Arbeitsauftrag: Einzeichnen der Punkte auf dem Arbeitsblatt in den entsprechenden Farben, Lücken er-gänzen;	– zeichnen – ergänzen	Aa	Arbeitsblatt (2)
	9. Lehrschritt (Problemlösungs-versuche und grafische Dar-stellung)	Den Weg der Licht-strahlen und die Blickrichtung des Auges kennen (Lz 3/4)	Schülerversuch: In arbeitsgleicher Gruppenarbeit lassen wir Licht-strahlen senkrecht auf den Spiegel einfallen und schauen den Licht-strahl entlang.	– beobachten – versuchen	Ga	Reuterlampe Schlitzblende (einfach) Spiegelglas
			Arbeitsauftrag: Darstellung des Ver-laufs durch Zeichnen auf Zeichen-blatt;	– zeichnen	Ga	Zeichenblatt
			Schülerversuch: Lichtstrahlen treffen schräg auf, wir zeichnen wie vorher;	– beobachten – zeichnen	Ga	
	10. Lehrschritt (Problembeant-wortung)	Warum das Spiegel-bild anders ist	Verarbeitungsgespräch: Versuchs-ergebnisse und Erkenntnisse ver-balisieren, fixieren;	– erkennen – verbalisieren	Hb	Tafelbild (4)
Sicherungsphase	11. Lehrschritt (Teilzielkon-trolle)		Arbeitsauftrag: Weg der Licht-strahlen zeichnen; anschließend Ergebniskontrolle;	– zeichnen	Aa Hb	Arbeitsblatt (3)
	12. Lehrschritt (Übertragung)		Erarbeitungsgespräch: Du kneifst vor dem Spiegel das rechte Auge zu ... Die Spiegelschrift, eine Geheimschrift	– erklären	Hb	

Hauptlernziel: Kenntnis der Je-desto-Beziehung zwischen Gegenstandsweite und Bildweite, sowie zwischen Gegenstandsweite und Bildgröße	Unterrichtsthema: Wie kann man mit Sammellinsen Gegenstände abbilden?	Autor: Peter Götzinger
		Unterrichtszeit Empfehlung: 1 UE

Vorbemerkungen:
Voraussetzung für diese Stunde ist die Kenntnis des Strahlengangs, d.h. des Brechungsgesetzes an Sammellinsen (Mittelpunktstrahlen, Parallelstrahlen, Brennpunktstrahlen) und die Kenntnis der Begriffe Sammellinse, optische Achse, Brennpunkt und (doppelte) Brennweite (Bw.).
Die schwerpunktmäßig qualitativen Versuche (Wirkzusammenhänge werden in der Art der "Je-desto-Beziehung" dargestellt) werden sowohl in der Form des Problem-, des Erkenntnis-, als auch in der Form des Bestätigungsversuchs durchgeführt. Es empfiehlt sich, bei den einzelnen Versuchen den Raum entsprechend abzudunkeln und die "Kerzenabbildungen" an der Tafel mit Bleistift (für die Schüler nicht erkennbar) bereits vorzuzeichnen. Auf eine Darstellung des Phänomens der "nicht auffangbaren Bilder" im Bereich der einfachen Brennweite wird aus Gründen des Erreichens der geplanten Lernziele nicht eingegangen; wird es jedoch von den Schülern erkannt und angesprochen, sollte es der Lehrer im Versuch mit demonstrieren und erklären. Falls nicht genügend Versuchsmaterial für Schüler (3. u. 7. Lehrschritt) vorhanden ist, hat sich der Lehrer auf Demonstrationsversuche zu beschränken. Er muß keinesfalls die Art der Darstellung des Strahlengangs, wie sie an der Tafel und im Arbeitsblatt vorgegeben wird (Parallelstrahlen werden Brennpunktstrahlen), verwenden. Ihm stehen noch zwei weitere Möglichkeiten (Mittelpunktstrahlen bleiben Mittelpunktstrahlen, Brennpunktstrahlen werden Parallelstrahlen) zur Verfügung. Er kann sogar im 11. Lehrschritt als Differenzierung die leistungsstarken Schüler durch Wahl zweier verschiedener Strahlendarstellungen die richtige Lage des Bildes am Arbeitsblatt beweisen lassen.

Teillernziele: Die Schüler sollen:
1. ... Beobachtungen zum Demonstrationsversuch formulieren können (kognitiv),
2. ... in der Gruppe (oder im Hörblock) einen Versuch bei vorgegebenem Versuchsmaterial nachvollziehen (oder planen) können (kognitiv, affektiv, psychomotorisch),
3. ... erkennen und zeigen, daß bei einem Gegenstand außerhalb der doppelten Brennweite sich das Bild innerhalb der doppelten Brennweite auffangbar, umgekehrt und verkleinert darstellt (kognitiv, psychomotorisch),
4. ... erkennen und zeigen, daß bei einem Gegenstand auf der doppelten Brennweite, sich das Bild auf der doppelten Brennweite auffangbar, umgekehrt und gleich groß darstellt (kognitiv, psychomotorisch),
5. ... erkennen und zeigen, daß bei einem Gegenstand innerhalb der doppelten Brennweite, sich das Bild außerhalb der doppelten Brennweite auffangbar, umgekehrt und vergrößert darstellt (kognitiv, psychomotorisch),
6. ... die Begriffe "Gegenstandsweite", und "Bildweite" nennen und darstellen können (kognitiv, psychomotorisch).

Lernhilfen:
Tafel, Arbeitsblatt, Linsen und Schirme (für Lehrer- und Schülerversuche), Lupe, Figur aus Tonpapier, Diaprojektor, Dia, Wortkarten, Seitentafel, Block, Photoapparat.

Literatur:
1. Curricularer Lehrplan für Physik/Chemie, 6. Jgst. (6.135), Carl-Link-Vorschriftensammlung, Carl-Link-Verlag.
2. Butschek R./Hofmeister E., Physik/Chemie, 5./6. Jgst., Sellier-Verlag, Freising 1976, (mit Lehrerhandbuch 6).
3. Geiling H.(Hrsg.), Lehrerfortbildung Physik/Chemie, Oldenbourg-Verlag, München 1977.
4. Heidlberger K./Hochmuth H., Physik/Chemie 2, Bayerischer-Schulbuch-Verlag, München 1980.
5. Stiegler L. u.a., Natur und Technik, Ausgabe B, 5./6. Jgst., Cornelsen..., Berlin 1978, (mit Lehrerhandbuch 5/6).

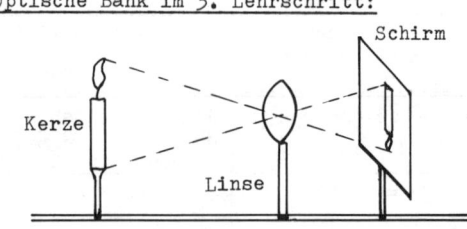

TAFELBILD:

Wie kann man mit *Sammellinsen Gegenstände* abbilden?

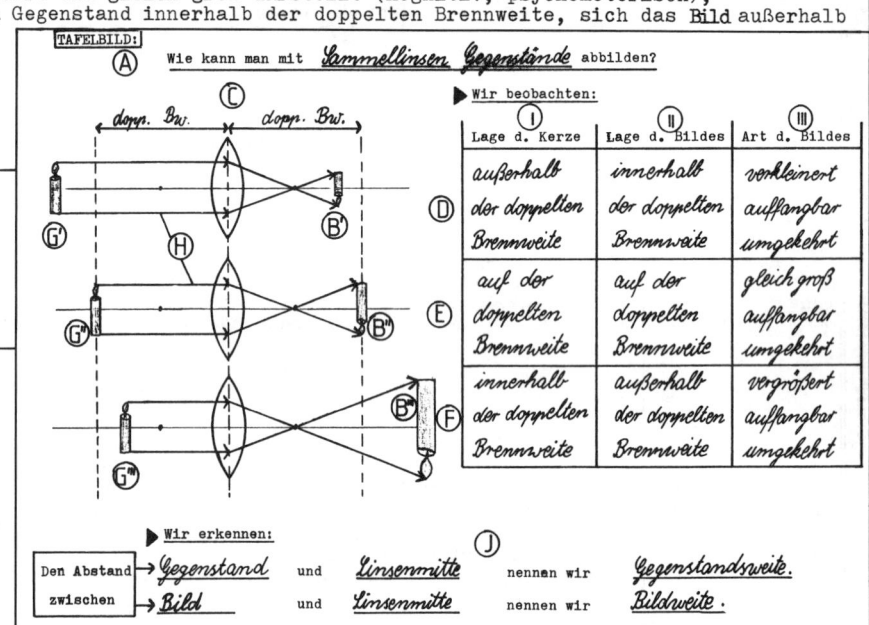

Wir beobachten:

Lage d. Kerze	Lage d. Bildes	Art d. Bildes
außerhalb der doppelten Brennweite	innerhalb der doppelten Brennweite	verkleinert auffangbar umgekehrt
auf der doppelten Brennweite	auf der doppelten Brennweite	gleich groß auffangbar umgekehrt
innerhalb der doppelten Brennweite	außerhalb der doppelten Brennweite	vergrößert auffangbar umgekehrt

Wir erkennen:
Den Abstand zwischen → Gegenstand und Linsenmitte nennen wir Gegenstandsweite.
Den Abstand zwischen → Bild und Linsenmitte nennen wir Bildweite.

ARBEITSBLATT: WIE KANN MAN MIT SAMMELLINSEN GEGENSTÄNDE ABBILDEN?

Arbeitsaufträge:
▶ Zeichne den Strahlenverlauf von Gegenstand zu Bild (Parallelstrahlen werden Brennpunktstrahlen) ein!
▶ Zeige durch richtiges Ausfüllen des Lückentextes, daß du die Unterrichtsfrage vollständig beantworten kannst!

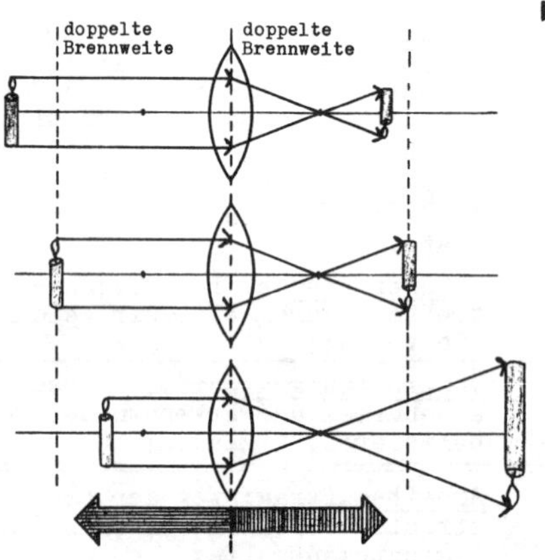

Wenn der Gegenstand a u ß e r h a l b der dopp. Bw. steht, dann steht das Bild *innerhalb*
Es ist *verkleinert*, auffangbar, umgekehrt.

Wenn der Gegenstand a u f der dopp. Bw. steht, dann steht das Bild *auf* der dopp. Bw.
Es ist *gleich groß, auffangbar, umgekehrt*

Wenn der Gegenstand i n n e r h a l b der dopp. Bw. steht, dann steht das Bild *außerhalb* der dopp. Bw.
Es ist *vergrößert, auffangbar, umgekehrt*

Den Abstand zwischen
- Gegenstand und Linsenmitte nennen wir *Gegenstandsweite*.
- Bild und Linsenmitte nennen wir *Bildweite*.

Demonstrationsversuch im 1. Lehrschritt:
Schirm — Lupe — Fenster

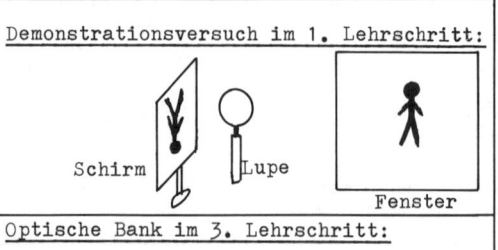

Optische Bank im 3. Lehrschritt:
Kerze — Linse — Schirm

UG	Lehrschritte (Artikulationsdefinition)	Lehrinhalte und Lernziele (= Lz)	Lehrakte .... Lernakte		Sozialformen	Lernhilfen
Eröffnungsphase	1. Lehrschritt (Problemstellung)	Aktivierung des Vorwissens (Lz 1)	Sachimpuls: L. steckt Dia verkehrt in den Projektor (nach Aktivierung des Vorwissens)	- betrachten - beschreiben - vermuten	Hb	Diaprojektor Dia
			Feststellung: Wir können den Vorgang im Diaprojektor in einem Versuch nachvollziehen!	- zuhören	Hb	
			Demonstrationsversuch (als Problemversuch): L. bildet mit Lupe am Fenster stehende Figur auf Schirm ab.	- beobachten	Hb	Lupe, Schirm Figur aus Tonpapier
	2. Lehrschritt (Problemfindung u. -formulierung)	Problemfrage	Erarbeitungsgespräch: Aussprache über die Beobachtungen/ Wie kann man mit Sammellinsen Gegenstände abbilden?	- beschreiben - vermuten - fragen	Hb	Tafel (A)
Erarbeitungsphase	3. Lehrschritt (Hypothesenbildung)	Entfernung vor Gegenstand u. Bild, Bildschärfe, Bildgröße (Lz 2)	Arbeitsauftrag: Führe den gleichen Versuch in deiner Gruppe durch!	- zuhören	Hb	
			Schülerversuch (als Erkenntnisversuch): Sch. fangen Bild der Kerze auf einem Schirm auf und notieren Auffälligkeiten.	- beobachten - experimentieren - notieren	Ga	Block, Kerze Schirm, Linse
			Verarbeitungsgespräch: Auswertung der Vermutungen und Fixierung an der Seitentafel.	- vermuten - berichten	Hb	Seitentafel
	4. Lehrschritt (Versuchsplanung)	Entstehung eines scharfen Bildes	Feststellung: Ein scharfes Bild entsteht an einer bestimmten Stelle!	- nennen	Hb	Schirm, Lupe Kerze (optische Bank)
			Impuls: Überlege, wie wir diese Stelle herausfinden können!	- erkennen - beschreiben	Hb	
			Erarbeitungsgespräch: Versuchsaufbau und -durchführung wird gemeinsam erarb.	- vorschlagen - begründen	Hb	vgl. 3.Lehrschritt
	5. Lehrschritt (Versuchsdurchführung)	Begriffe: Bildgröße, Gegenstandsweite, Brennweite, dopp.Bw. (Lz 3)	Demonstrationsversuch: Sch./L. stellt Kerze außerhalb der dopp. Bw. auf.	- betrachten	Aa/Hkf	Versuchsaufbau vgl.3.Lehrschr.
			Erarbeitungsgespräch: Suchen des scharfen Bildes/ Benennung und Beschriftung der Abstände (am Versuchstisch).	- beschreiben - suchen - benennen	Hkf	Wortkarten (Brennweite, dopp. Bw.)
	6. Lehrschritt (Teilergebnisgewinnung und -fixierung)		Verarbeitungsgespräch: Lage und Gestalt des Bildes werden mit Fachbegriffen beschrieben; Fixierung der Ergebnisse an der Tafel.	- verbalisieren	Hkf	Tafel (G') u. (B') (D') (C) bis (D''')
	7. Lehrschritt (Schülerversuch als Erkenntnisversuch)	Entfernung Linse/ Gegenstand, Bild (Lz 4/5)	Arbeitsauftrag (arbeitsteilig): Gr.1: Stelle den Gegenstand auf die doppelte Brennweite! Gr.2: Stelle den Gegenstand innerhalb der dopp. Bw. auf! Suchen des scharfen Bildes; Beschreibung des Bildes und des Standortes.	- experimentieren - beobachten - beschreiben - verbalisieren	Ga	Schülerversuchsmaterial (Schirm, Lupe Kerze) Tafel (G'') u. (G''') (E') u. (F')
	8. Lehrschritt (Demonstrationsversuch als Bestätigungsversuch)	Begriffe: Gegenstandsweite, Bildweite (Lz 6)	Verarbeitungsgespräch: Darstellung der Lage und Gestalt des Gegenstandes und des Bildes durch Sch. (im Versuch)	- darstellen - verbalisieren	Hkf	Versuchsaufbau
			Impuls: In der Optik gibt es für den Abstand von Gegenstand u. Linsenmitte u. Bild und Linsenmitte feste Begriffe!	- überlegen	Hkf	Versuchstisch
			Erläuterung der Begriffe Gegenstandsweite und Bildweite.	- nennen		Wortkarten (Gw., Bildw.)
	9. Lehrschritt (Teilergebnisgewinnung und -fixierung)	Begriffe: Gegenstandsweite, Bildweite, Bildgröße (Lz 3/4/5)	Verarbeitungsgespräch: Artikulierung der qualitativen Versuche mit anschl. Fixierung an der Tafel.	- sich erinnern - nennen - verbalisieren	Hb	Tafel (E''/F'') (E'''/F''') (B'') (B''') u. (J)
			Arbeitsauftrag: Zeichne die Strahlen an der Linse ein (Zeichnung durch Sch.)	- einzeichnen - betrachten	Hb/Aa	Tafel (H)
Sicherungsphase	10. Lehrschritt (Rückgriff auf Problemfrage)	Beantwortung der Problemfrage	Verarbeitungsgespräch: Beantwortung der Problemfrage und Wertung der Schülervermutungen.	- begründen - verbalisieren	Hb	Seitentafel
	11. Lehrschritt (Kontrolle)	(Lz 3/4/5/7)	Arbeitsauftrag: Bearbeite zur eigenen Kontrolle das AB (geschl. Tafel)-anschl. Kontrolle durch Partner.	- ausfüllen - einzeichnen - vergleichen	Pa	A-Blatt
	12. Lehrschritt (Anwendung)	"Umkehrung" von Bild und Dia	Frage: Wer kann jetzt das Männlein am Fenster "auf die Beine stellen"?	- überlegen - erkennen	Hb	
			Verarbeitungsgespräch: Sch. erklären warum das Bild am Fenster (Dia) umgekehrt aufgestellt werden muß und zeigen es/Sch. begründen, in welche Richtung sich das Objektiv bei der Naheinstellung am Photoapparat bewegt.	- erklären - begründen - richtigstellen - vorführen	Hb	Bild, Dia Photoapparat

Hauptlernziel: Der Schüler soll die Anpassungsfähigkeit der Augenlinse an verschiedene Entfernungen kennenlernen.	Unterrichtsthema: Warum können wir Nahes und Fernes nicht gleichzeitig lesen?	Autor: Roman Biberger
		Unterrichtszeit Empfehlung: 1 UE = 45 Min.

Vorbemerkungen:

1. Kenntnis der Brechung der Lichtstrahlen durch Linsen, der wichtigsten Teile des Fotoapparates und ihrer Funktion sind Voraussetzung für die Unterrichtseinheit.
2. Die Gruppenstärke bei den Schülerversuchen soll maximal 6 Schüler betragen.
3. Die für die Versuche notwendigen Geräte finden sich in jeder Physiksaalausstattung. Falls an der Schule kein Modell eines menschlichen Auges vorhanden ist, kann eine entsprechende Tafel- oder Folienzeichnung als Ersatz dienen.
4. Der Schülerversuch im 5. Lehrschritt erfolgt am günstigsten mit Hilfe der optischen Bank. Benötigte Geräte: 1 Schirm auf Tonnenfuß, 1 Linse (+ 15 cm) mit Tonnenfuß, 1 Linsenträger, 1 Kerze mit Kerzenhalter. Die Kerzenflamme kann mittels Unterlegklötzchen auf die Höhe der Linse eingestellt werden. Ein Meterstab, auf den die Tonnenfüße aufgestellt werden, erleichtert das Einhalten der notwendigen geraden Linie.

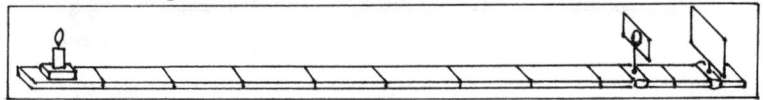

5. Die Gestaltung des Arbeitsblattes erfolgt analog zum Tafelbild, wobei die Schüler zu gegebenen Begriffen des Fotoapparates die entsprechenden Begriffe am Auge mit derselben Farbe eintragen und umgekehrt. In die Zeichnungen können die Schüler selbst die entsprechenden gewölbten Linsen einzeichnen bzw. den Verlauf der Lichtstrahlen zeichnen; das operative Prinzip ist dadurch gewährleistet, ein Tätigkeitswechsel wird berücksichtigt.

Teillernziele:

Der Schüler soll:
1. ... wesentliche Teile des Auges und ihre Funktion kennen,
2. ... wissen, daß das Auge auf der Netzhaut ein verkleinertes, umgekehrtes Bild erzeugt,
3. ... die Teile des Auges und ihre Funktion zu den Teilen des Fotoapparates in Beziehung setzen können,
4. ... erkennen, daß sich die Augenlinse an die verschiedenen Entfernungen anpaßt,
5. ... einsehen, daß die Akkommodation der Augen mit zunehmendem Alter nachlassen kann.

Medien:

- Modell(e) des menschlichen Auges
- Geräte zur optischen Bank (vgl. Vorbemerkungen)
- Bleistift, Buch, verschiedene Sammellinsen, 2 Kerzen
- Tafelbild und Arbeitsblatt

Literatur:

R. Töpfer, Wir experimentieren, Bd. 1, Göttingen 1970[9]
Schülerbuch der 6. Jahrgangsstufe, z.B. Wege in die Physik, Stuttgart 1977[1]

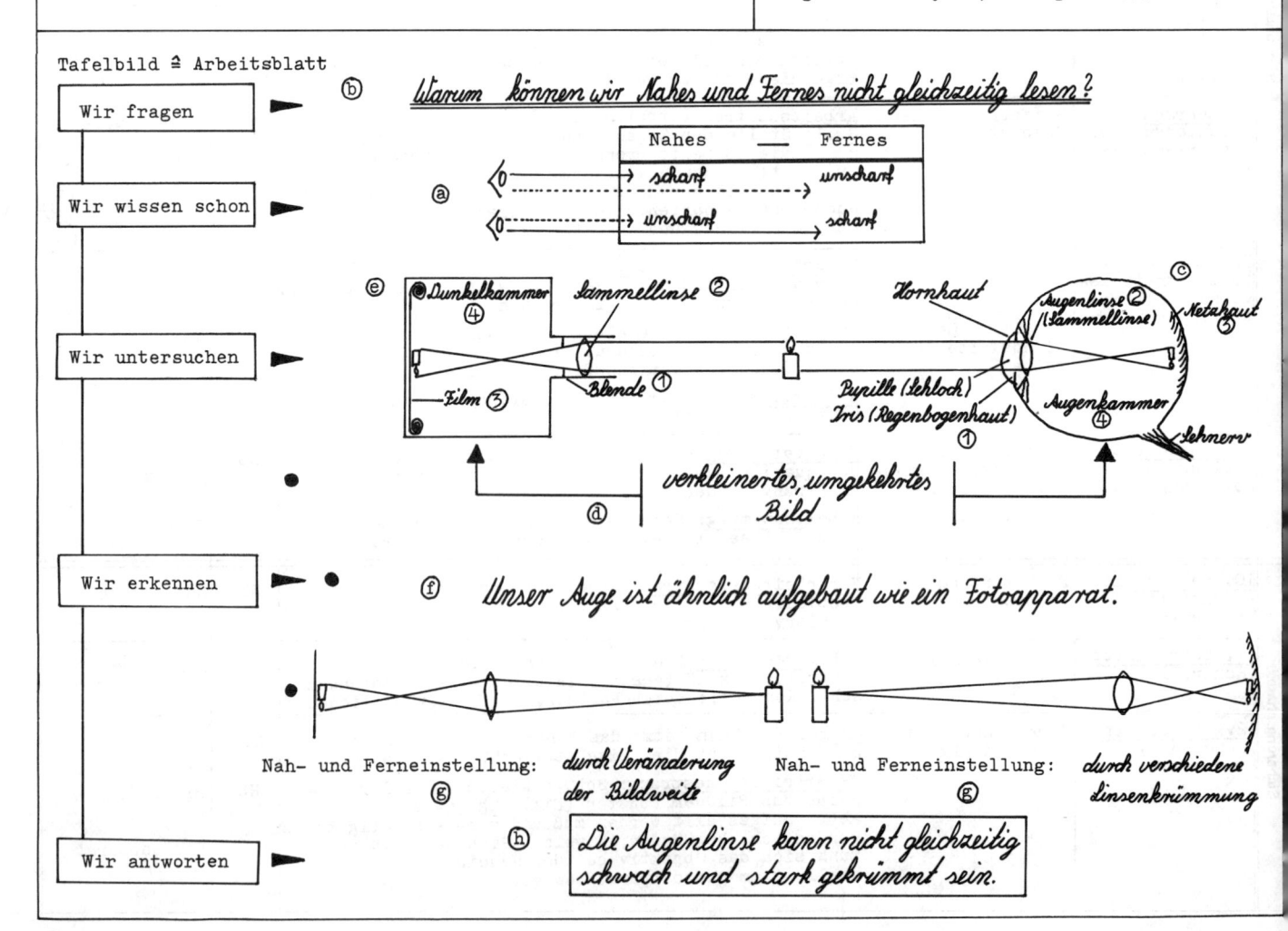

Tafelbild ≙ Arbeitsblatt

Wir fragen: Warum können wir Nahes und Fernes nicht gleichzeitig lesen?

Wir wissen schon:
Nahes	—	Fernes
scharf		unscharf
unscharf		scharf

Wir untersuchen: Dunkelkammer, Sammellinse, Film, Blende — Hornhaut, Augenlinse (Sammellinse), Netzhaut, Pupille (Sehloch), Iris (Regenbogenhaut), Augenkammer, Sehnerv

verkleinertes, umgekehrtes Bild

Wir erkennen: Unser Auge ist ähnlich aufgebaut wie ein Fotoapparat.

Nah- und Ferneinstellung: durch Veränderung der Bildweite

Nah- und Ferneinstellung: durch verschiedene Linsenkrümmung

Wir antworten: Die Augenlinse kann nicht gleichzeitig schwach und stark gekrümmt sein.

	Lehrschritte (Artikulationsdefinition)	Lehrinhalte und Lernziele (= Lz)	Lehrakte .... Lernakte		Sozial-formen	Lernhilfen
Eröffnungsphase	1. Lehrschritt (Problembegegnung gegenständlich)	Wir können Nahes und Fernes nicht gleichzeitig lesen	Arbeitsauftrag: Bleistift mit Aufschrift waagrecht ca. 50 cm von den Augen entfernt halten, Buch mit deutlich lesbarer Aufschrift ca. 2 m dahinter aufstellen. Wir versuchen, beide Schriften gleichzeitig zu lesen und notieren unsere Beobachtungen.	– Versuch durchführen – beobachten – notieren	Pa	Bleistift Buch Block
			Verarbeitungsgespräch: Schüleräußerungen auswerten	– berichten	Hb	Tafelbild (a)
	2. Lehrschritt (Problemeingrenzung)	Warum können wir Nahes und Fernes nicht gleichzeitig lesen?	Erarbeitungsgespräch: Erkennen, formulieren und fixieren der Problemfrage;	– notieren – berichten	Hb	Block Tafelbild (b)
Erarbeitungsphase	3. Lehrschritt (Meinungsbildung)	Was wir vermuten	Rundgespräch: Hypothesenbildung, Einbringung des Wissens vom Fotoapparat	– vermuten – wiederholen	Hb/Aa	Seitentafel mit Vermutungen
	4. Lehrschritt (Begriffsgewinnung)	So ist das Auge aufgebaut, Kenntnis wichtiger Teile (Lz 1)	Objektdemonstration: Schüler betrachten Modell, suchen einige Teile am realen Auge, Benennungsversuche;	– betrachten – benennen	Hb oder Ga	Modell des Auges
			Erarbeitungsgespräch: Hornhaut, Sehloch = Pupille, Iris = Regenbogenhaus, Linse (Sammellinse), Augenkammer, Netzhaut, Sehnerv; Zuordnung der Begriffe zum Tafelbild;	– benennen – zuordnen	Hb	Modell Tafelbild (c)
	5. Lehrschritt (Meinungsüberprüfung)	Unser Auge erzeugt Bilder wie ein Fotoapparat (Lz 2)	Schülerversuch: Versuchsaufbau (vgl. Vorbemerkungen), Zuordnung: z.B. Schirm = Netzhaut des Auges..., Versuch durchführen;	– Versuch planen – beobachten – notieren	Ga	Versuchsgeräte (vgl. Vorbemerkungen)
			Verarbeitungsgespräch: Wir erkennen, daß die Augenlinse auf der Netzhaut ein verkleinertes, umgekehrtes Bild erzeugt. Wir vergleichen mit dem Fotoapparat.	– erkennen – erläutern – zuordnen	Hb	Tafelbild (d)
	6. Lehrschritt (Vergleich-Analogie)	Kenntnis der Aufgaben der Teile des Auges durch Vergleich mit dem Fotoapparat (Lz 3)	Sachimpuls: Wir ordnen die Teile des Auges den entsprechenden Teilen des Fotoapparates zu (Tafelbild); Erläuterung: Funktionen, Gemeinsamkeiten bzw. Unterschiede: davorgestellte Lochblende = Iris, Dunkelkammer = Augenkammer, Film = Netzhaut	– zuordnen – Funktion erkennen	Hb	Tafelbild (e)
	7. Lehrschritt (Teilproblemlösung)	Nah- und Ferneinstellung beim Fotoapparat im Vergleich zum Auge	Erarbeitungsgespräch: Die Nah- und Ferneinstellung beim Fotoapparat erfolgt durch Veränderung der Bildweite. Erkenntnis, daß diese Veränderung beim Auge nicht möglich ist.	– wiederholen – übertragen – erkennen	Hb	
	8. Lehrschritt (Problemlösung)	Die Einstellung erfolgt durch Veränderung der Linse	Schülerversuch: Schüler probieren aus, wie der nahe und ferne Gegenstand scharf abgebildet wird, ohne Bild- und Gegenstandsweite zu verändern. Sie vertauschen die Linsen.	– Versuch durchführen – erkennen – notieren	Ga	Linsen mit verschiedener Brennweite, 2 Kerzen, optische Bank
	9. Lehrschritt (Erkenntnis)	Naheinstellung ... starke Krümmung ..	Verarbeitungsgespräch: Erkenntnis verbalisieren, begründen, fixieren;	– vortragen – auswerten – fixieren	Hb	Tafelbild (g)
	10. Lehrschritt (Problembeantwortung)	Ausgangsfrage beantworten (Lz 4)	Erarbeitungsgespräch: Augenlinse veränderbar, Muskeln des Auges..., akkommodiert;	– Erkenntnis übertragen	Hb	Tafelbild (h)
Sicherungsphase	11. Lehrschritt (Übertragung)	Weitsichtigkeit bei alten Leuten (Lz 5)	Erklärung: Viele alte Leute brauchen eine Brille, weil die Linsen nicht mehr so anpassungsfähig sind.	– erkennen	Hb	
	12. Lehrschritt (Lernzielkontrolle)	Erkenntnisse überprüfen	Arbeitsaufgabe: Übertrage deine Erkenntnisse in das Arbeitsblatt! (evtl. als Hausaufgabe)	– bearbeiten	Aa	Arbeitsblatt

Hauptlernziel: Kenntnis der Brenngläser als Sammellinsen, ihrer Wirkung auf das Licht und der Beziehung zwischen Linsenkrümmung und Brennweite einschließlich wichtiger Begriffe	Unterrichtsthema: Warum kann man mit einem Brennglas Feuer machen?	Autor: Roman Biberger, Ludwig Scholler
		Unterrichtszeit Empfehlung: 1 UE = 45 Min.

Vorbemerkungen:
Die UE deckt die Lernziele II.3 (teilweise 5 und 6) des CULP ab. Die Kenntnis der Begriffe Sammel- und Zerstreuungslinsen und der wesentlichen Unterschiede (vgl. Lernziel II.2) werden als bekannt vorausgesetzt. Die UE ist durch den Versuch des Entzündens von Papier mit Hilfe des Sonnenlichts von der Witterung abhängig. Dies kann durch eine längerfristige Planung berücksichtigt werden. In dieser UE werden nur die notwendigsten Begriffe eingeführt und verwendet, da eine Begriffsfülle den Schüler nur verwirrt. Die geforderten Lehrplanziele werden voll verwirklicht. Die Erkenntnisse gewinnen die Schüler durchwegs durch tätigen Umgang, die im Laufe der Einheit ständig ausdifferenziert und erweitert werden. Der Begriff der achsenparallelen Strahlen (Strahlen, die zur optischen Achse parallel verlaufen) wird vereinfacht zu Parallelstrahlen. Der Realversuch muß je nach schulischen Gegebenheiten an einem geeigneten Ort durchgeführt werden. Das Tafelbild entsteht im Laufe der Stunde. Das Arbeitsblatt kann identisch gestaltet werden.

Teillernziele:
Der Schüler soll:
1. ... erkennen und begründen können, daß Brenngläser Sammellinsen sind.
2. ... die Begriffe Brennpunkt (F), Brennweite (f), Linsenkrümmung zeigen, zeichnen bzw. messen können.
3. ... die Beziehung zwischen Linsenkrümmung und Brennweite erkennen und in der Beziehung: Je ..., desto... ausdrücken können.
4. ... die Brechung der Parallelstrahlen bzw. Nichtbrechung des Mittelpunktstrahles erkennen und zeichnen können.
5. ... erkennen, daß Parallelstrahlen umso stärker gebrochen werden, je weiter sie vom Linsenmittelpunkt entfernt sind.

Medien:
Tafelbild, Arbeitsblatt, Tageslichtprojektor; Versuchsmaterial: Sammellinsen verschiedener Stärken, Brenngläser verschiedener Stärken und Zerstreuungslinsen, Papierstück, Reuterlampen und Trafos, Schirme oder optische Scheiben, Schlitzblenden (3,5 oder siebenfach)

Literatur:
Schülerbücher der 6. Jahrgangsstufe

Folie:

Zehnjähriger Schüler steckt Heuschober in Brand
Der zehnjährige Schüler Helmut X aus ......spielte mit einem Brennglas im Heuschober des väterlichen Anwesens. Dabei entzündete sich das Heu und der Heuschober brannte bis auf die Grundmauern ab. Der Schaden betrug etwa 150 000 DM.

Waldbrand!
Ein Flaschenscherben als Brandursache!
....

Tafelbild ≙ Arbeitsblatt

① Warum kann man mit einem Brennglas Feuer machen?
② Welche Linsen sind Brenngläser?

③ Brenngläser sind Sammellinsen: sammeln Licht- und Wärmestrahlen | Zerstreuungslinsen

④

Papier	brennt			brennt nicht
Zeit	Min.	Min.	Min.	—
Abstand Linse-Papier	cm	cm	cm	—

Linsenkrümmung	stark	mittel	schwach
Brennweite (f)	cm	cm	cm

⑥ Starke Linsenkrümmung → Kurze Brennweite   Schwache Linsenkrümmung → Lange Brennweite

UG	Lehrschritte (Artikulationsdefinition)	Lehrinhalte und Lernziele (= Lz)	Lehrakte .... Lernakte		Sozialformen	Lernhilfen
Eröffnungsphase	1. Lehrschritt (Einstimmung)	Junge steckt mit Brennglas Heuschober in Brand. (Lz 1)	Sachimpuls: Text lesen Rundgespräch: Erfahrungswissen verbalisieren, Brenngläser betrachten	– lesen – berichten	Hb	Folie Brenngläser
	2. Lehrschritt (Problemfindung)	Warum kann man mit einem Brennglas Feuer machen? (Lz 1)	Partnergespräch: Die Schüler formulieren und fixieren Problemfragen.	– Problem formulieren	Pa	Tafelbild (1) Block
	3. Lehrschritt (Hypothese)	Was wir vermuten (Lz 1)	Rundgespräch: Vermutungen über die möglichen Ursachen.	– vermuten	Hb	
	4. Lehrschritt (Planung)	Welche Linsen sind brenngläser? (Lz 1)	Erarbeitungsgespräch: Was wollen wir entdecken? Was brauchen wir?	– berichten	Ga	Tafelbild (2)
Erarbeitungsphase	5. Lehrschritt (Teillösung)	Wir versuchen mit verschiedenen Linsen Papier zu entzünden. (Lz 2)	Schülerversuch: Gruppen versuchen mit verschiedenen Linsen Papier zu entzünden. Wir messen die Zeit und die Abstände Linse – Papier.	– versuchen – beobachten – notieren	Ga	Arbeitsbl.(Ta2) 3 Brenngläser 2 Zerstreuungslinsen
	6. Lehrschritt (Teilergebnisgewinnung)	Brenngläser sind Sammellinsen. Begriff: Brennpunkt (F) (Lz 1,2,3)	Verarbeitungsgespräch: Gruppenberichte, Beobachtungen, Begriff: Brennpunkt (heller Punkt), erstes Erkennen der Zusammenhänge: Je länger der Abstand zwischen ...., desto länger dauert es bis sich das Papier ...	– berichten – ergänzen – Ergebnisse ordnen	Hb	Tafelbild (3)≙ Arbeitsblatt
	7. Lehrschritt (Problemausdifferenzierung)	Was wir nicht sehen können.	Impuls: Wir konnten nicht alles sehen! Erarbeitungsgespräch: ...die Lichtstrahlen.... Weg des Lichts.... Die Lichtstrahlen müssen zusammenlaufen (Vorauswissen)	– berichten	Hb	
	8. Lehrschritt (Planung)	Wir helfen uns	Impuls: Wir können uns helfen! Versuchsplanung: Was wir brauchen: Reuterlampe (Sonne), Schirm (Auffangen der Lichtstrahlen), Schlitzblende (Lichtstrahlen)	– beschreiben – erklären	Hb	
	9. Lehrschritt (Lösung)	Umgang mit Geräten	Versuchsaufbau: (bekannt) Versuchsdurchführung: Schüler	– aufbauen – beobachten	Ga	Reuterlampe Schlitzblende Schirm, Sammellinse
	10. Lehrschritt (Erkenntnis)	Begriffe: Parallelstrahlen, Mittelpunktstrahl, Brennpunktstrahlen, Brennweite (Lz 1,2,4)	Versuchsauswertung: Lichtstrahlen fallen parallel ein (Parallelstrahlen), Sammellinsen (Brenngläser) brechen Lichtstrahlen, der Strahl durch die Linsenmitte wird nicht gebrochen, der Brennpunkt liegt auf dem Mittelpunktstrahl, die Wärmestrahlen werden auch gebrochen	– zeigen – berichten – erkennen	Hb	
	11. Lehrschritt (Teilwiederholung)	Wiederholung und Begriffssicherung (Lz 1,2,3,4)	Tafelbild: Begriffe eintragen Arbeitsblatt: eintragen	– beschreiben – beschriften – zeichnen	Hb	Tafelbild (4) Arbeitsblatt
	12. Lehrschritt (Einsicht)	Rückbezug (Lz 1-5)	Frage: Warum kann man mit einem Brennglas Feuer machen?	– wiederholen	Hb	Tafelbild (5)
	13. Lehrschritt (Problemausweitung)	Warum entzünden verschiedene Brenngläser Papier verschieden schnell?	Erarbeitungsgespräch: Schüler sehen die verschiedenen Entzündungszeiten und finden Problem.	– Tabelle lesen – fragen	Hb	Tafelbild (5)
	14. Lehrschritt (Hypothese)	Was wir vermuten	Partnergespräch: Schüler vermuten	– vermuten	Pa	
	15. Lehrschritt (Teillösung)	Linsenkrümmungen (Lz 1-5)	Erarbeitungsgespräch: Schüler beschreiben, befühlen Linsen (Brenngläser), vermuten verschiedene Wirkungen.	– beschreiben – vermuten	Hb	Sammellinsen
	16. Lehrschritt (Lösung)	Auswirkung der verschiedenen Krümmungen	Schülerversuch: Selbständiger Versuchsaufbau, Tabelleneintrag	– beobachten – messen	Ga	Geräte wie oben
	17. Lehrschritt (Erkenntnis)	Starke Krümmung – kurze Brennweite, schwache Krümmung – lange Brennweite (Lz 3,5)	Verarbeitungsgespräch: Schüler formulieren die Beziehungen, Formulierung in der Beziehung: Je ...desto......	– erkennen	Hb	Tafelbild (6)
Sicherungsphase	18. Lehrschritt (Verständniskontrolle)	Begriffe und Erkenntnisse üben (Lz 1-5)	Auftrag: Richtiges Vervollständigen der 2. und 3. Zeichnung, (wie 1.), Beschriften	– zeichnen – beschriften	Aa	Arbeitsblatt = Ta
	19. Lehrschritt (Wertung)	Brennglaswirkung eines Flaschenscherbens (Lz 1-5)	Sachimpuls: Schüler erkennen Wirkung, ziehen Folgerungen und Konsequenzen	– werten	Hb	Folie

Hauptlernziel: Der Schüler soll Zerstreuungslinsen, ihre Wirkung und einen Anwendungsbereich kennen.	Unterrichtsthema: Wir untersuchen Brillen gegen Kurzsichtigkeit	Autor: Roman Biberger
		Unterrichtszeit Empfehlung: 1 UE = 45 Min.

Vorbemerkungen:

1. Dieses Stundenthema greift vier Einzelfragen auf, die von den Schülern gefunden und in logischer Abfolge beantwortet werden. Das Arbeitsblatt wird dabei unterrichtsbegleitend eingesetzt.
2. Es empfiehlt sich, in der Einstiegssituation möglichst "starke" Brillengläser zu verwenden, damit die Schüler die Linsenkrümmung haptisch deutlich erspüren können.
3. Der Versuch im 7. Lehrschritt ist von den Schülern möglichst eigenständig zu planen und durchzuführen, da die Versuchsanordnung in Analogie zum Versuch mit der Sammellinse erfolgt.
   Versuchsmaterialien: optische Scheibe, Schlitzblende 5 oder 7-fach, Trafo (6 Volt Gleichspannung), Reuterlampe, Blendenhalter, Schirm.
4. Die Erkenntnisse der Stunde werden von den Schülern selbst gefunden, durch Zeichnen (Schulung instrumentaler Fertigkeiten) gesichert und auf dem Arbeitsblatt fachlich exakt formuliert.

Teillernziele:
Der Schüler soll:
1. ... Hohllinsen (Zerstreuungslinsen) und ihre Wirkung auf Lichtstrahlen kennen,
2. ... wissen, daß Zerstreuungslinsen keine auffangbaren, scharfen Bilder erzeugen,
3. ... wissen, daß die Brechung der Lichtstrahlen von der Krümmung der Linsen abhängig ist,
4. ... erkennen, daß Zerstreuungslinsen keinen "echten" Brennpunkt besitzen,
5. ... erkennen, daß Zerstreuungslinsen helfen können, Augenfehler auszugleichen.

Medien:
Versuchsgeräte (vgl. Vorbemerkungen)
Tafel, Arbeitsblatt, Block;
Literatur:
R. Töpfer, Wir experimentieren, Bd. 1, Göttingen, 1970^9
H. Bergmann u.a., Arbeitsbogen für Naturlehre, Wolfenbüttel, 1972
Verschiedene Schülerbücher der 6. Jahrgangsstufe

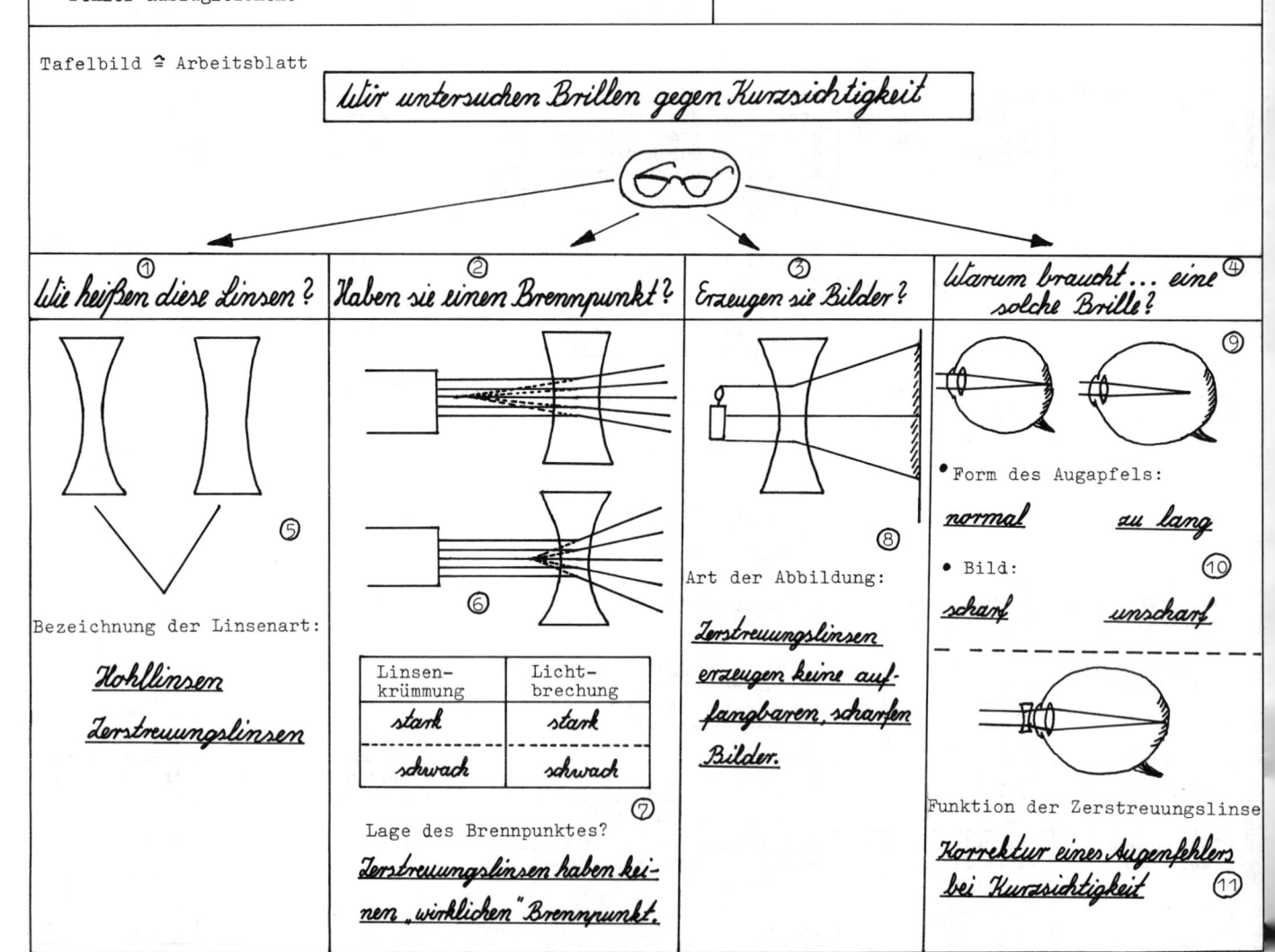

Tafelbild ≙ Arbeitsblatt

Wir untersuchen Brillen gegen Kurzsichtigkeit

① Wie heißen diese Linsen?	② Haben sie einen Brennpunkt?	③ Erzeugen sie Bilder?	④ Warum braucht ... eine solche Brille?
⑤ Bezeichnung der Linsenart: *Hohllinsen* *Zerstreuungslinsen*	⑥	⑧ Art der Abbildung: *Zerstreuungslinsen erzeugen keine auffangbaren, scharfen Bilder.*	⑨ Form des Augapfels: *normal* — *zu lang* ⑩ Bild: *scharf* — *unscharf* Funktion der Zerstreuungslinse: *Korrektur eines Augenfehlers bei Kurzsichtigkeit* ⑪

Linsenkrümmung	Lichtbrechung
stark	stark
schwach	schwach

⑦ Lage des Brennpunktes? *Zerstreuungslinsen haben keinen "wirklichen" Brennpunkt.*

UG	Lehrschritte (Artikulationsdefinition)	Lehrinhalte und Lernziele (= Lz)	Lehrakte .... Lernakte		Sozialformen	Lernhilfen
Eröffnungsphase	1. Lehrschritt (Problembegegnung – gegenständlich)	Wiederholung Begriff: Kurzsichtigkeit	Gegenstandsdemonstration: Herzeigen einer Brille für Kurzsichtige, Schülermeinungen: Sammellinse, Brennpunkt .... Kurzsichtige Schüler erläutern, warum sie die Brille brauchen;	– betrachten – vermuten – berichten	Hb	Brillen
	2. Lehrschritt (Meinungskorrektur)	Wir untersuchen Brillen gegen Kurzsichtigkeit	Objektbetrachtung: Schüler erspüren die Art von Linsen durch Berühren Erarbeitungsgespräch: Meinungskorrektur: keine Sammellinse ... in der Mitte dünner ...;	– berühren	Hb/Aa	Brillen Tafelbild: Überschrift Arbeitsblatt: Überschrift
	3. Lehrschritt (Problemformulierungen)	Wie heißen diese Linsen? Haben sie...? (vgl. Tafelbild)	Arbeitsauftrag: Notiert Fragen! Nach Berichten der Schüler Fixierung der Fragen an der Tafel;	– notieren – Fragen formulieren	Pa/Hb	Block Tafelbild (1)(2)(3)(4) Arbeitsblatt (1)(2)(3)(4)
Erarbeitungsphase	4. Lehrschritt (Vermutung)		Rundgespräch: Freie Meinungsäußerungen mit Begründungen	– berichten – begründen	Aa/Hb	
	5. Lehrschritt (Begriffsfindung)	Begriff: Hohllinsen	Objektbetrachtung: Aus verschiedenen Linsenformen finden die Schüler die Hohllinsen heraus, beschreiben sie, suchen Namen, wir benennen sie;	– betrachten – berichten – benennen	Ga/Hb	Sammellinsen Hohllinsen
	6. Lehrschritt (Verständniskontrolle)	Zeichnen von Hohllinsen	Arbeitsauftrag: Zeichnet die Linsenform (bikonkave Modellkörper) und übertragt sie auf das Arbeitsblatt!	– zeichnen – benennen	Aa	Tafelbild (5) Arbeitsbl. (5) Modellkörper bikonkav
	7. Lehrschritt (Problemlösungsversuch)	Wir suchen den Brennpunkt bei Hohllinsen (Lz 4)	Versuchsplanung: Was wir brauchen Versuchsdurchführung: (Wie bei Sammellinsenversuch), die Schüler beobachten, zeichnen und notieren;	– planen – Versuch durchführen – beobachten	Hb	Versuchsgeräte (vgl. Vorbemerkungen)
	8. Lehrschritt (Erkenntnisgewinnung)	Begriff: Zerstreuungslinse ...kein Brennpunkt (Lz 1/3)	Versuchsauswertung: Schülerberichte: Mittelpunktstrahl nicht gebrochen..., Randstrahlen gebrochen..., je stärker die Linse gekrümmt ist desto stärker..., keinen Brennpunkt..., zerstreuen die Lichtstrahlen (Zerstreuungslinsen);	– berichten – erkennen	Hb	Tafelbild (6) Arbeitsblatt (6)
	9. Lehrschritt (Provokation)	"Brennpunkt" (Lz 4)	Erarbeitungsgespräch: Schüler finden gedachten Brennpunkt, zeichnen ihn an Tafel, erkennen ihn als nicht wirklichen Brennpunkt, da sich in ihm kein Papier entzünden läßt. Arbeitsauftrag: Ergänzt auf dem Arbeitsblatt!	– beobachten – berichten – erkennen – zeichnen – ergänzen	Hb Aa	Tafelbild (7) Arbeitsblatt (7)
	10. Lehrschritt (Problemlösungsversuch)	Wir fragen, ob ein Bild entsteht (Lz 2)	Erarbeitungsgespräch: Vermutungen zur Motivationsüberlagerung Versuchsdurchführung: Schüler bauen Versuch selbständig auf; selbständige Formulierungsversuche des Versuchsergebnisses;	– vermuten – Versuch aufbauen – beobachten – ergänzen	Hb Ga	Zerstreuungslinse Schirm, Kerze
	11. Lehrschritt (Erkenntnisgewinnung)	... keine scharfen, auffangbaren Bilder (Lz 2)	Verarbeitungsgespräch: Wiederholung der Handlungsschritte, Formulierung und Fixierung der Erkenntnis;	– erkennen	Hb	Tafelbild (8) Arbeitsblatt (8)
Sicherungsphase	12. Lehrschritt (Anwendung)	Warum ... Brillen mit Zerstreuungslinsen brauchen? (Lz 5)	Bildbetrachtung: Vorzeigen von Bildern mit normalem und kurzsichtigem Auge; Experiment: Auf der optischen Bank erzeugen wir ein unscharfes Bild auf einem Schirm mit Hilfe einer Sammellinse. Vor die Sammellinse stellen wir eine passende Zerstreuungslinse. Erarbeitungsgespräch: Wir erkennen, daß Zerstreuungslinsen helfen, Augenfehler zu beheben.	– betrachten – beschreiben – beschreiben – beobachten – berichten – erkennen	Hb Hb Hb	Tafelbild (9) Optische Bank mit Sammel- und Zerstreuungslinse Tafelbild (10)(11) Arbeitsblatt

Hauptlernziel: Der Schüler soll erkennen, daß weißes Licht durch die verschieden starke Brechung der Farbanteile in die Regenbogenfarben zerlegt wird	Unterrichtsthema: Wie entstehen die Regenbogenfarben?	Autor: Roman Biberger
		Unterrichtszeit Empfehlung: 1 UE = 45 Min.

Vorbemerkungen:

1. In der vorausgehenden Stunde erhalten die Schüler folgende Aufträge: Stelle dich mit dem Rücken zur Sonne und spritze mit einem Gartenschlauch in die Luft! Notiere deine Beobachtungen!
Stelle dich mit dem Rücken zur Sonne und führe eine Seifenblase an einem Strohhalm von unten nach oben an den Augen vorbei! Notiere wieder die Beobachtungen! Decke jetzt das Sonnenlicht mit der Hand ab und beobachte nochmals!
2. Versuchsmaterialien: Reuterlampe, Einschlitzblende, Glasprisma, Schirm, Kreidestaub, Sammellinse, Trafo! Bei der Durchführung der Versuche achten wir darauf, daß wir die Reuterlampe möglichst nahe am Prisma aufstellen.
3. Die Folie im 7. Lehrschritt dient der Verdeutlichung des Versuchs!
4. Das Arbeitsblatt wird in Analogie zum Tafelbild erstellt. Die Schüler können es farbig ausgestalten. Es wird unterrichtsbegleitend eingesetzt.

Teillernziele:
Der Schüler soll:
1. ... wissen, daß weißes Licht mit Hilfe eines Glasprismas in die Regenbogenfarben (Spektralfarben) zerlegt werden kann,
2. ... wissen, daß wir das Farbband als Spektrum bezeichnen,
3. ... erkennen, daß die verschieden starke Brechung der Regenbogenfarben die Ursache für die Zerlegung ist,
4. ... erkennen, daß wir mit Hilfe einer Sammellinse die Regenbogenfarben wieder zu weißem Licht vereinigen können,
5. ... in ein Spektrum die Farben in der richtigen Reihenfolge eintragen können,
6. ... die Begriffe Prisma, Farbband (Spektrum), Regenbogenfarben (Spektralfarben) kennen,
7. ... die Spektralfarben: rot, orange, gelb, grün, blau und violett kennen.

Medien:
Versuchsgeräte (vgl. Vorbemerkungen), Tafelbild, Folie, Arbeitsblatt;

Literatur:
L. Kotter, Physik/Chemie 6.Jgst., Donauwörth 1979
R. Butschek, E. Hofmeister, Physik-Chemie 6, Freising 1978

Folie: deutliche Kennzeichnung der Brechungen, farbige Darstellung der Spektralfarben!

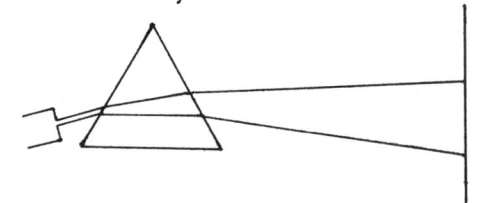

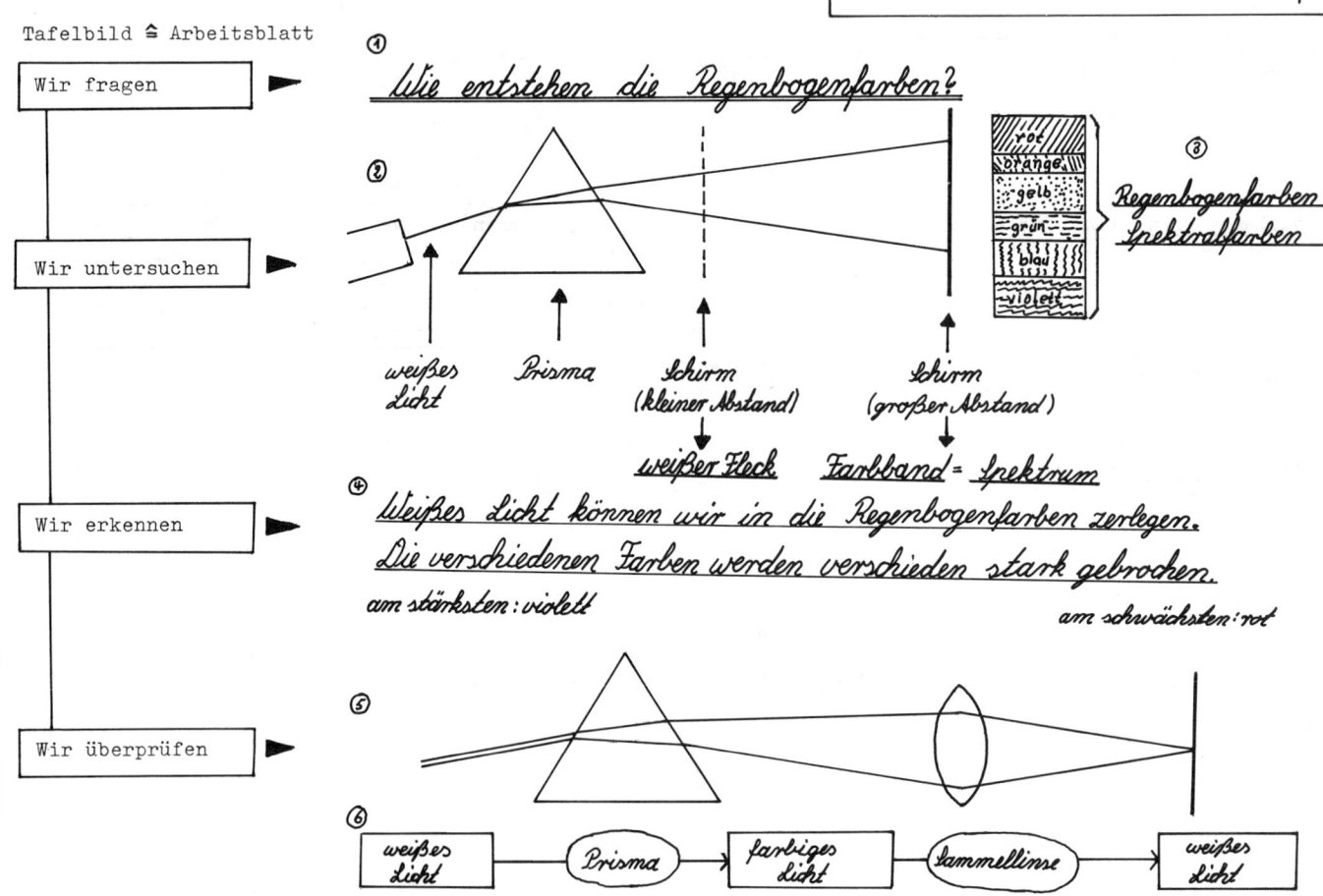

Tafelbild ≙ Arbeitsblatt

Wir fragen ► ① Wie entstehen die Regenbogenfarben?

Wir untersuchen ► ② [Prismen-Versuchsaufbau] ③ Regenbogenfarben / Spektralfarben

weißes Licht — Prisma — Schirm (kleiner Abstand) — Schirm (großer Abstand)

weißer Fleck — Farbband = Spektrum

Wir erkennen ► ④ Weißes Licht können wir in die Regenbogenfarben zerlegen. Die verschiedenen Farben werden verschieden stark gebrochen.

am stärksten: violett   am schwächsten: rot

Wir überprüfen ► ⑤ [Versuchsaufbau mit Sammellinse]

⑥ weißes Licht → Prisma → farbiges Licht → Sammellinse → weißes Licht

JG	Lehrschritte (Artikulationsdefinition)	Lehrinhalte und Lernziele (= Lz)	Lehrakte .... Lernakte		Sozialformen	Lernhilfen
Eröffnungsphase	1. Lehrschritt (Anknüpfung)	Wir haben Regenbogenfarben erzeugt;	Rundgespräch: Auswertung der als Vorbereitung durchgeführten Versuche;	– Beobachtungen auswerten	Hb	Hausaufgabennotizen
	2. Lehrschritt (Problemfindung)	Wie entstehen die Regenbogenfarben?	Partnergespräch: Notieren und Formulieren der Frage;	– notieren – formulieren	Pa/Hb	Tafelbild (1)
Erarbeitungsphase	3. Lehrschritt (Meinungsbildung)	Das vermuten wir	Erarbeitungsgespräch: Erfahrungswissen einbringen, Lösungen vermuten;	– vermuten	Hb	
	4. Lehrschritt (Versuchsplanung)	Isolierung des physikalischen Problems aus der Sachsituation; Begriff: Prisma	Beschreibung: Was wir brauchen: Sonnenlicht (Reuterlampe), Wassertropfen oder Seifenblase (Glasprisma), Schirm (Sichtbarmachung der Lichtstrahlen)	– beobachten	Hb	Reuterlampe Prisma Schirm Trafo Kreidestaub
	5. Lehrschritt (Problemlösungsversuch)	Wir zerlegen weißes Licht mit Hilfe eines Glasprismas (Lz 1)	Experiment: Was wir tun: Wir lassen einen Lichtstrahl auf ein Prisma ... Wir machen ihn mit Kreidestaub sichtbar ... Wir.... Was wir beobachten: Schüler notieren entsprechend den Aufträgen: Vergrößere den Abstand Schirm-Prisma auf Tischlänge! Notiere deine Beobachtung! Schreibe die Farben in der Reihenfolge von oben nach unten auf! Zeichne!	– Versuch beobachten – notieren – erkennen	Hb/Ga	Versuchsmaterialien Block
	6. Lehrschritt (erste Teilproblemlösung)	Weißes Licht können wir in die Regenbogenfarben (Spektralfarben) zerlegen. Farbband, Spektrum (Lz 2/6/7)	Verarbeitungsgespräch nach Gruppendiskussion: Diskussion der Beobachtungen innerhalb der Gruppe; Vortrag der notierten Erkenntnisse; Auswertung, Zusammenfassung; Fixierung an der Tafel;	– berichten – benennen – erkennen	Ga/Hb	Tafelbild (2)
	7. Lehrschritt (zweite Teilproblemlösung)	Zerlegung bei einmaliger Brechung, Kenntnis der verschieden starken Brechung der Regenbogenfarben (Lz 3)	Arbeitsaufträge: Wo genau wird das weiße Licht zerlegt? Welches farbige Licht wird am stärksten (am wenigsten) gebrochen? Erläuterung: Zerlegung beim Eintritt ins Prisma... violettes Licht am stärksten gebrochen, rot am wenigsten, oranges stärker als	– betrachten – bearbeiten – notieren – berichten – erkennen	Aa Hb	Folie Block Tafelbild (3) (4)
	8. Lehrschritt (Verständniskontrolle)	(Lz 5)	Arbeitsauftrag: Eintrag wesentlicher Begriffe und Erkenntnisse, farbige Gestaltung des Farbbandes im Arbeitsblatt	– eintragen – zeichnen	Aa	Arbeitsblatt (1) (2) (3) (4)
	9. Lehrschritt (Problemausdifferenzierung)	Können wir die Spektralfarben wieder zu weißem Licht vereinigen? (Lz 4)	Sachimpuls: Durch einen Deutimpuls lenkt der Lehrer die Schüler auf die Fragestellung hin. Die Schüler besprechen sich und suchen eine Möglichkeit.	– Frage finden – planen	Hb/Pa	Tafelbild (5)
	10. Lehrschritt (Problemlösungsversuch)	Wir verwenden eine Sammellinse (Lz 4)	Schülerversuch: Einbau einer Sammellinse und Auffangen des Lichtpunktes;	– Versuch durchführen – notieren	Ga	Sammellinsen
	11. Lehrschritt (dritte Teilproblemlösung)	Wir vereinigen farbiges Licht zu weißem Licht (Lz 4)	Verarbeitungsgespräch: Die Schüler verbalisieren die Erkenntnis, Herausstellen, daß die Farben gemischt werden;	– erkennen – fixieren	Hb	Tafelbild (6)
	12. Lehrschritt (Rückblende: Ausgangsproblem)	Rückbezug zur Ausgangsfrage	Erarbeitungsgespräch: Wir beantworten unsere Problemfrage und wiederholen die Erkenntnis;	– Problemfrage beantworten	Hb	
	13. Lehrschritt (Verständniskontrolle)		Arbeitsauftrag: Eintrag der Erkenntnisse ins Arbeitsblatt anschließend: Kontrolle der Ergebnisse	– einprägen	Aa Hb	Arbeitsblatt (5) (6)

Hauptlernziel:	Unterrichtsthema:	Autor:
Kenntnis des Einflusses der Blendengröße beim optischen Gerät (Schärfentiefe)	Warum ist auf dem Bild nur Christoph scharf abgebildet?	Peter Götzinger
		Unterrichtszeit Empfehlung: 1 UE

Vorbemerkung:
Den Schülern sind bereits die Beziehung zwischen Gegenstands- und Bildweite und die Begriffe Lichtpunkte und Lichtflecken bekannt. Sie kennen die Teile und Funktionen eines Photoapparates (Blendenwerte) und wissen weiterhin, daß man die Belichtungszeit von 1/30 sec nicht überschreiten soll.
Es bietet sich an, einige Schüler bei der Anfertigung der Dias die Blendenwerte als Kontrolle mitnotieren zu lassen. In der Stunde sollte bei den Versuchen ganz abgedunkelt werden. Die Werte der Einsteckblenden für die Lochkameras (Gruppenarbeit) werden nach Blendenwerten auf Kameras benannt, da die Schüler den Werten bereits bestimmte Größen zuordnen können. Im zweiten Demonstrationsversuch ließe sich statt selbst angefertigten Blenden eine Irisblende (stufenlos) verwenden.

Teillernziele: Die Schüler sollen...

1. ... anhand der vorgegebenen Versuchsmaterialien den Versuchsaufbau erkennen und verbalisieren können (kognitiv),
2. ... durch Messen in der Gruppe den Bereich feststellen können, in dem das Bild der Kerze in der Lochkamera scharf bleibt (kognitiv, psychom.),
3. ... die "Je-desto-Beziehung" zwischen dem Bereich der Schärfentiefe und der zu wählenden Blende erkennen und verbalisieren können (kognitiv),
4. ... im zweiten Demonstrationsversuch die Kerzen erkennen und zeigen können, die bei entsprechender Blende scharf abgebildet werden (kognitiv, psychom),
5. ... anhand einer graphischen Darstellung des Strahlenverlaufs die Funktion der Blende erklären können (kog.),
6. ... sich erinnern und verbalisieren, daß beim Photographieren die Belichtungszeit (1/30) nicht überschritten werden darf (kognitiv),
7. ... anhand eines Dias die verwendete Blende erkennen und nennen können (kognitiv).

Literatur:
1. Curricularer Lehrplan für Physik/Chemie, 6.Jgst. (6.135), Carl-Link-Verlag
2. Butschek R./Hofmeister E., Physik/Chemie 5./6. Jgst., Sellier-Verlag, Freising 1976.
3. Geiling H.(Hrsg.), Lehrerfortbildung Physik/Chemie, Oldenbourg-Verlag, München 1977.
4. Heidlberger K./Hochmuth H., Physik/Chemie 2, BSV, München 1980.
5. Stiegler L. u.a., Natur und Technik, Ausgabe B 5./6.Jgst., Cornelsen..., Berlin 1978, (mit Lehrerhandbuch).

Lernhilfen:
Photoapparat, Tafel, Seitentafel, A-blatt, 6 Dias, je Versuchstisch: 1 Lochkamera mit 3 Blenden, Kerze, Maßband; beim 2. Demonstrationsversuch: 5 Kerzen, 1 Sammellinse (Bw etwa 10cm) mit 3 Blenden oder Irisblende, Schirm.

Versuchsanordnung beim 2. Demonstrationsversuch:

3 Blenden mit verschiedenen Größen

Linse mit Brennweite zwischen 10 und 15 cm

Schirm wird auf mittlere Kerze scharf eingestellt

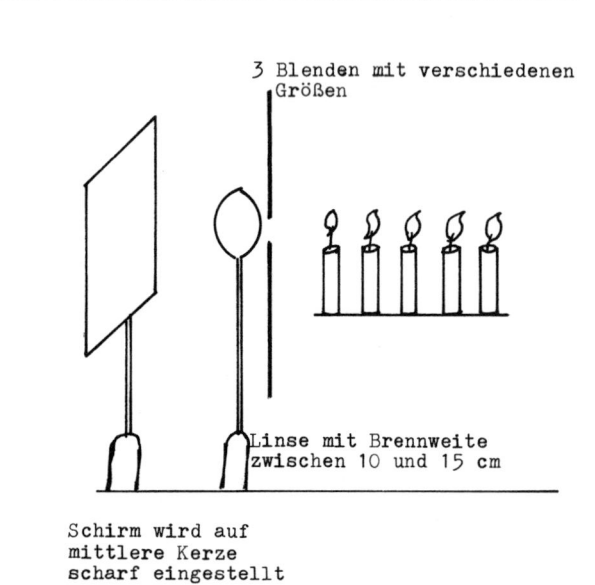

Dia 1: 3 Schüler stehen im Abstand von etwa 2 Metern hintereinander; alle 3 Schüler sind scharf abgebildet (Aufnahme mit Blende 11).
Dia 2: nur der mittlere Schüler ist scharf abgebildet (Aufnahme mit Blende 5.6).
Dia 3: Nahaufnahme mit Blende 11.
Dia 4: Nahaufnahme mit Blende 1.8.
Dia 5: Aufnahme wie bei Dia 1 und 2, jdoch mit Blende 8; falls vorhanden, kann bei allen Dias ein schwaches Tele verwenden.
Dia 6: wurde mit 1/15 sec verwackelt.

Tafelbild ≙ Arbeitsblatt

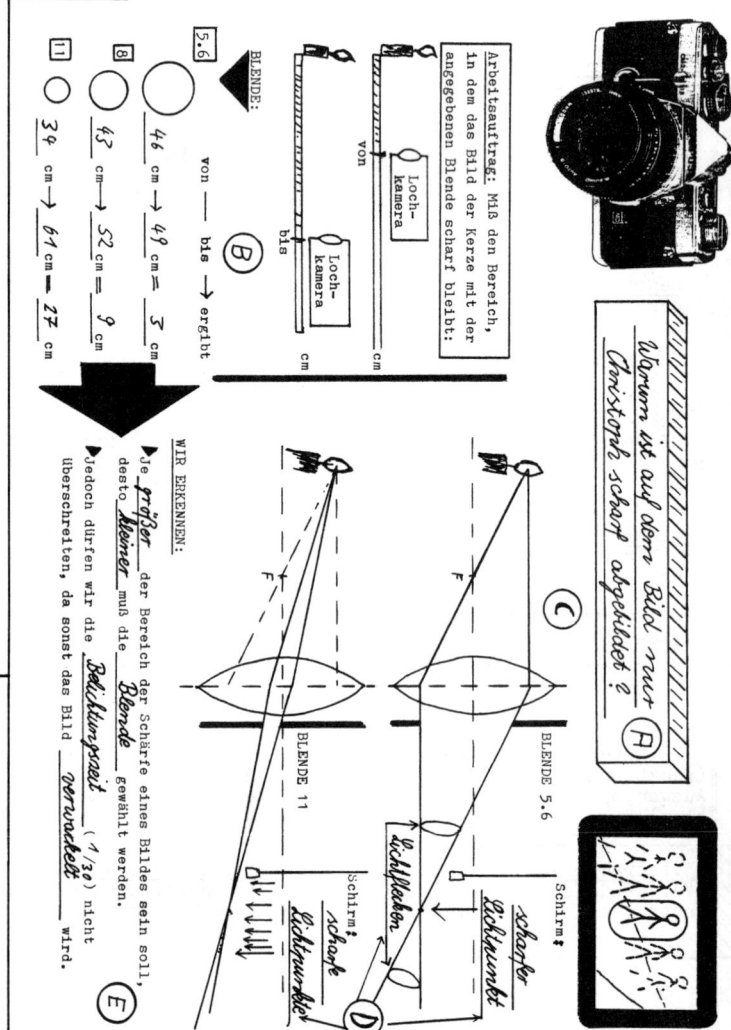

Arbeitsauftrag: Miß den Bereich, in dem das Bild der Kerze mit der angegebenen Blende scharf bleibt:

BLENDE:
5.6 — von 46 cm bis 49 cm ergibt 3 cm
8 — von 43 cm bis 52 cm ergibt 9 cm
11 — von 34 cm bis 61 cm ergibt 27 cm

WIR ERKENNEN:
▶ Je _größer_ der Bereich der Schärfe eines Bildes sein soll, desto _kleiner_ muß die _Blende_ gewählt werden.
▶ Jedoch dürfen wir die _Belichtungszeit_ (1/30) nicht überschreiten, da sonst das Bild _verwackelt_ wird.

BLENDE 11 / BLENDE 5.6

scharfer Lichtpunkt / Lichtfleck
Schirm: scharf / Lichtfleck

Warum ist auf dem Bild nur Christoph scharf abgebildet?

UG	Lehrschritte (Artikulationsdefinition)	Lehrinhalte und Lernziele (= Lz)	Lehrakte .... Lernakte		Sozial-formen	Lernhilfen
Eröffnungsphase	1. Lehrschritt (Problemstellung)	Aktivierung des Vorwissens	Sachimpuls: Vorzeigen eines Photoapparates	– sich erinnern	Hb	Photoapparat
		Blende 1,6	Projektion zweier Dias: erstes Dia: drei Schüler stehen im Abstand von etwa 2 Metern hintereinander; alle drei sind scharf abgebildet.	– betrachten – beschreiben	Hb	Dia 1
		Blende 1,8	zweites Dia: nur der mittlere Schüler ist scharf abgebildet.			Dia 2
	2. Lehrschritt (Problemfindung u.-formulierung)	Problemfrage: Warum ist auf dem Bild nur Christoph scharf abgebildet? (Lz 1)	Sachimpuls: Ein großes ? an der Tafel veranlaßt die Schüler, themabezogene Problemfragen zu formulieren.	– fragen – formulieren	Hb	Tafel (A)
Erarbeitungsphase	3. Lehrschritt (Hypothesenbildung)	Einstellung am Photoapparat	Erarbeitungsgespräch: Verbalisierung der Lösungsvorschläge mit anschließender Fixierung an der Tafel; Eintrag der Problemfrage am A-blatt.	– überlegen – vermuten – sich äußern – eintragen	Pa/ Hb Aa	Seitentafel A-blatt (A)
	4. Lehrschritt (Versuchsplanung)	Blendenwerte (Lz 1)	Impuls: (nach Darbietung der Versuchsmaterialien) Du hast vielleicht einen Vorschlag!	– betrachten – überlegen – erklären	Kf	Versuchstisch: Lochkamera mit Linse und 3 Blenden (8/ 5,6/ 11) Kerze, Maßband
			Erläuterung: Der Versuchsaufbau wird jetzt vom Lehrer exakt erläutert und anschließend von den Schülern wiederholt und gezeigt.	– zuhören – mitarbeiten	Kf	
	5. Lehrschritt (Versuchsdurchführung)	verschiedene Blendenwerte, Tiefenschärfebereich	Gruppenarbeitsauftrag: Führe jetzt den Versuch wie vorher besprochen durch (arbeitsgleich)! Die Schüler messen bei verschiedenen Blenden den Bereich, in dem die Kerze auf der Mattscheibe scharf bleibt und notieren die Ergebnisse auf dem A-blatt.	– experimentieren – betrachten – messen – vergleichen – notieren	Ga	jeweils: Lochkamera und Material (siehe 4.Lehrschritt) A-blatt (B)
	6. Lehrschritt (Versuchsauswertung)	(Lz 2 u. 3)	Verarbeitungsgespräch: Verbalisierung der Ergebnisse der einzelnen Versuche (bei verschiedenen Lochkameras können verschiedene Ergebnisse auftreten; Kontrollmöglichkeit: der Schärfebereich muß sich zunehmend vergrößern); anschließend Fixierung der Ergebnisse einer Gruppe an der Tafel.	– nennen – verbalisieren – begründen – vergleichen	Hb	Tafel (B) A-blatt (B)
	7. Lehrschritt (Demonstrationsversuch als Bestätigungsversuch)	(Lz 4)	Demonstrationsversuche mit Verarbeitungsgespräch: erster Versuch: analog Schülerversuch (als Bestätigungsversuch) zweiter Versuch: als "unterstützender" Erkenntnisversuch: je kleiner die Blende, desto mehr Kerzen werden scharf.	– einordnen – experimentieren – beschreiben – erkennen – verbalisieren	Kf	Materialien siehe 4.Lehrschritt, Linse (Brennweite etwa 10cm) mit 3 Blenden, 5 Kerzen Schirm
	8. Lehrschritt (Teilproblemstellung mit -lösung)	Strahlenverlauf (Lz 5)	Graphische Darstellung des Strahlenverlaufs von der Lupe (mit Blende) zum Schirm.	– betrachten – überlegen	Aa/ Hb	Tafel (C)
			Verarbeitungsgespräch: Schüler begründen anhand des Strahlenverlaufs die Vergrößerung des Bereichs der Schärfentiefe (anschließend Fixierung der Ergebnisse an der Tafel).	– nennen – begründen	Hb	Tafel (D)
		(Lz 3 u. 6)	Arbeitsauftrag: Trage die Ergebnisse ein und fülle dann den Lückentext selbständig aus! (anschließende Fixierung an der Tafel und nochmalige Wiederholung bei geschlossener Tafel).	– eintragen – vergleichen – nennen – begründen	Aa/Hb	A-blatt (D) u. (E) Tafel (E)
Sicherungsphase	9. Lehrschritt (Rückgriff auf Problemfrage)	Beantwortung der Problemfrage (Lz 3 u. 5)	Verarbeitungsgespräch: Wiederholung der erhaltenen Ergebnisse mit Vergleich und Wertung der Schülervermutungen.	– sich erinnern – nennen – erklären	Aa/Hb	Seitentafel
	10. Lehrschritt (Anwendung)	(Lz 3 u. 7)	Projektion verschiedener Dias Dia 3 u. 4: Schüler begründen, welches Dia mit einer kleinen Blende aufgenommen wurde und versuchen, die Blende zu erkennen.	– betrachten – erkennen – begründen	Hb	Dia 3, Dia 4
			Dia 5: Die Schüler versuchen zu erkennen, mit welcher Blende fotografiert wurde (Blende 1,8).			Dia 5
		(Lz 6 u. 7)	Dia 6: Aufnahme wurde verwackelt.			Dia 6

Hauptlernziel: Einblick in das Verhalten besonderer Strahlen (Parallelstrahlen, Mittelpunktstrahlen, Brennpunktstrahlen)	Unterrichtsthema: Warum entsteht in der Lochkamera mit einer Sammellinse ein scharfes Bild?	Autor: Peter Götzinger
		Unterrichtszeit Empfehlung: 2 UE

Vorbemerkung: Aus der vorhergehenden Stunde (mögliches Stundenthema: Warum entsteht in der Lochkamera mit kleiner Blende ein scharfes Bild?) wissen die Schüler, daß bei einer Lochkamera (ohne Linse) mit großer Blende ein Lichtfleck und mit kleiner Blende ein scharfes Bild entsteht. Sie kennen die Strahlenverläufe bei Sammel- und Zerstreuungslinsen, sowie die Begriffe Brennpunkt, Brennweite und optische Achse.
Es empfiehlt sich, beim Demonstrationsversuch vollständig abzudunkeln. Hält man hinter der Schlitzblende ein weißes Papier in den Strahlenverlauf, so lassen sich die Strahlen sehr leicht sichtbar machen.

Teillernziele: Die Schüler sollen...

1. ... erklären und verbalisieren können, daß bei einem brennenden Glühlämpchen die Strahlen von einem Punkt aus und geradlinig in alle Richtungen verlaufen (kog.),
2. ... einzelne Strahlen (Brennpunkt-, Mittelpunkt- und Parallelstrahlen) anhand ihres Verlaufs bis zur Linsenachse benennen können (kognitiv),
3. ... die Brennpunkte der Sammellinse beim Demonstrationsversuch bestimmen können (kognitiv, psychom.),
4. ... beim Demonstrationsversuch mit Hilfe eines Schirms den Punkt bestimmen können, an dem das Glühlämpchen scharf abgebildet wird (kognitiv, psychom.),
5. ... beim Demonstrationsversuch den richtigen Strahlenverlauf erkennen und in der Versuchsauswertung verbalisieren können (kognitiv, psychom.),
6. ... anhand der erhaltenen Ergebnisse eine Regel (Brechungsgesetz) ableiten können (kognitiv),
7. ... den weiteren Strahlenverlauf einzelner Strahlen erkennen und mit der angegebenen Farbe richtig einzeichnen können (kognitiv, psychom.),
8. ... die Problemfrage richtig beantworten und die Schülervermutungen bewerten können (kognitiv),
9. ... durch die Konstruktion mindestens zweier Strahlenverläufe den scharfen Bildpunkt feststellen können (kognitiv, psychom.).

Literatur:
1. Curricularer Lehrplan für Physik/Chemie, 6. Jgst. (6.135), Carl-Link-Verlag
2. Butschek R./Hofmeister E., Physik/Chemie 5./6. Jgst., Sellier-Verlag, Freising 1976.
3. Geiling H.(Hrsg.), Lehrerfortbildung Physik/Chemie, Oldenbourg-Verlag, München 1977.
4. Heidlberger K./Hochmuth H., Physik/Chemie 2, BSV, München 1980.
5. Stiegler L.u.a., Natur und Technik, Ausgabe B 5./6. Jgst., Cornelsen..., Berlin 1978, (mit Lehrerhandbuch).

Lernhilfen:
2 Arbeitsblätter, Tafel, Seitentafel, 2 Folien (overlay) = A-blatt 2/Aufgabe 2, 2 Lochkameras (je mit kleiner und großer Blende), 1 Lochkamera mit Sammellinse und großer Blende, Kerze, Geodreieck, Lineal, 2 Wortkarten Brennpunkt F1 und F2, Faden(optische Achse), Sammellinse mit 3 Blendenschlitzen, 1 Glühbirnchen mit Befestigung, Farbstifte, Schirm.

Tafelbild: entspricht A-blatt 1 und A-blatt 2 /Aufgabe 1

A-Blatt 2 (ohne Pkt. 1 ≙ Folien)

1. Bilde den obersten Punkt der Kerze auf der Mattscheibe der Lochkamera ab:

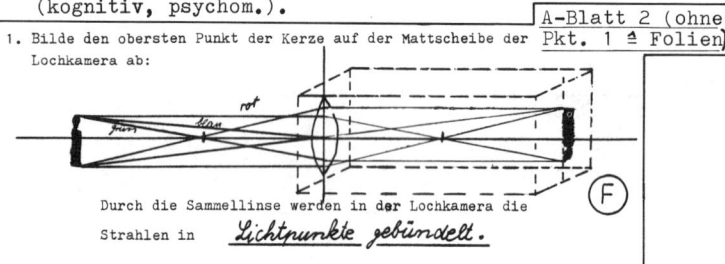

Durch die Sammellinse werden in der Lochkamera die Strahlen in _Lichtpunkte gebündelt._

2. Wo muß der Schirm stehen, damit die Kerze scharf abgebildet wird? In Stellung 1, 2 oder 3. Beweise dies durch Weiterzeichnen von mindestens zwei dir bekannten Strahlenverläufen:

Aufgabe a)

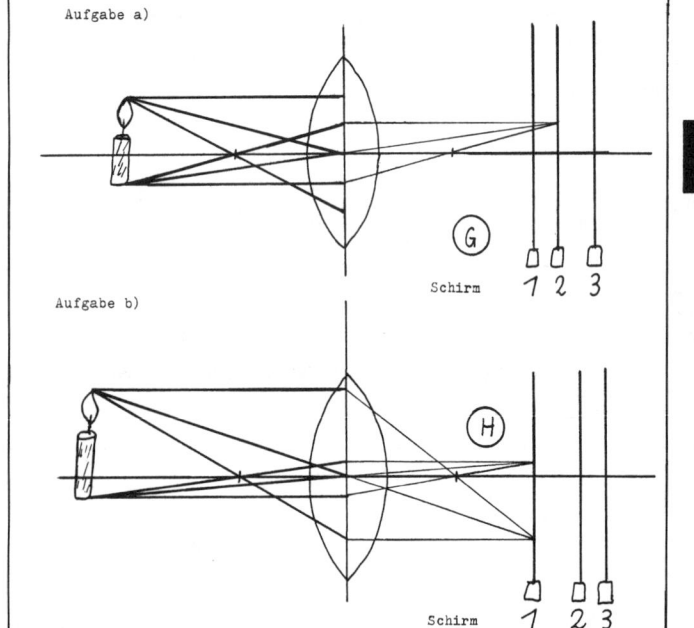

Aufgabe b)

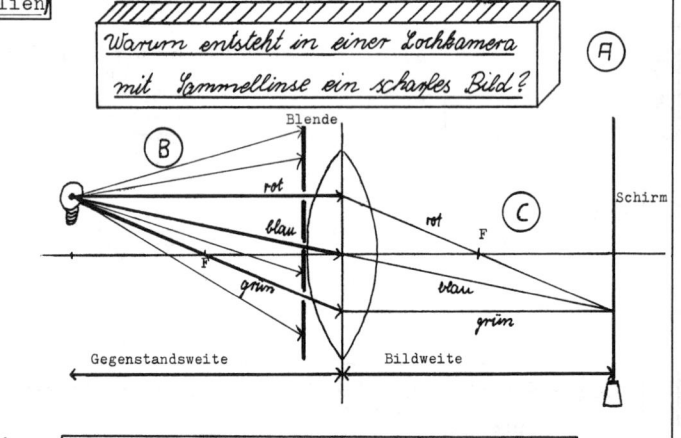

Warum entsteht in einer Lochkamera mit Sammellinse ein scharfes Bild?

Brechungsgesetz an Sammellinsen

Mittelpunktstrahlen bleiben _Mittelpunktstrahlen_
Parallelstrahlen werden _Brennpunktstrahlen_
Brennpunktstrahlen werden _Parallelstrahlen_

▶ Zeichne die Strahlen mit der richtigen Farbe weiter:

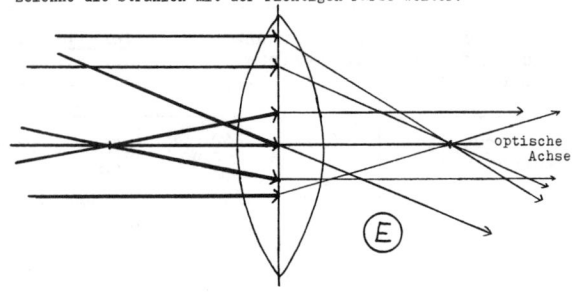

UG	Lehrschritte (Artikulationsdefinition)	Lehrinhalte und Lernziele (= Lz)	Lehrakte	Lernakte	Sozialformen	Lernhilfen
Eröffnungsphase	1. Lehrschritt (Problemstellung)	Aktivierung des Vorwissens siehe Vorbemerkung	Sachimpuls: Darbietung einer Lochkamera mit kleiner und sehr großer Blendenöffnung	- betrachten - überlegen	Hb	Lochkamera (mit kleiner u. großer Blende)
			Verarbeitungsgespräch: Ergebnisse der letzten Unterrichtseinheit	- sich erinnern - nennen		
		Entstehung eines scharfen Bildes	Demonstrationsversuch: (als Problemversuch): in einer Lochkamera mit Sammellinse vor geöffneter Blende wird eine Kerze scharf abgebildet.	- betrachten - nachdenken	Kf	Lochkamera mit Sammellinse u. großer Blende, Kerze
	2. Lehrschritt (Problemfindung und -formulierung)	Problemfrage	Erarbeitungsgespräch: Ermitteln der Problemfrage: Warum entsteht in der Lochkamera mit einer Sammellinse ein scharfes Bild?	- fragen - formulieren	Kf	Tafel (A)
Erarbeitungsphase	3. Lehrschritt (Hypothesenbildung)		Erarbeitungsgespräch: Verbalisierung der Lösungsvorschläge (mit anschl. Fixierung an der Tafel)	- überlegen - vermuten - nennen	Hb	Seitentafel
	4. Lehrschritt (Versuchsplanung)	Ausbreitung der Strahlen, Strahlenarten, Brennpunkt (Lz 1 u. 2)	Skizzenhafte Darstellung: Verschiedene Strahlenverläufe an der Tafel (farbl. Kennzeichnung der Strahlen bis zur Linsenachse)	- beobachten - vermuten - verbalisieren - nennen	Hb	Tafel (B)
			Arbeitsauftrag: Notiere in deinem A-blatt die Problemfrage und kennzeichne die Strahlen mit Farbe. Anschließend: Ergebniskontrolle;	- eintragen - einzeichnen	Aa	A-blatt 1 (A)(B) Lineal, Farbstifte, Geodreieck
	5. Lehrschritt (Versuchsdurchführung)	Brennpunkt, Brennweite, (Lz 3, 4 u. 5) Strahlenarten	Demonstrationsversuch: Darstellen des weiteren Strahlenverlaufs bis zum Schirm (in Höhe der optischen Achse: Spannen eines Fadens zur Verdeutlichung) Versuchsanordnung analog Tafelbild	- beobachten - beschreiben - verbalisieren	Kf	Glühbirnchen, Linse (mit 3 Blendenschlitzen) Schirm, 2 Wortkarten, Faden, Brennpunkt
	6. Lehrschritt (Versuchsauswertung)	(Lz 5)	Verarbeitungsgespräch: Artikulierung des Versuchsergebnisses mit Fixierung des vollständigen Strahlenverlaufs an der Tafel (anschl. Fixierung am A-blatt)	- nennen - begründen		Tafel (C)
					Aa	A-blatt 1 (C)
		Brechungsgesetz an Sammellinsen (Lz 6)	Impuls: Du kannst jetzt ein Brechungsgesetz an Sammellinsen ableiten! (Regelbildung)	- betrachten - überlegen - eintragen	Hb/Aa	A-blatt 1 (D)
			Vergleich der erarbeiteten Ergebnisse	- vergleichen	Hb	Tafel (D)
	7. Lehrschritt (Teilergebnisfixierung)	(Lz 5 u. 6)	Rundgespräch: Wiederholung der erarbeiteten Ergebnisse bei geschlossener Tafel	- überlegen - nennen	Aa/Hb	
		Strahlenverlauf, Konstruktion der einzelnen Strahlen (Lz 7)	Arbeitsauftrag: Vervollständige die vorgegebenen Strahlen am A-blatt 1 mit der richtigen Farbe	- konstruieren	Aa	A-blatt, Geodreieck, Lineal Farbstifte
			Skizzenhafte Darstellung: Kontrolle des Strahlenverlaufs an der Tafel.	- betrachten - vergleichen	Hb	Tafel (E) Lineal, Geodr.
	8. Lehrschritt (Teilproblemstellung)	Konstruktion von Bildpunkten (Lz 7 u. 8)	Arbeitsauftrag: Zeichne nun die genaue Abbildung der Kerze auf der Mattscheibe der Lochkamera ein!	- überlegen - konstruieren	Aa	A-blatt 2 (F)
	9. Lehrschritt (Teilproblemlösung)		Verarbeitungsgespräch: Entstehung der Abbildung der Kerze auf der Mattscheibe der Lochkamera.	- vergleichen - begründen - nennen	Hb	Tafel (F) Lineal, Geodr.,
Sicherungsphase	10. Lehrschritt (Rückgriff auf Problemfrage)	Beantwortung der Problemfrage (Lz 8)	Impuls: Du erinnerst dich sicher noch an die Problemfrage!	- nachdenken	Hb	
			Verarbeitungsgespräch: Beantwortung der Problemfrage, Vergleich und Wertung der Schülervermutungen!	- begründen - verbalisieren	Hb	Seitentafel
	11. Lehrschritt (Anwendung)	Konstruktion von Bildpunkten (Lz 7 u. 9)	Arbeitsauftrag: Bearbeite nun die Aufgabe 2a) am A-blatt 2! (schnelle Schüler können noch die Aufgabe 2b) bearbeiten)	- lesen - überlegen - konstruieren	Aa	A-blatt 2 (G)(H) Lineal, Geodr., Farbstifte,
	12. Lehrschritt (Kontrolle)		Verarbeitungsgespräch: Die Schüler erklären und begründen den Strahlenverlauf; Vergleich ihrer Ergebnisse mit Strahlenverlauf auf Overlayfolie	- verbalisieren - erklären - vergleichen	Hb	A-blatt 2 Folie mit Strahlenverlauf (G)(H)

Geschichte

Hauptlernziel: Die Schüler sollen die Leistungen der Mönche im Mittelalter kennenlernen.	Unterrichtsthema: Die Leistungen der Mönche im Mittelalter	Autor: Peter Settele
		Unterrichtszeit Empfehlung: 1 UE

Vorbemerkungen:
1. Die beiden Themen "Leistungen der Mönche" und "Im Kloster" sollen als eine Einheit gesehen werden.
2. In diesem Stundenbild geht es nur darum, den Einfluß der Mönche auf unsere Kultur klar zu machen.
3. Im Rahmen des 1. Lehrschrittes soll dem Tafelbild ein entsprechendes Dia bzw. ein entsprechender Filmausschnitt zur Unterstützung des Tafelbildes zugeordnet werden. Die Angabe unter "Medien" ist nur ein Vorschlag. Es gibt diverse Wahlmöglichkeiten.
4. Der Transfer in der Sicherungsphase sollte nach Absprache im Religionsunterricht noch weiter vertieft werden, um für die heutige Missionsarbeit der Mönche Verständnis zu wecken.

Teillernziele:
Die Schüler sollen
1. ... aus einer Kontrastdarstellung die Problemfrage finden können (kognitiv, psychomotorisch),
2. ... die vielfältigen Tätigkeiten und Aufgaben der Mönche im Mittelalter kennenlernen (kognitiv),
3. ... erkennen, daß die Mönche die Entwicklungshelfer des Mittelalters waren (kognitiv),
4. ... erkennen, daß Kulturträger notwendig sind (kognitiv),
5. ... fähig sein, die Bedeutung des mittelalterlichen Mönchtums zu bewerten und einzuordnen (kognitiv, affirmativ),
6. ... fähig sein, Hypothesen aufzustellen (kognitiv),
7. ... fähig sein, aus Bildern, Texten und einer Tonbandaufnahme Ergebnisse zu erarbeiten (psychomotorisch).

Medien:
Dia Nr. 13: "Oberbayern zwischen Lech und Inn, Dia Nr. 17: "Thüringer Becken", FT "Wald im Zwielicht" (LFD), Prospektbild der Insel Reichenau (zu beziehen über Internationaler Fremdenverkehrsverein 8990 Lindau), Diaprojektor, Episkop, Tonfilmprojektor, Tonband, Bildkarten für das Tafelbild, Arbeitsblatt, Tafelbild, Block.

Literatur:
Ebeling: "Didaktik und Methodik des Geschichtsunterrichts", Schroedel, Hannover;
Ritter/Löffler: "Stundenvorbereitungen (5), Frankonius, Limburg (1976)
Filser: Theorie und Praxis des Geschichtsunterrichts, Klinkhardt, Bad Heilbrunn;
— "Wurzeln unserer Gegenwart", Baumann-Ehrenwirth, München (1979)
— "Geschichte (6), Wolf, Regensburg (1979)

Tafelbild (a):
"Diese Insel ist den Schlangen, Kröten und grausamen Würmern Höhle und Heimat; kein Mensch hat dort je Wohnung gehabt". (Insel Reichenau im Bodensee)

Wir vermuten: Bäume fällen, Ge-..., Strüpp und Unkraut..., mähen, Boden bepflanzen

Problemfrage: Wie wurde die Insel bewohnbar gemacht?

Tafelbild (b): Die Leistungen der Mönche

Vom Urwald zur bewohnbaren Gegend	Bäume fällen- Gestrüpp roden- Disteln entfernen- Boden bepflanzen-Häuser bauen		
Weitere Tätigkeiten der Mönche	körperliches Wohl	berufliches Fortkommen	geistiges-seelisches Wohl
	• Weizenanbau • Obstanbau • Viehzucht • Pflege der Wiesen • Bierbrauen • Arzneimittel	Ausbildung zum: • Schreiner • Landwirt • Gärtner • Braumeister • Bäcker • Schmid u.a.	• Schulen • Bibliotheken • Schreibarbeiten • Hinführung zum christlichen Glauben

Allgemeinheit
Mönche als Entwicklungshelfer des MA

Arbeitsblatt: (Bilder= Bildkarten für Tafelbild)
Die Mönche machten sich auf den Weg und fanden den Platz, von dem es hieß, die Gegend sei mehr von Schlangen, Kröten und grausamen Würmern bewohnt. Die Mönche allerdings wollten beweisen, daß man diesen urwaldähnlichen Zustand durch kräftiges Handanlegen ändern könne. Es wurden Bäume gefällt, das Gestrüpp samt Getier gerodet, Dornen und Disteln ausgerissen und entfernt, Brennesseln abgemäht und vernichtet. Dieser so erneuerte Boden wurde alsbald angepflanzt mit dem Notwendigsten, was man zum Leben brauchte. Pflüge, Eggen, Spaten und Schaufeln dienten als Hilfsmittel. Nun konnte man auch darangehen, sich bewohnbare Hütten und Häuser zu bauen. - Leicht war diese Arbeit nicht, hier zwischen Sumpf und Dickicht, in Gesellschaft wilder Tiere. Da konnte es schon sein, daß einem Mönch mal ein unfrommer Fluch über die Lippen kam.

Bäume fällen | Gestrüpp roden | Disteln entfernen
Boden pflanzen | Häuser bauen

Tonbandtext für Lehrschritt 8:
"Sehr erfreulich ist, daß wir heuer wieder unsere Ernte steigern konnten, als Ergebnis dafür, daß es uns gelang, die Anbaumethoden weiter zu verbessern. Nicht nur der Weizenanbau ist ansehnlich geworden, auch die Obsternte ist so gut ausgefallen wie nie zuvor. Große Fortschritte konnten wir dank der besseren Nutzung der Wiesen, die wir weiter entwässert haben, auch auf dem Gebiet der Viehzucht machen. Da der Mensch aber nicht nur vom Brot allein lebt, sondern gerade bei uns in Bayern auch vom Bier, können wir jedem unserer Mönche und jedem Einwohner unseres Gebietes eine große Freude bereiten, der unseren Bierkeller besucht: das Resultat unserer geheimen Mischung aus Gerste, Hopfen und Malz ist köstlich. Gleich nach meinem Bericht könnt ihr kosten. Doch auch die Kranken bedürfen einer Arznei: Dank unserer intensiven Forschung auf dem Gebiet der Arzneimittelherstellung vermochten wir aus Kräutern neue Medikamente herzustellen.- Doch es verstößt natürlich gegen unseren Auftrag, wenn wir uns nur um das körperliche Wohl kümmerten. Auch die berufliche Ausbildung und das geistig-seelische Wohl muß uns immer aller Anstrengungen wert sein. Dem haben wir Rechnung getragen durch unsere Lehrtätigkeit in den verschiedenen Lehrwerkstätten, in der Klosterschule und in der sehr wertvollen Klosterbibliothek. Dank den Mönchen, die durch ihre Schreibarbeit die Zahl unserer Bücher wieder beträchtlich erhöhen konnten!- Trotz dieser vielen Dienste für die Allgemeinheit vergaßen wir natürlich nicht, wieder viele Menschen zum Glauben an unseren Herrn Jesus Christus zu bekehren. - Damit bin ich am Ende meiner Ausführungen. Ich bitte euch, auch weiter in eurem Eifer nicht nachzulassen, im Geiste Christi weiterzuwirken!" (aus oben genannten Quellen selbst zusammengestellt)

UG	Lehrschritte (Artikulationsdefinition)	Lehrinhalte und Lernziele (= Lz)	Lehrakte .... Lernakte		Sozial-formen	Lernhilfen
Eröffnungsphase	1. Lehrschritt: (Einstimmung)	Kontrastdarstellung	Sachimpuls:Tafeltext Arbeitsauftrag nach Sachimpuls: Ordne den Tafeltext einem der folgenden Bilder zu! Sachimpuls:Lehrer zeigt über Episkop Bild	−lesen −betrachten −zuordnen −begründen −betrachten −äußern	Hb Hb Hb	Tafelbild(a) Dias,Film-ausschnitt: vgl.Medien Prospektbild: Insel Reichen-au
	2. Lehrschritt: (Problemfindung durch Kontrast-wirkung und -fixierung)	Wie wurde die Insel bewohnbar gemacht?(Lz 1)	Erarbeitungsgespräch:Heraus-arbeiten des Kontrasts,For-mulieren der Problemfrage und Fixierung an der Tafel	−erkennen −formulieren	Hb	Tafelbild(a): Problemfrage
	3. Lehrschritt: (Hypothesen-bildung)	Schüler vermuten (Lz 6)	Gruppengespräch:Überlegt in eurer Gruppe eine mögliche Lösung des Problems! an-schließend Fixierung an der Tafel	−überlegen −vermuten −notieren −berichten	Ga	Tafelbild(a): Vermutungen Notizblock
	4. Lehrschritt: (erste Teil-ergebniserarbei-tung)	Die Urbarmachung von Land(Lz 2)	Arbeitsauftrag:Unterstreiche die wesentlichen Tätigkeiten und beschrifte die dazuge-hörigen Bilder!	−lesen −unterstreichen −betrachten −beschriften	Pa	Arbeitsblatt
	5. Lehrschritt: (erste Teil-ergebnisgewinnung und -fixierung)	(Lz 2)	Verarbeitungsgespräch:Aus-wertung der Arbeitsergebnis-se und Fixierung an der Tafel. Formulieren einer Teilüberschrift.	−berichten −vorlesen −formulieren	Hb	Tafelbild(b) ①
	6. Lehrschritt: (Wiederholung)	Zusammenfassung: Lz 2	Sachimpuls:"Wir haben einst einen Urwald übernommen, um ein Paradies zurückzugeben".	−wiederholen −verbalisieren	Hb	Tafelbild: Seitentafel
Erarbeitungsphase	7. Lehrschritt: (Hypothesen-bildung)	Ermittlung von Vorkenntnissen (Lz 6)	Feststellung:Nach der Urbar-machung haben die Mönche das Land nicht verlassen.	−äußern	Hb	
	8. Lehrschritt: (zweite Teil-ergebniserarbei-tung)	Weitere Präsenta-tion der Problem-situation(Lz 2)	Arbeitsauftrag:Höre dir den folgenden Bericht an eines Abtes in einem Kloster! Merke und notiere dir,welche Aufgaben die Mönche noch zu erfüllen hatten! Vergleiche anschließend in deiner Gruppe!	−zuhören −notieren −vergleichen	Aa/ Ga	Tonbandbericht Notizblock
	9. Lehrschritt: (zweite Teil-ergebnisgewinnung und-fixierung)	(Lz 2) **Tätigkeiten und Aufgaben der Mönche**	Verarbeitungsgespräch: Aus-werten und Entgegennahme der Arbeitsergebnisse und Fixieren an der Tafel. Finden und Formulieren weiterer Teil-überschriften.	−berichten −formulieren	Hb	Tafelbild(b) ②
	10. Lehrschritt: (Erkenntnisge-winnung und -fixierung)	Mönche als Entwick-lungshelfer des Mittelalters(Lz 3)	Erarbeitungsgespräch:Heraus-arbeiten der Erkenntnis,daß die Mönche als Entwicklungs-helfer des Mittelalters be-zeichnet werden können,da sie viel Elementares für die All-gemeinheit geleistet haben. Formulierung und Fixierung einer zusammenfassenden Über-schrift	−überlegen −erkennen −begründen −formulieren	Hb	Tafelbild(b): Zusammenfassung und Gesamtüber-schrift
Sicherungsphase	11.Lehrschritt: (Lernzielkon-trolle)	Schriftliche Er-gebnissicherung (Lz 2/3)	Arbeitsauftrag:Fasse zusammen und notiere, was wir alles den Mönchen verdanken!,anschließend gemeinsame Kontrolle anhand des Tafelbildes.	−niederschreiben −berichten	Aa Hb	**Notizblock**
	12.Lehrschritt: (Beurteilung)	Notwendigkeit und Bedeutung des Wir-kens der Mönche (Lz 4,5)	Impuls:Stelle dir vor, es hätte im Mittelalter noch keine Mönche gegeben!	−Aussprache −beurteilen −werten	Hb	
	13.Lehrschritt: (Transfer)	Das Wirken der Mönche heute in der Mission	Erarbeitungsgespräch:Erarbeiten der Erkenntnis, daß die Mönche ihr mittelalterliches Wirken heute in der Mission noch fort-setzen.	−vergleichen −erkennen −begründen	Hb	

Hauptlernziel: Die Schüler sollen das Leben in einem Kloster kennenlernen und es bewerten können.	Unterrichtsthema: In einem Kloster	Autor: Peter Settele
		Unterrichtszeit Empfehlung: 1 UE = 45 Min.

Vorbemerkungen:
1. Im Anschluß an die Stunde "Leistungen der Mönche" soll in dieser Unterrichtseinheit der Gegenwartsbezug hergestellt und betont werden: die Lebensweise in einem Kloster. Wo es möglich ist, sollte deshalb ein Unterrichtsgang durch ein Kloster der Stunde vorausgehen. Die Fragen, die im Rahmen dieser Stunde zur Behandlung anstehen, werden dabei spontan provoziert, von kompetenter Seite beantwortet und in der anschließenden Stunde verarbeitet. Mittels eines Unterrichtsganges dürfte es auch leichter sein, falsche Vorstellungen vom Mönchsleben zu korrigieren. Die Konzeption nachfolgender Stunde geht davon aus, daß eine unmittelbare Begegnung mit Mönchen und deren Lebensweise nicht möglich ist.
2. Zum Arbeitsmitteleinsatz: In den meisten Schülerarbeitsbüchern sind Modell und Grundriß eines Klosters abgedruckt. Wo dies nicht der Fall ist, müßte beides auf Arbeitsblätter photokopiert werden.

Teillernziele:
Die Schüler sollen:
1. ... das Problem der Stunde formulieren können (kognitiv),
2. ... weitere Problemfragen stellen können (kognitiv),
3. ... mittels eines Arbeitsblattes Regeln für das Zusammenleben erarbeiten können (kognitiv),
4. ... fähig sein, einen Gebäudekomplex zu erfassen, einen Grundriß zu lesen und die Klosteranlage als eine der Lebensweise der Mönche zugeschnittene Anlage zu erkennen (kognitiv/psychomotorisch),
5. ... erkennen, daß ein Kloster eine autarke Einheit bildet und die Lebensweise auf einen Nenner gebracht werden kann (kognitiv),
6. ... fähig sein, mittels Kartenarbeit den Sitz von Klöstern zu nennen (psychomotorisch),
7. ... Motive aufzeigen und werten können, die zum Eintritt in ein Kloster führen (kognitiv/affektiv).

Medien:
Schallplatte "Gregor.Choral-Benediktiner Kloster Maria Einsiedeln"-Archiv Produktion (zu beziehen über "fonoring" Herder Verlag, Freiburg), Bild Nr. 109 aus Schülerarbeitsbuch "Blick in die Vergangenheit"-Oldenbourg, 2 Abdrucke aus "Geschichte für die Hauptschule"-Auer bzw. "Blick in die Vergangenheit", Episkop, Tafelbild, Arbeitsblatt, Notizblock, Geschichtsatlas, Freizeitkarte des Deutschen Skiverbandes, Stuttgart.

Literatur:
Eugen Pfiffner: "Die Regel des hl. Benedikt", Einsiedeln-Zürich.
Schwandner-Hutterer-Ziebolt: "Blick in die Vergangenheit(6)" Oldenbourg, München, (1978)
Huy-Busley: "Geschichtliche Weltkunde(1)", Diesterweg, Frankfurt (1975)

Tafelbild:

Wie ist das Leben in einem Kloster?

1	2	3	4	5	6
Leitung	Verhältnis untereinander	Kleidung	Besitz	Beim Essen	Tagesablauf
Abt	Dienst am anderen	Kukulle Skapulier Sandalen	Armut	Keine Unmäßigkeit, kein Fleisch, Stillschweigen	Arbeit-Gebet-Ruhe
↓	↓			↓ ↓ ↓ ↓	
Abtshaus	Krankenstube Wohnung für durchreisende Ordensbrüder Friedhof			Speisesaal Küche Gemüsegarten Bäckerei	Schreibstube Werkstätten / Kirche Kreuzgang / Schlafsaal Ställe

"ora et labora" (bete und arbeite)

— autark —

Seitentafel:

Fragen an einen Mönch:
- Was tun Sie den ganzen Tag?
- Was verdienen Sie?
- Was essen Sie?
- Wo schlafen Sie?
- Dürfen Sie lustig sein?
- Wer kocht bei Ihnen?
- Warum sind Sie eigentlich ins Kloster gegangen?

Arbeitsblatt:

Kap. 2/5.: _Leitung_
"Der Abt, der würdig ist, einem Kloster vorzustehen, soll stets daran denken, daß er "abbas"(Vater) genannt wird. Demut ist Gehorsam ohne zu zögern..... sobald vom Oberen etwas befohlen wird."

Kap. 35: _Verhältnis untereinander_
"Brüder sollen einander dienen, sodaß keiner von der Arbeit in der Küche entschuldigt werde, außer er sei krank oder mit einer anderen wichtigen Aufgabe betraut."

Kap. 33: _Besitzverhältnisse_
"Keiner wage es, ohne Erlaubnis des Abtes etwas anzunehmen oder als eigen zu besitzen. Alles, was der Einzelne braucht, darf er vom Vater des Klosters erwarten."

Kap. 38/39: _Beim Essen_
"Wenn die Brüder zu Tische sind... herrsche tiefstes Stillschweigen. Wir glauben, daß 2 gekochte Gerichte genügen... An Brot dürfte ein gut gewogenes Pfund genügen. Unmäßigkeit sei ganz und gar ausgeschlossen. Vom Fleisch müssen sich alle enthalten."

Kap. 54.: _Kleidung_
"Man gebe den Brüdern Kleider, die der Lage und der Witterung des Wohnortes entsprechen. In einer Gegend mit gemäßigtem Klima genügen Kukulle und Tunika, zur Arbeit ein Skapulier und als Fußbekleidung Sandalen.

Kap. 48: _Tagesablauf_
"Müßigang ist ein Feind der Seele. Deshalb sollen sich die Brüder zu bestimmter Zeit mit Handarbeit und zu bestimmten Stunden mit heiliger Lesung und Gebet beschäftigen:

- 4.00: Wecken
- 4.20: Lobgebet
- 6.00: Messe
- 7.00: Frühstück
- 7.30: Morgengebet, anschl. Arbeit
- 11.45: Gebet
- 12.00: Mittagessen, Ruhe
- 14.30: Gebet, anschl. Arbeit
- 18.00: Gebet
- 18.45: Abendessen
- 19.45: Abendgebet
- 21.00: Nachtruhe

UG	Lehrschritte (Artikulationsdefinition)	Lehrinhalte und Lernziele (= Lz)	Lehrakte .... Lernakte		Sozialformen	Lernhilfen
Eröffnungsphase	1. Lehrschritt: (Einstimmung)	Mönche beim Chorgebet	Sachimpuls: Einspielen einer Schallplattenaufnahme; zugleich Bild über Episkop. Impuls: Die haben's gut!	-zuhören -betrachten -äußern -begründen	Hb Hb	Schallplatte: "Greg.Choral"
	2. Lehrschritt: (Zielangabe)	Wie ist das Leben in einem Kloster? (Lz 1)	Erarbeitungsgespräch: Herausarbeiten des Stundenthemas, Fixieren an der Tafel und Schaffung eines Problembewußtseins.	-formulieren	Hb	Tafelbild: Überschrift
	3. Lehrschritt: (Problemabgrenzung)	Lz 2	Arbeitsauftrag: Formuliere Fragen, die du einem Mönch stellen würdest! anschließend Entgegennahme und Tafelfixierung.	-überlegen -formulieren -vorlesen	Pa Hb	Notizblock Tafelbild: Seitentafel
Erarbeitungsphase	4. Lehrschritt: (erste Teilergebniserarbeitung)	Das Zusammenleben im Kloster nach einer festen Regel (Lz 3)	Arbeitsauftrag: Vor 1500 Jahren hat der hl. Benedikt von Nursia, ein Ort in Italien, den nach ihm benannten Orden gegründet. Das Zusammenleben seiner Mönche hat er in feste Regeln gefaßt. Teile daraus habe ich auf einem Blatt abgezogen. Lies sie durch und formuliere für jeden Abschnitt eine passende Überschrift!	-zuhören -lesen -überlegen -formulieren -schreiben	Pa	Arbeitsblatt: Ordensregel
	5. Lehrschritt: (erste Teilergebnisgewinnung)	Lz 3	Verarbeitungsgespräch: Auswerten der Arbeitsergebnisse und Fixieren an der Tafel.	-berichten -Aussprache	Hb	Tafelbild
	6. Lehrschritt: (Rückgriff auf Problemfragen)	Beantwortung der Fragen an der Seitentafel	Verarbeitungsgespräch nach Impuls: Beantwortung der von den Schülern eingangs gestellten Fragen.	-formulieren	Hb	Tafelbild
	7. Lehrschritt: (zweite Teilergebniserarbeitung)	Die Klosteranlage (Lz 4)	Arbeitsauftrag nach Sachimpuls: Lest den Grundriß, sucht Gebäudeteile heraus, die zu unseren Überschriften an der Tafel passen und ordnet sie entsprechend dem Modell zu!	-betrachten -studieren -sich besprechen -zuordnen	Ga: arb. teil.	Modell und Grundriß des Klosters St. Gallen (Schülerarbeitsbuch), Tafelbild
	8. Lehrschritt: (zweite Teilergebnisgewinnung)	Lz 4	Verarbeitungsgespräch: Auswerten der Arbeitsergebnisse und Fixieren an der Tafel; Zuordnung mittels Episkop.	-berichten -zuordnen	Hb	Seitentafel Episkop
	9. Lehrschritt: (Erkenntnisgewinnung und -fixierung)	Zusammenfassung der Regel; Autarkie des Klosters (Lz 5)	Erarbeitungsgespräch: Erarbeiten der Erkenntnis, daß man die Lebensweise der Mönche in eine feste Regel zusammenfassen kann und ein Kloster wie eine kleine Stadt ist.	-erläutern -zusammenfassen -erkennen -formulieren	Hb	Tafelbild
Sicherungsphase	10. Lehrschritt: (personbezogene Beurteilung)	Lz 3,4	Arbeitsauftrag: Notiere dir Gründe, die deiner Ansicht nach für dich für bzw. gegen einen Klostereintritt sprechen würden!, anschließend Aussprache.	-überlegen -schreiben -Aussprache	Aa Hb	Notizblock
	11. Lehrschritt: (Wertung/Besinnung)	Motive für einen Eintritt ins Kloster (Lz 7)	Erarbeitungsgespräch nach Impuls: Es gibt auch heute noch junge Menschen, die in ein Kloster gehen! Reflexion und Bewertung der Gründe, die junge Menschen veranlassen, in ein Kloster einzutreten.	-abwägen -beurteilen -werten -verbalisieren	Hb	
	12. Lehrschritt: (Hausaufgabenstellung)	Klöster in der näheren Umgebung (Lz 6)	Arbeitsauftrag: Es gibt in Bayern noch viele Klöster. Erkundige dich, wo es in unserer näheren Umgebung noch Klöster gibt!	-Karten lesen -aufschreiben	Aa	Geschichtsatlas Notizblock

Hauptlernziel: Die Schüler sollen die Diskrepanz zwischen mittelalterlichem Dienstideal und Kreuzzugswirklichkeit einsehen	Unterrichtsthema: Die Kreuzzüge (Auf ins Heilige Land)	Autor: Erwin Müller
		Unterrichtszeit Empfehlung: 2 UE

TEILLERNZIELE:
Die Schüler sollen:
1. wissen, welche Gründe zu den Kreuzzügen geführt haben,
2. erfahren, welche Motive die Menschen hatten, sich an den Kreuzzügen zu beteiligen,
3. wissen, wann und wo die Kreuzzüge stattfanden,
4. den Verlauf und das Ergebnis des 1.Kreuzzugs kennen,
5. die positiv und negativ zu bewertenden Folgen der Kreuzzüge kennen,
6. fähig sein, zu einem Bild Aussagen zu machen,
7. fähig sein, einen Quellentext zu verstehen und mit ihm zu arbeiten.

MEDIEN:
Lehrbuch ("Geschichte entdecken", 6.Schuljahr), Tafel, Wandkarte und Atlas, Arbeitsblatt, OHP-Transparent

LITERATUR:
1. Heumann: "Problemorientierter Geschichtsunterricht", Band 1, Hirschgraben Verlag, Frankfurt 1977
2. Schwandner u.a.: "Blick in die Vergangenheit", Geschichte für die 6.Jahrgangsstufe, Oldenbourg Verlag, München 1978
3. "Geschichte entdecken", 6.Schuljahr, Buchners Verlag, Bamberg 1978 (Lehrbuch)
4. "Die Praxis", 6.Jahrgangsstufe, Heft Dezember, Ehrenwirth Verlag, München 1977, S.31/32

OHP-TRANSPARENT 1 (Lit. 1, S. 276)

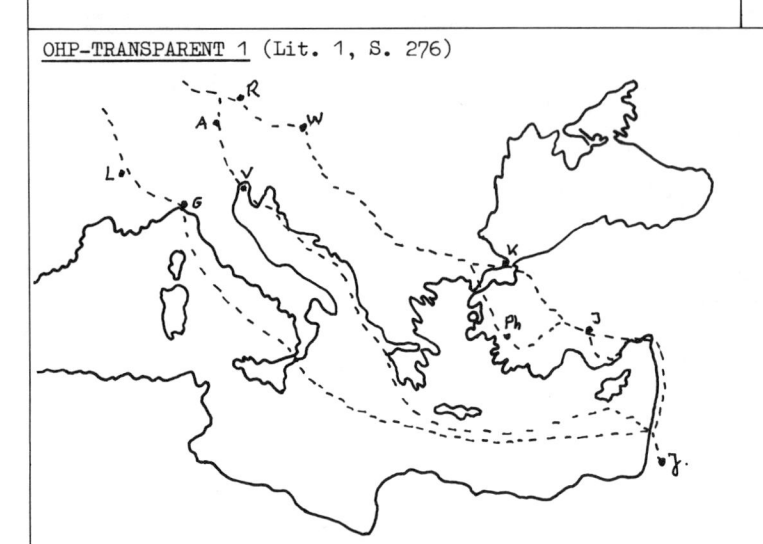

OHP-TRANSPARENT 2 (Literatur 2, S. 75)
Lies den folgenden Text über die Kreuzzüge aufmerksam durch!
"Leute mit unruhigem Charakter lockte es, fremde Länder zu sehen; andere, denen die Armut im Nacken saß, ... zogen gegen jeden Feind des Christentums, wenn sie sich nur mit ihrem Schwerte der Armut vom Leibe schaffen konnten; wieder andere, welche von der Last ihrer Schulden bedrückt wurden oder sich ihrem pflichtmäßigen Herrendienst entziehen wollten oder auch gerechte Strafen für ihre Verbrechen zu befürchten hatten, heuchelten auf einmal Eifer für die Ehre Gottes."
Schreibe die Beweggründe der Kreuzfahrer, so wie sie der Verfasser dieses Textes sieht, heraus!
Die Kreuzfahrer wollten
a sich von Schulden befreien.
b Reichtümer erwerben.
c fremde Länder sehen.
d sich dem Herrendienst entziehen.
e gerechten Strafen auskommen.

ARBEITSBLATT 1 (OHP-Transparent)
a) Warum kommt es nach Angabe des Papstes zum 1.Kreuzzug?
b) Welches Bild entwarf der Papst von den Sarazenen?
c) Welchen Lohn verspricht der Papst den Kreuzrittern?
d) Erkläre das Wort "Kreuzzug"!

ARBEITSBLATT 2
a) Lies nach, was die Europäer von den orientalischen Völkern gelernt haben!
b) Mit dem Ruf "Gott will es!" zogen die ersten Kreuzfahrer aus. Äußere deine Meinung!
c) Welche Schwierigkeiten hatten die Kreuzfahrer zu überwinden?

TAFELBILD

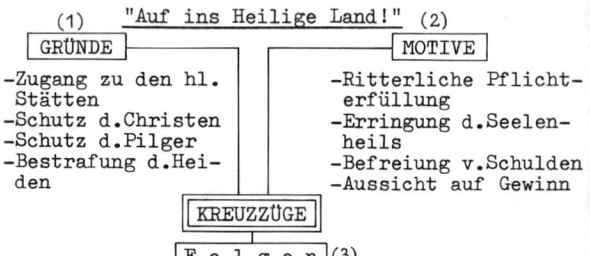

(1) "Auf ins Heilige Land!" (2)

GRÜNDE
- Zugang zu den hl. Stätten
- Schutz d.Christen
- Schutz d.Pilger
- Bestrafung d.Heiden

MOTIVE
- Ritterliche Pflichterfüllung
- Erringung d.Seelenheils
- Befreiung v.Schulden
- Aussicht auf Gewinn

KREUZZÜGE

Folgen (3)
- Tod vieler Kreuzfahrer
- Besetzung des Landes
- Vernichtung vieler Einheimischer

QUELLENMATERIAL

Aus der Rede Papst Urbans (Lit. 4, S. 31/32)
"Das gottlose Volk der Sarazenen drückt die hl.Orte, die von den Füßen des Herrn betreten worden sind, schon seit langer Zeit mit seiner Tyrannei und hält die Gläubigen in Knechtschaft und Unterwerfung...Den Tempelschändern gilt jeder Ort, jede Person gleich viel; sie morden die Priester im Heiligtum...Bewaffnet euch mit dem Eifer Gottes, liebe Brüder, gürtet eure Schwerter an eure Seiten, rüstet euch und seid Söhne des Gewaltigen! Besser ist es, im Kampfe zu sterben, als unser Volk und die Heiligen leiden zu sehen. Wir wollen unseren Brüdern helfen. Ziehet aus, und der Herr wird mit euch sein!...Wir aber erlassen durch die Barmherzigkeit Gottes und gestützt auf die heiligen Apostel Petrus und Paulus allen gläubigen Christen, die gegen die Heiden die Waffen nehmen und sich der Last dieses Pilgerzuges unterziehen, all die Strafen, welche die Kirche wegen ihrer Sünden über sie verhängt hat. Und wenn einer dort in wahrer Buße fällt, so darf er fest glauben, daß ihm Vergebung seiner Sünden und die Frucht des ewigen Lebens zuteil werden wird."

Aus der Historie des Wilhelm von Tyrus (Lit. 4, S. 32)
"Da trennte sich der Mann von dem Weib und das Weib von dem Manne, der Vater von dem Sohne, der Sohn vom Vater. Es war kein Band der Liebe, das diesem Eifer hätte Nachteil bringen können, so daß viele Mönche aus ihrem Kloster kamen ......Doch hatte nicht bei allen die Liebe zu Gott ihren Entschluß veranlaßt.....Viele schlossen sich bloß an, um ihre Freunde nicht zu verlassen oder um nicht für träge zu gelten, oder aus Leichtsinn, oder um ihrer Gläubiger, denen sie schwer verschuldet waren, spotten zu können."

Bernhard v. Clairvaux ruft die Deutschen zum Kreuzzug auf. (Lit. 4, S. 32)
"Was tut ihr, tapfere Männer?.....So wollt ihr das Heiligtum den Hunden und die Perlen den Säuen geben?..... So gürtet auch ihr euch mannhaft und ergreift die glücklichen Waffen im Eifer für Christi Namen. Enden möge jene Ritterart, nein, Ritterunart von ehedem, nach der ihr......einer den andern umbringt.....Wahnsinn ist es, nicht Mut, solch einem Unheil zu frönen. ....Du tapferer Ritter, du Mann des Krieges, jetzt hast du eine Fehde ohne Gefahr, wo der Sieg Ruhm bringt und der Tod Gewinn.....Nimm das Kreuzeszeichen, und für alles, was du reuigen Herzens beichtest, wirst du auf einmal Ablaß erlangen."

JG	Lehrschritte (Artikulationsdefinition)	Lehrinhalte und Lernziele (= Lz)	Lehrakte .... Lernakte		Sozial-formen	Lernhilfen
Eröffnungsphase	1.Lehrschritt (Einstimmung)	Bildbetrachtung: Papst Urban II. ruft zum 1.Kreuzzug (LZ 6)	Sachimpuls: Spontane Äußerungen zum Bild; Personendarstellung; Hinweis auf die Worte "deus volt"	– vergleichen – verbalisieren	Hb	Lehrbuch S. 54 (Bild 8)
	2.Lehrschritt (Zielangabe)		Erarbeitungsgespräch: Aufruf des Papstes zum 1.Kreuzzug	– zuhören	Hb	Tafel (Über-schrift)
	3.Lehrschritt (Teilergebnis-gewinnung)	Schriftl.Quelle: Auszug aus der Rede Papst Urbans in Clermont Ferrand (1095) (LZ 7)	Darbietung: Vergegenwärtigung der Quelle Lokalisieren der Ortsangaben	– aufnehmen – verbalisieren	Hb Aa	Lit.4, S.31/32 (Quellenmat.) Wandkarte; Atlas
	4.Lehrschritt (Problemstel-lung)	Gründe für die Kreuzzüge (LZ 1)	Arbeitsaufgabe: Begründung des Aufrufs; Charak-terisierung der Sarazenen; Lohn für die Teilnahme; Verarbeitungsgespräch: Auswertung der Ergebnisse;	– bearbeiten	Pa Hb	Arbeitsblatt 1 (OHP-Transpa-rent)
	5.Lehrschritt (Teilergebnis-gewinnung und -fixierung)	(LZ 1)	Erarbeitungsgespräch: 4 Gründe für die Kreuzzüge	– verbalisieren – begründen	Hb	Tafelbild 1
Erarbeitungsphase	6.Lehrschritt (Teilergebnis-verifikation)	Kennzeichnen wich-tiger Stellen im Quellentext LZ 7)	Arbeitsaufgabe: Stellen kennzeichnen, die den Wil-len des Papstes bezeugen Verarbeitungsgespräch: Aus-wertung der Ergebnisse;	– markieren – verbalisieren	Aa/Hb	Lit.4, S.31/32 (Quellentext)
	7.Lehrschritt (Problemstel-lung)	Motive der Kreuz-fahrer (LZ 2)	Sachimpuls: Vergleich von 2 Quellentexten a) Aus der Historie d.Wilhelm von Tyrus b) Bernhard v.Clairvaux ruft die Deutschen zum Kreuzzug auf	– aufnehmen – lesen	Aa/Hb	Literatur Nr.4 S. 32
	8.Lehrschritt (Teilergebnis-gewinnung)	(LZ 2)	Verarbeitungsgespräch: Anlaß für die Teilnahme an den Kreuzzügen	– verbalisieren – begründen	Hb/Aa	Literatur Nr.4 S. 32
	9.Lehrschritt (Teilergebnis-fixierung)	(LZ 2)	Impuls: 4 Motive der Kreuzfahrer	– zusammenfassen	Hb	Tafelbild 2
	10.Lehrschritt (Teilergebnis-verifikation)	(LZ 2)	Arbeitsaufgabe: Beweggründe der Kreuzfahrer aus einem Text herausschreiben	– ausfüllen	Aa	OHP-Transpa-rent 1 (Wand-karte)
	11.Lehrschritt (Teilergebnis-gewinnung)	Aufzeigen d.Wegs der Kreuzfahrer; Schwierigkeiten; Verlauf und Er-gebnis des 1.Kreuz-zugs; (LZ 3, LZ 4)	Erarbeitungsgespräch: Die verschiedenen Wege ins Hl. Land; Entfernungen; auftretende Schwierigkeiten; Erzählung: Verlauf – Eroberung Jerusalems	– verbalisieren – aufnehmen	Hb Hb	Wandkarte OHP-Transpa-rent 1
	12.Lehrschritt (Problemstel-lung)	Folgen der Kreuz-züge (LZ 4)	Erarbeitungsgespräch: Vergleich der Ideale der Ritter mit der Kreuzzugswirklichkeit	– vergleichen – verbalisieren	Hb/Aa	
	13.Lehrschritt (Teilergebnis-gewinnung und -fixierung)	(LZ 4)	Erarbeitungsgespräch: Die schlimmsten Folgen der Kreuz-züge	– zusammenfassen	Hb	Tafelbild 3
Sicherungsphase	14.Lehrschritt (Besinnung)	Vorsichtige Bewer-tung der Kreuzzugs-idee (LZ 5)	Verarbeitungsgespräch: Negativ und positiv zu bewer-tende Folgen der Kreuzzüge Diskussion: "Kreuzzüge" auch heute noch?	– vergleichen – verbalisieren – zusammenfassen – werten	Hb	Tafelbild 1,2,3
	15.Lehrschritt (Kommunikative Wiederholung)	(LZ 1, LZ 2, LZ 4, LZ 5)	Arbeitsaufgabe: Kulturelle Folgen der Kreuzzüge; Meinungsäußerungen zum Ruf "Gott will es"; Schwierigkeiten für die Kreuzfahrer;	– bearbeiten – zusammenfassen	Aa	Arbeitsblatt 2

Hauptlernziel: Die Schüler sollen einen Überblick über die Lehre Mohammeds und die Ausbreitung des Islam erhalten	Unterrichtsthema: Die Ausbreitung des Islam in Europa (Der "Heilige Krieg")	Autor: Erwin Müller
		Unterrichtszeit Empfehlung: 1-2 UE

VORBEMERKUNGEN:

Ein Überblick über die Lehre des Islam ist eine notwendige Lernvoraussetzung für das Verständnis der neu zu vermittelnden Problematik. Folglich müssen den Schülern in einer vorausgehenden Unterrichtseinheit folgende Lerninhalte vermittelt werden: Arabien und seine Bewohner - Mohammed - Wichtige Glaubenssätze des Koran - Mohammeds Flucht - Mohammeds Sieg.

TEILLERNZIELE:

Die Schüler sollen:

1. erfahren, daß der Islam die Ausbreitung seiner Religion mit Gewalt beabsichtigt,
2. an einer Mittelmeerkarte die rasche Ausbreitung des Glaubens ersehen,
3. die wichtigsten Glaubenssätze des Islam kennen,
4. wissen, daß der Islam durch Karl Martell einen entscheidenden Rückschlag erlitt und aus Europa langsam zurückweichen mußte,
5. einsehen, daß der Islam für unsere heutige Kultur eine große Bedeutung hat.

MEDIEN:

Overhead-Projektor; OHP-Transparente; Tafel; Atlas; Arbeitsblatt; Bilder (Lehrbuch Seite 17); Lehrbuch: "Geschichte entdecken", 6.Schuljahr

LITERATUR:

1. "Geschichte entdecken", 6.Schuljahr, Buchners Verlag, Bamberg 1978 (Lehrbuch)
2. Schwandner u.a.: "Blick in die Vergangenheit", Geschichte für die 6.Jahrgangsstufe, Oldenbourg Verlag, München 1978
3. "Die Praxis", 6.Jahrgangsstufe, Heft September, Ehrenwirth Verlag, München 1978
4. Heumann: "Problemorientierter Geschichtsunterricht, Band 1," Hirschgraben Verlag, Frankfurt 1977
5. H. Beilner: "Geschichte in der Sekundarstufe 1", Auer Verlag, Donauwörth 1976

OHP-TRANSPARENT 1 (Literatur 3, Seite 33)

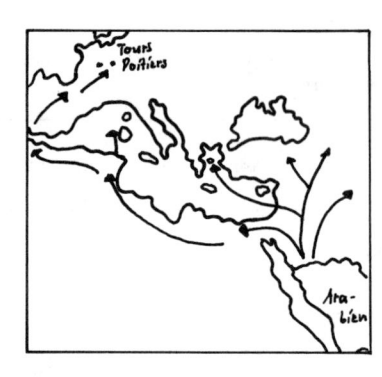

OHP-TRANSPARENT 2

1. Suche auf der Europakarte die Wege Karls und der Sarazenen!
2. Welche Bedeutung hatte der Sieg Karl Martells für die Christenheit?

OHP-TRANSPARENT 3

Weltbevölkerung (heute) — Christen, Moslems, übrige Relig.

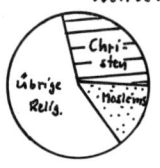

ARBEITSBLATT 1 (Literatur 1, Seite 16)

Über den Hl.Krieg:
Euch ist vorgeschrieben, gegen die Ungläubigen zu kämpfen, obwohl es euch zuwider ist. Kämpft gegen sie, bis die Verführung aufhört und bis nur noch Allah verehrt wird. Wenn sie jedoch mit ihrer Gottlosigkeit aufhören und sich bekehren, so ist Gott barmherzig und bereit, ihnen zu vergeben. Dann darf es gegen sie keine Gewalttaten mehr geben. Denjenigen aber, die im Kampf gegen die Ungläubigen getötet werden, wird Allah gewaltigen Lohn geben und sie ins Paradies eingehen lassen.

Über die Vorherbestimmung:
Gott hat das Schicksal und den Tod eines jeden Menschen vorausbestimmt und niemand kann daran etwas ändern. (Kismet)

ARBEITSBLATT 2 (Literatur 3, Seite 33)

"In jener Zeit (731) brach der Herzog Eudo sein Bundesverhältnis (Herzog von Aquitanien). Als dies dem Fürsten Karl durch Boten gemeldet wurde, sammelte er seine Krieger um sich, setzte über die Loire, verjagte den Herzog, gewann reiche Beute und kehrte dann in seine Heimat zurück. Zweimal war es zur Schlacht gekommen. Als sich nämlich Eudo überwunden sah, rief er das Heidenvolk der Sarazenen gegen Karl und das Volk der Franken zu Hilfe. Die Sarazenen zogen mit ihrem König Abderrhaman aus, drangen über die Garonne nach Bordeaux vor, ließen die Kirchen in Flammen aufgehen, richteten unter der Bevölkerung ein Blutbad an und kamen so bis Poitiers, wo sie die Kirche des heiligen Hildarius niederbrannten, was ich nur mit großem Schmerz vermelden kann. Und nun wollten sie die Kirche des heiligen Martin zerstören. Kühn stellte ihnen da Karl seine Mannen entgegen und stürzte sich als Kriegsheld auf sie. Mit der Hilfe Christi gelang es ihm, ihr Lager zu zerstören und sie zu schlagen. Ihr König fiel, ihr Heer wurde aufgerieben, und Karl konnte über seine Feinde triumphieren."

JG	Lehrschritte (Artikulationsdefinition)	Lehrinhalte und Lernziele (= Lz)	Lehrakte .... Lernakte		Sozial-formen	Lernhilfen
Eröffnungsphase	1.Lehrschritt (Anknüpfung)	Vordringen des Islam (LZ 2)	Sachimpuls: Vermutungen zum Vordringen des Islam in Europa	-verbalisieren	Hb	OHP-Transparent 1
	2.Lehrschritt (Zielangabe)	(LZ 2)	Feststellung: Die Ausbreitung des Islam in Europa;	-aufnehmen	Hb	
Erarbeitungsphase	3.Lehrschritt (Hypothesenbildung)	Ausbreitung des Glaubens mit Feuer und Schwert (LZ 1, LZ 3)	Vermutung: Gründe für das Vordringen des Islams in Europa;	-verbalisieren	Hb	
	4.Lehrschritt (Teilergebnisgewinnung)	Wege beim Vordringen in das Abendland (LZ 2)	Arbeitsaufgabe: Woher die Mohammedaner kamen und wohin sie ihr Weg führte; Verarbeitungsgespräch: Auswertung der Arbeitsergebnisse;	-vergleichen -einordnen -ausfüllen -zusammenfassen	Aa Hb	OHP-Transparent 1; Atlas, Block
	5.Lehrschritt (Rekapitulation)	Lebensgeschichte des Islam - Koran (LZ 3)	Rundgespräch: Wichtige Stationen in der Lebensgeschichte des Islam - Auszüge aus dem Koran;	-verbalisieren -zusammenfassen	Aa/Hb	Arbeitsblatt 1
	6.Lehrschritt (Teilergebnisfixierung und -begründung)	(LZ 1)	Sachimpuls: Vordringen des Islam durch Pfeile darstellen Erarbeitungsgespräch: Gebot Allahs im Koran, das die weite Ausbreitung des Islam rechtfertigt;	-markieren -ausfüllen -vergleichen -verbalisieren -begründen	Aa Hb	Arbeitsblatt 2 (Mittelmeerkarte ohne Pfeile)
	7.Lehrschritt (Teilergebnisgewinnung)	Sieg Karl Martells (LZ 4)	Arbeitsaufgabe: Die Wege Karls und der Sarazenen; Bedeutung d.Siegs Karl Martells für die Christenheit Verarbeitungsgespräch: Ergebnisauswertung	-vergleichen -werten	Ga Hb	Arbeitsblatt 3 OHP-Transparent 2; Europakarte
	8.Lehrschritt (Teilergebnisbegründung)	Zurückweichen der Araber (LZ 4)	Erklärung: Zurückweichen der Araber; Verdrängung aus Spanien;	-zuhören -mitdenken	Hb	Mittelmeerkarte
Sicherungsphase	9.Lehrschritt (Beurteilung)	Kulturelle Bereicherung Europas durch die Araber (LZ 5)	Verarbeitungsgespräch: Wie das Abendland durch den Islam bereichert wurde;	-verbalisieren -begründen -werten	Hb/Aa	Lehrbuch S.17/ Bilder
	10.Lehrschritt (Vergleich)	Heutiges Verhältnis (LZ 5)	Erläuterung: Zahlenverhältnis von Christen und Moslems im Vergleich zur Weltbevölkerung;	-zuhören -mitdenken	Hb	OHP-Transparent 3
	11.Lehrschritt (Mündl.Kontrolle)	(LZ 4)	Sachimpuls: Bedeutung des Jahres 732 für Europa;	-verbalisieren -zusammenfassen -einordnen	Hb	

Hauptlernziel:	Unterrichtsthema:	Autor: Peter Götzinger
Kenntnis bäuerlicher Lebens- und Wirtschaftsform im Mittelalter	Wie lebten die Bauern im Mittelalter	Unterrichtszeit Empfehlung: 1 UE

Teillernziele: Die Schüler sollen:
1. Bild- und Textquellen auswerten können (kognitiv),
2. die harten Lebensbedingungen der Bauern nennen und beschreiben können (kognitiv),
3. die Situation der Bauern im Mittelalter mit heutigen Verhältnissen vergleichen können (kognitiv),
4. verbalisieren, daß Festlichkeiten die Bauern ihre Situation vergessen ließen (kognitiv),
5. erkennen, daß das Leben der Bauern im Mittelalter genossenschaftlich geregelt wurde (kognitiv),
6. die Form der Dreifelderwirtschaft nennen und beschreiben können (kognitiv),
7. die Bedeutung der neuen Methode der Düngung durch Mist nennen und erklären können (kognitiv),
8. die Bedeutung der neuen Arbeitsgeräte für die Arbeit des Bauern begründen können (kognitiv),
9. mit Beispielen die Lage der Bauern heutzutage beschreiben können (kognitiv).

Lernhilfen: Tafel, 2 Arbeitsblätter, Tonband, 2 Folien, 5 Bilder G, 3 Dias (oder: Episkop/Folie) oder Diareihe R o125 - Landesbildstelle.

Literatur:
1. Ackermann W./Protzner W., Wurzeln unserer Gegenwart, Baumann-Ehrenwirth-Verlag.
2. Beilner H. u.a., Geschichte für die Hauptschule, 6. Jgst., Auer-Verlag, Donauwörth 1979.
3. Filser K. u.a., Geschichte entdecken, 6. Jgst., C.C. Buchners-Verlag, Bamberg 1979.
4. Geiling H., Lehrerfortbildung und Seminar (Geschichte), Oldenbourg-Verlag, München 1978.
5. Schwandner J. u.a., Blick in die Vergangenheit, 6. Jgst., Oldenbourg-Verlag, München 1978.

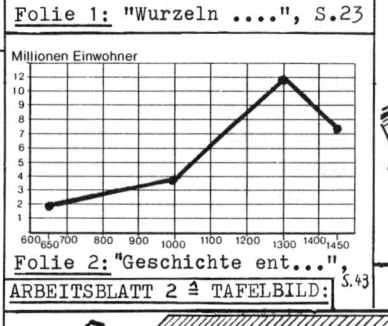

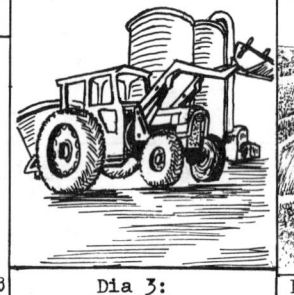

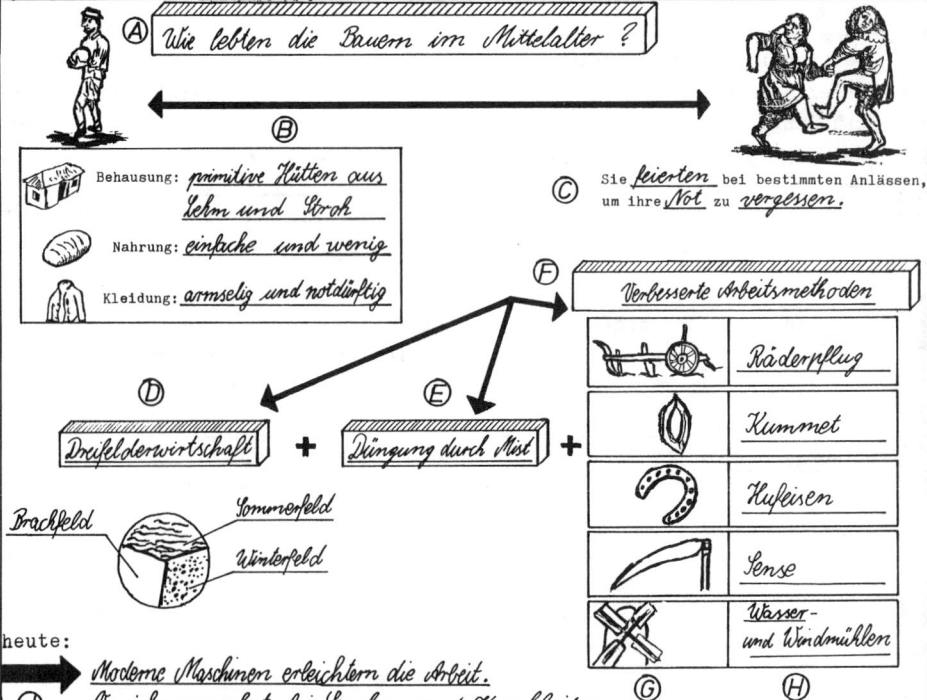

Tonband:
Jedes größere Dorf besitzt seine Kirche und seinen Pfarrer. Die Kirchenglocken läuten zu den Mahlzeiten, zum Feierabend, zum Gebet und rufen die Dorfbewohner an den Sonn- und Feiertagen zum Gottesdienst. Im Frühjahr segnet der Pfarrer das Saatgut und die Fluren. Bittwallfahrten sollen die Feldfrucht vor Frost, Trockenheit und Hagel schützen.
Wenn die Ernte eingebracht ist, wird das Erntedankfest gefeiert. Dann gibt es Honig- und Speckkuchen, Schweinebraten, gebratenes Huhn, Bier und Wein. In der Schänke oder im Freien spielt ein Musikant zum Tanz auf. Auch die kirchlichen Feiertage und Familienfeste bringen Freude und Abwechslung in den eintönigen Alltag der Bauern.
(kann mit Musik vertont werden)
- aus "Geschichte entdecken", S. 40 -

ARBEITSBLATT 1:
1. Beschreibe die Nahrung, Behausung und Kleidung der Bauern im Mittelalter (Unterstreiche die entsprechenden Stellen im Text): "Der letzte Stand ist derer, die auf dem Lande in Dörfern und Gehöften wohnen und dasselbe bebauen und deshalb Landleute genannt werden. Ihre Lage ist ziemlich bedauernswert und hart. Sie wohnen abgesondert voneinander, demütig mit ihren Angehörigen und ihrem Viehstand. Die Hütten bestehen aus Lehm und Holz, ragen wenig über die Erde empor, sind mit Stroh gedeckt: das sind ihre Häuser. Geringes Brot, Haferbrei oder gekochtes Gemüse ist ihre Speise, Wasser und Molken ihr Getränk. Ein leinener Rock, ein Paar Stiefel, ein brauner Hut ist ihre Kleidung. Das Volk ist jederzeit ohne Ruhe, arbeitsam, unsauber. In die nahen Städte bringt es zum Verkaufe, was es vom Acker, vom Vieh gewinnt, und kauft sich wiederum ein, was es bedarf........." (aus Geschichte für die HS)

2. Berichte von einigen Neuerungen in der Landwirtschaft:
Zur Zeit der Karolinger warfen die Felder durchwegs nur das Zwei- bis Zweieinhalbfache des ausgesäten Getreides ab. Durch Dreifelderwirtschaft und besseren Feldbau wurden die Ernteerträge zusehends höher.....
.....Es gab ein Sommerfeld, Winterfeld und Brachfeld. Der Wechsel folgte in folgender Weise: Das Sommerfeld wird zum Brachfeld, das Winterfeld wird Sommerfeld, das Brachfeld wird Winterfeld...... Im Sommerfeld wird im Frühjahr Gerste und Hafer für das laufende Jahr, im Winterfeld im Herbst Dinkel, Weizen und Roggen für das folgende Jahr, Brachfeld und abgeerntetes Feld dienen dem Schweine- und Pferdehirten als Weide. Warum wohl die Weidenutzung?
(aus "Geschichte für die Hauptschule", S. 34/35)

3. Nenne einige Verbesserungen der Arbeitsmethoden:
Auch die Arbeitsmethoden wurden verbessert. Das Pferd verdrängt immer mehr den langsamen Ochsen. Statt des Zugriemens, der am Hals des Pferdes angebracht ist, wird das Kummetgeschirr verwendet (eine neue Erfindung aus China). Es verteilt die Zuglast gleichmäßig auf Brust und Schultern des Pferdes und erhöht die Zugleistung um das drei- bis vier-fache. Hufeisen schützen die empfindlichen Hufe des Pferdes.... Der hölzerne Hakenpflug wird durch den Räderpflug mit eiserner Pflugschar ersetzt. Der Bauer kann den Boden nun tiefer umpflügen und auch schweren Lehmboden umbrechen. An die Stelle der Sichel tritt die Sense und statt bisher beim Dreschen des Getreides verwendeten Schlagstöcke benutzt man jetzt den Dreschflegel. Wasser- und Windmühlen nehmen dem Bauer die langwierige Arbeit des Kornmahlens mit der Handmühle ab.
(aus "Geschichte entdecken", S. 42)

Dia 1: "Geschichte entdecken", S. 40

Folie 1: "Wurzeln ....", S.23

Folie 2: "Geschichte ent...", S.43

Dia 3:

Dia 2: Geschichte für.., S.34

ARBEITSBLATT 2 ≙ TAFELBILD:

(A) Wie lebten die Bauern im Mittelalter?

(B) Behausung: primitive Hütten aus Lehm und Stroh
Nahrung: einfache und wenig
Kleidung: armselig und notdürftig

(C) Sie feierten bei bestimmten Anlässen, um ihre Not zu vergessen.

(D) Dreifelderwirtschaft + (E) Düngung durch Mist +
Brachfeld / Sommerfeld / Winterfeld

(F) Verbesserte Arbeitsmethoden
- Räderpflug
- Kummet
- Hufeisen
- Sense
- Wasser- und Windmühlen

(J) heute: Moderne Maschinen erleichtern die Arbeit. Versicherungsschutz bei Seuchen und Krankheiten.

UG	Lehrschritte (Artikulationsdefinition)	Lehrinhalte und Lernziele (= Lz)	Lehrakte .... Lernakte		Sozialformen	Lernhilfen
Eröffnungsphase	1. Lehrschritt (Problembegegnung)	Arbeit auf dem Feld	Sachimpuls: Bauern bei der Feldarbeit (nach Aktivierung des Vorwissens)	- betrachten - sich äußern	Hb	Folie 1
	2. Lehrschritt (Zielangabe)	Problemfrage	Erarbeitungsgespräch: Wie lebten die Bauern im Mittelalter?	- fragen - vermuten	Hb	Tafel (A)
Erarbeitungsphase	3. Lehrschritt (Vergegenwärtigung)	Einfachheit des Lebens im mittelalterlichen Dorf (Kleidung, Nahrung, Behausung) (Lz 1/2)	Arbeitsauftrag: Bearbeite mit deinem Nachbarn die Aufgabe 1 am A-Blatt!	- lesen - unterstreichen	Pa	A-Blatt 1 / Pkt. 1
			Verarbeitungsgespräch: Darstellung der Situation der Bauern, Klärung der Arbeitsergebnisse	- nennen - beschreiben	Hb	
	4. Lehrschritt (Teilzielerarbeitung)	Nahrung heute	Erarbeitungsgespräch (nach Impuls): Bei uns kommen Nahrungsmittel auf den Tisch.... Ausland erzeugt...... Situation im Mittelalter! (Besinnungskomponente)	- sich äußern - nennen - werten	Hb	
	5. Lehrschritt (Teilzielfixierung)	(Lz 2/3)	Darstellung der Ergebnisse an der Tafel (Austeilen des A-Blattes 2)	- nennen	Hb	Tafel (B)
			Arbeitsauftrag: Schreibe jetzt die Ergebnisse auf das Arbeitsblatt! (geschlossene Tafel), Kontrolle durch geöffnete Tafel.	- überlegen - eintragen - vergleichen	Aa Hb	A-Blatt 2 (A) u. (B) Tafel (A) u. (B)
	6. Lehrschritt (Vergegenwärtigung)	Feste, Feiern (Lz 4)	Darbietung: Die Bauern haben zu gewissen Anlässen gesungen, getanzt..... Hochzeit, Kirchweih...essen, trinken!	- betrachten - zuhören - mitdenken	Hb	Tonband Dia 1
			Unterrichtsfrage: Warum haben die Bauern wohl so gerne gefeiert? (Besinnungskomponente)	- überlegen - sich äußern - werten	Hb	
			Fixierung der Ergebnisse an der Tafel	- formulieren	Hb	Tafel (C)
	7. Lehrschritt (Teilproblemstellung)	Vermehrung der Anbaufläche	Schilderung: Die Bevölkerung wuchs schnell...... Erfindungen und Erkenntnisse - notwendig!	- betrachten - überlegen - vermuten	Hb	Folie 2
		Verbesserung der Feldbautechnik u. d. Arbeitsmethoden (Lz 1)	Arbeitsauftrag: (arbeitsteilig): Gr. 1: Durch welche neue Bebauungsform wurden die Ernten vergrößert? Gr. 2: Welche neuen Geräte erleichtern nun den Bauern die Arbeit (L. notiert Pkt. F an der Tafel)	- unterstreichen - notieren - verbalisieren - begründen	Ga	A-Blatt 1 / Pkt. 2 A-Blatt 1 / Pkt. 3 Tafel (F)
	8. Lehrschritt (Teilergebniszusammenfassung)	(Lz 5/6/7/8)	Verarbeitungsgespräch 1: Darstellung der Dreifelderwirtschaft u. Düngung (anschl. Fixierung der Ergebnisse a. d. Tafel u. am A-Blatt/ geschlossene Tafel)	- erklären - sich merken - eintragen	Ga/Hb Aa	Dia 2 Tafel (D) u. (E) A-Blatt (C)(D)(E)
			Verarbeitungsgespräch 2: Erklärung der Funktion u. Bedeutung der neuen Geräte (Fixierung an der Tafel mit anschl. Zusammenfassung/ zugekl. Taf.)	- nennen - erklären - begründen	Ga/Hb	Tafel/Bilder (G) u. (H)
	9. Lehrschritt (Besinnung)	Situation der Bauern heute (Lz 3/9)	Provokation: Die Bauern leben heutzutage in ähnlichen Verhältnissen!	- sich äußern	Hb	
			Arbeitsauftrag: Überlege dir, wie es den Bauern heute geht und besprich dich mit deinem Nachbarn!	- nachdenken - besprechen	Pa	
			Verarbeitungsgespräch: Darstellung d. Lage der heutigen Bauern. (anschl. Fixierung der Ergebnisse an der Tafel durch den Lehrer) -evtl. Impuls: Angenommen, das Vieh stirbt heute durch eine Seuche!	- verbalisieren - vergleichen - sich melden	Hb	Dia 3 Tafel (J)
Sicherungsphase	10. Lehrschritt (Wiederholung)	Produktionsform früher - heute (Lz 5 bis 9)	Rundgespräch: Jeder Sch. äußert sich zu einem Aspekt des Themas. (geschlossene Tafel)	- sich äußern - nennen	Aa/Hb	
			Arbeitsauftrag: Bearbeite nun das Arbeitsblatt!	- sich erinnern - eintragen	Aa	A-Blatt 2 / (F)(H)(J)
	11. Lehrschritt (schriftl. Kontrolle)		Kontrolle durch aufgeklappte Tafel	- vergleichen	Aa	Tafelbild A-Blatt 2

Es besteht die Möglichkeit, den Punkt F am Arbeitsblatt bereits vorzugeben. Im Punkt G unterscheidet sich das Arbeitsblatt von der Tafelanschrift. Bei der Teilergebniszusammenfassung im 8. Lehrschritt werden an der Tafel zur besseren Veranschaulichung und Erhöhung der Behaltensleistung Bilder (Einprägungscharakter) verwendet, diese jedoch am Arbeitsblatt nicht vorgegeben, um der Textarbeit im 7. Lehrschritt nicht vorzugreifen. Die Schüler können die einzelnen Bilder oder Symbole vom Geschichtsbuch abzeichnen oder nach eigenen Vorstellungen als Hausaufgabe entwerfen.

Hauptlernziel: Einblick in die wirtschaftliche Krisenzeit des ausgehenden Mittelalters	Unterrichtsthema: Warum ist das Kind vom Bauer Huber gestorben?	Autor: Peter Götzinger
		Unterrichtszeit Empfehlung: 1 UE

Teillernziele: Die Schüler sollen:
1. die graphische Darstellung zum Bevölkerungswachstum auswerten und verbalsieren können (kognitiv),
2. die Kausalzusammenhänge zwischen Hungersnot, Preise für Nahrungsmittel und Essen für die arme Bevölkerung nennen und begründen können (kognitiv),
3. aus einem Text Folgen der Hungersnot für die arme Bevölkerung entnehmen und begründen können (kognitiv),
4. erkennen und verbalisieren, daß von der Hungersnot nur die armen Leute betroffen waren und die Pest sowohl Reiche, als auch Arme hinwegraffte (kognitiv),
5. erklären, daß sowohl Hungersnot, als auch Pest zu Massensterben führten (kognitiv),
6. Möglichkeiten, der Hungersnot zu entfliehen, nennen und begründen können (kognitiv),
7. die Entstehung der Pest darstellen können (kognitiv),
8. das Auftreten und die Auswirkungen der Pest schildern können (kognitiv),
9. verbalisieren, daß Hungersnot und Epidemien heutzutage noch nicht ausgerottet sind und mit jeweils einem Beispiel belegen können (kognitiv).

TONBAND 2:

Dia 1: Um die Mitte des 14. Jahrhunderts brachen Not und Tod über die aufblühenden Städte unserer Heimat und des weiten Europa herein. Von den Hafenstädten am Mittelmeer breitete sich eine unheimliche Krankheit aus: die Pest. 1347 wurde der "Schwarze Tod" durch Matrosen nach Messina eingeschleppt. Im gleichen Jahr starben in Sizilien noch 530000 Menschen an der Pest. Zuerst wütete die Pest in Italien, dann griff sie nach Frankreich und Spanien über und 1349 wütete sie auch in Deutschland. Schließlich war keine Stadt, kein Dorf, kein Weiler, keine Burg vom "Schwarzen Tod" verschont.
(nach "Geschichte für die Hauptschule", S. 39)

Dia 2: Als erstes verhängnisvolles Anzeichen zeigten sich bei den Erkrankten in den Armhöhlen Geschwülste von der Größe eines Eies, die im Volksmund als Pestbeulen bezeichnet wurden und sich binnen kurzem auf alle Körperteile ausbreiteten. Im weiteren Verlauf bildeten sich dann am ganzen Körper schwarze und blaue Flecken, sichere Vorboten des nahen Todes. Kein ärztlicher Rat vermochte diese Krankheit zu heilen, keine Arznei tat irgendeine Wirkung, nur wenige kamen mit dem Leben davon, die meisten aber starben binnen drei Tagen nach den ersten Anzeichen. (aus "Geschichte entdecken", S. 43)

Dia 3: Nur von der Sorge um ihr eigenes Ich getrieben, flohen Männer und Frauen in großer Zahl aus der Stadt, verließen ihre Häuser und flüchteten aufs Land. Die allgemeine Angst war so groß, daß eine Frau ihren Mann verließ und daß die Eltern ihre Kinder im Stich ließen. Manche hauchten ihr Leben auf den Straßen aus, andere wieder schlossen sich in ihre eigenen Häuser ein, bis der herausdringende Gestank dem Nachbarn die erste Kunde von ihrem Tode brachte. Niemand gab den Toten das Geleit und weinte ihnen eine Träne nach. Bei der großen Menge von Toten warf man auf den Friedhöfen Gruben auf und legte die Leichen zu Hunderten hinein.
(nach "Geschichte entdecken", S. 44)

Dia 2: "Blick..", S. 111

Lernhilfen: Tafel, Arbeitsblatt, Arbeitszettel, Block, Tonband, 3 Dias (oder: Folie/Episkop).

Literatur:
1. Ackermann W./Protzner W., Wurzeln unserer Gegenwart, Baumann-Ehrenwirth-Verlag.
2. Beilner H. u.a., Geschichte für die Hauptschule, 6. Jgst., Auer-Verlag, Donauwörth 1979.
3. Filser K. u.a., Geschichte entdecken, 6. Jgst., C.C. Buchners-Verlag, Bamberg 1979.
4. Geiling H., Lehrerfortbildung und Seminar (Geschichte) Oldenbourg-Verlag, München 1978!
5. Schwandner J. u.a., Blick in die Vergangenheit, 6. Jgst., Oldenbourg-Verlag, München 1978.

Tonband 1:
Die Hungersnot griff mit ihren Verheerungen immer weiter um sich, so daß das Auslöschen des ganzen Menschengeschlechts zu befürchten stand. Es herrschte eine so ungünstige Witterung, daß man keine geeignete Zeit zum Säen fand. Wegen der Überschwemmungen war es unmöglich, eine Ernte einzubringen. Unablässige Regenfälle hatten das ganze Erdreich aufgeweicht, daß man drei Jahre lang keine Furchen ziehen konnte, die die Saat hätten aufnehmen können. Zur Erntezeit waren die Felder ganz von Unkraut überwuchert. Fand man glücklich Nahrung zum Verkauf angeboten, so konnte der Verkäufer jeden beliebigen Wucherpreis dafür fordern.
(aus "Blick in die Vergangenheit, S. 52)

ARBEITSZETTEL:
Leidtragende der Hungersnöte waren besonders die Armen. Sie hatten nicht die geringsten Vorräte und konnten auf keinen Fall die unerschwinglich hohen Lebensmittelpreise bezahlen. Als Folge der Hungersnöte zeigten sich Unterernährung, besondere Anfälligkeit für Krankheiten, sehr hohe Kindersterblichkeit und niedrige Lebenserwartung. Auch Mangelkrankheiten und Mißbildungen waren keine Seltenheit. (nach "Blick in die Vergangenheit", S.53)

SCHILDERUNG (Lehrervortrag):
Nachdem die Menschen die wilden Tiere und Vögel verzehrt hatten, begannen sie, Aas und Dinge, die kaum zu benennen sind, zusammenzutragen, um sich davon zu sättigen. Manche sammelten, um dem Tode zu entgehen, im Walde wilde Wurzeln und in den Flüssen das Wasserkraut. Viele wurden von ihren Gastgebern des Nachts erwürgt und dienten als Nahrung. Und auch die Leiber der Toten wurden vielerorts aus der Erde gescharrt, um den Hunger zu stillen. Viele Leute gruben weiße Erde, dem Ton ähnlich, aus dem Boden, und mischten sie unter das wenige, was sie an Mehl oder Kleie besaßen, und machten aus dem Gemisch Brote. (nach "Blick in die Vergangenheit", S. 52/53)

Dia 3: "Blick......", S. 53

Dia 1: "Wurzeln.....", S. 25

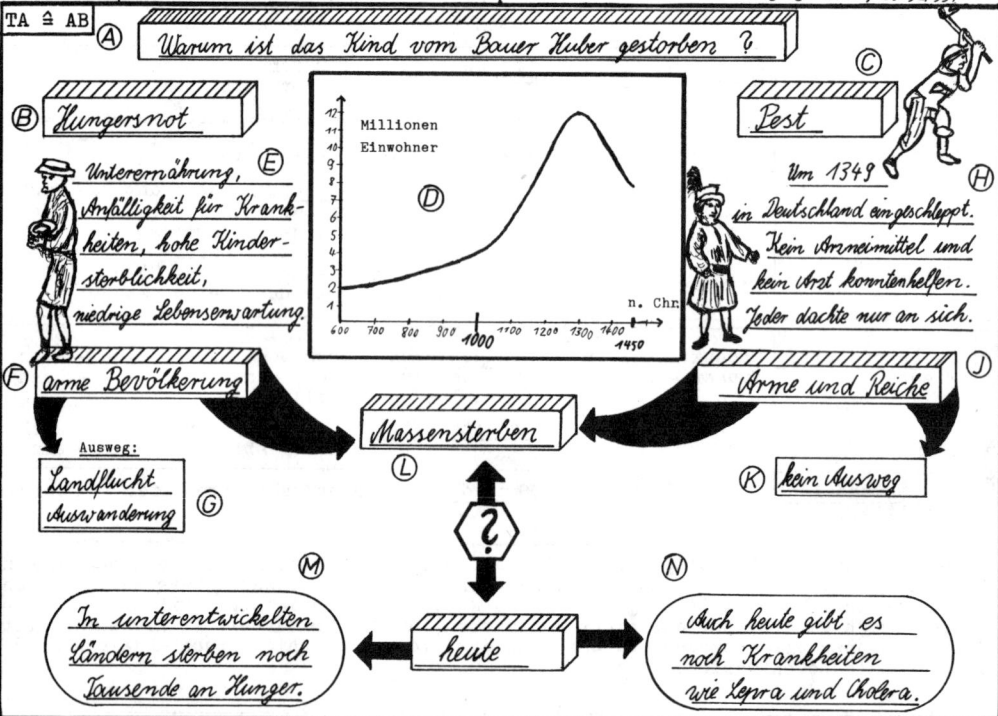

TA ≙ AB

(A) Warum ist das Kind vom Bauer Huber gestorben?

(B) Hungersnot — (C) Pest

(E) Unterernährung, Anfälligkeit für Krankheiten, hohe Kindersterblichkeit, niedrige Lebenserwartung

(D) [Diagramm: Millionen Einwohner, 600–1450 n. Chr.]

(H) Um 1349 in Deutschland eingeschleppt. Kein Arzneimittel und kein Arzt konnten helfen. Jeder dachte nur an sich.

(F) arme Bevölkerung — (J) Arme und Reiche

(G) Ausweg: Landflucht, Auswanderung

(L) Massensterben

(K) kein Ausweg

(?) (M) heute (N)

(M) In unterentwickelten Ländern sterben noch Tausende an Hunger.

(N) Auch heute gibt es noch Krankheiten wie Lepra und Cholera.

216

UG	Lehrschritte (Artikulationsdefinition)	Lehrinhalte und Lernziele (= Lz)	Lehrakte .... Lernakte		Sozial-formen	Lernhilfen
Eröffnungsphase	1. Lehrschritt (Problembegegnung)	Situation der Bauern	Rollenspiel: Unterhaltung beim Abendbrot: schlechte Ernteerträge, Hunger, ... Nachbar Huber klopft und berichtet: Jetzt hat es meinen jüngsten Sohn auch erwischt!	- spielen - zuhören - mitdenken	Ga/Hkf	
	2. Lehrschritt (Zielangabe)	Problemfrage	Erarbeitungsgespräch: Warum ist das Kind vom Bauer Huber gestorben?	- formulieren - fragen	Hb	Tafel (A)
Erarbeitungsphase	3. Lehrschritt (Vergegenwärtigung)	Hungersnot (Lz 2)	Partnergespräch: Überlege dir kurz mit deinem Nachbarn, warum ...?	- besprechen - verbalisieren	Pa	
			Verarbeitungsgespräch: Darstellung der Bereiche Hungersnot und Pest. (anschl. Fixierung am Arbeitsblatt)	- nennen - begründen - eintragen	Hb	Tafel (B) u. (C) A-Blatt (A)(B)(C)
		graph. Darstellung (Lz 1/2)	Arbeitsauftrag: Betrachte die Kurve am A-Blatt und versuche, sie zu deuten! (anschl. Verbalisierung der Ergebnisse)	- betrachten - verbalisieren	Ga/Hb	A-Blatt (D)
			Darbietung einer Tonbandaufnahme (Arbeitsauftrag): Finde heraus, warum die Bauern so wenig zu essen hatten!	- zuhören - mitdenken	Hb	Tonband 1
		Kausalzusammenhänge (Hungersnot, Preise, Essen) (Lz 2)	Verarbeitungsgespräch: Darstellung von Kausalzusammenhängen.	- begründen - verbalisieren	Hb	
			Schilderung der "Auswüchse" in der Zeit der Hungersnot.	- zuhören - mitdenken	Hb	Schilderung
		Folgen der Hungersnot	Arbeitsauftrag: Unterstreiche, zu welchen Folgen die Hungersnot ....!	- lesen - unterstreichen	Pa	Arbeitszettel
	4. Lehrschritt (Teilzielgewinnung und -fixierung)	(Lz 3)	Verarbeitungsgespräch: Darstellung der Folgen der Hungersnot, mit Fixierung der Ergeb. an der Tafel (Eintrag der Ergebnisse am A-Blatt)	- nennen - verbalisieren - begründen - eintragen	Hb Aa	Arbeitszettel Tafel (E) A-Blatt (E)
	5. Lehrschritt (Teilproblemstellung)	(Lz 4/5)	Erarbeitungsgespräch nach Impuls: Von der Hungersnot war eine bestimmte Schicht der Bevölkerung betroffen! (anschl. Fixierung an der Tafel)	- nennen - begründen	Hb	Tafel (F)
		Ausweg (Landflucht, Auswanderung)	Partnergespräch: Berate dich mit deinem Nachbarn, welche Auswege es hier gibt!	- besprechen	Pa	
	6. Lehrschritt (Teilzielgewinnung und -fixierung)	(Lz 6)	Verarbeitungsgespräch: Darstellung der Fluchtmöglichkeiten, Klärung der Redewendung "Stadtluft macht frei!"	- schildern - nennen	Hb	Tafel (G)
			Teilzusammenfassung der Arbeitsergebnisse (anschl. Fixierung am A-Blatt)	- verbalisieren - eintragen	Hb/Aa	A-Blatt (F) u. (G)
	7. Lehrschritt (Vergegenwärtigung)	Pest (Entstehung, Beschreibung, Folgen) (Lz 7/8)	Unterrichtsfrage: Was weißt du bereits über die Pest?	- sich äußern	Hb	
			Darbietung einer Tonbandaufnahme (mit Unterstützung durch Dias) Arbeitsaufträge (arbeitsteilige Ga): Gr. 1: Erkläre die Entstehung der Pest! Gr. 2: Beschreibe das Auftreten d. P. Gr. 3: Welche Folgen hatte die Pest?	- zuhören - betrachten - notieren	Hb/Ga	Notizblock Tonband 2 Dias 1/2/3
	8. Lehrschritt (Teilergebniszusammenfassung)	Auswirkungen der Pest (Lz 4/5/7/8)	Verarbeitungsgespräch: Darstellung der Arbeitsergebnisse der einzelnen Gruppen (mit Fixierung an der Tafel durch den Lehrer)	- verbalisieren - begründen	Ga/Hb	Tafel (H)
			Darstellung: Wiederholen der Arbeitsergebnisse (geschlossene Tafel)	- sich erinnern - nennen	Hb	
			Impuls (Transfer): Die Hungersnot betraf nur die arme Bevölkerung!	- sich äußern	Hb	
			Verarbeitungsgespräch: Darstellung der ausweglosen Situation der ganzen Bevölkerung; anschl. Fixierung (Eintrag der Ergebnisse am A-Blatt)	- verbalisieren - eintragen	Hb Aa	Tafel (I)(K)(L) A-Blatt (H)(I)(K)(L)
	9. Lehrschritt (Besinnung durch Provokation)	heutige Situation in der 3. Welt (Lz 9)	Impuls: Heute gibt es weder Hunger noch Krankheiten	- sich melden	Hb	
			Bericht über die Situation in der 3. Welt durch Schüler; Fixierung an der Tafel (anschl. Eintrag am Arbeitsblatt)	- sich äußern - berichten - begründen - eintragen	Hb/Aa Aa	Tafel (M)(N) A-Blatt (M)(N)
Sicherungsphase	10. Lehrschritt (Wiederholung)	(Lz 2 bis 9)	Rundgespräch: Jeder Schüler äußert sich zu einem Aspekt des Stundenthemas.	- sich äußern	Aa/Hb	

Hauptlernziel: Einblick in die Stellung des Papstes in der römischen Christenheit des Mittelalters	Unterrichtsthema: Warum geraten Kaiser und Papst in Streit?	Autor: Peter Götzinger
		Unterrichtszeit Empfehlung: 1 UE

Vorbemerkungen:

Der Schwerpunkt dieser Unterrichtseinheit liegt nicht darauf, die Stellung des Papstes als Nachfolger Petri und Stellvertreter Christi auf Erden aufzuzeigen, sondern in der Darstellung des Kampfes zwischen Kaiser und Papst um die Vorherrschaft in der abendländischen Christenheit, dargestellt an Heinrich IV. und Gregor VII.. die Kenntnis der abendländischen Ausprägung des mittelalterlichen Kaisertums dient dieser Stunde als Voraussetzung. Auf die weiteren Auseinandersetzungen zwischen Heinrich und Gregor nach Canossa (Gegenpapst) wird aus Gründen des Erreichens der geplanten Lernziele verzichtet. Im 6. Lehrschritt kann der Lehrer als Alternative die zweite Tonbandaufnahme ebenfalls als Lehrererzählung verwenden (Möglichkeit einer effektiven Dramaturgie). Weiterhin bietet sich hier für ihn die Möglichkeit an, den "Brief von Canossa" vorzulesen (z.B. Ehrenwirth, S. 14).

Teillernziele: Die Schüler sollen ...

1. ... aus einer Tonbandaufnahme oder Lehrererzählung die Forderungen Gregor VII. erkennen und ihre Bedeutung erklären können (kognitiv),
2. ... aus einer Quelle wichtige Informationen entnehmen und ihre Bedeutung begründen und werten können (konitiv, affektiv),
3. ... die Reaktion Heinrichs auf die Forderungen des Papstes nennen und bewerten können (kogn., affekt.),
4. ... die Bedeutung des Kirchenbannes und seine Aufhebung nennen und beurteilen können (kogn., affekt.),
5. ... die Notwendigkeit einer vertraglichen Schlichtung des Streits erklären können (kognitiv),
6. ... den Inhalt des Wormser Konkordats nennen und begründen können (kognitiv),
7. ... begründen und bewerten können, warum es nach dem Investiturstreit keinen echten Sieger gab (kognitiv, affektiv),
8. ... den Verlauf des Investiturstreits nachvollziehen können (kognitiv).

Lernhilfen: Tafel, 2 Folien, 2 Arbeitsblätter, 2 Tonbandaufnahmen, Bilder (Stab, Ring, Zepter).

Literatur:
1. Ackermann W./Protzner W., Wurzeln unserer Gegenwart, Baumann-Ehrenwirth-Verlag.
2. Ebeling H./Birkenfeld W., Die Reise in die Vergangenheit, Bd. 1, Westermann-Verlag, Braunschweig 1975
3. Filser K. u.a., Geschichte entdecken, 6. Jgst., C.C. Buchners-Verlag, Bamberg 1979.
4. Geiling H. u.a., Lehrerfortbildung und Seminar (Geschichte), Oldenbourg-Verlag, München 1978.
5. Schwandner J. u.a., Blick in die Vergangenheit, 6. Jgst., Oldenbourg-Verlag, München 1978.
6. Curricularer Lehrplan, Geschichte, 6. Jgst., Carl-Link-Verlag, Vordruck Nr. 2636.41.

TONBAND 1:
Wie sich die Menschen im Mittelalter das Verhältnis von Kaiser und Papst vorstellten, siehst du auf dem linken Bild (Folie 1). Kaiser und Papst sitzen umarmt auf einem Thron und regieren gemeinsam die Welt. Die Menschheit glaubte nämlich, daß Kaiser und Papst durch Gott in ihr hohes Amt berufen und aus diesem Grunde gleichberechtigt wären. Als jedoch im Jahre 1073 Papst Gregor VII. den Stuhl Petri besteigt, ändert sich die Lage, wie du auf dem zweiten Bild erkennen kannst (Folie 2). Der Papst, der als Mönch in einem Kloster gelebt hat, beansprucht eine Vormachtstellung und verlangt, daß die weltlichen Herren keine Priester mehr einsetzen dürfen. Es entbrennt nun ein heftiger Kampf zwischen Kaiser und Papst.

TONBAND 2:
Nachdem Kaiser Heinrich IV. vom Papst gebannt worden ist, beschließen die deutschen Fürsten, im Februar 1077 einen neuen Kaiser zu wählen. Mitten im Winter zieht nun Heinrich über die Alpen dem Papst entgegen, der sich auf dem Weg nach Deutschland befindet, um der Kaiserwahl beizuwohnen. Der Papst flieht sofort auf die Felsenfestung in Canossa, wohin ihm der Kaiser folgt. Dieser kommt jedoch nicht mit einem Heer und nicht als Krieger, sondern in einem ärmlichen Gewand als reumütiger Büßer. Der Papst kann jetzt nicht umhin, Heinrich vom Bann loszusprechen, worauf dieser von den deutschen Fürsten wieder als König anerkannt werden muß.

ARBEITSBLATT 2:

1. Wie reagiert der Kaiser auf die Forderungen des Papstes?
   Brief Heinrichs IV. an Papst Gregor VII. (1076): "Du hast dich nicht gescheut, dich gegen die uns von Gott verliehene königliche Gewalt zu erheben. Du hattest gedroht, du würdest sie uns nehmen, als ob wir von dir das Königtum empfangen hätten, als ob in deiner und nicht in Gottes Hand Königs- und Kaiserherrschaft lägen. Auch mich, der ich zum Königtum gesalbt worden bin, hast du angetastet. Mich, von dem die Überlieferung der heiligen Väter lehrt, daß ich nur von Gott gerichtet werden darf, es sei denn, ich weiche vom Glauben ab, was ferne sei. Du aber entehrst mich, weil du Gott, der mich eingesetzt hat, nicht fürchtest. So verlasse den apostolischen Stuhl, den du dir angemaßt hast. Ich, Heinrich durch die Gnade Gottes König, sage dir, zusammen mit allen meinen Bischöfen: Steige herab! Steige herab!" (aus "Geschichte entdecken", S. 33)

2. Welche Reaktion zeigt der Papst auf den Brief des Kaisers?
   "Im Namen des allmächtigen Gottes, des Vaters, des Sohnes und des Heiligen Geistes, spreche ich dem König Heinrich, der sich gegen deine Kirche mit unerhörtem Hochmut erhoben hat, die Herrschaft über das gesamte deutsche Reich und Italien ab und löse alle Christen von dem Band des Eides, den sie ihm geleistet haben, und verbiete jedem, ihm künftig als einem König zu dienen ...."
   (aus "Geschichte entdecken", S. 33)

3. Finde durch Unterstreichen der wichtigen Textstellen die Bedingungen des Kompromisses heraus:
   Im Wormser Konkordat (1122) wurde bestimmt, daß der König auf die Investitur mit Ring und Stab (Bischofswürde) verzichtete. Er gestand der Kirche die freie Wahl des Bischofs durch das Domkapitel zu. Die Belehnung, die Übertragung weltlicher Macht durch den König, erfolgte nach vollzogener Wahl, in Deutschland vor der Weihe, in Italien und Burgund innerhalb 6 Monaten nach der Weihe durch Übergabe eines Zepters durch den König. (nach "Blick in die Vergangenheit", S. 38)

Mögliche Inhalte der Lehrererzählung: (aus "Geschichte entdecken" u."Wurzeln..")
Der Papst fordert: - die Ehelosigkeit aller Priester.
- die völlige Unterordnung der Bischöfe und des Kaisers unter den Papst, d.h.: der Kaiser darf keine Bischöfe mehr einsetzen.
- geistliche Ämter dürfen nicht mehr käuflich sein.
- Wahl des Papstes nur durch kirchliche Würdenträger.
- daß er den Kaiser absetzen kann.
- daß er Untertanen vom Treueid gegen ungerechte Fürsten lösen kann.

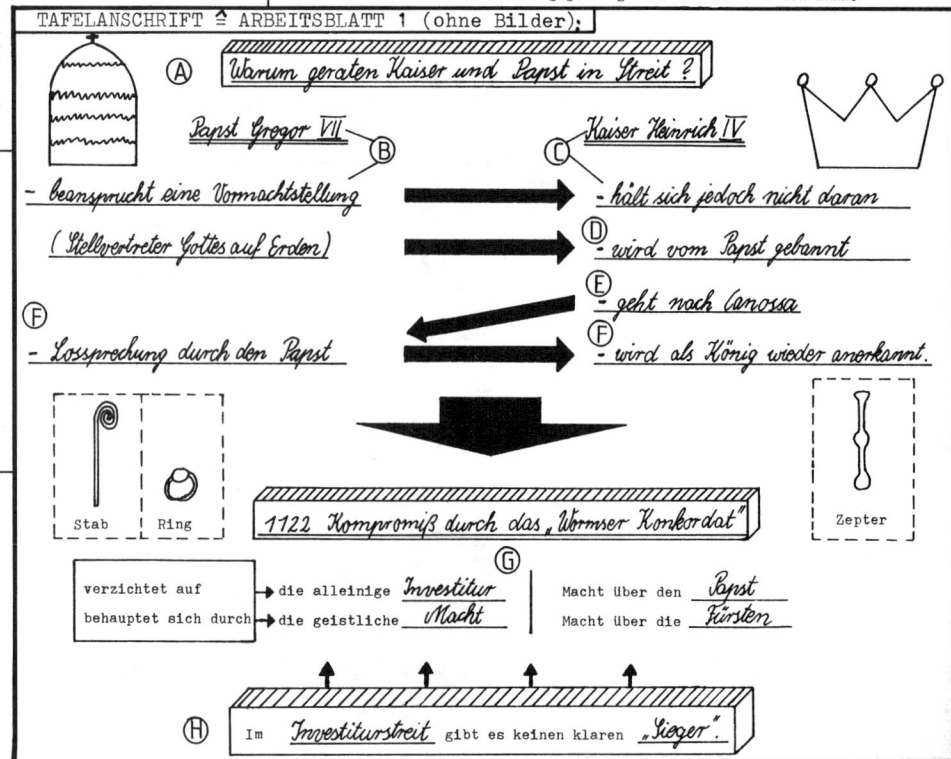

FOLIE 1 (siehe "Wurzeln..", S. 14):

FOLIE 2:

TAFELANSCHRIFT ≙ ARBEITSBLATT 1 (ohne Bilder):

(A) Warum geraten Kaiser und Papst in Streit?

(B) Papst Gregor VII — (C) Kaiser Heinrich IV

- beansprucht eine Vormachtstellung → - hält sich jedoch nicht daran
  (Stellvertreter Gottes auf Erden) → (D) - wird vom Papst gebannt
  → (E) - geht nach Canossa
(F) - Lossprechung durch den Papst → (F) - wird als König wieder anerkannt.

Stab Ring → 1122 Kompromiß durch das „Wormser Konkordat" ← Zepter

(G) verzichtet auf → die alleinige Investitur | Macht über den Papst
behauptet sich durch → die geistliche Macht | Macht über die Fürsten

(H) Im Investiturstreit gibt es keinen klaren „Sieger".

UG	Lehrschritte (Artikulationsdefinition)	Lehrinhalte und Lernziele (= Lz)	Lehrakte .... Lernakte		Sozial-formen	Lernhilfen
Eröffnungsphase	1. Lehrschritt (Einstimmung)	Papst als Stellv. Gottes auf Erden	Unterrichtsfrage: Aus der letzten Stunde..... (Aktivierung des Vorwissens)	– sich melden – nennen	Hb	
	2. Lehrschritt (Problembegeg.)		Sachimpuls: Du kannst das Bild beschreiben!	– sich äußern – beschreiben	Hb	Folie 1
	3. Lehrschritt (Probl.-findung)	Problemfrage	Erarbeitungsgespräch: .... Warum geraten Kaiser und Papst in Streit?	– beschreiben – fragen	Hb	Folie 2 Tafel (A)
Erarbeitungsphase	4. Lehrschritt (Vergegenwärtigung/Besinnung)	Darst. der gesch. Situation (Lz 1)	Partnergespräch: Überlege dir mit deinem Nachbarn, warum ....? (anschl. Darstellung der Vermutungen)	– überlegen – vermuten – besprechen	Pa/Hb	
			Arbeitsauftrag: Warum wandte sich der Kaiser vom Papst ab?	– zuhören – mitdenken	Hb	Tonband 1
			Verarbeitungsgespräch: Darlegung der ersten Gründe für einen Streit. (anschl. Fixierung an der Tafel)	– sich erinnern – nennen		Tafel (B)
		reformatorisch Forderungen (Lz 1)	Schilderung (Lehrererzählung) der weiteren Forderungen des Papstes.	– zuhören	Hb	siehe Lehrererzähl.
			Erarbeitungsgespräch (nach Impuls): Darstellung der Reaktion des Kaisers	– vermuten – begründen		
		Brief des Kaisers (Lz 2 u 3)	Partnergespräch: (AA) Aus einem Brief des Kaisers kannst du seine Reaktion herauslesen!	– lesen – besprechen	Pa	A-Blatt 2 / Punkt 1
			Verarbeitungsgespräch: Auswertung des Quellentextes.	– werten – begründen	Hb	
	5. Lehrschritt (Teilergebnisfixierung)		Darstellung der erarbeiteten Ergebnisse und Fixierung an der Tafel.	– nennen	Hb	Tafel (B)(C)
			Arbeitsauftrag: Schreibe jetzt die Ergebnisse auf dein (geschl. Tafel) A-Bl.!	– sich erinnern – eintragen	Aa	A-Blatt 1 (A)(B)(C)
	6. Lehrschritt (Vergegenwärtigung/Besinnung)	(Lz 4)	Unterrichtsfrage: Kannst du dir vorstellen, was der Papst machen wird?	– überlegen – vermuten	Hb	
			Erarbeitungsgespräch: Besprechung der Schülervermutungen.	– folgern – begründen		
		Kirchenbann durch den Papst (Lz 2 u. 4)	Gruppenarbeitsauftrag: Die Reaktion des Papstes kannst du aus der nächsten Quelle herausfinden!	– lesen – besprechen – werten	Ga	A-Blatt 2 / Punkt 2
			Verarbeitungsgespräch: Auswertung des Quellentextes (anschl. Fix. an d. TA)	– verbalisieren – werten	Hb	Tafel (D)
		Streitverlauf	Arbeitsauftrag: Präge dir den weiteren Verlauf des Streites ein!	– zuhören – sich merken		Tonband 2
	7. Lehrschritt (Teilergebnisfixierung)	(Lz 8)	Verarbeitungsgespräch: Darstellung des Streitverlaufs (Fixierung an d. Tafel)	– nennen – verbalisieren	Hb	Tafel (E)(F)
			Arbeitsauftrag: Schreibe jetzt die Ergebnisse auf dein Arbeitsblatt!	– sich erinnern – eintragen	Aa	A-Blatt (D)(E)(F)
	8. Lehrschritt (Vergegenwärtigung/Besinnung)	Wormser Konkordat (Lz 2,5 u. 6)	Impuls: Nachdem Heinrich in Deutschland ist, setzt er wieder Bischöfe ein	– überlegen – vermuten	Hb	
			Erarbeitungsgespräch: Darstellung der Notwendigkeit einer vertragl. Regelung	– begründen – verbalisieren		
			Partnerarbeit: Finde aus der Quelle die Bedingungen des Kompromisses heraus!	– lesen	Pa	A-Blatt 2 / Punkt 3
			Verarbeitungsgespräch: Auswertung des Quellentextes (anschl. Fix. an d. Tafel)	– verbalisieren – nennen	Hb	Tafel (G) Bilder (Stab..)
Sicherungsphase	9. Lehrschritt (Wertung)	(Lz 7)	Impuls: Du kannst jetzt den Streit zwischen ...... beurteilen!	– zuhören – überlegen	Hb	
			Erarbeitungsgespräch: Beide Seiten sind sowohl Sieger als auch Verlierer (anschl. Fixierung an der Tafel)	– werten – begründen		Tafel (H)
	10. Lehrschritt (Rekapitulation)	Rückgriff auf Problemfrage	Verarbeitungsgespräch: Wiederholung der erarb. Ergebnisse (geschl. Tafel)	– sich erinnern – nennen	Hb	
	11. Lehrschritt (schriftliche Fixierung)	(Lz 4 bis 8)	Arbeitsauftrag: Trage nun unsere Ergebnisse am A-Blatt ein (Stab, Ring und Zepter werden als Hausaufg. gezeichnet)	– eintragen	Aa	A-Blatt (G)(H)
	12. Lehrschritt (Transfer)	Ausblick	Impuls: Stell dir vor, der Bundeskanzler würde heute Bischöfe einsetzen!	– zuhören – überlegen	Hb	
			Erarbeitungsgespräch: Darstellung der Trennung von kirchlicher und politischer Macht.	– verbalisieren – nennen – werten		

Hauptlernziel: Überblick über Bau und Funktion des Atmungssystems	Unterrichtsthema: Atmungsorgane - Gasaustausch (Warum können wir nicht mehr leben, wenn die Atmung aussetzt?)	Autor: A. Lindenmeir
		Unterrichtszeit Empfehlung: 2 UE

VORBEMERKUNGEN: Vor der Durchführung dieser UE ist es nützlich, sich beim Physiklehrer über Grundkenntnisse der Klasse zu informieren bzw. abzuwarten, bis diese im Physikunterricht behandelt sind (Verbrennung, Sauerstoff, Kohlendioxidnachweis, evtl. Luftzusammensetzung, ...).
Durch einfache Versuche kann dann mit den Schülern Wesentliches zum Thema "Atmung" erarbeitet werden: Sauerstoffaufnahme, Kohlendioxidabgabe, Gasaustausch. Die Probleme der inneren Atmung können höchstens angedeutet werden, müssen aber den oberen Klassen vorbehalten bleiben, weil einfach die Voraussetzungen dazu fehlen.

TEILLERNZIELE: Die Schüler sollen
1. - Bau und Funktion der Atmungsorgane kennen.
2. - wissen, daß im Körper aus der Einatmungsluft Sauerstoff entnommen wird.
3. - wissen, daß die Ausatmungsluft mehr Kohlendioxid enthält als Frischluft.
4. - erklären können, wie der Gasaustausch in den Lungenbläschen vor sich geht.
5. - über die Zusammensetzung der Atemluft Bescheid wissen.
6. - die Atembewegungen beschreiben können (Zwerchfell- und Brustatmung).
7. - Versuche genau durchführen, Beobachtungen aufschreiben und Folgerungen daraus ziehen können.
8. - Probleme konkretisieren können.
9. - aus Anschauungsmaterial (Lehrbuch ...) Information entnehmen können.
10. - aus den Erkenntnissen Folgerungen für die Gesundheit ziehen.

MEDIEN:
Wasserbecken, 2 Standzylinder mit Glasplatten, Erlenmeyerkolben mit doppelt durchbohrtem Stopfen (Anzahl je nach Gruppeneinteilung), kurze und längere Glasröhrchen, T-förmige Glasröhrchen, Gummischläuche; 2 Kerzen am Draht befestigt, Kalkwasser; evtl. unverletzte Lunge mit Luftröhre (beim Metzger rechtzeitig besorgen!), Rasierklinge; Zigarette, Filterpapier, Zündholz; künstliche Lunge; Torso; Stoppuhr; Arbeitsblätter, Folien, OH-Projektor, jew. Lehrbuch.

LITERATUR:
Barsig W. u.a., Leben überall-neu 6. Jahrgangsstufe, Verlag Ludwig Auer Donauwörth, 1978, S.46-50, Haug K., Der Mensch und seine Umwelt, Mundus-Verlag Stuttgart 1971, S. 17, S. 46-51. Zum Zeichnen eignet sich gut die "Naturwissenschaftliche Zeichenschablone 1001" von Pauck audio-visuell GmbH, Postfach 6410, 4800 Bielefeld 1.

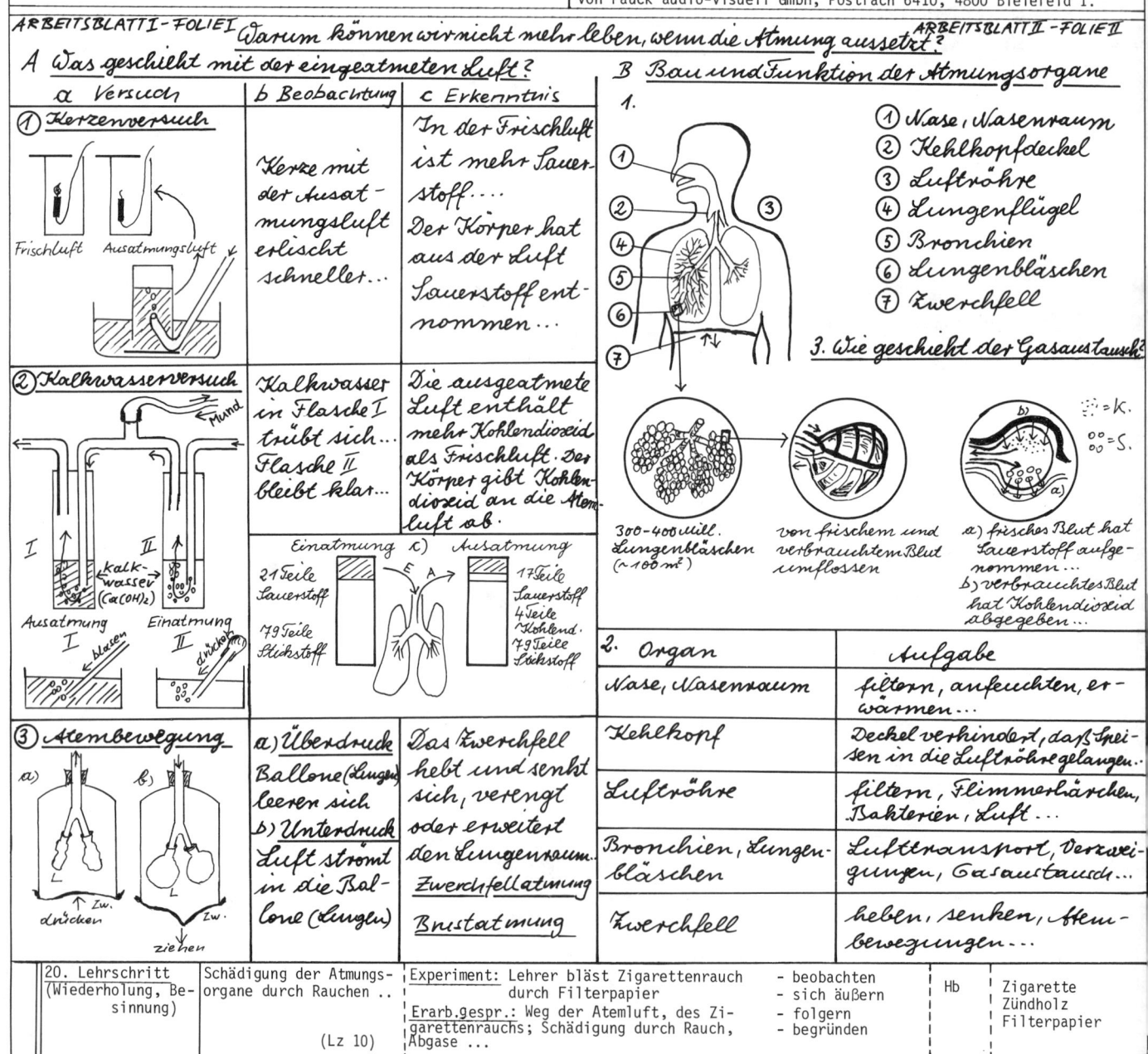

ARBEITSBLATT I - FOLIE I — Warum können wir nicht mehr leben, wenn die Atmung aussetzt? — **ARBEITSBLATT II - FOLIE II**

A Was geschieht mit der eingeatmeten Luft?

a Versuch	b Beobachtung	c Erkenntnis
① Kerzenversuch (Frischluft / Ausatmungsluft)	Kerze mit der Ausatmungsluft erlischt schneller...	In der Frischluft ist mehr Sauerstoff... Der Körper hat aus der Luft Sauerstoff entnommen...
② Kalkwasserversuch (I Ausatmung / II Einatmung, Kalkwasser $Ca(OH)_2$)	Kalkwasser in Flasche I trübt sich... Flasche II bleibt klar...	Die ausgeatmete Luft enthält mehr Kohlendioxid als Frischluft. Der Körper gibt Kohlendioxid an die Atemluft ab.
Einatmung E / Ausatmung A: 21 Teile Sauerstoff, 79 Teile Stickstoff / 17 Teile Sauerstoff, 4 Teile Kohlendioxid, 79 Teile Stickstoff		
③ Atembewegung a) / b) drücken Zw. / ziehen Zw.	a) Überdruck – Ballone (Lunge) leeren sich b) Unterdruck – Luft strömt in die Ballone (Lunge)	Das Zwerchfell hebt und senkt sich, verengt oder erweitert den Lungenraum. Zwerchfellatmung / Brustatmung

B Bau und Funktion der Atmungsorgane

1.
① Nase, Nasenraum
② Kehlkopfdeckel
③ Luftröhre
④ Lungenflügel
⑤ Bronchien
⑥ Lungenbläschen
⑦ Zwerchfell

3. Wie geschieht der Gasaustausch?

300–400 Mill. Lungenbläschen (~100 m²) — von frischem und verbrauchtem Blut umflossen — a) frisches Blut hat Sauerstoff aufgenommen... b) verbrauchtes Blut hat Kohlendioxid abgegeben... (K = Kohlendioxid, S = Sauerstoff)

2.

Organ	Aufgabe
Nase, Nasenraum	filtern, anfeuchten, erwärmen...
Kehlkopf	Deckel verhindert, daß Speisen in die Luftröhre gelangen...
Luftröhre	filtern, Flimmerhärchen, Bakterien, Luft...
Bronchien, Lungenbläschen	Lufttransport, Verzweigungen, Gasaustausch...
Zwerchfell	heben, senken, Atembewegungen...

| 20. Lehrschritt (Wiederholung, Besinnung) | Schädigung der Atmungsorgane durch Rauchen.. (Lz 10) | Experiment: Lehrer bläst Zigarettenrauch durch Filterpapier. Erarb.gespr.: Weg der Atemluft, des Zigarettenrauchs; Schädigung durch Rauch, Abgase ... | - beobachten - sich äußern - folgern - begründen | Hb | Zigarette Zündholz Filterpapier |

UG	Lehrschritte (Artikulationsdefinition)	Lehrinhalte und Lernziele (= Lz)	Lehrakte .... Lernakte		Sozialformen	Lernhilfen
Eröffnungsphase	1. Lehrschritt (Problembegegnung)		Experiment: Mehrere Schüler versuchen, die Luft anzuhalten.	- zuhören - Experiment - beobachten	Hb	Stoppuhr
	2. Lehrschritt (Problemdarstellg.)	Atemluft ist lebenswichtig	Erarb.gespr.: Hunger, Durst kann der Mensch längere Zeit ertragen. Atemstillstand nur ganz kurze Zeit.	- folgern - Problem konkretisieren	Hb	
	3. Lehrschritt (Zielangabe, Problemfragen)	Warum können wir nicht mehr leben, wenn die Atmung aussetzt? (Atemluft,Atmungsorgane, Gasaustausch, Atembewegungen) (Lz 8)	Erarb.gespr.: Atmen ist lebensnotwendig. Problem der Atemluft, Atmungsorgane, Atembewegungen ...	- Probleme formulieren	Hb	Tafel:Überschrift
Erarbeitungsphase	4. Lehrschritt (1. Problem, Planung)	Was geschieht mit der eingeatmeten Luft?	Erarb.gespr.: Einatmung - Ausatmung; Versuchsanweisungen zur Untersuchung der Atemluft.	- zuhören - mitplanen	Hb	Arbeitsblatt I, 1 a Folie I, 1 a
	5. Lehrschritt (Problemlösungsversuch) (Ergebnis, Erkenntnis, Fixierung)	Beim Einatmen entnimmt der Körper Sauerstoff aus der Frischluft. (Lz 2, 7)	Demonstrationsversuch (Schülermithilfe): a) Ausatmungsluft unter Wasser auffangen b) brennende Kreze in Frischluft, brennende Kerze in Ausatmungsluft Verarbeitungsgespräch: Beobachtungsberichte, Sauerstoffentnahme im Körper.	- Versuch durchf. - beobachten - berichten - folgern	Kf Hb	Geräte s. Arbeitsblatt I, 1.Kerzenversuch Folie I, 1 b,c
	6. Lehrschritt (Problemlösungsversuch)	Kalkwasser wird trüb. Ausatmungsluft enthält Kohlendioxid.	Demonstrationsversuch bzw. arbeitsteilige Gruppenarbeit: Nachweis von Kohlendioxid in der Ausatmungsluft durch Kalkwasser.	- Versuchsaufbau besprechen - Versuch durchf. - beobachten	Hb bzw. Ga	Geräte siehe Arbeitsblatt I, 2. Kalkwasserversuch
	7. Lehrschritt (Ergebnis, Erkenntnis, Fixierung)	Der Körper gibt Kohlendioxid an die Atemluft ab. (Kalkwasser als Nachweis f.Kohlendioxid) (Lz 3,7)	Verarbeitungsgespräch: Kohlendioxidabgabe an die Ausatmungsluft.	- berichten - folgern - aufschreiben	Hb	Folie I,2b,c
	8. Lehrschritt (Teilergebnisgewinnung)	Einatmung Ausatmung 21 Teile Sauerstoff 17 Teile 79 Teile Stickstoff 79 Teile 0,03 Teile Kohlendioxid 4 Teile (Lz 5,7)	Ergänzung: Zusammensetzung der Atemluft Skizzenhafte Darstellung: Anteile der Gase in der Atemluft Partnerarbeit: Versuch zum Sauerstoffverbrauch. Versuch: Zähle die Atemzüge deines Nachbarn in Ruhestellung, nach Anstrengung (Kniebeugen ...)! Verarbeitungsgespräch: Sauerstoffverbrauch je nach Anstrengung,Energie für Bewegung, Körperwärme, Wachstum ...	- zuhören - betrachten - folgern - Versuch durchf. - folgern - sich äußern - folgern - begründen	Hb Pa Hb	Folie I, 2,c
	9. Lehrschritt Teilergebniswiederholung		Auftrag: Trage die Beobachtungen und Erkenntnisse auf deinem Arbeitsblatt ein! Kontrolle: OHP-Folie	- eintragen - formulieren - prüfen	Aa bzw. Pa	Arbeitsbl. I, 1,2, b,c Folie I,1,2, b,c
	10. Lehrschritt (2. Problemplanung)	Wie geschieht der Gasaustausch? (Lz 8)	Erarb.gespr.: Problem → Atmungsorgane, Gasaustausch	- Probleme formulieren	Hb	Nebentafel
	11. Lehrschritt (Problemlösung, Originale Sachbegegnung) (Fixierung)	Bau u. Funktion der Atmungsorgane: -Nasenraum (wärmen, prüfen,filtern, anfeuchten) -Kehlkopf (Verschluß) -Luftröhre (Flimmerh.)	a) Gegenstandsdemonstration: Arbeit am Torso b) Gegenstandsdemonstration: Untersuchung am Lungenpräparat (berühren: Glasrohr an Luftröhre setzen, blasen;aufschneiden) c) Skizzenhafte Darstellung: Schemazeichnung der Atmungsorgane	- betrachten - verbalisieren - benennen - beobachten - folgern - aufschreiben	Hb Kf Hb	Torso Lungenpräparat Folie II, 1 Arbeitsbl.II, 1
	12. Lehrschritt (Teilergebnisgewinnung)	-Bronchien (Verästelg.) -Lungenbläschen (Gasaustausch (~300 - 400 Mill.) -Zwerchfell (einengen,	Arbeitsteilige Gruppenarbeit (6 Gruppen): Auftrag: 1. Aufgabe der Nasenhöhle. 2. - des Kehlkopfs. 3. - der Luftröhre. 4. - der Bronchien. 5. - der Lungenbläschen. 6. - des Zwerchfells,Brustkorbs.	- durchlesen - besprechen - aufschreiben	Ga	jew.Lehrbuch als Arbeitsgrundlage
	13. Lehrschritt (Ergebnisfindung, Fixierung)	Brustkorb) erweitern) -Lunge (keine Muskeln) (Lz 1,9)	Verarbeitungsgespräch: Bericht der Gruppen 1 - 5, Funktion der Atmungsorgane; Tabelle anfertigen.	- berichten - ergänzen - Tabelle anfert.	Hb	Arbeitsbl. II, 1, a,b Folie II,2, a,b
	14. Lehrschritt (Teilergebnisgewinn.,Fixierung)	Gasaustausch i.d.Lungenbläschen s. Arbeitsbl. II,3 (Lz 4)	Skizzenhafte Darstellung:Lungenbläschen Verarbeitungsgespräch: Gasaustausch in den Lungenbläschen	- betrachten - sich äußern - folgern - begründen	Hb	Folie II, 3
	15. Lehrschritt (Teilergebniswiederholung)		Auftrag: Formuliere zu den Skizzen auf deinem Arbeitsblatt (II,3) Sätze, Begriffe! Kontrolle: OHP-Folie	- formulieren - Wissen anwenden - prüfen	Aa bzw. Pa	Arbeitsbl.II,3 Folie II, 3
	16. Lehrschritt (3. Problem)	Wie atmen wir? (Atembewegungen) (Lz 8)	Impuls: Die Lunge hat keine Muskeln (s.Ls 11,b) Erarb.gespr.:Atembewegungen	- Problem formulieren	Hb	Nebentafel
	17. Lehrschritt (Problemlösung) (Teilergebnisgewinn.,Fixierung)	Zwerchfellatmung - Muskeldecke (Überdruck → entleeren Unterdruck → füllen) (Lz 6,7)	Erarb.gespr.: Bericht Gr. 6 (s.Ls 12,6.) Aufgabe des Zwerchfells. Besprechung des Versuchsaufbaus. Demo-Versuch: Atmungsvorgang an der "künstlichen Lunge". Verarbeitungsgespräch: Zwerchfellatmung - Brustkorbatmung - Beobachtung am Nachbar.	- berichten - Versuch durchf. - beobachten - folgern - begründen - beobachten - aufschreiben	Hb Kf Hb Pa	Folie I, 3 a Glasglocke Folie I, 3 b,c Arbeitsblatt I, 3 a,b,c
Sicherungsphase	18. Lehrschritt (Gesamtzusammenfassung)		Erarb.gespr.: Antwort auf unsere Problemfrage zu Beginn. Der Körper braucht Sauerstoff, zum Leben ... Energie für Bewegung, Wachstum, Körperwärme ...	- wiederholen - Probleme beantw. - Wissen anwenden	Hb	
	19. Lehrschritt (Wiederholung, Anwendung) ← Fortsetzung	Künstl. Atmung (Lz 10)	Impuls: Bei der künstl.Atmung wird dem Patient Ausatmungsluft durch d.Mund geblasen. Erarb.gespr.: Ausatmungsluft enthält ja auch noch Sauerstoff. Rettung Ertrunkener...	- Wissen anwenden - folgern - sich äußern	Hb	evtl. Folie I, 2, c

Hauptlernziel: Die Schüler sollen einsehen, daß durch Rauchen Organe geschädigt werden.	Unterrichtsthema: Warum ist Rauchen so gefährlich?	Autor: Ilsanker/ Feichtmayr
		Unterrichtszeit Empfehlung: 1 UE = 45 Min.

Vorbemerkungen:

Bei diesem Thema ist es schwierig, eine im Sinne des Hauptlernziels erfolgversprechende Methode für die unterrichtliche Realisierung zu benennen. Schockierendes Betonen von Gefahren mag Abwehr bei den Schülern hervorrufen, der Hinweis auf Vorbilder und Persönlichkeiten bleibt fragwürdig, weil Eltern, Lehrer, Politiker, ja sogar Spitzensportler oft rauchen. Wichtig scheint, die Schüler durch entsprechende Informationsträger (Bild, Film, Bericht, Statistik, Werbung, Interview, Rollenspiel, ...) vielschichtig, aber nicht moralisierend anzusprechen. Der Lehrer soll jedoch auch nicht wertneutral informieren, um nicht Gleichgültigkeit zu erzeugen.

Der in Gruppenarbeit durchgeführte Versuch kann bei unzureichend vorhandenem Versuchsmaterial auch als Demonstrationsversuch – Schüler in Halbkreisformation – durchgeführt werden, die Erhitzung einer Zigarette im trockenen Reagenzglas wäre ebenfalls als Schüler- oder Demonstrationsversuch denkbar.

Teillernziele:

Die Schüler sollen:
1. sich zu einer dargestellten Sachsituation und einem Rollenspiel äußern sowie Problemfragen formulieren können (kog.),
2. Hypothesen aufstellen können (kog.),
3. einen Versuch zum Nachweis von Teer im Tabakrauch planen, durchführen und auswerten können (kog./instr.),
4. Auswirkungen des Teers auf menschliche Organe aufzeigen können (kog.),
5. anhand des Buches die weiteren Schadstoffe Nikotin und Kohlenmonoxyd finden und ihre Auswirkungen auf den menschlichen Körper begründen können (kog./instr.),
6. ein Arbeitsblatt selbständig ergänzen können (kog./instr.),
7. am Ende der Stunde der Überzeugung sein, daß das Rauchen gesundheitsschädigend ist (aff.).

Medien:
Tafel, Arbeitsblatt, Notizblock, OHP-Transparente, OH-Projektor, Bildkarten auf Karton (s.Tafelbild)

Versuchsmaterial und -aufbau: [Skizze: Saug-Druck-Pumpe – Mull in Glasrohr – Kochsalz in Glasrohr; 1. aufrauchen 2. auflösen 3. filtrieren]

Rollenspiel:
"Hallo, Peter, daß wir dich auch einmal wieder sehen! Komm, rauch' eine mit uns!"
"Nein danke, ihr wißt doch, daß ich nicht rauche!"
"Einmal muß doch jeder mit dem Rauchen anfangen! Zier dich doch nicht so! Wir rauchen ja auch alle!"
"Naja, Zigaretten sind zwar ungesund, aber eine wird mich schon nicht gleich umbringen!"

Literatur:
1. Gerhardt/Dirksen/Höner: Biologie für die Sekundarstufe 1, Band 1, Bayerischer Schulbuchverlag, München 1978
2. Barsig, W.u.a.: Leben überall- 6. Jahrgangstufe, Auer Verlag, Donauwörth 1979
3. Langheinrich, Cl.: Unterricht Biologie, Oldenbourg Verlag, München 1979

OHP-Transparente — **Tafelbild = Arbeitsblatt (ohne handschriftliche Eintragungen)**

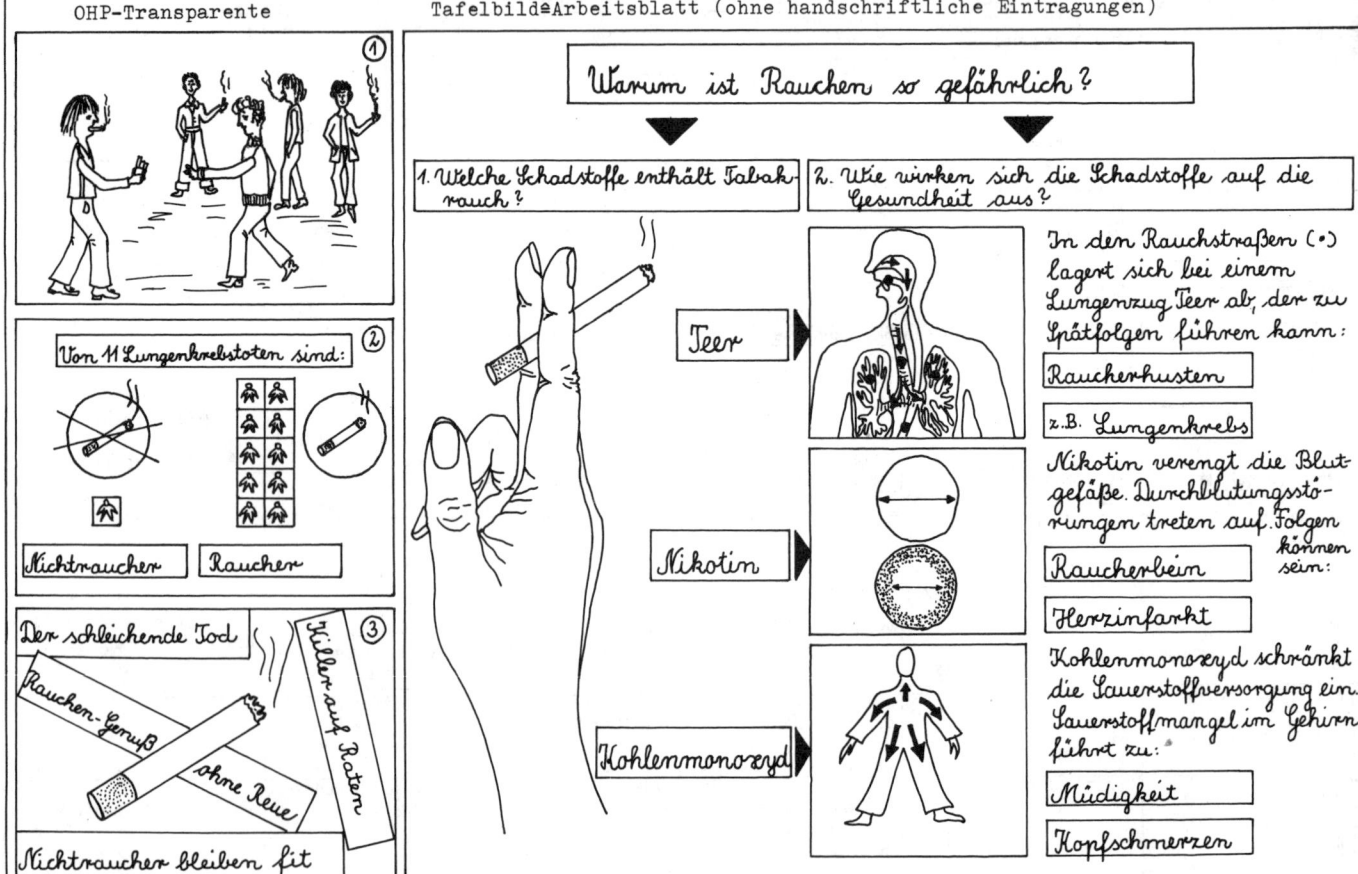

Warum ist Rauchen so gefährlich?

1. Welche Schadstoffe enthält Tabakrauch?
2. Wie wirken sich die Schadstoffe auf die Gesundheit aus?

Teer — In den Rauchstraßen (•) lagert sich bei einem Lungenzug Teer ab, der zu Spätfolgen führen kann:
- Raucherhusten
- z.B. Lungenkrebs

Nikotin — Nikotin verengt die Blutgefäße. Durchblutungsstörungen treten auf. Folgen können sein:
- Raucherbein
- Herzinfarkt

Kohlenmonoxyd — Kohlenmonoxyd schränkt die Sauerstoffversorgung ein. Sauerstoffmangel im Gehirn führt zu:
- Müdigkeit
- Kopfschmerzen

OHP-Transparente:
① Szene mit Jugendlichen, die rauchen
② "Von 11 Lungenkrebstoten sind:" – Nichtraucher / Raucher
③ "Der schleichende Tod" – "Rauchen-Genuß ohne Reue" – "Killer auf Raten" – "Nichtraucher bleiben fit"

JG	Lehrschritte (Artikulationsdefinition)	Lehrinhalte und Lernziele (= Lz)	Lehrakte .... Lernakte		Sozialformen	Lernhilfen
Eröffnungsphase	1. Lehrschritt: (Einstimmung)	Anbahnung einer subjektiven Betroffenheit (Lz 1)	Sachimpuls: Lehrer zeigt über OH-Projektor Bild. Erarbeitungsgespräch: Aussprache über die dargestellte Situation, artikulieren eigener Erfahrungen, äußern von Vermutungen.	-betrachten -beschreiben -berichten -begründen	Hb Hb	OHP-Transparent ①
	2. Lehrschritt: (Problemstellung)	Darstellung einer Entscheidungssituation (Lz 1)	Rollenspiel: Meinungsbeeinflussung durch Gruppendruck. Erarbeitungsgespräch: Gründe für Peters Handeln.	-spielen -zuschauen -berichten -begründen	Hb Hb	Rollenspiel
	3. Lehrschritt: (Problemfindung und -fixierung)	Problemfrage: *Warum ist Rauchen so gefährlich?* (Lz 1)	Impuls:"Ein Satz von Peter hat dich sicherlich nachdenklich gemacht. Du kannst dazu eine Frage stellen!"	-erkennen -Problem find. -Problem formulieren	Hb	Tafelbild: Problemfrage
Erarbeitungsphase	4. Lehrschritt: (Hypothesenbildung)	Wir vermuten ... Wir meinen ... (Lz 2)	Gruppengespräch nach Gesprächsauftrag: Schüler artikulieren Vermutungen. Verarbeitungsgespräch: Auswertung der Vermutungen.	-vermuten -notieren -berichten	Ga Hb	Notizblock Tafelbild: Eintrag richtiger Aussagen in das TB, sonst → Seitentafel
	5. Lehrschritt: (Problempräzisierung)	Weitere Problemfragen: *Welche Schadstoffe enthält Tabakrauch? 2. Wie wirken sich die Schadstoffe auf d. Gesundheit aus?* (Lz 1)	Impuls: "Du kannst das Problem genauer formulieren!"	-erkennen -Problem formulieren	Hb	Tafelbild: 1./2. Problemfrage
	6. Lehrschritt: (Versuchsplanung und -aufbau)	Versuchsaufbau zum Nachweis von Teer im Rauch (Lz 3)	Feststellung:"Du wirst jetzt eine Möglichkeit kennenlernen, Teer im Rauch nachzuweisen." Erarbeitungsgespräch: Versuchsaufbau wird erarbeitet.	-zuhören -planen -vermuten	Hb Hb	Versuchsaufbau: vgl. Medien
	7. Lehrschritt: (Versuchsdurchführung und -auswertung)	Zigarette wird durch Pumpe aufgeraucht, verfärbtes Kochsalz in Wasser gelöst; nach der Filtration bleiben im Filter Teerteilchen (Lz 3)	Arbeitsauftrag:"Beschreibe die Farbe des Kochsalzes und der Lösung sowie den Rückstand im Filter!" Verarbeitungsgespräch nach Impuls: Was wir getan haben-was wir beobachtet haben-warum wir den Versuch auf den Menschen übertragen können.	-experimentieren -notieren -berichten -beschreiben -erklären	Ga	Versuchsaufbau: vgl. Medien, Block
	8. Lehrschritt: (erste Teilergebnisgewinnung und -fixierung)	Auswirkungen des Schadstoffes Teer auf den menschlichen Körper (Lz 4)	Arbeitsauftrag:"Informiere dich über die Auswirkung von Teer auf den menschlichen Körper!" Verarbeitungsgespräch: Auswertung der Schülerergebnisse und Fixierung an der Tafel.	-lesen -betrachten -auswerten -begründen	Aa Hb	s.Lit.z.2., S.52, OHP-Transparent ② Tafelbild: Bildkarte u. Text zu *Teer*
	9. Lehrschritt: (zweite Teilergebnisgewinnung und -fixierung)	Weitere Schadstoffe Nikotin und Kohlenmonoxyd mit ihren Auswirkungen auf den Organismus (Lz 5)	Arbeitsauftrag:"Rauch enthält weitere Schadstoffe. Finde zwei wichtige anhand des Buches und informiere dich über ihre Wirkungsweise!" Verarbeitungsgespräch: Auswertung der Schülerergebnisse und Fixierung an der Tafel.	-lesen -betrachten -auswerten -begründen	Aa Hb	s.Lit.z.2., S.52 f Tafelbild: Bildkarten u. Texte zu *Nikotin und Kohlenmonoxyd*
	10. Lehrschritt: (Rückgriff auf Problemfragen)	Beantwortung der Problemfragen (Lz 4,5)	Verarbeitungsgespräch nach Impuls: Beantwortung der Problemfragen und Wertung der Vermutungen.	-formulieren -werten	Hb	Tafelbild: Gesamtbild
Sicherungsphase	11. Lehrschritt: (Gesamtzusammenfassung)	Schriftliche Ergebnissicherung (Lz 6)	Arbeitsauftrag:"Ergänze das Arbeitsblatt und kontrolliere anhand der Tafel!"	-schreiben -vergleichen	Aa	Arbeitsblatt geschlossene/ geöffnete T.
	12. Lehrschritt: (Verwertung)	Provozierende Meinungen zum Rauchen aus der Umwelt des Schülers (Lz 7)	Sachimpuls: Lehrer stellt über OHP Meinungen über das Rauchen vor. Erarbeitungsgespräch: Verifizieren und falsifizieren der Meinungen.	-betrachten -begründen -werten	Hb Hb	OHP-Transparent ③
	13. Lehrschritt: (Anwendung)	Vergleich: Anfangs-/Schlußrollenspiel (Lz 7)	Impuls:" Versuche Peter noch einmal im Rollenspiel darzustellen. Überlege, wie du dich jetzt verhalten würdest!" Rollenspiel: Peter läßt sich nicht überreden. Verarbeitungsgespräch: Unterschied zwischen Anfangs- und Schlußrollenspiel.	-diskutieren -spielen -zuschauen -diskutieren -werten	Ga Hb Hb	Rollenspiel

225

Hauptlernziel: Einblick in grundlegende Verdauungsvorgänge	Unterrichtsthema: Bau des Magens und Einwirkung der Magensäfte (Was geschieht mit der Nahrung im Magen?)	Autor: A. Lindenmeir
		Unterrichtszeit Empfehlung: 1 – 2 UE

VORBEMERKUNGEN: Obwohl die Thematik schon in der Grundschule behandelt wird, sollte man dennoch auf Bau und Funktion des Magens nochmals näher eingehen. Als Anschauungsgrundlage könnte ein Stück Magen mit Pförtner eines Schlachttieres besorgt werden. Durch eine einfache Versuchsreihe kann dann die Eiweißverdauung im Magen nachgewiesen werden. Vorsicht ist geraten beim Umgang mit Salzsäure (nur verdünnt verwenden!).
Vor dieser UE sollte die Verdauung im Mund behandelt sein (Umwandlung der Stärke in Einfachzucker durch Speichel), nach dieser UE könnte die Fettverdauung ... folgen.

TEILLERNZIELE: Die Schüler sollen	MEDIEN:
1. – den Bau des Magens kennenlernen. 2. – wissen, daß auf die Nahrung Magensäure einwirkt (Pepsin, Salzsäure, Lab). 3. – wissen, daß die Salzsäure desinfizierend wirkt. 4. – durch eine Versuchsreihe erfahren, daß Pepsin und Salzsäure Eiweiß lösen. 5. – wissen, daß Nahrung je nach Zusammensetzung verschieden lange Zeit im Magen verweilt. 6. – wissen, daß die Nahrung durch den Pförtner portionsweise den Magen verläßt. 7. – Versuche diszipliniert durchführen und Folgerungen ziehen können. 8. – Problem konkretisieren können. 9. – durch die gewonnenen Erkenntnisse zur Einsicht kommen, daß richtige Eßgewohnheiten für eine gute Verdauung wichtig sind. 10. – den Verdauungsvorgang im Magen nicht isoliert sehen, sondern ihn in den Gesamtzusammenhang "Verdauung" einordnen können.	F 128 (Röntgenfilm) Verdauungsorgane; ein Stück Magen mit Pförtner eines Schlachttieres; Bunsenbrenner, Reagenzgläser (je nach Gruppeneinteilung), Halterungen für Reagenzgläser; Milch, Eiklar, Pepsin, Salzsäure (∼0,4 %ig!) Arbeitsblätter, Folien, OH-Projektor, Filmprojektor. **LITERATUR:** Barsig W., Leben überall-neu 6. Jg., Ludwig Auer Verlag Donauwörth 1978, S. 43. Haug K., Der Mensch und seine Umwelt, Mundus Verlag Stuttgart, 1971, S. 20,21 u. S. 32-34

ARBEITSBLATT – FOLIE – TAFEL

Was geschieht mit der Nahrung im Magen?

A Bau des Magens

1 Sammelstelle

① Speiseröhre
② Mageneingang
③ Muskelschicht
④ Magenschleimhaut
⑤ Magenpförtner (geschlossen)

2 Magenmuskeln

Längs- / Ring- / schräg- Muskeln

3 Der Magen ist ein *Muskelsack*. Die kräftige Muskelschicht ist fast dauernd in Tätigkeit, um den *Speisebrei* gründlich durchzukneten.

B Der Magensaft wirkt ein

a Versuch	b Beobachtung	c Erkenntnis
① Prüfglas mit Milch gefüllt (∼37°C), mit Labessenz vermischen	Die Milch wird fest, stockt...	Lab bringt Milch zur Gerinnung, macht sie für die Verdauung zugänglich
② Gruppe 1 Eiweißlösung (leicht erwärmen) mit ∼100 ccm Wasser vermischen	trüb...	Eiweiß ist nicht gelöst...
Gruppe 2 Eiweißl. (l.erw.) mit 100 ccm Wasser u. 1 ccm Salzsäure	trüb...	Eiweiß ist nicht gelöst...
Gruppe 3 Eiweißl. mit 100 ccm Wasser u. 1 g Pepsin	trüb...	Eiweiß ist nicht gelöst...
Gruppe 4 Eiweißl. mit 100 ccm Wasser und 1 ccm Salzsäure und 1 g Pepsin	ganz klar...	Eiweiß wird aufgelöst durch Salzsäure + Pepsin

③ Der Magensaft enthält Lab (Säugling), Pepsin und Salzsäure. Sie machen die Nahrung für die Verdauung zugänglich.

C Der Magen wird entleert

1 Pförtner offen

2 Die Nahrung wird portionsweise durch den „Pförtner" in den Zwölffingerdarm gepreßt.

D Aufgaben der Verdauungssäfte

	Ort der Verdauung	Saft/Ferment	Eiweiß	Fett	Kohlenhydrate
			wirkt auf		
	Mund	Speichel	–	–	Stärke wird in Zucker umgewandelt.
	Magen	Pepsin + Salzsäure, Lab	löst Eiweiß auf, Milch gerinnt	–	–

UG	Lehrschritte (Artikulationsdefinition)	Lehrinhalte und Lernziele (= Lz)	Lehrakte .... Lernakte		Sozialformen	Lernhilfen
Eröffnungsphase	1. Lehrschritt (Wiederholung, Anknüpfung)	Stärke wird durch Mundspeichel in Zucker umgewandelt	Rundgespräch: Mundverdauung; Weg der Nahrung → Mund → Speiseröhre → Magen.	- wiederholen - verbalisieren	Hb	
	2. Lehrschritt (Problemdarstellg., Zielangabe, Problemfrage)	Was geschieht mit der Nahrung im Magen? (Bau des Magens, Verdauung im Magen) (Lz 8)	Impuls: Dir ist es schon einmal "sauer aufgestoßen". Erarb.gespr.:Problem der Verdauung im Magen; Erfahrungswissen.	- hören - Probleme formulieren	Hb	Tafel:Überschrift
	3. Lehrschritt (Veranschaulichung, Originale Sachbegegnung, Teilergebnisgewinnung)	Bau des Magens: -Speiseröhre -Mageneingang -Muskelschicht (ständige Tätigkeit, knetende Bewegungen, Längs-,Ring-,Schrägmuskeln)	a) Gegenstandsdemonstration: Arbeit am Torso b) Gegenstandsdemonstration: Untersuchung eines Stück Magens mit Pförtner c) Sachimpuls: Kurzer Filmausschnitt, Füllung, Bewegung des Magens	- betrachten - sich äußern - benennen - untersuchen - folgen - betrachten - verbalisieren	Kf Hb	Torso Magenstück eines Schlachtviehs Film F 127 (nur kurzer Ausschnitt)
	4. Lehrschritt (Ergebnisfindung, Fixierung)	-Magenschleimhaut (schlauchförmige Wärzchen,~4 Mill.Drüsen sondern tgl. 2l Magensaft ab) -Magenpförtner (Schließmuskel) (Lz 1)	Skizzenhafte Darstellung: Bau des Magens - Magenmuskeln Verarbeitungsgespräch: Der Magen ein "Sammelbecken", ein Muskelsack, peristaltische Bewegungen, Magensäfte	- betrachten - benennen - beschriften - verbalisieren	Hb	Folie A, 1,2
Erarbeitungsphase	5. Lehrschritt (Teilergebniswiederholung)		Auftrag: 1. Ordne die Ziffern entsprechend zu! - 2. Fülle die Lücken aus! Kontrolle: OHP-Folie	- zuordnen - ergänzen - prüfen	Aa bzw. Pa	Arbeitsblatt A 1,2,3 Folie A, 1,2,3
	6. Lehrschritt (Problem, Planung)	(Lz 8)	Erarb.gespr.: Auf die Nahrung wirken "Säuren" (Säfte) ein.	- berichten - folgern - planen	Hb	Erfahrungswissen Folie B,1 a
	7. Lehrschritt (1.Problemlösung)	Magensaft (Säugling) enthält Lab zur Gerinnung von Milch	Schülerversuch: Durchführung Versuch ①	- Versuch durchf. - beobachten	Aa bzw. Pa.	Reagenzgläser Bunsenbrenner Milch,Lab Arbeitsblatt B,1
	8. Lehrschritt (Ergebnisfindung, Fixierung)	(Lz 7,2)	Verarbeitungsgespräch: Im Magen ist eine Essenz, die Milch zur Gerinnung bringt, für die Verdauung vorbereitet.	- berichten - folgern - begründen	Hb	Folie B, 1 b,c
	9. Lehrschritt (2. Problemlösungsversuche)	Magensäure enthält Pepsin und verdünnte Salzsäure.	Arbeitsteilige Gruppenarbeit: Versuchsreihe zum Nachweis der Eiweißverdauung (4 Gruppen mit Kontrollgruppen)	- Versuche durchf. - beobachten - aufschreiben	Ga	Folie B, 2 s.Arbeitsbl.B Versuche ② a,b
	10. Lehrschritt (Ergebnisfindung, Erkenntnis, Fixierung)	Eiweißverdauung durch Pepsin und Salzsäure (0,4 %ig) (Lz 3,4,7)	Verarbeitungsgespräch: Pepsin und Salzsäure wirken zusammen und lösen Eiweiß auf. Salzsäure greift auch die Bakterien an. Definition -- Magensäure.	- berichten - folgern - begründen - erklären	Hb	Folie B, 2 b,c
	11. Lehrschritt (Teilergebniswiederholung)		Auftrag: 1. Fülle auf deinem Arbeitsblatt Spalte c aus! - 2. Formuliere Sätze dazu! Kontrolle: OHP-Folie	- ausfüllen - formulieren - prüfen	Aa bzw. Pa	Arbeitsbl. B 2, c
	12. Lehrschritt (Problem)	Die Nahrung bleibt je nach Zusammensetzung verschieden lang im Magen (Lz 5)	Impuls: Die Nahrung bleibt nicht für immer im Magen. Erarb.gespr.: Verweildauer der Nahrung im Magen; der Magenpförtner; Erfahrungswissen.	- sich äußern - verbalisieren	Hb	(Uhren-Skizzen: Milch/Reis 1½h, Wurst/Kart./Weißbr. 2½h, Erbsen gebr. 4½h, Schweinebr. 6h, Ölsardinen 8h)
	13. Lehrschritt (Teilergebnisgewinnung, Fixierg.)	Die zur Verdauung vorbereitete Nahrung wird portionsweise in den Zwölffingerdarm gepreßt (Pförtner) (Lz 6)	Impuls: Der Magen ist eine Art Sammelbecken und"Desinfizierungsanstalt". a) Gegenstandsdemonstration: Pförtner am Magenausgang b) Sachimpuls: Filmausschnitt -- Magenentleerung c) Skizzenhafte Darstellung: Magen mit Pförtner Verarbeitungsgespräch: Entleerung des Magens	- hören - betrachten - sich äußern - verbalisieren (z. Film) - betrachten - folgen - begründen	Hb	Magenstck.m.Pförtner - F 127 (kurz. Ausschnitt) - Folie C 1,2
Sicherungsphase	14. Lehrschritt (kommunikative Wiederholung)	(Lz 1-6)	Erarb.gespr.: Antwort auf unsere Fragen am Anfang. - Magensäure, im Magen - der Magen, ein Sammelbecken (Desinfektion) - Eiweißverdauung	- wiederholen - berichten - formulieren	Hb	
	15. Lehrschritt (Besinnung, Wertung)	Richtige Eßgewohnheiten sind wichtig für eine gute Verdauung (Lz 9)	Feststellungen: (Impulse zum Erarb.gespr.) 1. Gut gekaut, ist halb verdaut. 2. Es ist nicht gut, wenn du heiß-kalt trinkst oder ißt. 3. Vor oder zum Essen viel zu trinken, ist ungesund. 4. Scharfe Gewürze können schädlich sein. 5. Am Abend solltest du leicht verdauliches Essen zu dir nehmen. 6. Zum Essen solltest du Zeit haben. 7. Viel auf einmal zu essen, ist nicht gut. Erarb.gespr.: Einbeziehung der Erkenntnisse und des Erfahrungswissens in die Wertung. Richtige Eßgewohnheiten.	- hören - sich äußern - berichten - werten - urteilen - besinnen - Wissen anwenden	Hb	evtl. Lehrbucheinsatz
	16. Lehrschritt (Einordnung)	(Lz 10)	Impuls: Du kennst jetzt den Weg der Nahrung bis zum Magen. Erarb.gespr.: Mundverdauung, Magenverdauung; Weiterführung einer evtl. nach der Mundverdauung angelegten Tabelle.	- Wissen anwenden - einordnen - verbalisieren	Hb	Einsatz des jew. Lehrbuches Folie D

Hauptlernziel:	Einsicht, daß für die Verdauung von verschiedenen Nahrungsarten spezifische Verdauungssysteme notwendig sind	Unterrichtsthema: Das Rind - ein Pflanzenfresser, ein Wiederkäuer (Die Kuh "läuft auf". Was geschieht da?)	Autor: A. Lindenmeir
			Unterrichtszeit Empfehlung: 1 - 2 UE

VORBEMERKUNGEN: Mit dieser UE soll exemplarisch am Rind gezeigt werden, welche Einrichtungen und Verhaltensweisen Tiere haben, die sich ausschließlich von Pflanzenkost ernähren, um diese schwer verdauliche und wenig nahrhafte Nahrung zu verdauen. Wenn die Möglichkeit besteht, daß Schüler Kühe beobachten können, bieten sich folgende Beobachtungsaufgaben als vorbereitende Hausaufgabe an, deren Ergebnisse zusammen mit dem Erfahrungswissen der Schüler im jeweiligen Lehrschritt als Grundlage dienen (rechtzeitig vor Durchführung der UE diktieren): 1. Wovon ernährt sich das Rind? (... Pflanzenkost) - 2. Beobachte das Rind beim Fressen! (schnell, viel, Gebiß ..) - 3. Laß das Rind an deiner Hand (Arm) lecken! (rauhe Zunge ...) - 4. Stecke deine Hand in das Maul eines Kälbchens! (oben keine Zähne ...) - 5. Beobachte das Rind beim Kauen! (seitlich mahlende Kaubewegungen) - 6. Lege deine Hand an die "Wamme" (Hautfalte am Hals) des Rindes! ("Knödel") - 7. Besorge dir beim Metzger Teile des Rindermagens und laß dir darüber berichten (wenn möglich!)

TEILLERNZIELE: Die Schüler sollen
1. - wissen, daß sich das Rind von Pflanzenkost ernährt, die schwer verdaulich und wenig nahrhaft ist.
2. - das Gebiß des Rindes kennenlernen, das an die Pflanzennahrung angepaßt ist.
3. - Bau und Aufgaben der einzelnen Magenabschnitte kennenlernen.
4. - den Vorteil des langen Darmes erklären können.
5. - insgesamt erklären können, welche Einrichtungen und Verhaltensweisen das Rind hat, um das schwer verdauliche Gras zu verdauen.
6. - Probleme konkretisieren können.
7. - Beobachtungsaufgaben gewissenhaft erfüllen und darüber berichten bzw. Schlüsse daraus ziehen können.
8. - Arbeitsblätter ergänzen, ausfüllen, einzeichnen und Sätze formulieren können.

MEDIEN:
schriftliche Aufzeichnungen, Schädel (Gebiß) eines Rindes, Teile aus dem Pansen, Netz-, Blätter-, Labmagen, FT 1470 - Verdauungsorgane des Rindes; Arbeitsblätter, Folien, OH-Projektor, Filmprojektor.

LITERATUR:
Barsig W.u.a., Leben überall-neu 6.Jg., Ludwig Auer Verlag Donauwörth 1978, S.59-61. - Haug K. u.a., Wir erforschen das Leben, Einband-Ausgabe, Mundus-Verlag Stuttgart, S.75-78.

RÄTSEL
1. Hier wird die Nahrung "eingeweicht".
2. Er ist der eigentliche Magen.
3. Zähne zum Zerreiben der Nahrung.
4. Er ist beim Rind 20mal so lang wie der Körper.
5. Name für das Rind, weil es seine Nahrung mehrmals kaut.
6. Hier werden "Knödel" geformt.
7. Name für das Gebiß.
8. Sie ist bei den Backenzähnen breit und rauh.
9. Hier wird die Nahrung "gepreßt".

1. P A **N** S E N 3.
2. L **A** B M A G E N 2.
3. B A C K E N Z **Ä** H N E 9.
4. D A **R** M 4
5. W I E D E R K Ä **U** E R 9.
6. **N** E T Z M A **G** E N 1.7.
7. P F L A N Z E N F R E **S** S E R G E B I ß 12.
8. **K** R O N **E** 1.5.
9. B L Ä **T** T **E** R M A G E N 4,5,6.

ARBEITSBLATT - FOLIE - TAFEL

Welche Einrichtungen hat das Rind, um die schwer verdauliche Nahrung zu verdauen?

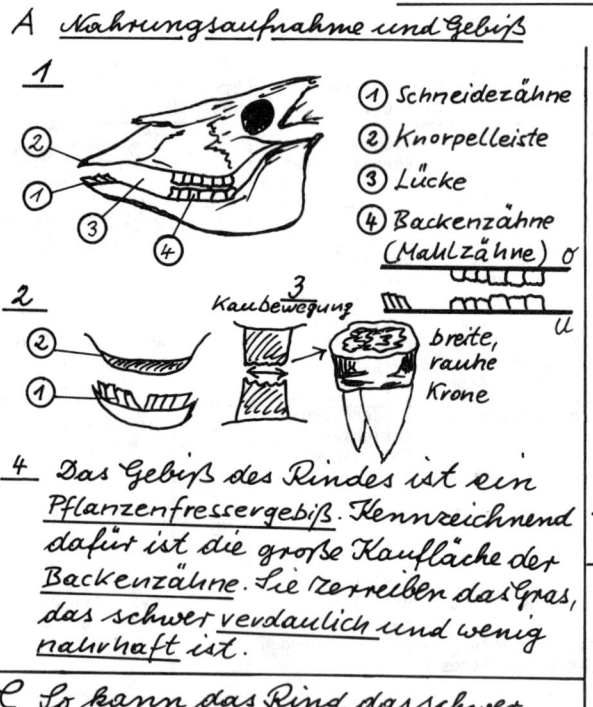

A Nahrungsaufnahme und Gebiß

1.
① Schneidezähne
② Knorpelleiste
③ Lücke
④ Backenzähne (Maulzähne)

2.
3 Kaubewegung
→ breite, rauhe Krone

4. Das Gebiß des Rindes ist ein Pflanzenfressergebiß. Kennzeichnend dafür ist die große Kaufläche der Backenzähne. Sie zerreiben das Gras, das schwer verdaulich und wenig nahrhaft ist.

C So kann das Rind das schwer verdauliche Gras verdauen.

- breite Backenzähne
- seitl. Kaubewegung
- vierteiliger Magen
- wiederkäuen
- sehr langer Darm

B Verdauung

1a. Maul, Speiseröhre, Schlundrinne

	Maul	Magen	Was geschieht
	vorkauen	① Pansen	einweichen, gären
		② Netzmagen	Ballen
	wiederkäuen		
		④ Blättermagen	auspressen
		⑤ Labmagen	Magensäfte, verdauen, Hauptmagen
		⑥ Darm	Nährstoffe ins Blut, Milch, Fleisch, Muskeln
		Kot	

2 Darmlänge

Pflanzenfresser	Allesfresser	Fleischfresser
Rind	Schwein	Katze
Körperlänge	Körperlänge	Körperlänge
Darmlänge 20x länger	Darmlänge 15x länger	Darmlänge 4x länger

Der Darm des Rindes ist 20 mal so lang wie der Körper. Dadurch kann der Nahrungsbrei richtig ausgesaugt werden...

UG	Lehrschritte (Artikulationsdefinition)	Lehrinhalte und Lernziele (= Lz)	Lehrakte .... Lernakte		Sozial-formen	Lernhilfen
Eröffnungsphase	1. Lehrschritt (Problembegegnung - verbal)	-Kühe im Klee -auftreiben Die Kuh "läuft auf". Was geschieht da?(Lz 6)	Impuls:Du hast vielleicht schon beobachtet, wenn eine Kuh "aufläuft" (auftreibt). Rundgespräch: Erfahrungswissen der Schüler bzw. kurze Schilderung durch den Lehrer	- berichten - vermuten	Hb	Erfahrungswissen bzw. Lehrer-schilderung Tafel
	2.Lehrschritt (Vorkenntniser-mittlung,Anknü-pfung a.d.Hausauf-gabe, Problemdar-stellung)	-ausschließlich Pflan-zenkost -sehr viel (~ 1 Ztr.tgl.) -Pflanzennahrung muß gut gekaut werden und braucht sehr lange, bis sie verdaut ist (Lz 1,6,7)	Erarb.gespr.: Nahrung des Rindes; Rinder beim Fressen; Nahrungsverwertung; Beobach-tungsberichte Ergänzung: Nährstoffe in Pflanzen sind in sehr vielen, winzigen Kämmerchen verschlos-sen → Zellen. Jede Zelle ist von einer Wand umgeben. Diese Zellwände müssen zerstört werden. Dann erst werden die Nährstoffe frei.	- berichten - zuhören - Probleme konkretisieren	Hb	Beobachtungsbe-richte Nr. 1/2 Zellwand (muß zer-rieben werden) Zellkern Zellsaft
	3. Lehrschritt (Zielangabe, Pro-blemfragen)	Welche Einrichtungen hat das Rind dafür? (Nahrungsaufnahme, Ge-biß, Magen ..) (Lz 6)	Erarb.gespr.: Problem der Verdauung der sehr viel und schnell aufgenommenen Nahrung	- Problem formulieren	Hb	Tafel
Erarbeitungsphase	4. Lehrschritt (Veranschaulich., Teilergebnis-gewinnung)	a) Pflanzenfressergebiß -rauhe Zunge -grob gekaut hinunter-schlucken	Aufforderung: Nahrungsaufnahme beim Rind, Beobachtungsberichte Gegenstandsdemonstration: Arbeit am Rinder-schädel	- berichten - betrachten - sich äußern - benennen	Hb/Aa Kf	Beobachtungsbe-richt Nr. 3,4,5,6 Schädel eines Rindes
	5. Lehrschritt (Teilergebnisge-winnung,Fixierung)	-Schneidezähne -Knorpelleiste -Lücke -Backenzähne (breite rauhe Krone) b) seitliche Kaube-gungen (mahlen) c) Bereits geschluckte Nahrung kommt in Form v."Knödeln" wieder ins Maul (Wiederkäuer)(Lz 2,7)	Skizzenhafte Darstellung: Pflanzenfresser-gebiß - Backenzahn - Kaubewegung Verarbeitungsgespräch: Nahrungsaufnahme - Kennzeichen des Pflanzenfressergebisses	- betrachten - beschriften - folgern	Hb	Folie A, 1,2,3
	6. Lehrschritt (Teilergebnis-wiederholung)	(Lz 8)	Auftrag: 1.Ordne die Ziffern entsprechend zu! 2. Zeichne die Zähne ein! 3. Fülle die Lücken aus! Kontrolle: OHP-Folie	- zuordnen - einzeichnen - ausfüllen - prüfen	Aa bzw. Pa	Arbeitsblatt A, 1,2,3,4 Folie A, 1,2,3,4
	7. Lehrschritt (Problemdarstellg. Fragen)	Wohin kommt die Nahrung? Wer formt die "Knödel"? .... (Lz 6,7)	Verarb.gespr.:Wiederkauen, "Knödel", die man an der "Wamme" spürt, Beobachtungs-berichte	- fragen - vermuten - berichten	Hb	Beobachtungs-berichte Nr. 6
	8. Lehrschritt (Veranschaulichg., Teilergebnis-gewinnung)	4-teiliger Magen -Pansen (sammeln, ein-weichen, gären,~150 l) -Netzmagen ("Kutteln", "Knödel" formen) -Blättermagen (rauhe Falten, pressen) -Labmagen (eigentlicher Magen,Verdauungssäfte) -Schlundrinne (für fein zerriebene Nahrung) (Lz 3,7)	Verarb.gespr.:Erfahrungswissen, Beobacht-ungsberichte Originale Sachbegegnung: Untersuchung der Magenstücke Filmeinsatz: Verdauungsorgane beim Rind Beobachtungsaufgabe dazu: 1.Gruppe: Weg der Nahrung bis zum Wieder-kauen 2.Gruppe: Weg der Nahrung nach dem Kauen Verarb.gespr.:Berichte, Ergänzung	- berichten - untersuchen - benennen - betrachten - hören - aufschreiben - berichten	Hb Pa bzw. Kf Hb	Beobachtungs-berichte Nr. 7 Magenstücke FT 1470 Ausschnitt nach Wahl
	9. Lehrschritt (Teilergebnisge-winnung,Fixierung)		Skizzenhafte Darstellung: Schemazeichnung des 4teiligen Magens Verarbeitungsgespräch: Bau und Aufgaben des 4teiligen Magens, Weg der Nahrung	- betrachten - benennen - beschriften	Hb	Folie B, 1 a
	10. Lehrschritt (Teilergebnisge-winnung,Vergleich)	-langer Darm völlige Ausnutzung der wenig nahrhaften Pflanzenkost (Lz 4)	Skizzenhafte Darstellung: Darmlänge beim Rind, beim Schwein, beim Hund Verarbeitungsgespräch: Vorteil des langen Darmes beim Rind	- betrachten - vergleichen - folgern	Hb	Folie B, 2
	11. Lehrschritt (Teilergebnis-wiederholung)	(Lz 8)	Auftrag: 1. Zeichne mit Pfeilen den Weg der Nahrung ein! 2. Fülle das Schema aus! 3. Formuliere einen Satz zu B.2! Kontrolle: OHP-Folie	- einzeichnen - aufschreiben - prüfen	Aa bzw. Pa	Arbeitsblatt B 1, a,b 2 Folie 1, a,b, 2
Sicherungsphase	12. Lehrschritt (kommunikative Wiederholung)	Auftreiben der Kühe -Gase bilden sich -Aufblähen der Ver-dauungsorgane -Tierarzt	Erarb.gespr.: Beantworten der Anfangspro-bleme, Einrichtungen des Rindes für die schwer verdauliche Nahrung	- verbalisieren - folgern - begründen	Hb	
	13. Lehrschritt (Ausweitung)	- Backenzähne -mahlende Kieferbewegn. -vierteiliger Magen -wiederkäuen -sehr langer Darm (Lz 5)	Erarb.g.espr.:Andere Wiederkäuer; Einrich-tungen u.Verhaltensweisen d.Pflanzenfresser, um diese schwer verdauliche Nahrung zu ver-dauen	- zusammenfassen - aufschreiben - verbalisieren	Hb	jew.Lehrbuch Arbeitsblatt C
	14. Lehrschritt (Gesamtzusammen-fassung i.Form eines Rätsels)	Nahrungskette Gras (schwer verdaulich) Kuh (Käse, Milch, ... leicht verdaulich) Mensch	Auftrag: 1.Lies d.Anweisungen genau durch! 2.Trage das gefundene Wort ein! 3. Die Buchstaben i.d.Kreisen er-geben das Lösungswort. Kontrollwort: NAHRUNGSKETTE Auftrag: Versuche d.Nahrungskette zu skizz.	- durchlesen - eintragen - Lösungswort find. - prüfen - verbalisieren - skizzieren	Aa bzw. Pa	Gras ↓ Kuh ↓ Mensch
	15. Lehrschritt (Besinnung, Wertung)	-Tiere fressen schnell und viel -am geschützten Ort wiederkauen und ver-dauen	Erarb.gespr.: Bedeutung des Wiederkauens für die Tiere (heute besonders für Rehe)	- sich äußern - werten	Hb	

Hauptlernziel:	Einsicht, daß für die Aufnahme und das Zerkleinern von verschiedenen Nahrungsarten spezifische Gebißarten notwendig sind.	Unterrichtsthema: Gebisse zeigen Ernährungsbesonderheiten. (Warum haben die Tiere verschiedene Gebisse?)	Autor: A. Lindenmeir
			Unterrichtszeit Empfehlung: 1 UE

VORBEMERKUNGEN: Diese UE ist eine Zusammenfassung und ein kurzer Überblick über die verschiedenen Gebißtypen von einigen Säugetieren. Tiere haben aufgrund ihrer Lebensweise verschiedene Gebisse ausgebildet. Außerdem besteht ein Zusammenhang zwischen Nahrung, Gebiß und Verdauung. Die geeigneten Tierbeispiele sollten im Unterricht schon behandelt sein, damit Unterschiede herausgearbeitet werden können bzw. die Anpassung an die bevorzugte Ernährung leicht zu erkennen ist. Dabei kommt es weniger auf die Anzahl der Zähne und auf Gebißformeln an, als vielmehr auf Bau und Funktion der Zahnarten. Nach der Besprechung einzelner Gebißarten kann kurz auf den Verdauungsapparat eingegangen werden, um die Verbindung Nahrung-Gebiß-Verdauung zu erkennen.

TEILLERNZIELE: Die Schüler sollen
1. - Gebisse von Rind, Kaninchen, Katze und Schwein kennenlernen und vergleichen.
2. - am Gebiß die Anpassung an die bevorzugte Ernährung erkennen.
3. - einen Zusammenhang sehen zwischen Nahrung, Gebiß und Verdauungsorganen.
4. - wissen, daß man vom Gebiß nicht nur auf die Ernährungsweise schließen kann, sondern auch erkennen kann, zu welchen Tieren eine nähere Verwandtschaft besteht.
5. - erkennen, daß ausgegrabene Gebisse wichtige Dienste bei der Erforschung schon ausgestorbener Lebewesen leisten.
6. - Probleme konkretisieren und mitplanen können.
7. - genau beobachten und schlußfolgern können.
8. - die schematische Skizze eines Gebisses erstellen können.
9. - das Verständnis für die Tierwelt vertiefen.

MEDIEN: L 581 Das Rind, L 585 Die Katze, L 586 Das Kaninchen, L 582 Das Schwein. Schädel von Rind, Kaninchen, Katze, Schwein (je nach Möglichkeit). Bildmaterial von Rind, Kaninchen, Katze, Schwein. Pflanzennahrung, Rüben, Fleischbröckchen, Kartoffel..., Biologiebuch, Arbeitsblätter, Folien, OH-Projektor, Diaprojektor.

LITERATUR: Garms H., Lebendige Welt, Gesamtband, Lehrerausgabe, Westermann Verlag, Braunschweig 1969, S.I,10; I,10 L; S.I,12; I,12 L; S.I,15; I,15 L; S.I,22 L.

ARBEITSBLATT-FOLIE

Warum haben die Tiere verschiedene Gebisse?

1. Das Rind → Pflanzenfressergebiß (Wiederkäuer)

Nahrung	Art der Zähne	Aufgabe	Verdauung
Gras, Heu, Kräuter	Schneidezähne, Eckzähne, Knorpelleiste	abbeißen, abreißen der Nahrung	4-teiliger Magen
Pflanzen (schwer verdaulich)	Backenzähne mit breiter, rauer Krone	zerreiben der Pflanzennahrung	sehr langer Darm

d) Vertreter: Pferd, Gemse, Schaf, Ziege, Reh...

2. Das Kaninchen → Nagetiergebiß

Nahrung	Art der Zähne	Aufgabe	Verdauung
Rüben, Heu, Gras, Pflanzen	lange, gebogene, scharfe Schneidezähne (Nagezähne)	zum Nagen an harten Pflanzen	langer Blinddarm
	breite Backenzähne	zerreiben der Pflanzennahrung	

d) Vertreter: Mäuse, Hasen, Eichhörnchen...

3. Die Katze → Fleischfressergebiß

Nahrung	Art der Zähne	Aufgabe	Verdauung
Fleisch, eiweißhaltige Nahrung (leicht verdaulich)	Schneidezähne	abbeißen, abschaben	ungeteilter, kleiner Magen
	dolchartige Eckzähne	ergreifen und töten der Beute	
	Backenzähne	zerschneiden, zerkleinern, zermalmen	

d) Vertreter: Hund, Wolf, Fuchs, Löwe...

4. Das Schwein → Allesfressergebiß

Nahrung	Art der Zähne	Aufgabe	Verdauung
Kartoffel, Pflanzen, Insekten, Fleisch	Schneidezähne	abbeißen	langer Darm
	Eckzähne	ergreifen, abwehren	
	spitzhöckerige Backenz.	Fleischfresser	
	stumpfhöckerige B.	Pflanzenfr.	

d) Vertreter: Wildschwein, Hausschwein...

| 12. Lehrschritt (Anwendung) | Erarb.gespräch: Analyse anderer Gebisse | - Wissen anwenden
- begründen | Hb | entsprechendes Bildmaterial... |

UG	Lehrschritte (Artikulationsdefinition)	Lehrinhalte und Lernziele (= Lz)	Lehrakte .... Lernakte		Sozialformen	Lernhilfen
Eröffnungsphase	1. Lehrschritt (Problembegegnung)		Gegenstandsdemonstration: Gras, Heu, Rüben, Fleischbröckchen, Kartoffel ... Bilder von Rind, Kaninchen, Katze u.Schwein	- betrachten - vermuten	Hb	entspr.Bildmaterial entspr. Futter
	2. Lehrschritt (Problemdarstellg.)		Auftrag: Ordne das richtige Futter dem entsprechenden Tier zu! Erarb.gespr.: Problem der richtigen Nahrung und Nahrungsaufnahme	- zuordnen - Wissen anwenden - sich äußern	Hb	
	3. Lehrschritt (Zielangabe, Problemfrage)	Warum haben die Tiere verschiedene Gebisse? (Lz 6)	Erarb.gespr.: Verschiedene Gebißarten	- Problem konkretisieren	Hb	
Erarbeitungsphase	4. Lehrschritt (Planung)	(Lz 6)	Erarbeitungsgespräch: Aktivierung des gelernten Wissens über Rind, Kaninchen ... Anleitungen für die Gruppen (4) 1.Gruppe: Rind - 2.Gruppe: Kaninchen 3.Gruppe: Katze - 4.Gruppe: Schwein Aufträge: 1.Welche Nahrung nimmt das Tier zu sich? 2.Untersuche den Schädel! (Art der Zähne u.deren Aufgabe) 3.Beschreibe die Verdauungsorgane! (Benütze dazu auch dein Biologiebuch!)	- berichten - verbalisieren - planen - durchlesen der Aufträge	Hb	schriftl.Anleitung für die einzelnen Gruppen Schädel d.Tiere bzw.Abbildungen davon Biologiebuch (Seitenangabe dch. den Lehrer)
	5. Lehrschritt (Teilergebnisgewinnung)	s.Arbeitsblatt 1c, 2c, 3c, 4c (Lz 1,7)	Arbeitsteilige Gruppenarbeit: Durchführung in 4 Gruppen	- betrachten - beobachten - im Buch nachlesen - aufschreiben	Ga	Arbeitsblatt 1c, 2c, 3c, 4c (je nach Gruppen)
	6. Lehrschritt (Ergebnisfindung, Vergleich, Erkenntnis, Fixierung)	a) Pflanzenfressergebiß (teilw.Wiederkäuer): - schwer verdaul.Nahrung - breitkronige Mahlzähne ... - 4-teiliger Magen ..., langer Darm ... - Reh,Schaf,Ziege,Gemse, Pferd ... (s.Arb.Bl.1a,b,c,d) b) Nagetiergebiß: - schwer verdauliche Nahrung ... - scharfe Schneidezähne, breite Backenzähne .. - langer Blinddarm ... - Mäuse, Eichhörnchen .. (s.Arb.Bl. 2a,b,c,d) c) Anpassung Nahrung - Gebiß ... Zusammenhang Nahrung - Gebiß - Verdauungsorgane (Lz 1,2,3,4,8)	Aufforderung: Gruppenberichte (Gr. 1/2) Sachimpuls: Dias vom Rind, Dias vom Kaninchen Skizzenhafte Darstellung: Schädel vom Rind, Kaninchen Verarbeitungsgespräch: Ergänzungen, Vergleiche, Zusammenhänge herstellen, Schemazeichnung, Fixieren der Ergebnisse	- berichten - betrachten - verbalisieren - ergänzen - vergleichen - folgern - begründen - zeichnen - formulieren	Hb	schriftliche Aufzeichnungen L 581 Rind L 586 Kaninchen (Auswahl) Folie 1a, 2a, 1b, 2b, 1c, 2c, 1d, 2d
	7. Lehrschritt (Teilergebniswiederholung)		Auftrag: 1.Zeichne i.d.Schema d.Zähne ein! 2.Fülle die Tabelle vollständ.aus! Kontrolle: OHP-Folie	- einzeichnen - ausfüllen - prüfen	Aa bzw. Pa	Arb.Bl.1b,c,d 2 b,c,d - Folie 1b,c,d, 2b,c,d
	8. Lehrschritt (Teilergebnisgewinng.,Ergebnisfixierg.,Erkenntnis,Fixierung)	a) Fleischfressergebiß (Greifsäuger): - leicht verdaul.Nahrg. - Zähne z.Greifen,Töten, Zerkleinern - keine besonderen Verdauungsorgane - Hund,Fuchs,Wolf,Löwe.. (s.Arb.Bl. 3a,b,c,d) b) Allesfressergebiß: - Kennzeich von Pflanzenfresser u.von Fleischfresser ... - Wild-,Hausschwein.... (s.Arb.Bl. 4a,b,c,d) c) Anpassung Nahrung - Gebiß Zusammenhang Nahrung - Gebiß-Verdauungsorgane vgl.Pflanzenfresser - Fleischfresser - Allesfresser (Lz 1,2,3,4,8)	Aufforderung: Gruppenberichte (Gr. 3/4) Sachimpuls: Dias von der Katze, Dias vom Schwein Skizzenhafte Darstellung: Schädel von Katze, Schwein Verarbeitungsgespräch: Ergänzungen, Vergleiche, Zusammenhänge, Vergleiche aller 4 Gebißtypen, Schemazeichnung, Fixieren der Ergebnisse	- berichten - betrachten - verbalisieren - ergänzen - vergleichen - folgern - begründen - zeichnen - formulieren	Hb	schrftl.Aufzeichnungen L 585 Katze L 582 Schwein (Auswahl) Folie 3 a, 4 a 3 b, 4 b 3 c, 4 c 3 d, 4 d
	9. Lehrschritt (Teilergebniswiederholung)		Auftrag: 1.Zeichne i.d.Schema d.Zähne ein! 2.Fülle d.Tabelle vollständig aus! Kontrolle: OHP-Folie	- einzeichnen - ausfüllen - prüfen	Aa bzw. Pa	Arb.Bl. 3 b,c,d; 4 b,c,d - Folie 3 b,c,d; 4 b,c,d
Sicherungsphase	10. Lehrschritt (Gesamtzusammenfassung,Wertung)	(Lz 9)	Erarb.gespr.: Beantwortung der Anfangsfrage; Gebisse sind an die Ernährung angepaßt; Nahrung-Gebiß-Verdauung stehen in Zusammenhang; die Gebißtypen im Vergleich.	- wiederholen - folgern - begründen - besinnen	Hb	
	11. Lehrschritt (Besinnung) ←Fortsetzung	(Lz 5)	Erarb.gespr.: Ausgrabungen und Funde von Gebissen, Schluß auf die Ernährungsweisen bereits ausgestorbener Tiere ...	- werten - besinnen - sich äußern	Hb	evtl.entsprechendes Bildmaterial

Hauptlernziel: Die Schüler sollen Zusammenhänge zwischen Bau und Lebensweise eines Greifvogels erkennen.	Unterrichtsthema: Wie ein Mäusebussard überleben kann	Autor: Norbert Modl
		Unterrichtszeit Empfehlung: 1 UE

Vorbemerkungen:
1) Das Unterrichtsthema gliedert der Curriculare Lehrplan in die Thematik "Lebensgemeinschaften" ein. Da gleichzeitig aber auch die Forderung nach ganzheitlicher Betrachtung von Lebewesen erhoben wird, bietet sich der Mäusebussard als exemplarisches Beispiel besonders günstig an.
2) Je nach Standort der Schule wird der Lehrer von unterschiedlichen Voraussetzungen über das Vorwissen ausgehen müssen, doch sollte der Begriff "Raubvogel" in der Grundschule meist erklärt worden sein, um den Begriff des "Greifvogels" davon abheben zu können.
3) Das Wissen um die hauptsächlichen Beutetiere hilft der Namenserklärung und ist Voraussetzung für die Beseitigung des langjährigen Mißverständnisses in bezug auf die "Schädlichkeit" des Mäusebussards und Grundlage für das Verstehen der ganzjährigen Schonzeit. (Seit 1971 ganzjährig geschützt).
4) Für die Erkenntnis des sich selbständig regulierenden Gleichgewichts zwischen Greifvogel und Beutetieren ist eine darauffolgende eigene Unterrichtseinheit einzuplanen.
5) Zum Abschluß soll ein Überblick über andere einheimische Greifvögel Gemeinsamkeiten und Besonderheiten im Aussehen und Flugbild herausstellen.

Teillernziele: Die Schüler sollen....
1) ... wissen, wie ein Mäusebussard aussieht (k),
2) ... wissen, wovon er sich ernährt (k),
3) ... erkennen, wie er seine Beute erjagen kann (k),
4) ... erfahren, wie er seine Beute töten kann (k),
5) ... erfahren, wie er seine Beute verdauen kann (k),
6) ... erkennen, warum der Mäusebussard heute ganzjährig geschützt ist (k),
7) ... andere Greifvögel unserer Heimat kennenlernen (k).

Medien:
- Tafelbild
- Stopfpräparat: Mäusebussard
- Arbeitstext
- Tonband: Bussardschrei - Aufnahme aus dem Film; Verdauung der Nahrung
- OHP-Folie: Beutetiere
- S-8 -Film: Der Mäusebussard, ein Greifvogel (FWU - 36 0293 ; 5 Min.)
- Dia-Serie: Einheimische Greifvögel (FWU-10 2197/18 St.)

Literatur:
1) Knoll J./Werner H.: Grundfragen der Biologie 5/6, Bayern, Oldenbourg Verlag, München, 1979; S. 94 -95
2) Scharf Karl-Heinz: Natur und Mensch, 6. Jhg., Schroedel Verlag, München, 1979; S. 10 -14
3) Garms H.: Lebendige Welt, Biologie 1, Westermann Verlag, Braunschweig, 1974; S. 112-113
4) Barsig W./Berkmüller H., u.a.: Leben überall -neu, 6. Jhg. Auer Verlag, Donauwörth, 1978; S. 31 -33 (Beispiel: Turmfalke)
5) Bauer Ernst W.: Biologie 5/6, Cornelsen, Velhagen & Klasing Verlag, Berlin, 1976; S. 202 -206
6) Blume Dieter: Das Leben 1, Klett Verlag, Stuttgart, 1975 ; S. 57,3 - 57,6

Tafelbild: Wie der Mäusebussard überleben kann

1) **Wie er aussieht:**
- Oberseite: braun, schwarz-weiß gefleckt
- scharfe Augen
- Hakenschnabel
- Unterseite: gelblich, mit dunklen Flecken
- Fänge mit spitzen Krallen

2. **Wie er die Beute überrascht:**
segeln — rütteln — lautloser Flug — scharfe Augen — feines Gehör — herabstürzen — abbremsen — zugreifen

3. **Wie er sie tötet:**
Fänge mit gebogenen, dolchartigen Krallen → ergreifen → töten

4. **Wie er die Beute frißt:**
Kropf, Drüsen
- gebogener spitzer Schnabel → zerreißen
- Magen mit scharfer Magensäure → verdauen
- Gewölle → hervorwürgen

Arbeitstext: Wie ein Mäusebussard eine Feldmaus fängt
In Waldnähe zieht er über Wiesen und Felder seine Kreise. Für die Jagd ist er außerordentlich gut ausgerüstet. Seine Augen übertreffen die des Menschen um bis zum 600 fachen an Sehkraft und seinem Gehör entgeht auch das leiseste Piepsen nicht.
Er segelt über die Landschaft in großer Höhe, ohne die Flügel zu bewegen. Ab und zu "rüttelt" er, d.h. er bleibt in der Luft stehen und schlägt mehrmals schnell mit den Flügeln. Hat er dann seine Beute erspäht, stürzt er mit angelegten Flügeln herab. Seine weichen Federn ermöglichen trotz der Geschwindigkeit einen lautlosen Flug. Dicht über dem Boden bremst er durch Ausbreiten der Flügel und durch Spreizen der Schwanzfedern rechtzeitig den Sturzflug und streckt die Fänge. Ein blitzschneller Griff und mit der zappelnden Beute streicht er zum Horst zurück.

(OHP-Folie) Beutetiere:
er ernährt sich von: Mäusen, Kreuzottern, Heuschrecken, Insekten, Maulwürfen, Eidechsen, Fröschen, Junghasen

Tonbandtext (2) Wie er die Beute verdaut:
Kleine Beutetiere schlingt er ganz hinunter. Größere Tiere werden mit dem Schnabel zerrissen, zerschnitten und dann verschlungen. Im Magen lösen scharfe Verdauungssäfte die Nahrung auf. Haare, Federn, Hornteile und größere Knochen sind unverdaulich. Sie werden im Magen zu einem Gewölle zusammengepreßt, heraufgewürgt und wieder ausgespien.

(1) Tonband: Bussardruf: "Hiäh, hiäh, hiäh!"

Flugbilder: Mäusebussard, Habicht, Wanderfalke, Turmfalke, Sperber

Einheimische Greifvögel (13. Lehrschritt)

UG	Lehrschritte (Artikulationsdefinition)	Lehrinhalte und Lernziele (= Lz)	Lehrakte .... Lernakte		Sozialformen	Lernhilfen
Eröffnungsphase	1. Lehrschritt (Einstimmung)	Bussardschrei	Sachimpuls: Bussardschrei Erarb.gespräch: Besprechung der Vermutungen.	- zuhören - vermuten - besprechen	Hb Hb	Tonbandaufnahme (1)
	2. Lehrschritt (Problemfindung)	Wie kann der Mäusebussard überleben?	Sachimpuls: Dia eines Mäusebussards Erarb.gespräch: Erkennen des Tieres; Aktivierung des Vorwissens. Finden, formulieren und fixieren der Problemfrage.	- betrachten besprechen - erkennen - Problemfrage finden - fixieren	Hb Hb	Dia: Mäusebussard Tafelanschrift (Überschrift)
	3. Lehrschritt (Erkenntnis= gewinnung)	Aussehen des Tieres (Lz 1)	Auftrag: Notiert in der Gruppe, was ihr über sein Aussehen herausfindet. Verarb.gespräch: Aussehen des Mäusebussards. Besprechen und Zuordnen d. Stichpunkte zur Tafelskizze.	- betrachten - notieren - formulieren - fixieren	Ga Hb	Stopfpräparat: Mäusebussard (Ersatz: Dia) Tafelbild 1
	4. Lehrschritt (Erkenntnis= gewinnung)	Lebensraum und Nahrung (Lz 2) Begriff: Horst	Auftrag: Finde mit deinem Partner heraus, wo er lebt und wovon er sich ernährt! Verarb.gespräch: Auswertung der Partnerarbeit. Herausarbeitung des Begriffs "Horst".	- betrachten - Informationen entnehmen - formulieren	Pa Hb	Folie: Nahrung
	5. Lehrschritt (Rekapitulation)	Lebensraum und Ernährung (Lz 1,2)	Impuls: Fasse zusammen, was du vom Aussehen und der Ernährung des Mäusebussards erfahren hast.	- berichten - wiederholen	Hb	Tafelstichpunkte/Stopfpräparat
Erarbeitungsphase	6. Lehrschritt (Erkenntnis= gewinnung)	Wie er die Beute erjagt (Lz 3)	Impuls: Um seine Hauptnahrung, die flinken Mäuse, erjagen zu können, muß er über bestimmte Eigenschaften verfügen. Auftrag: Stelle mit deinem Partner fest, wie er sich bei der Jagd verhält!	- vermuten - erlesen - Informationen entnehmen	Hb Pa	Arbeitstext
	7. Lehrschritt (Ergebnis= gewinnung)	Wie er die Beute überraschen kann	Verarb.gespräch: Auswerten der Partnerarbeit. Herausstellen der Jagdweise durch Eigenschaftswörter. Tafelfixierung.	- berichten - erklären - fixieren	Hb	Tafelbild 2
	8. Lehrschritt (Erkenntnis= gewinnung)	Wie er die Beute tötet (Lz 4) Begriff: Greifvogel	Impuls: Überlege, wie er seine Beute töten kann. Erarb.gespräch: Besprechung der Vermutungen. Herausarbeitung der Merkpunkte durch Betrachtung und Besprechung der Greiffüße.	- überlegen - vermuten - betrachten - formulieren - demonstrieren - fixieren	Hb Hb	Stopfpräparat: Greiffüße Tafelbild 3
	9. Lehrschritt (Erkenntnisge= winnung)	Wie er die Beute verdaut (Lz 5)	Impuls: Sobald er die Beute besitzt, ergibt sich für ihn ein Problem. Erarb.gespräch: Besprechung der Vermutungen. Auftrag: Aus dem folgenden Tonbandtext erfährst du, wie er dieses Problem löst!	- überlegen - vermuten - besprechen - zuhören	Hb Hb Aa	Tonband (2)
	10. Lehrschritt (Ergebnis= gewinnung)	Verwertung der Nahrung (Lz 5)	Verarb.gespräch: Auswertung des Arbeitsauftrags. Herausarbeitung der Merkpunkte, Tafelfixierung.	- berichten - erklären - fixieren	Hb	Tafelbild 4
Sicherungsphase	11. Lehrschritt (vertiefende Zusammenfassung)	Zusammenfassung (Lz 1 - 5)	Auftrag: (Schülergruppe) Beschreibt, was ihr im folgenden Film über den Mäusebussard beobachten und feststellen könnt! Verarb.gespräch: Ergänzende Beobachtungen der übrigen Schüler.	- beobachten - berichten - erklären - ergänzen	Ga Hb	S-8-Film: Mäusebussard
	12. Lehrschritt (Besinnung)	Sind Greifvögel Schädlinge? (Lz 6)	Bericht: Es ist noch nicht lange her, da wurde der Mäusebussard selbst von Jägern als Schädling angesehen und daher abgeschossen. Erarb.gespräch: Meinungsäußerungen; sachliche Begründung für die heutige ganzjährige Schonung.	- überlegen - begründen - beurteilen - besprechen - begründen	Hb Hb	Rückgriff auf Folie: Beutetiere
	13. Lehrschritt (Transfer)	andere einheimische Greifvögel (Lz 7)	Sachimpuls: Dias von einheimischen Greifvögeln Erarb.gespräch: Erkennen, beschreiben und vergleichen der Größen und Flugbilder.	- betrachten - erkennen - benennen	Hb	Dias: einheimische Greifvögel Flugbilder: (Arbeitsbuch)

Hauptlernziel: Einsicht, daß für die Fortbewegung in der Luft besondere Anpassungsmerkmale gegeben sind.	Unterrichtsthema: Wir untersuchen, wie die Krähe fliegen kann. (Wie sich ein guter Flieger dem Flug angepaßt hat)	Autor: Maria Sedlmayer
		Unterrichtszeit Empfehlung: 1 UE=45 Min

VORBEMERKUNGEN: Als vorbereitende Hausaufgabe ist die Beobachtung von Krähen beim Fliegen unbedingt notwendig, außer es ist vom Lehrer (im Herbst sehr gut möglich) ein kurzer Filmstreifen davon erstellt worden. Falls keine Rupfung einer Krähe beschafft werden kann, genügt ein Bild oder notfalls das Krähenpräparat.

TEILLERNZIELE: Die Schüler sollen:

1. das Präparat einer Saatkrähe betrachten, ihre besonderen Merkmale nennen und sie in die Familie der Rabenvögel einordnen,
2. anhand der Darstellung zweier verschiedener Ansichten über Krähen (plumpes Tier - Flugkünstler) das Stundenziel erarbeiten und formulieren,
3. verschiedene Arbeitstechniken zur Problemlösung nennen und unter Anleitung des Lehrers die Arbeitsschritte planen,
4. den Flug der Krähe beobachten (falls möglich im Film) und über ihre Beobachtungen berichten,
5. die Berichte über die Beobachtungen zusammenfassen und als erstes Teilergebnis festhalten,
6. in Gruppenarbeit unter Anleitung der Aufgaben auf Arbeitsblatt I Schwung- und Schwanzfedern der Krähe in ihrem Bau untersuchen und die Ergebnisse stichpunktartig festhalten,
7. über die in Gruppenarbeit gewonnenen Ergebnisse berichten und sie gemeinsam zusammenfassen (zweites Teilergebnis),
8. die Flugarten Gleit- und Sturzflug erklären, sowie die zusammengesetzte Flugart des Ruderflugs mittels eines "Flugmodells" und eines einfachen Papierblattes erklären und dabei die Begriffe "Vortrieb" und "Auftrieb" gewinnen,
9. den Ruderflug zusammenfassend erläutern und das Erarbeitete als drittes Teilergebnis festhalten,
10. mit Hilfe der Tafelanschrift alle "Untersuchungsergebnisse" zusammenschauend wiederholen sowie die Behauptung, Krähen seien Flugkünstler (siehe Lehrschritt 2) bestätigt finden,
11. im Vergleich der Saatkrähe mit anderen guten Fliegern ihre besondere Ausstattung für den Flug als zu behaltendes Grundwissen herausstellen,
12. durch selbständige schriftliche Bearbeitung eines Arbeitsblattes das Lernresultat unter Beweis stellen.

MEDIEN: eventuell Kurzfilm; Präparat der Saatkrähe; Rupfung; Federn und Lupen; Diaprojektor und ein Diarahmen, in welchen ein Stückchen der "Fahne" zur Vergrößerung gelegt wurde; Flugmodell; Tafelbild und Arbeitsblätter.

LITERATUR:
1. Barsig/Berkmüller: Leben überall Bd.6, Auer Donauwörth 1973
2. Frieling Heinrich: Was fliegt denn da? Frankhsche Verlagsbuchhandlung Stuttgart
3. Garms: Lebendige Welt, Gesamtausgabe, Westermann Braunschweig
4. Knoll Joachim: Biologie 2, Oldenbourg München 1972 (Schülerbuch und Lehrerband)
5. Kruse/Blume: Das Leben 1, Klett Verlag Stuttgart
6. Kuhn Wolfgang: Exemplarische Biologie in Unterrichtseinheiten 1. Teil, List-Verlag München 1973
7. Peterson: Die Vögel, aus der Reihe Life - Wunder der Natur
8. Stieren Bruno: Fachbereich Biologie in: Handbuch für die Unterrichtspraxis3 (Meißner/Zöpfl), Ehrenwirth München 1974

Flugmodell: Ast einer Weide, Bespannung mit Pergament- oder Drachenpapier

ARBEITSBLATT I: Arbeitsaufträge für die Gruppenarbeit

1. Sucht Schaft ("Kiel") euerer Feder!
2. Zerzaust die Fahne und betrachtet sie mit der Lupe. Versucht zu zeichnen!
3. Versucht, euere Feder wieder zu glätten! Was stellt ihr fest?
4. Haltet euere Feder in den Spalt zwischen zwei Blättern. Euer Gruppensprecher bläst von vorne auf die Feder. Ist sie luftdurchlässig?
5. Versucht herauszufinden, aus welchem Teil der Rupfung euere Feder stammt!

ARBEITSBLATT II: Die Saatkrähe, ein guter Flieger

1. Schwung- und Schwanzfedern sind für den Flug besonders gebaut: _____
2. Die Saatkrähe beherrscht alle Arten des Fliegens: _____
3. Die komplizierteste Flugart ist der Ruderflug:
   Beim Abschlag der Flügel .. _____
   Beim Aufschlag der Flügel.. _____

Gute Flieger unter den Vögeln sind für den Flug besonders ausgestattet. Ihre Flügel sind im Verhältnis zum Körper _____ .

TAFEL: **WIR UNTERSUCHEN, OB DIE KRÄHE EIN GUTER FLIEGER IST.**

① (Die Krähe ist ein Rabenvogel)

② Wir beobachten:
③ Krähen fliegen schnell...
Sie beherrschen Segel-, Ruder- und Sturzflug..

② Wir untersuchen:
④ 1. Um die Schwungfedern luftundurchlässig zu machen, sind die Einzelfasern der „Fahne" durch Häkchen verbunden.
⑤ 2. Der Flügelabschlag treibt die Krähe nach vorne und oben; der Luftauftrieb läßt sie auch beim Aufschlag nicht absinken.

⑥ Wir merken uns:
Gute „Flieger" unter den Vögeln sind durch ihr Federkleid und die großen Flügel besonders ausgestattet zum Flug.

TEXT: (T) Krähen zeichnen sich durch eine besondere "Flugakrobatik" aus, die nichts mit dem Balzen zu tun hat. Sie können auch sehr große Flughöhen erreichen: Am 7.März 1943 wurde mit einem Flak-Meßgerät ein Schwarm Krähen in einer Höhe von 2500 m über Köln herumziehend ermittelt.

UG	Lehrschritte (Artikulationsdefinition)	Lehrinhalte und Lernziele (= Lz)	Lehrakte .... Lernakte		Sozial-formen	Lernhilfen
Eröffnungsphase	1. Lehrschritt (Vorbesprechung)	Krähe als Rabenvogel (Lz 1)	Sachimpuls: Lehrer zeigt das Präparat einer Saatkrähe. Erarbeitungsgespräch: Wir betrachten die Krähe und suchen die Merkmale auf, die sie der Familie der Rabenvögel zuordnen.	- betrachten - erkennen - aufzählen - einordnen	Hkf Hkf	Präparat Tafel ①
	2. Lehrschritt (Kontrastdar-stellung)	Krähe als plumpes Tier oder Flugkünst-ler?	Feststellung: In ihrem Körperbau erscheint uns die Krähe als plumpes Tier. -Hört euch dazu folgenden Text an (L. liest vor)	- zuhören - überlegen - vermuten	Hkf	Text über Krä-he (etwa analog T)
	3. Lehrschritt (Zielangabe)	Unterrichtsvorhaben (Lz 2)	Frage: Wie können wir vorliegende "Mei-nungsverschiedenheiten" klären? - Wir un-tersuchen, wie die Krähe fliegen kann.	- besprechen - vorschlagen - formulieren	Hkf	Tafel (Über-schrift)
Erarbeitungsphase	4. Lehrschritt (Arbeitspla-nung)	Arbeitsschritte (Lz 3)	Erarbeitungsgespräch: Die Biologie stellt uns verschiedene Untersuchungsmethoden zur Verfügung: Beobachten, Untersuchen, Experiment ..	- überlegen - planen	Hb	Tafel ②
	5. Lehrschritt (Problemunter-suchung:Beob-achten)	Beobachtungen (Lz 4)	Arbeitsauftrag: Berichtet über euere Beob-achtungen (bzw.: Seht euch folgenden Film an). Verarbeitungsgespräch: Die Krähen fliegen sehr schnell; sie beherrschen verschiedene Flugarten..	- beobachten - berichten - erklären	Hb Hb	Film bzw. Noti-zen über Beobach-tungen
	6. Lehrschritt (Teilergebnis-fixierung)	Zusammenfassen der Aussagen (Lz 5)	Arbeitsauftrag: Wir fassen das Erarbeitete zusammen und schreiben auf.	- wiederholen - notieren	Hb	Tafel ③
	7. Lehrschritt (Problemunter-suchung:Betrach-ten)	Untersuchen der Federn (Lz 6)	Arbeitsauftrag: Führt die Aufgaben auf eue-rem Arbeitsblatt durch; der Gruppenschrei-ber notiert mit.	- untersuchen - betrachten - erkennen - notieren	Ga	Arbeitsblatt Federn, Lupen, Block, Rupfung
	8. Lehrschritt (Teilzusammen-fassung)	Ergebnisse der Unter-suchung von Krähen-federn (Lz 7)	Verarbeitungsgespräch: Die Gruppensprecher berichten; Teilergebnisse werden zusammen-gefaßt. Gegenstandsdemonstration: Ein Stück der "Fahne" (zur Vergrößerung in einen Diarahmen gelegt) verdeutlicht das Erarbeitete.	- berichten - zuhören - vergleichen	Hb	Notizen Rupfung Dia Tafel ④
	9. Lehrschritt (Problemunter-suchung durch Versuche)	Flugarten (Lz 8) Begriffe: Vor-trieb, Auftrieb	Erarbeitungsgespräch: Wir erklären Gleit- und Sturzflug. Meist beobachten wir aber den Ruderflug. Bewegungsablauf dabei: Versuch: Wenn wir unser Flügelmodell senkrecht nach unten schlagen (Abschlag), wird es zugleich nach vorn gedrückt (Vortrieb). Versuch zum Aufschlag: Blasen wir auf ein Blatt Papier, wird die freie Hälfte nach oben gehoben (Auftrieb).	- fragen - probieren - demonstrieren - erklären - begründen	Hb/Aa Hb Hb	Flugmodell 1 Blatt Papier → Auftrieb
	10. Lehrschritt (Teilergebnis-fixierung)	3. Teilergebnis (Lz 9)	Impuls: Wir können jetzt den Ruderflug ge-nau erklären ...	- zusammenfassen - begründen	Hb	Tafel ⑤
Sicherungsphase	11. Lehrschritt (Gesamtzusam-menfassung)	Beantworten der Ziel-frage (Lz 10)	Erarbeitungsgespräch: Alle erarbeite-ten Ergebnisse werden zu einem Gesamt-resultat zusammengefaßt.	- zusammenfassen - folgern	Hb	Tafel ⑥
	12. Lehrschritt (Transfer)	Grundwissen (Lz 11)	Vergleich: Wir vergleichen die Saatkrähe mit anderen guten Fliegern (Lerche, Raubvögel)	- aufzählen - vergleichen	Hb	
	13. Lehrschritt (schriftliche Wiedergabe des Lernresultats)	Lernzielkontrolle	Arbeitsauftrag: Bearbeitet selbständig vorliegendes Arbeitsblatt! Anschließend gemeinsame Ergebniskon-trolle	- überlegen - wiederholen	Aa Hb	Arbeitsblatt

Hauptlernziel: Einblick in die Fortpflanzung und Entwicklung der Lurche	Unterrichtsthema: Der Grasfrosch, seine Entwicklung (Wie wird aus dem Froschlaich eine Kaulquappe, und aus der Kaulquappe ein Frosch?)	Autor: A. Lindenmeir
		Unterrichtszeit Empfehlung: 2 UE

1. Der UE geht eine <u>Langzeitbeobachtung</u> voraus, die 2 - 3 Monate dauert. Die Schüler richten unter Anweisung des Lehrers zu Hause oder im Klassenzimmer ein Aquarium ein und beobachten die Entwicklung vom Laich bis zum fertigen Frosch. Laich vom Grasfrosch kann im März, vom Wasserfrosch Ende Mai gesammelt werden. Die Kaulquappen können mit zerriebenem Weißbrot, mit fein zerteiltem Eidotter und mit gehackten Salatblättern gefüttert werden bzw. mit Fischfutter. Über die Entwicklung vom Ei bis zum fertigen Frosch werden von den Schülern genaue Aufzeichnungen gemacht. Die Beobachtungen werden zwischendurch mit der Lehrkraft besprochen.

2. <u>Versuche</u> zur Atmung der Kaulquappe, die unter Aufsicht der Lehrkraft durchgeführt werden können:
   <u>a)</u> Betrachte mit der Lupe den Kopf einer jungen Kaulquappe! (Saugnäpfe, Außenkiemen ...) - <u>b)</u> Lege eine Kaulquappe m i t Außenkiemen in ein Schälchen mit wenig Wasser! Betrachte unter dem Mikroskop die Kiemen! (dünne Haut, Blut sichtbar, Sauerstoff kann durchdringen ...) - <u>c)</u> Lege eine Kaulquappe o h n e Außenkiemen in ein Schälchen mit Wasser, gib etwas Tusche bzw. feinen Bleistiftstaub ins Wasser und beobachte das "Atemwasser"! (Innere Kiemen, Atemloch an der linken Bauchseite ...)

Diese Versuche können während der Beobachtungszeit oder innerhalb der UE durchgeführt werden, wenn lebende Exemplare zur Verfügung stehen. - <u>3.</u> Nach Beendigung des Langzeitversuchs kann dann zusammenfassend folgende UE durchgeführt werden.

TEILLERNZIELE: Die Schüler sollen	MEDIEN:
1. - wissen, daß die Befruchtung beim Frosch außerhalb des Körpers stattfindet.	Beobachtungsberichte, evtl. lebende Exemplare (verschiedene Entwicklungsabschnitte, Froschlaich, Grasfrosch bzw. Wasserfrosch, Fliegen (tote und lebende), R 136 Die Entwicklung des Frosches, FT 400 Konzert am Froschtümpel, Einschlußpräparat: Entwicklung des Frosches, Arbeitsblätter, Folien, evtl. Bildmaterial zu Ls 17, Diaprojektor, Filmprojektor, OH-Projektor, Mikroskop, Lupen.
2. - erfahren, daß aus den gallertartigen Eiern (Laich) Kaulquappen (Larven) schlüpfen, die eine Verwandlung durchmachen müssen.	
3. - die Verwandlungsstadien der Kaulquappe beschreiben können.	
4. - Aussehen, Lebensraum, Atmung und Nahrung der Kaulquappe beschreiben können.	
5. - Aussehen, Lebensraum, Atmung und Nahrung des Frosches kennen.	
6. - erkennen, daß Kaulquappe und Frosch ihrer Umwelt hervorragend angepaßt sind.	LITERATUR: Knoll J. u.a., biologie für das 6. Schuljahr, Oldenbourg-Verlag 1974, S.92 - 95. - Garms H., Lebendige Welt, Gesamtband (Lehrerausgabe), Westermann Verlag Braunschweig 1969, S.II,82 - II, 83. - Aufzeichnungen aus einem Hospitationsseminar mit Dr. Otto Mair, Universität Augsburg, 1979.
7. - Probleme konkretisieren können.	
8. - Vergleiche ziehen können.	
9. - erkennen, daß die Entwicklungsstadien, Kaulquappe-Frosch, bedeutend sind für die Konkurrenz hinsichtlich der Nahrung und des Lebensraumes.	
10. - Einblick gewinnen in Tierformen, die ähnliche Verwandlungsformen ausnützen.	
11. - Beobachtungen gewissenhaft durchführen und darüber berichten können.	
12. - Verständnis für die Natur und Tierwelt bekommen bzw. vertiefen.	

ARBEITSBLATT-FOLIE

1. Wie wird aus dem Froschlaich eine Kaulquappe?

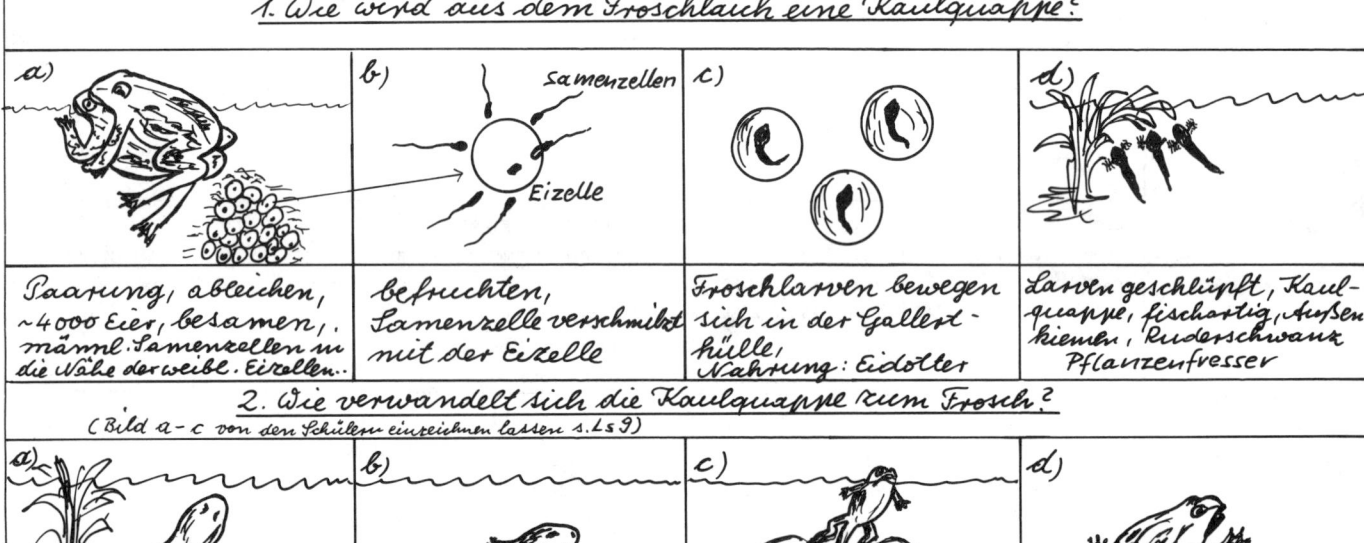

a)	b) Samenzellen / Eizelle	c)	d)
Paarung, ablaichen, ~4000 Eier, besamen, männl. Samenzellen in die Nähe der weibl. Eizellen.	befruchten, Samenzelle verschmilzt mit der Eizelle	Froschlarven bewegen sich in der Gallerthülle. Nahrung: Eidotter	Larven geschlüpft, Kaulquappe, fischartig, Außenkiemen, Ruderschwanz, Pflanzenfresser

2. Wie verwandelt sich die Kaulquappe zum Frosch?
(Bild a-c von den Schülern einzeichnen lassen s. Ls 9)

a)	b)	c)	d)
Innenkiemen, Hinterbeine	Vorderbeine bilden sich, Lungen entstehen.	Vorder- und Hinterbeine, Luft holen, Übergang zum Frosch.	fertiger Frosch, feuchte Haut, Lungen, Schwimmhäute, Springbeine, kein Ruderschw., Fleischfresser

3. Vergleich	Kaulquappe	Frosch	Was ändert sich?	Nutzen der Umwandlung
	Wasser	Wasser/Land	Lebensraum	Keine Konkurrenz in Lebensraum und Nahrung, frühe Selbständigkeit der Kaulqu.
	Kiemenatmung	Lungenatmung	Atmung	
	Pflanzenfresser	Fleischfresser	Nahrung	
	fischartig...	vierbeinig...	Aussehen	

| 16. Lehrschritt (Besinnung) | Selbständigkeit der Larven (Lz 12) | Auftrag: Vergleiche das Verhalten der Froscheltern mit dem der Vogeleltern! Erarb.gespr.: Frühe Selbst.k.d.Larvenstadien | - sich äußern - besinnen - folgern | Hb | |
| 17. Lehrschritt (Ausweitung) | Andere Lebewesen nutzen auch die Vorteile d. Metamorphose. (Schmetterlinge, Maikäfer ...) (Lz 10,12) | Impuls: Du kennst Tiere, die eine ähnliche Verwandlung durchmachen. Erarb.gespr.: Tiere, die eine Verwandlung durchmachen, Vorteile | - sich äußern - besinnen - werten | Hb | evtl. entsprechend. Bildmaterial |

UG	Lehrschritte (Artikulationsdefinition)	Lehrinhalte und Lernziele (= Lz)	Lehrakte .... Lernakte		Sozial-formen	Lernhilfen
Eröffnungsphase	1.Lehrschritt (Einstieg, Originale Sachbegegng.)		Gegenstandsdemonstration: Vorzeigen von Froschlaich und Frosch Erarb.gespr.: Problem der Entwicklung	- betrachten - vermuten	Hb bzw. Kf	lebende Objekte bzw. Skizze
	2.Lehrschritt (Problemdarstellg.)		Erarb.gespr.: Problem der Befruchtung des Laichs, Probleme für Tiere, die zuerst im Wasser und dann an Land leben.	- vermuten - sich äußern - begründen	Hb	
	3.Lehrschritt (Problemfragen, Zielangabe)	1.Wie wird aus dem Froschlaich eine Kaulquappe? 2.Wie verwandelt sich die Kaulquappe zum Frosch? (Lz 7)	Erarb.gespr.: Problem der Entwicklung des Frosches	- Probleme konkretisieren	Hb	Tafel:Überschrift
	4.Lehrschritt (Anschauung)	Besamung,Befruchtung: -Aufhocken d.Männchens -ablaichen -Besamung u.Befruchtung außerhalb d.weiblichen Körpers Besamung:Das Männchen bringt Samenzellen in die Nähe der Eizellen Befruchtung: Verschmelzung der Samenzelle mit einer Eizelle (Lz 1)	Sachimpuls: Filmeinsatz, Paarung bei Fröschen Erarb.gespr.: Paarung, Besamung und Befruchtung beim Frosch	- betrachten - hören - berichten	Hb	FT 400 (Ausschnitt) bzw. R 136
	5.Lehrschritt (Teilergebnisgewinnung,Fixierg.)		Skizzenhafte Darstellung: Vorgang der Besamung und Befruchtung Erarb.gespr.: Besamung und Befruchtung außerhalb des weiblichen Körpers	- betrachten - folgern - begründen	Hb	Folie 1, a,b
	6.Lehrschritt (Teilergebnisgewinnung,Fixierg.)	Ei → Kaulquappe Laich: Gallerthülle, Schutz, Wärme, Nahrung Kaulquappe: -fischartig -Außenkiemen (Atmung) -Ruderschwanz -Saugnäpfe (Mund,Nase,Auge in Anlage) -Pflanzenfresser (Lz 2,3,4,11)	a) Sachimpuls: Larven im Ei, ausgeschlüpfte Larven (Dias) b) Skizzenhafte Darstellung: Larven im Ei, junge Kaulquappe Verarbeitungsgespräch: Beobachtungsberichte (Langzeitversuch), Entwicklung der Larve im Ei, Aussehen, Lebensraum, Atmung, Nahrung der ausgeschlüpften Larve	- berichten - betrachten - benennen - beschriften - folgern - begründen	Hb	Versuch a,b schriftliche Aufzeichnungen R 136 Folie 1,c
Erarbeitungsphase	7. Lehrschritt (Teilergebniswiederholung)		Auftrag: Schreibe zu den Skizzen auf deinem Arbeitsblatt einen Text dazu! Kontrolle: OHP-Folie	- betrachten - beschriften - prüfen	Aa bzw. Pa	Arbeitsblatt 1 a,b,c,d Folie 1,a,b,c,d
	8.Lehrschritt (Veranschaulichg., Ergebnisfindung, Teilergebnisgewinn.,Fixierg.)	Verwandlung der Kaulquappe -Hinterbeine -Vorderbeine -Ruderschwanz bildet sich zurück -Kopf dicker -froschähnlich -Innenkiemen (Atemloch) -Lungenatmung (Lz 3,4,11)	Sachimpuls: mehrere Dias über die Entwicklungsstadien der Kaulquappe Skizzenhafte Darstellung: Verwandlung der Kaulquappe Verarbeitungsgespräch: Beobachtungsberichte (Langzeitversuche) Ergänzungen, Ergebnisse	- berichten - ergänzen - betrachten - folgern - begründen - beschriften	Hb	schriftliche Aufzeichnungen, Versuch c R 136 Folie 2, a,b,c
	9. Lehrschritt (Teilergebniswiederholung)		Auftrag: Zeichne die Entwicklungsstadien der Kaulquappe ein und schreibe einen Text dazu! Kontrolle: OHP-Folie	- skizzieren - formulieren - beschriften - prüfen	Aa bzw. Pa	Arbeitsblatt 2 a,b,c Folie 2,a,b,c
	10. Lehrschritt (Originale Sachbegegnung, Ergebnisfindung)	Frosch: -i.Wasser u.auf d.Land -Lungenatmung,Hautatmg. (feuchte Haut) -Sprungbeine -Schwimmhäute -Fangzunge -Fleischfresser ... (Lz 5,11)	Gegenstandsdemonstration: Grasfrosch im Glas Auftrag: 1. Gib tote und lebende Fliegen ins Glas! 2. Beschreibe sein Aussehen! 3. Wo hält er sich auf? Wie atmet er? Berühre ihn!	- betrachten - Versuch durchführen - beobachten - aufschreiben	Kf bzw. Pa	lebendes Objekt Fliegen Schreibblock
	11. Lehrschritt (Ergebnisfindung, Teilergebnisgewinng.,Fixierg.)		Skizzenhafte Darstellung: Frosch Verarbeitungsgespräch: Beobachtungsberichte, Ergänzungen, Ergebnisse	- betrachten - beschriften - folgern	Hb	Folie 2 d Beobachtungsberichte
	12. Lehrschritt (Teilergebniswiederholung)		Auftrag: Schreibe die wichtigsten Erkenntnisse zum Bild auf dein Arbeitsblatt! Kontrolle: OHP-Folie	- betrachten - beschreiben - prüfen	Aa bzw. Pa	Arbeitsblatt 2,d Folie 2, d
Sicherungsphase	13.Lehrschritt (Gesamtzusammenfassg. mündlich)		Rundgespräch: Schüler sprechen anhand eines Einschlußpräparats bzw. zu den Dias über die Entwicklung des Frosches	- Wissen anwenden - wiederholen - begründen	Hb	Einschlußpräparat bzw. R 136 (Auswahl)
	14. Lehrschritt (Vergleich)	s.Tabelle Arbeitsbl.3 Was ändert sich? -Lebensraum -Atmung -Nahrung -Fortbewegung (Lz 6,8)	Impuls: Kaulquappe und Frosch sind ihrem Lebensraum angepaßt Erarb.gespr.: Wir vergleichen Kaulquappe und Frosch. Frage: Was ändert sich?	- Wissen anwenden - besinnen - Begriffe finden	Hb	Tabelle evtl. als Wortkarten
	15. Lehrschritt (Besinnung,Wertung) ←Fortsetzung	Bedeutung der Metamorphose: Keine Konkurrenz hinsichtlich des Lebensraumes u.der Nahrung (Lz 9,12)	Verarbeitungsgespräch: Bedeutung der Verwandlung für Kaulquappe und Frosch	- besinnen - Wissen anwenden - folgern - werten	Hb	Tabelle 3

Hauptlernziel: Einsicht, daß auch scheinbare Schädlinge eine wichtige Aufgabe in der Natur erfüllen und deshalb nicht ausgerottet werden dürfen	Unterrichtsthema: Soll man den Marder ausrotten?	Autor: Edeltraud Bülow
		Unterrichtszeit Empfehlung: 45 Minuten

Vorbemerkungen:
Mit dem Marder wird exemplarisch ein vom Aussterben bedrohtes Tier vorgestellt. Den Schülern soll bewußt werden, daß die Einteilung in "nützlich" und "schädlich" subjektiv ist. Aufgrund dieses Wissens soll sich ihre Bereitschaft zum Tierschutz entwickeln. Der Filmausschnitt zeigt, wie ein Iltis eine Ratte und eine Kreuzotter tötet.

Teillernziele:
Die Schüler sollen:
1. erfahren, daß Marder großen Schaden anrichten können,
2. Einblick erhalten in die Instinkthandlung des Tötens, die als Reiz-Reaktionskette abläuft,
3. erfahren, daß Marder auch viele Schädlinge fressen,
4. den Schaden, den Marder anrichten gegen ihren Nutzen abwägen,
5. Bereitschaft zum Tierschutz entwickeln,
6. angeregt werden, über die Eingriffe des Menschen in die Natur kritisch nachzudenken.

Medien:
Film FT 32 0417: Die Iltiskoppel
Bild eines Marders, der gerade ein Tier schlägt
Literatur:
W. Heiligmann: Das Tier, Stuttgart, Klett-Verlag 1968

Folie:
— Der Marder frißt — (1)

bei Einbrüchen in Ställen:	in freier Natur:
Kaninchen, Hühner, Tauben, Enten	junge Hasen und Rehe, Singvögel und ihre Eier

(2) [Diagramm: Instinkt der Henne — fliehen / töten — Instinkt des Marders]

Tafelbild:
(1) Soll man den Marder ausrotten?
(2) Der Marder tötet
- bei Einbrüchen in Ställen: oft alle Tiere
- in freier Natur: viele Schädlinge: Mäuse, Ratten, Kreuzottern
(3) (Instinkthandlung)
(5) Man darf den Marder nicht ausrotten.

Arbeitsblatt: (1)

Der Marder tötet alle Tiere im Stall
Der Marder dringt in unverschlossene Hühnerställe ein. Dort würgt er oft weit mehr Hühner ab als er verzehren kann. Oft tötet er alle Tiere im Stall. Bei solchen Einbrüchen frißt er nur das Gehirn seiner Opfer. Häufig saugt er den getöteten Hennen das Blut aus, ihr Fleisch läßt er unberührt liegen.
Bei diesem "Morden" folgt der Marder seinem Naturtrieb. Er tötet alles, was vor ihm flieht.

Weshalb tötet der Marder alle Tiere? (2)

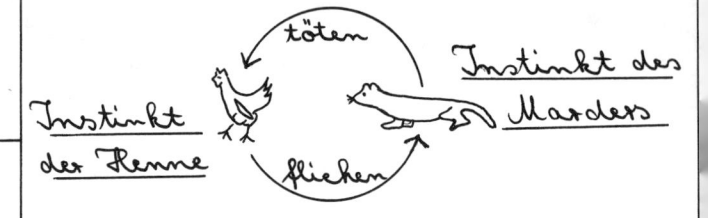

[Diagramm: Instinkt der Henne — fliehen / töten — Instinkt des Marders]

Überwiegt Schaden oder Nutzen des Marders? (3)

Der Marder tötet alle Tiere im Stall, weil	Gesunde, freie Tiere können fliehen
sie nicht fliehen können	
Hühnerställe gut abschließen	kein großer Schaden in freier Natur

Vier Behauptungen über den Marder: (4)
1. Marder bedeutet Mörder. ○
2. Marder sind nützlich. ⊗
3. Man sollte alle Marder ausrotten. ○
4. Man darf den Marder nicht ausrotten. ⊗

Kreuze die zutreffenden Aussagen an!

UG	Lehrschritte (Artikulationsdefinition)	Lehrinhalte und Lernziele (= Lz)	Lehrakte .... Lernakte		Sozial-formen	Lernhilfen
Eröffnungsphase	1. Lehrschritt (Einstimmung)	Ausbreitung der Sachsituation (Lz 1)	Sachimpuls: Lehrer zeigt ein Bild	– betrachten	Hb	Bild: Marder
			Sachimpuls: Erstinformation durch Folie	– lesen	Hb	Folie 1
			Rundgespräch: Marder können großen Schaden anrichten	– sich äußern	Hkf	
	2. Lehrschritt (Hinführung zur Problemfrage)	Gefahr, daß Marder ausgerottet wird	Bericht: Jedes Jahr werden in Europa eineinhalb Millionen Marder getötet.- Der Marder wird bald ausgerottet sein.	– zuhören – Stellung nehmen	Hb	
	3. Lehrschritt (Problemfindung)	Zielangabe	Erarbeitungsgespräch: Gemeinsame Ermittlung der Problemfrage: "Soll man den Marder ausrotten?"	– formulieren	Hb	Tafel 1
Erarbeitungsphase	4. Lehrschritt (Teilergebnis-gewinnung – 1. Teilschritt)	Marder können großen Schaden anrichten (Lz 1)	Arbeitsaufgabe: Lest, weshalb der Marder so gefürchtet ist!	– lesen	Aa	Arbeitsblatt 1
			Erarbeitungsgespräch: Er tötet alle Tiere, auch wenn er sie nicht mehr fressen kann.	– berichten	Hb	Tafel 2
	5. Lehrschritt (Teilergebnis-gewinnung – 2. Teilschritt)	Marder töten aus Instinkt (Lz 2) Begriff: Instinkt	Provokation: Marder bedeutet Mörder!	– zuhören	Hb	
			Erarbeitungsgespräch: Marder folgt seinem Naturtrieb = Instinkt evtl.: Instinkthandlungen anderer Tiere nennen	– widersprechen – nachlesen – aufzählen	Hb	Arbeitsblatt 1
	6. Lehrschritt (Erkenntnis-gewinnung)	Reiz-Reaktionskette zwischen Marder und Hühnern (Lz 2)	Impuls: Stellt euch die Hühner vor, in deren Stall ein Marder eingedrungen ist!	– zuhören	Hb	
			Erarbeitungsgespräch: Hühner wollen fliehen, können aber nicht, flattern, (Instinkthandlung); flattern = Reiz für den Marder zu töten (Instinkthandlung)	– berichten – schließen – beschriften	Hb	Folie 2 Tafel 3
	7. Lehrschritt (Teilergebnis-fixierung)	Instinkthandlungen beider Tiere lösen sich gegenseitig aus	Arbeitsaufgabe: Wiederholt das Besprochene und beschriftet dabei die Skizze!	– wiederholen – beschriften	Pa	Arbeitsblatt 2
			Kontrolle durch Folie	– überprüfen	Aa	Folie 2
	8. Lehrschritt (Teilergebnis-gewinnung 3. Teilschritt)	Marder beim Beutefang (Lz 3)	Filmausschnitt: Wir sehen nun einen Iltis (gehört zur Marderfamilie) auf Beutefang	– beobachten	Hb	Filmausschnitt (ca. 5 Minuten)
			Verarbeitungsgespräch: Iltis tötet in freier Natur viele Schädlinge, Mensch bewertet dieses Töten anders	– berichten – sich äußern	Hb	Tafel 4
	9. Lehrschritt (Problemwertung)	Großer Schaden nur unter gefangenen Tieren; gesunde freie Tiere fliehen (Lz 4, Lz 5)	Arbeitsanweisung: Besprecht die Frage auf dem Arbeitsblatt! Betrachtet dazu die beiden Skizzen und überlegt, wie wir sie beschriften könnten!	– besprechen – abwägen	Ga	Arbeitsblatt 3
			Verarbeitungsgespräch: Auswertung: Begründung, weshalb Nutzen überwiegt, Möglichkeiten, Schaden zu verhüten	– Stellung nehmen – ausfüllen	Hb/Aa	Arbeitsblatt 3
Sicherungsphase	10. Lehrschritt (Gesamtzusammenfassung)	Beantwortung der Problemfrage	Impuls: Beantworten wir die Problemfrage endgültig!	– formulieren – begründen	Hb	Tafel 5
			Arbeitsaufgabe: Wiederholt, wie wir zu der Antwort gekommen sind!	– verbalisieren	Hb	"
	11. Lehrschritt (Wertung)	Verschiedene Aussagen (Lz 5)	Arbeitsaufgabe: Besprecht die Behauptungen über den Marder!	– Stellung nehmen	Pa	Arbeitsblatt 4
	12. Lehrschritt (Ausweitung)	Eingriffe des Menschen in die Natur (Lz 6)	Diskussion: War es richtig, daß in unserer Heimat Bären, Wölfe und Luchse ausgerottet wurden?	– Meinung äußern und begründen	Hkf	

Hauptlernziel: Kenntnis des Blütenaufbaus, des Bestäubungs- und Befruchtungsvorganges. (Aspekt: Blütenbau - Befruchtungsvorgang)	Unterrichtsthema: Blütenbau, Bestäubung und Befruchtung bei der Schlüsselblume (Wie verhindert die Schlüsselblume eine Selbstbefruchtung?)	Autor: A. Lindenmeir
		Unterrichtszeit Empfehlung: 1 - 2 UE

VORBEMERKUNGEN: Blütenbau, Funktion der Blütenteile, Bestäubungs- und Befruchtungsvorgang sollten an einer geeigneten Blüte (Tulpe) voraus behandelt sein. - In dieser UE sollen die gewonnenen Erkenntnisse über Bestäubungs- und Befruchtungsvorgang verarbeitet und vertieft werden unter dem Aspekt Blütenbau und Befruchtungsvorgang. Es soll dadurch herausgestellt werden, daß Bestäubung nicht auch Befruchtung bedeutet. Zur Untersuchung eignen sich am besten große Blüten von Gartenprimeln.

TEILLERNZIELE: Die Schüler sollen
1. - durch Untersuchung erkennen, daß Schlüsselblumen verschieden gebaute Blüten haben.
2. - den Vorgang der Bestäubung (Fremdbestäubung) bei der Schlüsselblume erklären können.
3. - die Unterschiede der Blüten deuten können.
4. - wissen, wie die Schlüsselblume eine Selbstbefruchtung verhindert.
5. - den Vorgang der Befruchtung bei der Schlüsselblume erklären können.
6. - einen Zusammenhang erkennen zwischen Blütenbau und Befruchtung.
7. - Probleme formulieren können.
8. - Untersuchungen diszipliniert und genau durchführen können.
9. - aus Beobachtungen schlußfolgern können.
10. - durch interessante Entdeckungen Freude an der Natur erleben.

MEDIEN: Blüten von Gartenprimeln (2 Schüler → 2 verschiedene Blüten)
Rasierklinge - 2 versch.große Bälle - 2 versch.große Becher
Hummelmodell (Rüssel verschiebbar) (aus Pappe)
Lupen
Arbeitsblätter, Folien, OH-Projektor

LITERATUR:
Knoll J. u.a., biologie für das 6. Schuljahr, Oldenbourg-Verlag, München 1974, S. 57, 58.

Arbeitsanleitungen für die Partnerarbeit für Ls 4
1. Schaue in die Blüten von oben hinein!
2. Schneide Blüten und Kelche vorsichtig der Länge nach auf, damit du innen hineinschauen kannst!
3. Vergleiche Blüten
   a) Miß die Länge der Griffel!
   b) Wo sitzen die Narben?
   c) Wo sitzen die Staubgefäße?
   d) Wo ist die Blütenröhre ausgebuchtet?

Versuche zum Bestäubungs- und Befruchtungsvorgang

Versuch ①
Demonstration des Bestäubungsvorganges durch die Hummel (Hummelmodell auf Folie legen, langer Rüssel reicht bis zum Grund d.Blütenröhre).
a) Womit berührt die Hummel Narbe und Staubbeutel der langgriffeligen Blüte A? (Kopf) (Rüssel)
b) Womit berührt die Hummel Narbe und Staubbeutel der kurzgriffeligen Blüte B? (Rüssel) (Kopf)
c) Besuch der Hummel: Blüte A → zu Blüte B: (Fremdbestäubung)

Versuch ②
Demonstration mit den Bällen und Bechern.
a) kleine Kugel (Polle) / großer Becher (Narbe) ≙ langgriffelige Blüte
b) große Kugel (Polle) / kleiner Becher (Narbe) ≙ kurzgriffelige Blüte

ARBEITSBLATT-FOLIE-TAFEL: Wie kann die Schlüsselblume eine Selbstbefruchtung verhindern?

I Blütenbau und Bestäubung
A) langgriffelige Blüte B) kurzgriffelige Blüte

(Beschriftung: Narbe, Staubgefäße, Fruchtknoten)

C)
Narbe sitzt	oben	unten
Staubgefäße sitzen	unten	oben
Ausbuchtung	unten	oben

D) Die Schlüsselblume kann nur von langrüsseligen Insekten bestäubt werden. Sie übertragen den Blütenstaub von der langgriffeligen auf kurzgriffelige Blüten und umgekehrt. Diesen Vorgang nennt man Fremdbestäubung.

II Befruchtung
A) langgriffelige Blüte B) kurzgriffelige Blüte

(Beschriftung: große Vertiefungen, kleine Pollen, kleine Vertiefungen, große Pollen, Fruchtknoten)

C)
Selbstbestäubung	möglich	nicht möglich
Pollen	kleine Pollen treiben kurze Schläuche, sie erreichen die Eizellen im Fruchtknoten nicht	große Pollen können nicht in die kleinen Vertiefungen gelangen, also auch keine Schläuche bilden
Selbstbefruchtung	nicht möglich	nicht möglich
Befruchtung	nur durch Pollen der kurzgr. Blüte möglich	nur durch Pollen der langgr. Blüte möglich

UG	Lehrschritte (Artikulationsdefinition)	Lehrinhalte und Lernziele (= Lz)	Lehrakte .... Lernakte		Sozial-formen	Lernhilfen
Eröffnungsphase	1. Lehrschritt (Originale Sachbegegnung) (Wiederholung)	Bestäubung: Blütenstaub wird auf der Narbe abgestreift. Befruchtung: Pollen → Pollenschlauch, Verschmelzung mit der Eizelle	Gegenstandsdemonstration: Blüten von Schlüsselblumen (Gartenprimeln) Impuls: Gute, viele und keimfähige Samen und somit neue Pflanzen gibt es nur bei Fremdbestäubung. Rundgespräch: Selbstbestäubung, Fremdbestäubung, Befruchtung bei Pflanzen.	– betrachten – hören – besinnen – Wissen anwenden – wiederholen	Hb	(Skizze: Pollenkorn, Pollenschlauch, N, Gv, Fr.)
	2. Lehrschritt (Problemdarstellg., Problemfrage, Zielangabe)	Wie verhindert die Schlüsselblume eine Selbstbefruchtung? (Lz 7)	Erarb.gespr.: Problem der Bestäubung und Befruchtung bei der Schlüsselblume	– Problem formulieren	Hb	Tafel/Folie: Überschrift
	3. Lehrschritt (Planung)		Erarb.gespr.: Anleitung für die Partnerarbeit.	– zuhören – mitplanen – verbalisieren	Hb	s.schriftliche Anleitungen
	4. Lehrschritt (Problemlösung, Untersuchung)	(Lz 10)	Arbeitsgleiche Partnerarbeit: Untersuchung der Blüten.	– untersuchen – aufschreiben – skizzieren	Pa	Primelblüten Notizblock schrftl.Anleitgn.
Erarbeitungsphase	5. Lehrschritt (Ergebnisfindung) (Erkenntnis) (Fixierung)	langgriffelige Blüte: Narbe oben, Staubgefäße unten kurzgriffelige Blüte: Narbe unten, Staubgefäße oben, Ausbuchtg. oben (Lz 1,8,9)	Verarb.gespr.: Auswertung der Partnerarbeit Skizzenhafte Darstellung: Blütenbau der langgriffeligen und kurzgriffeligen Blüte. Verarbeitungsgespräch: Die Schlüsselblume hat zweierlei Blüten, Vergleich, Tabelle anfertigen.	– berichten – betrachten – folgern – vermuten – Erkenntnis fixieren	Hb	Folie I, A,B Folie I, C
	6. Lehrschritt (Problem, Hypothese, Teilergebnisgewinnung)	Fremdbestäubung durch langrüsselige Insekten (Hummeln) neues Problem Selbstbestäubung möglich? (Lz 2,3,7,9)	Demonstration: Schüler versuchen, den Bestäubungsvorgang zu demonstrieren. Verarbeitungsgespräch: Fremdbestäubung bei der Schlüsselblume durch langrüsselige Insekten	– vermuten – Wissen anwenden – demonstrieren – verbalisieren	Hb	Versuch ① Modell (Hummel) Folie I, A,B
	7. Lehrschritt (Teilergebniswiederholung)		Auftrag: 1. Zeichne die Blütenteile ein! (Auf dem Arbeitsblatt sind nur Umrisse der Blüten angegeben) 2. Ergänze die Tabelle! 3. Fülle die Lücken aus! Kontrolle: OHP-Folie	– einzeichnen – Tabelle ausfüllen – ergänzen – prüfen	Aa bzw. Pa	Arbeitsblatt I, A,B,C Folie I, A,B,C
	8. Lehrschritt (Problemdarstellg.) (Erkenntnis) (Teilergebnisgewinnung) (Fixierung)	langgriffelige Blüte: große Vertiefungen, kleine Pollen kurzgriffelige Blüte: Kleine Vertiefungen, große Pollen Kleine Pollen gehen zwar in große Vertiefungen (also Selbstbestäubung möglich), treiben aber kurze Pollenschläuche, die nicht bis zur Eizelle gelangen. So wird eine Selbstbefruchtung verhindert. (Lz 3,4,6)	Impuls: Selbstbestäubung wäre möglich Erklärung: Narben und Pollen der lang- u. kurzgriffeligen Blüte sind verschieden. Skizzenhafte Darstellung: Narbenoberfläche (Vertiefungen) und Pollen der beiden Blütenarten. Demonstration: Bälle und Becher entsprechen Pollen und Narbenvertiefungen – Versuch ② Verarbeitungsgespräch: Befruchtungsvorgang bei der Schlüsselblume. Alle Blütenteile helfen zusammen, um eine Selbstbefruchtung zu verhindern. Tabelle anfertigen.	– verbalisieren – folgern – hören – betrachten – demonstrieren – beobachten – folgern – Zusammenhänge feststellen – fixieren	Hb	Folie II, A,B (Skizze) Folie II u. Arbeitsbl. II, C
	9. Lehrschritt (Teilergebniswiederholung)		Auftrag: Zeichne den Befruchtungsvorgang auf deinem Arbeitsblatt! Kontrolle: OHP-Folie	– einzeichnen – prüfen	Aa bzw. Pa	Arbeitsblatt II A, B
Sicherungsphase	10. Lehrschritt (Gesamtzusammenfassung anhand des Tafelbildes)	Fremdbestäubung: viele, gute, keimfähige Samen. Eigenbestäubung: bei der Schlüsselblume möglich, aber dann keine Befruchtung! (Lz 6)	Erarb.gespr.: Antwort auf die Problemfrage am Anfang. Vorteile der Fremdbestäubung und Befruchtung.	– verbalisieren – besinnen – berichten – formulieren	Hb	Folien I und II
	11. Lehrschritt (Besinnung)		Erarb.gespr.: Zusammenhang zwischen Blütenbau und Bestäubung bzw. Befruchtung, kein Zufall der Natur, sondern sinnvolle Einrichtung.	– verbalisieren – besinnen – folgern	Hb	
	12. Lehrschritt (Ausweitung)	Bienen nagen Löcher in die Blütenröhre, um den Nektar zu erreichen.	Erarb.gespr.: Nur langrüsselige Insekten besuchen die Schlüsselblumen. Bienen als Nektarräuber und Einbrecher.	– hören – besinnen – folgern	Hb	

Hauptlernziel: Die Schüler sollen am Beispiel der Tulpe erfahren, wie die geschlechtliche Vermehrung bei Blütenpflanzen erfolgt.	Unterrichtsthema: Welche Aufgabe hat die Tulpenblüte?	Autor: Norbert Modl
		Unterrichtszeit Empfehlung: 2 UE

Vorbemerkungen:
1) Im Curricularen Lehrplan findet sich das Thema unter der Bezeichnung "Kenntnis des Blütenaufbaus, des Bestäubungs- und Befruchtungsvorganges".
2) Wenn möglich, sollte auch eine originale Begegnung durch einen Beobachtungsgang die Zusammenhänge zwischen Blüte und Insekt entdecken lassen. Der erste Lehrschritt wäre dann eine Anknüpfung an den Unterrichtsgang.
3) Alternative Veranschaulichungen: bei Salbeiblüten oder Kirschblüten(FWU-1o o787). Dadurch ist auch eine jahreszeitliche Variationsmöglichkeit im Einsatz gegeben. Filme hierzu: Honigbiene I: Blütenbesuch und Imkerei (FWU - 3o o3o1/11 min.) oder "Die Bestäubung der Taubnessel" (FWU - 3o o256/4 min.) oder "Bienen sammeln Nektar" (FWU - 36 o232 /4 min.), Transparentfolien: Staubblätter/Stempel (Westermann, 35 75 17/35 75 18).
4) Die Unterrichtseinheit läßt sich überwiegend auf eigenen Untersuchungen und Beobachtungen der Schüler aufbauen, da hierzu meist genügend Material bereitgestellt werden kann. Wichtig ist dabei, daß jeder Schüler eigene Beobachtungsobjekte zur Verfügung hat.
5) Anschlußmöglichkeiten: Untersuchung des Zusammenhangs zwischen Bau der Frucht und Vermehrungsart, sowie: "Formen ungeschlechtlicher Vermehrung bei Blütenpflanzen" (Dia-Serie: FWU: 1o 14 75).

Teillernziele: Die Schüler sollen ...
1) ... wissen, wie eine Tulpenblüte aufgebaut ist (kognitiv),
2) ... männliche und weibliche Fortpflanzungsorgane der Tulpe kennen (kognitiv),
3) ... wissen, welche Aufgabe der Blüte zukommt (kognitiv),
4) ... erfahren, wie die Bestäubung abläuft (kognitiv),
5) ... erkennen, daß erst durch die Bestäubung eine Befruchtung erfolgen kann (kognitiv),
6) ... Interesse für grundlegende Vorgänge bei der Vermehrung gewinnen (affektiv),
7) ... Einblick in den sinnreichen Aufbau einer Blüte gewinnen (kognitiv),
8) ... Einblick gewinnen, daß es noch andere Möglichkeiten der Bestäubung gibt (kognitiv).

Medien:
- Tulpenblüten, Tulpenfruchtstände
- Lupe
- Rasierklingen
- zwei Arbeitsblätter
- Tafelbild
- Dia-Serie: Blütenbestäubung durch Insekten (FWU - 1o o538)
- S-8 mm: Bestäubung der Taubnessel (FWU - 3o o256)
- Symbole ♀ ♂
- OHP-Folie
- Schülerbuch

Literatur:
1) Knoll J., Werner H.: Grundfragen der Biologie 5/6, Bayern, Oldenbourg Verlag, München, 1979; S.57-58
2) Haug Karl: Naturkundliches Arbeitsbuch 2, Westermann Verlag, Braunschweig (früher: Mundus Verlag Stuttgart), 1973; S. 11o-111
3) Grüninger W., u.a.: Wege in die Biologie I, Klett Verlag, Stuttgart, 1977; S. 9o-91 (Beispiel: Kirsche)
4) Bauer Ernst W.: Biologie 5/6, CVK Verlag Berlin, 1976; S.79-81
5) Garms Harry: Lebendige Welt, Biologie 1, Lehrerausgabe, Westermann Verlag Braunschweig, 1974; S. 184 ff.

Arbeitstext (A): Die Bestäubung der Tulpe

Im warmen Sonnenschein öffnet sich die Tulpenblüte. Die auffälligen Blütenblätter locken Bienen und andere Insekten an. Diese finden zwar keinen Nektar, fressen aber gern von den reichlich vorhandenen Pollenkörnern, die aus den reifen Staubbeuteln herausquellen. Dabei bleiben im Haarpelz der Insekten viele Pollenkörner hängen. Beim Besuch anderer Tulpenblüten bleiben einige davon an der klebrigen Narbe haften. Diese Übertragung von Pollenkörnern einer Blüte auf die Narbe einer anderen nennt man Bestäubung.
Von Selbstbestäubung spricht man, wenn Pollenkörner auf die Narbe der eigenen Blüte fallen, von Fremdbestäubung, wenn sie auf die Narbe einer anderen Tulpenblüte fallen.
Aufgabe: Beschrifte die Zeichnungen!

Arbeitstext (B)

Bestäubung und Befruchtung

① Die farbigen *Blütenblätter* locken *Insekten* an.

② Das Insekt fliegt *von einer Blüte zur anderen*.

③ Dabei bleiben *Pollen* an ihren *Füßen* hängen.

④ An der *Narbe* einer anderen Blüte bleibt ein *Pollenkorn* kleben.

⑤ Das *männliche* Pollenkorn keimt und treibt einen Pollenschlauch durch den Griffel hinab zur *weiblichen* Samenanlage.

⑥ Durch die *Vereinigung* beider wird die Tulpe *befruchtet*.

⑦ Die *Blütenblätter* fallen ab. Die *Fruchtkapsel* wächst.

⑧ Zur Reifezeit *platzt* die Kapsel und streut die *Samen* aus.

Pollenübertragung durch Insekten (z.B. Bienen)

Fremdbestäubung

Selbstbestäubung

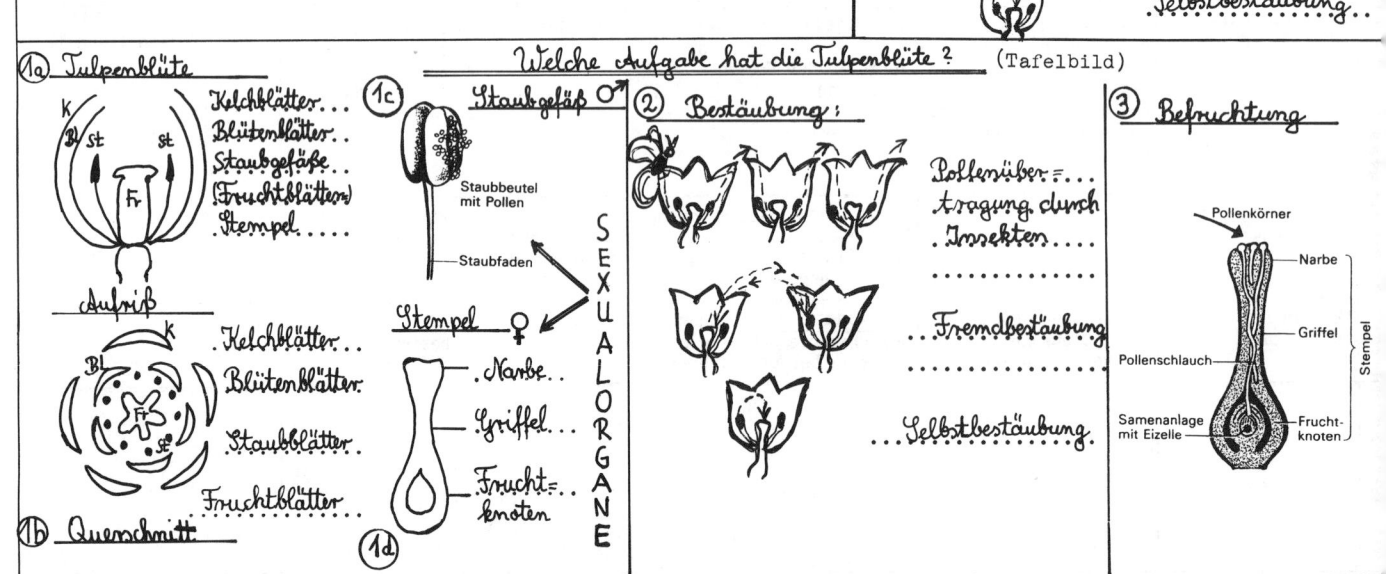

Welche Aufgabe hat die Tulpenblüte? (Tafelbild)

①a Tulpenblüte
- Kelchblätter
- Blütenblätter
- Staubgefäße
- Fruchtblätter
- Stempel

Aufriß

K - Kelchblätter
Bl - Blütenblätter
St - Staubblätter
Fr - Fruchtblätter

①b Querschnitt

①c Staubgefäß ♂
- Staubbeutel mit Pollen
- Staubfaden

①d Stempel ♀
- Narbe
- Griffel
- Fruchtknoten

SEXUALORGANE

② Bestäubung:
- Pollenübertragung durch Insekten
- Fremdbestäubung
- Selbstbestäubung

③ Befruchtung
- Pollenkörner
- Narbe
- Griffel
- Pollenschlauch
- Samenanlage mit Eizelle
- Fruchtknoten
- Stempel

UG	Lehrschritte (Artikulationsdefinition)	Lehrinhalte und Lernziele (= Lz)	Lehrakte .... Lernakte		Sozial-formen	Lernhilfen
Eröffnungsphase	1. Lehrschritt (Problembegeg = nung)	Wie eine Tulpen= pflanze aussieht	Sachimpuls:Tulpenblüte mit Stengel und Zwiebel	-betrachten	Hb	Tulpenpflanze
			Verarb.gespräch:Aktualisierung des Vorwissens über Zwiebel und Blüte.	-formulieren		
	2. Lehrschritt (Problemab = grenzung)	Blüte der Tulpe (Lz 3)	Impuls: Uns Menschen erfreut an der Tulpenpflanze vor allem ein bestimm= ter Pflanzenteil.	- sich äußern	Hb	
			Verarb.gespräch:Aktualisierung des Vorwissens über Zusammenhänge von Blüte und Insekten(ohne detaillierte Betrachtung).	- berichten	Hb	
	3. Lehrschritt (Problem = findung)	Problemfragen: Welche Aufgabe hat die Blüte?Warum ist die Blüte wichtig?	Erarb.gespräch:Erkennen,formulieren und fixieren der Problemfrage.	- Problem = findung	Hb	Tafelbild (Überschrift)
Erarbeitungsphase	4.Lehrschritt (Erkenntnis = gewinnung)	Aufbau einer Tul = penblüte (Lz 1,7)	Auftrag: Stelle die Teile der Blüte fest und halbiere danach die Blüte.	- untersuchen - halbieren - notieren	Aa	Tulpenblüte (Rasierklinge-Hinweis auf Unfallgefahr)
			Verarb.gespräch:Auswertung der Arbeitsergebnisse.Finden der anderen Bezeichnungen:Staubgefäße und Stempel sind umgewandelte Blätter.	- berichten - prüfen	Hb	Schülerbuch
	5.Lehrschritt (Ergebnis = gewinnung)	Beschriften der Skizze(Aufriß)	Auftrag : Ordne die gefundenen Be = griffe in die Skizze ein!	- zuordnen - fixieren	Aa	Tafelbild (1 a)
			Fixierung an der Tafel.		Hb	
	6.Lehrschritt (Verständnis = kontrolle)	Blütenkreise im Querschnitt(Lz 1,7)	Auftrag: Eine Tulpenblüte ist aus vier Kreisen aufgebaut. Benenne sie!	- zuordnen - formulieren	Aa	Blütengrundriß: Querschnitt (1b)
			Verarb.gespräch:Kontrolle der Ergeb= nisse.Rekapitulation an der Tafel.	- berichten - zeigen	Hb	
	7. Lehrschritt (Erkenntnis= gewinnung)	Männliche und weibliche Sexual = organe der Blüte (Lz 2)	Impuls: Für eine geschlechtliche Ver= mehrung sind zwei verschiedene Organe nötig.	- formulieren	Hb	Symbole
			Erarb.gespräch:Hypothesenbildung , welche Teile der Blüte männlich oder weiblich sind.	- vermuten	Hb	
			Auftrag: Dein Arbeitsbuch hilft dir bei der Feststellung von männlichen und weiblichen Geschlechtsorganen.	- aufsuchen -vergleichen	Aa	Schülerbuch
	8.Lehrschritt (Erkenntnis = gewinnung)	Aufbau der Sexual= organe der Blüte (Lz 2) Begriff:Zwitter = blüte	Verarb.gespräch:Zuordnung der männli = chen und weiblichen Blütenbestandteile.	-zuordnen	Hb	Blüte
			Auftrag:Schneide jeweils einen Staub = beutel und einen Fruchtknoten der Län= ge nach und einen weiteren quer durch!	- zerlegen	Aa	Objekt
	9.Lehrschritt (Ergebnis = gewinnung)	Fixierung:Teile der männl.und weibl. Sexualorgane	Verarb.gespräch:Auswertung des Arbeitsauftrages.Fixierung an der Tafel.	- berichten - fixieren	Hb	Tafelbild (1 c,d)
	1o. Lehrschritt (Verlaufs = motivation)	Bestäubung der Blüte(Lz 4,6)	Beschreibung:Zweck der Sexualorgane.	- wiederholen	Hb	
			Auftrag: Der folgende Text gibt dir Aufschluß darüber,wie die Bestäubung erfolgt.Beschrifte die Skizzen!	- erlesen - beschriften	Aa	Arbeitstext(A) (auch Garms: S. 182)
	11. Lehrschritt (Ergebnis = gewinnung)	Fremdbestäubung Selbstbestäubung (Lz 4,8)	Verarb.gespräch:Auswertung der Arbeitsergebnisse mit Verbalisierung und Fixierung an der Tafelskizze.	- berichten - prüfen - ergänzen - fixieren	Hb	Tafelbild (2)
	12. Lehrschritt (Erkenntnis= gewinnung)	Befruchtungsvorgang (Lz 5,6)	Erarb.gespräch:Neues Leben kann erst durch Befruchtung erfolgen.	- sich äußern	Hb	OHP-Folie: Befruchtung Tafelbild (3)
			Auftrag:Stelle mit deinem Partner die Vorgänge bei der Befruchtung fest!	- auswerten	Pa	
			Verarb.gespräch:Auswertung des Auf = trags.Fixierung an der Tafel.	- beschreiben - fixieren	Hb	
Sicherungsphase	13.Lehrschritt (Besinnung)	Aufgabe der Blüte (Lz 3)	Impuls: Du kennst nun die Aufgabe der Tulpenblüte.	- wiederholen	Hb	Tafelbild als Gesamtdar= stellung
			Erarb.gespräch:Geschlechtliche Ver= mehrung dient der Fortpflanzung.Lock= mittel sind:Farbe,Duft und Pollen.	- erläutern	Hb	
	14.Lehrschritt (Transfer)	Bestäubung der Taubnessel(Lz 8)	Darbietung: Bestäubung der Taubnessel	- erkennen	Hb	S-8- Film (FWU -3o o256; 4 min.)
			Verarb.gespräch:Beschreibung des Be = stäubungs-und Befruchtungsvorganges.	- beschreiben - erklären		
	15.Lehrschritt (Hausaufgabe)	andere Bestäubungs= arten (Lz 8)	Auftrag: In deinem Arbeitsbuch findest du noch andere Bestäubungsarten.Notiere sie in dein Arbeitsheft!	- aufsuchen	Aa	Schülerbuch

Hauptlernziel: Kenntnis des Samenaufbaus, des Keimvorgangs	Unterrichtsthema: Keimung beim Weizenkorn (Wie wird aus einem Weizenkorn ein Halm mit vielen Körnern?)	Autor: A. Lindenmeir
		Unterrichtszeit Empfehlung: 2 UE

VORBEMERKUNGEN: Zur Durchführung dieser UE sind verschiedene Langzeitversuche notwendig, die teils als Hausarbeit bearbeitet, teils auch im Klassenzimmer angesetzt und durchgeführt werden können, je nach Möglichkeit und Fähigkeit der Schüler. Für die Planung der Langzeitversuche in häuslicher Arbeit bzw. im Klassenzimmer (Gipskegel!) müßte eine eigene UE angesetzt werden. Wegen der Vielzahl an Erkenntnissen kann die folgende UE auch in 2 - 3 einzelne Unterrichtseinheiten aufgeteilt werden.

TEILLERNZIELE: Die Schüler sollen
1. - den Bau des Weizenkorns erklären können.
2. - erkennen, daß die Keimung mit der Quellung beginnt.
3. - den Ablauf der Keimung beim Weizenkorn in genauer Reihenfolge beschreiben können.
4. - wissen, daß zur Keimung Wasser, Wärme und Luft notwendig, Erde und Licht nicht notwendig sind.
5. - fähig und bereit sein, aktiv mitzuarbeiten und sich zu engagieren.
6. - Keimversuche mit Kressesamen, Erbsen und Weizenkörner genau durchführen und ihre Beobachtungen aufschreiben können.
7. - aus Beobachtungen schlußfolgern können.
8. - Probleme konkretisieren und formulieren können.
9. - Freude am Erwerb und Besitz neuen Wissens erleben.

MEDIEN: Gipsbrei, Schalen, Trichter, Filterpapiere, Erbsen (je nach Anzahl der Gruppen); Kressesamen, Petrischalen bzw. Deckel von Einmachgläsern, Watte; Erlenmeyerkolben bzw. gut schließendes Glas mit Kork; Weizenkörner; Jod, Rasierklinge, Natronlauge, Pyrogallol (entfernt O$_2$); Reagenzglas mit Zucker, Reagenzglas mit Stärke; evtl. angekeimte Weizenkörner; Weizenkeimlinge verschiedenen Alters auf Papier geklebt (vorbereiten!).
Arbeitsblätter, Folien, OH-Projektor.

LITERATUR: Protokolle aus einem Hospitationsseminar an der Universität Augsburg mit H. Dr. Otto Mair. "Biologische Schulversuche" (Pflanzenkunde).

VERSUCHE ZUR KEIMUNG

A) Versuch zur Quellung (evtl. im Klassenzimmer in arbeitsgleicher Gruppenarbeit)
Dickflüssigen Gipsbrei in Trichter (mit Filterpapier) füllen und trockene Erbsen daruntermischen, nach dem Trocknen (~30 - 40 Min.) Gipskegel herauslösen und in eine Schale mit Wasser stellen. (→ Wasser dringt durch den Gips zu den Erbsen, diese nehmen an Volumen zu. Der Gipskegel wird gesprengt.)

C) Versuch zur Keimhemmung (evtl. als Nacharbeit - s. Lehrschr. 17)
Kressesamen auf feuchtes Filterpapier und eine frische Apfelscheibe geben. (→ Die Samen auf der Apfelscheibe keimen nicht, die Samen auf dem Filterpapier keimen. Im Fruchtfleisch sind Keimhemmstoffe.)

B) Keimversuche mit Kressesamen (in arbeitsteiliger Gruppenarbeit als Hausaufgabe)
Gruppe 1: Samen trocken in Petrischale geben - Watte, Licht, Wärme;
Gruppe 2: Samen feucht auf Watte geben - Licht, Wärme;
Gruppe 3: Samen feucht in Erde geben - Licht, Wärme;
Gruppe 4: Samen feucht auf Watte geben - dunkel, Wärme;
Gruppe 5: Samen feucht auf Watte geben - kalt (Kühlschrank);
Gruppe 6: Samen in Glaskolben in Licht und Wärme, feuchter Watte, aber unter Sauerstoffmangel (evtl. im Klassenzimmer) ansetzen.

- Korken mit Draht
- feuchter Wattebausch mit Kressesamen
- Wasser, Natronlauge dazugeben (entfernt O$_2$) u. Pyrogallol

---

Arbeitsblatt-Folie: Wie wird aus einem Weizenkorn ein Halm mit vielen Körnern?

A Bau des Weizenkorns

1. Härchen
2. Keimknospe
3. Keimstengel
4. Keimwurzel
5. Schildchen (Ernährungsorgan)
6. Samenschale
7. Kleberschicht (Eiweiß)
8. Mehlkörper (Stärke)

B Keimung
Die Keimung beginnt mit der Quellung. Die Samen nehmen Wasser auf und vergrößern sich. Dadurch springt die Samenschale auf.

C Keimbedingungen

Versuche mit Kressesamen	Erde	Wärme	Licht	Luft	Wasser	Watte	Ergebnis	Erkenntnis (Was ist nötig?)
1. trocken	−	X	X	X	−	X	keimt nicht	
2. feucht auf Watte	−	X	X	X	X	X	keimt	Wasser
3. feucht in Erde	X	X	X	X	X	−	keimt	
4. feucht auf Watte und dunkel	−	X	−	X	X	X	keimt	
5. feucht auf Watte u. kalt (im Kühlschr.)	−	−	X	X	X	X	keimt nicht	Wärme
6. in sauerstoffarmer Umgebung (s. Versuch B Gr. 6)	−	X	X	−	X	X	keimt nicht	Luft

Pflanzen brauchen zum Keimen WASSER - WÄRME - LUFT

D Wachstum
(Bild 1 und 7 vorgeben, s. Ls. 1; Bild 2-6 von den Sch. einzeichnen lassen, s. Ls 15)

Frühling	1. Tag	2./3. Tag	4. Tag	7. Tag	9. Tag	Spätsommer
1	2	3	4	5	6	7
Weizenkorn (quillt)	Keimwurzel	3 kleine Wurzeln, Keimscheide (K) (Schutz)	Neben- und Hauptwurzel, Wurzelhärchen	1. Laubblatt	2. Laubblatt, Nährstoffe sind verbraucht.	Ähre

UG	Lehrschritte (Artikulationsdefinition)	Lehrinhalte und Lernziele (= Lz)	Lehrakte	Lernakte	Sozial-formen	Lernhilfen
Eröffnungsphase	1. Lehrschritt (Originale Sachbegegnung)		Gegenstandsdemonstration: Weizenkorn - Ähre vorzeigen	- betrachten - sich äußern - vermuten	Hb	Weizenkorn, Ähre, evtl. Skizze davon
	2. Lehrschritt (Problemdarstellg., Zielangabe, Problemfrage)	Wie wird aus einem Weizenkorn ein Halm mit vielen Körnern? (Lz 8)	Erarb.gespr.: Probleme Keimungsvorgang beim Weizenkorn.	- Probleme herausstellen - Problem formulieren	Hb	
	3. Lehrschritt (Hypothesen, Planung)	(Lz 5)	Erarbeitungsgespräch: Erfahrungswissen, Vorschläge zum Vorgehen (Bau, Quellung, Keimbedingungen, Wachstum).	- verbalisieren - berichten - mitplanen	Hb	
	4. Lehrschritt (Problemlösung) (Fixierung)	Bau d. Weizenkorns: -Härchen -Samenschale -Kleberschicht (Eiweiß) -Mehlkörper (Nahrung) -Schildchen -Keimwurzel -Keimknospe (Blattanlage) (Lz 1)	Partnerarbeit: Untersuchung am gequollenen Weizenkorn. Auftrag: Schneide es der Länge nach durch! Mache die Jodprobe! Benenne die Teile! Skizzenhafte Darstellung: Längsschnitt durch ein Weizenkorn. Verarb.gespr.: Ergebnisse der Untersuchung, Ergänzung durch Skizze.	- betrachten - schneiden - zerlegen - Jodprobe durchf. - benennen - betrachten - ergänzen - beschriften	Pa Hb	gequollene Getreidekörner Jod Folie A
Erarbeitungsphase	5. Lehrschritt (Teilergebnisgewinnung, Erkenntnis)	Mehlkörper → Stärke (Jodprobe) Schildchen → Ernährungsorgan, versorgt den Keimling mit Nährstoffen; Stärke → Zucker (Körner schmecken süß)	Versuche: a) Stärke muß in löslichen Zucker umgewandelt werden. b) Kauen von gequollenen Weizenkörnern. Verarbeitungsgespräch: Teile des Weizenkorns und deren Aufgabe.	- gequollene Weizenkörner kauen - Ergebnis bespr. - beobachten - folgern - begründen	Hb	Zucker löst sich / Stärke löst sich nicht gequollene Körner
	6. Lehrschritt (Teilergebniswiederholung)		Auftrag: Ordne die entsprechenden Ziffern zu! Kontrolle: OHP-Folie	- zuordnen - prüfen	Aa	Arbeitsblatt A Folie A
	7. Lehrschritt (Problemdarstellg.)	Quellung: Der Gipskegel saugt durch die Poren Wasser auf. Die Samen nehmen Wasser auf (quellen) und vergrößern	Impuls: Mit unserem Gipskegel ist etwas passiert, was auch mit einem Weizengipskegel passieren könnte. Erarb.gespr.: Versuch A, Erbsen im Gipskegel	- hören - Beobachtungsbericht	Hb	zerbrochene Gipskegel Versuch A
	8. Lehrschritt (Erkenntnis, Teilergebnisgewinnung)	ihr Volumen. Diese Kraft sprengt d. Gipskegel ... (Lz 2,7,9)	Verarbeitungsgespräch: Vorgang der Quellung, Beginn der Keimung	- folgern - begründen	Hb	
	9. Lehrschritt (Teilergebniswiederholung)		Auftrag: Formuliere Sätze zum Vorgang der Quellung. Kontrolle: OHP-Folie	- aufschreiben - formulieren - prüfen	Aa	Arbeitsblatt B Folie B
	10. Lehrschritt (Ergebnisfindung, Fixierung)	s. Keimversuche mit Kressesamen, Versuche B. (Lz 4,5,6,7,9)	Feststellung: Durch die Wasseraufnahme beendet der Samen seinen Ruhezustand und kann unter bestimmten Bedingungen sein Wachstum beginnen. Auftrag: Gruppenberichte über die Keimversuche.	- Versuchsberichte - Beobachtungsberichte - Ergebnisberichte - folgern - begründen	Hb	Aufzeichnungen u. Ergebnisse der Versuche B Folie C Arbeitsblatt C
	11. Lehrschritt (Erkenntnis, Teilergebnisgewinn., Fixierung)	Samen brauchen zum Keimen - Wasser - Wärme - Luft	Verarbeitungsgespräch: Auswertung der Beobachtungen, Fixieren der Erkenntnisse	- Erkenntnisse formulieren - Tabelle anfertigen	Hb	Folie C Arbeitsblatt C
	12. Lehrschritt (Teilergebnisübertragung)		Feststellung: Diese Bedingungen gelten auch für das Weizenkorn. Erarb.gespr.: Keimbedingungen beim Weizenkorn.	- verbalisieren - Wissen anwenden - wiederholen	Hb	
	13. Lehrschritt (Originale Sachbegegnung)	Keimendes Weizenkorn: -Keimscheide (Hülle) -Hauptwurzel, 2 Nebenwurzeln (entnehmen aus dem Boden Nahrung, wenn der Mehlkörper aufgebraucht ist) -1. Laubblatt -2. Laubblatt ... Halm, Ähre (Lz 3)	Gegenstandsdemonstration: Weizenkeimlinge nach Alter geordnet vorzeigen. Erarb.gespr.: Keimung des Weizenkorns, Begriffsbildung.	- betrachten - sich äußern - benennen	Hb	gekeimte Weizenkörner nach Alter geordnet auf Papier geklebt
	14. Lehrschritt (Teilergebnisgewinnung, Fixierung)	(Lz 3)	Skizzenhafte Darstellung: Keimendes Weizenkorn. Erarb.gespr.: Ablauf der Keimung beim Weizenkorn.	- betrachten - ergänzen - beschriften	Hb	Folie D
Sicherungsphase	15. Lehrschritt (Gesamtzusammenfassung)		Auftrag: 1. Zeichne in die leeren Kästen den jeweiligen Keimungszustand ein! 2. Formuliere Sätze bzw. schreibe Begriffe darunter! Kontrolle: OHP-Folie	- einzeichnen - skizzieren - beschriften - prüfen	Aa bzw. Pa	Arbeitsblatt D Folie D
	16. Lehrschritt (Übertragung)	(Lz 9)	Frage: Warum legen Gärtner Bohnensamen vor der Saat ins Wasser? Erarb.gespr.: Keimungsvorgang bei anderen Samenarten ...	- besinnen - Wissen anwenden - übertragen	Hb	evtl. auch Einsatz des jew. Lehrbuches.
	17. Lehrschritt (Neues Problem, Ausweitung)	Keimhemmg. dch. Hemmstoffe i. Fruchtfleisch. Samen i. Früchten hätten zwar d. Keimbedingn., können aber nicht keimen. (Blastokoline!)	Impuls: Im saftigen Apfel sind auch Samen. Erarb.gespr.: Keimhemmung in Früchten. Versuch C als Hausaufgabe.	- hören - besinnen - vermuten	Hb	

Hauptlernziel: Überblick über Bau und Bedeutung einer Kulturpflanze	Unterrichtsthema: Die Kartoffel, ein wichtiges Grundnahrungsmittel (Wie wachsen die vielen Kartoffeln heran? Welche Nährstoffe haben sie?)	Autor: A. Lindenmeir
		Unterrichtszeit Empfehlung: 2 UE

VORBEMERKUNGEN: a) Die Schüler können einen Großteil der Unterrichtsmedien selbst mitbringen, wenn es rechtzeitig mit ihnen besprochen wird. - b) Den Schülern sollte der Vorgang der Bestäubung und Befruchtung bei Pflanzen bekannt sein im Hinblick auf das Teillernziel Nr. 4. - c) Je nach Vorkenntnissen aus der Grundschule können Teile der UE kursorisch behandelt werden. - d) Wegen der Vielzahl an Erkenntnissen ist es empfehlenswert, diese UE in zwei einzelnen Stunden durchzuführen (1. Teil: Kartoffelpflanze Ls 1-9; 2. Teil: Nährstoffe in der Kartoffel Ls 11 - 19). - e) Die Untersuchungen bzw. Versuche können in Partnerarbeit bzw. arbeitsteilig in Gruppen durchgeführt werden (je nach Material). Alle Versuche wären geeignet, möglichst <u>alle</u> Schüler daran zu beteiligen.

TEILLERNZIELE: Die Schüler sollen	MEDIEN:
1. - die Kartoffel als eines der wichtigsten Grundnahrungsmittel kennenlernen.	etliche Kartoffelknollen, Leinentücher, Glaskopfstecknadeln, ca. 30 cm lange Zwirnfäden, Weidenzweige, Reibeisen, Gläser (bzw. Standzylinder), Filterpapier, Jodlösung, Messer (nicht scharf!), etliche Reagenzgläser mit Halterung, Eiklar, Bunsenbrenner, Kartoffelstaude (mit Blüte, Früchte, Blättern und Knollen) bzw. ein Wandbild davon, angetriebene Knollen, grüne Knollen, geschälte Knollen; Arbeitsblätter, Folien, OH-Projektor.
2. - die Kartoffelstaude mit Blüte und Frucht kennenlernen.	
4. - erfahren, daß die Vermehrung im landwirtschaftlichen Bereich durch Knollen geschieht, die Samen aber zum Züchten neuer Sorten verwendet werden können.	
5. - durch Versuche erfahren, daß die Kartoffel Wasser, Stärke und Eiweiß enthält.	
6. - Probleme konkretisieren können.	LITERATUR:
7. - Versuche diszipliniert durchführen können und fähig werden zu selbständigem Untersuchen und Beobachten.	Knoll J. u.a., biologie für das 6. Schuljahr, Oldenbourg-Verlag 1974, S. 11 - 14; Barsig W. u.a., Leben überall-neu, 6.Jg., Verlag Ludwig Auer Donauwörth 1978, S. 70 - 73.
8. - aus den Erkenntnissen Folgerungen ziehen können.	
9. - Freude am Besitz neuen Wissens erleben.	

ARBEITSBLATT-FOLIE

1. Wie wachsen die vielen Kartoffeln?

A)1
① Blüte, Staubgefäße, Fruchtknoten
② Frucht (Beere)
③ Ausläufer
④ Mutterknolle
⑤ Wurzeln
Samen
Vermehrung durch Knollenbildung

a) Versuch	b) Beobachtung	c) Erkenntnis
1 a) b) Wir stecken Nadeln in die Augen, verbinden sie mit einem Faden und vergleichen mit dem Weidenzweig.	Beide Fäden bilden eine Spirale.	Die Augen sind spiralförmig angeordnet → Knospen, Blätter... keine Wurzeln, verdickte Ausläufer...
2 Wir schneiden eine Knolle an den Augen durch.	Wir sehen einen Ring, der sich an den Augen ausbuchtet.	Gefäßbündelring ... gibt den Trieben (Augen) Nahrung ...

B) 2. Welche Nährstoffe sind in der Kartoffel?

a) Versuch	b) Beobachtung	c) Erkenntnis
1 Wir reiben eine rohe Kartoffel und drücken den Brei durch ein Leinentuch.	Viel Flüssigkeit läuft durch.	Die Kartoffel enthält <u>Wasser</u>.
2 a) Wir schneiden eine Kartoffel durch und machen die Jodprobe.	a) Die betupfte Stelle färbt sich blauschwarz.	Die Kartoffel enthält <u>Stärke</u>. Stärkekorn mit Wachstumsringen Der weiße Bodensatz ist Stärke.
b) Wir zerreiben eine K., geben etwas Wasser dazu, kneten den Brei durch und pressen ihn durch ein Leinentuch. Wir gießen alles in ein Glas (siehe auch Material von Vers.1)	b) Ein weißer Bodensatz setzt sich ab.	
3 a) Wir füllen ein Reagenzglas mit Wasser und Eiklar.	a) Das Eiklar wird trüb, gerinnt.	Eiweiß gerinnt bei Erhitzen. Die Kartoffel enthält <u>Eiweiß</u>
b) Wir füllen ein Regenzglas mit Kartoffelsaft (filtrieren!) Wir erhitzen beide Gläser! Wasser u. Eiklar / Kartoffelsaft	b) Es bilden sich Flocken...	

C) Nährwert einer Kartoffel

100 Teile

Wasser 75 Teile
Stärke 20 Teile
Eiweiß 4 Teile
Fett, Vitamine, Mineralien 1 Teil

Die Kartoffel ist ein Grundnahrungsmittel. Sie enthält wichtige Nährstoffe.

| 19. Lehrschritt (Besinnung) | (Lz 8) | Impuls: Aus Kartoffeln wuchern im Keller Triebe, aus Äpfeln nicht | - hören - besinnen | Hb |
| | | Erarb.gespr.: Kartoffel - Nährstoffspeicher für die Pflanze ... . Apfel enthält Samen (Keimhemmung durch Blastokoline) | - urteilen | |

UG	Lehrschritte (Artikulationsdefinition)	Lehrinhalte und Lernziele (= Lz)	Lehrakte	Lernakte	Sozialformen	Lernhilfen
Eröffnungsphase	1. Lehrschritt (Vorkenntn.Ermttlg.)		Rundgespräch: Kartoffelgerichte	- sich äußern	Hb	von 100 K. werden ~30 gegessen ~34 verfüttert ~25 als Saatgut verwendet ~11 gegen Heu verloren Tafel
	2. Lehrschritt (Problemdarstellung)	(Lz 1)	Sachimpuls: Schemazeichnung über die Verwendung der Kartoffel Erarb.gespr.: Kartoffel - ein Grundnahrungsmittel	- betrachten - sich äußern - verbalisieren	Hb	
	3. Lehrschritt (Zielangabe, Problemfragen)	1.Wie wachsen die vielen Kartoffeln? 2.Welche Nährstoffe sind i.d.Kartoffel? (Lz 6)	Feststellung: Mit der Ernte eines Kartoffelfeldes kann man dreimal so viel Menschen sättigen, wie mit der Ernte eines gleichgroßen Weizenfeldes Erarb.gespr.: Vermehrung der Kartoffel, Nährwert der Kartoffel	- hören - folgern - Probleme konkretisieren	Hb	
Erarbeitungsphase	4. Lehrschritt (Veranschaulichung)	Kartoffelpflanze -Blüte mit Staubgefäßen und Fruchtknoten (Bestäubung,Befruchtung) -Frucht (Beere)	Originaler Gegenstand bzw.bildhafter Sachimpuls: Kartoffelpflanze Rundgespräch: Erfahrungswissen, die Kartoffelpflanze → Fruchtbildung, Knollenbildung	- betrachten - untersuchen - benennen - folgern	Kf	Kartoffelpflanze bzw. Wandbild
	5. Lehrschritt (Teilergebnissicherung,Fixierg.)	-Ausläufer → Knolle -Mutterknolle -Wurzeln (Lz 2,3)	Skizzenhafte Darstellung: Kartoffelpflanze Verarbeitungsgespräch: Samenbildung (Frucht) über der Erde - Knollenbildung unter d.Erde	- betrachten - verbalisieren - beschriften	Hb	Folie A, 1
	6. Lehrschritt (Teilergebniswiederholung)		Auftrag: Ordne die Ziffern entsprechend zu! Kontrolle: OHP-Folie	- zuordnen - prüfen	Aa	Arbeitsbl.A, 1 Folie A, 1
	7. Lehrschritt (Veranschaulichg., Vergleich, Untersuchung)	Knolle -verdickter Sproß -Schale (Schutz) -"Augen"spiralförmig angeordnet (Knospen) -Gefäßbündelring (Nahrungsleitung)	Partnerarbeit: Untersuchung der Knolle, Beobachtungsaufzeichnungen a) grüne Knolle b) angetriebene Knollen c) geschälte, ungeschälte Knollen d) Durchführung der Untersuchung 1 und 2	- betrachten - untersuchen - aufschreiben	Pa	entspr.Knollen Folie A, Unters. 1, 2 Arbeitsblatt A Unters.1,2 Sp. a
	8. Lehrschritt (Teilergebnisgewinng.,Fixierung)	-Ertragssteigerung dch. Häufelung (Lz 3,4,8)	Verarbeitungsgespräch: Auswertung der Untersuchungen, Erkenntnisse	- berichten - folgern - begründen - aufschreiben	Hb	Folie A, 1,2 Sp. b,c
	9. Lehrschritt (Teilergebniswiederholung)		Auftrag: Fülle die Spalte c auf deinem Arbeitsblatt aus! Formuliere Sätze! Kontrolle: OHP-Folie	- ausfüllen - formulieren	Aa bzw. Pa	Arbeitsbl. A, Sp. c Folie A, 1,2
	10. Lehrschritt (Problem, Planung)		Erarb.gespr.: Nährwert der Kartoffel, Versuchsmaterial, Planung der Versuche 1,2, a,b, 3 a,b. (Durchführung der Versuche je nach Material in Partnerarbeit bzw. in Gruppenarbeit)	- mitplanen - verbalisieren	Hb	
	11. Lehrschritt (Problemlösungsversuche)	s.Arbeitsblatt B 1,2, a, b, Spalte a, b (Lz 5,7,8)	Partnerarbeit: a)Durchführung Versuch 1 b)Durchführung Versuch 2a,b Auftrag: Schreibe deine Beobachtungen auf dein Arbeitsblatt (Spalte b)	- Versuch durchf. - beobachten - aufschreiben	Pa	Versuchsmaterial Arbeitsblatt B 1, 2 a,b
	12. Lehrschritt (Teilergebnisgewinng.,Fixierung)	Die Kartoffel enthält Wasser Die Kartoffel enthält Stärke (Lz 5)	Verarbeitungsgespräch: Beobachtungsberichte, Auswertung der Beobachtungsberichte, Ergänzungen, Fixieren der Erkenntnisse	- berichten - folgern - begründen	Hb	Arbeitsblatt B 1, 2, Spalte b Folie B 1,2, c
	13. Lehrschritt (Problemlösungsversuche)	s. Arbeitsblatt B 3, a,b Spalte a,b (Lz 5,7,8)	Arbeitsteilige Gruppenarbeit: Durchführung der Versuche 3 a,b in Gruppen und Kontrollgruppen	- Versuch durchf. - beobachten - aufschreiben	Ga	Versuchsmaterial Arbeitsblatt B 3 a
	14. Lehrschritt (Teilergebnisgewinng.,Fixierung)	Die Kartoffel enthält Eiweiß (Lz 5)	Verarbeitungsgespräch: Beobachtungsberichte, Auswertung der Beobachtungen, Erkenntnisse Fixierung	- berichten - folgern - begründen	Hb	Folie B Spalte b,c
	15. Lehrschritt (Teilergebnisgewinng.,Fixierung)	Nährstoffspeicher Anteile der Nährstoffe: ~75 Teile Wasser ~20 Teile Stärke ~ 4 Teile Eiweiß ~ 1 Teil andere Stoffe (Lz 5)	Skizzenhafte Darstellung: Nährstoffanteile der Kartoffel im Schaubild Erarb.gespr.: Nährstoffanteile, Eintragung ins Schaubild	- betrachten - lesen - eintragen - verbalisieren	Hb	Schaubild Folie C
	16. Lehrschritt (Teilergebniswiederholung)		Auftrag: 1. Fülle Spalte c auf deinem Arbeitsblatt aus! 2. Zeichne die Anteile ins Schaubild ein! Kontrolle: OHP-Folie	- ausfüllen - einzeichnen - prüfen	Aa	Arbeitsblatt B,C Spalte c Folie B,C
Sicherungsphase	17. Lehrschritt (Gesamtzusammenfassung i.Form eines Rätsels)	Lösung: 1- A U G E N 2- S T Ä R K E 3- W A S S E R 4- E I W E I ß 5- K N O L L E 6- S A M E N (Lz 9)	Erklärung: Lehrer stellt Fragen, Schüler schreiben als Antwort ein Wort auf, entsprechende Ziffernstelle ergibt als Lösungswort die Heimat der Kartoffel 1. Sie sind spiralförmig angeordnet. 2. Wir haben es durch d.Jodprobe herausgefunden. 3. Wenn die Schale nicht wäre, ginge viel davon verloren. 4. Wir haben es durch Erhitzen des Kartoffelsaftes nachgewiesen. 5. So nennt man die Kartoffel auch. 6. Die Frucht (Beere) enthält: ... Zwischen den 1.und 2. Buchstaben mußt du noch ein 'M' fügen. LÖSUNGSWORT: AMERIKA	- hören - aufschreiben - lösen - prüfen	Aa bzw. Pa	Schreibblock
	18. Lehrschritt (Ausweitung) ←Fortsetzung	(Lz 4,8)	Erarb.gespr.: Vermehrung der Kartoffel durch Samen, durch Knollen; Ansprüche an gute Kartoffeln; Züchtung durch Kreuzung und Auslese	- Wissen anwenden - folgern - begründen	Hb	evtl.nachlesen im Lehrbuch

Erdkunde

Hauptlernziel: Die Schüler sollen den Dungau als eine Agrarlandschaft mit günstigen natürlichen Bedingungen kennenlernen.	Unterrichtsthema: Der Dungau(Gäuboden) - Bayerns größtes Zuckerrüben- und Weizengebiet	Autor: Hans-Peter Mößner
		Unterrichtszeit Empfehlung: 2 UE=90Min

Vorbemerkungen:
Besonders bei Schülern in nicht ländlichen Gegenden kann häufig beobachtet werden, wie lückenhaft und undifferenziert die Vorstellungen über Themen aus der Landwirtschaft sind. Es empfiehlt sich, Darstellungs- und Arbeitsweisen schülerorientiert zu gestalten. Ein landwirtschaftlicher Betrieb sollte besichtigt werden. Getreidearten, Zuckerrüben, Löß- und Lehmbodenproben sollte der Schüler aus der Nähe (bzw. auf Abbildungen) betrachten können. Der Umgang mit thematischen Karten, Bildern, Texten und Maßstab wird vorausgesetzt. Gruppen- und Partnerarbeit sind eingeplant. Die Einträge auf dem Arbeitsblatt und auf den Folien entstehen in der numerierten Reihenfolge.

Teillernziele:
Die Schüler sollen:
1. den Dungau mit Hilfe von Luftbildaufnahmen (Dias) als typische Agrarlandschaft beschreiben können, (kognitiv)
2. den Dungau mit einigen Städten und in seiner Ausdehnung lokalisieren können, (kognitiv)
3. erkennen, daß Weizen und Zuckerrüben natürliche Bedingungen erfordern, (kognitiv)
4. durch den Vergleich von zwei Texten die Begriffe Spezialisierung, Mechanisierung und Familienbetrieb kennenlernen, (kognitiv)
5. erfahren, daß die Nahrungs- und Genußmittelindustrie die landwirtschaftlichen Produkte weiterverarbeitet, (kognitiv)
6. thematische Karten, Prospekte und Texte auswerten können, (instrumental)
7. ihre Haltung und Einstellung gegenüber der Landwirtschaft überdenken. (kognitiv)

Medien:
Medienverbund 14 Dias – Gäuboden: Staatliche Landesbildstelle Südbayern; Löß- Lehmbodenproben, mehrere Zuckerrüben, Weizen, Gerste (bzw. Abbildungen), 1 kg-Zuckerpackung, Mehl, Arbeitsblätter, acht Folien, Tageslichtprojektor, Wandkarte Süddeutschland, Folienstifte, Erdkundebuch mit Tabelle über Bodenarten (Erdkunde 6, L.Auer, S. 18), Harms Atlas Deutschland und die Welt

Tafelanschrift:
ursprünglich, natürlich, unverändert, landwirtschaftlich genutzt, dünn besiedelt, wenig Bäume → Agrarlandschaft

dicht bebaut und besiedelt(Häuser, Straßen, Industrieanlagen, stark verändert) → Industrielandschaft

Arbeitstext mit Tabelle:

Auf dem Lechnerhof um 1900:
...Im März spannte der Bauer seine Rösser an. Der Mist wurde auf die Felder mit der Hand gestreut, die Wiesen mit Jauche gegossen. Die Frühjahrssaat, das Kartoffellegen, Rübensäen, Unkrautstechen drängten in rascher Folge. Bei der Getreideernte aber reichten Knechte und Mägde nicht mehr aus. Erntearbeiter mußten eingestellt werden. Mähen, binden, einfahren, aufschichten. Tag für Tag. Daneben mußten Schweine, Kälber, Kühe und Pferde gefüttert und die Ställe ausgemistet werden.

Auf dem Lechnerhof heute:
... Wochenlang brummt im Frühjahr der Traktor und zieht den achtscharigen Pflug. Vollautomatische Sämaschinen ziehen Rinnen, streuen das Saatgut ein und decken die Erde wieder darüber. Zur Getreideernte schiebt sich ein riesiges Ungetüm aus der Maschinenhalle: der Mähdrescher. Daneben wartet bis zum Herbst die Rübenrodemaschine. Auf dem Hof sind nur noch der Bauer, seine Frau, ein Sohn und eine Tochter tätig. Im Jahr kann die Familie ein bis zwei Wochen in Urlaub fahren.

Folien ≙ Arbeitsblatt(AB)

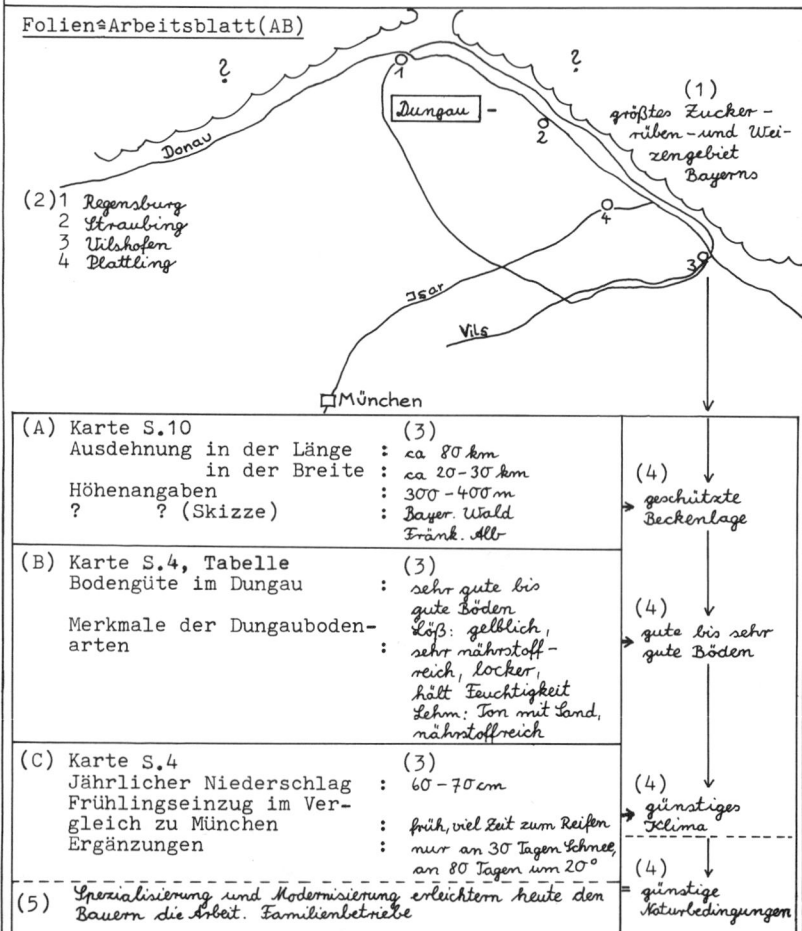

(1) größtes Zuckerrüben- und Weizengebiet Bayerns

(2) 1 Regensburg
2 Straubing
3 Vilshofen
4 Plattling

(A) Karte S.10
Ausdehnung in der Länge : ca 80 km
in der Breite : ca 20-30 km
Höhenangaben : 300-400 m
? ? (Skizze) : Bayer. Wald, Fränk. Alb
(3) → (4) geschützte Beckenlage

(B) Karte S.4, Tabelle
Bodengüte im Dungau : sehr gute bis gute Böden
Merkmale der Dungaubodenarten : Löß: gelblich, sehr nährstoffreich, locker, hält Feuchtigkeit
Lehm: Ton mit Sand, nährstoffreich
(3) → (4) gute bis sehr gute Böden

(C) Karte S.4
Jährlicher Niederschlag : 60-70 cm
Frühlingseinzug im Vergleich zu München : früh, viel Zeit zum Reifen
Ergänzungen : nur an 30 Tagen Schnee, an 80 Tagen um 20°
(3) → (4) günstiges Klima

(5) Spezialisierung und Modernisierung erleichtern heute den Bauern die Arbeit. Familienbetriebe

= günstige Naturbedingungen

	Tierhaltung Produkte	Geräte Maschinen	Arbeitskräfte
1900	Kartoffeln, Rüben, Getreide, Kühe, Pferde, Schweine, Kälber	Handarbeit	Familie, Knechte, Mägde, Erntearbeiter
Heute	Getreide, Rüben	Mähdrescher, Rübenroder, Traktor, Sämaschine	

(5) Spezialisierung und Modernisierung erleichtern heute den Bauern die Arbeit. Familienbetriebe

UG	Lehrschritte (Artikulationsdefinition)	Lehrinhalte und Lernziele (= Lz)	Lehrakte .... Lernakte		Sozial-formen	Lernhilfen
Eröffnungsphase	1. Lehrschritt (Kontrastdarstellung)	Zwei Luftbildaufnahmen: Agrarlandschaft-Industrielandschaft (Lz 1)	Arbeitsblätter ausgeben Demonstration: Merkmale der beiden unterschiedlichen Typenlandschaften Begriff: Agrarlandschaft(Acker)	-betrachten -beschreiben	Hb	Zwei Dias Tafel-(alle Wesensmerkmale)
	2. Lehrschritt (Sachbegegnung)	Unterrichtsrelevante Gegenstände, Produkte (Lz 5)	Demonstration: Zuckerrüben betrachten, heben (6 kg ergeben 1 kg Zucker), zerschneiden, schmecken. Weizen, Gerste (Brauereien), Mehl	-Naturprodukte betrachten -Verwendung erklären	Hb	Zuckerrüben, 1 kg-Zuckerpackung, Gerste, Weizen
	3. Lehrschritt (Zielangabe)		Ankündigung: "Der Dungau (Gäuboden) in Niederbayern ist das größte Zuckerrüben- und Weizengebiet Bayerns."-gelb markieren Begrenzungsraum Dungau		Hb	Folie(1)/ AB(1)
Erarbeitungsphase	4. Lehrschritt (Topographische Orientierung)	Städte, Lage zu München, Faustskizze (Lz 2)	Verlauf der Isar Arbeitsauftrag: "Übertrage die vier Städte auf dein Arbeitsblatt!" Lösungen kontrollieren	-sich auf der Karte orientieren	Aa	Wandkarte Karte S.10 AB(2) Folie(2)
	5. Lehrschritt (Problemstellung)	Natürliche Bedingungen für Weizen und Zuckerrüben? Gemeinsame Planung (Lz 3)	Impuls: Kein Anbau dieser Produkte in der Nähe von München! Erarbeitungsgespräch: Voraussetzungen für hohe Erträge: Lage, Klima, Bodengüte. Welche Karten?	-vermuten -begründen -planen	Hb	
	6. Lehrschritt (Problemlösung) (Teilzielgewinnung)	Lesen und Auswerten thematischer Karten, Bodenarten (Lz 3,6)	Gruppenarbeit: Zunächst Vorlesen aller Arbeitsaufgaben (die linke Spalte ist vorgegeben), dann Verteilen der Folien	-thematische Karte auswerten, Tabelle interpretieren	Ga	Folien A B C
	7. Lehrschritt (Teilzusammenfassung)	Besprechen der Gruppenarbeit, Ergänzungen zum Klima	Verarbeitungsgespräch: Vorlesen der Gruppenergebnisse, fehlende Angaben auf das Arbeitsblatt übertragen und ergänzen	-vorlesen -übertragen -ergänzen	Hb	A Folie(3) B AB(3) C Overlay
	8. Lehrschritt (Ergebnisfixierung)	Günstige Naturbedingungen fördern das Wachstum (Lz 3)	Erarbeitungsgespräch: Die drei erarbeiteten Ergebnisse führen zu dem Begriff "günstige Naturbedingungen" Verweispfeile	-Ergebnisse formulieren und fixieren	Hb	Folie(4)/ AB(4)
	9. Lehrschritt (Teilzielgewinnung)	Vorkenntnisse und Meinungen zur Landwirtschaft (von 250 Befragten 221 Neinstimmen) (Lz 7)	Erarbeitungsgespräch: Forschungsinstitut: U.a. "Würdest du gerne Landwirt werden?" - eintönige und schwere Arbeit bei geringem Verdienst, wenig Freizeit, schmutzig, ...	-diskutieren	Hb	
	10. Lehrschritt (Kontrastdarstellung)	Verhältnisse auf dem Bauernhof im Vergleich (Lz 4)	Arbeitstext mit Tabelle ausgeben; Stilles Lesen der zwei Texte Gesprächsfortführung: Veränderungen im landwirtschaftlichen Betrieb	-lesen und Text interpretieren	Hb	Arbeitstext mit Tabelle
	11. Lehrschritt (Teilzielgewinnung)	Intensive Auseinandersetzung mit dem Text (Lz 6)	Arbeitsaufgabe: "Lies mit deinem Partner nocheinmal die zwei Texte durch und versuche die Tabelle zu ergänzen!" Lösungen kontrollieren	-Text auswerten -ausfüllen -vorlesen	Pa	Arbeitstext mit Tabelle
Sicherungsphase	12. Lehrschritt (Teilzusammenfassung) (Ergebnisfixierung)	Spezialisierung, Mechanisierung, Familienbetriebe (Lz 4) Prospekte mit Mähdreschern, Ackerschleppern, Arbeitsgeräten (Lz 6)	Verarbeitungsgespräch: Spezialisierung und Modernisierung (große Anbauflächen), Abwanderung von Hilfskräften (Rentabilität), Ergebnis formulieren und fixieren; Prospektmaterial in Gruppen auswerten, Arbeitsgeräte ergänzen	-beurteilen -begründen -Ergebnis formulieren -betrachten -übertragen	Hb Ga	Folie(5) Arbeitstext mit Tabelle(5)
	13. Lehrschritt (Gesamtzusammenfassung, Wertung)	Meinung zum Berufsbild des Landwirts (Lz 7)	Erarbeitungsgespräch: Trendmeldung vom Arbeitsamt: Jugendliche drängen in landwirtschaftliche Berufe	-diskutieren	Hb	

Hauptlernziel:	Unterrichtsthema:	Autor:
Die Schüler sollen den Hopfenanbau als arbeits- und kapitalintensive Spezialkultur kennenlernen.	Die Hallertau - das größte geschlossene Hopfenanbaugebiet der Erde	Hans-Peter Mößner
		Unterrichtszeit Empfehlung: 1-2 UE

Vorbemerkungen:
Die Schüler sollen folgende fachspezifische Arbeitstechniken beherrschen: Lesen und Auswerten thematischer Karten, Auswerten von Tabellen, Bildern (Dia, Wandbild) und Texten. Die soziale Arbeitsform des Gruppenunterrichts (hier arbeitsgleich) sollte eingeübt sein. Die Einträge auf den Folien und auf dem Arbeitsblatt(AB) entstehen in der numerierten Reihenfolge. Die Faustskizze und die Hügellandschaft(unbepflanzt) sind vorgegeben. Lehrereinträge in die (B)Folie und Schülereinträge ins Arbeitsblatt erfolgen gleichzeitig.

Teillernziele:
Die Schüler sollen:
1. den Hopfen als wichtigen Bestandteil (Lupulin) für die Bierherstellung kennenlernen, (kognitiv)
2. die Hallertau und andere deutsche Hopfenanbaugebiete nennen und lokalisieren können, (kognitiv)
3. die natürlichen Bedingungen für den Hopfenanbau mit Hilfe von thematischen Karten feststellen, (kognitiv)
4. begründen können, warum der Hopfenanbau eine arbeits- und kapitalintensive Spezialkultur ist, (kognitiv)
5. aus Tabellen Zusammenhänge zwischen Hopfenanbauflächen, Hopfenanbaubetrieben, Hopfeneinfuhr und Hopfenausfuhr erklären können. (instrumental)

Medien:
Zwei Folien, zwei Arbeitsblätter, Bierflasche, Biergläser, Dia, Wandbild (Westermann 324573), Harms Atlas Deutschland und die Welt, Tageslichtprojektor, Wandkarte Süddeutschland

Literatur:
1. Hausmann, Müller, erdkunde, 6. Schuljahr, Lehrerheft, R. Oldenbourg Verlag, 1974
2. W. Bayer, Sonderdruck aus Exkursionen in Schwaben, Verlag Ferdinand Hirt, Kiel
3. W. Hausmann, Welt und Umwelt, 6. Schuljahr, R. Oldenbourg Verlag München, 1975

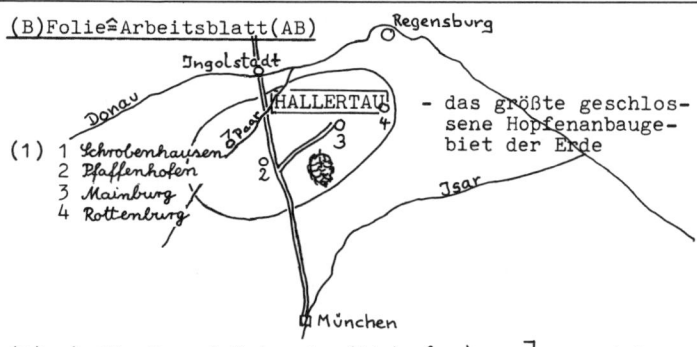

(B)Folie ≙ Arbeitsblatt(AB)

(1) 1 Schrobenhausen
    2 Pfaffenhofen
    3 Mainburg
    4 Rottenburg

HALLERTAU - das größte geschlossene Hopfenanbaugebiet der Erde

(2) a) Hügellandschaft (windgeschützte Lage)
    b) Gute bis mittlere Böden (lehmig-sandig)
    c) Genügend Niederschläge (70-80 cm)
    d) Ca. 25 Gewitter jährlich, an 60-70 Tagen geschlossene Schneedecke, Jahresmitteltemperatur 7°
    } Günstige Bedingungen

(3) [W → Hügellandschaft ← O]

(5) "Der Hopfen will täglich seinen Herrn sehen."

	Winter	Frühling	Sommer	Herbst	(5)
(4)	ausbessern auflockern	düngen spritzen	anbinden spritzen ernten	ernten trocknen	viel Arbeit (arbeitsintensiv)
	Gerüstanlagen, Maschinen	Dünge- und Spritzmittel	Löhne, Erntemaschinen		↑(6) hohe Kosten

(7) **Sonderkultur**

(8) Der Hopfen gibt dem Bier den würzigen Geschmack, macht es haltbar und trägt zur Schaumbildung bei.

Arbeitstext für Lehrschritt 7 (Rückseite AB)

Noch bevor das Frühjahr beginnt, müssen bei günstiger Witterung die Gerüste, Stangen und Drähte der Hopfenanlage ausgebessert werden. Jetzt hat der Bauer noch Zeit, Geräte und Maschinen zu überholen. Im Frühjahr werden die Hopfenstöcke zugeschnitten, die Erde gelockert und geeggt. Die noch kahlen Pflanzen werden an die Drähte geleitet, damit sie sich emporwinden können. Kaum haben sich Ende Juni die ersten Seitentriebe gebildet, müssen diese beschnitten und an den Steigdrähten angebunden werden. Während des Wachstums wird mehrmals gedüngt. Große Sorgen bereiten dem Hopfenbauern die Schädlinge. Von Mitte Mai bis Ende August werden ungefähr zwanzigmal Pflanzenschutzmittel gespritzt. In der zweiten August- und ersten Septemberhälfte werden die oberirdischen Teile der Hopfenreben mit modernen Pflückmaschinen geerntet und anschließend zum Trocknen gefahren.

(A)Folie

(1) bitter, sauer, herb, kratzt, würzig......

(2) Schaum bildet sich

(3) "Wir wollen auch sonnderlichen das füran allenthalbn in unsern Stettn Markten und auf dem Lande zu keinem Pier merer Stuckh dann allain Gersten Hopffen und Wasser genomen und gepraucht solle werden.
   Herzog Wilhelm"

Gruppenarbeit:

(4) 1. Notiere Angaben zur Höhenlage in der Hallertau! (Karte 10)
    2. Notiere die jährliche Niederschlagsmenge in der Hallertau! (Karte 4)
    3. Karte 4 gibt dir Auskunft über die Bodenbeschaffenheit in der Hallertau!

(5)
		1975	1976	1977
A	Betriebe	6866	6377	6000
		1975	1976	1977
B	Anbaufläche	18871 ha	18406 ha	18024 ha
		1974	1975	1976
C	Einfuhr in BRD	3900 t	5600 t	6300 t
D	Ausfuhr der BRD	18600 t	16600 t	16200 t

UG	Lehrschritte (Artikulationsdefinition)	Lehrinhalte und Lernziele (= Lz)	Lehrakte .... Lernakte		Sozialformen	Lernhilfen
Eröffnungsphase	1. Lehrschritt (Originale Sachbegegnung)	Unmittelbare Begegnung mit dem Produkt Bier, Hopfen: Geschmack, Haltbarkeit, Schaumbildung (Lz 1) Reinheitsgebot von 1516 von Herzog Wilhelm IV., das bis heute gilt	Bier einschenken <u>Aufforderung:</u> "Du darfst es versuchen!" Geschmackliche Eindrücke fixieren, "würzig" unterstreichen Beobachtung: Schaumbildung <u>Impuls:</u> "Dieser Spruch befindet sich in einem Bamberger Wirtshaus. Er verrät dir, woher das Bier seinen würzigen Geschmack hat!" <u>Erarbeitungsgespräch:</u> Interpretation	-beobachten -sich zum Geschmack äußern -still lesen	Hb Hb Hb	Bierflasche Biergläser (A)Folie(1) (A)Folie(2) (A)Folie(3)
	2. Lehrschritt (Zielangabe)		<u>Erklärung mit Demonstration:</u> "Hopfen-eine Pflanze, die du vielleicht schon vom Auto aus gesehen hast, Autobahn München-Nürnberg!" Thema	-berichten -ergänzen	Hb	Dia mit Hopfenrebe(Dolden), bzw. Wandbild
Erarbeitungsphase	3. Lehrschritt (Topographische Orientierung)	Hallertau mit einigen Orten auf einer Faustskizze lokalisieren (Lz 2) Andere Hopfengebiete	Beide Arbeitsblätter ausgeben <u>Arbeitsauftrag:</u> Orte übertragen Lösungen kontrollieren Weitere Anbaugebiete in der Umgebung von Nürnberg	-sich auf der Karte orientieren -auf der Wandkarte zeigen	Aa/Hb	Karte S.10/11 AB(1) (B)Folie(1) Wandkarte Süddeutschland
	4. Lehrschritt (Teilzielgewinnung)	Voraussetzungen für die anspruchsvolle Hopfenpflanze (Lz 3)	<u>Gruppenarbeit:</u> (arbeitsgleich) Bodenbeschaffenheit, jährliche durchschnittliche Niederschlagsmenge, Gelände(Höhenlage) <u>Arbeitsaufgaben:</u> Siehe (A)Folie	-thematische Karten lesen und auswerten	Ga	Karte S.4 Erdkundebuch (A)Folie(4)
	5. Lehrschritt (Teilzusammenfassung) (Ergebnisfixierung)	Günstige natürliche Bedingungen, Boden: Molasse Ergänzungen	<u>Verarbeitungsgespräch:</u> Vorlesen der Gruppenergebnisse: Hügellandschaft, 70-80 cm Niederschläge, gute bis mittlere Böden(tiefgründig, lehmigsandig), günstige Anbaubedingungen	-vorlesen -ergänzen -Ergebnis formulieren	Hb	(B)Folie(2)/a-d AB(2) a-d
	6. Lehrschritt (Teilzielgewinnung)	Hopfenfelder in windgeschützter Lage einzeichnen	<u>Erklärung:</u> Außer Hopfen wegen des Risikos: Wiesen, Wälder, Getreide, Äcker. Wie und wo? Hopfenfelder einzeichnen	-Bestellung der Felder einzeichnen -begründen	Hb	AB(3) (B)Folie(3)
	7. Lehrschritt (Teilzielgewinnung) (Ergebnisfixierung)	Der Hopfenanbau ist arbeits- und kapitalintensiv (Lz 4) Arbeit mit einem Sachtext	<u>Arbeitsaufgabe:</u> "Lies den Text und übertrage einige Tätigkeiten des Hopfenbauern in die oberen Zeilen!" <u>Verarbeitungsgespräch:</u> "Täglich will der Hopfen seinen Herrn sehen!" Dünge-und Spritzmittel, Löhne, Gerüste, Maschinen usw. verursachen hohe Kosten. Untere Zeilen ergänzen	-lesen -übertragen -vergleichen -begründen	Aa Hb	Arbeitstext AB(4) (B)Folie(4) (B)Folie(5)/ AB(5) (B)Folie(6)/ AB(6)
	8. Lehrschritt (Teilzielgewinnung)	Zusammenhänge zwischen Betrieben, Anbauflächen, Ein- und Ausfuhr (Lz 5)	<u>Impuls:</u> Betrachten der Tabellen A und B: Rückgang der Betriebe und Anbauflächen C und D: Zunehmende Konkurrenz <u>Verarbeitungsgespräch:</u> Höhere Einfuhren: Verträge, Festpreise	-betrachten -erklären und begründen	Hb Hb	(A)Folie(5)
Sicherungsphase	9. Lehrschritt (Gesamtzusammenfassung)	Der Hopfen als Sonder- oder Spezialkultur (Lz 4)	<u>Impuls:</u> "Der Hopfen wird als Sonderkultur bezeichnet. Wir vergleichen mit dem Anbau von Gerste."	-begründen -Verweispfeile ergänzen	Hb	(B)Folie(7)/ AB(7)
	10. Lehrschritt (Rückkehr zur Ausgangssituation)	Zusammenhänge zwischen Bier und Hopfen erklären	<u>Impuls:</u> "Du hast vom Bier gekostet und die Schaumbildung beobachtet!" Bedeutung des Hopfens für das Bier Bayerns Hopfen und Bier mit Weltruf!	-im Satz formulieren	Hb	(B)Folie(8)/ AB(8)
	11. Lehrschritt (Ausblick)	Andere Sonderkulturen benennen	<u>Unterrichtsfrage:</u> "Vielleicht fallen dir andere Pflanzen ein, die man als Sonderkultur bezeichnet?" Wein, Obst, Gemüse, Tabak	-vermuten	Hb	

Hauptlernziel: Landwirtschaft in der Nähe von Großstädten (Absatz-/Markt- bzw. Verbraucherorientierung)	Unterrichtsthema: "Gemüseanbau im Knoblauchland"	Autor: Irmela und Jürgen Niederlechner
		Unterrichtszeit Empfehlung: 2 UZE = 90 Min.

I. Teillernziele   Die Schüler sollen:

1. den Anbau von Gemüse auf Feldern als ursprünglich absatzorientierte (=marktnahe) landwirtschaftliche Sonderkultur erkennen und dies am exemplarischen Raumbeispiel "Knoblauchland" erläutern können;   (kogn.)
2. erkennen, daß sich "Gemüsebauern" heute nahezu ausschließlich an den Verbraucherwünschen orientieren müssen;   (kogn.)
3. das Knoblauchland auf verschiedenen Karten lokalisieren und aus thematischen Karten die wenig günstigen natürlichen Bedingungen für Landwirtschaft ermitteln können;   (instr.)
4. Möglichkeiten begrenzter Verbesserung natürlicher Bedingungen durch technisch-chemische Eingriffe/Maßnahmen am Beispiel "Knoblauchland kennenlernen und auf andere Räume übertragen können.   (kogn.)

Dazu notwendige Voraussetzungen (d.h. als behandelt/erreicht vorausgesetzte Lernziele):

a) Sonderkulturen können nur in Räumen mit speziell-günstigen natürlichen Bedingungen betrieben werden (z.B. Weinanbau in der BRD).
b) Sonderkulturen sind meist arbeits- und/oder kapitalintensive Spezialkulturen.

II. Medien

1. Diapositive mit Gemüseangebot mehrerer Verkaufsstände auf dem "grünen" Markt einer Stadt
2. TLP-Einbrennfolie mit Kartenskizze "Knoblauchland" lt. III/2a-S.14 (=Teil 1 von OHP-Folie I bzw. Arbeitsblatt I)
3. Schulatlas: Süddeutschlandkarte/physikalisch (z.B. III/3-S.2/3 des Bayernteils oder III/4-S.16/I)
4. Physikalische Wandkarte "Süddeutschland"
5. Schulatlas Sonderkarten ("Niederschläge","Temperaturen", "Dauer der Schneedecke","Frühlingseinzug","Bodenarten" z.B. III/3-S.Bayernteil 6/7+30)
6. Bilder aus III/1-S.114 bzw.14 oder III/2a-S.15 (Gewächshaus, Folientunnel, künstliche Beregnung)
7. Schülerarbeitsbuch III/2-S.14/15 bzw. entsprechenden Informationstext auf hektographiertem Blatt
8. Informationsblatt mit Zeitungsmeldungen lt. Ziffer VII a+b
9. Tonfilm FT 2441 "Gemüse für Hamburg" (FWU)
10. OHP-Transparente lt.Ziffer V und VI dazu: identische Arbeits-/Merktextblätter

III. Literatur/Quellen

1. W.Hausmann (Hrsg.): "Welt und Umwelt" - Lehrerausgabe für Schuljahr 5/6 (Westermann/Oldenbourg 1975) = identisch mit entsprechendem Kapitel in: W.Hausmann (Hrsg.): "Welt und Umwelt" - Ausgabe B/Lehrerausgabe für Schuljahr 6 (Westermann/Oldenbourg 1975)
2. a) Hausmann/Müller (Hrsg.): "Erdkunde" - 6.Schuljahr/Neubearbeitung - Ausgabe B (Oldenbourg/Westermann/Prögel 1977)
   b) Lehrerheft zu a) - (Oldenbourg/Westermann/Prögel 1973)
3. F.Mayer u.a.: "Westermann Schulatlas - Grundausgabe Bayern" (Westermann 1977)
4. H.Schulze (Hrsg.): "Alexander Weltatlas" - Gesamtausgabe (Klett 1976)

VII/a: Informationsblatt für Lehrschritt 17

Mit allem, was Beine hat, geht es zur Spargelernte

Jeden Mittag bis zum Johannistag machen sich die Knoblauchländer mit allen, die „ihre Beine schon oder noch gebrauchen können", auf den Weg zu den langen, schmalen, sandigen Spargelbeeten. Rund 50 Hektar müssen nach den kleinen weißen Köpfen abgesucht werden. Ein Hektar erfordert ungefähr zwölf Stunden Arbeitsleistung. An einem solch sonnigen und warmen Tag wie dem gestrigen ernten die Spargelstecher mit ihren langen Messern etwa 150 Zentner, die sie in ihren „Känguruh"-Schürzen sammeln. Heuer erst seit Anfang Mai - um fast zwei Wochen verspätet - fahren die Bauern dreimal wöchentlich die weiße Schlemmerpracht in aller Herrgottsfrühe auf den Großmarkt. An den übrigen Tagen werden Gasthäuser und Einzelhändler bedient. Die Preise werden im Großmarkt bestimmt. Für Knoblauchländer Qualität steht er allerdings seit ungefähr zehn Jahren fest. Anders als in anderen Spargelgegenden stechen die meisten Knoblauchländer erst gegen Mittag - außer an extrem heißen Tagen. Morgens gegen sechs und abends gegen sieben stehen andere Aufgaben auf dem Programm. Die ersten Freilandradieschen und -rettiche, wie auch der erste Kopfsalat wollen versorgt sein. Wobei die strahlende Sonne der letzten Tage den jungen Salatpflänzchen überhaupt nicht behagte. (NZ, 30. 5. 73)

NÜRNBERGER ZEITUNG

VII/b: Informationsblatt für Lehrschritt 18
(gekürzte Auszüge aus der "Augsburger Allgemeinen")

Nummer 56 / AZ   08.03.1979

Cadmiumhaltiger Klärschlamm nicht nur in München

Auf den Feldern wächst die Gefahr

Bayerisches Umweltministerium vermißt Gesetzesinitiative aus Bonn

Von unserem Redaktionsmitglied Fridolin Engelfried

München. Nicht nur auf Münchner Kartoffeläckern, die mit kadmiumhaltigem Klärschlamm gedüngt wurden, sondern auf zahlreichen Feldern in ganz Bayern tickt eine Zeitbombe: Denn die bereits vor Jahren von der Bayerischen Landesanstalt für Bodenkultur und Pflanzenanbau veröffentlichte Warnung vor der Gefährlichkeit von Klärschlamm wurde von vielen Kommunen in den Wind geschlagen. Erst der Münchner Klärschlamm-Skandal hat die Oeffentlichkeit wieder wachgerüttelt. Dr. Theodor Dietz von der Landesanstalt: „Wir haben schon 1976 ein Marktblatt an die Betreiber von Kläranlagen herausgegeben, in dem aufgefordert wurde, die Schlämme chemisch analysieren zu lassen. Doch nur rund ein Drittel der ungefähr 150 größeren Anlagen in Freistaat sind unserer Aufforderung gefolgt."

Dietz bestätigte auf Anfrage, daß auch außerhalb Münchens in den letzten Jahren Klärschlämme einen unzulässig hohen Kadmiumgehalt aufwiesen und deshalb von der Landesanstalt für die Weitergabe an Landwirte gesperrt wurden.

Größeres Fachwissen

In Bayern gibt es derzeit ungefähr 2400 Kläranlagen. Bedenkliche Schwermetallkonzentrationen in den Abfällen, so Theodor Dietz, dürften jedoch in erster Linie nur in den rund 150 größeren Anlagen mit mehr als 10 000-Einwohner-Richtlinienwerten zu befürchten sein. Aus neueren Untersuchungen geht jedoch auch hervor, daß zum Beispiel in Augsburg und Nürnberg der dort anfallende Schlamm „relativ harmlos" und nicht mit den Konzentrationen in München zu vergleichen ist. „Die Erkenntnisse über die Gefahren des Klärschlamms sind in den vergangenen Jahren stark gestiegen."

Sowohl das Landesamt für Bodenkultur wie auch das Umweltministerium wollen daher aufgrund der Münchner Vorgänge und der allgemein unterschätzten Gefahr der Klärschlammdüngung in der nächsten Zeit aktiv werden. „Es ist zu erwarten, daß Minister Alfred Dick dazu eine Stellungnahme erarbeiten wird", erklärte das Umweltministerium. Auch der Landtag soll sich mit dem Problem beschäftigen. Die Landesanstalt will durch ein neues Merkblatt die Bereitschaft stärken, die Abfälle auch ohne bisher fehlende gesetzliche Regelung regelmäßig chemisch untersuchen zu lassen.

09.03.1979   AZ/Nummer 57   **BAYERN**

Für Lebensmittelforscher ein alter Bekannter:

Cadmium im Gemüse

Schon 1976 von Ministerium die Überwachung empfohlen

München (lb). Das Gift im Klärschlamm ist bei Lebensmittel- und Umweltforschern ein alter, wenn auch noch kein sehr guter Bekannter. „Cadmium", heißt es schon im bayerischen Agrarbericht des Landwirtschaftsministeriums in München für das Jahr 1978, „ist in der öffentlichen Diskussion in den Vordergrund gerückt." Der Bericht gibt dem gefährlichen Stoff entsprechend breiten Raum: Bereits 1976 zeigten Untersuchungen hohe Mengen an Cadmium in den inneren Organen von Rindern und in Hühnereiern. Schon vorher war Nährmehl für Kälber mit einem Durchschnittsgehalt von 0,244 ppm (Teilen pro Million), manchmal sogar wesentlich mehr aufgefallen. Auch Schweine- und Geflügelfutter wies immer wieder sehr hohe Werte auf.

Im Getreidebau, so schränkt der Agrarbericht ein, sei die in Versuchen verwendete Menge von Müllkompost und Klärschlamm unbedenklich. „In der Gemüseproduktion dagegen ist die sorgfältige Ueberwachung der verwendeten Substrate, der Böden und des erzeugten Gemüses erforderlich."

„Teilweise noch unzureichend" nannte das Ministerium selbst die vorhandenen Erkenntnisse über diejenigen Mengen an Schwermetallen, die noch tolerierbar sind und die im Körper absorbiert werden. Deshalb gibt es bislang auch noch keine Höchstwerte für zugelassene Rückstandsmengen von Nahrungsmitteln. Als Behelf dienen sogenannte „Orientierungswerte".

Fischproben aus den Seen

Ein Vergleichsanbau von Salat, Spinat und Gemüse auf normalem Gartenboden einerseits und Substraten aus reinem Müllkompost und Klärschlamm andererseits zeigte: „Mit Ausnahme von Cadmium führt auch ein extrem hoher Gehalt an Schwermetallen (bis zum 20fachen) im Boden nicht zu einem unbedeutenden Anstieg." Beim Cadmium war es anders: Müllkompost und Klärschlamm verursachten deutlich höhere Gehalte im Gemüse, im Extremfall bis zum 60fachen.

UG	Lehrschritte (Artikulationsdefinition)	Lehrinhalte und Lernziele (= Lz)	Lehrakte .... Lernakte		Sozial-formen	Lernhilfen
Eröffnungsphase	1. Lehrschritt (Problemfelder-öffnung)	Angebot diverser Gemüsearten u. -sorten auf dem Stadtmarkt	Sachimpuls: Lehrer zeigt 2-3 Dias von Verkaufsständen auf dem Stadtmarkt mit reichhaltigem Gemüseangebot	- anschauen - verbalisieren - vermuten	Hb	Diapositive lt. II/1
	2. Lehrschritt (Problemfeld-eingrenzung/ Problemgewinnung/Problemformulierung)	- Wo liegt das "Knoblauchland"? - Gibt es dort besonders günstige natürliche Bedingungen für Gemüseanbau? - Welche Gemüsearten/-sorten werden dort angebaut?	Feststellung: "Solche Anbieter bzw. Verkaufsstände finden wir auf jedem Stadtmarkt. Die hier abgebildeten Händler könnten "Gärtner-Bauern" aus dem "Knoblauchland" sein!		Hb	
			Verarbeitungsgespräch: Angebot besteht vorwiegend aus Frischgemüse...Lehrerhinweis: Eigenprodukte der Bauern und keine Importware aus Holland/Südeuropa	- beschreiben - analysieren - ordnen - reaktivieren	Hb	Diapositive lt. II/1
			Erarbeitungsgespräch: Aufwerfen, Formulieren, Sammeln und Ordnen von Schüler-(Problem)Fragen	- formulieren - notieren - ordnen	Hb	Tafel/OHP(Schülerfragen)
	3. Lehrschritt (Lösungsvermutungen -- simultan: Arbeitsplanung)	Reaktivierung von Vorwissen: "Standortbedingungen" für Landwirtschaft (bisherige Lehrsequenz)	Impuls: "Wir haben bereits mehrere Fälle/Gebiete landwirtschaftlicher Nutzung behandelt. Äußert Vermutungen und Vorschläge zur Lösung unserer Fragen!"	- überlegen - analogisieren	Hb	
		Planen von Arbeitsmitteln und Arbeitsformen durch Schüler	Erarbeitungs-/Planungsgespräch: Vermutungen: günstige natürliche Bedingungen - Vorschläge: Untersuchung von Bodenarten, Temperaturen... mittels Sonderkarten im arbeitsteiligen Verfahren	- transferieren - vorschlagen - erläutern - begründen	Hb	Tafel/OHP(Schülervermutungen/-vorschläge)
	4. Lehrschritt (Lösungsvollzug/ 1. Teilergebnisgewinnung)	Topographische Lokalisierung des Raumbeispieles: - Detailkartenskizze - phys. Süddeutschlandkarte (Lz 3)	Sachimpuls/Arbeitsaufgabe: "Die Kartenskizze zeigt dir das Knoblauchland. Versuche mit deinem Nachbarn, dieses Gebiet auf der Süddeutschlandkarte im Atlas festzulegen! Beschreibt seine Ausdehnung! Vergleicht seine Lage mit unserem Heimatort!	- betrachten - analysieren - vergleichen - abmessen - umrechnen - aufsuchen - notieren	Pa	OHP-Folienskizze lt. II/2 (=V-Teil 1) Atlas II/3 und Notizblock
	5. Lehrschritt (Teilergebniskontrolle/-zusammenfassung)	Lage: Zwischen Erlangen u. Nürnberg N-S: ca. 7 km W-O: ca. 5 km	Verarbeitungsgespräch: 1. Lokalisation auf der Wandkarte 2. Auswertung der PA-Ergebnisse: - Lage; - Ausdehnung; - Entfernung vom Heimatort	- zeigen - zuordnen - berichten - erläutern	Hb	Wandkarte lt. II/4, Atlas, Lineal OHP-Folienskizze lt. II/2 OHP-Transp. V/2
Erarbeitungsphase	6. Lehrschritt (Lösungsvollzug/ 2. Teilergebnisgewinnung)	Detailuntersuchung der natürlichen Bedingungen für Landwirtschaft im Knoblauchland (Lz 3)	Arbeitsaufgabe: "Wir untersuchen nun anhand von Sonderkarten arbeitsteilig in Gruppen die natürlichen Voraussetzungen; Notiert die Ergebnisse im Notizblock!" G1: Bodenart/Bodenqualität G2: Niederschläge G3: Temperaturen (Januar/Juli) G4: Frühlingseinzug/Wachstumsdauer	- aufsuchen - analysieren - auswerten - vergleichen - notieren	Ga (atlg)	Atlas lt. II/5 u. Notizblock OHP-Transparent u. Arbeitsblatt lt. V/Teil 3
	7. Lehrschritt (Teilergebniskontrolle)	Ungünstige natürliche Voraussetzungen	Verarbeitungsgespräch: 1. Ergebnisberichte: natürliche Bedingungen für Landwirtschaft sind ungünstig 2. Vergleich der Ergebniswerte mit denen des Heimatortes 3. Fixierung der Ergebnisse: Ergänzung des Strukturbildes	- berichten - erklären - begründen - formulieren - notieren	Hb	OHP-Transparent lt. V/Teil 3 - linke Hälfte
	8. Lehrschritt (3. Teilergebniserarbeitung)	Verbesserung der Bedingungen durch technische u. chemische Mittel (Lz 4)	Arbeitsaufgabe: "Die dortigen Bauern haben Mittel und Wege gefunden, die schlechten Grundlagen zu verbessern. Ich zeige dir jetzt mehrere Bilder, die solche Verbesserungsmaßnahmen veranschaulichen. Ordne du sie anschließend den jeweiligen Voraussetzungen zu!"	- betrachten - auswerten - zuordnen	Hb/Aa	Bilder/Episkop lt. II/6
	9. Lehrschritt (Teilergebnisgewinnung und -verdichtung)		Verarbeitungsgespräch: Teilergebnisberichte: Schüler erläutern die Einzelmaßnahmen anhand der nochmals gezeigten Bilder: - Folientunnel u. Gewächshäuser - künstliche Beregnungsanlagen - Kunstdünger und Klärschlamm Teilzusammenfassung: Mensch verbessert die schlechten natürlichen Bedingungen	- berichten - erläutern - begründen - formulieren - schlagen vor - notieren	Hb	Bilder/Episkop lt. II/6 (Wdhlg) OHP-Folie V/1 (Detailangaben) OHP-Transparent lt. V/Teil 3 - rechte Hälfte

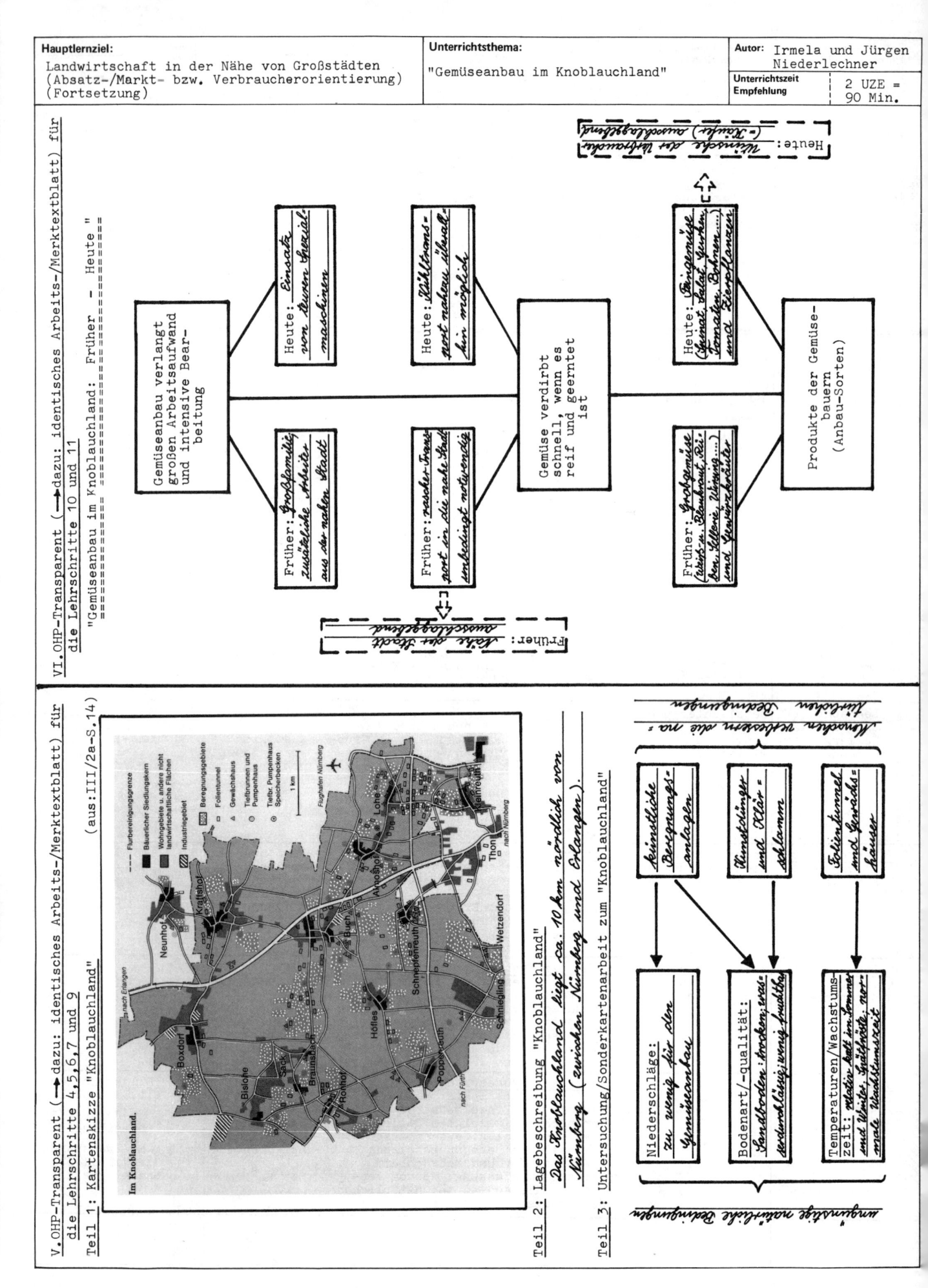

Hauptlernziel: Landwirtschaft in der Nähe von Großstädten (Absatz-/Markt- bzw. Verbraucherorientierung) (Fortsetzung)	Unterrichtsthema: "Gemüseanbau im Knoblauchland"	Autor: Irmela und Jürgen Niederlechner
		Unterrichtszeit Empfehlung: 2 UZE = 90 Min.

VI. OHP-Transparent (→ dazu: identisches Arbeits-/Merktextblatt) für die Lehrschritte 10 und 11 "Gemüseanbau im Knoblauchland: Früher – Heute"

Heute: *Wünsche der Wohnbevölkerung (=Käufer) ausschlaggebend*

- Heute: *Einsatz von teuren Spezialmaschinen*
- Heute: *Kühlräume sorgen für nahezu überall hin möglich* (Kühltransport nahezu überall hin möglich)
- Heute: *Feingemüse (Tomaten, Salat, Gurken, Bohnen...) und Zierpflanzen*

- Früher: *Großfamilie; zusätzliche Arbeiter aus der nahen Stadt*
- Früher: *rascher Transport in die nahe Stadt unbedingt notwendig*
- Früher: *Grobgemüse (Weiß- u. Blaukraut, Rüben, Sellerie, Wirsing...) und Gewürzkräuter*

Gemüseanbau verlangt großen Arbeitsaufwand und intensive Bearbeitung

Gemüse verdirbt schnell, wenn es reif und geerntet ist

Produkte der Gemüsebauern (Anbau-Sorten)

Früher: *Nähe der Stadt ausschlaggebend*

V. OHP-Transparent (→ dazu: identisches Arbeits-/Merktextblatt) für die Lehrschritte 4,5,6,7 und 9

Teil 1: Kartenskizze "Knoblauchland" (aus:III/2a–S.14)

Im Knoblauchland.

Legende: Flurbereinigungsgrenze; Bäuerlicher Siedlungskern; Wohngebiete u. andere nicht landwirtschaftliche Flächen; Industriegebiet; Beregnungsgebiete; Folientunnel; Gewächshaus; Tiefbrunnen und Pumpenhaus; Tiefbr. Pumpenhaus Speicherbecken

Teil 2: Lagebeschreibung "Knoblauchland"
Das Knoblauchland liegt ca. 10 km nördlich von Nürnberg (zwischen Nürnberg und Erlangen).

Teil 3: Untersuchung/Sonderkartenarbeit zum "Knoblauchland"

Menschen verbessern die natürlichen Bedingungen

- Künstliche Beregnungsanlagen → Niederschläge: *zu wenig für den Gemüseanbau*
- Kunstdünger und Klärschlamm → Bodenart/-qualität: *Sandboden: trocken; wird aber durchlässig; wenig fruchtbar*
- Folientunnel und Gewächshäuser → Temperaturen/Wachstumszeit: *relativ kalt im Sommer und Winter; Spätfröste; normale Wachstumszeit*

ungünstige natürliche Bedingungen

UG	Lehrschritte (Artikulationsdefinition)	Lehrinhalte und Lernziele (= Lz)	Lehrakte .... Lernakte		Sozialformen	Lernhilfen
Erarbeitungsphase	10.Lehrschritt (4.Teilergebnisgewinnung)	Vergleich der Sonderkulturfaktoren im Knoblauchland früher und heute (Lz 1 + 2)	Feststellung: "Wir haben bisher die gegenwärtige Situation im Knoblauchland betrachtet. Dort wird aber seit Jahrhunderten Sonderanbau betrieben (kurze Namenserklärung)." Arbeitsanweisung: "Jetzt wollen wir die Veränderungen im Laufe der Zeit im Knoblauchland untersuchen. Lest dazu den Text im Buch (III/2-S.14+15) durch und versucht danach partnerweise die Gegenüberstellung auf dem Arbeitsblatt zu ergänzen. Überlegt abschließend, welcher Faktor früher und welcher heute für die Bauern dort ausschlaggebend war!"	- zuhören - zuhören - wiederholen - erlesen - zusammenfassen - abwägen - formulieren - einordnen - notieren	Hb Hb/Pa	Schülerarbeitsbuch bzw.Hektogrammblatt lt. III/2-S.14+15 OHP-Transparent lt.VI+id.ABlatt +Notizblock
	11.Lehrschritt (Teilergebniszusammenfassung/Erkenntnisgewinnung/-fixierung)	Wandel der Orientierungsstruktur u. der Anbauprodukte: - Absatzorientierung -- Verbraucherorientierung - Grobgemüse+Gewürzkräuter -- Feingemüse+Zierpflanzen	Verarbeitungsgespräch: 1. Vortragen, Auswerten, Ergänzen der einzelnen Partnerarbeitsergebnisse - Formulierungsvorschläge/Notationsvorschläge der Schüler 2. Ergänzung der Gegenüberstellung (Teilergebnisfixierung) 3. Verdichtung/Integration der Einzelergebnisse: Absatznähe bzw. Verbraucher-/Marktorientierung als bestimmende Produktionsfaktoren	- berichten - erläutern - ergänzen - korrigieren - formulieren - notieren - analysieren - zusammenfassen - formulieren	Hb	OHP-Transparent lt.VI sukzessive ergänzen
phase	12.Lehrschritt (Rekapitulation/ Rückgriff auf initiale Problemformulierungen)	Beantworten der eingangs aufgeworfenen Problemfragen sowie Stellungnahme zu den notierten Lösungsvermutungen	Impuls: "Wir haben eingangs Fragen und Vermutungen notiert!" Verarbeitungsgespräch: Antwortformulierungen im Gespräch - Stellungnahmen zu den fixierten Vermutungen - Bewertung der praktizierten Verfahren durch die Schüler	- beantworten - erläutern - diskutieren - bewerten	Hb	Tafel/OHP(Schülerfragen/-vermutungen aus LS 2+3)
(Zusatzmöglichkeiten zur Auswahl)	13.Lehrschritt (1.Lernerfolgskontrolle)	Gemüseanbau als arbeits-u.kapitalintensive Sonderkultur	Impuls: "Ihr könnt jetzt erklären, warum besonders Frühgemüse so teuer ist!"	- erklären - begründen	Hb	
	14.Lehrschritt (2.Lernerfolgskontrolle)	Wandel von Absatzorientierung/Marktnähe zu Verbraucherorientierung + Bedeutung der Tradition (Lz 1+2+4)	Unterrichtsfrage: "Warum ist dann unsere (Heimat-) Gegend nicht auch "Gemüsegarten" für .... (=nächste Großstadt)?"	- vergleichen - beantworten - erklären - begründen	Hb	
	15.Lehrschritt (3.Lernerfolgskontrolle)	Garten-Vorstädte anderer Großstädte/ Ballungszentren (Lz 1 + 4)	Arbeitsaufgabe: "Untersucht in Gruppen die Regional-Sonderkarten und findet "Gemüsegärten" für: a)München (S.18) - Gr.1 + Gr.4 (→ Trudering,Perlach,Unterhaching) b)Stuttgart (S.17) - Gr.2+Gr.5 (→ Aldingen,Waiblingen) c)Hamburg (S.11) - Gr.3+Gr.6 (→ "Vierlande")!"	- aufsuchen - auswerten - berichten - lokalisieren - erläutern - begründen	Ga (atlg.)	Atlas lt.III/4 (bzw. adäquate Skizzen)
	16.Lehrschritt (Transfer/Ausweitung)	Versorgung Hamburgs mit Frischgemüse	Sachimpuls/Arbeitsaufgabe: "Der Anfang des Films zeigt die Versorgung der Großstadt Hamburg mit Frischgemüse während der kalten Jahreszeit. Versucht, den Ausschnitt zu kommentieren/erklären!"	- betrachten - überlegen - vergleichen - reorganisieren - analogisieren - erklären	Hb	Filmausschnitt lt.II/9 (nur Anfang ca.5Min. ggf.zweimal abspielen)
	17.Lehrschritt (Transfer/Ausweitung)	Arbeitsintensität + Verbraucherorientierung - Spargel als neues Produkt im Knoblauchland	Arbeitsaufgabe: "Im Bericht der 'Nürnberger Zeitung' vom 30.05.1973 findet ihr neben Bekanntem auch Neues. Berichtet und erklärt!"	- erlesen - berichten - erklären - begründen	Aa Hb	Informationsblatt lt.VII/a
Sicherungsphase	18.Lehrschritt (Ausweitung/Beurteilung)	Grenzen der "Verbesserbarkeit" durch künstl.Düngung(gifthaltiger Klärschlamm als Dünger) (Lz 4)	Arbeitsaufgabe: "Lies zusammen mit deinem Nachbarn folgende Auszüge aus Zeitungsartikeln. Ihr könnt dann über Grenzen/Gefahren der Verbesserung natürlicher Anbaubedingungen berichten!"	- erlesen - analogisieren - besprechen - berichten - fragen - werten	Pa Hb	Informationsblatt lt.VII/b

257

Hauptlernziel: Erkennen, daß sich Räume mit günstiger natürlicher Ausstattung für Sonderkulturen eignen	Unterrichtsthema: Sonderkulturen (Warum ist das Gebiet am Main für den Weinbau besonders geeignet?)	Autor: Vera Mühlfried
		Unterrichtszeit Empfehlung: 1 UE

VORBEMERKUNGEN:

1. Vorbereitende Hausaufgabe: Etiketten von Weinflaschen sammeln!
2. Vor Beginn der Lernsequenz "Weinbau" könnten von den Schülern Fragen zu diesem Thema gesammelt und an einer Seitentafel fixiert werden.
3. Es bietet sich an, die Sequenz "Wein- und Obstbau in Mainfranken" in 3 UE zu gliedern:
   a) Der Weinbau - eine arbeitsintensive Sonderkultur
   b) Warum ist das Gebiet am Main für den Weinbau besonders geeignet?
   c) Obstbau in Mainfranken

TEILLERNZIELE:

Der Schüler soll:
1. ... bedeutende deutsche Weinbaugebiete nennen und lokalisieren können (kognitiv),
2. ... Möglichkeiten zur Lösung einer Problemfrage nennen können (instrumental),
3. ... aus Texten, Bildern, Skizzen und Karten Informationen entnehmen können (instrumental),
4. ... die für den Weinbau günstigen Voraussetzungen anhand des Beispiels Mainfranken nennen können (kognitiv),
5. ... den Einfluß des Mains und des Maintales auf den Weinbau verbalisieren können (kognitiv),
6. ... begründen können, warum es sich beim Weinbau um eine Sonderkultur handelt (kognitiv),
7. ... erkennen, daß die Weinrebe nur in besonders ausgestatteten Räumen gedeiht (kognitiv).

MEDIEN - LITERATUR:

Medien:
- Weinprospekte, Weinflaschenetiketten, Bocksbeutel, Tafelbild, Wortkarten [Lage] [Boden] [Klima] [Einfluß des Mains] [Anbaugebiete]
  Wandkarte (Süddeutschland),
- Medien für Gruppenarbeit: Folie, Schülerarbeitsbuch, Atlas (Diercke Weltatlas), Arbeitsblatt 1 (Arbeitsaufträge für Gruppenarbeit), Dias/Wandbilder (Steilhang, Prallhang, Beckenlandschaft), Arbeitsblatt 2 (Lernzielkontrolle)

Literatur:
Hausmann/Müller: Erdkunde/6. Schuljahr, Schülerbuch und Lehrerheft, Oldenbourg Verlag, München 1973

Geographie 1, Bayerischer Schulbuch-Verlag, München 1974

Arbeitsaufträge für Gruppenarbeit — *Arbeitsblatt 1*

Gruppe 1: Nenne die Voraussetzungen für einen erfolgreichen Weinbau! Informiere dich in Weinprospekten!

Gruppe 2: Welche Landschaften und welche Lagen sind für den Weinbau besonders geeignet? Lies nach in "Geographie"(S.129) u. Erdkundebuch(S. 10)!

Gruppe 3: Untersuche im Diercke Weltatlas die Sonderkarten "Temperaturen im Januar" u. "Temperaturen im Juli" in Bezug auf das Gebiet Mainfranken (S. 22)!

Gruppe 4: Warum sind Hänge für den Weinbau günstiger als ebene Flächen? Erkläre die Skizze auf der Folie!

Gruppe 5: Untersuche in deinem Atlas die Sonderkarte "Gute u. schlechte Böden" in Bezug auf Mainfranken!

Gruppe 6: Untersuche in deinem Atlas die Sonderkarten "Niederschläge" u. "Frühlingseinzug" in Bezug auf Mainfranken! (S.8)

Gruppe 7: Welchen Einfluß hat der Main auf die Weinhänge? Betrachte die Skizze im Erdkundebuch S. 10!

Arbeitsblatt 2 (Lernzielkontrolle):

Günstige natürliche Voraussetzungen für den Weinbau in Mainfranken:
Kreuze an!
- ○ geringe Niederschläge
- ○ heiße Sommer
- ○ lange Winter
- ○ später Frühlingsanfang
- ○ Humusboden
- ○ Muschelkalk
- ○ Sandboden
- ○ Sandstein
- ○ Prallhänge
- ○ Westhänge

Ergänze: _____

Tafelbild: Warum gedeiht der Wein in Mainfranken besonders gut?

- **Klima:** geringe Niederschläge, milde Winter, warme Sommer, wenig Frost, früher Frühlingsanfang, hohe Luftfeuchtigkeit
- **Boden:** guter Ackerboden, leicht erwärmbare Böden (Sandstein, Muschelkalk)
- **Lage:** Beckenlandschaft, windgeschützte Täler, Süd- u. Südwesthänge, Prallhänge, Gleithänge
- **Einfluß des Mains:** Reflexion der Sonnenstrahlen → Erhöhung der Temperatur

Tafelbild: Anbaugebiete

- Rheinpfalz
- Rheinhessen
- Mosel/Saar/Ruwer
- Südbaden/Bodensee
- Württemberg/Nordbaden
- Nahe
- Rheingau
- Franken
- Mittelrhein
- Bergstraße
- Ahr

Folie: Sonnenstrahlen an Südhängen

(Skizze: ebene Fläche 4 cm — Hangfläche 4 cm)

JG	Lehrschritte (Artikulationsdefinition)	Lehrinhalte und Lernziele (= Lz)	Lehrakte .... Lernakte		Sozialformen	Lernhilfen
Eröffnungsphase	1. Lehrschritt (Wiederholung)	Arbeiten im Weinberg, Weingewinnung	Verbaler Impuls: Einige Fragen zum Thema "Weinbau" haben wir schon beantwortet!	-berichten -verbalisieren	Hb	
	2. Lehrschritt (Problemgewinnung)	Wo wird bei uns Wein angebaut? Weinbaugebiete in der BRD	Verbaler Impuls: Eine wichtige Frage ist noch offen!(Weinanbaugebiete)	-formulieren	Hb	
			Auftrag: Suche die Herkunftsgebiete des Weins auf den Flaschenetiketten!	-lesen -notieren	Pa	Weinflaschenetiketten
			Verarb.-gespr.:Arbeitsergebnisse, Schüler fixieren dt. Weinbaugebiete an der Tafel.	-vortragen -fixieren	Hb	
		Lokalisierung der Gebiete (LZ 1)	Auftrag: Suche diese Gebiete auf der Karte!	-lokalisieren -zeigen	Aa/Hb	Atlas Wandkarte
	3. Lehrschritt (Zielangabe)	Problemfrage: Warum gedeiht der Wein in Mainfranken besonders gut?	Sachimpuls: Lehrer zeigt Bocksbeutel Verbaler Impuls: Es hat einen bestimmten Grund, warum ich gerade diese Flasche mitgebracht habe! Fixierung der Problemfrage	-vermuten -äußern -formulieren	Hb	Bocksbeutelflasche Tafelanschrift
Erarbeitungsphase	4. Lehrschritt (Hypothesenbildung)	Schülervermutungen: Boden, Klima, Lage, Einfluß des Mains	Verbaler Impuls: Vielleicht kannst du dir die Antwort bereits denken! Lehrer fixiert Wortkarten (Tafel)	-überlegen -verbalisieren	Hb	Wortkarten: Siehe Medien, außer Anbaugeb.
	5. Lehrschritt (Arbeitsplanung)	Medien: Skizzen, Texte, Sonderkarten, Bilder, Dias (LZ 2)	Erarb.-gespr.: Besprechen von Möglichkeiten zur Beantwortung der Fragen, Verteilung von Arbeitsaufträgen und Medien	-überlegen -äußern -planen	Hb	Arbeitsblatt 1 Medien für Gruppenarbeit
	6. Lehrschritt (Teilzielgew.)	Arbeitsteilige Gruppenarbeit (LZ 3)	Arbeitsauftrag: Jede Gruppe löst eine Aufgabe!	-bearbeiten -besprechen -notieren	Ga	Siehe 5. Lehrschritt!
	7. Lehrschritt (Ergebnisfixierung)	Günstige Klima-, Boden- und Lageverhältnisse (LZ 4,5)	Verarbeitungsgespräch: Vortragen und Fixieren der Arbeitsergebnisse Auftrag: Stellt Fragen an die Gruppe!	-berichten -erklären -fixieren -hinterfragen	Ga/Hb Hb	Tafelanschrift Folie, Schülerbuch
	8. Lehrschritt (**Begriffserarbeitung**)	Def. des Begriffs "Sonderkultur" anhand des Beispiels "Mainfranken"(LZ 6)	Verbaler Impuls: Du weißt jetzt, warum der Weinbau zu den Sonderkulturen zählt!	-begründen	Hb	Tafelbild: **Gesamtdarstellung**
Sicherungsphase	9. Lehrschritt (Gesamtzusammenfassung)	Antwort auf die Problemfrage (LZ 7)	Verbaler Impuls: Nun kannst du erklären, warum das Gebiet am Main für den Weinbau besonders geeignet ist!	-verbalisieren	Hb	Tafelbild: Gesamtdarstellung
	10. Lehrschritt (Wertung)	Vergleich: Rebflächen - ges. landw. Nutzfläche der BRD	Verbaler Impuls: Die gesamten Rebflächen der BRD betragen nur 6/1000 der gesamten landwirtschaftlichen Nutzfläche!	-zuhören -begründen -werten	Hb	Verbale Information
	11. Lehrschritt (Transfer)	a) Andere deutsche Weinbaugebiete tragen ähnliche Merkmale b) Heimatgebiet	Verbaler Impuls:Diese günstigen nat. Voraussetzungen treffen nicht nur für Mainfranken zu! Unterrichtsfrage: Warum wächst bei uns kein Wein?	-überlegen -übertragen -verbalisieren -lokalisieren -begründen	Hb Hb	Wandkarte, Atlas, **Wortkarte Anbaubebiete**
	12. Lehrschritt (Lernzielkontr.)	Überprüfen wesentl. Ergebnisse der Stunde	Arbeitsaufgabe: Kreuze die richtigen Antworten an und ergänze! Partner-gespr.:Kontrolle d. Auftrages	-bearbeiten -überprüfen	Aa Pa	Arbeitsblatt 2 Tafelbild
	13. Lehrschritt (Hausaufgabe)	Ausweitung:Weinbaugebiete in Europa	Auftrag: Informiere dich über Weinbaugebiete in Europa!		Aa	Atlas

Hauptlernziel:	Unterrichtsthema:	Autor:
Schüler sollen den Zusammenhang zwischen geographischen Gegebenheiten und wirtschaftlicher Nutzung durch den Menschen erkennen.	Milchwirtschaft im Allgäu	Josef Moosmüller
		Unterrichtszeit Empfehlung: 1 UE

Lernziele:
1. Die Schüler sollen aufgrund von Kartenanalysen auf die landwirtschaftliche Nutzung des Allgäus schließen.
2. Die Schüler sollen die für das Allgäu typische Milchverarbeitung darstellen und erklären können:
   - Verarbeitung zu Trinkmilch, Butter, Rahm;
   - Verarbeitung zu Emmentaler;
   - Verarbeitung zu Kondensmilch.
3. Die Schüler sollen über die Gefahren einseitiger Produktion diskutieren und weitere Erwerbsmöglichkeiten auf ihre reale Chance hin beurteilen.

Literatur:
1. Schulfernsehheft des Bayerischen Rundfunks, Nov. 1978
2. List großer Weltatlas, Ausgabe Bayern; List Verlag
3. Himmelstoß/Jahn: Erdkunde 6. Schj.; Blutenburg Verlag München.
4. Lehrerhandbuch zum Erdkundebuch Nr. 3

Vorbemerkungen:
In dieser Stunde wird als Hauptarbeitsmittel die Schulfernsehsendung "Milchwirtschaft im Allgäu" eingesetzt. Wer diese Sendung nicht mitgeschnitten hat, kann sie von der Landesbildstelle in München anfordern. Aus der Fülle von realisierbaren Lernzielen müssen für eine Stunde wenige ausgewählt werden.
Den Schülern ist zwar klar, daß aus Milch Käse, Butter,..., hergestellt werden. Die technischen Produktionsvorgänge sind jedoch äußerst interessant. Hier bietet das Medium Fernsehen die Möglichkeit, diese Produktionsprozesse genauer kennenzulernen.

Medien:
- Atlas (Spezialkarten)
- Folie
- Schulfernsehsendung
- Tafel (siehe Tafelbild!)
- Arbeitsblatt

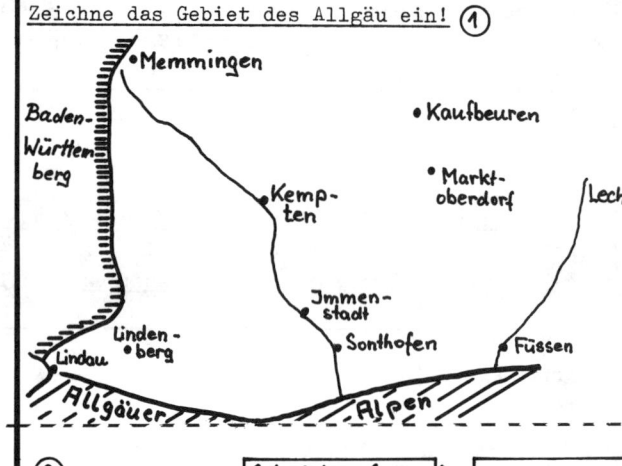

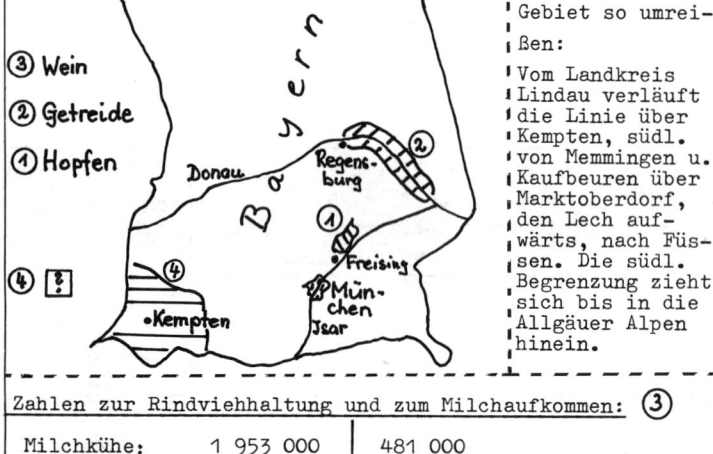

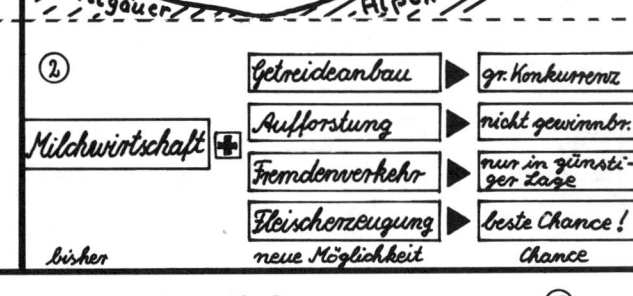

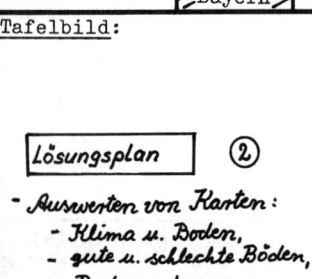

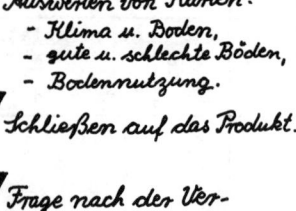

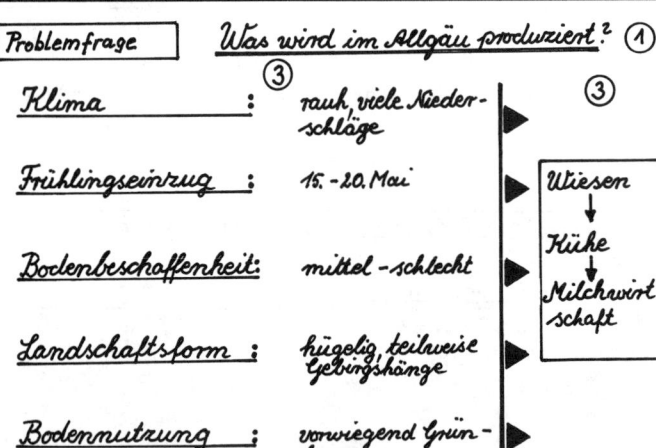

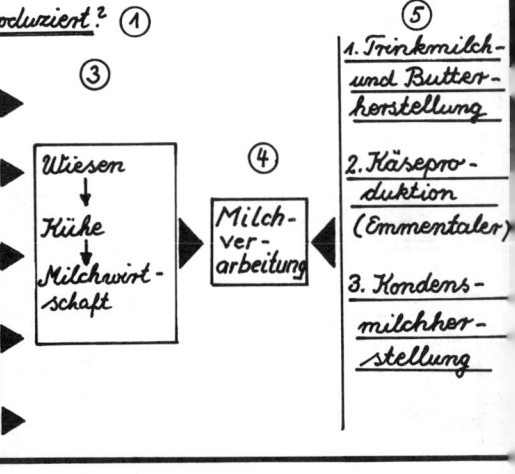

Folie: (Karte Bayern mit Würzburg, Main, Donau, Regensburg, Freising, München, Isar, Kempten)
③ Wein
② Getreide
① Hopfen

Wenn vom Allgäu gesprochen wird, so läßt sich das Gebiet so umreißen:
Vom Landkreis Lindau verläuft die Linie über Kempten, südl. von Memmingen u. Kaufbeuren über Marktoberdorf, den Lech aufwärts, nach Füssen. Die südl. Begrenzung zieht sich bis in die Allgäuer Alpen hinein.

Arbeitsblatt:
Zeichne das Gebiet des Allgäu ein! ①
(Karte mit Memmingen, Kaufbeuren, Baden-Württemberg, Kempten, Marktoberdorf, Lech, Lindenberg, Immenstadt, Sonthofen, Füssen, Lindau, Allgäuer Alpen)

Zahlen zur Rindviehhaltung und zum Milchaufkommen: ③

	Bayern	Allgäu
Milchkühe:	1 953 000	481 000
Milchleistung pro Kuh:	3 848 l	4 076 l
Erzeugte Kuhmilch:	7 391 950 000 l	1 939 258 000 l

②
Milchwirtschaft +
- Getreideanbau ▶ gr. Konkurrenz
- Aufforstung ▶ nicht gewinnbr.
- Fremdenverkehr ▶ nur in günstiger Lage
- Fleischerzeugung ▶ beste Chance!

bisher — neue Möglichkeit — Chance

Tafelbild:

Problemfrage: *Was wird im Allgäu produziert?* ①

Lösungsplan ②
- Auswerten von Karten:
  - Klima u. Boden,
  - gute u. schlechte Böden,
  - Bodennutzung.
▼ Schließen auf das Produkt.
▼ Frage nach der Verwertung.

③
- Klima : rauh, viele Niederschläge
- Frühlingseinzug : 15.-20. Mai
- Bodenbeschaffenheit : mittel-schlecht
- Landschaftsform : hügelig, teilweise Gebirgshänge
- Bodennutzung : vorwiegend Grünland

③ Wiesen → Kühe → Milchwirtschaft

④ Milchverarbeitung

⑤
1. Trinkmilch- und Butterherstellung
2. Käseproduktion (Emmentaler)
3. Kondensmilchherstellung

JG	Lehrschritte (Artikulationsdefinition)	Lehrinhalte und Lernziele (= Lz)	Lehrakte .... Lernakte		Sozialformen	Lernhilfen
Eröffnungsphase	1. Lehrschritt (Anknüpfung)	Reproduktion von Wissen	Sachimpuls: Lehrer zeigt auf der Folie eine Grobskizze von Bayern, auf der bereits behandelte landwirtschaftliche Gebiete eingezeichnet sind.	- verbalisieren - geben Kenntnisse wieder - begründen	HB	Folie ①
	2. Lehrschritt (Sachliche Vorbesprechung)	Geographischer Bereich: Allgäu	Sachimpuls: Lehrer zeichnet auf der Folie das neue Gebiet ein, das besprochen werden soll.	- suchen im Atlas - umreißen es	HB	Folie ② (als Kontrolle) Atlas S. 6
	3. Lehrschritt (Zielangabe)	Problemfrage: "Was wird im Allgäu produziert?"	Sachimpuls: Lehrer heftet Schild "Problemfrage" an.	- formulieren Problem	HB	Tafel ①
Erarbeitungsphase	4. Lehrschritt (Arbeitsplanung)	Grobgliederung der Stunde	Erarbeitungsgespräch: Schüler besprechen zusammen mit dem Lehrer, welche Lerninhalte wichtig sind und wie man dabei vorgeht. Fixierung an der Tafel.	- geben Meinung wieder - planen - suchen Arbeitsmaterial	HB	Tafel ②
	5. Lehrschritt (Teilzielerarbeitung)	(Lz 1) Landwirtschaftliche Nutzung	Arbeitsauftrag: Wertet in Gruppen die vier Spezialkarten im Atlas aus und schließt auf die Möglichkeit der Bodennutzung!	- lesen Karte - besprechen - werten aus	GA	Atlas S. 4
	6. Lehrschritt (Teilzielfixierung)	(Lz 1) Wiesen, deshalb Milchwirtschaft	Verarbeitungsgespräch: Die Gruppensprecher tragen ihre Arbeitsergebnisse vor. Diese werden ergänzt und an der Tafel fixiert.	- lesen vor - ergänzen - diskutieren	HB	Tafel ③
	7. Lehrschritt (Problemstellung)	Problemformulierung	Sachimpuls: Lehrer zeigt Folie mit Vergleichszahlen. Erarbeitungsgespräch: Im Allgäu wird ungefähr 1/4 der gesamten Milch Bayerns produziert. Was geschieht mit der Milch?	- informieren sich - verbalisieren - formulieren Problem	HB HB	Folie ③ Tafel ④
	8. Lehrschritt (Problemlösung)	(Lz 2) Milchverarbeitung im Allgäu Alternativer Lehrakt: Bericht des Lehrers	Demonstration durch Schulfernsehen: Lehrer spielt den entsprechenden Teil der Schulfernsehsendung ab. Schüler erhalten Arbeitsaufträge: 1. Notiere, wie die Milch verarbeitet wird. 2. Schreibe Zahlenangaben auf.	- sehen zu - entnehmen Information - schreiben auf	AA/HB	Fernsehsendung
	9. Lehrschritt (Problemfixierung)	(Lz 2)	Verarbeitungsgespräch: Schüler berichten in ganzen Sätzen, nennen Zahlenmaterial. Ergebnisse werden an der Tafel fixiert.	- berichten - ergänzen - diskutieren	HB	Tafel ⑤
Sicherungsphase	10. Lehrschritt (Begriffsklärung)	(Lz 2) Begriffe: Pasteurisieren, Kondensieren	Arbeitsauftrag: Erkläre das Verfahren des Pasteurisierens. Woher kommt der Name "Kondensmilch?" Besprich dich mit dem Partner! (Anschließend mündliche Kontrolle)	- besprechen sich - bearbeiten Aufträge - lesen vor	PA	Lexikon/Nachschlagwerke
	11. Lehrschritt (Gesamtzusammenfassung)	(Lz 1 und 2)	Sachimpuls: Lehrer schließt die Tafel und heftet Schild "Erkenntnis" an.	- rekapitulieren - begründen	HB	Nebentafel Wortkarte: Erkenntnis
	12. Lehrschritt (Wertung und Transfer)	(Lz 3) Gefahren einseitiger Produktion, andere Erwerbsquellen	Diskussion: Lehrer bringt den Begriff "Überproduktion" im Rahmen der EG ein. Schüler diskutieren und beurteilen andere Erwerbsmöglichkeiten. (Arbeitsblatt 2)	- diskutieren - werten - beurteilen - begründen - beschriften	HB AA	Arbeitsblatt ②
	13. Lehrschritt (Lernzielkontrolle)	Bearbeitung des Arbeitsblattes	Sachimpuls: Schüler bekommen Arbeitsblatt 1 als Hausaufgabe + kurze Niederschrift	- bearbeiten Arbeitsblatt	AA	Arbeitsblatt ①

Hauptlernziel:	Unterrichtsthema:	Autor:
Die Schüler sollen einen Einblick in die Erscheinung der Gezeiten erhalten und ihre Entstehung verstehen.	Gezeiten und Sturmflut	Peter Settele
		Unterrichtszeit Empfehlung: 1 UE = 45 Min.

Vorbemerkungen:

1. Die Gezeiten sind bemerkenswerte Naturerscheinungen des Weltmeeres, die sich vor allem an den Küsten beobachten lassen. Es ist daher sicher gerechtfertigt, im Erdkundeunterricht einen Einblick in die Erscheinung der Gezeiten zu geben und Kenntnisse ihrer Ursachen zu vermitteln. Auf wissenschaftliche Vollständigkeit ist aber wohl zu verzichten, ebenso auf weiterführende Probleme wie Möglichkeiten der Energiegewinnung, weil dies Schüler einer 6. Jahrgangsstufe geistig überfordern würde.

2. Wegen der Schwierigkeit der Unterrichtseinheit muß die Anschauung im Mittelpunkt stehen. Der Einsatz zweier Filme und Hilfsmittel zur Erklärung schwieriger Begriffe sollen dieser Forderung besonders Rechnung tragen. Die Anziehungskraft kann durch einen Magnet, die Fliehkraft durch Heftklammern auf einem Schallplattenteller näher erläutert werden. Bei der Erarbeitung der Entstehung der Gezeiten kann auch der Film FT 860 eingesetzt werden.

Teillernziele:
Die Schüler sollen:
1. ... Ebbe und Flut als regelmäßige Erscheinungsform erfassen können (kognitiv),
2. ... die Entstehungsweise der Gezeiten verstehen und erklären können (kognitiv),
3. ... die Begriffe Anziehungskraft und Fliehkraft begreifen und verstehen (kognitiv),
4. ... die Sturmflut als besondere Naturkraft erfassen und deren Auswirkung schildern können (kognitiv),
5. ... erkennen, daß der Deichbau nur ein relativer Schutz vor der Sturmflut ist (kognitiv),
6. ... die gefahrvolle und selbstlose Tätigkeit des Seenotrettungsdienstes begründen und werten können (kognitiv/affektiv).

Medien:
Film 8mm: "Gezeiten", Nr. 3550 70 (zu beziehen über Westermann Verlag), Film FT 860: "Gezeiten und Sturmflut", Tafelbild, Arbeitsblätter, Notizblock, Magnet, Plattenspieler, Heftklammern.

Literatur:
Hausmann-Müller: "erdkunde" (6), Oldenbourg-Prögel, Westermann, München 1977
Philipp Breunig: "Erdkundeunterricht" (Teil 1b), Prögel; Ansbach 1964
Gerhart Frey: "Leseheft Geographie: Am Meer", Klett, Stuttgart 1972
Hausmann-Müller: "Ek Die Küstenlandschaft I", Arbeitsblätter, Oldenbourg-Prögel

Tafelbild:

Gezeiten und Sturmflut

Problem: Warum kann der Strand an der Nordsee überflutet werden?

EBBE ⊕ FLUT ⊕ NW Sturm = STURMFLUT ④
          GEZEITEN

Wasser geht zurück (6 1/4 Std.) ①   Wasser steigt an (6 1/4 Std.)

⑤
a. Verlust an Mensch und Vieh.
b. Zerstörung von Siedlungen.
c. Verwüstung von Land und Einrichtungen.

D e i c h e: relativer Schutz ⑥

Seitentafel:

▶ Wir vermuten:

Diebstahl, versteckt, Ebbe, Flut.

Die Sturmflut: ③

1. Wann entsteht sie?
2. Welche Folgen und Auswirkungen hat sie?
3. Welchen Schutz gibt es?

Arbeitsblatt: Textblatt:

Im Februar 1962 ereignete sich an der Nordseeküste die größte Flutkatastrophe seit Menschengedenken. Ein Reporter schildert seine Eindrücke so:
"Wir kreisen über die Wasserwüste des Hamburger Stadtteils Wilhelmsburg. Unter unserem Hubschrauber das schmutzig braune Wasser, das einen ganzen Stadtteil begraben hat, in dem 75 000 Menschen lebten. ... Auf ein paar Flachdächern wedeln jungen Burschen wild mit den Armen. Doch von denjenigen, die nicht in den Himmel starren können, hat keiner Zeit, den Blick zu erheben. Ihre Aufmerksamkeit gilt nur dem Wasser, das Eisenbahngeleise verschluckt hat und ganze Straßenzüge, die Gärten hinwegspülte und Hunderte von Häuschen zerschellen ließ. Unter der Oberfläche des Wassers sehen wir die Dächer von Autos schimmern.. Dazwischen treiben rote Schweine, die aufgedunsenen Bäuche nach oben... Wir überfliegen einen See, der vor 4 Tagen noch eine Obstplantage war. Jetzt sind nur noch die dürren Baumkronen zu sehen.
Plötzlich wieder ein Platz, Menschen. Wir gehen herunter, landen. Hier brennt kein Licht, strömt kein Gas, läuft kein Wasser aus dem Hahn. Die öffentlichen Uhren stehen still. Ihre Zeiger zeigen jene Morgenstunde an, in der die Fluten des Hochwassers sich heranwälzten und die Menschen aus dem Schlaf rissen.
Wie viele Tote? Wie viele Verletzte? Welche Milliardenwerte fortgeschwemmt? Niemand weiß noch eine Antwort.
aus: Leseheft Geographie: "Am Meer".

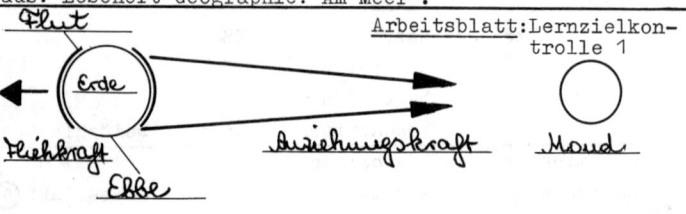

Arbeitsblatt: Lernzielkontrolle 1

Arbeitsblatt: Lernzielkontrolle 2

Kreuze die richtigen Antworten an!

1. Versteht man unter den Gezeiten
   ⓐ die regelmäßigen Jahreszeiten,
   ⓑ den regelmäßigen Sonnenaufgang und -untergang
   ⓒ den regelmäßigen Wechsel zwischen Hoch- und Niedrigwasser an einer Meeresküste?

2. Entstehen Ebbe und Flut
   ⓐ durch den Erdmagnetismus
   ⓑ durch die Anziehungskraft des Mondes und die Fliehkraft, die durch die Drehung der Erde um ihre eigene Achse hervorgerufen wird,
   ⓒ weil die Erde die Sonne ständig umkreist?

3. Ist an der Nordseeküste mit einer Sturmflut zu rechnen
   ⓐ bei Flut und starken Südostwinden
   ⓑ bei Ebbe und starken Nordwestwinden
   ⓒ bei Flut und starken Nordwestwinden?

UG	Lehrschritte (Artikulationsdefinition)	Lehrinhalte und Lernziele (= Lz)	Lehrakte .... Lernakte		Sozialformen	Lernhilfen
Eröffnungsphase	1. Lehrschritt: (Einstimmung durch Provokation)	Präsentation der Sachsituation durch eigenes Erleben	Erzählung: Während eines Nordseeurlaubs längerer Strandspaziergang; Kleider am Strand zurückgelassen; Stunden später waren die verschwunden.	-zuhören -vermuten	Hb	
	2. Lehrschritt: (Erste Problemfindung und -fixierung)	Warum kann der Strand an der Nordsee überflutet werden?	Erarbeitungsgespräch: Erarbeiten der Problemfrage; anschließend Fixierung an der Tafel.	-erkennen -formulieren	Hb	Tafelbild: Problemfrage
	3. Lehrschritt: (Hypothesenbildung)	Vermutungen der Schüler	Gruppengespräch: Schüler artikulieren Vermutungen; anschließend Auswertung	-vermuten -notieren -berichten	Ga Hb	Notizblock Notiz an der Seitentafel
	4. Lehrschritt: (erste Teilergebnisgewinnung und -fixierung)	Ebbe und Flut als regelmäßige Erscheinungsform: die Gezeiten (Lz 1)	Feststellung: Folgender Filmausschnitt bringt schon eine erste Lösung. Verarbeitungsgespräch: Entgegennahme der Ergebnisse; Gewinnung der Begriffe; Tafelfixierung.	-zuhören -anschauen -verbalisieren -begründen -formulieren	Hb Hb	Film: 35507o etwa 2 Minuten Tafelbild ①
	5. Lehrschritt: (zweite Teilergebniserarbeitung)	Die Entstehung der Gezeiten (Lz 2)	Gruppengespräch nach Arbeitsauftrag: Schüler beobachten im folgenden Filmteil besonders Anziehungskraft, Fliehkraft und Gezeitenwechsel.	-anschauen -sich besprechen -notieren	Hb Ga	Film: 35507o etwa 5 Min. Notizblock
	6. Lehrschritt: (zweite Teilergebnisgewinnung und -fixierung)	Anziehungskraft und Fliehkraft (Lz 3)	Verarbeitungsgespräch: Auswerten der Arbeitsergebnisse und Einordnen in das Tafelbild; Veranschaulichung und Verdeutlichung der Begriffe.	-berichten -erkennen -aufnehmen	Hb	Tafelbild ②; Magnet, Plattenspieler, Heftklammern.
Erarbeitungsphase	7. Lehrschritt: (Verständniskontrolle)	Lernziel 2/3	Arbeitsauftrag: Beschrifte die Skizze auf deinem Arbeitsblatt! Anschließend: Ergebniskontrolle;	-beschriften	Aa Hb	Arbeitsblatt: Lernzielkontrolle 1
	8. Lehrschritt: (zweite Problemgewinnung und -fixierung)	1. Wann entsteht eine Sturmflut? 2. Was sind die Folgen? 3. Welchen Schutz gibt es? (Lz 4)	Sachimpuls: Vorführen eines Filmteiles ohne nähere Hinweise! Impuls: Du findest sicher einige Fragen! Verarbeitungsgespräch: Festlegung und Fixierung von 3 Problemfragen.	-anschauen -äußern -Probleme finden -Probleme formulieren	Hb Pa Hb	Film: FT 86o (ohne Ton) 1 Min. Notizblock Tafelbild: ③ Seitentafel
	9. Lehrschritt: (Hypothesenbildung)	Aktivierung des Vorwissens	Arbeitsauftrag: Versucht in euren Gruppen eine Lösung zu finden! anschließend Auswertung der Vermutungen.	-sich besprechen -notieren -berichten	Ga Hb	Notizblock
	1o. Lehrschritt: (dritte Teilergebniserarbeitung, -gewinnung und -fixierung)	Entstehung der Sturmflut (Lz 4) Folgen der Sturmflut (Lz 4) Schutz vor einer Sturmflut (Lz 5)	Feststellung: Der folgende Filmteil zeigt die Entstehung. Verarbeitungsgespräch: Entgegennahme des Ergebnisses und Fixierung an der Tafel. Arbeitsauftrag: Lies das Textblatt durch und unterstreiche die Auswirkungen der Flut! Verarbeitungsgespräch: Auswerten der Ergebnisse und Fixierung. Erarbeitungsgespräch: Erarbeiten der Erkenntnis, daß es nur einen relativen Schutz gibt; anschließend Fixierung an der Tafel.	-anschauen -berichten -erlesen -unterstreichen -vorlesen -berichten -Aussprache -erkennen	Hb Hb Aa Hb Hb	Film: FT 86o (mit Ton) Tafelbild ④ Arbeitsblatt: Textblatt Tafelbild ⑤ Tafelbild ⑥
Sicherungsphase	11. Lehrschritt: (Rückgriff auf erste Problemfrage)	Lernziele 1-3	Verarbeitungsgespräch nach Impuls: Zusammenfassung anhand der Schülervermutungen; Ergänzen der Überschrift.	-verbalisieren -vergleichen -formulieren	Hb	Tafelbild: Überschrift
	12. Lehrschritt: (Wertung)	Bedeutung des Seenotrettungsdienstes (Lz 6)	Sachimpuls: Lehrer liest einen Bericht vor über einen Einsatz des Rettungsdienstes. Verarbeitungsgespräch: Bedeutung der Tätigkeit.	-zuhören -bewerten -erkennen	Hb Hb	Buch "Erdkundeunterricht", Seite 299 o.ä.
	13. Lehrschritt: (Lernzielkontrolle)	Überprüfen der wesentlichen Ergebnisse	Arbeitsauftrag: Kreuze auf deinem Arbeitsblatt die jeweils richtigen Antworten an! Anschließend: Ergebniskontrolle;	-überlegen -ankreuzen	Aa Hb	Arbeitsblatt: Lernzielkontrolle 2

Hauptlernziel: Einsicht, wie sich der Mensch an der Küste gegen die Gefährdung seines Lebensraumes durch das Meer wehrt.	Unterrichtsthema: Wie sich der Mensch durch Deiche vor dem Meer schützt	Autor: Norbert Modl
		Unterrichtszeit Empfehlung: 1 UE

Vorbemerkungen:

1) Die Unterrichtseinheit wird am Beispiel der Gegebenheiten in den Niederlanden dargestellt (alternatives Vorgehen: die deutsche Nordseeküste). Vorausgehen sollte eine Betrachtung der Veränderungen an der Nord- und Ostseeküste und ihrer Küstenformen.
2) Dem Deichbau an der Nordseeküste kommt gerade hier schon seit 700 Jahren eine vordringliche Aufgabe zu, u.z. als einziger Schutz gegen die stetig wiederkehrenden Überschwemmungskatastrophen mit teilweise verheerenden Auswirkungen auf Landschaft und Bewohner. Ohne sie wäre die dichte Besiedelung (bis zu 356 E/km^2) und die intensive landwirtschaftliche Nutzung der Niederlande undenkbar.
3) Veranschaulichungsmöglichkeiten bieten sich an durch den Einsatz des Unterrichtsfilms "Ein Deich wird gebaut" (FWU - 32 0753/22 Min.), den Super-8-Film "Moderner Deichbau" oder durch ein Sandkastenmodell (aber hierzu keine Versuchserprobung der Dammfunktion, da der Materialunterschied hier gravierende Unterschiede im Ergebnis zur Folge hätte).
4) Später sollte als Ausweitung das Deltaprojekt oder der Küstenplan von 1963 als konsequente Fortführung der begonnenen Schutzmaßnahmen herangezogen werden, die beide eine Verkürzung der Küstenlinie und damit eine verringerte Angriffsfläche bringen sollen.
5) Wo der Unterrichtsfilm nicht zur Verfügung steht, kann eine Veranschaulichung auch durch eine Aufbereitung in Form von Verknüpfung des Tonbandtextes und der Dias im Sinne eines Hörbildes erfolgen.

Teillernziele: Die Schüler sollen ....

1) ... Einblick gewinnen, warum die Niederländer Deiche bauen (kognitiv),
2) ... erfahren, wie ein Deich aufgebaut ist (kognitiv),
3) ... Einblick gewinnen, welche Schwierigkeiten den Deichbau erschweren können (kognitiv),
4) ... Einblick gewinnen, wie auch naturgegebene Verhältnisse zur Absicherung gegen das Meer genützt werden (kognitiv),
5) ... Gründe für die Planung des Deltaprojekts und des Küstenplans von 1963 nennen können (kognitiv),
6) ... die Leistung der Niederländer beim Bau von Seedeichen anerkennen (affektiv).

Medien:

- Tafelbild
- Unterrichtsfilm: "Ein Deich wird gebaut" (FWU - 32 0753/22 Min.)
- Dias: Der Deich (FWU/Klett)
- Deltaplan
- OHP-Folie: Landverluste (a) (b)
- Lernzielkontrolle

Literatur:

1) Hausmann/Müller: Erdkunde, 6.Schj., Oldenbourg/Prögel/Westermann Verlage, München/Ansbach/Braunschweig; 3.Aufl. 1975, S. 66-68 (Lehrerhandbuch S. 75-77)
2) Seydlitz/Bauer: Erdkunde, 6.Schj. Hirt/Schroedel Verlag, Kiel/München, 1974; S. 86-87
3) Himmelstoß H./Jahn W.: Erdkunde, 6.Schj., Blutenburg/Schöningh Verlag, München/Paderborn, 1973, S. 2-5
4) Hausmann W.: Welt und Umwelt, 6.Schj. Ausgabe B, Lehrerausgabe; Oldenbourg/Westermann Verlag, München/Braunschweig, 1975, S. 56-59.
5) Eckert U./Schönbach R.: Geographie für Bayern, 6.Schj.; Klett Verlag Stuttgart, 1977; S. 58-59
6) Grotelüschen W./Schüttler A.: Dreimal um die Erde 1, Menschen in ihrer Welt; Velhagen & Klasing und Schroedel Verlag, Geographische Verlagsgemeinschaft, Berlin 1977; S. 25-29
7) Auernheimer A., u.a.: Geographie für die Sekundarstufe, Bd. 1; Bayer. Schulbuch Verlag, München 1974; S. 148
8) Beckedorf W./du Bois H./Jahn G.: Geographie 6, Bayern, Mensch und Erde, List Verlag, München, 1979, S.58-59
9) Stadtbildstelle München: Medienpaket: Der Mensch im Kampf mit dem Meer, 1978; S.26-30

Deiche schützen den Menschen vor dem Meer

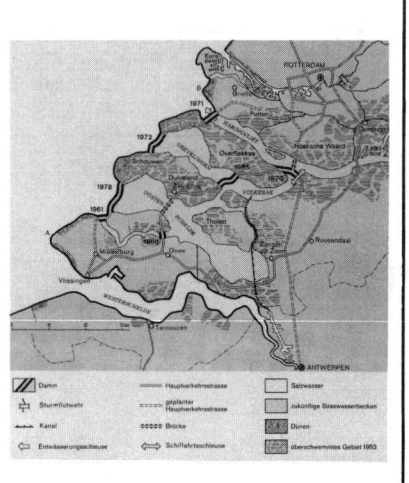

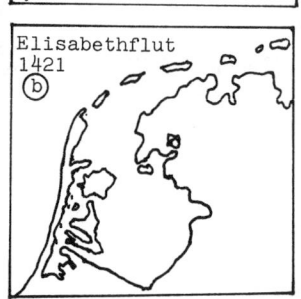

1) Wie ein Seedeich aufgebaut ist:

[Schema: Querschnitt eines Deiches mit Beschriftungen: Deichkrone, Grasdecke, Klei(erde), Pflasterdecke, Sandkern, Deichfuß; Maße: 7 m, rd. 8,50 m, 40-80 m]

2) Welche Schwierigkeiten den Deichbau erschweren:

[Diagramm: Schwierigkeiten beim Bau — Frühjahrs- und Herbstflut, Regenzeiten, Beschaffen von Baumaterial, Transport]

Lernzielkontrolle

Die dem Meer zugekehrte Seite des Deiches steigt nur langsam (allmählich), damit das Wasser auslaufen kann.
An besonders gefährdeten Stellen schützen Steine (Klinker) den Deich. Sie sollen die Gewalt der Wellen brechen.
Der darüber liegende Teil des Deiches wird mit Klei(erde) bedeckt und nachher mit Gras(soden) bepflanzt, um das Auswaschen zu verhindern.

Deltaplan

[Karte des Deltaplans mit Rotterdam, Antwerpen, Westerschelde u.a.]

Christi Geburt (a)

[Kartenskizze der niederländischen Küste um Christi Geburt]

Elisabethflut 1421 (b)

[Kartenskizze der niederländischen Küste nach der Elisabethflut 1421]

UG	Lehrschritte (Artikulationsdefinition)	Lehrinhalte und Lernziele (= Lz)	Lehrakte .... Lernakte		Sozial-formen	Lernhilfen
Eröffnungsphase	1. Lehrschritt (Problembegegnung)	Landverluste der Niederlande zwi= schen Christi Ge= burt und 1421 (Lz 1)	Sachimpuls: Vergleich zweier Skizzen des Aussehens der Niederlande:um Christi Geburt und im Jahre 1421	- betrachten - vermuten	Hb	Folienskizzen a , b
			Erarb.gespräch: Auswerten der Ver= mutungen;Herausstellen von Gründen für die Landverluste.	- formulieren - begründen	Hb	
	2. Lehrschritt (Problemfindung)	Problemfrage:Wie kann sich der Mensch zu Lande vor dem Meer schützen ?	Impuls:Heute trifft der Besucher der Niederlande immer wieder auf solche Bauwerke an der Küste.	- betrachten - erkennen	Hb	Dia:Seedeich
			Erarb.gespräch:Herausarbeiten der Bezeichnung;Finden,formulieren und fixieren der Problemfrage.	- Problemfrage formulieren - fixieren	Hb	Tafelanschrift: Überschrift
Erarbeitungsphase	3. Lehrschritt (Vermutungen)	Was beim Bau eines Seedeiches beachtet werden muß (Lz 2) Klärung:Seedeich- Flußdeich	Erarb.gespräch:Auch um Grundstücke werden Mauern errichtet.Zweck dieser Maßnahme,verwendetes Mate= rial,Bauweise usw.	- besprechen	Hb	eventuell Episkop:Haus= mauer
			Auftrag: Stellt nun in der Gruppe in Stichpunkten zusammen,worauf beim Bau eines Deiches geachtet werden sollte.	- besprechen - vermuten - notieren	Ga	Arbeitsblock
			Verarb.gespräch:Notierung der wich= tigsten Hinweise zum Bau eines Dei= ches auf Folie(oder Seitentafel).	- formulieren - berichten - notieren	Hb	
	4. Lehrschritt (Erkenntnis= gewinnung)	Aufbau eines See= deiches (Lz 2) Schwierigkeiten beim Bau (Lz 3)	Auftrag: Beobachtet im folgenden Film, wie ein Seedeich gebaut wird!	- beobachten	Aa	Unterrichts= film:Ein Deich wird gebaut
			Arbeitsteilige Gruppenarbeit: a) Notiert,wie ein Seedeich aufgebaut ist! b) Notiert,welche Schwierigkeiten beim Deichbau auftreten!	- Informationen entnehmen - Merkpunkte notieren	Ga	
	5. Lehrschritt (Ergebnis= gewinnung)	Wie ein Deich auf= gebaut ist(Lz 2)	Verarb.gespräch:Auswertung der Ar= beit der Gruppe A.Veranschaulichung einzelner Teile mit Dias.Formulie= rung u.Fixierung d.Tafelstichpunkte.	- berichten - überprüfen - ergänzen - fixieren	Hb	Tafelbild ① Dias:Deich und Düne
	6. Lehrschritt (Lernziel= kontrolle)	Zusammenfassung	Auftrag:Ergänzt die fehlenden Teile im Lückentext!	- erlesen - ausfüllen	Aa	Lückentext
			Verarb.gespräch:Kontrolle d.Ergeb= nisse durch Lösungsfolie.Vergleich mit den vorhergehenden Vermutungen.	- vorlesen - überprüfen - ergänzen	Hb	Lösungsfolie
	7. Lehrschritt (Ergebnis= gewinnung)	Schwierigkeiten beim Deichbau(Lz 3)	Verarb.gespräch:Auswertung der Arbeit der Gruppe B.Besprechung und nachfolgende Fixierung an der Tafel.	- vorlesen - erläutern - fixieren	Hb	Tafelbild ②
	8. Lehrschritt (Erkenntnis= gewinnung)	Deltaplan als Küstenschutz(Lz 4)	Kurzbericht: Flutkatastrophe vom 31.Jan. 1953 als auslösendes Moment für das Entstehen dieses Planes.	- zuhören	Hb	
			Sachimpuls: Dia des Verlaufs des ge= planten Deichbaus.	- betrachten - auswerten	Hb	Dia:Deltaplan
	9. Lehrschritt (Ergebnis= gewinnung)	Verlauf und Zweck des Deltaplans (Lz 4)	Erarb.gespräch: Festellung der geplanten Deichbaumaßnahmen; Lokalisierung auf der Karte.	- formulieren - lokalisieren	Hb	Atlas/Wandkar= te
Sicherungsphase	10. Lehrschritt (Wertung)	Gründe für diesen Bau: (Lz 5) - ihr Land schützen - sich selbst schützen, - Ausgaben vermin= dern, - Erträge sicher= stellen	Sachimpuls: Geldsack: (Aufdruck : 3 Mrd.DM)	- betrachten	Hb	Symbol:Geldsack
			Impuls: Diese gewaltige Summe soll bis 1982 die Fertigstellung des Del= taplanes in den Niederlanden ermög= lichen.Überlege,ob sich diese Aus = gabe lohnt!	- überlegen - begründen	Hb	
			Erarb.gespräch:Besprechen der Über= legungen;Herausarbeiten der Vor - und Nachteile(z.B.kein freier Zu = gang mehr zum Meer über den Fluß)		Hb	Karte
	11. Lehrschritt (Transfer)	Deichbaumaßnahmen in Deutschland	Erarb.gespräch:Deichbaumaßnahmen an der deutschen Nordseeküste durch vergleichen(mit Arbeits= buch)herausfinden.Eventuell auf den Küstenplan eingehen.	- besprechen - vergleichen	Hb	Arbeitsbuch/ Karte/Atlas
	12. Lehrschritt (Besinnung)	Die Leistung der Menschen beim Deichbau werten. (Lz 6)	Impuls: Seit mehr als 700 Jahren bauen die Niederländer bereits ihre Deiche.Sollten sie nicht aufgeben?	- überlegen	Hb	
			Diskussion:Besprechung der Über = legungen.Herausarbeiten des unge= brochenen Mutes,den Kampf mit dem Meer aufzunehmen.	- beurteilen - bewerten	Hb	

Hauptlernziel: Einblick, wie der Mensch einst an das Meer verlorenen Lebensraum durch langfristige Maßnahmen wiedergewinnt.	Unterrichtsthema: Wie die Menschen dem Meer wieder Land abringen	Autor: Norbert Modl
		Unterrichtszeit Empfehlung: 1 UE

Vorbemerkungen:

1) Der Unterrichtsstunde sollte die Behandlung des Themas " Wie sich die Menschen durch Deiche vor dem Meer schützen " vorausgehen.
2) Diese Einheit wird dargestellt am Beispiel der Neulandgewinnung in den Niederlanden. Sie bezieht die Landgewinnungsmaßnahmen an der deutschen Nordseeküste aber mit ein.
3) Die Größenordnung dieser Maßnahmen verdeutlichen Zahlen: Landverluste seit 1200 n.Chr. ca. 566 000 ha, Landgewinnung ca. 671 000 ha. Zentraler Kern sind die Trockenlegungsmaßnahmen im Ijsselmeer(Zuidersee), welche die Landmasse der Niederlande um 10 % vergrößern. Herauszuarbeiten, daß es sich um Landwiedergewinnung handelt.
4) Die Verfahren der Neulandgewinnung sind in den meisten Schulbüchern hinreichend beschrieben, daher wird auf eine textliche Unterlegung hier verzichtet.
5) Zusätzliche Veranschaulichungen bieten: Unterrichtsfilm " Deltaphase I"(FWU - 32 0628/20 min.), sowie der Unterrichtsfilm " ...Und die See war nicht mehr"(FWU - 32 1561/ 25 min.).

Teillernziele: Die Schüler sollen ....

1) ... Einblick gewinnen, wie im Ijsselmeer ein Polder angelegt wurde (kognitiv),
2) ... erfahren, wie das Rückfließen des Wassers vermieden wird(kognitiv),
3) ... erkennen, wie weit die Trockenlegung des Ijsselmeeres bereits vorangeschritten ist (kognitiv),
4) ... erfahren, wie die Neulandgewinnung vor sich geht(kognitiv),
5) ... die Neulandgewinnung in den Niederlanden mit der in Deutschland vergleichen können (kognitiv),
6) ... fähig und bereit werden, die große Leistung der Küstenbewohner im Kampf gegen das Meer anzuerkennen (affektiv).

Medien:
- Tafelbild(identisch mit Arbeitsblatt)
- Arbeitstext
- Schülerbuch
- Wandkarte: Niederlande
- OHP-Folie: Trockenlegung der Zuidersee
- Dias: Bau des Ringdeiches, Entwässerung durch Windmühlen, Landgewinnung am Norstander Damm
  (auch hierzu Dia-Serie:"Landgewinnung im Wattenmeer", Klett - 99 65 69/9 Bilder)

Literatur:

1) Hausmann/Müller: Erdkunde,6.Schj.,Oldenbourg/Prögel/Westermann Verlage,München/Ansbach/Braunschweig,3.Auflage 1975; S. 67 (Lehrerhandbuch S. 84 -86)
2) Hausmann W.: Welt und Umwelt,6.Schj.,Oldenbourg/Westermann Verlag,München/Braunschweig,1975;S.56-57
3) Himmelstoß H./Jahn W.:Erdkunde,6.Schj.,Blutenburg/Schöningh Verlag,München/Paderborn;1973;S. 6 -9
4) Eckert U. u.Schönbach R.:Geographie für Bayern,6.Schj.,Klett Verlag,Stuttgart,1977;S. 62 -65
5) Grotelüschen W./Schüttler A.:Dreimal um die Erde 1,Menschen in ihrer Welt,Geograph.Verlagsgemeinschaft Velhagen & Klasing und Schroedel,Berlin,1977 ;S. 27 -29
6) Seydlitz/Bauer : Erdkunde ,6.Schj.,Hirt/Schroedel Verlag,Kiel/München,1974, S.86 -87
7) Auernheimer A.,u.a.:geographie für die Sekundarstufe,Bd. 1,Bayer.Schulbuch Verlag,München,1974 ,S. 147
8) Beckedorf W./du Bois H./Jahn G.:Geographie 6,Bayern,Mensch und Erde,List Verlag,München,1979;S.57 -59
9) Mostler G.: Die Erde,Westermann Verlag,Braunschweig,5.Aufl.1972,S.89 -93
10) Stadtbildstelle München:Medienpaket"Der Mensch im Kampf mit dem Meer",München,1978, S. 31 -39

Tafelbild:

Wie die Menschen dem Meer das Land wieder abringen

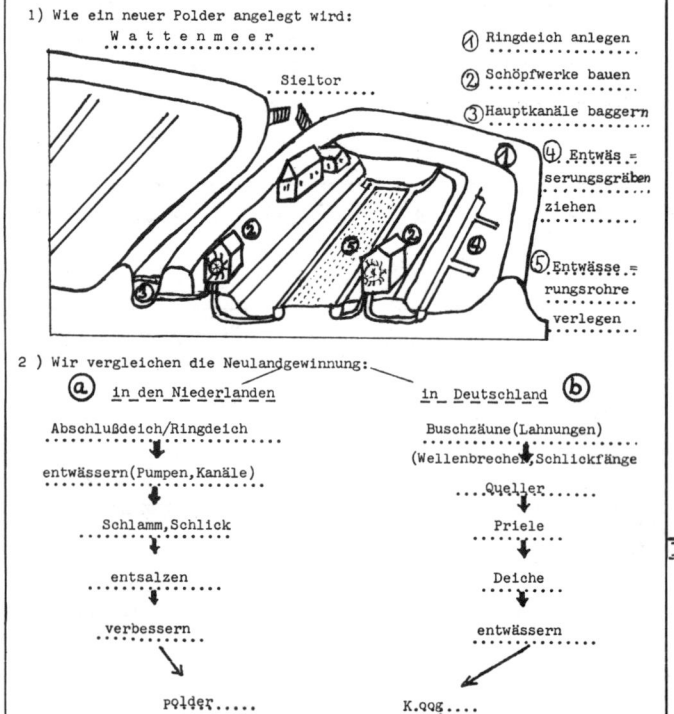

1) Wie ein neuer Polder angelegt wird:
   Wattenmeer
   Sieltor
   ① Ringdeich anlegen
   ② Schöpfwerke bauen
   ③ Hauptkanäle baggern
   ④ Entwässerungsgräben ziehen
   ⑤ Entwässerungsrohre verlegen

2) Wir vergleichen die Neulandgewinnung:

   ⓐ in den Niederlanden   ⓑ in Deutschland
   Abschlußdeich/Ringdeich   Buschzäune(Lahnungen)
   entwässern(Pumpen,Kanäle)   (Wellenbrecher,Schlickfänge)
           ↓   ↓
   Schlamm,Schlick   ...Queller......
           ↓   ↓
   entsalzen   Priele
           ↓   ↓
   verbessern   Deiche
           ↓   ↓
   Polder.....   entwässern
                                         ↓
                                 K.oog....
           ↓   ↓
                   Festland........

Arbeitstext: Wie ein neuer Polder angelegt wurde

Bereits 1927 haben die Niederländer begonnen, die 360 000 ha große Zuidersee mit einem 30 km langen Deich vom Meer abzuschließen. 1932 war der Deich schließlich fertig. Damit wurde die Zuidersee zum Binnenmeer; sie hieß von nun an Ijsselmeer (sprich:"Eisselmeer").

Jetzt gingen die Niederländer daran, Teile des Ijsselmeeres einzupoldern. Mit Schwimmbaggern hoben sie entlang einer vorher abgesteckten ringförmigen Linie die weichen Schlammschichten heraus. Den entstandenen Graben füllten sie mit Sand wieder auf. Auf diesem Sandkern errichteten sie den Ringdeich, dem eine Pflasterschicht am Deichfuß und darüber ein Erdmantel Festigkeit verleihen.

Mit modernen Pumpen schöpften sie bis zu jeweils 1 700 m^3 Wasser pro Minute aus dem eingepolderten Abschnitt ins Meer. Neun Monate hat dies gedauert.

Danach gruben Bagger tiefe Entwässerungskanäle und noch breitere Hauptkanäle, in denen sich das restliche Wasser sammeln sollte. In den Schlammboden wurden Entwässerungsrohre(=Dränagerohre) verlegt, um Regen und Grundwasser ständig abfließen zu lassen. Nun konnten gezielte Maßnahmen zur Bodenverbesserung folgen.

Ijsselmeer- Polder:

Arbeitsauftrag:
1) Stelle fest, welche Maßnahmen den Bau des Ringdeiches ermöglichten !
2) Gib an, welche Arbeiten in einem neuen Polder durchgeführt werden müssen!

Die Niederlande
ⓐ Christi Geburt   ⓑ um 1927

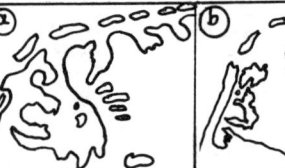

UG	Lehrschritte (Artikulationsdefinition)	Lehrinhalte und Lernziele (= Lz)	Lehrakte .... Lernakte		Sozialformen	Lernhilfen
Eröffnungsphase	1. Lehrschritt (Rekapitulation)	Sinn der Deichbaumaßnahmen	Sachimpuls: Seedeich	- betrachten	Hb	Dia:Seedeich 1
			Verarb.gespräch:Rekapitulation der Maßnahmen und des Sinns der Deiche.	- wiederholen - berichten	Hb	
	2. Lehrschritt (Problemfindung)	Bau der Deiche hat bestimmten Zweck	Sachimpuls: Zahlenmaterial:Landverluste	- betrachten - vermuten	Hb	Landverluste seit 1 200 n.Chr.: 556 000 ha Tafelanschrift (Überschrift)
			Erarb.gespräch:Besprechung der Vermutungen.Finden,formulieren und fixieren der Problemfrage.	- Problem herausstellen - fixieren	Hb	
Erarbeitungsphase	3. Lehrschritt (Erkenntnisgewinnung)	Lokalisation der Zuidersee Namenserklärung: Zuidersee=Ijsselmeer	Impuls: 1927 haben die Niederländer begonnen,den empfindlichsten Landverlust dem Meer wieder abzuringen.	- vermuten - überlegen	Hb	Folie 1 b
			Erarb.gespräch:Lokalisierung der Zuidersee;Vorschläge zu ihrer Trockenlegung formulieren.	-lokalisieren -Vorschläge entwerfen	Hb	Karte
		Anlegung eines Polders im Ijsselmeer (Lz 1)	Auftrag: Lies den folgenden Arbeitstext und stelle fest,wie die Landgewinnung vor sich ging.	-erlesen -Informationen entnehmen - notieren	Aa	Arbeitstext
	4. Lehrschritt (Ergebnisgewinnung und -fixierung)	Maßnahmen bei der Einpolderung(Lz1)	Verarb.gespräch:Auswertung der gewonnenen Erkenntnisse;Überprüfung und Korrektur.Mündliches Herausstellen einzelner Abschnitte bei der Einpolderung;Tafelfixierung.	- berichten - überprüfen - ergänzen - fixieren	Hb	Tafelbild 1
	5. Lehrschritt (Ergebnisausweitung)	Schutz vor Rückfluß des Wassers(Sieltor) (Lz 2)	Impuls: Am Ende eines Hauptkanals wurde ein Tor angebracht,das sich nur nach e i n e r Seite hin öffnet.	- überlegen - erklären	Hb	
			Erarb.gespräch:Arbeitsweise eines Sieltores besprechen.			
		Einpolderung des Ijsselmeeres(Lz 3)	Auftrag: Aus der folgenden Skizze kannst du entnehmen,wie weit diese Trockenlegungsmaßnahmen schon vorangeschritten sind.	- Kartenskizze auswerten	Hb	Kartenskizze der Einpolderungen im Ijsselmeer
	6. Lehrschritt (Ergebnisausweitung)	Sinn der Windmühlen	Erarb.gespräch:Herausarbeitung, daß die Trockenlegung in aufeinanderfolgenden Abschnitten erfolgt.	- formulieren	Hb	Atlas
			Sachimpuls: Windmühle	-betrachten	Hb	Dia 2
			Erarb.gespräch:Windmühlen sind charakteristisch für frühere Entwässerungsmethoden,heute ersetzt durch elektrische Pumpen.	- besprechen - formulieren - begründen	Hb	
	7. Lehrschritt (Vergleich)	Verfahren bei der Neulandgewinnung in den Niederlanden (Lz 4)	Impuls: Du weißt jetzt,wie die Trockenlegung begann.	- rekapitulieren	Hb	
			Erarb.gespräch:Arbeitsschritte bei der Trockenlegung eines Polders stichpunktartig herausarbeiten und aufnotieren.	- aufzählen - fixieren	Hb	Tafelbild 2 a
			Auftrag: An der deutschen Nordseeküste wählte man ein anderes Verfahren zur Landgewinnung.Lies dazu den entsprechenden Abschnitt in deinem Arbeitsbuch,S.....!	- erlesen -Informationen entnehmen	Aa	Arbeitsbuch
	8. Lehrschritt (Erkenntnisgewinnung und -fixierung)	Neulandgewinnung an der deutschen Nordseeküste(Lz 5)	Lehrgespräch:Auswertung des Arbeitsauftrags;Herausarbeitung der Arbeitsschritte;Fixierung an der Tafel.	- formulieren - fixieren	Hb	Tafelbild 2 b
Sicherungsphase	9. Lehrschritt (Rekapitulation)	Vergleich beider Verfahren	Lehrgespräch: Rekapitulation der Landgewinnungsmaßnahmen in den Niederlanden und an der deutschen Nordseeküste mittels Dia-Einsatz	-wiederholen	Hb	Dias:Landgewinnung im Wattenmeer
	10. Lehrschritt (Wertung)	Gründe für die Trockenlegungen (Lz 6)	Impuls: Seit fast 50 Jahren arbeiten die Niederländer an diesem Projekt der Trockenlegung.Überlege,was für Gründe sie dafür haben könnten.	- überlegen - erläutern	Hb	Karte:Ijsselmeer
			Erarb.gespräch:Besprechung der Gesichtspunkte.Herausstellung des andauernden Strebens,die Landverluste wieder auszugleichen.	- formulieren	Hb	
	11. Lehrschritt (Besinnung)	Bereitschaft,diese Leistung anzuerkennen (Lz 6)	Erarb.gespräch:Den Zeitraum von 50 Jahren verdeutlichen.Vorausschauende Planung,finanziellen Einsatz und menschliche Leistung herausarbeiten.	- beurteilen - bewerten	Hb	

Hauptlernziel:	Unterrichtsthema:	Autor:
Die Schüler sollen am Beispiel der niederländischen Küste erkennen, wie sich der Mensch vor der Gefährdung durch das Meer schützt.	Der Delta-Plan: Hollands Schutz vor dem Meer	Ilsanker/Feichtmayr
		Unterrichtszeit Empfehlung: 1 UE = 45 Min.

Vorbemerkungen:

Holländische Küstengebiete wurden wegen ihrer Lage - sie liegen bis zu zwei Meter unter dem Meeresspiegel - und ihrer langen, oft unzureichend durch Deiche geschützten Küstenlinie häufig überschwemmt. Um immer wieder entstehenden Schäden vorzubeugen, entwarf und verwirklicht man den Delta-Plan, mit dem das Mündungsdelta von Rhein, Maas und Schelde bis auf die Zufahrten nach Antwerpen und Rotterdam durch Dämme und Schleusen von der Nordsee abgeriegelt wird. Eine neue Technik wurde erprobt: Das Schließen eines Dammes mit riesigen Senkkästen.

Teillernziele:

Die Schüler sollen:

1. sich zu einer dargestellten Sachsituation äußern können (kog.),
2. nach einem Bericht Problemfragen stellen können (kog.),
3. Hypothesen formulieren können (kog.),
4. mittels eines Filmausschnittes und einer Darstellung im Modell die Bedrohung Hollands durch das Meer erkennen können (kog.),
5. entstandene Schäden begründen können (kog.),
6. mittels Kartenarbeit und einer Darstellung im Modell die Gründe für den Delta-Plan nennen können (kog./instr.),
7. anhand von Dias technische Besonderheiten des Dammbaues beschreiben können (kog.),
8. ein Arbeitsblatt selbständig ergänzen können (kog./instr.),
9. sich anhand eines Bildes und eines kurzen Filmausschnittes der Bedeutung des Delta-Planes bewußt sein (kog.).

Medien:

Tafel, Arbeitsblatt, Notizblock, OHP-Transparente, OH-Projektor, Bildkarten auf Karton (s. Tafelbild), Sandkastenmodell, Atlas, Wandkarte, Film: Delta-Phase I: FT 628, Dia-Serie: Delta-Plan: R 816 (Dias 4,8,9,1o)

Tonbandbericht:

Holland wurde schon oft von Flutkatastrophen heimgesucht. Die Sturmflut vom 1.Febr. 1953 übertraf an Schrecklichem alles Dagewesene. Deiche brachen unter der Wucht der Wassermassen, große Teile des Landes wurden überflutet... Noch während der Aufräumungsarbeiten begann eine Kommission im Auftrag der Regierung einen Plan zum Schutz des Landes zu entwerfen. Nie mehr sollten Menschen Angst vor dem Meer haben.

Literatur:

1. Schmidt, A.: Der Erdkundeunterricht, Klinkhardt Verlag, Bad Heilbrunn 1972
2. Hausmann/Müller: Erdkunde - 6. Schuljahr, Oldenbourg Verlag, München 1978
3. Geibert, H.: Das Deltaprojekt in den Niederlanden, in: Die Scholle 8/79, Oldenbourg Verlag, München

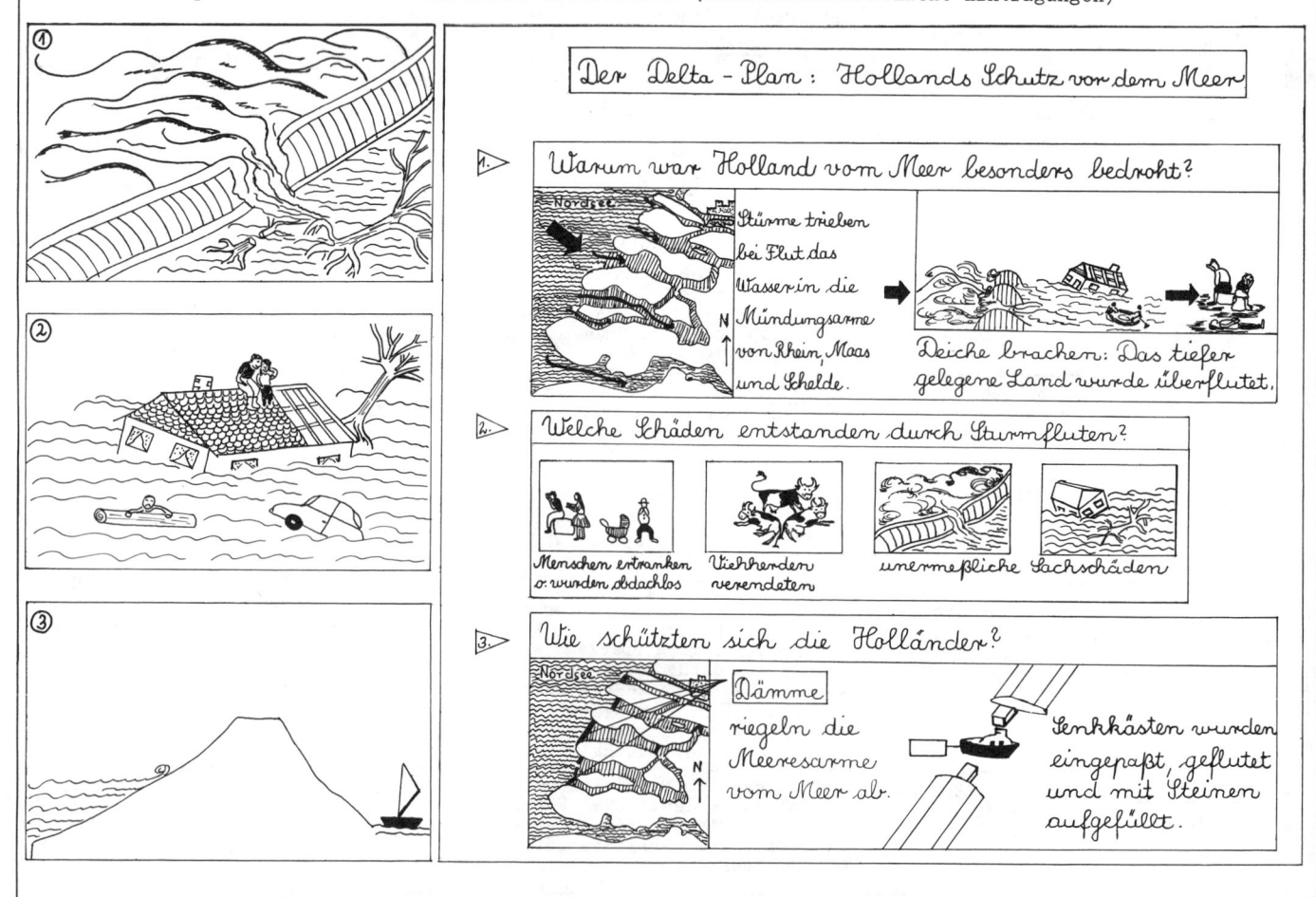

UG	Lehrschritte (Artikulationsdefinition)	Lehrinhalte und Lernziele (= Lz)	Lehrakte .... Lernakte		Sozial-formen	Lernhilfen
Eröffnungsphase	1. Lehrschritt: (Einstimmung)	Aktivierung des Vorwissens (Lz 1)	Sachimpuls: Lehrer zeigt über OH-Projektor Bild. Erarbeitungsgespräch: Aussprache über das Bild, sammeln von Vorwissen.	-betrachten -beschreiben -berichten	Hb Hb	OHP-Transparent ①
	2. Lehrschritt: (Problemstellung)	Präsentation der Sachsituation (Lz 2)	Arbeitsauftrag: "Höre dir den folgenden Bericht an!"	-zuhören	Hb	Tonbandbericht
	3. Lehrschritt: (Problemfindung und -fixierung)	Problemfragen: 1.*Warum war Holland vom Meer bes. bedroht?* 2.*Welche Schäden entstanden...?* 3.*Wie schützten sich die H....?* (Lz 2)	Impuls: "Du findest jetzt sicher einige Fragen!" Verarbeitungsgespräch: Festlegung und Fixierung der von den Schülern erarbeiteten Fragen.	-erkennen -Problem finden -notieren -Problem formulieren	Pa Hb	Notizblock Tafelbild: 1./2./3. Problemfr.
Erarbeitungsphase	4. Lehrschritt: (Hypothesenbildung)	Wir vermuten... Wir meinen... (Lz 3)	Gruppengespräch nach Gesprächsauftrag: Schüler artikulieren Vermutungen. Verarbeitungsgespräch: Auswertung der Vermutungen.	-vermuten -notieren -berichten	Ga Hb	Notizblock Wandkarte Atlas Notiz an d. Seitentafel
	5. Lehrschritt: (erste Teilergebnisgewinnung und -fixierung)	Bedrohung durch das Meer (Lz 4)	Feststellung: "Der folgende Filmausschnitt zeigt dir einen Grund, warum die Holländer ihr Land sichern mußten!" Verarbeitungsgespräch: Warum das niedrig gelegene und dicht besiedelte Land von Überschwemmungen besonders bedroht war.	-zuhören -anschauen -betrachten -begründen -formulieren	Hb Hkf Hb	Film: FT 628 (ca.5Min.) Sandkastenmodell:Maas Rhein-, Schelde-Delta-Tafelb.: 1.Problemfr.: (Bildkarten u. Text)
	6. Lehrschritt: (zweite Teilergebnisgewinnung und -fixierung)	Entstandene Schäden (Lz 5)	Impuls:"Das Bild zeigt dir eine Auswirkung solcher Flutkatastrophen. Überlege dir weitere!" Verarbeitungsgespräch: Bedrohung von Mensch und Tier - unermeßliche Sachschäden.	-betrachten -überlegen -notieren -berichten -begründen	Hb Aa Hb	OHP-Transparent ② Notizblock Tafelbild: 2.Problemfr.: (Bildk./Text)
	7. Lehrschritt: (Teilergebniszusammenfassung)	Mündliche Ergebnissicherung (Lz 4,5)	Rundgespräch: "Erkläre noch einmal die Gefährdung Hollands durch das Meer und die Auswirkung von Sturmfluten!"	-erklären	Hb	geschlossene Tafel
	8. Lehrschritt: (dritte Teilergebnisgewinnung und -fixierung)	Erkenntnis:Lange Küstenlinie kann nicht zureichend geschützt werden Begriff: *Delta-Plan* (Lz 6)	Auftrag:"Überlege dir, wo die Holländer ihr Land sichern mußten und wie sie es gemacht haben könnten!" Verarbeitungsgespräch: Erhöhung der vorhandenen Deiche war nicht möglich - dauerhafter Schutz nur durch Verkürzung der Küstenlinie.	-erkennen des Problems -notieren -erkennen -begründen -formulieren	Ga Hkf Hb	Notizblock Atlas Wandkarte Sandkastenmodell Sandkastenmod.-Tafelbild:Überschrift, 3. Problemfr.: (Bildk. und Text)
	9. Lehrschritt: (vierte Teilergebnisgewinnung und -fixierung)	Bau des ersten Dammes Begriff: *Senkkasten* (Lz 7)	Sachimpuls:Lehrer zeigt Dias über den Dammbau. Erarbeitungsgespräch: Technische Besonderheiten des Baues.	-betrachten -erkennen -begründen	Hb Hb	Dias:vgl. Medien Tafelbild: 3.Problemfr.: (Zeichnungen/Text)
	10. Lehrschritt: (Rückgriff auf Problemfragen)	Beantwortung der Problemfragen (Lz 4,5,6,7)	Verarbeitungsgespräch nach Impuls: Beantwortung der Problemfragen und Wertung der Schülervermutungen.	-formulieren -werten	Hb	Tafelbild: Gesamtbild
Sicherungsphase	11. Lehrschritt: (Gesamtzusammenfassung)	Schriftliche Ergebnissicherung (Lz 8)	Arbeitsauftrag:"Ergänze das Arbeitsblatt und kontrolliere anhand der Tafel!"	-schreiben -vergleichen	Aa	Arbeitsbl. geschlossene/geöffnete Tafel
	12. Lehrschritt: (Wertung)	Bedeutung des Dammbaues (Lz 9)	Sachimpuls: Lehrer zeigt Bild und einen kurzen Filmausschnitt. Erarbeitungsgespräch:Bedeutung des Dammbaues: Angstfreies Leben der Küstenbewohner - Wirtschaftliche Entwicklung des Gebietes.	-betrachten -erkennen -begründen	Hb	OHP-Transparent ③ Film FT 628 (ca.3Min.)

Hauptlernziel: Die Schüler sollen erfahren, wodurch der Mensch auf dem Meer gefährdet wird und wie ihm hier geholfen werden kann.	Unterrichtsthema: SOS – Wer hilft Menschen in Seenot?	Autor: Norbert Modl
		Unterrichtszeit Empfehlung: 1 UE

Vorbemerkungen:
1) Das Thema ist im Curricularen Lehrplan nicht mehr als verbindliches Lernziel angegeben. Es verdient dennoch Beachtung, da es eines der wenigen Themen im geographischen Bereich der 6. Klasse ist, das den affektiven Bereich besonders anspricht. Zudem lassen sich gerade hier ohne übertriebene Effekthascherei wertvolle Einsichten in das Wirken einer Hilfsorganisation erreichen. Daß gerade auch der jeweilige Bundespräsident die Schirmherrschaft dieser Gesellschaft übernimmt, weist auf ihre Bedeutung besonders hin.
2) Die Deutsche Gesellschaft zur Rettung Schiffbrüchiger, 28 Bremen 1, Werderstr. 2 oder die Geschäftsstelle Süddeutschland, 7 Stuttgart 1, Schützenstr. 11, bieten interessierten Lehrkräften kostenloses audio-visuelles Material in Form von sieben 16 mm Lichttonfilmen (zwischen 12 – 50 Min. Länge), ca. 55 Diabildern und sieben 9,5 cm/sec. Tonbändern an; dazu gegen Bezahlung geringer Gebühren: Kurzbroschüren, Jahrbücher, Schautafeln, Ausschneidebogen SRK "Theodor Heuss", Fotokarten, Modellbau-Unterlagen, Sammelbögen, etc. Die Unterrichtseinheit stützt sich auf Material der vorgenannten Organisation.
3) Als ergänzende Veranschaulichung können herangezogen werden: " Seenot . . . – – – . . . SOS " (16 mm Film) oder "Die Rettungstat von Látrabjarg" (50 Min. – episch –breite Darstellung).
4) Eine spontan erwachsende Bereitschaft zur tätigen Unterstützung dieser Organisation (z.B. in Form des Verkaufs von Sammelmarken) kann im Rahmen der Schülermitverwaltung abgewickelt werden.

Teillernziele: Die Schüler sollen ...
1) .... erfahren, wodurch Menschen in Seenot geraten können (kognitiv),
2) .... Einblick gewinnen, wer auf dem Meer besonders stark gefährdet ist (kognitiv),
3) .... erfahren, wer den in Seenot Geratenen hilft (kognitiv),
4) .... Einblick gewinnen, welche techn. Hilfsmittel bei Hilfsaktionen eingesetzt werden (kognitiv),
5) .... versuchen, die Arbeit der Männer des Seenotrettungsdienstes zu bewerten und zu beurteilen (affektiv),
6) .... erkennen, daß die Hilfe Menschen verschiedener Nationen zuteil wird (kognitiv/affektiv),
7) .... Bereitschaft zur Unterstützung dieser Organisation entwickeln (affektiv).

Medien:
- Tonbandaufnahmen: Feuerwehr-Signal und Morsezeichen (auch auf Geräuschplatten erhältlich),
- Symbol: Seenotdienst (Karton)
- Statistik auf Folie
- Arbeitstext
- Lernzielkontrolle
- Tafelbild
- 7 Dias (Serie der DGzRS: Serie 8: Helden im Ölzeug): Nr. 10, 15, 20, 30, 53)
- Auftrag der DRzRS
- Gründe für Seenot

Literatur:
1) Hausmann/Müller: Erdkunde, 6. Schj., Oldenbourg/Prögel/Westermann Verlage, München/Ansbach/Braunschweig, 3. Aufl. 1975, S. 70 -71 (Lehrerhandbuch S. 78);
2) Materialien der Deutschen Gesellschaft zur Rettung Schiffbrüchiger, Geschäftsstelle Süddeutschland, 7 Stuttgart 1, Schützenstraße 11.

Tafelbild:

SOS – Wer hilft Menschen in Seenot?

① Wie Menschen in Seenot geraten:

Strandung – Zusammenstöße
durch Stürme, Nebel, Nacht
Verirren – Wassereinbruch
Notlandung – Maschinenschäden

② Wie werden Schiffbrüchige gerettet:

Organisation → Ausrüstung → Hilfe

Deutsche Gesellschaft zur Rettung Schiffbrüchiger

Radar, Seenotkreuzer mit Tochterboot, Morse- und Funkgerät, Leuchtraketen, Hubschrauber, Hose

1968 allein 1.839 Gerettete aus allen Nationen

OHP-Folie ⓐ . . . – – – . . .

OHP-Folie ⓓ

Arbeitsblatt:

Wer hilft Menschen in Seenot?

Rund 800 mal im Jahr geraten Menschen an der Nord- und Ostseeküste in Seenot. Seit über 110 Jahren hat es sich die "Deutsche Gesellschaft zur Rettung Schiffbrüchiger" zur Aufgabe gestellt, Menschen aus Seenot zu retten. Jährlich verdanken durchschnittlich 1 800 Menschen dieser Organisation ihr Leben.
  Um dies zu erreichen, steht der Gesellschaft heute ein dichtes Funk- und Telefonnachrichtennetz zur Verfügung. Mit Radar-, Morse- und Funkgeräten können von der Seenotleitung in Bremen alle eingehenden Notrufe an die 15 Rettungskreuzer per Funk unverzüglich weitergegeben werden. Auf ihnen sind 75 fest angestellte Rettungsmänner Tag und Nacht einsatzbereit. Von Zwischenstationen aus können weitere 15 Strand- und Rettungsboote starten, die von Freiwilligen gefahren werden.
  Moderne, wendige, fast unsinkbare Rettungskreuzer, sowie kleinere Rettungsboote, Raketenrettungsgeräte und auch Hubschrauber erleichtern die Hilfsaktionen. Die beträchtlichen Kosten für die Anschaffung dieser teuren Geräte, von Treibstoff, Material und Personal werden ausschließlich aus Spenden gedeckt. In 110 Jahren konnten über 26 000 Menschen gerettet werden.

OHP-Folie ⓒ:

18	Arbeiter
34	Badegäste
78	Seeleute
212	Sport-Angler
314	Fischer
345	Passagiere
838	Wassersportler

OHP-Folie ⓔ

Auftrag der DGzRS:

Seenotrettung ist kein Geschäft, sondern ausschließlich selbstlose Hilfe, schwer, gefahrvoll und außergewöhnlich strapazenreich. Dazu kann man niemanden verpflichten, dafür gibt es keine angemessene Entschädigung. Wenn der Rettungsmann ausläuft, folgt er dem eigenen Gewissen, seiner inneren Stimme, seinem Verantwortungsgefühl.
  Das deutsche Seenot-Rettungswerk wird ausschließlich durch Spenden und Beiträge ermöglicht.

Tb-3:

Gründe für Seenot:

Als natürliche Gründe stellten sich Stürme, Nebel und die Nacht heraus. Schiffe können stranden, sich verirren, zusammenstoßen, durch Wassereinbrüche oder Maschinenschäden schwer beschädigt werden. Gelegentlich gerät auch ein Flugzeug in Seenot, wenn es das Festland nicht mehr erreichen kann.

OHP-Folie ⓑ

Morse-Alphabet

a . –
b – . . .
c – . – .
d – . .
e .
f . . – .
g – – .
h . . . .
i . .
j . – – –
k – . –
l . – . .
m – –
n – .
o – – –
p . – – .
q – – . –
r . – .
s . . .
t –
u . . –
v . . . –
w . – –
x – . . –
y – . – –
z – – . .

Lernzielkontrolle:

Prüfe nun selbst, was Du noch weißt!

1) Jährlich werden im Durchschnitt ..1.800.. Menschen gerettet.
   Gib an:
   a) wer am meisten in Gefahr gerät: Wassersportler
   b) wer am wenigsten gefährdet ist: Badegäste, Arbeiter

2) Wo verunglücken mehr Menschen:
   ☒ in der Nordsee
   ☐ in der Ostsee

3) Gründe für den Einsatz der Seenotretter können sein:
   ☐ weil sie ihr Schiff überprüfen wollen;
   ☒ weil wichtige Teile der Antriebsmaschinen des Schiffes beschädigt sind;
   ☐ weil jemand gern an Land gehen will;
   ☒ weil ein Schiff aufgelaufen ist.

4) Gib an, was zur Ausrüstung des Seenotrettungsdienstes gehört:
   ☒ Radargerät   ☐ Angelrute
   ☐ Taschenlampe   ☒ Tochterboot
   ☒ Funkgerät   ☐ Luftmatratze
   ☐ Bergseile   ☒ Hosenbojen

5) Internationale Seenotzeichen sind:
   ☐ Trillern   ☐ Winken
   ☒ SOS   ☒ Leuchtraketen

JG	Lehrschritte (Artikulationsdefinition)	Lehrinhalte und Lernziele (= Lz)	Lehrakte .... Lernakte		Sozial-formen	Lernhilfen
Eröffnungsphase	1. Lehrschritt (Einstimmung)	Notarzt-Signal	Sachimpuls: Notarzt-Signal Erarb.gespräch: Feststellung, um welches Zeichen es sich hier handelt; wann es eingesetzt wird.	- zuhören - besprechen - erklären	Hb Hb	Tb-Einsatz(1)
	2. Lehrschritt (Problemfindung)	Seenot-Signal SOS- Wer hilft Menschen in Seenot?	Sachimpuls: Morse - Zeichen Erarb.gespräch: Auswertung durch Vergleich mit dem Morsealphabet. Finden des Problems, Formulieren der Problemfrage.	- zuhören - vermuten - erkennen - formulieren	Hb Hb	Tb-Einsatz(2)+ Folie(a) Folie (b) Tafelanschrift
Erarbeitungsphase	3. Lehrschritt (Erkenntnis = gewinnung)	Wie Menschen in Seenot geraten können (Lz 1)	Auftrag: Suche mit deinem Partner nach Gründen, die dazu führen können, daß Menschen in Seenot geraten! Verarb.gespräch: Auswertung des Partnergesprächs. Auftrag: Nachträgliche Untersuchungen haben sechs Gründe und Ursachen ergeben, warum Menschen in Seenot geraten. Finde sie mit deinem Partner heraus.	- besprechen - vermuten - formulieren - zuhören - Informationen entnehmen	Pa Hb Aa	Tb-Einsatz(3)
	4. Lehrschritt (Ergebnisgewinnung und -fixierung)	Gründe und Ursachen (Lz 1)	Verarb.gespräch: Auswertung d. Tonbandaufnahme; Besprechung und Fixierung der gefundenen Ursachen an der Tafel.	- formulieren - fixieren	Hb	Tafelbild (1)
	5. Lehrschritt (Erkenntnis = ausweitung)	Wer besonders gefährdet ist (Lz 2)	Sachimpuls: Eine Graphik der aus Seenot Geretteten zeigt, daß manche Menschen besonders stark gefährdet sind. Erarb.gespräch: Auswertung der Balkengraphik.	- betrachten - auswerten - formulieren	Hb Hb	Folie (c)
	6. Lehrschritt (Erkenntnis = gewinnung)	Rettung aus Seenot (Lz 3)	Kurzbericht: frühere Rettungsmaßnahmen: nur durch Ruderboote Auftrag: Finde aus dem folgenden Text heraus, wer heute den Menschen in Seenot hilft und wie dies geschieht!	- zuhören - betrachten - erlesen - Informationen entnehmen	Hb Aa	Dia 1: altes Ruderboot (Nr. 2o) Arbeitsblatt (Text 1)
	7. Lehrschritt (Ergebnis = gewinnung und -fixierung)	Organisation, Ausrüstung des Seenotrettungsdienstes (Lz 3,4)	Verarb.gespräch: Auswertung und Kontrolle des Arbeitsauftrags. Besprechung u. Fixierung der gefundenen Merkpunkte an der Tafel. Dabei Dias zur Veranschaulichung einschalten.	- formulieren - ergänzen - fixieren	Hb	Tafelbild (2) Dia 2: (Nr.3o): Rettungskreuzer Dia 3: (Nr.15): Rettungsgerät
	8. Lehrschritt (Teilergebnis = zusammen = fassung)	Ablauf einer Rettungsaktion (Lz 3,4)	Auftrag: Versuche nun an Hand der Skizze die Vorgänge bei einer Rettungsaktion zu beschreiben! Erarb.gespräch: techn. Hilfsmittel sichern rasche und gezielte Hilfe.	- betrachten - rekapitulieren	Aa/Hb	Skizze im Buch S. 71, oder: Dia 4: (Nr.1o) Seenotnachrichtendienst Folie(d)
	9. Lehrschritt (Erkenntnisgewinnung)	Arbeit des Seenotrettungsdienstes beurteilen (Lz 5,6) - schwer, - gefährlich, - risikoreich... - ohne Bezahlung - ohne Vorurteile	Impuls: Solche Rettungsaktionen sind oftmals keine leichte Angelegenheit. Du könntest die Art der Hilfeleistung mit Eigenschaftswörtern verdeutlichen. Sachimpuls: Die Deutsche Gesellschaft zur Rettung Schiffbrüchiger beschreibt ihren Auftrag so: Erarb.gespräch: Besprechung des Gehörten. Herausarbeiten zweier Hauptgründe: Hilfsbereitschaft und Verantwortungsgefühl.	- vermuten - beschreiben - zuhören - Informationen entnehmen - diskutieren - bewerten	Hb Hb Hb	Dia 5: (Nr.53): Bild eines Rettungsmannes Vortrag durch Schüler (Folie e)
Sicherungsphase	1o. Lehrschritt (Besinnung)	Bereitschaft zur Unterstützung (Lz 7)	Auftrag: Überlege mit deinem Partner, warum die Arbeit dieser Hilfsorganisation auch uns interessieren sollte! Verarb.gespräch: Herausarbeiten der Gemeinnützigkeit; Organisation ist auf Spenden angewiesen (eventuell Vorzeigen der farbigen Quittungsmarken (1o Pfennig); Spendensammlung durch Klassensprecher möglich).	- besprechen - formulieren	Pa Hb	Folie (e)
	11. Lehrschritt (Transfer)	Hilfsorganisationen bei Notfällen in unserer Heimat: Wasserwacht, Bergwacht	Impuls: Auch bei uns gibt es freiwillige Helfer im Notfällen. Erarb.gespräch: Vergleichende Betrachtung.	- überlegen - berichten - benennen - vergleichen	Hb Hb	eventuell Symbole vorzeigen
	12. Lehrschritt (Lernzielkontrolle)	Was ich von der Arbeit des Seenotrettungsdienstes noch weiß.	Auftrag: Prüfe nun, was du noch weißt! Verarb.gespräch: Besprechung und Auswertung mittels Lösungsfolie.	- ausfüllen - überprüfen - ergänzen	Aa Hb	Lernzielkontrolle

Hauptlernziel: Die Schüler sollen Kenntnisse und Einsichten über die Aufgaben und die Bedeutung des Hamburger Hafens erwerben	Unterrichtsthema: Im Hamburger Hafen	Autor: Max Haidacher
		Unterrichtszeit Empfehlung: 1-2 UE

Vorbemerkungen:
Vom Lehrer ist ein Bild des Hamburger Hafens einzusetzen, aus dem ein Überblick über die Hafenanlagen gewonnen werden kann.

Teillernziele:
Die Schüler sollen
1. sich zu Bild-, Text- und statistischem Material äußern und Schlußfolgerungen daraus ziehen können, (kognitiv/instrumental)
2. die verschiedenen Aufgaben und Funktionen des Hamburger Hafens unterscheiden und erläutern können, (kognitiv)
3. den Güterumschlag als die wichtigste Funktion des Hamburger Hafens erkennen, (kognitiv)
4. die Einrichtungen von Werft und Dock benennen können, (kognitiv/psychomotorisch)
5. über die im Hamburger Hafen jährlich umgeschlagenen Güter staunen und Interesse zeigen können. (affektiv)

Literatur:
Das ist unsere Erde, Band I, Bayerischer Schulbuch Verlag, S. 116
Diercke Statistik 1977, Westermann Verlag
Harms Erdkundebuch 1, Deutschland, List Verlag, S. 7

Arbeitstext: für Ls 4 (auf Folie oder Arbeitsblatt) ①
Im Hamburger Hafen
Von den St.-Pauli-Landungsbrücken können wir zu jeder Tageszeit einen Blick auf das rege Leben in einem Hafen tun, in dem Tag und Nacht gearbeitet wird. Fährdampfer befördern ununterbrochen Hafenarbeiter von einer Stromseite auf die andere. Schwere Schlepper warten, im Strom verankert, darauf, die großen Ozeanriesen an ihre Liegeplätze zu bringen. Flinke Barkassen der Stauerfirmen, die das Verladen und Entladen der Güter besorgen, und schnittige Boote der Wasserpolizei flitzen hin und her. Von der "Deutschen Werft" und von "Blohm und Voß", wo zwischen hohen Stahlgerüsten Schiffe gebaut und repariert werden, dröhnt das Pochen und Rattern der Niethämmer und das Zischen der Schweißgeräte herüber.
Ein mächtiges Fahrgastschiff aus Australien wird soeben in eines der 26 Schwimmdocks des Hafens geschleppt, um ausgebessert zu werden. Aus dem sogenannten Segelschiffhafen biegt ein Frachter in die Elbe ein. Im Becken des Oderhafens heben Kräne Güter aller Art aus den Laderäumen der hier vertauten Schiffe: Kaffee aus Brasilien, Südfrüchte von den Bermuda-Inseln, Feigen und Datteln aus Arabien und Palmkerne aus Nigeria. In einem anderen Hafenbecken belädt ein Kran einen Frachter aus Argentinien mit Autos, die im Verhältnis zu dem mächtigen Kran und dem Laderaum des Schiffes wie Spielzeuge aussehen. Nicht weit davon entfernt senken sich die Saugrohre eines Getreidehebers in die Nadeluken eines nordamerikanischen Schiffes aus Baltimore. Elektrokarren bringen Stückgut lautlos in die riesigen Lagerhallen. Schwere Lastwagen schaffen auf der breiten Zufahrtstraße Brückenteile heran, die für den Fernen Osten bestimmt sind. Überall im Hafen sehen wir Bewegung, vernehmen wir lautes Tuten, Hämmern, Rasseln und Pfeifen. Immer wieder entdecken wir Neues aus allen Teilen der Welt.

Werft und Dock **Arbeitstext: für Ls 8 (auf Folie oder Arbeitsblatt)** ④
Der Zusammenbau eines Schiffes erfolgt auf der Helling. Sie ist von einem riesigen Gerüst überragt, auf dem viele Laufkräne die paßgerecht vorgearbeiteten Einzelteile zum Montageort befördern. Zunächst wird das Schiff auf Kiel gelegt und der Doppelboden geschweißt und zusammengenietet. Aus Eisenträgern und Stahlplatten wird der Schiffskörper aufgebaut. Er ist innen durch mehrere wasserdichte Schotten unterteilt. Innerhalb der Schotten erfolgt der Aufbau des Decks.
Ist der Rumpf fertiggestellt, so läuft das Schiff nach feierlicher Taufe vom Stapel. Es rutscht auf dick mit Talg und Seife eingeschmierten Gleitbahnen erstmals ins Wasser.
Schlepper bugsieren es zum Ausrüstungskai. Hier erhält das Schiff Maschinen, Schornsteine, Masten, Ladebäume, Inneneinrichtung usw. An der Probefahrt sind Vertreter der Werft, der Reederei und zahlreiche Gäste an Bord.
Auf hoher See wird die Werftflagge niedergeholt und die Reedereiflagge gesetzt. Das Schiff ist bereit, seine Jungfernfahrt anzutreten.

Etwa jährlich einmal muß jedes Schiff zur Überholung. Damit das Schiff einfahren kann, liegt das Dock zunächst unter Wasser. Dann werden die Tanks leergepumpt, das Dock steigt aus dem Wasser und hebt das Schiff mit empor. Nun wird der Rumpf von Muscheln und Algen gereinigt und neu gestrichen. Liegen keine größeren Reparaturen vor, so dauert der Aufenthalt im Dock meist nur etwa einen Tag.

Im Gegensatz zu den Schwimmdocks gibt es noch Trockendocks. Diese sind ausgemauerte, mit Schleusentoren abgeschlossene Wasserbecken, die nach dem Einschwimmen des Schiffes leergepumpt werden.

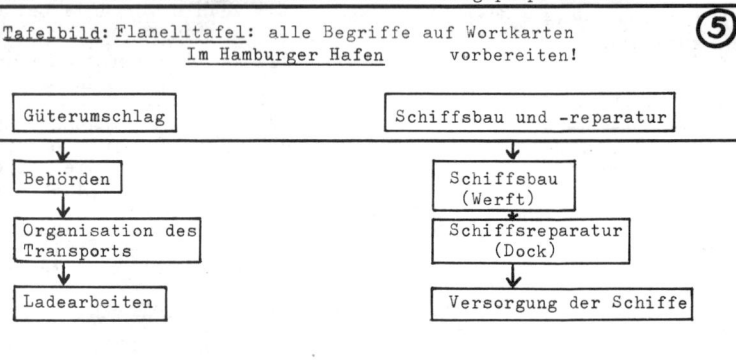

Tafelbild: Flanelltafel: alle Begriffe auf Wortkarten vorbereiten! ⑤
Im Hamburger Hafen

```
        Güterumschlag                    Schiffsbau und -reparatur
             │                                      │
        ┌────┼────┐                          ┌──────┴──────┐
        ▼         ▼                          ▼             ▼
     Behörden                          Schiffsbau
        │                                (Werft)
        ▼                                    │
  Organisation des                           ▼
    Transports                         Schiffsreparatur
        │                                  (Dock)
        ▼                                    │
   Ladearbeiten                              ▼
                                     Versorgung der Schiffe
```

Arbeitsmaterial: für Ls 6 (auf Folie oder Arbeitsblatt) ②

Behörden	Organisation des Transports	Ladearbeiten	Versorgung und Reparatur
Hafenverwaltung	Speditionsfirmen	Stauereibetriebe	Schiffswerften
Zoll	Schiffsagenturen	Lagerbetriebe	Lebensmittel-,
Wasserschutzpolizei	Versicherungen	Rangierbahnhöfe der	Wasser-,
Gesundheitsdienst		Eisenbahn	Treibstoffverkauf

Güterumschlag in den wichtigen Seehäfen der Bundesrepublik Deutschland ③ **Arbeitsmaterial: für Ls 7 (auf Folie oder Arbeitsblatt)**

in 1000 t	Hamburg	Wilhelmshaven	Bremen	Emden	Bremerhaven	übr. Nordseehäfen	Lübeck	übrige Ostseehäfen
1950	11 029	110	5 502	4 954	443	3 198	1 499	839
1955	23 970	43	10 768	7 544	1 256	5 711	2 863	1 542
1960	30 755	10 541	13 395	10 287	1 742	7 555	3 038	1 114
1965	35 267	18 498	12 655	11 482	4 840	12 169	3 845	6 879
1970	46 959	22 331	15 672	15 241	7 709	17 212	6 730	9 313
1975	48 180	23 703	13 724	10 723	7 306	21 488	5 574	4 971

UG	Lehrschritte (Artikulationsdefinition)	Lehrinhalte und Lernziele (= Lz)	Lehrakte .... Lernakte		Sozialformen	Lernhilfen
Eröffnungsphase	1. Lehrschritt (Problemkonfrontation)	Ausbreitung der Sachsituation (Lz 1)	Sachimpuls: "Sieh dir das Bild des Hamburger Hafens an und sprich dann mit deinem Partner darüber!" Erarbeitungsgespräch: Analyse der Bildinhalte, Aufzeigen der Binnenbezüge;	- ansehen - besprechen - beschreiben - erzählen - vermuten	Aa Pa Hb	Bild des Hamburger Hafens; Episkop; evtl. Lichtbild (Luftaufnahme)
	2. Lehrschritt (Zielangabe)	Im Hamburger Hafen	Feststellung: "Wir erfahren heute, welche Aufgaben der Hamburger Hafen hat!"	- zuhören	Hb	Flanelltafel
Erarbeitungsphase	3. Lehrschritt (Vorkenntnisermittlung)	Aktualisierung von Vorwissen	Impuls: "Dazu weißt du vielleicht schon etwas!"	- erzählen - vermuten	Hb	
	4. Lehrschritt (Teilergebnisgewinnung)	Aufgaben und Funktionen des Hamburger Hafens	Arbeitsaufgabe: "Lies den Text "Im Hamburger Hafen" still für dich durch und besprich dann in deiner Gruppe die Aufgaben und Funktionen dieses Hafens!" Verarbeitungsgespräch: Zusammenfassung der Ergebnisse des Gruppengesprächs;	- erlesen - besprechen - zusammenfassen - verbalisieren - erläutern	Aa Ga Hb	Text laut Vorlage ①
	5. Lehrschritt (Teilergebnisgewinnung)	Ordnen der Funktionen des Hafens	Arbeitsaufgabe: "Versuche die aufgezählten Aufgabenbereiche des Hafens zu ordnen und zusammenzufassen!" Verarbeitungsgespräch: Auswertung der Partnerarbeit;	- zuordnen - zusammenfassen - verbalisieren	Pa Hb	
	6. Lehrschritt (Teilergebnisgewinnung)	Zusammenstellung der Funktionen des Hafens	Sachimpuls: Tabelle mit den verschiedenen Aufgabenbereichen des Hafens; Erarbeitungsgespräch: Analyse und Erläuterung der verschiedenen Aufgabenbereiche;	- beschreiben - vergleichen - ergänzen	Hb Hb	Tabelle laut Vorlage ② Flanelltafel
	7. Lehrschritt (Teilergebnisgewinnung)	Güterumschlag im Hamburger Hafen (Lz 3)	Arbeitsaufgabe: "Gib Erläuterungen zur Tabelle über den Güterumschlag der wichtigsten bundesdeutschen Seehäfen!" "Lokalisiere diese Häfen auf Atlas- und Wandkarte!" Verarbeitungsgespräch: Auswertung der Gruppenarbeit (Lz 5)	- erläutern - begründen - lokalisieren - verbalisieren	Ga Hb	Tabelle laut Vorlage ③ Flanelltafel
	8. Lehrschritt (Teilergebnisgewinnung)	Schiffsbau und Schiffsreparatur im Hamburger Hafen (Lz 4)	Sachimpuls: Skizze und Text: Aufgabe und Bedeutung von Werft und Dock; Erarbeitungsgespräch: Schiffsbau und Reparatur im Hamburger Hafen; Vervollständigung der Tafelanschrift;	- erklären - erläutern - zusammenfassen - verbalisieren	Hb Hb	Skizze und Text laut Vorlage ④ Flanelltafel ⑤
Sicherungsphase	9. Lehrschritt (Gesamtwiederholung)	Aufgaben des Hamburger Hafens	Arbeitsaufgabe: "Erstelle das Tafelbild mit den Wortkarten und Pfeilen an der Flanelltafel noch einmal selbständig als Flußdiagramm!"	- zuordnen - anheften	Aa/ Hb	Flanelltafel Wortkarten
	10. Lehrschritt (Lernzielkontrolle)	Selbständige Bearbeitung der Arbeitsaufgaben auf dem Notizblock	Arbeitsaufgaben: a) "Fertige einen Bericht, in dem du die Aufgaben der Einrichtungen von Tabelle 2 beschreibst!" b) "Erkläre den Unterschied zwischen Schwimm- und Trockendock!" Kontrolle: Episkop	- beschreiben - erklären - überprüfen	Aa Aa Hb	Notizblock Episkop
	11. Lehrschritt (Ausweitung)	Industriehafen	Arbeitsaufgabe: "Versuche Industriezweige zu benennen, die sich bevorzugt im Hamburger Hafen anzusiedeln versuchen! Denke dabei an Transportkosten!" Verarbeitungsgespräch: Zusammenfassung der Ergebnisse;	- benennen - begründen - zusammenfassen	Aa Hb	

Hauptlernziel: Die Schüler sollen die Bedeutung des Meeres als Nahrungsquelle beurteilen können.	Unterrichtsthema: Das Meer-eine Vorratskammer: Nahrung aus dem Meer	Autor: Peter Settele
		Unterrichtszeit Empfehlung: 1 UE

Vorbemerkungen:
1. Als Veranschaulichungsgrundlage ist ein Film unbedingt zu empfehlen. Am besten eignet sich der Film "Nordseefischerei". Als Alternative bietet sich an der Film FT 852 "Krabbenfischerei in der Nordsee".
2. Als Schülerarbeitsbuch wurde das Erdkundebuch "geographie 1" verwendet.
3. Eine genaue Unterscheidung zwischen Hochseefischerei und Küstenfischerei sollte unbedingtes Lernziel sein.
4. Sollte am Schluß noch Zeit zur Verfügung stehen, wäre in der Sicherungsphase der Hinweis von Nutzen, daß durch die Verschmutzung der Gewässer die Nahrungsquelle Fisch heute erheblich gefährdet ist.

Teillernziele:
Die Schüler sollen:
1. ... die Fangmethoden in der Hochsee-und Küstenfischerei nennen können (kognitiv),
2. ... die wichtigsten Fischarten benennen können (kognitiv),
3. ... den Arbeitsweg von der Anlandung der Fische bis zu deren Verarbeitung in den verschiedenen Betrieben der Fischindustrie beschreiben können (kognitiv),
4. ... die Bedeutung der Fische als wertvolles und gesundes Nahrungsmittel kennenlernen und erkennen können (kognitiv/affektiv),
5. ... die Problemfrage formulieren können (kognitiv),
6. ... eigene Lösungsstrategien entwickeln können (kognitiv, psychomotorisch),
7. ... selbständig Informationen entnehmen können (psychomotorisch),
8. ... in Partner-und Gruppenarbeit ihre Fähigkeit, kooperativ zu arbeiten, erweitern (affektiv),
9. ... mögliche Fischgründe lokalisieren können (kognitiv, psychomotorisch).

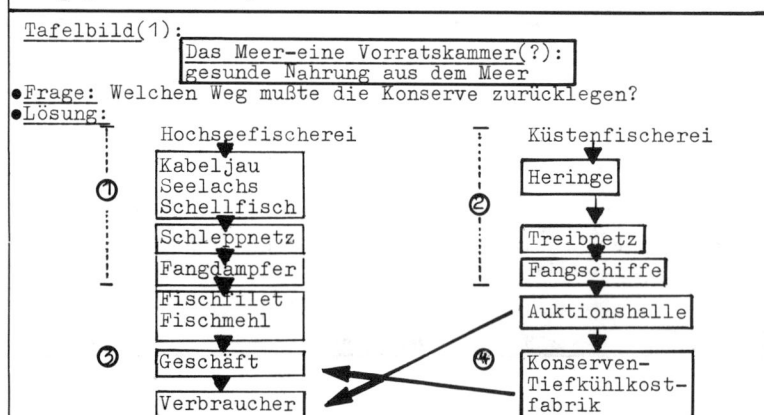

Medien:
Film Nr. FT 924 "Hochseefischerei", Tonfilmprojektor, Schaubild "Fischdampfer Nr.4136 (zu beziehen "Der Neue Schulmann", Stuttgart), Schaubild "Heringsfang" (zu beziehen Kreissparkasse München), Zeitschrift "geo" Nr. 3/78 (zu beziehen Zeitschriftenhandel), Atlas, Arbeitsblätter, Erdkundebuch, Tafelbild, Fisch.

Literatur:
Hausmann-Müller: "erdkunde 6", Oldenbourg, München; Himmelstoß-Jahn: "erdkunde", 6.Schuljahr, Blutenburg, München; "geographie 1", bsv, München

Tafelbild(1):
Das Meer-eine Vorratskammer(?): gesunde Nahrung aus dem Meer
- Frage: Welchen Weg mußte die Konserve zurücklegen?
- Lösung:

Hochseefischerei | Küstenfischerei
Kabeljau, Seelachs, Schellfisch | Heringe
Schleppnetz | Treibnetz
Fangdampfer | Fangschiffe
Fischfilet, Fischmehl | Auktionshalle
Geschäft | Konserven-Tiefkühlkostfabrik
Verbraucher |

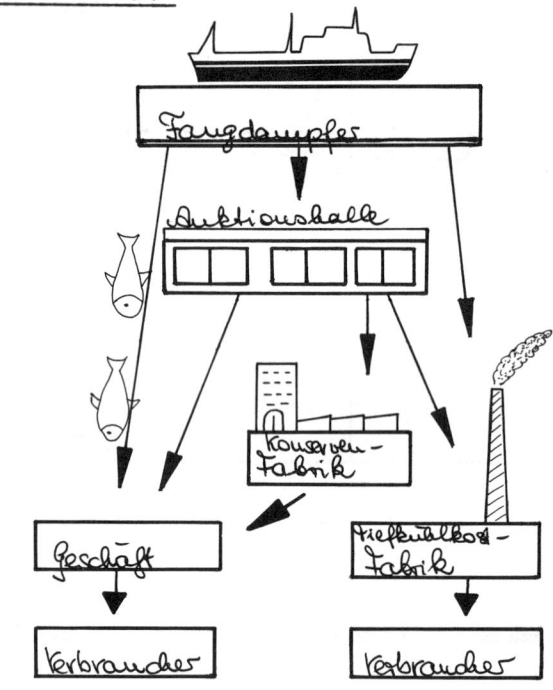

Arbeitsblatt(1):
Schau dir die beiden Netze genau an! Schreibe ihre Namen auf! Vergleiche sie hinsichtlich Aussehen, Konstruktion und Verwendungsart!

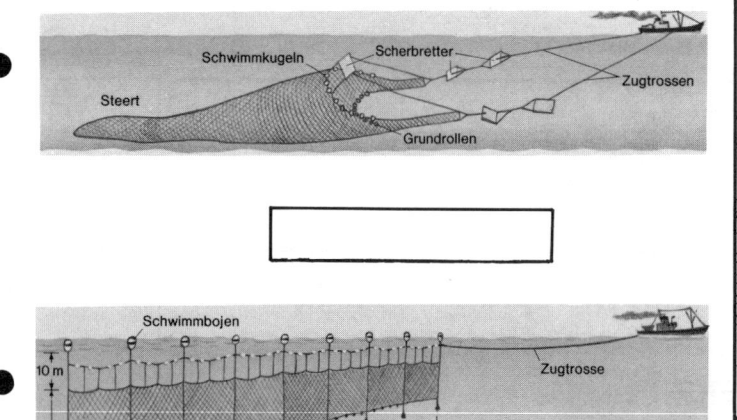

Arbeitsblatt(2):
Fangdampfer → Auktionshalle → Konservenfabrik / Tiefkühlkost-Fabrik → Geschäft → Verbraucher

Arbeitsblatt(3):
Vergleiche den Fisch (Hering) mit dem Fleisch (Rind)!

Nährstoffe	Hering (100 gr.)	Rind (100 gr.)
Eiweiß	19 gr	19 gr
Fett	9 gr	7,5 gr
Natrium	55 mg	--
Kalzium	120 mg	12 mg
Magnesium	12 mg	--
Vitamin A	viel vorhanden	vorhanden
Vitamin B	viel vorhanden	vorhanden

Tafelbild(2):
Vermutungen: Aufs Meer fahren, Fischen, Fabrik, Geschäft, Tisch

JG	Lehrschritte (Artikulationsdefinition)	Lehrinhalte und Lernziele (= Lz)	Lehrakte	Lernakte	Sozialformen	Lernhilfen
Eröffnungsphase	1. Lehrschritt: (Einstimmung)	Das Meer als Vorratskammer	Sachimpuls: Fischkonserve Erarbeitungsgespräch: Herausarbeitung und Fixierung der Überschrift	-äußern -formulieren	Hb Hb	Fischkonserve Tafelbild: Überschrift bis Fragezeichen;
	2. Lehrschritt: (Zielangabe)	Welchen Weg mußte die Konserve zurücklegen?(Lz 5)	Aufforderung: Jetzt könnt ihr die Problemfrage selbst formulieren.	-überlegen -vorschlagen -formulieren	Hb	Tafelbild: Frage
	3. Lehrschritt: (Hypothesenbildung)	Ermittlung von Vorkenntnissen	Arbeitsauftrag: Schreibe auf, was du zu unserem Thema schon weißt! Fixierung der Ergebnisse an die Tafel.	-notieren	Pa	Notizblock Tafelbild(2)
	4. Lehrschritt: (Verlaufsplanung)	Vorschläge zur Lösungsstrategie (Lz 6)	Partnergespräch: Besprich dich mit deinem Partner, wie wir das Problem methodisch lösen könnten!	-besprechen -vorschlagen	Pa	
	5. Lehrschritt: (Aufgabenstellung)	Fischen als erste Arbeit	Erarbeitungsgespräch: Erarbeiten des ersten Arbeitsganges	-vermuten -verbalisieren	Hb	Fisch im Eimer Wasser
	6. Lehrschritt: (Teilergebniserarbeitung)	Beobachtungen auf dem Meer: Arbeitsgänge, das Schleppnetz, Fischarten (Lz 1,2)	Arbeitsaufträge: Gruppe I: Notiert euch die einzelnen Arbeitsgänge, die der Film zeigt! Gruppe II: Merkt euch die Fischarten! Gruppe III: Beobachtet das Netz genau! Versucht euch einige Teile zu merken!	-betrachten -aufnehmen -notieren	Ga	1. Teil des Tonfilmes 3Min. Notizblock
	7. Lehrschritt: (Teilergebnisfindung und -fixierung)		Verarbeitungsgespräch: Kontrolle und Reflexion der Arbeitsergebnisse; Fixierung an die Tafel	-berichten	Hb	Tafelbild ①
Erarbeitungsphase	8. Lehrschritt: (Teilergebniserarbeitung)	Das Treibnetz(Lz 1) Die Küstenfischerei (Lz 2)	Ankündigung: Es gibt noch eine zweite Art der Fischerei. Die wollen wir jetzt kennenlernen. Arbeitsauftrag: Bearbeite das Arbeitsblatt! Dann suche alle Stellen in deinem Buch, die zu deiner Skizze passen und unterstreiche sie!	-zuhören -aufschreiben -lesen -unterstreichen	Hb Pa	Arbeitsblatt(1) Erdkundebuch
	9. Lehrschritt: (Teilergebnisfindung und -fixierung)		Verarbeitungsgespräch: Auswerten der Arbeitsergebnisse und Tafelfixierung.	-vorlesen	Hb	Tafelbild ②
	10. Lehrschritt: (Verständniskontrolle)	Wiederholen und Lokalisieren(Lz 9)	Sachimpuls: Hochhalten der Schaubilder; anschließend Lokalisieren der Bilder im Atlas	-anschauen -verbalisieren -lokalisieren	Hb	Schaubild: Fischdampfer; Schaubild: Heringsfang; Atlas, Wandkarte
	11. Lehrschritt: (Aufgabenstellung)	Die Verarbeitung der Hochseefische (Lz 3)	Provokation: Bevor die gefangenen Fische zu verderben beginnen, werden sie wieder ins Meer geworfen...	-äußern -vermuten -feststellen	Hb	
	12. Lehrschritt: (Teilergebniserarbeitung)	(Lz 3)	Arbeitsauftrag: Schreibt euch auf, wie die Fische verarbeitet werden!	-aufnehmen -notieren	Hb	2. Teil des Tonfilmes
	13. Lehrschritt: (Teilergebnisfindung und fixierung)		Verarbeitungsgespräch: Kontrolle und Fixierung der Arbeitsergebnisse	-berichten	Hb	Tafelbild ③
	14. Lehrschritt: (Teilergebniserarbeitung)	Die Verarbeitung der Küstenfische (Lz 3)	Arbeitsauftrag: Lies nach, was in deinem Buch darüber geschrieben steht!	-erlesen	Aa	Erdkundebuch
	15. Lehrschritt: (Teilergebnisfindung und -fixierung)		Verarbeitungsgespräch: Kontrolle der Ergebnisse und Fixierung an der Tafel	-berichten	Hb	Tafelbild ④
Sicherungsphase	16. Lehrschritt: (Lernzielkontrolle)	Lz 1-3 Fangmethoden, Fischarten; Weg von der Anlandg.z.Verarbtg.	Arbeitsauftrag: Bearbeite dein Arbeitsblatt! Anschließend: Ergebniskontrolle	-bearbeiten -ausfüllen	Aa Hb	Arbeitsblatt(2)
	17. Lehrschritt: (Wertung)	Bedeutung der Fische als Nahrung (Lz 4)	Erarbeitungsgespräch: Auswerten des Arbeitsblattes; Ergänzen der Überschrift	-äußern -erkennen -formulieren	Hb	Arbeitsblatt(3) Tafelbild: Überschrift, Zeile 2

Hauptlernziel: Die Schüler sollen am Beispiel der Ostsee die Nutzung und Veränderung einer Küste durch den Fremdenverkehr kennenlernen.	Unterrichtsthema: Urlaub an der deutschen Ostseeküste	Autor: Hans-Peter Mößner
		Unterrichtszeit Empfehlung: 2 UE=90Min

Vorbemerkungen:

Die Schüler sollten Vorkenntnisse über die Nordsee und die Gezeiten haben. Als fachspezifische Arbeitstechniken werden der Umgang mit Karten und Prospekten sowie die Berechnung von Entfernungen vorausgesetzt. Sozialformen wie Gruppen- und Partnerarbeit sind vorgesehen. Die Einträge auf der (B)Folie und auf dem Arbeitsblatt (AB) entstehen in der numerierten Reihenfolge.
Die Schüler dieser Altersstufe haben oft andere Erwartungen und Vorstellungen vom Urlaub als der erholungssuchende Erwachsene!

Teillernziele:

Die Schüler sollen:

1. die Ostsee als Binnenmeer mit einigen Ferienzentren lokalisieren können, (kognitiv)
2. am Beispiel der Ostsee erklären können, welche Erholungsmöglichkeiten dieser Fremdenverkehrsraum als Urlaubsziel bietet, (kognitiv)
3. an einer Tabelle aus einem Reiseprospekt einen Urlaubsaufenthalt mit Nebenkosten berechnen können, (instrumental)
4. erfahren, welche einschneidenden Veränderungen der Massentourismus an der Küste bewirkt, (kognitiv)
5. Gefahren für den Erholungssuchenden beurteilen können, (kognitiv)
6. sich auf Grund eigener Erfahrungen und gewonnener Einsichten für ein Urlaubsziel entscheiden können und diese Entscheidung begründen. (kognitiv)

Literatur:

1. Hausmann, Müller, erdkunde, 6. Schuljahr, Lehrerheft, R. Oldenbourg Verlag München, 1974
2. Seydlitz, Bauer, Erdkunde, 6. Schuljahr, Hermann Schroedel Verlag KG, 1974
3. Geographie für Bayern, 6. Schuljahr, Ernst Klett Verlag Stuttgart, 1978 (einschließlich Lehrerheft)
4. Himmelstoß/Jahn, Erdkunde, 6. Schuljahr, Blutenburg-Verlag München, 1973

Medien:

Drei Folien, Tageslichtprojektor, Arbeitsblatt, Prospekte verschiedener Reiseunternehmen, Epidiaskop bzw. Diaprojektor, sechs große Pappkartons mit Malstiften, Klett Arbeitsstreifen "Urlaub an der See"(Klett Nr. 991159), Harms Atlas Deutschland und die Welt, Wandkarte von Europa

---

(B)Folie≙Arbeitsblatt(AB)   Ostsee

Eckernförde

1 Travemünde
2 Timmendorfer Strand
3 Neustadt
4 Dahme
(1)5 Burg
6 Großenbrode
7 Heiligenhafen
8 Hohwacht

Kiel

(1) Binnenmeer: ruhig, geringer Salzgehalt, Gezeiten kaum wirksam

(1) ca. 800km

Lübeck

München

(2) Freizeitangebot und Erholungsmöglichkeiten:
Tennis, Reiten, Segeln, Angeln, Minigolf, Windsurfen, Meerwasser-Hallen-Brandungsbad....

```
Strandresidenz Timmendorfer Strand (Juli 1979)
Mietpreise je Woche        Nebenkosten:
Appartement für 3-4 Pers. (48m²)  Kurtaxe (Erw.2,50DM
Wohnschlafraum und Schlafzimmer,  je Tag, Kind 1 DM)
Küche, Bad, WC, Balkon            Endreinigung 50 DM
   1. 6. -  6. 7.   504 DM        Strom 4 DM je Tag
   6. 7. - 24. 8.   735 DM        Auf Wunsch:
  24. 8. - 28. 9.   525 DM        Strandkorb 30 DM
  28. 9. - 26.10.   315 DM        je Woche
```

(3) Große Preisunterschiede zwischen Vor-, Haupt- und Nachsaison

(4) Gefahren für die Küste:
Zu dichte Bebauung, Meeresverunreinigung (Kläranlagen)

(A)Folie

Das Ostseebad der vier Jahreszeiten

Weißenhäuser Strand: Ferien für Familien

Damp 2000 - das Ferienparadies an der Ostsee

Ostseebad Großenbrode

Sie wohnen direkt am Meeresstrand

Ostseeheilbad Scharbeutz

Damp 2000-Ostseeferienzentrum mit Bungalows, Appartements und umfangreichem Freizeitprogramm

---

Partnerarbeit:
1. Berechne die Entfernung München-deutsche Ostsee
   Zusatzaufgabe: München-Rom   Karte S.42
2. Übertrage einige Ostseebäder auf dein Arbeitsblatt!   Karte S.8
3. Vergleiche die beiden Meere Ostsee und Nordsee!
   Folgerungen hinsichtlich Wellen, Gezeiten und Salzgehalt?   Karte S.42

Timmendorfer Strand: Übernachtungen
Winterhalbjahr 74/75   Sommer
100700   938900

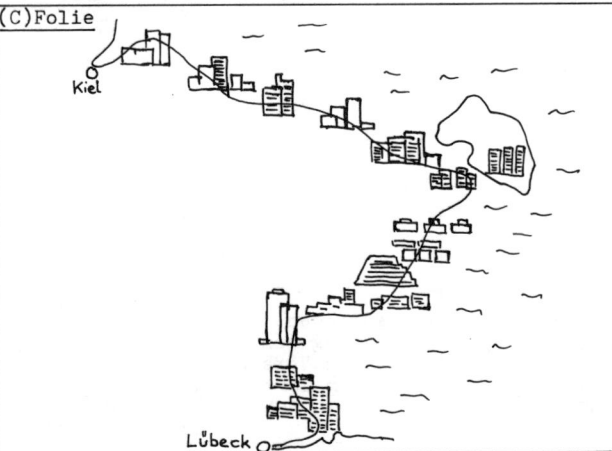

(C)Folie

Kiel

Lübeck

	Lehrschritte (Artikulationsdefinition)	Lehrinhalte und Lernziele (= Lz)	Lehrakte .... Lernakte		Sozialformen	Lernhilfen
Eröffnungsphase	1. Lehrschritt (Vorkenntnisermittlung)	Kritische Stellungnahme zu den Überschriften, Berichte über eigene Urlaubserfahrungen, Vorstellungen, Eindrücke	Arbeitsblätter ausgeben Impuls: Folie mit Überschriften aus Reiseprospekten, dazu Abbildung mit Sandstrand, Meer, Hotels,... Begriffe: Ferienzentrum, Freizeitprogramm, Seebad	-berichten -betrachten -vermuten	Hb	(A)Folie Abbildung aus Reiseprospekt Epidiaskop bzw. Dia
	2. Lehrschritt (Zielangabe)		Ankündigung: Hinweis auf die Folie Urlaub an der deutschen Ostsee	-an der Wandkarte und im Atlas zeigen	Hb	Wandkarte Europa Karte S.8/42
	3. Lehrschritt (Topographische Orientierung)	Berechnen von Entfernungen, Verlauf der Küste mit einigen Badeorten (Lz 1)	Arbeitsaufgabe: Siehe (A)Folie Zunächst gemeinsames Lesen und Besprechen der Arbeitsaufgaben, dann Durchführung in Partnerarbeit Begriff: Binnenmeer	-sich auf der Karte orientieren -übertragen	Pa	(A)Folie AB(1) Karte S.8/42
	4. Lehrschritt (Ergebnisgewinnung)	Entfernung zum Urlaubsziel, Ballung von Ferienzentren	Verarbeitungsgespräch: Lösungen überprüfen zu 1) und 2) Entfernung (Luftlinie) jeweils etwa 800 km zu 3) Binnenmeer, milderes Klima, Salzgehalt: 17g/l : 35g/l Arbeitsblätter ergänzen	-vorlesen -beurteilen der Ergebnisse -vergleichen -ergänzen	Hb	(B)Folie(1) AB(1)
	5. Lehrschritt (Teilzielgewinnung)	Erholungsmöglichkeiten, Auswerten von Prospekten (Lz 2)	Verteilen von Prospekten Arbeitsaufgabe: "Übertrage einige Erholungsmöglichkeiten auf dein Arbeitsblatt!"	-auswerten -übertragen	Ga	Prospekte AB(2)
Erarbeitungsphase	6. Lehrschritt (Teilzusammenfassung)	Kritisches Beurteilen der vielfältigen Angebote	Verarbeitungsgespräch: Vorlesen der Gruppenergebnisse, Freizeitangebote bei ungünstigem Klima	-vorlesen -ergänzen	Hb	(B)Folie(2)
	7. Lehrschritt (Teilzielgewinnung)	Auswerten eines Angebots (Lz 3)	Erarbeitungsgespräch: Begriffe: Vor-, Haupt- und Nachsaison, Kurtaxe, Strandkorb, Kosten für einen zweiwöchigen Urlaub an der Ostsee	-ein Angebot beurteilen -berechnen	Hb	(B)Folie - Kasten
	8. Lehrschritt (Teilzusammenfassung)	Einsaisonalität, Veränderung der Wirtschaftsstruktur (Lz 4)	Verarbeitungsgespräch: Beurteilen und Begründen der unterschiedlichen Preise (1500-2000 DM), Übernachtungen	-auswerten der Ergebnisse -ergänzen -betrachten	Hb	(B)Folie(3)/ AB(3) (A)Folie
	9. Lehrschritt (Teilzielgewinnung)	Veränderung der Siedlungsstruktur Schaffung von Zweitwohnsitzen (Hamburg) (Lz 4)	Bericht: Seit einigen Jahren zahlreiche neue Ferienzentren (bis zu 30 Stockwerke), Ausverkauf der Ostseeküste. Diskussion: Sinn und Zweckmäßigkeit solcher Hotelburgen	-zuhören -betrachten -diskutieren	Hb	(C)Folie
	10. Lehrschritt (Teilzielgewinnung)	Gefährdung: Meeresverunreinigung, Küstenverschandelung, Lärm, Geruch (Lz 5)	Impuls: "Ostsee - schmutzigstes Meer der Welt!" Fäkalien- und Industrieabwässer, Bohrinseln, Anstrengungen zur Reinhaltung der Küstengewässer	-begründen -vermuten -Ergebnis formulieren	Hb	(B)Folie(4)/ AB(4)
Sicherungsphase	11. Lehrschritt (Gesamtzusammenfassung)	Abwägen von Vor- und Nachteilen, Massentourismus, Erholungswert (Lz 6)	Impuls: "Das nächste Urlaubsziel" steht noch nicht eindeutig fest!" Erarbeitungsgespräch nach dem Film: a) "Du fährst an die Ostsee." b) "Du wählst ein anderes Ziel."	-betrachten -begründen	Hb Hb/Aa	S 8 Arbeitsstreifen
	12. Lehrschritt (Anwendung)	Selbständige Darstellung von Vorstellungen und Erkenntnissen	Arbeitsaufgabe: Pappkarton mit einer im Umriß vorgezeichneten Insel: "Unsere Ferieninsel"; dazu die Beschreibung der nach Vorstellungen der Schüler notwendigen Einrichtungen	-zeichnen	Ga	Große Pappkartons, Malstifte, Notizblock

Hauptlernziel: Die Schüler sollen erkennen, daß Wasserkraftwerke an Flüssen und Seen der Stromerzeugung dienen.	Unterrichtsthema: Wie aus Wasserkraft elektrischer Strom gewonnen wird	Autor: Norbert Modl
		Unterrichtszeit Empfehlung: 1 UE

Vorbemerkungen:
1) Die Versorgung mit Energie ist heute für uns lebensnotwendiger geworden denn je zuvor. Da Öl als in den letzten 20 Jahren wichtigste Energiequelle immer teurer und knapper geworden ist, der Energieverbrauch aber nicht stagniert hat, erlangt die Nutzung vorhandener natürlicher Energieträger und -spender stetig wachsende Bedeutung.
2) Gerade in Bayern liegt die Nutzung der Wasserkraft der zahlreichen Flüsse und Seen besonders nahe. Doch auch die Verwendung modernster Techniken brachte keine Deckung des Grundbedarfs, so daß Energie aus Wasserkraft (aufgrund schneller Zuschaltmöglichkeit) vor allem den täglichen Spitzenbedarf decken kann.
3) Neben der wirtschaftlichen Nutzung sollen aber auch damit verbundene ökologische und soziale Probleme aufgezeigt werden.
4) Der Stunde vorausgehen sollte ein Überblick über die Möglichkeiten insgesamt, Energie zu gewinnen.

Teillernziele: Die Schüler sollen....
1) ...durch Vergleichen die wichtigsten Energiespender Bayerns und der Bundesrepublik erkennen (kognitiv),
2) ...am Beispiel des Walchenseekraftwerks Einblick in die Anlage eines Wasserkraftwerkes (Speicherkraftwerk) erhalten (kognitiv),
3) ...erkennen, daß Wasserkraftwerke großes Gefälle und viel Wasser benötigen (kognitiv),
4) ...erfahren, daß es noch andere Möglichkeiten der Stromerzeugung aus Wasserkraft gibt (kognitiv),
5) ...Einblick in die Vor- und Nachteile gewinnen, die mit der Nutzung der Wasserkraft verbunden sind (kognitiv).

Medien:
- Tafelbild (identisch mit Arbeitsblatt),
- Blockdiagramm: Stromerzeugung in der Bundesrepublik und in Bayern,
- Schema von Laufkraftwerk und Pumpspeicherkraftwerk (auf Karton gezeichnet),
- S-8-Film: Wasserkraftwerk (FWU-360 490/ 4 Min.),
- Dias: Wasserkraftwerke (FWU-10 05 48/14)
- Holzmodell eines Schaufelrads
- Sonderkarte: Energie
- Säulendiagramm: Lauf- u. Speicherkraftw.
- Lernzielkontrolle

Literatur:
1) Hausmann/Müller: Erdkunde, 6. Schj., Oldenbourg/Prögel/Westermann Verlag München/Ansbach/Braunschweig, 3. Aufl. 1975; S. 48-51 (Lehrerhandbuch S. 58-60)
2) Hausmann W.: Welt und Umwelt, Ausgabe B, 6. Schj., Oldenbourg/Westermann Verlag, München/Braunschweig, 1975, S. 44-45
3) Himmelstoß/Jahn: Erdkunde, 6. Schj., Blutenburg Verlag, Ferd. Schöningh, München, 1973; S. 74-77
4) Auernheimer A., u.a.: geographie für die Sekundarstufe 1, Bayer. Schulbuch Verlag, München, 1974; S. 108-109
5) Beckedorf W./du Bois H./Jahn G.: Geographie 6, Mensch und Erde, Bayern, List Verlag München, 1979; S. 38-41
6) Eckert U./Schönbach R.: Geographie für Bayern, 6. Schj., Klett Verlag, Stuttgart 1977; S. 45-47
7) Seydlitz/Bauer: Erdkunde, Orientiertungsstufe, 6. Schj., Hirt/Schroedel Verlag, Kiel/München, 1974; S. 30-31

Tafelbild:

Wie aus Wasserkraft elektrischer Strom gewonnen wird

1) Wie das Walchenseekraftwerk angelegt ist:

(Kesselberg, Maschinenhaus, Rohrleitung, Generator, Turbine, Hochspannungsleitung)

2) Was für Arten von Wasserkraftwerken es gibt:

Laufkraftwerk
Speicherkraftwerk
Pumpspeicherkraftwerk

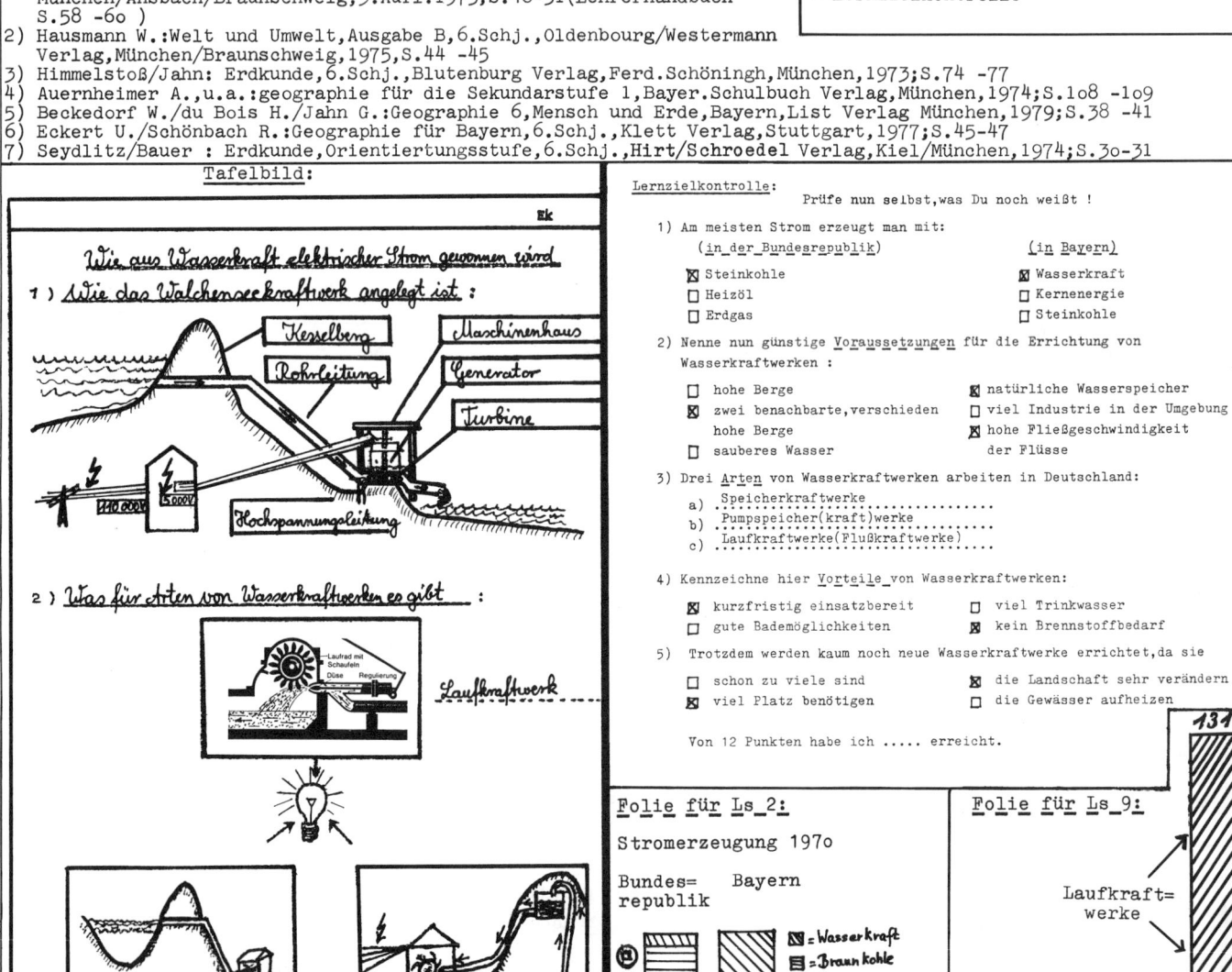

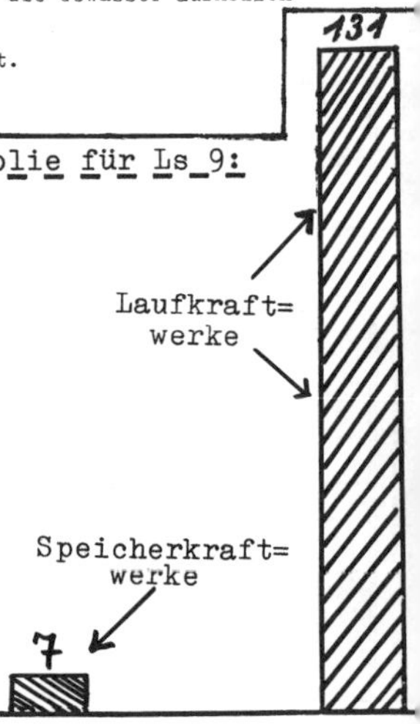

Lernzielkontrolle:
Prüfe nun selbst, was Du noch weißt!

1) Am meisten Strom erzeugt man mit:

(in der Bundesrepublik)
☒ Steinkohle
☐ Heizöl
☐ Erdgas

(in Bayern)
☒ Wasserkraft
☐ Kernenergie
☐ Steinkohle

2) Nenne nun günstige Voraussetzungen für die Errichtung von Wasserkraftwerken:

☐ hohe Berge
☒ zwei benachbarte, verschieden hohe Berge
☐ sauberes Wasser

☒ natürliche Wasserspeicher
☐ viel Industrie in der Umgebung
☒ hohe Fließgeschwindigkeit der Flüsse

3) Drei Arten von Wasserkraftwerken arbeiten in Deutschland:
a) Speicherkraftwerke
b) Pumpspeicher(kraft)werke
c) Laufkraftwerke (Flußkraftwerke)

4) Kennzeichne hier Vorteile von Wasserkraftwerken:
☒ kurzfristig einsatzbereit
☐ gute Bademöglichkeiten
☐ viel Trinkwasser
☒ kein Brennstoffbedarf

5) Trotzdem werden kaum noch neue Wasserkraftwerke errichtet, da sie
☐ schon zu viele sind
☒ viel Platz benötigen
☒ die Landschaft sehr verändern
☐ die Gewässer aufheizen

Von 12 Punkten habe ich ..... erreicht.

Folie für Ls_2:
Stromerzeugung 1970

Bundesrepublik   Bayern

☒ = Wasserkraft
☰ = Braunkohle
▥ = Steinkohle
▨ = Heizöl
▧ = Erdgas
▦ = Kernkraft
▩ = Sonstige

Folie für Ls_9:

131
Laufkraftwerke

7
Speicherkraftwerke

JG	Lehrschritte (Artikulationsdefinition)	Lehrinhalte und Lernziele (= Lz)	Lehrakte .... Lernakte		Sozial-formen	Lernhilfen
Eröffnungsphase	1. Lehrschritt (Einstimmung)	Stromerzeugung durch Dynamo	Sachimpuls: Dynamo Erarb.gespräch: Erläuterung des Gerätes und seiner Funktion.	- betrachten - erkennen - erläutern	Hb	Fahrrad-Dynamo
	2. Lehrschritt (Problemfindung)	Vergleich zweier Blockdiagramme (Lz 1) Wie aus Wasser = kraft elektr. Strom erzeugt wird	Sachimpuls: Blockdiagramm 1 Erarb.gespräch: Auswertung des Diagramms. Auftrag: Vergleiche nun damit das Blockdiagramm der Stromerzeugung in Bayern. Verarb.gespräch: Auswertung des Partnergesprächs. Finden, formulie= ren und fixieren der Problemfrage.	- betrachten - auswerten - vergleichen - besprechen - formulieren - fixieren	Hb Hb Pa Hb	(a) Blockdiagramm: Energieerzeu= gung in der Bundesrepublik 2. Diagramm (b) Tafelanschrift (Überschrift)
Erarbeitungsphase	3. Lehrschritt (Informations= darbietung)	Anlage des Walchen= seekraftwerks (Lz 2)	Kurzbericht: Oskar von Miller, einer der ersten, die Strom aus Wasserkraft gewinnen wollten. Sachimpuls: Oskar v. Miller erläutert 1918 den Abgeordneten des bayer. Landtags seinen Plan des Walchensee= kraftwerks.	- zuhören - betrachten - lokalisieren	Hb Hb	Lehrerdarbie= tung Skizze (Buch/ Atlas/Karte
	4. Lehrschritt (Ergebnisgewin= nung)	Schema des Walchen= seekraftwerks (Lz 2)	Erarb.gespräch: Auswertung der Skizze. Optische Veranschaulichung durch Dias. Beschriftung der Tafel= skizze.	- besprechen - formulieren - fixieren	Hb	Tafelskizze 1 Dia: Kraftwerks= anlage; Rohrleitung
	5. Lehrschritt (Verifikation)	Rekapitulation der Kraftwerksanlage wichtig: großes Gefälle, große Was= sermengen (Lz 3)	Auftrag: Beobachte im folgenden Film, wie so eine Anlage arbeitet. Verarb.gespräch: Auswertung des S-8 - Films. Erklärung durch Schüler.	- betrachten - Informatio= nen entneh= men - erklären	Hb Hb	S-8- Film: Wasserkraftwerk Bild der An = lage: Dia/Buch
	6. Lehrschritt (Ausweitung)	Andere Anlagen nach diesem Schema Begriff: Pump = speicherkraftwerk	Erarb.gespräch: Weitere Pumpspeicher= kraftwerke, die nach dem Vorbild des Walchenseekraftwerks gebaut wurden: Kaprun, Grande Dixence (Wallis).	- lokalisieren - vergleichen	Hb	Dia: Kaprun
	7. Lehrschritt (Erkenntnis = gewinnung)	Stromerzeugung aus Flußkraftwerken (=Laufkraftwerken): Kaplan- und Pelton= turbinen (Lz 4) Begriff: Laufkraft= werk	Impuls: Nicht immer sind die natür = lichen Gegebenheiten jedoch so gün= stig für eine Anlage. Verarb.gespräch: Besprechung der Ver= mutungen. Demonstration eines Schau= felrades (Mühle!). Sachimpuls: Laufkraftwerk Erarb.gespräch: Auswertung des Bildmaterials. Versuch der Erklärung= der Sachsituation: an Flüssen, Was= ser fließt weiter.	- überlegen - vermuten - besprechen - beobachten - formulieren - betrachten - besprechen - erläutern - fixieren	Pa Hb Hb Hb	 Modell: Schaufelrad Dia/Bild: Laufkraftwerk
	8. Lehrschritt (Ergebnisge= winnung)	Kraftwerke an den bayer. Flüssen: - Iller : 9 - Inn : 12 - Isar : 13 - Main : 26	Auftrag: Die Sonderkarte im Atlas zeigt dir, an welchen bayer. Flüssen Laufkraftwerke errichtet wurden. Verarb.gespräch: Auswertung des Arbeitsauftrags.	- Karte aus = werten - berichten - lokalisieren	Pa Hb	Karte: Bayern-Energie, S. 10 (Westermann) Wandkarte
	9. Lehrschritt (Vergleich)	Vergleich: Anzahl der Speicherkraft= werke und Flußkraft= werke Gründe für den Unterschied	Auftrag: Vergleiche die beiden Säulen= diagramme. Verarb.gespräch: Feststellung, daß in Bayern 131 Flußkraftwerken nur 7 Speicherkraftwerke gegenüberstehen. Auftrag: Nenne Gründe für diesen Unterschied! Verarb.gespräch: Bayern besitzt viele große, wasserreiche Flüsse, aber wenig natürlich günstige Standorte.	- vergleichen - vermuten - berichten - erläutern - formulieren - darlegen	Aa Hb Aa/Hb	Säulendiagramm (c)
Sicherungsphase	10. Lehrschritt (Verständnis= kontrolle)	Arten von Wasser = kraftwerken	Auftrag: Du hast drei Arten von Wasser= kraftwerken kennengelernt, mit denen elektr. Strom erzeugt werden kann. Ordne ihre Namen der entsprechenden Skizze zu! Verarb.gespräch: Überprüfung und Korrektur.	- betrachten - zuordnen - überprüfen	Aa Hb	Tafelbild (2)
	11. Lehrschritt (Beurteilung)	Vor- und Nachteile der Stromerzeugung durch Wasserkraft (Lz 5)	Auftrag: Sucht Vor- und Nachteile, die mit dem Bau von Wasserkraftwerken verbunden sind! Verarb.gespräch: Diskussion der gefun= denen Argumente. Erkenntnis, daß Was= serkraftwerke nur zur Deckung des Spitzenbedarfs ausreichen.	- besprechen - begründen - diskutieren	Ga Hb	
	12. Lehrschritt (Lernzielkon= trolle)	Prüfe, was du über Wasserkraftwerke weißt.	Auftrag: Prüfe nun selbst, was du noch weißt! Verarb.gespräch: Auswertung der Arbeitsergebnisse, Kontrolle mittels Lösungsfolie in Partnerarbeit.	- lesen - ausfüllen - überprüfen	Aa Pa	Lernzielkon = trollblatt

Hauptlernziel: Überblick über Unterschiede der Energieträger "herkömmliches Wärmekraftwerk" und "Kernkraftwerk"	Unterrichtsthema: Wir vergleichen ein Kernkraftwerk mit einem herkömmlichen Wärmekraftwerk. (Zum Bereich "Energie")	Autor: Maria Sedlmayer
		Unterrichtszeit Empfehlung: 1UE=45 Min

VORBEMERKUNGEN: Vorausgehen sollte die Behandlung der Wasserkraftwerke und zumindest der Hinweis auf die Funktionsweise eines Kohle-(Öl-, Gas-)kraftwerkes. Bilder für den geplanten Vergleich Kohle-/Kernkraftwerk sind in "Erdkunde 6" (s. Literatur) zu finden.

TEILLERNZIELE: Die Schüler sollen:

1. aus einer Übersichtskarte die drei bei uns üblichen Arten der Stromerzeugung und ihre Verteilung in der BRD erkennen und begründen,
2. die Stufen der Stromerzeugung im Wärmekraftwerk festlegen, indem sie vorgegebene Begriffe erläutern, in die richtige Reihenfolge bringen und in die entsprechenden Kästchen der Tafelskizze schreiben,
3. aus der Gegenüberstellung zweier Bilder (Kernkraftwerk/Kohlekraftwerk) auf das Stundenziel schließen,
4. mit Hilfe des Arbeitsblattes I in Partnerarbeit feststellen, wie Kernkraftwerke und herkömmliche Kraftwerke funktionieren und herausfinden, wie sie sich in der Art der Wärmeerzeugung unterscheiden,
5. als Ergebnis der Partnerarbeit die Zugehörigkeit des Kernkraftwerkes zu den Wärmekraftwerken in einem Merksatz formulieren,
6. in arbeitsteiliger Gruppenarbeit anhand des Arbeitsblattes II die Vor- bzw. Nachteile von herkömmlichen Kraftwerken und Kernkraftwerken herausfinden und notieren,
7. als Gruppensprecher über die Ergebnisse der Gruppenarbeit berichten sowie Vor- und Nachteile der Kraftwerksarten zusammenfassend in die Übersicht an der Tafel eintragen,
8. anhand der Tafelnotizen den Vergleich herkömmliches Wärmekraftwerk/Kernkraftwerk wiederholend zusammenfassen,
9. erkennen, daß es zur Lösung des Energieproblems verschiedene Ansätze gibt (Nutzung der Sonnen-, Windenergie, Erdwärme; Forschungen zur Kernfusion), daß Energiesparen aber eine unabdingbare Forderung darstellt und verschiedene Möglichkeiten des Energiesparens nennen,
10. in Einzelarbeit anhand des Arbeitsblattes IIIb) das Lernresultat schriftlich wiedergeben.

MEDIEN: Übersichtskarte, Tafelbild, Arbeitsblätter, Bilder (Kern-/Kohlekraftwerk), Notizblock.

LITERATUR:
1. Bundesministerium des Inneren: Was Sie schon immer über Umweltschutz wissen wollten, Kohlhammer Verlag Stuttgart 79
2. Deutsches Atomforum e.V.: Energie von der man spricht, Bonner Universitäts-Buchdruckerei 1974
3. Erdkunde 6, Verlag Ludwig Auer Donauwörth 1979 ISBN 3-403-00885-1
4. Gerwin Robert: Prometheus wird nicht sterben, Econ Verlag Düsseldorf 1974
5. Hausmann/Müller: Erdkunde 6, Oldenbourg München 1973 (und Lehrerband dazu)
6. Matthöfer Hans: Interviews und Gespräche zur Kernenergie, C.F.Müller Verlag Karlsruhe 1976

SKIZZE KOHLEKRAFTWERK:

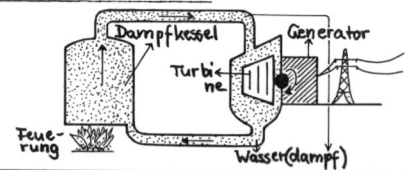

ARBEITSBLATT I: Funktionsweise (Aus: Eine Information des Dt. Atomforums):

Was ein Kernkraftwerk vom herkömmlichen Wärmekraftwerk unterscheidet, ist die "Feuerung". Bei der herkömmlichen Verbrennung gelangen der Brennstoff und die zur Verbrennung benötigte Luft in den Reaktionsraum, in die Feuerkammer des Dampfkessels. - Der Reaktionsraum des Kernkraftwerks, der Reaktor, wird dagegen auf einmal mit dem für ein Jahr benötigten Kernbrennstoff Uran beladen. Im Uran entwickelt sich durch die Spaltung von Atomkernen die zur Dampferzeugung benötigte Wärme. Mit dem Dampf werden die Turbinen angetrieben. - Die mit Uran gefüllten Metallrohre werden als Brennstäbe oder Brennelemente bezeichnet. (Skizzen dazu siehe rechts).

ARBEITSBLATT II: Vorteile eines Atomkraftwerks gegenüber einem herk. Wärmekraftwerk

Als Energiequelle wird in Kernkraftwerken das Metall Uran benutzt. (Uranerz wird in Bergwerken abgebaut). Atomforscher vermuten in 1kg Uran die Kraft von etwa 3500 kg Steinkohle. Ein Wärmekraftwerk braucht für eine Jahreserzeugung von 2,45 Milliarden kWh nur 13,3 t Uranbrennstoff (= Ladung von höchstens 3 Güterwagen). So können im Vergleich zu Kohle viel Transportkosten eingespart werden.
Ein Kohlekraftwerk mit einer Leistung von 700 Megawatt schickt pro Betriebsstunde etwa in die Luft: 500 t Kohlendioxid, 0,15t Kohlenmonoxid, 7t Schwefeldioxid, 1,7 t Stickoxide, 0,05t Kohlenwasserstoffe, 0,7t Staub. Die Kernenergie trägt dagegen nicht in dem Maße zur Verunreinigung der Luft bei. Atomkraftwerke können theoretisch auch mit Luft gekühlt werden (Standortunabhängigkeit).

ARBEITSBLATT IIIa): Probleme eines Kernkraftwerks gegenüber dem herk. Wärmekrw.

Die Atomkerne des Urans werden durch die Spaltung in Unordnung gebracht. Sie sind radioaktiv (sie senden Strahlen aus, die in lebenden Zellen krankhafte Veränderungen hervorrufen können). Trotz der Sicherheitsvorkehrungen gelingt es nicht, alle Radioaktivitätsspuren von der Umgebung fernzuhalten. Wie sich die Strahlenbelastung auf den Menschen auswirkt, weiß niemand ganz genau.
Die radioaktiven Abfälle (Spaltprodukte) verlieren ihre Gefährlichkeit zum Teil in Tausenden von Jahren noch nicht. Sie müssen eingeschweißt werden und kommen zur Lagerung in alte Salzbergwerke.
Kernkraftwerke haben einen großen Wärmeabfall (überflüssige Wärmeerzeugung). Zur Kühlung benötigen sie ein Drittel mehr Wasser als gleichgroße Kohlekraftwerke. Das stark erwärmte Kühlwasser heizt z.B. unsere Flüsse auf. So kann es passieren, daß der Fluß "umkippt" (= zu faulen beginnt und sich Faulschlamm bildet). Damit hört jedes Leben im Fluß auf.

TAFELBILD:

WIR VERGLEICHEN EIN KERNKRAFTWERK MIT EINEM HERKÖMMLICHEN WÄRMEKRAFTWERK

① Wärmekraftwerke:
Antrieb für Generatoren (D)
Brennstoff (A) Wärme (B)
Strom (E)
(C) Erhitzen von Wasser zu Wasserdampf

② Funktionieren:
herkömml. Wärmekraftwerk (Skizze siehe rechts oben)
Kernkraftwerk (Skizze siehe rechts unten)
Kernkraftwerke gehören zu den Wärmekraftwerken

③ Vorteile:
herkömml.: wenig Kühlwasser, Verwendung von Kohle (auch Müll!)
Kernkraftwerk: geringe Luftverschmutzung, geringe Transportkosten

Nachteile:
herkömml.: Luftverschmutzung, Transportproblem
Kernkraftwerk: Radioaktivität, "Wärmemüll"

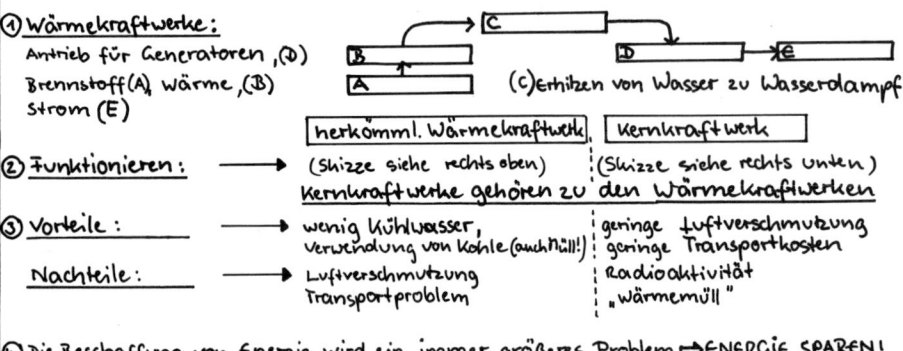

④ Die Beschaffung von Energie wird ein immer größeres Problem ⇒ ENERGIE SPAREN!

SKIZZE KERNKRAFTWERK:

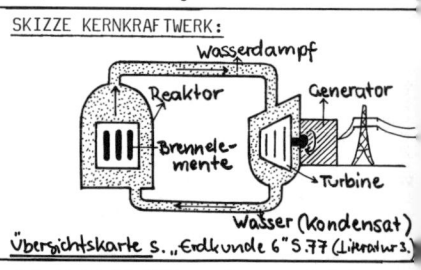

Übersichtskarte s. "Erdkunde 6" S.77 (Literatur 3.)

Arbeitsblatt IIIb analog zur Tafelanschrift ②, ③ und ④ mit Skizzen.

UG	Lehrschritte (Artikulationsdefinition)	Lehrinhalte und Lernziele (= Lz)	Lehrakte .... Lernakte		Sozial-formen	Lernhilfen
Eröffnungsphase	1. Lehrschritt (Anknüpfung)	verschiedene Arten der Stromerzeugung (Lz 1) Wasser-, Kohle-, Kernkraftwerke in der BRD	Feststellung: Der Energie- und damit Strombedarf wächst in 33 Jahren jeweils auf das Zehnfache. Sachimpuls: Übersichtskarte Erarbeitungsgespräch: Auf 3 Arten wird bei uns Strom erzeugt..In der Nähe unserer Heimat vorwiegend...	- lesen - auswerten - vergleichen - begründen	Hb Hb Hb	Übersichtskarte im Epidiaskop oder als Overhead-Folie aus: Erdkunde 6, Auer (3.) S.77
	2. Lehrschritt (sachliche Vorbesprechung)	Stufen der Stromerzeugung in einem Wärmekraftwerk (Lz 2)	Arbeitsanweisung: Die Tafelskizze soll den Weg der Stromerzeugung in den Wärmekraftwerken darstellen. Ordnet die Begriffe richtig zu!	- erklären - einordnen - begründen	Hb	Tafel ①
	3. Lehrschritt (Zielangabe)	Stundenthema (Lz 3)	Sachimpuls: Bilder von Kohle- und Kernkraftwerk nebeneinander Feststellung (von den Kindern selbst gefunden): Wir vergleichen ein herkömmliches Wärmekraftwerk mit einem Kernkraftwerk.	- betrachten - vermuten - formulieren	Hb Hb	Bilder von Kohle- und Kernkraftwerk Tafel (Überschrift)
Erarbeitungsphase	4. Lehrschritt (Problemanalyse 1. Teil)	Funktionsweise der verschiedenen Wärmekraftwerke (Lz 4)	Arbeitsauftrag: Versucht anhand des Arbeitsblattes mit eurem Nachbarn herauszufinden, wie sich die Kraftwerke in ihrer Funktionsweise unterscheiden!	- betrachten - zuordnen - schreiben - vergleichen	Pa	Arbeitsblatt I
	5. Lehrschritt (Teilergebnisfixierung)	Ergebnisformulierung (Lz 5)	Verarbeitungsgespräch: Kernkraftwerke unterscheiden sich von herkömmlichen Wärmekraftwerken lediglich in der Art der Wärmeerzeugung. Arbeitsauftrag: Vervollständigt den Merksatz!	- berichten - zusammenfassen - ergänzen - notieren	Hb Aa	Tafel ② Tafel ②
	6. Lehrschritt (Problemanalyse 2. Teil)	Vor- bzw. Nachteile der Kraftwerkstypen (Lz 6)	Arbeitsanweisung: - Lest die Texte auf euerem Arbeitsblatt! - Unterstreicht die Vorteile (Nachteile), die ein Kernkraftwerk (herk. Wärmekraftwerk) bietet! - Versucht, "zwischen den Zeilen" noch weitere Punkte herauszulesen! Notiert!	- lesen - unterstreichen - überlegen - notieren	Ga	Arbeitsblatt II und IIIa)
	7. Lehrschritt (Teilzusammenfassung)	Gruppenberichte, Ergebnisfixierung (Lz 7)	Bericht der einzelnen Gruppensprecher über die Arbeitsergebnisse der Gruppen Verarbeitungsgespräch: Zusammenfassung der Ergebnisse; Fixierung in der Übersicht an der Tafel.	- berichten - zusammenfassen - wiederholen - notieren	Hb Hb	Tafel ③
Sicherungsphase	8. Lehrschritt (mündliche Wiedergabe des Lernresultats)	Gesamtzusammenfassung (Lz 8)	Arbeitsanweisung: Wir wiederholen unseren Vergleich noch einmal. Dabei berichtet jeweils 1 Schüler über das Wärmekraftwerk herkömmlicher Art, ein zweiter spricht die Punkte für das Kernkraftwerk an.	- zusammenfassen - wiederholen - zuhören - mitdenken	Hb	Tafelbild
	9. Lehrschritt (Problemauswertung)	Energieproblem (Lz 9)	Frage: Ist das Energieproblem durch die Entwicklung von Kernkraftwerken gänzlich gelöst? Wie lange reicht das Uran? Erarbeitungsgespräch: Die Forschung versucht, ständig neue Energiequellen zu erschließen, doch wir können nicht an der Notwendigkeit des Energiesparens vorbei...	- durchdenken - vermuten - vorschlagen	Hb Hb	Tafel ④
	10. Lehrschritt (schriftliche Wiedergabe des Lernresultats)	Bearbeiten eines Arbeitsblattes (Lz 10)	Arbeitsauftrag: Bearbeitet euer Arbeitsblatt selbständig! Anschließend: Kontrolle der Ergebnisse	- lesen - wiederholen - ergänzen - ausfüllen	Aa Hb	Arbeitsblatt IIIb (analog zur Tafelanschrift, als Lückentext)

Hauptlernziel: Kennenlernen der Gründe für den Bau des Raffineriezentrums in Ingolstadt.	Unterrichtsthema: Das Raffineriezentrum in Ingolstadt	Autor: Josef Moosmüller
		Unterrichtszeit Empfehlung: 1 UE

Lernziele:
1. Die Schüler sollen begründen können, warum Ingolstadt als Raffineriezentrum ausgewählt wurde.
2. Die Schüler sollen erfahren, wie das Rohöl nach Ingolstadt kommt.
3. Die Schüler sollen die Bedeutung des Raffineriezentrums für Ingolstadt und Bayern erkennen.
4. Die Schüler sollen die Umweltgefährdung durch die Raffinerien und diesbezügliche Schutzmaßnahmen kennenlernen.
5. Die Schüler sollen aus Karten und Texten Informationen entnehmen können.
6. Die Schüler sollen aus einem strukturierten Tafelbild Erkenntnisse formulieren können.

Medien:
- Dia vom Raffineriezentrum
- Dia von diesem Gebiet vor dem Bau
- Wortkarten für den Stundenablauf (Problemfrage/Vermutung/Lösungsplan/Erkenntnis)
- Atlas
- Arbeitsmaterial für Gruppenarbeit
- Gruppenheft
- Tafel (siehe Tafelbild!)
- Wortkarten für das Tafelbild
- Folie

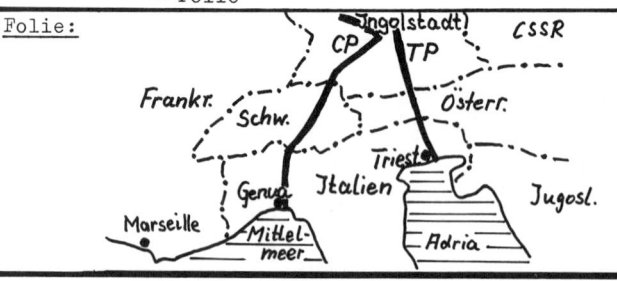

Arbeitsaufträge und Material für die Gruppenarbeit:

1. Berichte, wie das Rohöl nach Ingolstadt kommt! (Folie und Text helfen dir dabei)

   In Süddeutschland sind kaum ergiebige Rohölquellen zu finden. Ingolstadt verarbeitet Öl, das aus Nordafrika oder Arabien kommt. Hochseetanker bringen es über das Mittelmeer zu den großen Häfen an seiner Nordküste. Von dort wird das Öl über zwei Rohrleitungen (Pipelines) nach Ingolstadt gepumpt.
   Die Centraleuropäische Pipeline führt von Genua an den Ostrand des Bodensees und dann nach Ingolstadt.
   Die Transalpine Pipeline verläuft von Triest über Udine, Lienz, Kitzbühl, Kufstein und Wasserburg nach Ingolstadt.

2. Überlege, warum Ingolstadt als Standort gewählt wurde!
   Nimm eine Bayernkarte (Atlas S. 10) und ziehe um Ingolstadt einen Kreis mit 100 km. (Achte auf den Maßstab!)
   Schreibe die vier großen Städte auf, die in diesem Kreis liegen.

3. Überlege, warum Ingolstadt als Standort ausgewählt wurde!
   Nimm eine Bayernkarte (Atlas S. 10) und schaue dir die Straßen- und Schienenverbindungen an, die nach Ingolstadt führen.
   Schreibe auf: Autobahn von ....

Folie:

4. Überlege, warum Ingolstadt als Standort ausgewählt wurde!
   Lies dazu folgenden Text!

   Die nähere Umgebung Ingolstadts war ideal für die Ansiedlung einer Raffinerie. Im Osten der Stadt war ausreichend freies Gelände vorhanden. Es konnte leicht an das Straßen- und Eisenbahnnetz angebunden werden.
   Die nahe Donau liefert das notwendige Kühlwasser für die Rohölverarbeitung.

5. Berichte, welche Vorteile das Raffineriezentrum für Ingolstadt und Bayern brachte!
   Folgender Text hilft dir dabei!

   Die Energieversorgung Bayerns wurde entscheidend verbessert. Die Mineralölfirmen zahlen jährlich einige Millionen DM Steuern. Ihre fünf Betriebe bieten 1100 Arbeitsplätze.
   Um die Raffinerien lagerten sich verschiedene Industrie- und Kraftwerksbetriebe an.

Literatur:
1. Himmelstoß/Jahn: Erdkunde, 6. Schj.; Blutenburgverlag München. Dazu das Lehrerhandbuch.
2. Hausmann/Brucker: Welt und Umwelt, 6. Schj.; R. Oldenbourg Verlag. Dazu die Lehrerausgabe.
3. List Großer Weltatlas: Mensch und Erde; List Verlag KG; München, 1975
4. Klaus Hilpert: Modelle des Geographieunterrichts in der Orientierungsstufe; Ludwig Auer, 1974.

Tafelbild:

① Problemfrage: Warum wurde in Ingolstadt ein Raffineriezentrum gebaut?

② Vermutung: ....

③ Lösungsplan:
- Karten lesen und auswerten
- Gründe suchen (Texte lesen)
- Über Bedeutung nachlesen

④ Geographischer Mittelpunkt: München, Augsburg, Regensburg, Nürnberg in 100 km Umkreis.

Günstige Verkehrsverbindungen: Autobahn, Landstraßen, 5 Bahnlinien.

Günstiger Standort: Freies Gelände, Donau als Kühlwasser.

→ Ingolstadt

⑤ Verbesserung der Energieversorgung, Arbeitsplätze, Steuern, neue Großbetriebe.

Erkenntnis: Von Ingolstadt aus kann ganz Bayern gut mit Erdölprodukten versorgt werden.

⑥ Pipelines von Triest und Genua

⑦ Gefahren für die Umwelt

UG	Lehrschritte (Artikulationsdefinition)	Lehrinhalte und Lernziele (= Lz)	Lehrakte .... Lernakte		Sozial-formen	Lernhilfen
Eröffnungsphase	1. Lehrschritt (Problemdarstellung)	Bildauswertung	Sachimpuls: Lehrer zeigt den Schülern zwei Dias: Gebiet um Ingolstadt vor und nach dem Bau der Raffinerien.	- beschreiben - verbalisieren	HB	Dias
	2. Lehrschritt (Problemabgrenzung)	Aufgabe einer Raffinerie	Erarbeitungsgespräch: Kurze Darstellung der Aufgabe einer Raffinerie.	- geben Wissen wieder	HB	
	3. Lehrschritt (Zielangabe)	Problemfrage	Verbale Provokation: Ich hätte das Zentrum in München gebaut!	- nachdenken - diskutieren	HB	
			Sachimpuls: Lehrer heftet Schild "Problemfrage" an.	- formulieren	HB	Tafel 1
Erarbeitungsphase	4. Lehrschritt (Hypothesenbildung)	Vermutungen zur Problemfrage	Arbeitsauftrag: Besprecht euch mit euerem Partner und äußert euere Vermutungen.	- besprechen - äußern Vermutungen	PA	Tafel 2
	5. Lehrschritt (Arbeitsplanung)	Aufstellen einer Grobgliederung	Erarbeitungsgespräch: Schüler stellen mit dem Lehrer einen Arbeitsplan auf; besprechen den Einsatz von Arbeitsmitteln.	- überlegen Vorgehen	HB	Tafel 3
	6. Lehrschritt (Teilzielerarbeitung)	(Lz 1, 2, 3)	Sachimpuls: Lehrer teilt die Gruppenhefte aus, in die bereits die Arbeitsaufträge und das -material eingeklebt sind.	- lesen - besprechen - bearbeiten	GA	Arbeitsmaterial für GA
	7. Lehrschritt (Teilzielfixierung)	(Lz 1) Standortfaktoren	Verarbeitungsgespräch: Drei Gruppen lesen ihre Arbeitsergebnisse vor. Im begleitenden Gespräch werden sie ergänzt und anschließend fixiert.	- vorlesen - fragen - ergänzen	HB	Tafel 4
	8. Lehrschritt (Teilzielwiederholung)	(Lz 1) Standortfaktor	Stummer Impuls: Lehrer schließt die Tafel und zeigt auf eine Bayernkarte.	- reproduzieren - ordnen ein	HB	Bayernkarte
	9. Lehrschritt (Teilzielgewinnung)	(Lz 3) Bedeutung für das Land	Verarbeitungsgespräch: Zwei Gruppen lesen ihre Arbeitsergebnisse vor. Anschließend Gespräch.	- vorlesen - fragen - ergänzen	HB	
	10. Lehrschritt (Teilzielwertung und -fixierung)	(Lz 3)	Arbeitsauftrag: Schreibt in Stichworten nieder, welche Vorteile der Bau des Raffineriezentrums brachte. (Kontrolle durch Tafelanschrift)	- notieren - lesen vor	AA HB	Tafel 5
	11. Lehrschritt (Teilzielgewinnung)	(Lz 2) Pipelines	Sachimpuls: Lehrer zeigt Folie vom Verlauf der Pipelines. Gruppensprecher tragen Arbeitsergebnisse vor.	- betrachten - lesen vor - fragen	HB	Folie Tafel 6
	12. Lehrschritt (Teilzielwiederholung)	(Lz 2)	Arbeitsauftrag: Sucht auf der Karte (Atlas S. 40) die zwei für Ingolstadt wichtigen Pipelines.	- suchen - geben Verlauf an.	AA	Atlas
Sicherungsphase	13. Lehrschritt (Gesamtzusammenfassung)	(Lz 1, 2, 3)	Sachimpuls: Lehrer heftet Schild "Erkenntnis" an.	- formulieren Erkenntnisse	HB	Tafel
	14. Lehrschritt (Beurteilung)	(Lz 4) Gefahren für die Umwelt	Verbaler Impuls: Die Raffinerien haben Bayern viele Vorteile gebracht. Allerdings ist damit auch eine Gefährdung für die Umwelt verbunden.	- erkennen Gefahren - diskutieren - lesen nach	HB AA	Tafel 7 Buch S. 62 (Lit. Nr. 1,3)
	15. Lehrschritt (Lernzielkontrolle)	(Lz 1, 2, 3, 4)	Rundgespräch: Gebt Argumente für und gegen den Bau der Raffinerien an.	- argumentieren mit Sachkenntnissen	HB	

Hauptlernziel: Den Schülern soll die Abhängigkeit von ver= schiedenen Standortbedingungen bewußt werden.	Unterrichtsthema: Wie am Neckar eine "Industriegasse" entstand	Autor: Norbert Modl
		Unterrichtszeit Empfehlung: 1 UE

Vorbemerkungen:
1) Die Unterrichtseinheit stellt - nach einem Überblick über die Gliederung der Industrie in verschiedene Zweige - e i n e der weiteren Möglichkeiten dar,die Voraussetzungen für das Entstehen eines industriellen Verdich= tungsraumes zu klären.
2) Da gerade in unserer Zeit die Industrie wesentliche Abläufe des wirtschaftlichen und gesellschaftlichen Lebens mitbestimmt,lassen sich hier erste Einblicke in die Zusammenhänge zwischen Lebensbedingungen,Standortfragen und Arbeitswelt erzielen.
3) An diesem Beispiel lassen sich zwei der sieben Standortfaktoren herausarbeiten(Standortfaktoren:Verkehrsgunst, Arbeitskräfte,Energieversorgung,Rohstoffe,Wasserversorgung,Absatzmöglichkeiten,Lebensmittelversorgung).
4) Falls die Begriffe Feierabendbauern und Pendler noch nicht erarbeitet wurden,bieten sich hier Möglichkeiten an.
5) Die vorausgehende Besichtigung eines Industriebetriebes kann vertiefte Einblicke in die Thematik schaffen.
6) Die erzielten Erkenntnisse lassen die massiert auftretenden Erscheinungen im Ruhrgebiet- auf vergrößertem Raum - verständlicher werden.
7) Alternative Beispiele:"Mittelfränkisches Industriegebiet"oder "Oberbayerisches Chemiedreieck.

Teillernziele : Die Schüler sollen ....
1)... die geographische Lage des Neckargebiets kennenlernen(k),
2)... einen Einblick in die Folgen der Realteilung für das Land und die Menschen gewinnen (k),
3)... erkennen,daß landwirtschaftliche Kleinbetriebe und Sonder= kulturen keine ausreichende Existenzgrundlage mehr geboten haben und die Menschen auf Nebenerwerb in den Industriebetrie= ben angewiesen waren,(k)
4)... erkennen,daß vorhandenes Handwerk und Heimindustrie zwei der günstigen Voraussetzungen für die Industrieansiedlung waren,(k),
5)... erkennen,daß die günstige Verkehrslage(Straße,Bahn,Fluß) die Industrieansiedelung begünstigte(k),
6)... den Begriff "Industriegasse" und "Veredelungsindustrie" an ei= nem Beispiel erläutern können(k),
7)... Einblick gewinnen,daß die Industrieansiedlung aber auch Vor- und Nachteile bewirkte (a),
8)... Einblick gewinnen,daß die vielschichtige Industrie Vorausset= zung für eine gesicherte Existenz der Menschen im Neckartal ist(k).

Medien:
- Tafelbild
- Symbole (Mercedes-Stern,Bosch,NSU...)
- Karte: Neckarland
- Arbeitstext
- Schülerarbeitsbuch
- Graphik:Pendlerströme(Schülerbuch: Hausmann/Müller S. 33)
- Tafelskizze:Neckartal

Literatur:
1) Hausmann/Müller: Erdkunde,6.Schj., Oldenbourg/Prögel/Westermann Verlage,München/Ansbach/Braunschweig,3.Auflage 1975, S. 34 - 35 (Lehrerhandbuch S. 42 - 45)
2) Hausmann W. : Welt und Umwelt,Ausgabe B,Oldenbourg/Westermann Verlage,München/Braunschweig,1975; S. 33
3) Beckedorf W./du Bois/Jahn G.:Geographie 6,Bayern,Mensch und Erde,List Verlag München,1979 ; S. 23- 25
4) Auernheimer A.,u.a.Geographie für die Sekundarstufe 1,Bayer.Schulbuch -Verlag,München 1974;S. 100 -101
5) Himmelstoß K./Jahn W.: Erdkunde,6.Schj., Blutenburg Verlag Ferd.Schöningh,München,1973;S. 94 -97

Folie für Ls_3:

Tafelbild:
Wie am Neckar eine Industriegasse entstand
① Weil aus Bauern Industriearbeiter wurden.

landwirt. Besitz

Der landwirtschaftl.Besitz sichert kein ausreichendes Einkommen mehr.

FOLGEN
Sonderanbau
Nebenerwerb
Handwerker
Industriearbeiter

② Weil hier eine Veredelungsindustrie entstand:

Dieser Standort hatte	
Nachteile	Vorteile
keine Bodenschätze	viele Handwerksbetriebe
keine Rohstoffe	genügend Arbeitskräfte
kein Absatzmarkt	günstige Verkehrsver= hältnisse (Autobahn, Eisenbahn, Schiffahrt)

Rohstoffe + Halbfertigwaren → Fertigwaren
Veredelungsindustrie

Industriegasse am Neckar
- Neckarsulm — Fahrzeugbau
- Heilbronn — Fahrzeugbau
- Chemie
- Kunststoffverarbeitende Industrie
- Bietigheim — Textil u. Bekleidung
- Maschinenbau
- Ludwigsburg — Elektrotechnik
- Nahrungsmittel
- Feinmechanik u. Optik
- Stuttgart — Fahrzeugbau
- Maschinenbau
- Esslingen — Spielwaren
- Göppingen

Arbeitstext:
Das Neckartal ist ein altes, dichtbesiedeltes Bauernland. Das milde, sonnenreiche Kli= ma und der fruchtbare Löß= boden ließen eine ertrag= reiche Landwirtschaft ent= stehen.
Während in Bayern jeweils der älteste Sohn den Hof übernimmt und seine Geschwi= ster auszahlt, herrscht im Neckartal die Realteilung. Dabei wird das Erbe gleich= mäßig unter alle Kinder auf= geteilt. Dadurch werden die einzelnen Felder immer klei= ner. Um von der kleinen Flä= che leben zu können, ging ein Teil der Bauern zu ge= winnbringenderen Sonder= kulturen wie Wein-, Beeren-, Obst-, Gemüse-und Hopfenan= bau über. Wo dies nicht mög= lich war, suchten sie einen Nebenerwerb als Handwerker. Als später an die Stelle der Handwerksbetriebe große Industriebetriebe traten, wurden sie Industriearbeiter und bestellten ihren zu kleinen landwirtschaftlichen Besitz nur noch nach Feier= abend.
Standortfaktoren:(OHP-Folie) Verkehrsgunst-Arbeitskräfte- Energieversorgung-Rohstoffe- Wasserversorgung-Absatz= möglichkeiten-Lebensmittel= versorgung.

UG	Lehrschritte (Artikulationsdefinition)	Lehrinhalte und Lernziele (= Lz)	Lehrakte .... Lernakte		Sozialformen	Lernhilfen
Eröffnungsphase	1. Lehrschritt (Einstimmung)	Produkte/Etiketten von Firmen aus dem Neckarraum	Sachimpuls: Produkte aus dem Neckar = gebiet.	- betrachten - erkennen	Hb	Symbole/Etiket= ten:Mercedes, Salamander,Tob= ler,Märklin...
			Erarb.gespräch:Erkennen und benennen der Firmen.	- formulieren	Hb	
	2. Lehrschritt (topograph. Fixierung)	Lage des Neckar = tals (Lz 1)	Auftrag: Untersuche mit deinem Part= ner die Lage des Neckartals!	- lokalisieren	Pa	Atlas/Wandkarte (Westermann, S. 22: Süd = deutschland)
			Verarb.gespräch:Auswertung des Arbeitsauftrags.Feststellung,daß es eigentlich fruchtbares Acker= land ist.	- formulieren - fixieren	Hb	Tafelskizze
	3. Lehrschritt (Problem = findung)	Wie kam es am Neckar zur Industrie= ansiedelung? Begriff:Industrie= gasse(Lz 6)	Sachimpuls: Übersicht über Industrie = zweige an Neckar und Fils.	- betrachten	Hb	Schülerbuch (oder Folie)
			Erarb.gespräch:Herausarbeiten der verschiedenen Industriezweige.Finden, formulieren und fixieren der Problem= frage.	- auswerten - Problemfra= ge finden	Hb	Tafelanschrift: Überschrift
Erarbeitungsphase	4. Lehrschritt (Erkenntnis = gewinnung)	Einblick in die Folgen der Real = teilung(Lz 2)	Kurzbericht: Sitte der Vererbung bei bayer.Bauern.	-zuhören	Hb	
			Auftrag: Aus dem folgenden Text er = fährst du,daß die Bauern im Neckar= tal ein anderes Verfahren anwandten.	-erlesen -Informatio= nen entnehmen	Aa	Arbeitstext
	5. Lehrschritt (Ergebnisge= winnung und -fixierung)	Erbsitte zwingt zum Nebenerwerb (Lz 3) Begriff:Feier= abendbauer	Verarb.gespräch:Auswertung des Arbeitsauftrags.Erklärung,Formu = lierung und Fixierung der Erkennt= nisse in Stichpunkten an der Tafel.	- berichten - erklären - fixieren	Hb	Tafelbild ① (oberer Teil)
	6. Lehrschritt (Rekapitulation)	Rekapitulation: Vom Bauern zum Industriearbeiter (Lz 2, 3)	Verarb.gespräch: Anhand des Tafel = bildes die Entwicklung vom Bauern bis zum Industriearbeiter erläutern.	-wiederholen -formulieren	Hb	Tafelbild ① (unterer Teil)
	7. Lehrschritt (Erkenntnis = gewinnung)	Standortbedingun= gen für die Indu= striansiedelung (Lz 4, 5)	Auftrag:Suche nach Gründen,warum sich gerade inmitten eines land = wirtschaftlich genutzten Raumes die Industrie angesiedelt haben könnte!	- überlegen - vermuten - besprechen	Pa	
			Verarb.gespräch: Besprechung der Vermutungen.	- formulieren	Hb	
			Auftrag: Hier siehst du eine Liste mit Standortfaktoren für Industrie= ansiedelung.Notiert in der Gruppe, welche Vor-und Nachteile der Stand= ort Neckar-und Filstal bietet!	- besprechen - notieren	Ga	Standortfakto= ren Graphik:Pend= lerströme nach Stuttgart(Haus= mann,S.33)
	8. Lehrschritt (Ergebnis = gewinnung und -fixierung)	Vor-und Nachteile dieses Standorts (Lz 7)	Verarb.gespräch: Auswertung der Gruppenarbeit.Erläuterung unter Mithilfe der Pendlergraphik. Tafelfixierung der Ergebnisse in vorgegebene Tabelle.	- berichten - erklären - fixieren	Hb	Tafelbild: Tabelle ②
Sicherungsphase	9. Lehrschritt (Rekapitulation und inhaltliche Ausweitung)	Rekapitulation und Ausweitung Begriff: "Veredelungs = dustrie" (Lz 6)	Erarb.gespräch: Hauptmerkmale der Industrieverarbeitung im Neckar= tal:Verarbeitung von fremden Roh= stoffen zu hochwertigen Qualitäts= waren.Beispiele für die Ver = arbeitung.	- formulieren - fixieren - erklären	Hb	Tafelfixierung Rückgriff auf Industriegasse
	10. Lehrschritt (Beurteilung)	Industrieansiede= lung löst Probleme (Lz 8)	Impuls: Die meisten Menschen im Neckar= raum sichern ihr Einkommen auf zwei= fache Weise.	- darlegen	Hb	Graphik der Beschäftigten in Stuttgart (Hausmann/Mül= ler,S.32)
			Erarb.gespräch:Landwirtschaft und Industriearbeit sichern das Einkommen.	- besprechen - auswerten	Hb	
	11. Lehrschritt (Besinnung)	Industrieballung schafft neue Probleme (Lz 7)	Impuls: Heute mehren sich die Stimmen derjenigen,die diese Industriean = siedelung gar nicht mehr so positiv finden.	-überlegen - berichten	Hb	
			Diskussion: Gegenüberstellung von Vor -und Nachteilen des Lebens in einer Industriegasse.	- diskutieren - begründen	Hb	

Hauptlernziel:	Unterrichtsthema:	Autor: Irmela und Jürgen Niederlechner
Einblick in den Industriezweig "Schwerindustrie" sowie Einsicht in die Abhängigkeit der Industrie-Entwicklung von verschiedenen Standortfaktoren/-bedingungen	"Warum entwickelte sich gerade das Ruhrgebiet (=RG) zum Industriezentrum?" (Standortfaktoren - Schwerindustrie - Raumveränderung)	Unterrichtszeit Empfehlung: 2 UZE = 90 Minuten

I. Teillernziele

Die Schüler sollen:

1. am exemplarischen Raumbeispiel Ruhrgebiet die entscheidenden Voraussetzungen (Standortfaktoren) für die Ansiedelung/Entstehung von Montanindustrie erkennen und auf andere geographische Räume (mit ähnlichen Bedingungen) übertragen können; (kognitiv/instrumentell)
2. einen knappen Einblick in die Verarbeitung zweier bedeutender Bodenschätze (Eisenerz u. Steinkohle - Verhüttung, Stahlerzeugung) im Rhein-Ruhr-Lippe-Industriegebiet erhalten; (kognitiv)
3. die raumverändernden Auswirkungen der einmal begonnenen Industrialisierung des Ruhrgebietes anhand von Bildern, Karten, Skizzen, Tabellen, Diagrammen, Zahlen beschreiben, erklären und begründen können; (kognitiv/instrumentell)
4. das exemplarische Raumbeispiel Ruhrgebiet -nach Erhellung/Erfassung räumlicher Lagebeziehungen- in verschiedene Karten (phys.K./ stumme K./Sonderkarte - jeweils auch variierender Maßstab:Deutschland-,Detail-,Europakarte) einordnen können; (kogn./instr.)
5. fachspezifische Arbeitsweisen (insbesondere Kartenarbeit, Analyse u. Interpretation der o.a. Medien) sowie sach-u. fachadäquate Arbeitsformen praktizieren/üben; (instr.)
6. Interesse für den gesamtwirtschaftlich überaus bedeutenden Wirtschaftszweig "Schwerindustrie entwickeln. (affektiv)

II. Medien

1. Dortmund von der Südseite um 1820 (Farbdruck lt. III/1)
2. Essen - Gesamtansicht um 1850 (Farbdruck lt. III/1)
3. Super-8-Arbeitsfilm "Wir fliegen über das Ruhrgebiet" (Westermann Nr. 355 042)
4. Physikalische, wirtschaftsgeographische und thematische Karten Seiten 12,16,32/I+II,38,52/I,53/I in III/2
5. Stumme Karte auf "Langzeit-Arbeitsblatt" mit Umrißstempel "Deutschland" für die gesamte Lehrsequenz "Industrie" (behandelte Räume werden hier sukzessive eingetragen)
6. Physikalische Land-/Wandkarte "Norddeutschland"
7. Harms Wandbild "Steinkohlenzeche/Zeche Zollverein" Nr. 4011
8. Harms Wandbild "Stahlwerk/Westfalenhütte" Nr. 4012
9. Farbtonfilm "Roheisengewinnung" (FT 556)
10. Einzelbilder der Reihen "Hochofen"(4162),"Stahlwerk/Martinofen"(4062),"Walzwerk"(4166) als evtl. Ersatz für FT 556
11. OHP-Folie mit Kartenskizze von "Mitteleuropa"
12. 3-teilige OHP-Folie lt. Ziffer V/a, V/b, V/c
13. Arbeitsblatt 1 lt. Ziff. IV/dazu: identische OHP-Folie (Kont.)
14. OHP-Folie bzw. Hektogramm mit Informationstext lt. Ziffer VII/a+b
15. Arbeitsblatt 2 lt. Ziff. VI/dazu: identische OHP-Folie
16. OHP-Folie "Begriffsübersicht Hüttenwerk" lt. Ziff. VIII
17. Diapositive (Einzelbilder/Auswahl) lt. Ziffer III/14

Nummer 14 / AZ (zu VII/b) 18.01.1979/Seite 3

Giftgasglocke läßt Alarmsirenen schrillen

III. Literatur/Quellen

1. Europäische Bildungsgemeinschaft(Hrsg):"Romantisches Deutschland/30 farbige Städtebilder aus der Bidermaier-Zeit"/zu II-1:Umrißradierung von B.A.Berger/zu II-2:Farblithographie von C.Ohrmann (Stuttgart o.J.)
2. F. Mayer u.a.:"Westermann Schulatlas/Grundausgabe Bayern" (Westermann-Braunschweig 1971[11])
3. Heidenreich/Schäfer/Wittmann:"Arbeitshilfen für den Erdkundeunterricht/5.Jahrgangsstufe" (Auer 1976)
4. Drössler/Förtsch u.a.: "Erdkunde 6" (Auer-Donauwörth 1979)
5. Staatsinstitut für Schulpädagogik:"Handreichungen...für den Erdkundeunterricht...5./6.Jahrgangsstufe - Band 1" (Auer-Donauwörth 1977)
6. W. Hausmann (Hrsg.): "Welt und Umwelt" - Lehrerausgabe 5. Schuljahr (Oldenbourg-Westermann/München 1974)
7. H. du Bois/G. Jahn: "List Geographie 5/6 - Mensch und Erde" (List-München 1978)
8. H. Wüllenweber/dpa/ddp: "Berichte über Smog-Alarm am 17.01.1979 im westlichen Ruhrgebiet/in:Augsburger-Allgemeine (AZ) Nr.14-1979 vom 18.01.1979 - Seite1 und Seite 3
9. H. Schreiber:"Lehrerbegleitheft-Didaktische Bildanalysen zu Harms Wandbilder Nordrheinwestfalen" (List o.J.)
10. M. Bohle: "Der Mensch gestaltet die Erde" - Band 1 (Hirschgraben-Frankfurt 1975)
11. M. Bohle: "Lehrerinformationen zu Band 1 / Der Mensch gestaltet die Erde" (Hirschgraben-Frankfurt o.J.)
12. L. Buck u.a.: "Geographie" 5. und 6. Schülerjahrgang (Klett-Stuttgart 1972)
13. W. Glogauer u.a.: "Fahr mit in die Welt" - Band 2 (Diesterweg-Frankfurt 1970)
14. Institut für Film und Bild/München: Dia-Reihen a)"Saarland" R980F b)"Oberschlesisches Industriegebiet" R 582 F c)"Großbritannien-Mitte" SR 257 F

VII/a: Hektogramm bzw. OHP-Folie mit Informationstext für Lehrschritt 15

Smog bedroht Ruhrgebiet
Erstmals Alarm wegen Luftverschmutzung in der Bundesrepublik

Düsseldorf (wü/dpa/ddp). Im Ruhrgebiet mußte am Mittwoch zum erstenmal in der Geschichte der Bundesrepublik wegen zu hoher Luftverschmutzung Smog-Alarm ausgelöst werden. Der laut Smog-Verordnung in Nordrhein-Westfalen zulässige Höchstwert von 0,8 Milligramm des giftigen Schwefeldioxids pro Kubikmeter Luft war am Morgen an mehreren automatischen Meßstationen deutlich überschritten worden. Am Abend wurde der Alarm aufgehoben. (Siehe auch Die Dritte Seite.)

Bei Alarmstufe I wurde die Bevölkerung der Großstädte Essen, Duisburg, Bottrop, Oberhausen, Mülheim, Krefeld sowie einiger Gemeinden des Kreises Wesel über den Rundfunk aufgefordert, die Autos stehenzulassen. Einwohner mit Erkrankungen an Herz, Kreislauf, Lunge und Bronchien sollten möglichst in der Wohnung bleiben.
Die stärkste Luftverschmutzung wurde um 8.30 Uhr in Duisburg mit einem Schwefeldioxidgehalt von knapp 1,4 Milligramm gemessen.
Industriebetriebe verteilten Handzettel mit Verhaltensmaßregeln an die Belegschaft. Offenbar ohne Wirkung blieb der Appell an die Autofahrer, ihre luftverschmutzenden Wagen stehenzulassen. Wie die Polizei mehrerer gefährdeter Städte berichtete, war der Verkehr trotz der Warnungen „so normal wie immer".
Der Smog-Alarm wird abgeblasen, wenn an drei der jetzt bedrohten Orte die gefährliche Luftverschmutzung mindestens sechs Stunden lang auf Werte unter 0,8 Milligramm abgesunken ist. 1962 wurden in einigen Gebieten des Ruhrgebiets Werte von fünf Milligramm pro Kubikmeter gemessen. Damals wurde ein Ansteigen der Sterblichkeitsrate nachgewiesen.
Ueber Bayern herrschte gestern nach Angaben des Umweltministeriums kein Smog. Lediglich im häufig von „Katzendreckgestank" geplagten nordostbayerischen Raum bei Hof seien mit dem aufkommenden Ostwind die Schwefeldioxidwerte leicht angestiegen.

BARRIEREN ließ das Landesamt für Immissionsschutz in Essen an den Straßenrändern besonders gefährdeter Stadtgebiete bereitstellen, um für eine Verschärfung des Smog-Alarms gerüstet zu sein. Bei Alarmstufe II ist das Benutzen von Autos verboten. Funkbild: dpa

VII/b - Alternative zu VII/a

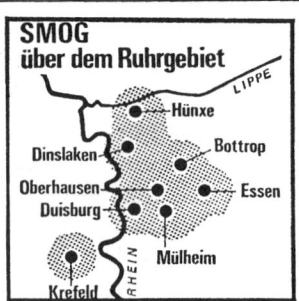

SMOG über dem Ruhrgebiet

Daß im Smog-Gebiet gestern das Gift noch nicht zu riechen war, hält Elmar Pielow für leicht erklärbar. „Zu riechen wären erst die doppelten Giftwerte in der Luft." So etwa bei 2,4 Milligramm Schwefeldioxyd pro Kubikmeter Luft. Das freilich wäre höchste Alarmstufe 3. Pielow: „Die Katastrophe." Dann gäbe es nicht nur ein totales Autofahrverbot, sondern die Industrien müßten ihre Betriebe größtenteils sofort stillegen — bis auf lebensnotwendige Versorgungsunternehmen.

UG	Lehrschritte (Artikulationsdefinition)	Lehrinhalte und Lernziele (= Lz)	Lehrakte .... Lernakte		Sozialformen	Lernhilfen
Eröffnungsphase	1.Lehrschritt (Raumbegegnung)	Städte des Ruhrgebietes vor der Industrialisierung	Sachimpuls Lehrer zeigt zwei zeitgenössische Farblithografien (Dortmund 1820 u. Essen 1850): keine bzw.kaum Industrieanlagen/"Landstadtcharakter"	- anschauen - beschreiben - vermuten	Hb	Bilder/Episkop lt.II/1+2
	2.Lehrschritt (2.1 Problemfelderöffnung) (2.2 Steuerung der Beobachtungen)	Städte u.Industrieballung im Ruhrgebiet heute (Lz 3+6) Aktualisierung/Reorganisation von Vorwissen (5.Jhg.)	Sachimpuls "Der folgende Filmstreifen zeigt die beiden Städte u.deren Umland heute vom Flugzeug aus.Ihr werdet vielleicht überrascht sein!" Verarbeitungsgespräch Beschreiben der "Ruhrstadt": Industrielandschaft,Abgaswolken....	- vermuten - beobachten - beschreiben - erläutern - versuchen zu begründen	Hb Hb	S-8 Arbeitsfilm II/3 ca. 2-3 Minuten
	3.Lehrschritt (Problemfindung/ -präzisierung u. -formulierung)	a)Warum haben sich gerade im RG so viele Industriebetriebe angesiedelt? b)Welche Industriezweige gibt es dort?	Impuls "Ihr habt hauptsächlich Bergwerksanlagen,Fördertürme etc.erwartet.Der Film hat wesentlich mehr gezeigt u. das wirft Fragen auf!" Erarbeitungsgespräch Aufwerfen,Formulieren,Sammeln und Ordnen von Schüler(Problem)fragen	- verbalisieren - formulieren - notieren - ordnen	Hb Hb	Tafel/OHP(Schülerfragen)
	4.Lehrschritt (Hypothesenbildung - simultan: Arbeitsplanung)	Aktualisieren von Vorwissen sowie Planen von Arbeitsmitteln u.Arbeitsformen durch Schüler	Impuls "In der 5.Klasse habt ihr mehrmals vom Ruhrgebiet gehört.Ihr habt sicher Vermutungen und Vorschläge für die Lösung unserer Fragen!" Planungs-/Erarbeitungsgespräch Bodenschätze:Kohle...→Sonderkarten; Arbeitskräfte:Einwohnerzahlen...→ Bücher,Bilder,Tabellen,Atlas etc. in atlg.Gruppenarbeit auswerten	- überlegen - vorschlagen - begründen	Hb Hb	Tafel/OHP(Schülervermutungen/ -vorschläge)
Erarbeitungsphase	5.Lehrschritt (Lösungsvollzug/ 1.Teilergebnisgewinnung)	Standortbestimmung/ geogr.-topographische Lokalisierung des Ruhrgebietes (Lz 4+5)	Arbeitsanweisung "Suche mit deinem Partner im Atlas auf den Seiten 12,16,32/II u.38 jeweils das Ruhrgebiet.Gib für alle 4 Himmelsrichtungen die Grenzen des RG an,berechne die ungefähre W-O u. N-S Ausdehnung u.notiere die 10 größten Städte.Trage abschließend das RG mit Bleistift in unsere "Industriekarte von Deutschland" ein !	- aufsuchen - vergleichen - auswerten - abmessen - berechnen - notieren - übertragen - skizzieren	Pa	Atlas+Notizblock+"Langzeitarbeitsblatt" (lt.II/4+5)
	6.Lehrschritt (Teilergebniskontrolle/-zusammenfassung)	- Rhein,Ruhr,Lippe; Unna,Iserlohn; - 75km, 30km; - Hauptorte, Skizze	Verarbeitungsgespräch 1.Auswerten,Ergänzen,Berichtigen der Pa-Ergebnisse 2.Kontrolle der Kartenskizze über OHP-Folie und an Wandkarte	- berichten - erläutern - demonstrieren - einordnen	Hb	wie im 6.LS/zusätzlich:OHP-Folie zu II/5 u. II/11 sowie Wandkarte II/6
	7.Lehrschritt (Lösungsvollzug/ 2.Teilergebnisgewinnung)	Rohstoff "Steinkohle" als originärer (auslösender) Standortfaktor (Lz 1+3)	Sachimpuls "Der Film und die Karten haben uns einen groben Überblick über das RG vermittelt. Diese zwei Bilder zeigen typische Ausschnitte/Einzelheiten.Ein Bild könnt ihr beschreiben/ erläutern,wenn ihr an voriges Jahr denkt!" Verarbeitungsgespräch: Steinkohlenzeche-Schachtanlagen-Fördertürme-Kokerei/Koksofenkammern-Bandstraßen-Schienensystem mit 3 Güterzügen....	- anschauen - beobachten - vergleichen - erinnern/reorganisieren - beschreiben - erläutern - verbalisieren - erklären	Hb Hb	Wandbilder II/7 und II/8 Wandbild II/7
		Einblick in die Grundzüge des Produktionsablaufes im Hüttenwerk (Lz 2)	Beschreibung/Erläuterung a)Das 2.Bild zeigt die Anlagen eines "Hüttenwerkes": zwei Gruppen von Hochöfen+Winderhitzer,Siemens-Martin-Stahlwerk,Güterbahnhof,Rohrleitungsstränge,Kokerei im Hintergrund; Demonstration von Vorgängen b)Film/Dias zeigen Arbeitsschritte: Eisenerz+Kalkgestein=Möller,Koks, Füllen d.Hochofens mit Aufzug,... Abstich:Roheisen+Schlacke..Stahlwerk...Walzwerk	- anschauen - mitverfolgen - beobachten - zuhören - mitverfolgen	Hb Hb	Wandbild II/8 Filmausschnitt (8-Min.)II/9 - alternativ: Diapositive lt. II/10 (Auswahl)
	8.Lehrschritt (Teilergebniszusammenfassung)	Verhüttung und Stahlerzeugung (Lz 2)	Arbeitsaufgabe "Beschrifte die einzelnen Stationen der Schemaskizze und die jeweiligen Rohstoffe bzw.Produkte!" →anschl. Kontrolle mit OHP-Folie	- nachvollziehen - beschriften - verbalisieren/erläutern	Hb/Aa Hb	Arbeitsblatt 1 lt.Ziff.II/13 OHP-Folie dazu

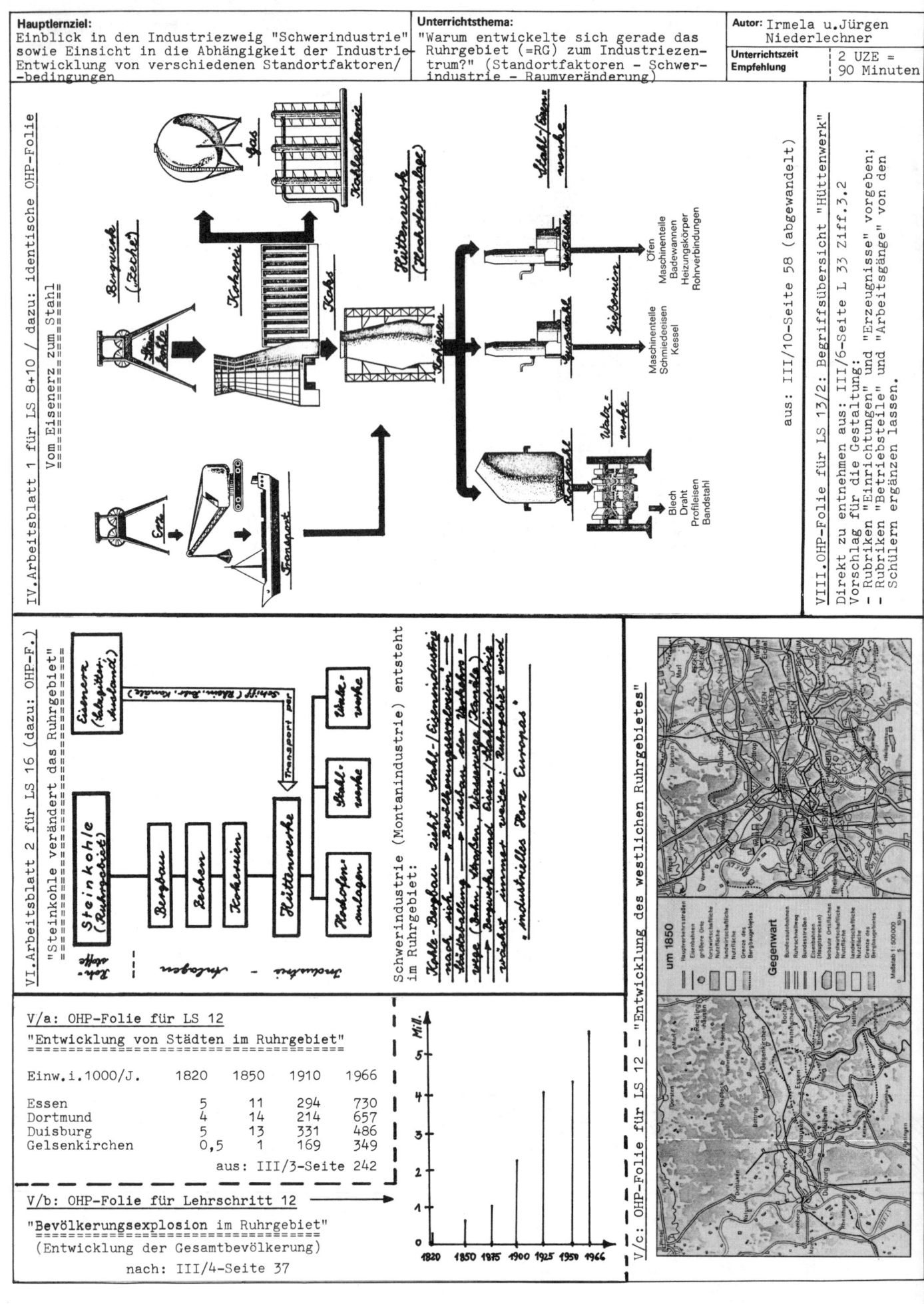

Hauptlernziel: Einblick in den Industriezweig "Schwerindustrie" sowie Einsicht in die Abhängigkeit der Industrie-Entwicklung von verschiedenen Standortfaktoren/-bedingungen	Unterrichtsthema: "Warum entwickelte sich gerade das Ruhrgebiet (=RG) zum Industriezentrum?" (Standortfaktoren - Schwerindustrie - Raumveränderung)	Autor: Irmela u. Jürgen Niederlechner
		Unterrichtszeit Empfehlung: 2 UZE = 90 Minuten

IV. Arbeitsblatt 1 für LS 8+10 / dazu: identische OHP-Folie

"Vom Eisenerz zum Stahl"

[Schaubild: Bergwerk (Zeche) → Kohle → Kokerei → Koks → Hüttenwerk (Hochofenanlage); Erz → Transport → Hüttenwerk; Gas, Kohlechemie; Roheisen → Stahlwerk, Gießerei, Walzwerk → Ofen, Maschinenteile, Badewannen, Heizungskörper, Rohrverbindungen / Maschinenteile, Schmiedeeisen, Kessel / Blech, Draht, Profileisen, Bandstahl]

aus: III/10-Seite 58 (abgewandelt)

VIII. OHP-Folie für LS 13/2: Begriffsübersicht "Hüttenwerk"

Direkt zu entnehmen aus: III/6-Seite L 33 Ziff.3.2
Vorschlag für die Gestaltung:
- Rubriken "Einrichtungen" und "Erzeugnisse" vorgeben;
- Rubriken "Betriebsteile" und "Arbeitsgänge" von den Schülern ergänzen lassen.

VI. Arbeitsblatt 2 für LS 16 (dazu: OHP-F.)

"Steinkohle verändert das Ruhrgebiet"

Rohstoffe: Steinkohle (Ruhrgebiet)
Anlagen: Bergbau, Zechen, Kokereien, Hüttenwerke, Hochofenanlagen, Stahlwerk, Walzwerk
Industrie: Eisenerz (Lahngebiet, Ausland) — Schiff (Rhein, Ruhr, Kanäle) — Transport per ...

Schwerindustrie (Montanindustrie) entsteht im Ruhrgebiet:

Kohle-Bergbau zieht Stahl-/Eisenindustrie nach sich → "Bevölkerungsexplosion" → Ausbau der Verkehrswege → Bergwerks- und Eisen-/Stahlindustrie wächst immer weiter; Ruhrgebiet wird "industrielles Herz Europas".

V/a: OHP-Folie für LS 12

"Entwicklung von Städten im Ruhrgebiet"

Einw.i.1000/J.	1820	1850	1910	1966
Essen	5	11	294	730
Dortmund	4	14	214	657
Duisburg	5	13	331	486
Gelsenkirchen	0,5	1	169	349

aus: III/3-Seite 242

V/b: OHP-Folie für Lehrschritt 12

"Bevölkerungsexplosion im Ruhrgebiet"
(Entwicklung der Gesamtbevölkerung)
nach: III/4-Seite 37

[Balkendiagramm: 1820, 1850, 1875, 1900, 1925, 1950, 1966; Mill.]

V/c: OHP-Folie für LS 12 – "Entwicklung des westlichen Ruhrgebietes"

[Karten: um 1850 und Gegenwart, mit Legende Eisenbahnen, größere Orte, forstwirtschaftliche Nutzfläche, landwirtschaftliche Nutzfläche, Grenze des Berghaupfwegs, Bundesstraße, Eisenbahnen, bebaute Grundfläche (Hauptstraßen), industrielle Nutzfläche, Grenze des Bergbaugebietes; Maßstab 1:200000]

288

	Lehrschritte (Artikulationsdefinition)	Lehrinhalte und Lernziele (= Lz)	Lehrakte .... Lernakte		Sozialformen	Lernhilfen
Erarbeitungsphase	9.Lehrschritt (Lösungsvollzug/ 3.Teilergebnisgewinnung)	Verkehrslage als weiterer wichtiger Standortfaktor (angesichts fehlender Eisenerzvorkommen) (Lz 1) Reaktivierung von Vorwissen aus dem 5.Jhg.(Leitthemen 'Bergbau'/'Verkehr') Wiederholung als vorbereitende Hausaufgabe (Lz 4)	Arbeitsaufgabe "Die Sonderkarten 32/II und 33/I weisen mit Symbolen auf Eisen-u.Stahlerzeugung u. -verarbeitung hin.Vergleiche beide mit der Bodenschatzkarte 32/I. Du wirst überrascht sein!" Verarbeitungsgespräch Rohstoff Steinkohle vorhanden;Rohstoff Eisenerz hingegen fehlt im RG: a)Antransport von Eisenerz platzsparender d.h.billiger als Abtransport von Steinkohle bzw. Koks b)Erzlieferanten:Salzgitter;Schweden, Afrika,Südamerika...Schiffstransport: Rhein/Ruhr/Lippe/Rhein-Herne-u.Mittellandkanal c)Wasserweg als billigster Transportweg	- aufsuchen - analysieren - vergleichen - interpretieren - berichten - erläutern - begründen - aufzeigen	Aa Hb	Atlas III/2 - Seiten 32+33 Wandkarte II/6 OHP-Folie II/11
	10.Lehrschritt (Teilergebniszusammenfassung)	Erztransport zu den Hüttenwerken (Lz 1+2)	Arbeitsaufgabe "Ergänze jetzt die zwei fehlenden Begriffe in der Schemaskizze (im linken oberen Teil)!" → anschl.: Kontrolle mit OHP-Folie	- nachvollziehen - ergänzen - erläutern	Aa Hb	Arbeitsblatt 1 lt.Ziff.II/13 OHP-Folie dazu
phase	11.Lehrschritt (Rekapitulation/ Rückgriff auf 3.u.4.Lehrschritt)	Aufgreifen der initialen Leitfragen sowie Verifikation/ Falsifizierung der Vermutungen	Arbeitsauftrag "Beantwortet jetzt unsere Fragen u. nehmt Stellung zu den notierten Vermutungen!" Verarbeitungsgespräch Antwortformulierungen im Klassengespräch - Stellungnahme zu den eingangs gestellten Vermutungen	- zusammenfassen - rekapitulieren - formulieren - korrigieren - ergänzen - begründen	Aa Hb	Tafel/OHP(Schülerfragen/-vermutungen)
Zusatzmöglichkeiten zur Auswahl (je nach Zeit)	12.Lehrschritt (1.Lernerfolgskontrolle)	Raumveränderung durch Ansiedelung von (Schwer-)Industrie (Lz1+3)	Sachimpuls Tabelle mit Entwicklung der Einwohnerzahlen einzelner Städte des RG Säulendiagramm mit Gesamtbevölkerung des RG (nur bis 1966/67): "Nicht allein die Einwohnerzahlen haben sich im Ruhrgebiet in den letzten 150 Jahren grundlegend verändert!"	- vergleichen - analysieren - erklären - begründen - ausweiten - wiederholen	Hb	OHP-Folie II/12 Teile a u.b nacheinander
	13.Lehrschritt (2.Lernerfolgskontrolle)	Verhüttung und Arbeitsschritte der Stahlerzeugung (Lz 2)	Arbeitsaufgabe 1.Betrachte jetzt noch einmal das Wandbild (Westfalenhütte) und benenne/erkläre Einzelheiten! 2.Notiere die in der Übersicht fehlenden "Betriebsteile" u."Arbeitsgänge" auf deinem Arbeitsblock! anschl.: Kontrolle/Verarbeitungs-G.	- betrachten - beschreiben - erläutern - ergänzen - benennen - erklären	Hb Aa Hb	Wandbild II/8 OHP-Folie lt. II/16 und Notizblock
	14.Lehrschritt (3.Lernerfolgskontrolle)	Standortfaktoren; Bergbauindustrie zieht weitere Industrien nach sich (Lz 1+3)	Rundgespräch nach Arbeitsaufgabe: "Die Kartenskizzen zeigen -wie eingangs die Bilder und der Film- das Ruhrgebiet vor ca.150Jahren und heute. Erkläre die Gegenüberstellung und erläutere Einzelheiten!"	- vergleichen - verbalisieren - benennen - erklären/begründen	Hb	OHP-Folie lt. II/12-Teil c
	15.Lehrschritt (4.Lernerfolgskontrolle)	Raumverändernde Auswirkungen/Schwerindustrie - Umweltbelastung (Lz 3)	Arbeitsaufgabe "Lies den Zeitungsbericht durch.Begründe anschließend mit Hilfe der Karte Seite 33/I, warum der Alarm (erstmalig) gerade im Ruhrgebiet ausgelöst wurde!" anschl.:Kontrolle	- erlesen - analysieren - begründen - verbalisieren	Aa Hb	OHP-Folie bzw. Hektogramm lt. II/14
	16.Lehrschritt (5.Lernerfolgskontrolle/Ausweitung)	Schwerindustrie im Saarland/in Oberschlesien/in Mittelengland: Generalisierung typischen Erscheinungen	Sachimpuls Bilder aus anderen Industrierevieren mit montan-typischen Anlagen Erarbeitungsgespräch: Ergänzung/Korrektur der Schülervermutungen (Ruhrgebiet aufgrund der erkennbaren Einzelheiten) durch den Lehrer	- betrachten - vermuten - beschreiben	Hb Hb	Diapositive (Auswahl) lt. II/17
Sicherungs-	17.Lehrschritt (Gesamtlernzielkontrolle)	Integration aller Teilerkenntnisse→ Abstraktion (Lz 1 - 3)	Arbeitsaufgabe "Versuche das Diagramm/Strukturbild zusammen mit deinem Partner zu ergänzen!" → anschließend:Kontrolle (OHP-Folie/Verarbeitungsgespräch)	- nachvollziehen/durchdenken - ergänzen	Pa Hb	Arbeitsblatt 2 lt.II/15
	18.Lehrschritt (Vertiefende Lernerfolgskontrolle)	Ruhrgebiet als "industrielles Herz" Europas	Arbeitsaufgabe "Die Karten 52/II und 53/I zeigen weitere Industriegebiete in Europa. Vergleiche mit dem Ruhrgebiet und erkläre anschließend den Begriff 'industrielles Herz Europas'!" → Verarbeitungsgespräch	- aufsuchen - vergleichen - auswerten - erläutern - begründen	Aa Hb	Atlas III/2-S. 53/I und 52/I

Hauptlernziel: Abhängigkeit der Industrie von Standortbedingungen - Ursachen und Folgen der Änderung von Standortbedingungen	Unterrichtsthema: "Das Ruhrgebiet wandelt sein Gesicht" (Anfälligkeit monostrukturierter Industriegebiete - Strukturwandel)	Autor: Irmela und Jürgen Niederlechner
		Unterrichtszeit Empfehlung: 2 UZE = 90 Minuten

I. Teillernziele: Die Schüler sollen:

1. die einseitige Ausrichtung der -auf dem Rohstoff Steinkohle basierenden- Schwerindustrie des Ruhrgebietes erkennen und anhand der Entwicklungsgeschichte/originären, natürlichen Standortbedingungen erläutern/begründen können; (kognitiv)
2. am exemplarischen Raumbeispiel "Ruhrgebiet" erkennen, daß durch Änderung/Wandel von Voraussetzungen/Standortbedingungen in einseitig industrialisierten Regionen besonders große wirtschaftliche Probleme ausgelöst werden ("Krisenanfälligkeit monostrukturierter Industriegebiete" lt.III/6b-S.45); (kognitiv)
3. aus Tabellen, Graphiken, Skizzen, Sonderkarten u.a. Medien möglichst selbständig die Ursachen und Folgen der "Kohlenkrise" im Ruhrgebiet erarbeiten (=Initiierung/Schulung/Training/Anwendung fachspezifischer Arbeitstechniken/-weisen); (instrumentell)
4. Hilfsmaßnahmen zur Überwindung der Kohlenkrise/Möglichkeiten des Strukturwandels im Ruhrgebiet angesichts der existenten Standortfaktoren finden und mittels eines Strukturbild-/Flußdiagrammes erläutern und begründen können; (kognitiv/instrumentell)
5. Aufgeschlossenheit/Verständnis dafür entwickeln, daß der Staat, die Wirtschaft und jeder einzelne Bürger zusammenhelfen müssen, struktur-problematische Gebiete zu unterstützen. (kognitiv/affektiv)

II. Medien

1. OHP-Folie A und identisches Arbeits-/Merktextblatt (Strukturbild/Flußdiagramm) laut Ziffer IV/a-i
2. OHP-Folie B (Entwicklung einiger Städte im Ruhrgebiet) laut Ziffer V-B/a und (Diagramm:Bevölkerungsentwicklung im Ruhrgebiet insgesamt von 1820 - 1974) Ziffer V-B/b
3. Arbeitsblatt 2 (3-teilig) laut Ziffer VI (Gruppe 2:Skizze/Durchschnittsteufe und Flözmächtigkeit - Gruppe 1: Diagramm/Energieverbrauch in der Bundesrepublik 1955-1970 - Gruppe 3:Zahlentabellen/Förderleistung je Bergmann und Schicht; Mechanisierung des Kohleabbaues im Ruhrgebiet;Koksverbrauch für jeweils 1 t Roheisen) dazu: identische OHP-Folie mit den Skizzen/Tabellen (zur Auswertung der arbeitsteiligen Gruppenarbeit)
4. OHP-Folie bzw. Arbeitsblatt 3 (Hilfsmaßnahmen zur Überwindung der Ruhrgebietskrise) laut Ziffer VII: a)Stillegung unrentabler Zechenanlagen;   b)Einführung der Heizölverbrauchssteuer;   c)Anwerbung von neuen Industriezweigen.
5. Atlaskarten (z.B.in III/2 - Seiten: 32/II, 33/I, Graphiken/Diagramme S.34/35 o.ä.)
6. OHP-Folie C ("Die Ruhrgebietskrise war keine reine Kohlekrise") laut Ziffer VIII a-d
7. Schülerarbeitsbuch "Erdkunde" 6.Schuljahr (siehe III/6a) bzw. ähnliches Buch anderer Verlage

III. Literatur/Quellen

1. W.Hausmann (Hrsg.): "Welt und Umwelt" - Lehrerausgabe B - 6.Schuljahr (Oldenbourg-Westermann 1975)
2. F.Mayer u.a.: "Westermann Schulatlas - Grundausgabe Bayern" (Westermann 1977[11])
3. Bundesministerium für Wirtschaft: "Energieprogramm der Bundesregierung - Zweite Fortschreibung vom 14.Dezember 1977" (BMIWI 1977)
4. W.Engelhardt (Hrsg.): "Geographie: Aus der Presse für die Praxis" (Wolf 1975)
5. Hausmann/Müller (Hrsg.): "Erdkunde" - 5.Schuljahr/Neubearbeitung - Schülerarbeitsbuch (=5a) und Lehrerheft (=5b) /(Oldenbourg-Prögel-Westermann 1977)
6. Hausmann/Müller (Hrsg.): "Erdkunde" - 6.Schuljahr/Neubearbeitung - Schülerarbeitsbuch (=6a) und Lehrerheft (=6b) /(Oldenbourg-Prögel-Westermann 1973)
7. Institut Globus: Graphiken Nr. 2983 ("Kohlepfennig"), Nr. 2984 ("Rohstahlproduktion"), Nr. 2671 ("Stahlflaute = Kohleflaute"), Nr. 2475 ("Kohle=Rückgrat der Stromversorgung"), Nr.2465 ("Heimliche Steuern")
8. Heidenreich/Schäfer/Wittmann: "Arbeitshilfen für den Erdkundeunterricht" - 5.Jhg. (Auer 1976)
9. Drössler/Förtsch u.a.: "Erdkunde 6" - Schülerarbeitsbuch (Auer 1979)

VI. Arbeitsblatt 2 / Gruppe 1 für Lehrschritt 5

"Energieverbrauch in der Bundesrepublik"

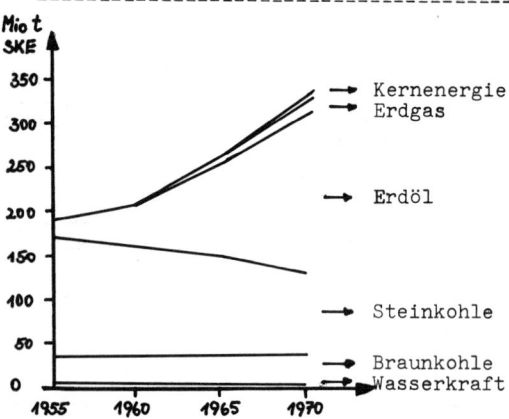

Das Schaubild zeigt, wie der Energieverbrauch von 1955-1970 insgesamt angestiegen ist. Es zeigt auch, welche Energieträger verwendet wurden.
Vergleiche den Verbrauch von Steinkohle mit dem Verbrauch von Mineralöl/Erdöl!

(nach: III/1-S.34 und III/3-S.52)

VI. Arbeitsblatt 2 / Gruppe 2 für Lehrschritt 5

"Durchschnittsteufe und Flözmächtigkeit"

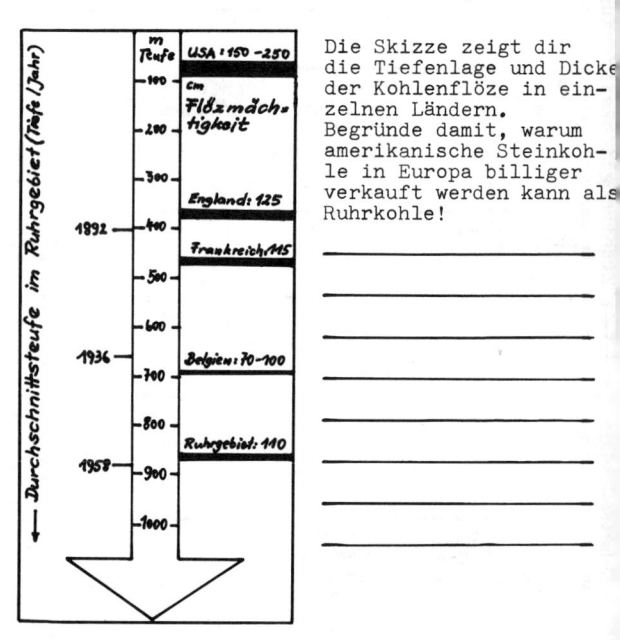

Die Skizze zeigt dir die Tiefenlage und Dicke der Kohlenflöze in einzelnen Ländern.
Begründe damit, warum amerikanische Steinkohle in Europa billiger verkauft werden kann als Ruhrkohle!

(aus: III/1-S.34,Abb.2)

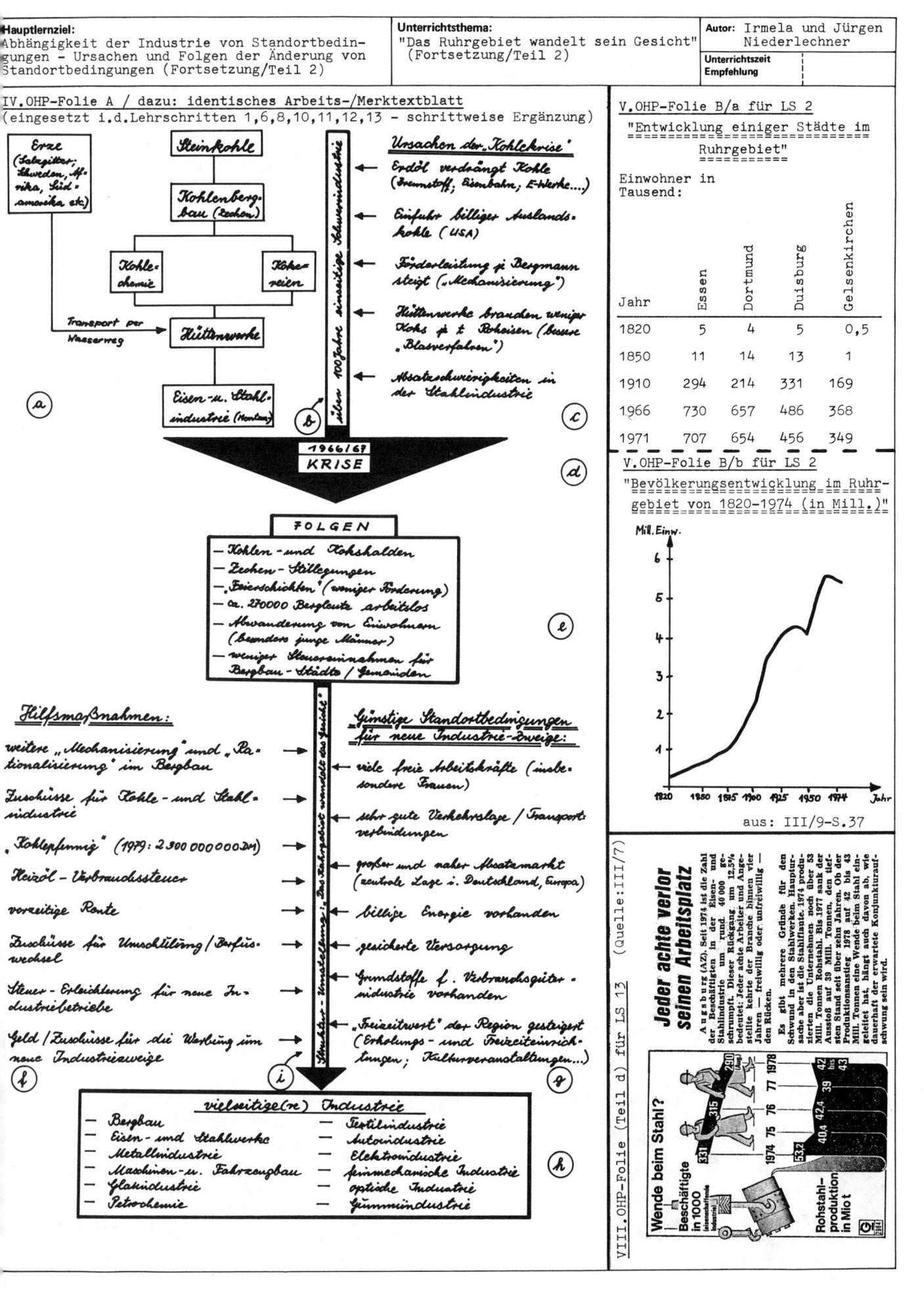

Hauptlernziel: Abhängigkeit der Industrie von Standortbedingungen - Ursachen und Folgen der Änderung von Standortbedingungen (Fortsetzung/Teil 2)	Unterrichtsthema: "Das Ruhrgebiet wandelt sein Gesicht" (Fortsetzung/Teil 2)	Autor: Irmela und Jürgen Niederlechner
		Unterrichtszeit Empfehlung

IV. OHP-Folie A / dazu: identisches Arbeits-/Merktextblatt
(eingesetzt i.d. Lehrschritten 1,6,8,10,11,12,13 - schrittweise Ergänzung)

Flussdiagramm (handschriftlich):

- Erze (Salzgitter, Schweden, Afrika, Südamerika etc.)
- Steinkohle → Kohlenbergbau (Zechen) → Kohlechemie / Kokereien → Hüttenwerke → Eisen- u. Stahlindustrie (Montan)
- Transport per Wasserweg
- über 100 Jahre einseitige Schwerindustrie

Ursachen der „Kohlekrise":
- Erdöl verdrängt Kohle (Brennstoff, Eisenbahn, E-Werke...)
- Einfuhr billiger Auslandskohle (USA)
- Förderleistung je Bergmann steigt („Mechanisierung")
- Hüttenwerke brauchen weniger Koks je t Roheisen (besseres „Blasverfahren")
- Absatzschwierigkeiten in der Stahlindustrie

1966/67 KRISE

FOLGEN:
- Kohlen- und Koksbalden
- Zechen-Stillegungen
- „Feierschichten" (weniger Förderung)
- ca. 270000 Bergleute arbeitslos
- Abwanderung von Einwohnern (besonders junge Männer)
- weniger Steuereinnahmen für Bergbau-Städte / Gemeinden

Hilfsmaßnahmen:
- weitere „Mechanisierung" und „Rationalisierung" im Bergbau
- Zuschüsse für Kohle- und Stahlindustrie
- „Kohlepfennig" (1979: 2 900 000 000 DM)
- Heizöl-Verbrauchssteuer
- vorzeitige Rente
- Zuschüsse für Umschulung / Berufswechsel
- Steuer-Erleichterung für neue Industriebetriebe
- Geld/Zuschüsse für die Werbung um neue Industriezweige

Günstige Standortbedingungen für neue Industrie-Zweige:
- viele freie Arbeitskräfte (insbesondere Frauen)
- sehr gute Verkehrslage / Transportverbindungen
- großer und naher Absatzmarkt (zentrale Lage i. Deutschland, Europa)
- billige Energie vorhanden
- gesicherte Versorgung
- Grundstoffe f. Verbrauchsgüterindustrie vorhanden
- „Freizeitwert" der Region gesteigert (Erholungs- und Freizeiteinrichtungen; Kulturveranstaltungen...)

„Struktur - Umstellung": „Das Ruhrgebiet wandelt das Gesicht"

vielseitige(re) Industrie:
- Bergbau
- Eisen- und Stahlwerke
- Metallindustrie
- Maschinen- u. Fahrzeugbau
- Glasindustrie
- Petrochemie
- Textilindustrie
- Autoindustrie
- Elektroindustrie
- feinmechanische Industrie
- optische Industrie
- Gummiindustrie

V. OHP-Folie B/a für LS 2

"Entwicklung einiger Städte im Ruhrgebiet"

Einwohner in Tausend:

Jahr	Essen	Dortmund	Duisburg	Gelsenkirchen
1820	5	4	5	0,5
1850	11	14	13	1
1910	294	214	331	169
1966	730	657	486	368
1971	707	654	456	349

V. OHP-Folie B/b für LS 2

"Bevölkerungsentwicklung im Ruhrgebiet von 1820-1974 (in Mill.)"

[Diagramm: Kurve Mill. Einw. von 1820 bis 1974, ansteigend von nahe 0 auf ca. 5,5 Mill.]

aus: III/9-S.37

VIII. OHP-Folie (Teil d) für LS 13 (Quelle: III/7)

Jeder achte verlor seinen Arbeitsplatz

Augsburg (AZ). Seit 1974 ist die Zahl der Beschäftigten in der Eisen- und Stahlindustrie um rund 40 000 geschrumpft. Dieser Rückgang, um 12,5%, bedeutet: Jeder achte Arbeiter und Angestellte kehrte der Branche binnen vier Jahren — freiwillig oder unfreiwillig — den Rücken.

Es gibt mehrere Gründe für den Schwund in den Stahlwerken. Hauptursache aber ist die Stahlflaute. 1974 produzierten die Unternehmen noch über 53 Mill. Tonnen Rohstahl. Bis 1977 sank der Ausstoß auf 39 Mill. Tonnen, den tiefsten Stand seit über zehn Jahren. Ob der Produktionsanstieg 1978 auf 42 bis 43 Mill. Tonnen eine Wende beim Stahl eingeleitet hat, hängt auch davon ab, wie dauerhaft der erwartete Konjunkturaufschwung sein wird.

Wende beim Stahl?
Beschäftigte in 1000 (eisenschaffende Industrie): 331 / 315 / 230 (Aug.) / 77 1978 / 76 / 75 / 1974
Rohstahlproduktion in Mio t: 53,2 / 40,4 / 42,4 / 39 / 42 bis 43

Hauptlernziel: Abhängigkeit der Industrie von Standortbedingungen - Ursachen und Folgen der Änderung von Standortbedingungen (Fortsetzung/Teil 3)	Unterrichtsthema: "Das Ruhrgebiet wandelt sein Gesicht" (Fortsetzung/Teil 3)	Autor: Irmela und Jürgen Niederlechner
		Unterrichtszeit Empfehlung

VI. Arbeitsblatt 2 / Gruppe 3 für Lehrschritt 5

a) Förderleistung je Bergmann und Schicht

1956	:	1591 kg
1970	:	3755 kg
1973	:	4094 kg

b) Mechanisierung des Kohleabbaues im Ruhrgebiet

1957	:	11,53 %
1967	:	84,48 %
1970	:	91,94 %
1973	:	94,30 %

Überlege, welcher Zusammenhang zwischen den beiden Tabellen besteht! Was sagen beide über die Zahl von notwendigen Bergleuten aus?

c) Koksverbrauch für jeweils 1 t Roheisen:

1900	:	2000 kg
1957	:	941 kg
1972	:	500 kg
1980	:	400 kg

Die Herstellungsverfahren von Rohstahl wurden laufend verbessert. Hier siehst du die Folgen für die Kohleindustrie!

a,b,c aus: III/1-S.34u.35
Zusatzzahlen z.T.aus:III/3-52

VII. Arbeitsblatt 3 /dazu: identische OHP-Folie für LS 9
"Hilfsmaßnahmen zur Überwindung der Ruhrgebietskrise"

a) *Stillegung unrentabler Zechen*

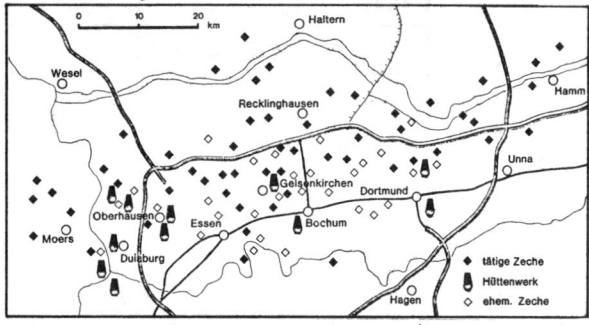

Zechen und Hütten im Ruhrgebiet 1971   aus: III/1-S.35 Abb.4

Die Kartenskizze zeigt eine der im Buch (III/6a) auf Seite 37 genannten Maßnahmen. Versuche beides zu erklären und überlege eine passende Überschrift (Skizze)!

b) *Einführung der Heizöl-Verbrauchssteuer*

Von jeder, für Heizöl ausgegebenen Mark kassiert der Staat: 13 Pf Heizöl

Überlege, warum der Staat für jeden Liter Heizöl neben der Mehrwertsteuer (ca.7 Pf) auch noch ca.2 Pf Verbrauchssteuer verlangt, aber nicht bei Kohle!

c) *Anwerbung von neuen Industriezweigen*

Mit den Städten Essen/Dortmund als Mittelpunkt erreichen Sie im Umkreis von 150 Kilometern 30 Millionen, 300 Kilometern 70 Millionen, 500 Kilometern 140 Millionen Verbraucher.

Nordrhein-Westfalen mitten im Markt — der optimale Standort für Ihren neuen Betrieb

GESELLSCHAFT FÜR WIRTSCHAFTSFÖRDERUNG IN NORDRHEIN-WESTFALEN mbH

Wofür wirbt diese Zeitungsanzeige?

Der Name der Gesellschaft, die diese Anzeige herausgegeben hat, sagt etwas über die Ziele dieser Gesellschaft. Erkläre den Namen!

Woher stammen deiner Meinung nach die Millionenbeträge für diese und viele andere, ähnliche Anzeigen?

aus: III/1-Seite 35
bzw. III/6a-S.39

VIII. OHP-Folie für Lehrschritt 13:

a) "Die Ruhrgebietskrise war keine reine Kohlekrise"

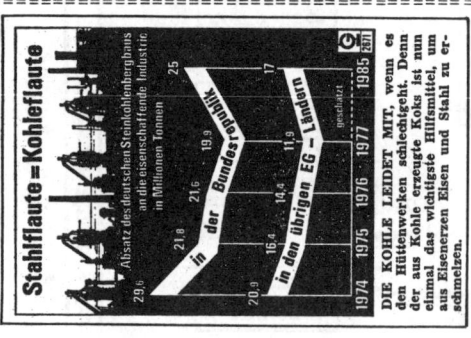

Stahlflaute = Kohleflaute

Absatz des deutschen Steinkohlenbergbaus an die eisenschaffende Industrie in Millionen Tonnen

in der Bundesrep.: 29,6 / 21,8 / 19,9 / 21,6 / 25 (1985 geschätzt)
in den übrigen EG-Ländern: 20,9 / 16,4 / 14,4 / 14,2 / 17

1974 1975 1976 1977 1985

DIE KOHLE LEIDET MIT, wenn es den Hüttenwerken schlechtgeht. Denn der aus Kohle erzeugte Koks ist nun einmal das wichtigste Hilfsmittel, um aus Eisenerzen Eisen und Stahl zu erschmelzen.

Quelle: III/7

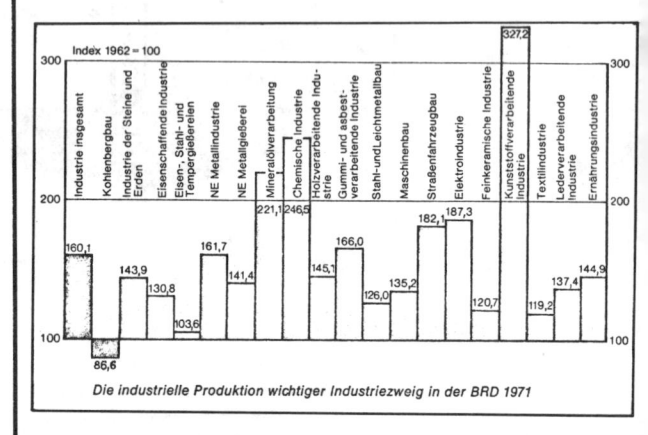

Index 1962 = 100

Industrie insgesamt 160,1
Kohlenbergbau 86,6
Industrie der Steine und Erden 143,9
Eisenschaffende Industrie 130,8
Eisen-, Stahl- und Tempergießereien 103,6
NE-Metallindustrie 161,7
NE-Metallgießerei 141,4
Mineralölverarbeitung 221,1
Chemische Industrie 246,5
Holzverarbeitende Industrie 145,1
Gummi- und asbestverarbeitende Industrie 166,0
Stahl-und Leichtmetallbau 126,0
Maschinenbau 135,2
Straßenfahrzeugbau 182,1
Elektroindustrie 187,3
Feinkeramische Industrie 120,7
Kunststoffverarbeitende Industrie 327,2
Textilindustrie 119,2
Lederverarbeitende Industrie 137,4
Ernährungsindustrie 144,9

Die industrielle Produktion wichtiger Industriezweig in der BRD 1971

aus: III/1-S.35

b) "Der Kohleindustrie muß weiter geholfen werden"

Der „Pfennig" kostet 36 Mark

Augsburg (AZ). Energiesicherheit kostet Geld. So mußte man beispielsweise den Kraftwerken einen finanziellen Ausgleich bieten, wenn sie statt des importierten billigen schweren Heizöls teure heimische Steinkohle verfeuern sollten. Diese Ausgleichsabgabe, der „Kohlepfennig", wurde 1975 eingeführt.

Von „Pfennig" kann freilich kaum noch die Rede sein, insbesondere nicht, seit für 1979 eine weitere Anhebung beschlossen worden ist. Im kommenden Jahr wird der Durchschnittshaushalt jährlich etwa 36 DM zusätzlich zur normalen Stromrechnung zahlen müssen.

Ueber 2 Mrd. DM werden so für die Verstromung von Kohle zusammenkommen — wobei unverständlicherweise der Staat auch auf diese Abgabe noch Mehrwertsteuer erhebt und zusätzlich 300 Mill. DM in die eigenen Kassen leitet.

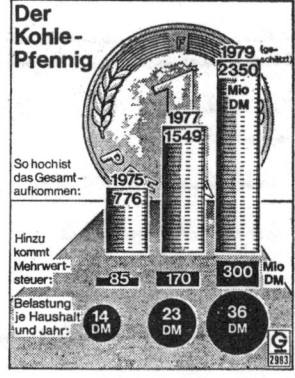

Der Kohle-Pfennig
1979: 2350 Mio DM
1977: 1549
1975: 776

So hoch ist das Gesamtaufkommen

Hinzu kommt Mehrwertsteuer: 85 / 170 / 300 Mio DM

Belastung je Haushalt und Jahr: 14 DM / 23 DM / 36 DM

Quelle: III/7

c) "Auf die Kohle können wir nicht verzichten"

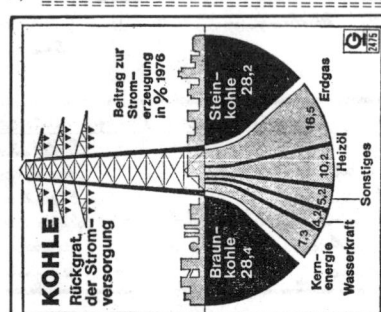

KOHLE - Rückgrat der Stromversorgung

Beitrag zur Stromerzeugung in % 1976:
Steinkohle 28,2
Braunkohle 28,4
Kernenergie 7,9
Wasserkraft 4,2
Sonstiges 5,2
Heizöl 10,2
Erdgas 16,5

KOHLE KANN LÜCKE FÜLLEN. Daß die Lichter nicht ausgehen, dafür sorgt vor allem die Kohle. Aus Braun- und Steinkohle zusammengenommen stammten 1976 fast 60% des erzeugten Stroms der Kraftwerke. Gegenüber dem Vorjahr bedeutet dies einen erheblich verstärkten Kohleeinsatz. Und das ist nicht zufällig so. Denn Strom aus Kohle bedeutet Strom aus heimischer Energie und damit größere Sicherheit in der Stromversorgung.

Quelle: III/7

292

	Lehrschritte (Artikulationsdefinition)	Lehrinhalte und Lernziele (= Lz)	Lehrakte .... Lernakte		Sozialformen	Lernhilfen
Eröffnungsphase	1. Lehrschritt (Wiederholung/ Rekapitulation= Absichern des Problemgrundes)	Entwicklung von Schwerindustrie im Ruhrgebiet/Standortfaktor Kohle Reaktivieren von Vorwissen (Lz 1)	Demonstration einer Skizzendarstellung "Damit haben wir die Entstehung des Industriezentrums im Ruhrgebiet zusammengefaßt. Ergänzt die Skizze!" Verarbeitungsgespräch Standortfaktor(en) - Entwicklung von Montanindustrie - Raumveränderungen Ergebnis: über 100 Jahre stetig anwachsende, aber einseitige Industrie.	- erinnern - wiederholen - ergänzen - verbalisieren - erklären - begründen	Hb Hb	OHP-Folie A lt. II/1-Teil a ergänzen OHP-Folie A lt. II/1-Teil b ergänzen
	2. Lehrschritt (Situationskonfrontation/Problematisierung)	Rückgang d. Einwohnerzahlen von Städten u.d. gesamten Ruhrgebietes	Sachimpuls Vorzeigen der Zahlentabelle sowie des Graph-Schaubildes mit den in der Vorstunde weggelassenen Werten v. 1974	- analysieren - feststellen - verbalisieren	Hb	OHP-Folie II/2 - Teil B/a - Teil B/b
	3. Lehrschritt (Problemfindung u. -formulierung)	Warum hat sich im RG die Einwohnerzahl nach 1966 verringert?	Erarbeitungsgespräch Aufwerfen, Sammeln, Formulieren und Anschreiben von Schülerfragen zum Problem	- fragen - formulieren - ordnen - notieren	Hb	Tafel/OHP (Schülerfragen)
	4. Lehrschritt (Hypothesenbildung u. Arbeitsplanung)	Lösungsvermutungen u. Arbeitsvorschläge der Schüler (Arbeitsmittel/Vorgehen)	Impuls - Planungsgespräch "Mit eurem bisherigen Wissen könnt ihr Vermutungen anstellen u. Vorschläge für unser Vorgehen bringen!"	- vermuten - vorschlagen - begründen - notieren	Hb	Tafel/OHP (Schülervermutungen/ -vorschläge)
Erarbeitungsphase	5. Lehrschritt (Lösungsvollzug/ 1. Teilergebnisgewinnung)	Ursachen u. Auslöser der "Kohlekrise" im RG (Lz 1,2,3)	Arbeitsaufgabe "Aus den Zahlen/Skizzen lassen sich Entwicklungen/Veränderungen herausfinden. Notiert die Ergebnisse auf d. Block. Arbeitet gewissenhaft, denn jede Gruppe untersucht andere Fragen!"	- analysieren - vergleichen - zusammenfassen - formulieren - notieren	Ga (atlg.) (3 Gr)	Arbeitsblatt 2 lt. II/3
	6. Lehrschritt (Teilergebniswiederholung/ Einordnung/Besinnung)	Vergleich/Integration der Teilfaktoren/Einzelursachen (Lz 1,2,3)	Verarbeitungsgespräch Verringerter Kohlebedarf/-absatz; rückläufige Stahlproduktion; Einfuhr billigen Erdöls; einseitige Montanindustrie wird schwer getroffen: 1966/67 kommt es zur "Krise"	- verbalisieren - begründen - notieren	Hb	OHP-Folie zu II/3 OHP-Folie A lt. II/1-Teile c+d ergänzen
	7. Lehrschritt (Hypothesenbildung/2. Teilergebnisgewinnung)	Folgen/Folgemaßnahmen der "Kohlenkrise" (Lz 2,3)	Arbeitsaufgabe "Notiere mit deinem Partner mögliche Folgen/Maßnahmen angesichts d. Krise. Lies dann im Buch zur Überprüfung nach. Beantwortet d. Fragen 4+5 und berichtet anschließend!"	- vermuten - schlußfolgern - erlesen - beantworten - notieren	Pa	Notizblock Arbeitsbuch lt. II/7-Seite 37
	8. Lehrschritt (Teilzusammenfassung/Darst.d. Teilresultate)		Verarbeitungsgespräch Kohlenhalden, Zechenstillegungen, Feierschichten, Massenarbeitslosigkeit, Abwanderung... Vergleich mit Vermutungen... Ergebnisnotation	- berichten - verbalisieren - begründen - notieren	Hb	Notizblock (Ergebnisse) OHP-Folie A - Teil e ergänzen
	9. Lehrschritt (3. Teilergebnisgewinnung)	Hilfsmaßnahmen zur Überwindung d. Krise - zur Stützung der Montanindustrie - zur Strukturumstellung (Lz 3,4,5)	Arbeitsaufgabe "Zur Überwindung dieser gewaltigen Krise mußten alle zusammenhelfen: Staat, Kohleindustrie, andere Industriezweige, jeder einzelne Bürger. Wir untersuchen arbeitsteilig einzelne Hilfsmaßnahmen. Bearbeitet d. Aufträge auf dem Arbeitsblatt!"	- erlesen - analysieren - auswerten - formulieren - notieren	Ga (atlg.) (3 Gr)	Arbeitsblatt bzw. OHP-Folie lt. II/4
	10. Lehrschritt (Teilzusammenfassung/Darst.d. Teilresultate)		Verarbeitungsgespräch Auswertung d. Gruppenergebnisse: staatliche u. gesamtwirtschaftliche Hilfsmaßnahmen Ergänzungen Vervollständigung von Schüleraussagen durch Lehrer/Detail-Erläuterungen... Notation	- berichten - erläutern - begründen - mitdenken - nachvollziehen	Hb Hb	Arbeitsblatt/ OHP-Folie II/4 OHP-Folie A lt. II/1-Teil f ergänzen
	11. Lehrschritt (4. Teilergebnisgewinnung)	Günstige Standortbedingungen für Ansiedelung nichtmontaner Industriezweige (Lz 4)	Impuls Neue Industriezweige anzusiedeln wäre die beste/dauerhafteste Lösung. Die Voraussetzungen sind günstig!" Erarbeitungsgespräch Aufzählung u. Beschreibung der gegebenen Standortfaktoren ... Notation	- reorganisieren - aufzählen - analysieren - kombinieren - erläutern - begründen	Hb Hb	OHP-Folie A (Rückgriff auf Teil e) OHP-Folie A lt. II/1-Teil g ergänzen
	12. Lehrschritt (Rekapitulation/ Verwertung)	Strukturwandel in der Ruhrgebietsindustrie (Lz 3,4)	Arbeitsaufgabe "Die Sonderkarten 32/II u. 33/I beantworten, ob wir richtig überlegt haben! Vergleicht!" Verarbeitungsgespräch Ergebnis d. Kartenarbeit: heute vielseitige(re) Industrie als bis 1966 ⟶ Strukturwandel... Notation	- auswerten - interpretieren - berichten - erläutern - begründen - notieren	Pa Hb	Atlas lt. II/5 OHP-Folie A lt. II/1-Teile h+i ergänzen
Sicherungsphase	13. Lehrschritt (Gesamtzusammenfassung)	Beantwortung d. Leitfrage/Rückschau auf Gesamtentwicklung	Impuls "Wer die Begriffe 'Krise' u. 'Strukturwandel' erklärt, beantwortet d. Frage!	- erklären - verbalisieren	Hb	Tafel/OHP (s. LS 3)
	14. Lehrschritt (Integration/ Transfer/kat. Ausweitung)	Ursachen, Auswirkungen; Stützmaßnahmen heute; "Stahlkrise"	Sachimpulse "Die Tabellen/Skizzen zeigen, daß die Krise nicht endgültig behoben ist!" (Skizzen a-d je nach Zeit einsetzen)	- erlesen - interpretieren	Hb	OHP-Folie C lt. Ziff. II/6

Hauptlernziel:	Unterrichtsthema:	Autor:
Der Schüler soll erkennen, mit welchen Problemen und Schwierigkeiten Landwirte in natürlichen Ungunstgebieten zu kämpfen haben.	Warum geben viele Landwirte im Bayerischen Wald ihren Betrieb auf? Leitthema: Landwirtschaft	Hans-Peter Mößner
		Unterrichtszeit Empfehlung: 2 UE

Vorbemerkungen:

Der Schüler sollte Naturräume mit günstigen natürlichen Bedingungen kennengelernt haben (z. B. Gäuboden). Am Beispiel des Wirtschaftsgebietes „Bayerischer Wald" (Hinterer Wald, Vorderer Wald und Regentalsenke) soll aufgezeigt werden, wie die Landwirtschaft durch ungünstige Naturbedingungen beeinflußt wird. Niedrige Erträge, geringe Betriebsgrößen und mangelndes Kapital zwingen viele Landwirte dazu, entweder den Bayerischen Wald zu verlassen oder sich außerhalb der Landwirtschaft einen Nebenerwerb zu suchen. Eine ausführliche Gruppenarbeit bietet sich bei diesem Thema als günstige Sozialform an. Der Umgang mit thematischen Karten sollte eingeübt sein. Einträge auf dem Arbeitsblatt entstehen in der numerierten Reihenfolge.

Teillernziele:

Die Schüler sollen:
1. das Wirtschaftsgebiet „Bayerischer Wald" lokalisieren können, (instrumental)
2. die ungünstigen Naturfaktoren im Bayerischen Wald kennenlernen, (kognitiv)
3. den Unterschied zwischen einem Voll- und Nebenerwerbs- (bzw. Zuerwerbs-)betrieb angeben können, (kognitiv)
4. nach Möglichkeiten suchen, wodurch die Abwanderung aus landwirtschaftlichen Ungunstgebieten gebremst werden kann (Kombination von Landwirtschaft und Gewerbe), (kognitiv)
5. mit Hilfe von thematischen Karten und Tabellen die Schwierigkeiten der Landwirte im Bayerischen Wald feststellen. (instrumental)

Medien:

Wandkarte Süddeutschland; Tageslichtprojektor; Harms Atlas Deutschland und die Welt; Terra 6, Klett-Verlag; Arbeitsblatt; Folien

Literatur:

1. Priebe H., Der ländliche Raum - Eine Zukunftsaufgabe, Verlag W. Kohlhammer, 1973
2. Hausmann W., Welt und Umwelt, Schuljahr 6, R. Oldenbourg Verlag, München, 1975
3. Hausmann/Müller, erdkunde, 6. Schuljahr, Lehrerheft, R. Oldenbourg Verlag, München, 1974
4. Erdkunde 6, Verlag L. Auer, Donauwörth, 1979
5. Terra, Geographie für Bayern, 6. Schuljahr, E. Klett, Stuttgart, 1977
6. Bayerischer Agrarbericht 1978, Bayer. Staatsministerium für Ernährung, Landwirtschaft und Forsten

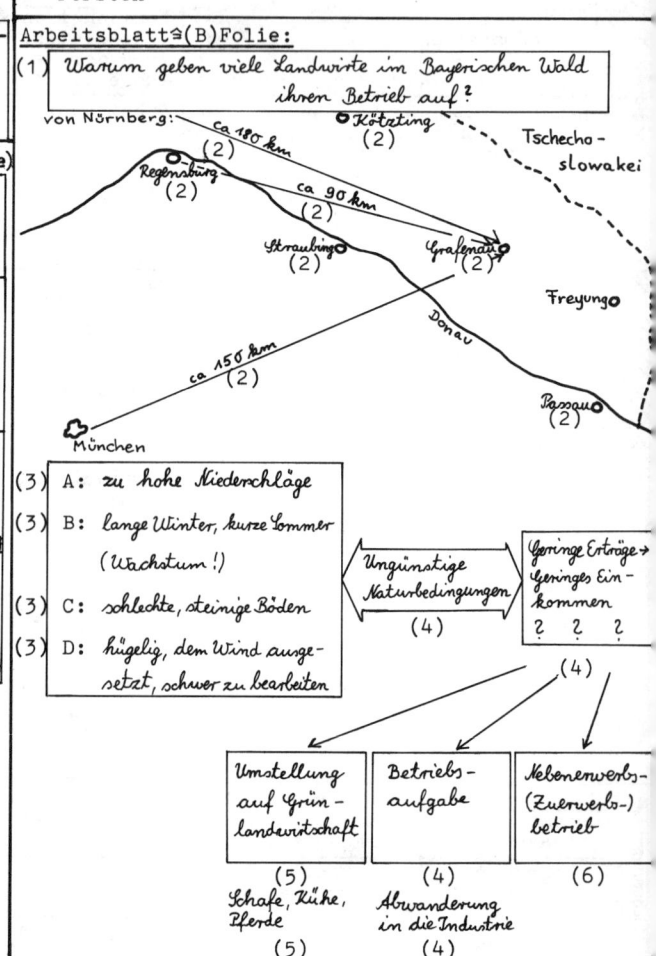

(A) Folie:

Zeitungsanzeige aus der Grafenauer Zeitung:
Bauernhof im Bayerischen Wald sehr billig zu verkaufen: 7 Zimmer, 5000 m² Garten, 3 ha Grund, 1 ha Wald, renovierungsbedürftig

Zeitungsanzeige aus der Freyunger Zeitung:
Ackerland (5 ha) zu günstigen Bedingungen zu verpachten, Anfragen unter Nr. 1234

Arbeitsaufgaben für die Gruppenarbeit: (ebenfalls auf Folie)

a) Karte ④: "Niederschläge"
   Gäuboden: 600-700 mm Bay. Wald: 800-1500 mm
   Folgen: nasse, saure Böden

b)
	J	F	M	A	M	J	J	A	S	O	N	D	
Gäub.:	-2,9	-1,6	3,5	8,5	13,4	16,6	18,2	17,5	13,8	8,3	3,0	-1,0	ø:8,1°
B.W.:	-3,9	-2,3	1,6	6,2	11,2	14,4	16,0	15,2	11,9	6,8	1,8	-2,3	ø:6,4°

   Karte ④: "Frühlingseinzug"
   Gäuboden: Mitte April Bay. Wald: Mitte Mai

c) Karte ④: "Gute und schlechte Böden"
   Gäuboden: gute Böden Bay. Wald: schlechte Böden
   Eigenschaften (Klett-Buch S. 7):
   Gäuboden: nährstoffreich, locker Bay. Wald: nährstoffarm, wasserdurchlässig

d) Karte ⑩, ⑪: Höhenangaben
   Gäuboden: 300-400 m Bay. Wald: 700-1400 m
   Karte ④: "Bodennutzung"
   Gäuboden: Getreide, Hackfrucht Bay. Wald: Wald, Grünland und Acker

Hektarerträge in dz/ha bei	Weizen	Kartoffeln	Klee	Heu
im Bayerischen Wald	31	230	78	65
im Gäuboden	43	300	65	55

Arbeitsblatt ⇔ (B) Folie:

(1) *Warum geben viele Landwirte im Bayerischen Wald ihren Betrieb auf?*

[Skizze einer Karte mit:]
von Nürnberg; ca 180 km; Kötzting; Tschechoslowakei; Regensburg; ca 90 km; Straubing; Grafenau; Freyung; Donau; ca 150 km; Passau; München (jeweils mit (2))

(3) A: zu hohe Niederschläge
(3) B: lange Winter, kurze Sommer (Wachstum!)
(3) C: schlechte, steinige Böden
(3) D: hügelig, dem Wind ausgesetzt, schwer zu bearbeiten

→ Ungünstige Naturbedingungen (4) → Geringe Erträge, Geringes Einkommen ??? (4)

↓ (4)

Umstellung auf Grünlandwirtschaft	Betriebsaufgabe	Nebenerwerbs- (Zuerwerbs-)betrieb
(5)	(4)	(6)
Schafe, Kühe, Pferde (5)	Abwanderung in die Industrie (4)	

294

JG	Lehrschritte (Artikulationsdefinition)	Lehrinhalte und Lernziele (= Lz)	Lehrakte .... Lernakte		Sozialformen	Lernhilfen
Eröffnungsphase	1. Lehrschritt (Problemstellung mit Hypothesenbildung)	Zwei Zeitungsanzeigen: Landwirte geben ihren Betrieb auf	Arbeitsblätter verdeckt ausgeben Impuls mit anschließendem Gespräch: "Solche Anzeigen kann man oft in Zeitungen finden!"	-lesen -vermuten	Hb	(A)Folie
	2. Lehrschritt (Zielangabe)	Vermutungen über Probleme der Landwirte im Bayerischen Wald	Warum geben viele Landwirte im Bayerischen Wald ihren Betrieb auf? Arbeitsaufgabe: "Notiere einige Gründe!"	-eintragen	Pa	Arbeitsblatt/ (B)Folie(1) Arbeitsblock
Erarbeitungsphase	3. Lehrschritt (Topographische Orientierung)	Lage dieses Naturraumes beschreiben, Entfernungen (Lz1)	Arbeitsaufgabe: "Ergänze die Ortsnamen und berechne die Entfernungen von München, Regensburg und Nürnberg!" Kontrolle, auch an der Wandkarte	-sich auf der Karte orientieren -überprüfen	Aa	Karte ⑩,⑪ Arbeitsblatt(2) (B)Folie(2)
	4. Lehrschritt (Problemlösung, erste Teilzielgewinnung)	In arbeitsteiligem Verfahren die ungünstigen Naturbedingungen kennenlernen, (Lz2) thematische Karte, Tabelle (Lz5)	Gruppenarbeit: Zunächst Vermutungen auf Arbeitsblock, vortragen (Klima, Bodengüte), dann gründliches Besprechen der Arbeitsaufgaben (vier Folien einblenden); eventuell leistungsstärkere Gruppe B: Berechnung der Durchschnittswerte für Zwiesel und Straubing erklären; Durchführung in vier Gruppen; Verteilen der Folien und Stifte	-vorlesen -mitlesen	Hb Ga/Aa	Arbeitsblock 4 Folien overlay mit Arbeitsaufgaben (A)Folie a)... b)... c)... d)...
	5. Lehrschritt (Auswertung) (Teilzusammenfassung, Ergebnisfixierung)	Erkennen von Kausalzusammenhängen Weitere Gründe für Betriebsaufgabe: Kapital- und Personalmangel, Landflucht, kleine Betriebsfläche (Lz4)	Verarbeitungsgespräch: a) Ergebnisse durch Gruppensprecher vortragen lassen b) Ergänzen und Verbessern c) Folgen der ungünstigen Bedingungen: Geringe Erträge, geringe Einkommen, Betriebsaufgabe, Abwanderung in die der Industrie	-vortragen -mitlesen -folgern -eintragen der Gesprächsergebnisse	Hb	4 Folien overlay mit Gruppenergebnissen (A)Folie Arbeitsblatt/ (B)Folie(3),(4)
	6. Lehrschritt (Zweite Teilzielgewinnung) (Ergebnisfixierung)	Erste Alternative Begriff: Hektarertrag in dz/ha Begriff: Grünlandwirtschaft (häufig als Vollerwerbsbetrieb) (Lz3)	Sachimpuls: Tabelle mit Ertragsfähigkeit im Gäuboden und im Bayerischen Wald Verarbeitungsgespräch: Bestellung der Felder mit Getreide meist unrentabel, gute Erträge in der Grünlandwirtschaft (Pferde, Kühe, Schafe)	-vergleichen -eine Tabelle auswerten	Hb Hb	Tabelle (A)Folie(unten) Arbeitsblatt/ (B)Folie(5)
	7. Lehrschritt (Dritte Teilzielgewinnung)	Zweite Alternative Kombination von Landwirtschaft und Gewerbe, Neben- und Zuerwerbsbetrieb, Doppelbelastung	Bericht: "Herr Gruber hat in der Nähe von Freyung einen landwirtschaftlichen Betrieb mit 5ha Fläche. Als gelernter Mechaniker fährt er täglich nach Passau zur Arbeit. Nach der Arbeit kümmert er sich um sein Anwesen."	-zuhören -diskutieren	Hb	
	8. Lehrschritt (Ergebnisfixierung)	Definition der Begriffe (Lz3)	Erarbeitungsgespräch: Nebenerwerbslandwirt: Hauptberuf außerhalb der Landwirtschaft; Zuerwerbslandwirt verdient zu seinem Hauptberuf noch Geld	-definieren	Hb	Arbeitsblatt/ (B)Folie(6)
Sicherungsphase	9. Lehrschritt (Szenische Wiedergabe)	Erläutern der Problemsituation	Rollenspiel: Lehrer kommt als Landwirt zur Beratung ins Landwirtschaftsamt (Schüler), will den Betrieb aufgeben.	-sich in eine Situation versetzen	Pa/Hb	
	10. Lehrschritt (Wertung)	Ein Verdünnungsgebiet darf nicht noch mehr Menschen verlieren (Lz4)	Impuls: "1980/1981 werden in der BRD schätzungsweise 15-20000 Landwirte ihren Betrieb aufgeben!" Industrieansiedlung, Fremdenverkehr, staatliche Subventionen für Landwirte	-nach Lösungen suchen	Hb	

Hauptlernziel: Erkennen, daß bestimmte Funktionen eine Siedlung (hier: Trabantenstadt) prägen	Unterrichtsthema: Wir planen eine Trabantenstadt (Lösung der Probleme einer Großstadt mit Hilfe von Trabantenstädten)	Autor: Maria Sedlmayer
		Unterrichtszeit Empfehlung: 1 UE=45 Min

VORBEMERKUNGEN: Bei vorliegender Unterrichtseinheit ist die Behandlung der Probleme einer Großstadt (so etwa am Beispiel Münchens) vorausgesetzt. Sie könnten anhand einer vorausgehenden Untersuchung der verschiedenen Daseinsfunktionen des Menschen in ihrem Bezug zur Großstadt erarbeitet sein. Eine besonders gute Alternative zur vorgeschlagenen Arbeit der Kinder mit Folien des Tageslichtprojektors würde die "Planung" mit Hilfe des Sandkastens darstellen. Ein Transfer auf andere Trabantenstädte wurde nicht mehr mit eingeplant; er ist später (z.B. bei der Behandlung von "Langwasser" als Trabantenstadt Nürnbergs) möglich.

TEILLERNZIELE: Die Schüler sollen:
1. die Hauptprobleme einer Großstadt (Wohnungs-, Verkehrsproblem, Luftverschmutzung und Lärmbelästigung, Ver- und Entsorgung) benennen und in Stichpunkten an der Tafel notieren,
2. den Begriff "Trabantenstadt" klären und Trabantenstädte Münchens in einer Skizze aufsuchen,
3. aus einer Skizze am Tageslichtprojektor das Stundenziel erschließen, es formulieren und notieren,
4. entsprechend den Problemen der Großstadt (siehe Lernziel 1) einen Katalog von Forderungen aufstellen, die bei der Planung einer "Entlastungsstadt" zu berücksichtigen sind,
5. die schriftlich ausgegebenen Arbeitsaufgaben für die Gruppenarbeit vorlesen und besprechen, sowie die aufgetragene Rolle ("Referat") für folgende Planungsarbeit übernehmen,
6. in arbeitsteiliger Gruppenarbeit mit Hilfe des bereitgestellten Arbeitsmaterials Vorschläge für die Planung einer Trabantenstadt erarbeiten und diese auf Folie und Block festhalten,
7. die Ergebnisse der Gruppenarbeit vortragen, beurteilen und zu einer Gesamtplanung zusammensetzen,
8. in einer Rückschau die geplante Trabantenstadt auf die anfangs gestellten Forderungen hin überprüfen,
9. im Vergleich mit dem eigenen Dorf (der eigenen Stadt) die Grenzen der Planung erkennen,
10. mit Hilfe eines Arbeitsblattes das Gelernte schriftlich wiedergeben.

MEDIEN: Tafel, Overhead-Projektor, vorbereitete Folien, Folienstifte, Plastikkärtchen (siehe entsprechende Arbeitsaufgaben für die Gruppenarbeit), Bild einer "Betonlandschaft", schriftlich vorbereitete Arbeitsaufträge für die Gruppenarbeit, Arbeitsblock, Arbeitsblatt zur Lernkontrolle.

LITERATUR:
Bayerisches Staatsministerium für Landesentwicklung und Umweltfragen: Planungsregionen, Gerber München 1973

Bayer. Staatsministerium für Wirtschaft und Verkehr: Ein Programm für Bayern II, Neue Presse-Verlag Passau 1970

Bohle, M.: Der Mensch gestaltet die Erde, Hirschgraben-Verlag Frankfurt am Main

Bundesminister für Raumordnung, Bauwesen und Städtebau: Städtebauliche Forschungen, Kurzfassungen, Passavia-Druckerei Passau 75

Drössler/Hilpert/Sauter: Erdkunde 5, Auer Donauwörth 1978

Hausmann/Müller: Erdkunde 5.Schuljahr, Oldenbourg 1973/2 (Schülerbuch und Lehrerband)

ARBEITSAUFGABEN für die arbeitsteilige Gruppenarbeit (vom Lehrer für die einzelnen Gruppen schriftlich vorbereitet):

VERKEHR: (I)	WOHNEN: (II)	SOZIALES/KULTUR: (III)
→ Zeichnet in die Folie die Lage der Trabantenstadt ein! Welche Lage wird verkehrstechnisch am günstigsten sein?	→ Welche Haus- und Siedlungsform wählt ihr für die Trabantenstadt?	→ Welche Einrichtungen (Verwaltung, Polizei, Gesundheitswesen..) sind nötig, welche würdet ihr nicht einplanen?
→ Tragt Verkehrsverbindungen ein, die ihr für nötig haltet!	→ Wo sind Möglichkeiten für Spiel, Sport, Erholung einzuplanen?	→ Wählt kulturelle Einrichtungen für unsere Trabantenstadt aus!
→ Würdet ihr die Hauptverkehrsadern mitten durch die Siedlung leiten?	→ Wodurch können wir Luft- und Lärmbelästigung gering halten?	→ Schreibt die Namen der entsprechenden Gebäude auf beiliegende Plastikkärtchen!
	→ Versucht, einen Stadtplan zu skizzieren!	
Arbeitsmaterialien: Skizze einer Großstadt und Folienstifte	Arbeitsmaterialien: Straßennetz als Grundlage für einen Stadtplan auf Folie	Arbeitsmaterialien: vorbereitete Plastikkärtchen, die später auf den Stadtplan gelegt werden.

VER-/ENTSORGUNG: (IV)
→ Welche Geschäfte sind zur ausreichenden Versorgung der Einwohner unserer Trabantenstadt nötig, welche sind überflüssig?
→ Nennt Möglichkeiten, die ausreichende Versorgung mit Wasser, Brenn- und Treibstoff zu sichern! Bedenkt dabei auch das Problem der Entsorgung!
→ Sollte man das Entstehen von neuen Arbeitsplätzen in der Trabantenstadt fördern oder möglichst gering halten?

TAFELBILD: **Wir planen eine Trabantenstadt**

① Großstadtprobleme / Trabantenstadt
- Ver-, Entsorgung → Einkaufszentrum
- Luftverschmutzung → bessere Luft
- Lärmbelästigung → Ruhe
- Wohnungsnot → zahlreiche Wohnmöglichkeiten
- Verkehrsproblem → günstige Verkehrsverbindungen zur Stadt

② Trabantenstadt = Wohnsiedlung für 20000 bis 80000 Menschen
③ Sie soll keine Betonlandschaft sein, soll soziale Einrichtungen besitzen und Arbeitsplätze bieten.
④ Eine Trabantenstadt bringt besondere Probleme mit sich, da sie keine „Tradition" hat.

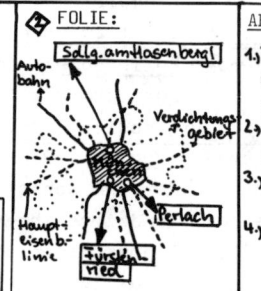

FOLIE: Sdlg. am Hasenbergl, Autobahn, Verdichtungsgebiet, Haupteisenbahnlinie, Perlach, Fürstenried

ARBEITSBLATT:
1. Zeichne eine Trabantenstadt mit Verkehrsverbindungen ein!
2. Einrichtungen der Trabantenstadt: ....
3. Vorteile, die sie mit sich bringt: ....
4. Belastungen oder Nachteile, die mit ihr verbunden sind: ....

(Großstadt Mitte, Autobahn, Fluß, Eisenbahn)

	Lehrschritte (Artikulationsdefinition)	Lehrinhalte und Lernziele (= Lz)	Lehrakte .... Lernakte		Sozialformen	Lernhilfen
Eröffnungsphase	1. Lehrschritt (Anknüpfung)	Wiederholung (Lz 1)	Impuls: Wir kennen die Hauptprobleme einer Großstadt .. Rundgespräch: Probleme der Ver- und Entsorgung, Verkehrsproblem, Luftverschmutzung und Lärmbelästigung durch Verkehr und Industrie, entvölkerte City und Wohnungsproblem	- wiederholen - benennen - begründen - notieren	Hkf	Tafel ①
	2. Lehrschritt (Problembegegnung)	Begriffsklärung "Trabantenstadt" (Lz 2)	Feststellung: Vorliegende Probleme versucht man u.a'. mit Hilfe von Trabantenstädten zu lösen. Erarbeitungsgespräch: Trabantenstadt bedeutet "Begleiter-" bzw. "Entlastungsstadt" (vgl. Erdtrabant) und ist eine geschlossene Großsiedlung Arbeitsauftrag: Zeigt solche "Entlastungsstädte" Münchens an der Skizze!	- zuhören - mitdenken - vermuten - aufsuchen - zeigen	Hkf Hkf Hkf	Tafel ② ②
Erarbeitungsphase	3. Lehrschritt (Zielangabe)	Unterrichtsvorhaben (Lz 3)	Sachimpuls: Skizze einer (fingierten) Großstadt am Tageslichtprojektor Verarbeitungsgespräch: Wir planen eine Trabantenstadt	- betrachten - formulieren - notieren	Hkf Hkf	Skizze am Tageslichtprojektor ④ Tafel (Überschrift)
	4. Lehrschritt (Problemanalyse)	Aufstellen von Anforderungen (Lz 4)	Erarbeitungsgespräch: Die Fachleute haben bei der Planung einer "Entlastungsstadt" spezielle Forderungen und Wünsche zu berücksichtigen..	- formulieren - notieren	Hkf	Tafel ③
	5. Lehrschritt (Arbeitsplanung)	Einteilung der Gruppen (Lz 5)	Erarbeitungsgespräch: Wir teilen die Klasse in verschiedene "Referate" (Gruppen) ein und grenzen die einzelnen Aufgabenbereiche ab.	- einteilen - vorlesen - besprechen	Hb/Ga	Arbeitsaufgaben für die Gruppen (Ⅰ,Ⅱ,Ⅲ,Ⅳ)
	6. Lehrschritt (Erarbeitung)	Ausführen der Arbeitsaufgaben (Lz 6)	Arbeitsauftrag: Besprecht euere Vorschläge in der Gruppe und notiert auch die Begründungen in Stichpunkten!	- vorschlagen - notieren - skizzieren	Ga	Arbeitsanweisungen, Arbeitsmaterial, Block
	7. Lehrschritt (Ergebnisgewinnung und -fixierung)	Gesamtplanung als Zusammenfassung der Gruppenberichte (Lz 7)	Verarbeitungsgespräch: Die einzelnen Gruppensprecher zeigen die Ergebnisse der Gruppenarbeit mit Hilfe des Tageslichtprojektors auf. Die übrigen Kinder (in der Rolle von Mitgliedern des "Bausenats" oder "Stadtrates") beurteilen	- vortragen - begründen - betrachten - diskutieren - zusammenfassen	Hb	Tageslichtprojektor, Arbeitsmaterialien, Notizen
Sicherungsphase	8. Lehrschritt (Gesamtzusammenfassung)	Vergleich mit anfangs gestellten Forderungen (Lz 8)	Erarbeitungsgespräch: Inwiefern entlastet unsere Trabantenstadt die Großstadt? Könnte sie auch Belastungen mit sich bringen? Wir konnten den Kostenfaktor nicht berücksichtigen!	- überlegen - rekapitulieren - zusammenfassen	Hb	Tafel ③ + ④
	9. Lehrschritt (Problembewertung)	(Lz 9)	Frage: Weshalb "funktionieren" auch von Fachleuten geplante Trabantenstädte oft nicht? (Möchtest du in einer Trabantenstadt wohnen?) Erarbeitungsgespräch: Wir vergleichen mit unserem Dorf (unserer Stadt): Die Trabantenstadt ist nicht aus sich heraus gewachsen; sie hat keine Tradition	- durchdenken - vergleichen - begründen	Hb Hb	Tafel ⑤
	10. Lehrschritt (schriftliche Wiedergabe des Lernresultats)	Lernkontrolle (Lz 10)	Arbeitsauftrag: Haltet das Erarbeitete mit Hilfe des Arbeitsblattes fest! Kontrolle der Ergebnisse ANMERKUNG: Dieser Lehrschritt kann auch als Hausaufgabe bewältigt werden.	- lesen - wiederholen - notieren	Aa Hb	Arbeitsblatt

Englisch

Hauptlernziel: Kontaktaufnahme, jemanden nach dem Weg fragen und Auskunft geben.	Unterrichtsthema: "Our town" - Finding our way in an English town.	Autor: William Alexander
		Unterrichtszeit Empfehlung: 2 UE = 90 Min.

Vorbemerkungen:
Die Schwerpunkte der methodischen Aufbereitung sind die Einführung der Redemittel des Wegerfragens mit dem dazugehörigen lexikalischen Material sowie das Üben und Anwenden dieser Redemittel im situativen Rahmen.
Das Folienmaterial mit den Stadtplänen soll dabei gezielte Sprechanreize bieten.

Teillernziele:
Die Schüler sollen:
1. jemanden begrüßen können,
2. sich nach Wünschen erkundigen bzw. auf ein Angebot reagieren können,
3. adjektivische Steigerungsformen verwenden können,
4. Adjektive verwenden können,
5. nach dem Weg fragen und darüber Auskunft geben können.

Medien:
OHP-Folien (s.unten)
Flash Cards (s.unten)
Tafel

Literatur:
English H2, Cornelsen - Oldenbourg

Arbeitsblatt für Lehrschritt 7

1. Excuse me, officer *can you tell* me *the way* to the station?
   Yes, Sir! This is Kennon Road. You *walk down* to Green Street and *turn left*. Then you *walk up* Green Street and *cross* over High Street. When you *come* to Norman Street you *turn left* and *left* again at Merton Street. At Station Road you *turn right* and you will see the station *in front of* you.

2. Excuse me, officer *can you tell me the way* to the cinema?
   Yes, Madam! You *go* down Kennon Street here *on* the left. When you *come (reach)* Green Street you *cross over* it and *walk straight up to* Harrow Street. There you *turn left* and *walk up* to High Street. At High Street you *turn right* and you will find the cinema *on your right (the)* at the next corner.

Flash Cards für Lehrschritt 2

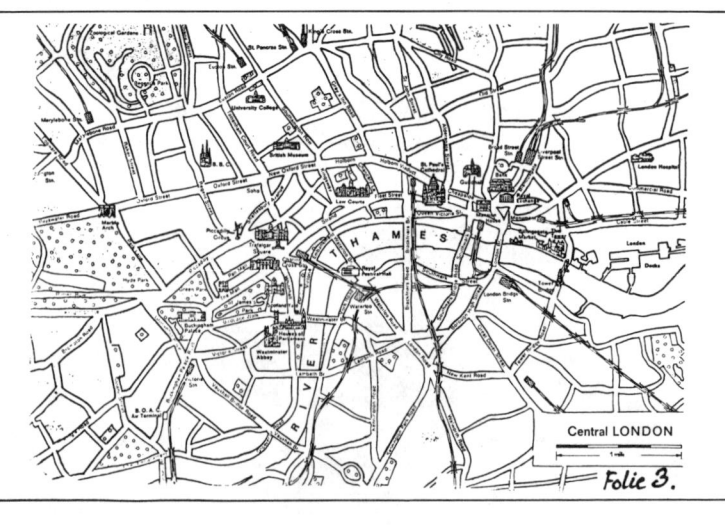

HOSPITAL · CHURCH · FAMOUS SHOP (GT STORE) (J.B Harrods)
TOWN HALL · STATION
MUSEUM (TUTENCHAMON EXHIBITION BRITISH MUSEUM) · CINEMA (ROXY CINEMA - A MAN IN SPACE)

Folie 1. — Map of Great Britain

Folie 2. — Town map

Folie 3. — Central LONDON

UG	Lehrschritte (Artikulationsdefinition)	Lehrinhalte und Lernziele (= Lz)	Lehrakte .... Lernakte		Sozialformen	Lernhilfen
Eröffnungsphase	1. Lehrschritt (Einstimmung)	Let's imagine we are in England. Identifizierung mit Besuchern in einer englischen Kleinstadt (Lz 1)	Erarbeitungsgespräch: Schilderung der Situation; it's the first day of our holidays; Begrüßungsformeln wiederholen;	– zuhören – mitdenken – formulieren	Hb	Wandkarte (oder Folie 1): Britische Inseln
	2. Lehrschritt (Zielangabe)	Einführung der Namen von Gebäuden und Straßen; our friends .... would like to show us their town and we want to see all the interesting places (Lz 2)	Unterrichtsfragen: Our friends ask us: "What would you like to see?" - "Where would you like to go?" - Sachimpulse: Flash cards dienen als Sprechanreiz; we say: "I would like to see ..." - "I would like to go ...." -	– aufnehmen – antworten – zuordnen – nachvollziehen – formulieren	Hb/Aa Hb/Aa	Folie 2: vereinfachter Stadtplan einer Kleinstadt Flash cards
Erarbeitungsphase	3. Lehrschritt (Sprachaufnahme)	Einüben der Redemittel - A) Fragen nach dem Weg B) Antworten (Lz 5)	Partnergespräch nach Erklärung: Let's ask our friends how we get there: "How do we get to the ...?" etc. "Excuse me, please. Can you tell me...?" "Yes, you go down ..." "............. along ..." ".... then you cross ....." ".... turn into ....." ".... turn left ....." ".... turn right ...."	– spielhandeln	Pa/Hb	Flash cards
	4. Lehrschritt (mündliche Wiederholung)	Die wesentliche Frage- bzw. Antwortform wiederholen: eine Partnergruppe spielt, Klasse hört zu, kontrolliert; (Lz 5)	Rollenspiel: Auftrag: You are Betty.... you want ..... You are Peter....you would like .. ... to go to → 🏛 ... to see → 🏢	– verbalisieren – kontrollieren – korrigieren	Pa/Hb	Flash cards
	5. Lehrschritt (Erschließung des Aufgabenfeldes - Wiederholung der Steigerungsformen)	Erweiterung der Situation auf eine Großstadt; - Steigerungsformen: big, large, small, nice, pretty (Lz 3/4)	Erarbeitungsgespräch: Look, this is a map of London. London is a big city, but it is not the biggest; New York is bigger, Tokyo is the biggest. - The parks in London are bigger (prettier) than the parks in Kingston.. usw.	– aufnehmen – nachsprechen – formulieren	Hb/Aa	Folie 3: Stadtplan von London
Sicherungsphase	6. Lehrschritt (mündlicher Transfer)	Verwendung der gleichen Redemittel wie bei Lehrschritt 3 und 5 (Lz 2/5)	Erarbeitungsgespräch: Here we are in London, but - imagine! we have no friends with us. Who can help us? Who can tell us the way? - a policeman, a tourist, a shopkeeper, a newspaperboy; Arbeitsauftrag: Now you are the policeman and you are the tourist! Who wants to know the way?	– zuhören – nachsprechen – formulieren – spielhandeln	Hb/Aa Pa/Hb	Folie 3
	7. Lehrschritt (Aufgabenbewältigung - schriftlich)	(Lz 2/3/5)	Arbeitsaufträge: Schreibt auf alle Gebäude und Straßen, die wir besuchten, die Namen ...; notiert die Namen aller ...; - Schreibt sodann die Ergänzungen in das Arbeitsblatt! Anschließend: Kontrolle der Arbeitsergebnisse;	– bearbeiten – ergänzen – Partnerkontrolle	Aa/Pa	Folie 3, Block Arbeitsblatt 1, 2
	8. Lehrschritt (Ausdrucksgestaltung: szenische Darstellung)	Freie Anwendung der Redemittel als Lernzielkontrolle	Arbeitsauftrag: Well! Who thinks he can play the policeman? Without help! - And we want a tourist, too! - Who wants to be the policeman (- tourist, - newspaperboy, etc.)	– zuhören – spielhandeln	Pa/Hb	

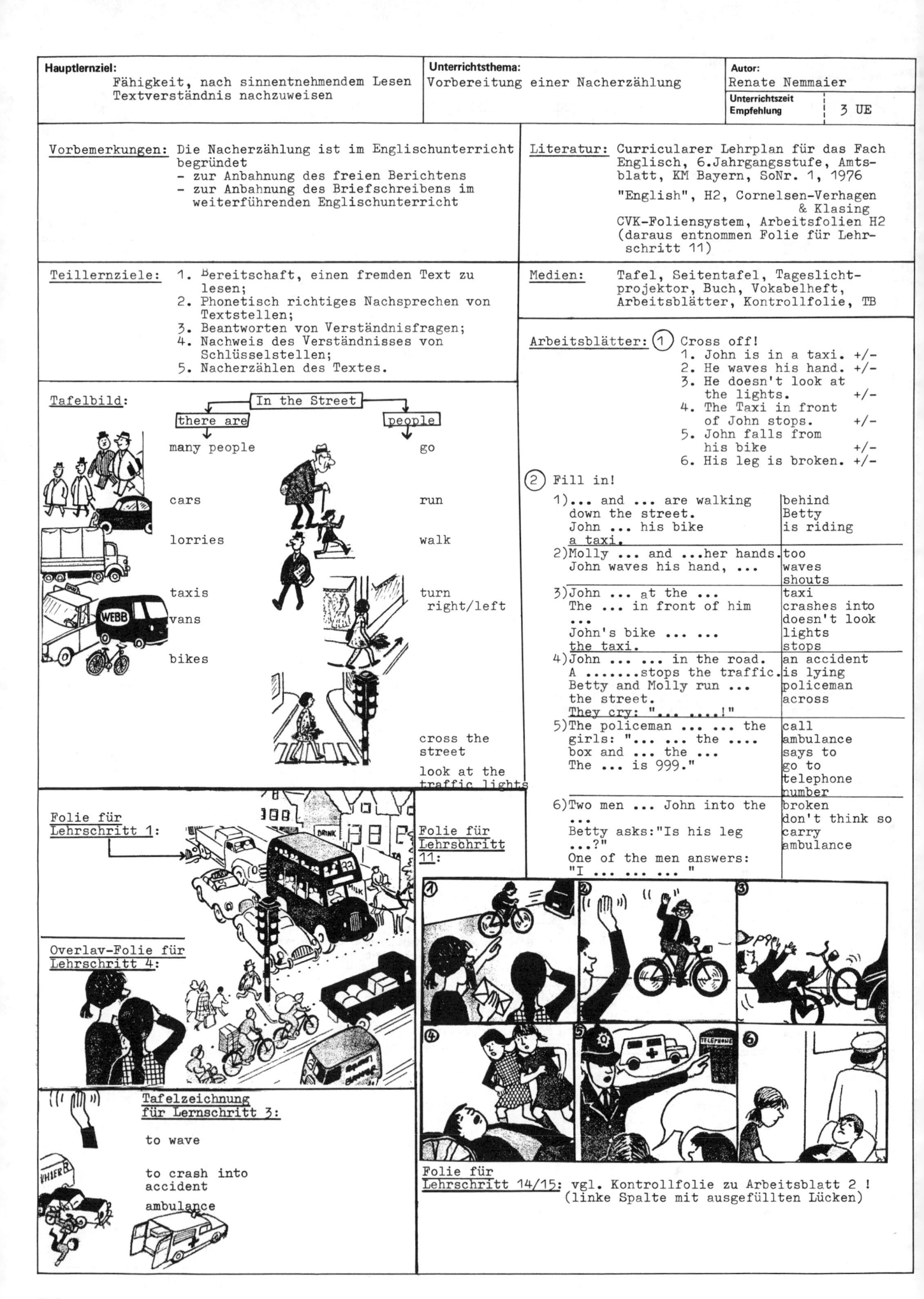

Hauptlernziel: Fähigkeit, nach sinnentnehmendem Lesen Textverständnis nachzuweisen	Unterrichtsthema: Vorbereitung einer Nacherzählung	Autor: Renate Nemmaier
		Unterrichtszeit Empfehlung: 3 UE

Vorbemerkungen: Die Nacherzählung ist im Englischunterricht begründet
- zur Anbahnung des freien Berichtens
- zur Anbahnung des Briefschreibens im weiterführenden Englischunterricht

Literatur: Curricularer Lehrplan für das Fach Englisch, 6.Jahrgangsstufe, Amtsblatt, KM Bayern, SoNr. 1, 1976

"English", H2, Cornelsen-Verhagen & Klasing

CVK-Foliensystem, Arbeitsfolien H2 (daraus entnommen Folie für Lehrschritt 11)

Teillernziele:
1. Bereitschaft, einen fremden Text zu lesen;
2. Phonetisch richtiges Nachsprechen von Textstellen;
3. Beantworten von Verständnisfragen;
4. Nachweis des Verständnisses von Schlüsselstellen;
5. Nacherzählen des Textes.

Medien: Tafel, Seitentafel, Tageslichtprojektor, Buch, Vokabelheft, Arbeitsblätter, Kontrollfolie, TB

Arbeitsblätter:

① Cross off!
1. John is in a taxi. +/-
2. He waves his hand. +/-
3. He doesn't look at the lights. +/-
4. The Taxi in front of John stops. +/-
5. John falls from his bike +/-
6. His leg is broken. +/-

Tafelbild:

In the Street → there are / people

many people — go
cars — run
lorries — walk
taxis — turn right/left
vans
bikes
— cross the street
— look at the traffic lights

② Fill in!

1) ... and ... are walking down the street. | behind
   John ... his bike | Betty
   a taxi. | is riding

2) Molly ... and ... her hands. | too
   John waves his hand, ... | waves
   | shouts

3) John ... at the ... | taxi
   The ... in front of him ... | crashes into
   John's bike ... ... | doesn't look
   the taxi. | lights
   | stops

4) John ... ... in the road. | an accident
   A ... stops the traffic. | is lying
   Betty and Molly run ... the street. | policeman
   They cry: "... ...!" | across

5) The policeman ... ... the girls: "... ... the ... box and ... the ... The ... is 999." | call
   | ambulance
   | says to
   | go to
   | telephone
   | number

6) Two men ... John into the ... | broken
   Betty asks: "Is his leg ...?" | don't think so
   One of the men answers: "I ... ..." | carry
   | ambulance

Folie für Lehrschritt 1:

Overlay-Folie für Lehrschritt 4:

Tafelzeichnung für Lernschritt 3:
to wave
to crash into
accident
ambulance

Folie für Lehrschritt 11:

Folie für Lehrschritt 14/15: vgl. Kontrollfolie zu Arbeitsblatt 2! (linke Spalte mit ausgefüllten Lücken)

JG	Lehrschritte (Artikulationsdefinition)	Lehrinhalte und Lernziele (= Lz)	Lehrakte .... Lernakte		Sozial- formen	Lernhilfen
Eröffnungsphase	1. Lehrschritt (Problembegegnung)	Begegnung mit dem situativen Rahmen	Sachimpuls: Rundgespräch	- betrachten - besprechen	Hkf	Folie (belebte Straße)
	2. Lehrschritt (Wiederholung)	Wortschatz: - Fahrzeuge - Tätigkeiten (CuLP 6/Rz. 2/8.)	Arbeitsaufgaben: - What can you see there in the street? - What can people do in the street?	- sammeln von Wortmaterial - notieren	Ga	Tafel (Fixierung der Ergebnisse)
	3. Lehrschritt (Vorbereitung des Textes)	Vorentlastung	Erklärung: - to wave - to crash into - accident - ambulance	- nachsprechen - lesen - notieren - nachsprechen von Sätzen mit den neuen Wörtern	Hb/Aa	Tafelzeichnung und Tafelanschrift, Tonband, Wörterheft
	4. Lehrschritt (Einstimmung auf den Text)	Aufbau einer Erwartungshaltung	Erzählung: Today we are going to meet Betty und Molly in Oxford Street. ...	- zuhören	Hb	Overlay-Folie (Figuren)
Erarbeitungsphase	5. Lehrschritt (Textbegegnung)	Erlesen des Textes (CuLP 6/Rz.2/9u.11)	Arbeitsanweisung: This story is in your book, p 35. Read it!	- stilles Lesen - sich frei äußern	Aa	Buch (s. Literatur)
	6. Lehrschritt (Textbearbeitung)	Nachprüfen des Globalverständnisses (CuLP 6/Rz.2/11)	Arbeitsanweisung: Cross off the right/wrong sentence!	- durchführen (evtl. Hausaufgabe)	Aa/Pa	Arbeitsblatt Nr. 1
	7. Lehrschritt (Texterarbeitung)	Kontrolle der Hausaufgabe bzw. Partnerarbeit	Verarbeitungsgespräch: Kontrolle und Korrektur der Arbeitsergebnisse	- verbalisieren, z.B: sentence 1 is wrong	Hb	Kontrollfolie, Arbeitsblatt
	8. Lehrschritt (Erneute Textbegegnung)	1. Darbietung des Textes (CuLP 6/Rz2/7u.9)	Arbeitsauftrag: Read with the tape!	- still mitlesen	Hb/Aa	Tonband, Buch
	9. Lehrschritt (s.u.)	2. Darbietung des Textes mit Nachsprechen von Textstellen (CuLP 6/Rz2/7u.9)	Arbeitsauftrag: s.o. und Repeat what they say!	- still mitlesen - laut lesen	Hb/Aa	Tonband
	10. Lehrschritt (Texterarbeitung)	Klären von Dunkelstellen (CuLP 6/Rz.2/3u.4)	Arbeitsauftrag: Pick out the words you don't know and write them on the board!	- lesen - notieren	Hb/Aa	Seitentafel
	11. Lehrschritt (Texterarbeitung)	Schrittweise Entwicklung des Handlungsablaufes	Impuls: Look! Who is walking down the street?	- zuhören - berechten - verbalisieren	Hkf	Folie ,mit Situationsbildern, 1-6
	12. Lehrschritt (Texterarbeitung)	Nachprüfen des Verständnisses von Schlüsselstellen	Arbeitsauftrag: Fill in the gaps!	- durchführen (Evtl. Hausaufgabe)	Ga/AA	Arbeitsblatt Nr. 2
	13. Lehrschritt (Texterarbeitung)	Kontrolle des Lückentextes	Arbeitsauftrag: Let's work through your text!	- satzweises Vorlesen - vergleichen	Hb	Kontrollfolie, Arbeitsblatt
Sicherungsphase	14. Lehrschritt (Verständniskontrolle)	Reproduzieren anhand von Leitfragen	Fragen zu den einzelnen Bildern: 1. Who is walking down the street? 2. What's John doing? 3. Who is waving his hand? 4. What's happening then? 5. Where is John Lying? 6. Who stops the traffic? 7. What are the girls crying? 8. What does the policeman say? 9. What do the two men do with John? 10. What does Betty ask? 11. What does one of the men answer?	- betrachten/zuhören - antworten	Hkf	Bild- und Textfolie (schrittweises Aufdecken, 1 - 6)
	15. Lehrschritt (Textverarbeitung)	Nacherzählen des Textes	Impuls: Now let's try to tell the story together!	- verbalisieren 1. je S ein Satz 2. längere Passage 3. ganzer Text	Hkf	Folie mit Situationsbildern, 1 - 6

Hauptlernziel: Sinn- und sprachgerechter Gebrauch der neuen Wörter im Rahmen der Situation "In a Milk Bar"	Unterrichtsthema: Wortschatzeinführung (In a Milk Bar)	Autor: Vera Mühlfried
		Unterrichtszeit Empfehlung: 1 UE

VORBEMERKUNGEN:

1. Die dominierende, der Stunde zugrunde liegende Absicht ist die Steigerung der Kommunikationsfähigkeit in einer Alltagssituation durch Erweiterung des aktiven Wortschatzes und durch "pattern drill".
2. Die neuen Wörter stellen eine Erweiterung der Themenkreise "Restaurant" und "Coffee Bar" dar.
3. Alternativen zur Semantisierung der neuen Vokabeln: Die Realien können auch durch Bilder, Zeichnungen oder Haftbildelemente ersetzt werden.
4. Die Fragen auf der Folie sind in erster Linie als Sprechhilfen für schwächere Schüler gedacht.
5. Zur Verständniskontrolle der Wörter "grow", "warmer country", "squash", "milkshake" und "fruit juice" kann vom Prinzip der Einsprachigkeit abgewichen werden.

TEILLERNZIELE:

I. Inhaltliche Lernziele sind die Wörter:
Pineapple, lemon, grapefruit, banana, fruit, drink, squash, juice (fruit juice), milkshake, to grow, warmer country.

II. Daraus ergeben sich folgende hierarchisch aufgebaute, fachlich-prozessuale Ziele:
Der Schüler soll:
1. ... englische Laute unterscheiden können,
2. ... den obigen Wörtern Bedeutungen zuordnen können,
3. ... die neuen Wörter phonetisch richtig aussprechen können,
4. ... die neuen Wörter phonetisch richtig lesen können,
5. ... die neuen Wörter mit bekannten Strukturen sinnvoll und flüssig produzieren können,
6. ... die neuen Wörter orthographisch richtig schreiben können,
7. ... die neuen Wörter in einer freien Sprechsituation sicher anwenden können.

MEDIEN – LITERATUR:

Medien:
- Realien (Korb, Ananas, Banane, Zitrone, Grapefruit, Zucker, Gläser, Milch ...),
- Tafelbild, Folie, Getränkekarte, Arbeitsblatt 1 (identisch mit Tafelbild), Arbeitsblatt 2 (Lernzielkontrolle).

Literatur:
Gutschow H.: Englisch an Volksschulen, Cornelsen Verlag, Berlin/Bielefeld 1965

Lorenzen K.: Englischunterricht, Klinkhardt Verlag, Bad Heilbrunn 1972

Friedrichs H.: English H2/Lehrerhandbuch, Cornelsen Verlag, Berlin 1975

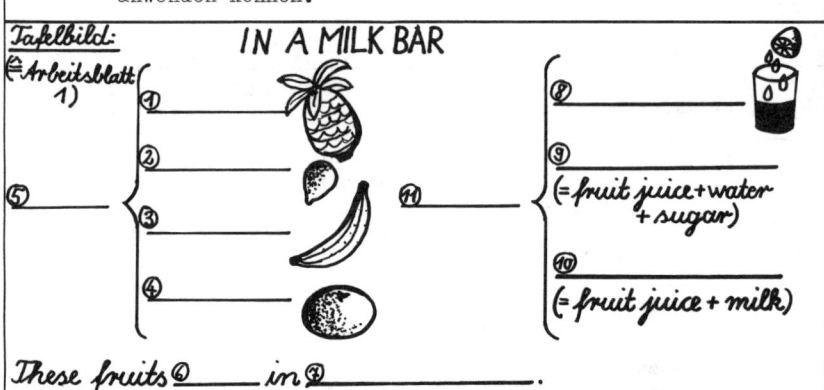

Tafelbild: (Arbeitsblatt 1)

IN A MILK BAR

(= fruit juice + water + sugar)
(= fruit juice + milk)

These fruits ⑤ _____ in ⑨ _____.

Arbeitsblatt 2:

Quiz

1. Find the rhymes!
   ○ think – drink
   ○ suit – fruit
   ○ shake – cake
   ○ grow – how

2. Write the words for the things, which I'll show you!
   a) _____
   b) _____
   c) _____
   d) _____

3. Fill in the right word!
   a) milk with fruit juice = _____
   b) juice with water and sugar = _____
   c) If you press oranges, you get _____.

Folie:

fruits
Do you often eat ...?
Do you like ...?
Can I have a ...?

drinks
Can you bring me a ...?
Do you want ...?
What is a ...?
How do you get ...?

questions
Which fruits grow in our garden?
Which fruits grow on trees?
Do you like ... ice-cream?
Which fruits can we buy in tins?
Which fruits grow in warmer countries?

Getränkekarte: (Folie)

Milk Bar

Drinks:

milk	15 p
Coke	16 p
lemonade	16 p
orange juice	18 p
grapefruit juice	18 p
pineapple juice	18 p
lemon squash	15 p
orange squash	15 p
banana shake	18 p
lemon shake	18 p
pineapple shake	18 p
grapefruit shake	18 p
tomato juice	16 p

UG	Lehrschritte (Artikulationsdefinition)	Lehrinhalte und Lernziele (= Lz)	Lehrakte .... Lernakte		Sozial-formen	Lernhilfen
Eröffnungsphase	1. Lehrschritt (Problembegegnung)	Erster Sprechanlaß	Gegenstandsdemonstration: "Look! Here I have a basket! Guess, what is in my basket? There is, there are..."	−Gesprächs-kette: verbalisieren	Hb	Zugedeckter Korb
	2. Lehrschritt (Wiederholung)	Aktivierung von bekanntem Wissen	Verbaler Impuls: "There are fruits in my basket; do you know some fruits?"	−aufzählen	Hb	Korb mit Früchten
	3. Lehrschritt (Zielangabe)	Genaue Angabe des Lernpensums	Feststellung: "Oranges, apples etc. are fruits; these are fruits, too! We'll have to learn them and some other new words, eleven in all!"	−zuhören	Hb	
Erarbeitungsphase	4. Lehrschritt (Teilzielgew.)	Einführung neuer Wörter, kein Bild! Schulung des phon. Unterscheidens (LZ 1)	Auftrag: "First listen to some of the new words: lemon, pineapple, banana, grapefruit, fruit, grow, warmer country." Lehrer spricht gut artikuliert vor!	−zuhören	Hb	Sprachliches Vorbild
	5. Lehrschritt (Teilzielgew.)	Semantisierung: a)"real demonstr." b)"logical context" (LZ 2)	Erklärung: "Look! This is a lemon,..! Oranges grow in warmer countries; Italy for example is a warmer country!"	−zuhören −verstehen	Hb	Realien: Obst
	6. Lehrschritt (Teilzielgew.)	Phonetische Aneignung − Einfacher Dialog (LZ 3)	Auftrag: "Now repeat: lemon, ... What's this? It's a ...! Show/give me a ...! This is a ...!"	−nachsprechen: Chor, einzeln −formulieren	Hb	Realien
	7. Lehrschritt (Teilzielgew.)	Einführung des Schriftbildes − Imit. Lesen (LZ 4)	Darbietung: "I'll show you the new words in writing!" Auftrag: "Read after me!"	−zusehen −lesen	Hb Hb	Tafelbild ①,②,③,④,⑤,⑥,⑦ Tafelbild ①②③④⑤⑥⑦
	8. Lehrschritt (Teilzielgew.)	Gebrauch mit bekannten Strukturen (LZ 5)	Auftrag: "Let's do some exercises!" (Eintrag bzw. Ergänzung der Folie)	−fragen −antworten −formulieren	Hb/Aa	Folie "fruits"
	9. Lehrschritt (Teilzielgew.)	Schreiben der neuen Wörter (LZ 6)	Auftrag: "And now let's write the new words!"	−abschreiben	Aa	Tafelbild Arbeitsblatt 1
	10. Lehrschritt (Teilzielgew.)	Neue Wörter: squash, milk-shake, fruit-juice (LZ 1)	Erarb.-gespr.: "Can you tell me some drinks? Let me tell you some other drinks: fruit juice, ..."	−aufzählen −zuhören	Hb	
	11. Lehrschritt (Teilzielgew.)	Semantisierung durch "definition" (LZ 2)	Erklärung: "When you press oranges, you get fruit juice, orange juice! Fruit juice + water + sugar = squash Fruit juice + milk = milkshake"	−zuhören −verstehen	Hb	Demonstration der Zubereitung von Mixgetränken
	12. − 15. Lehrschritt (Teilzielgew.)	Siehe 6. − 9. Lehrschritt! (LZ 3,4,5,6)	Siehe 6. − 9. Lehrschritt! (Reihenfolge der Lehrschritte und Methodik wie oben!)			Tafelbild ⑧−⑪ Folie "drinks" Arbeitsblatt 1
Sicherungsphase	16. Lehrschritt (Anwendung)	Anwendung in verschiedenen Sinnzusammenhängen	Unterrichtsfrage: "Which fruits grow in our garden? ..."	−fragen −antworten	Hb	Folie "Questions"
	17. Lehrschritt (Anwendung)	Freies Spiel: In a milk-bar	Rollenspiel: "Let's go to a milk-bar!"	−spielhandeln	Pa/Hb	Getränkekarte
	18. Lehrschritt (Lernzielkontr.)	"Quiz"	Arbeitsauftrag: "Let's write a short Quiz!" Verarb.-gespr.: Kontrolle des Arbeitsauftrages und anschließende Fehleranalyse	−bearbeiten −kontrollieren	Aa Hb/Pa	Arbeitsblatt 2 Tafelbild: Gesamtdarstellung

Hauptlernziel: Aufnahme der Wörter "some – something, any – anything, no – nothing" in den aktiven Wortschatz	Unterrichtsthema: Einführung der Wörter: some – something, any – anything, no – nothing (We go shopping)	Autor: Oskar Hof
		Unterrichtszeit Empfehlung: 1 UE

VORBEMERKUNGEN:
Auf Grund des zur Verfügung stehenden Platzangebotes war es beim vorliegenden Modell nicht möglich, den an die Anwendung eines Wortes sich folgerichtig anschließenden Lehrschritt "Präsentation des Schriftbildes" (LZ 5) eigens aufzuführen. Der das Schriftbild präsentierende Satz ist aus dem Tafelbild ersichtlich. Die notwendigen Lernhilfen (Wortkartenhinweis) befinden sich am Ende des jeweils vorausgehenden Lehrschrittes.

TEILLERNZIELE:

Die Schüler sollen:

1. die Bedeutung der neuen Wörter erkennen,
2. die neuen Wörter richtig aussprechen können,
3. die neuen Wörter in anderen Zusammenhängen sinnvoll verwenden können,
4. den richtigen Gebrauch der Wörter erkennen und eine entsprechende Regel formulieren können,
5. die neuen Wörter lesen und richtig abschreiben können.

MEDIEN:
- Wandbilder, evtl. Zeichnung: siehe Literatur 2
- OHP-Transparente A, B, C, D
- Haftelemente: Einkaufskorb, verschiedene Personen
- verschiedene Behältnisse: Tasche, Sack, Schachtel, Beutel...
- verschiedene Verpackungen: Dose, Flasche, Paket...
- Flanelltafel
- OHP-Projektor
- Arbeitsblatt
- Wortkarten A – L
- farbige Filzstifte
- entsprechend farbige Kreiden

LITERATUR:
1. Dietz, Kroj, Meyse: Learning English T.2, Klett Stuttgart 1972, S.45,46
2. Wandbilder zu Learning English, Klett Stuttgart, T.1: Bild 11, T.2: Bild 7
3. Friedrichs: English H 3, Oldenbourg München 1972, S.42,50

TAFELBILD:

We go shopping

Is there [any]A dress in the shop-window?
No, there is [not any]B dress in it.
There is [no]C dress in it.
[not any = no]D
Are there [any]E eggs in the shop-window?
Yes, there are [some]F eggs in it.
Is there [anything]G in the basket?
No, there is [not anything]H in it.
There is [nothing]I in it.
[not anything = nothing]J
Is there [anything]K in the tin?
Yes, there is [something]L in it.

OHP-TRANSPARENT A: J. BROWN · BAKER

OHP-TRANSPARENT B: T. HARVEY · BUTCHER

OHP-TRANSPARENT C: A. MILLER · GROCER

ARBEITSBLATT:

LOOK AT THE PICTURES, FORM QUESTIONS AND GIVE THE ANSWERS:

1. _____
2. _____
3. _____
4. _____
5. _____
6. _____

OHP-TRANSPARENT D:

bread? / basket   milk? / glass   books? / table

JG	Lehrschritte (Artikulationsdefinition)	Lehrinhalte und Lernziele (= Lz)	Lehrakte .... Lernakte		Sozialformen	Lernhilfen
Eröffnungsphase	1.Lehrschritt (Anknüpfung)	Anwendung bekannter Substantive (Waren)	Unterrichtsfrage: "What can you buy at the baker's, butcher's, grocer's...?"	-betrachten -sich äußern	Hb	Wandbild:Einkaufsstraße (s.Literatur 2)
	2.Lehrschritt (Zielangabe)	We go shopping	Feststellung: "We want to go shopping. First let's see what's there in the shop-windows."	-zuhören	Hb	Tafel: Überschrift
Erarbeitungsphase	3.Lehrschritt (Präsentation)	Bedeutungserschließung,Klangbild LZ 1,2	Feststellung: "This is the baker's shop-window. Is there any sausage in the window? No, there isn't any sausage in it."	-zuhören -nachsprechen	Hb	OHP-Transparent A
	4.Lehrschritt (Anwendung)	Übung des neuen Wortes LZ 2,3	Unterrichtsfrage: "Is there any ham,dress,oil...in the baker's shop-window?Are there any..."	-fragen -antworten	Hb	OHP-Transparent A WORTKARTEN A,B
	5.Lehrschritt (Präsentation)	Bedeutungserschl.- Klangbild LZ 1,2	Feststellung: "Look at the butcher's shop-window. Are there any rolls in the window? No, there are not any rolls in it. There are no rolls in it."	-zuhören -nachsprechen	Hb	OHP-Transparent B
	6.Lehrschritt (Anwendung)	Übung der neuen Wörter LZ 2,3	Unterrichtsfrage: "Is(are)there any...?"-"No,there isn't(aren't)...There is(are)no..."	-fragen -antworten	Hb	OHP-Transparent B WORTKARTE C
	7.Lehrschritt (Präsentation)	Bedeutungserschl.- Klangbild LZ 1,2	Feststellung: "Mr Miller is a grocer.In his shop-window there are a lot of things:... Are there any eggs in the shop-window? Yes,there are some eggs in it."	-sich äußern -zuhören -nachsprechen	Hb	OHP-Transparent C
	8.Lehrschritt (Anwendung)	Übung der neuen Wörter LZ 2,3	Unterrichtsfrage: "Is(are)there any...?"-"Yes,there is(are)some..."	-fragen -antworten	Hb	OHP-Transparent C WORTKARTEN E,F
	9.Lehrschritt (Sprachbetrachtung)	Bewußtmachung der Regel LZ 4	Sachimpuls: Lehrer stellt durch farbiges Unterstreichen Verbindung zwischen "No - not any = no" und "Yes - some" her.	-überlegen -formulieren	Hb	Tafel Wortkarte D
	10.Lehrschritt (Teilzusammenfassung)	Übung der neuen Wörter im Zusammenhang LZ 3,5	Arbeitsaufgabe: "Look at the pictures,form questions and give the answers."	-aufschreiben -überprüfen	Aa	OHP-Transparent D
	11.Lehrschritt (Präsentation)	Bedeutungserschl.- Klangbild LZ 1,2	Feststellung: "Now we are in Mr Miller's shop. Is there anything in Mrs Brown's basket? No,there isn't anything in it.	-zuhören -nachsprechen	Hb	Haftelement: Einkaufskorb
	12.Lehrschritt (Anwendung)	Übung des neuen Wortes LZ 2,3	Unterrichtsfrage: "Is(are)there anything...?" "No,there isn't anything..."	-fragen -antworten	Hb	Haftelemente: verschiedene Personen,Einkaufskorb WORTKARTEN G,H
	13.Lehrschritt (Präsentation)	Bedeutungserschl.- Klangbild LZ 1,2	Feststellung: "Is there anything in this box? No, there is not anything in it. There is nothing in it."	-zuhören -nachsprechen	Hb	Schachtel
	14.Lehrschritt (Anwendung)	Übung der neuen Wörter LZ 2,3	Unterrichtsfrage: "Is there anything in,on...?" "No,... There is nothing..."	-fragen -antworten	Hb	verschiedene Behältnisse WORTKARTE I
	15.Lehrschritt (Präsentation)	Bedeutungserschl.- Klangbild LZ 1,2	Feststellung: "Is there anything in this tin? Yes, there is something in it."	-zuhören -nachsprechen	Hb	Dose
	16.Lehrschritt (Anwendung)	Übung der neuen Wörter LZ 2,3	Unterrichtsfrage: "Is there anything...?"-"Yes,..."	-fragen -antworten	Hb	verschiedene Verpackungen WORTKARTEN K,L
	17.Lehrschritt (Sprachbetrachtung)	Bewußtmachung der Regel LZ 4	Sachimpuls: entsprechend wie Ls 9 - Unterschied zu "any - some" herausstellen	-überlegen -formulieren	Hb	Tafel Wortkarte J
Sicherungsphase	18.Lehrschritt (Gesamtzusammenfassung)	Zusammenfassende Wiederholung d. neuen Wörter LZ 2,3	Unterrichtsimpuls: "After shopping the Bartons have a picnic near their grandfather's farm."	-betrachten -fragen -antworten	Hb	Wandbild: Picknick (s. Literatur 2)
	19.Lehrschritt (Lernzielkontrolle)	Bearbeiten des Arbeitsblattes	Arbeitsaufgabe: "Form questions,give the answers." Anschließend:Ergebniskontrolle	-bearbeiten -überprüfen	Aa Hb	Arbeitsblatt

Hauptlernziel:	Unterrichtsthema:	Autor:
Aufnahme verschiedener Mengenbegriffe in den aktiven Wortschatz	Einführung von Mengenbegriffen (At the big shop)	Oskar Hof
		Unterrichtszeit Empfehlung: 1 UE

VORBEMERKUNGEN:
Bei dieser Stunde werden die gebräuchlichsten Begriffe aus den Bereichen Einkauf, Lebensmittel, Schreibwaren und Kleidungsstücke vorausgesetzt. - Da sich die Übungsformen bei den doch sehr ähnlichen Strukturen ständig wiederholen würden, wurde auf eine integrierte Sicherung der Lernziele verzichtet und dafür die Sicherungsphase am Ende der Stunde erweitert. Dennoch ist es während der Erarbeitungsphase unbedingt notwendig, die neuen Strukturen jeweils in einem einfachen Satz mehrmals im Chor und einzeln sprechen zu lassen, bevor die Schüler mit dem Schriftbild konfrontiert werden.

TEILLERNZIELE:

Die Schüler sollen:

1. die Bedeutung der neuen Strukturen erkennen,
2. die neuen Strukturen richtig aussprechen können,
3. die neuen Strukturen in anderen Zusammenhängen sinnvoll verwenden können,
4. die richtige Form der Strukturen erkennen und eine einfache Regel formulieren können,
5. die neuen Strukturen lesen und richtig abschreiben können.

MEDIEN:
- Gegenstände: ein Pfund Zucker, ein Stück Käse, eine Flasche Wein, Limonadendose, Päckchen Briefumschläge, Schreibblock, Schachtel Farbstifte, ein Paar Schuhe
- Haftelemente: je ein Haftbild folgenden Inhalts: 12 Eier, Pfund Zucker, Stück Käse, Flasche Wein... (siehe Medien: Gegenstände, bzw. rechte Spalte Arbeitsblatt)
- Wandbild: Geschäftsstraße (s. Literatur Nr. 2) Bild 7
- 9 Wortkarten mit den neuen Strukturen
- OHP-Transparente A, B
- Flanelltafel
- OHP-Projektor
- Arbeitsblatt
- farbiger Filzstift

LITERATUR:
1. Dietz, Kroj, Meyse: Learning English T.2, Klett Stuttgart 1972, S.44,49
2. Wandbilder zu Learning English T.2, Klett Stuttgart, Bild 7
3. Orton, Goldfinch: How do you do - Stage 2, Schöningh Paderborn 1968, S.64
4. Beile-Bowes: Learning English, Modern Course HS 1, Klett Stuttgart 1975, S.86-88

TAFELBILD:

At the big shop

Mrs Harvey needs [a dozen]^A eggs.
She buys [a pound of]^B sugar, too.
Mr Harvey wants [a piece of]^C cheese.
"Don't forget [a bottle of]^D wine."
Betty takes [a tin of]^E lemonade.
"Let's look for [a packet of]^F envelopes."
They buy [a pad of]^G writing-paper.
Bob wants [a box of]^H coloured pencils.
Betty needs [a pair of]^I shoes.

ARBEITSBLATT:

THE HARVEYS BUY:

1. _____
2. _____
3. _____
4. _____
5. _____
6. _____
7. _____
8. _____
9. _____

OHP-TRANSPARENT B:

Little Susan's shopping list:

two pounds of milk
a box of tomatoes
two tins of eggs
a dozen sugar
a piece of socks
a packet of lemon juice
a pair of writing-paper
a pad of coloured pencils
two bottles of cheese

OHP-TRANSPARENT A:

JG	Lehrschritte (Artikulationsdefinition)	Lehrinhalte und Lernziele (= Lz)	Lehrakte .... Lernakte		Sozialformen	Lernhilfen
Eröffnungsphase	1.Lehrschritt (Anknüpfung)	Anwendung bekannter Substantive(versch. Waren)	Sachimpuls: Schüler betrachten Wandbild Erarbeitungsgespräch nach Impuls: "At the grocer's(stationer's)you can buy a lot of things."	–beschreiben –sich äußern	Hb Hb	Bild:Geschäftsstraße (s.Literatur 2)
	2.Lehrschritt (Zielangabe)	At the big shop	Feststellung: "In a few days there is Father's birthday.So Mrs Harvey,Bob and Betty go into a big shop.Let's see what they buy."	–zuhören	Hb	Tafel: Überschrift
Erarbeitungsphase	3.Lehrschritt (Präsentation)	Bedeutungserschließung,Klangbild LZ1,2 Verbindung:Klangbild – Schriftbild LZ 5	Erzählung: "First they go to the food department.Mrs Harvey wants to make two good cakes and so she needs 12 eggs. She needs a dozen eggs." "Mrs Harvey needs sugar,too.She buys a pound of sugar." "Daddy likes cheese.He wants a piece of cheese." "Bob says:'Daddy is fond of white wine. Don't forget a bottle of wine.'" "Betty means:'I'm thirsty now.Let's take a tin of lemonade.'"	–zuhören –nachsprechen –chorsprechen –einzeln lesen	Hb/ Aa	Flanelltafel, Haftbild:12 Eier,Wortkarte A,Tafel Pfund Zucker, Haftbild:Zucker,Wortkarte B Stück Käse, Haftbild:Käse, Wortkarte C Flasche Wein, Haftbild:Flasche,Wortkarte D Dose Limonade, Haftbild:Dose, Wortkarte E
	4.Lehrschritt (Teilzusammenfassung)	Wiederholung der neuen Strukturen im Zusammenhang LZ 5	Arbeitsaufgabe: "Look at the picture and fill in the right word."	–aufschreiben –überprüfen	Aa/ Hb	OHP-Transparent A
	5.Lehrschritt (Präsentation)	Bedeutungserschließung,Klangbild LZ 1,2 Verbindung:Klangbild – Schriftbild LZ 5	Erzählung: "The Harveys have to invite their friends to the birthday party.So they go to the stationery department and buy a packet of envelopes." "Now they have their envelopes,but they need a pad of writing-paper,too." "Suddenly Bob shouts:'Look at these big coloured pencils.Mummy,please buy a box of coloured pencils for me.'" "At last the Harveys go to the shoe department.Betty's shoes are too small. She needs a new pair of shoes."	–zuhören –nachsprechen –chorsprechen –einzeln lesen	Hb/ Aa	Päckchen Briefumschläge, Haftbild:Briefumschläge, Wortkarte F Schreibblock, Haftbild: Schreibblock, Wortkarte G Schachtel Farbstifte,Haftbild:Farbstifte Wortkarte H ein Paar Schuhe Haftbild:Schuhe Wortkarte I
	6.Lehrschritt (Regelbildung)	Bewußtmachung der Regel LZ 4	Erarbeitungsgespräch nach Sachimpuls: Lehrer liest noch einmal die Tafelanschrift vor und unterstreicht"of". Regelfindung	–überlegen –formulieren	Hb	Tafel,farbiger Filzstift
	7.Lehrschritt (Gesamtzusammenfassung)	Zusammenfassende Wiederholung der neuen Strukturen LZ 2	Unterrichtsimpuls: "Now the Harveys go back to their car. They have a lot of things in their bag."	–sich äußern	Hb	Haftbilder an der Flanelltafel
Sicherungsphase	8.Lehrschritt (Anwendung)	Übung der neuen Strukturen LZ 2,3	Arbeitsaufgabe: "Take a flashcard and put it under the right picture." Unterrichtsfrage: "I can buy a tin of fish.What else can you buy in tins,bottles...?" Unterrichtsimpuls: "Look at little Susan's shopping-list. Something is wrong.Put it right." Lernspiel: "Du nennst eine Ware.Dein Partner sagt den passenden Mengenbegriff."	–zuordnen –sprechen –fragen –antworten –ordnen –aufschreiben –überlegen –reagieren	Hb/ Aa Hb/ Aa Aa Pa	Wortkarten, Haftbilder,Flanelltafel OHP-Transparent B
	9.Lehrschritt (Lernzielkontrolle)	Bearbeiten des Arbeitsblattes	Arbeitsaufgabe: "Look at the pictures and fill in." Anschließend:Ergebniskontrolle	–ausfüllen –überprüfen	Aa Hb	Arbeitsblatt

Hauptlernziel:	Unterrichtsthema:	Autor: Oskar Hof
Aufnahme der Ordnungszahlen 1st – 12th in den aktiven Wortschatz	Einführung der Ordnungszahlen 1st – 12th (Betty's birthday)	Unterrichtszeit Empfehlung: 1 UE

VORBEMERKUNGEN: Auf Grund des beschränkten Platzangebotes konnte bei diesem Modell immer nur ein Beispiel des jeweiligen Themenkreises (Geschenke,Kaufhaus,Zoo) ausführlicher behandelt werden.Bei den übrigen Ordnungszahlen ist entsprechend zu verfahren.(Lernhilfen dazu:s.Medien,OHP-Transparente)

TEILLERNZIELE:

Die Schüler sollen:

1. die Bedeutung der Ordnungszahlen erkennen,
2. die Ordnungszahlen richtig aussprechen können,
3. die Ordnungszahlen in anderen Zusammenhängen sinnvoll verwenden können,
4. die richtige Schreibweise der Ordnungszahlen erkennen und eine einfache Regel formulieren können,
5. die Ordnungszahlen lesen und richtig abschreiben können.

MEDIEN:
- Tisch
- weiße Tischdecke
- Kerzen
- Blumen
- vier eingepackte Geschenke:roter Pullover,Buch, Geldbörse,Schal
- Hafteelemente:Dinge aus dem Kaufhaus,verschiedene Tiere
- 12 Wortkarten mit den neuen Wortern
- 12 Karten 1st – 12th
- OHP-Transparente A,B
- 12 Fotokarten mit einfachen Bildern
- Flanelltafel
- OHP-Projektor
- Arbeitsblatt
- vier verschiedenfarbige Filzstifte

LITERATUR: 1.Dietz,Kroj,Meyse:Learning English T.2,Klett Stuttgart 1972,S.67,68,73
2.Orton,Goldfinch:How do you do,Stage 2,Schöningh Paderborn 1968,S.55,56
3.Jacobi:English 5,Westermann Braunschweig 1975,S.88,89

TAFELBILD:

Betty's birthday

Betty has nice birthday presents.
In the first (1st) parcel there is a pullover.
In the second (2nd) parcel there is a book.
In the third (3rd) parcel there is a purse.
In the fourth (4th) parcel there is a scarf.
They go to the big shop.
At the fifth (5th) floor you can buy clothes for girls.
At the sixth (6th) floor you can buy shoes.
At the seventh (7th) floor you can buy clothes for boys.
At the eighth (8th) floor you can buy toys.
Now they go to the zoo.
In the ninth (9th) cage there is a lion.
In the tenth (10th) cage there is a bear.
In the eleventh (11th) cage there are monkeys.
In the twelfth (12th) cage there is a kangaroo.

ARBEITSBLATT:

IN WHICH PICTURE IS (ARE)......?

The ball is in the_____(   )picture.
The geese are in the_____(   )picture.
The apples are in the_____(   )picture.
The book is in the_____(   )picture.
The bear is in the_____(   )picture.
The car is in the_____(   )picture.
The bike is in the_____(   )picture.
The boots are in the_____(   )picture.
The fish is in the_____(   )picture.
The plane is in the_____(   )picture.
The gloves are in the_____(   )picture.
The ship is in the_____(   )picture.

OHP-TRANSPARENT A: AT THE BIG SHOP

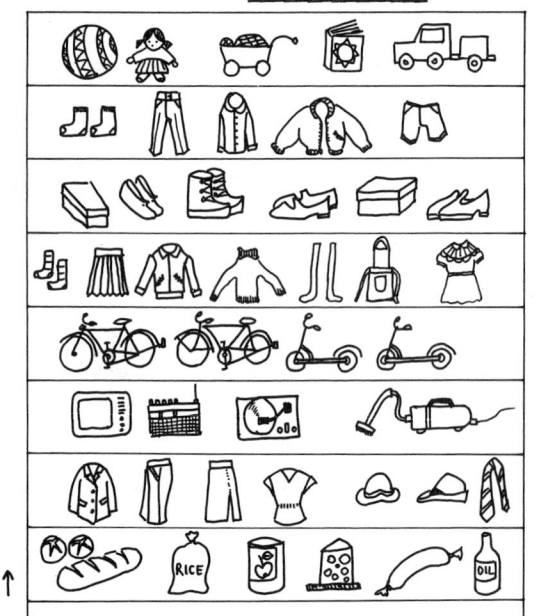

OHP-TRANSPARENT B: AT THE ZOO

UG	Lehrschritte (Artikulationsdefinition)	Lehrinhalte und Lernziele (= Lz)	Lehrakte .... Lernakte		Sozialformen	Lernhilfen
Eröffnungsphase	1.Lehrschritt (Wiederholung)	Anwendung bekannter Substantive	Unterrichtsimpuls: "Today Betty's table is very nice."	-betrachten -sich äußern	Hb	Tisch,Tischdekke,Blumen,Kerzen,4 eingepackte Geschenke
	2.Lehrschritt (Zielangabe)	Betty's birthday	Feststellung: "It is Saturday,Betty's birthday.Let's see what happens."	-zuhören	Hb	Tafel: Überschrift
	3.Lehrschritt (Präsentation)	Bedeutungserschließung,Klangbild LZ 1,2	Feststellung: "On the table there are 4 birthday parcels.This is the first parcel."	-zuhören -nachsprechen	Hb	Geschenk,Gestik
	4.Lehrschritt (Anwendung)	Übung des neuen Wortes LZ 2,3	Unterrichtsfragen: "Who wants to open the first parcel?" "What are you(is he,she)doing?" "What is there in the first parcel?"	-handeln -fragen -antworten	Hb	Geschenk
	5.Lehrschritt (Präsentation des Schriftbildes)	Verbindung:Klangbild - Schriftbild LZ 5	Feststellung: "In the first parcel there is a pullover." ebenso:the 2nd,3rd,4th parcel	-chorsprechen -einzeln lesen	Hb/Aa	Wortkarte A, Tafel Geschenke,Wortkarten B,C,D
Erarbeitungsphase	6.Lehrschritt (Präsentation)	Bedeutungserschl., Klangbild LZ 1,2	Erzählung: "Susan says:'Thank you,but I don't like red pullovers.Let's go to the big shop and take a green one.'-So they go to a big shop.You can buy pullovers at the fifth floor."	-zuhören -nachsprechen	Hb	OHP-Transparent A:Querschnitt eines Kaufhauses mit verschiedenen Abteilungen
	7.Lehrschritt (Anwendung)	Übung des neuen Wortes LZ 2,3	Unterrichtsfrage: "What else can you buy at the 5th floor?"	-fragen -antworten	Hb	OHP-Transparent A
	8.Lehrschritt (Präs.d.Schr.)	Verb.:Schriftbild Klangbild LZ 5	Feststellung: "At the fifth floor you can buy a pullover." ebenso:the 6th,7th,8th floor	-chorsprechen -einzeln lesen	Hb/Aa	Wortkarte E, Tafel OHP-Transparent A,Wortkarten F,G,H
	9.Lehrschritt (Teilzusammenfassung)	Wiederholung der neuen Wörter im Zusammenhang LZ 5	Arbeitsaufgabe: "You need a...You must go to the .... floor."	-aufschreiben -überprüfen	Aa	Flanelltafel, Haftelemente: Kaufhauswaren, OHP-Transp. A
	10.Lehrschritt (Präsentation)	Bedeutungserschl., Klangbild LZ 1,2	Erzählung: "After lunch in a restaurant they go to the zoo.Betty loves animals.There are a lot of cages.In the 1st cage there is...In the 2nd... In the ninth cage there is a lion."	-zuhören -sich äußern -nachsprechen	Hb	Flanelltafel, Haftelemente: versch. Tiere, OHP-Transparent B:Käfige im Zoo
	11.Lehrschritt (Anwendung)	Übung des neuen Wortes LZ 2,3	Unterrichtsfragen: "What else is there in the 9th cage?" "Is there a....in the 9th cage? -Yes,.. No,..."	-fragen -antworten	Hb	OHP-Transparent B
	12.Lehrschritt (Präs.d.Schr.)	Verb:Schriftbild Klangbild LZ 5	Feststellung: "In the ninth cage there is a lion." ebenso:the 10th,11th,12th cage	-chorsprechen -einzeln lesen	Hb/Aa	Wortkarte I, Tafel OHP-Transp. B Wortkarten J,K,L
	13.Lehrschritt (Sprachbetrachtung)	Bewußtmachung der Schreibweise LZ 4	Sachimpuls: Lehrer liest die ersten vier Sätze der TA vor und heftet dabei die Karten mit den Ziffern zwischen die Klammern.Beim erneuten Vorlesen werden die Endungen sowohl auf der Wort- als auch auf der Ziffernkarte farbig unterstrichen.Schüler setzen diese Arbeit an der Tafel fort.	-überlegen -anheften -unterstreichen -formulieren	Hb/Aa	Tafel,4 verschiedenfarbige Filzstifte, Karten mit Ordnungszahlen (1st - 12th)
Sicherungsphase	14.Lehrschritt (Gesamtzusammenfassung)	Zusammenfassende Wiederholung der neuen Wörter LZ 2	Unterrichtsimpuls: "In the afternoon the postman brings a lot of birthday cards for Betty.There are nice things on them."-"On the 1st.."	-betrachten -sich äußern	Hb	farbige Fotokarten mit einfachen Bildern
	15.Lehrschritt (Lernzielkontrolle)	Bearbeiten des Arbeitsblattes	Arbeitsaufgabe: "Look at the pictures and fill in." Anschließend:Ergebniskontrolle	-ausfüllen -überprüfen	Aa Hb	Arbeitsblatt
	16.Lehrschritt (Anwendung)	Übung der Ordnungszahlen im Zusammenhang	Lernspiel: "Du nennst den Namen eines Wochentags oder eines Monats.Dein Partner sagt,der wievielte Wochentag,bzw.Monat es ist."	-reagieren -sprechen	Pa	

Hauptlernziel: Aufnahme der Strukturen "May I..?Yes,you may.No, you may not.-You mustn't..."in den aktiven Wortschatz.	Unterrichtsthema: Einführung der Strukturen"May I..?Yes, you may.No,you may not.-You mustn't..." (Bob is ill.)	Autor: Oskar Hof
		Unterrichtszeit Empfehlung: 1 UE

VORBEMERKUNGEN:
Bei Verwendung der Folie 11 ist der auf dem Bild sich unter dem Bett befindende Farbkasten abzudecken.-Um die Strukturen möglichst zwingend einzuführen,ist es zweckmäßig,die vom Band (bzw.Kassette)abzuspielenden Dialoge (Ls 3,6)durch entsprechende Mimik und Gestik zu unterstützen.-Die richtige Verwendung der Strukturen soll den Schülern sowohl durch die Übungen als auch durch das Tafelbild bewußt werden.Dazu ist notwendig,daß die Farbe der jeweiligen Zeichen(?!)mit der der Striche unter den entsprechenden Strukturen identisch ist.Zur Sicherheit und als Hilfe für schwächere Schüler erfolgt noch eine kurze Bewußtmachung in deutscher Sprache.

TEILLERNZIELE:

Die Schüler sollen:
1. die Bedeutung der neuen Strukturen erkennen,
2. die neuen Strukturen richtig aussprechen können,
3. die neuen Strukturen in anderen Zusammenhängen sinnvoll verwenden können,
4. den richtigen Gebrauch der Strukturen erkennen und eine entsprechende Regel formulieren können,
5. die neuen Strukturen lesen und richtig abschreiben können.

MEDIEN:
- Haftelemente:Tom,Ann,Spielsachen für Buben und Mädchen
- je ein Bild(Zeichnung)mit Kleidungsstücken,Obst, Getränken,Lebensmittel
- 2 OHP-Transparente (s.Literatur Nr.3 bzw.Anmerkungen unten)
- OHP-Transparent:Satzbautafel
- Arbeitsblatt
- Tonband(Kassette)
- Tonbandgerät(Kassettenrekorder)
- OHP-Projektor
- Flanelltafel
- farbige Kreiden

Anmerkungen zum Bildinhalt der Folien 9,11:Folie 9:Klassenzimmer, Schüler treiben allerlei Erlaubtes und Unerlaubtes.-Folie 11:Bob liegt in seinem Zimmer, Gesicht voll roter Punkte,Eltern kümmern sich um ihn.

LITERATUR:
1. Dietz,Kroj,Meyse:Learning English T.2,Klett Stuttgart 1972,S.36
2. Eckermann-Piert:Einführung in die englische Sprache,Klett Stuttgart 1975,S.43,79
3. English Ausgabe H Bildfolien,Cornelson-Velhagen & Klasing 1973,Folien 9,11

TAFELBILD:

Bob is ill.

Bob: "May I drink tea?"
Mummy: "Yes, you may."
Bob: "May I eat an ice-cream?"
Mummy: "No, you may not."

[?] (1)

[!] (2) The doctor: "You mustn't get up."

ARBEITSBLATT:

Fill in: may - may not - mustn't

1. "Bob,you are very ill.You _____ go to school."
2. Tom asks:"May I smoke?" Mother answers:"Of course,you _____."
3. "May I put on my red pullover?"-"Yes,you _____."
4. Children _____ smoke.
5. Peter asks:"May I play football?"-"No,you _____. First you must do your homework."
6. Ann asks:"May I eat Susan's banana?"Daddy answers:"No, you _____."
7. You are ill.So you _____ drink cold water.
8. "May I drink a glass of orange juice?"-"Yes,you _____"
9. On cold days you _____ wear shorts.
10. Ann _____ take Bob's bike.
11. "May I see my friend?"-"No,you _____.First you must help to wash the car."
12. "May I watch TV ?"-"No,you _____.It's too late."

OHP-TRANSPARENT:

SUBSTITUTION TABLE

Mummy, Daddy,	may I	eat drink read put on get up play with	a plane a newspaper a lemon a pullover an ice-cream a train a fruit juice an orange a book shorts tea milk	?	Yes,you may. No,you may not.

FLANELLTAFEL:

UG	Lehrschritte (Artikulationsdefinition)	Lehrinhalte und Lernziele (= Lz)	Lehrakte .... Lernakte		Sozialformen	Lernhilfen
Eröffnungsphase	1. Lehrschritt (Wiederholung)	Anwendung bekannten Wortschatzes	Unterrichtsimpuls: "Look at the picture."	−beschreiben −sich äußern	Hb	OHP-Transparent Folie 11 (s.Literatur,Medien)
	2. Lehrschritt (Zielangabe)	Bob is ill.	Erklärung: "Something is wrong with Bob. He is ill. But he has a lot of wishes. Listen."	−zuhören	Hb	Tafel: Überschrift
	3. Lehrschritt (Präsentation)	Bedeutungserschließung, Klangbild LZ 1,2	Dialog auf Tonband: Bob:"I'm thirsty,Mummy. May I drink tea?" Mummy:"Yes, you may." Bob:"Mummy, I'm so tired. May I sleep?" Mummy:"Of course, you may."	−zuhören −nachsprechen	Hb/ Aa	Tonband(Kassette)
Erarbeitungsphase	4. Lehrschritt (Anwendung)	Übung der neuen Strukturen LZ 2,3	Feststellung: Tom is in his playroom. Little Susan is in her playroom. Tom(Ann)asks: "May I play with my ...?" Mummy:"Yes, you may." (Anheften der Elemente)	−handeln −fragen −antworten	Hb	Flanelltafel, Haftelemente: Ann,Tom,Spielsachen von Ann und Tom
	5. Lehrschritt (Präsentation des Schriftbildes)	Verbindung: Klangbild − Schriftbild LZ 5	Feststellung: "May I drink tea?" "Yes, you may."	−chorsprechen −einzeln lesen	Hb/ Aa	Tafel,Kreide
	6. Lehrschritt (Präsentation)	Bedeutungserschl., Klangbild LZ 1,2	Dialog auf Tonband: Bob is still ill. He asks:"Mummy, may I get up?" Mummy:"No, you may not. It isn't good for you." Bob:"May I read a book?" Mummy:"No, you may not."	−zuhören −nachsprechen	Hb/ Aa	Tonband(Kassette)
	7. Lehrschritt (Anwendung)	Übung der neuen Struktur LZ 2,3	Unterrichtsimpuls: "You are Bob. Look at the pictures and ask Mummy." (May I put on, drink, eat...?) Feststellung: "Ann(Tom) asks Tom(Ann):'May I play with your...?' 'No, you may not.'"	−fragen −antworten −fragen −antworten	Hb Hb	je ein Bild mit Kleidungsstücken,Obst, Getränken,Lebensmittel Flanelltafel, Haftelemente: Spielsachen
	8. Lehrschritt (Präs.d.Schr.)	Verbindung:Klangb.− Schriftbild LZ 5	Feststellung: "May I eat an ice-cream?" "No, you may not."	−chorsprechen −einzeln lesen	Hb/ Aa	Tafel,Kreide
	9. Lehrschritt (Teilzusammenfassung)	Übung der neuen Strukturen im Zusammenhang LZ 5	Arbeitsaufgabe: "Look at the substitution table, form 5 questions and give the answer."	−aufschreiben −überprüfen	Aa / Hb	OHP-Transparent Satzbautafel
	10. Lehrschritt (Präsentation)	Bedeutungserschl., Klangbild LZ 1,2	Feststellung: "The next day the doctor visits Bob. 'Oh, you are very ill, Bob. You mustn't get up. You mustn't drink cold water.'"	−zuhören −nachsprechen	Hb	Gestik:erhobener Zeigefinger
	11. Lehrschritt (Anwendung)	Übung der neuen Struktur LZ 2,3	Unterrichtsimpuls: "You are the doctor now." (Bob, you mustn't put on, eat, drink...) Feststellung: "Tom is at school. Ann mustn't play with Tom's ..." (Zeigen der Elemente)	−sich äußern −handeln −sprechen	Hb Hb	Bilder:Kleidungsstücke, Getränke,Obst, Lebensmittel Flanelltafel, Haftelemente: Tom's toys
	12. Lehrschritt (Präs.d.Schr.)	Verb.:Klangbild − Schriftbild LZ 5	Feststellung: "You mustn't get up."	−chorsprechen −einzeln lesen	Hb/ Aa	Tafel,Kreide
	13. Lehrschritt (Regelbildung)	Bewußtmachung der Regel LZ 4	Erarbeitungsgespräch nach Sachimpuls: Lehrer liest noch einmal die Tafelanschrift vor, unterstreicht die Strukturen und setzt die entsprechenden Zeichen dazu. Regelbildung	−überlegen −formulieren	Hb	Tafelanschrift (1,2) farbige Kreiden
Sicherungsphase	14. Lehrschritt (Gesamtzusammenfassung)	Übung aller neuen Strukturen im Zusammenhang Lz 2,3	Unterrichtsimpuls: "What is allowed and what is not allowed at school? Ask questions, give statements." (May I ...?−You mustn't...)	−sich äußern −fragen −antworten	Hb	OHP-Transparent Folie 9 (s.Literatur bzw. Medien)
	15. Lehrschritt (Lernzielkontrolle)	Bearbeiten des Arbeitsblattes	Arbeitsaufgabe: "Look at the sentences and fill in." Anschließend:Ergebniskontrolle	−ausfüllen −überprüfen	Aa Hb	Arbeitsblatt

Hauptlernziel:	Unterrichtsthema:	Autor: Oskar Hof
Erkenntnis der richtigen Verwendung des Simple Present sowie des stimmhaften und stimmlosen s in der 3.Person Einzahl	Einführung des Simple Present (Mrs Brown's week)	Unterrichtszeit Empfehlung: 1 UE

VORBEMERKUNGEN:
In dieser Stunde wird die Kenntnis der Verlaufsform vorausgesetzt.-Sowohl bei der Wiederholung der Verlaufsform als auch bei der Einführung des Simple Present ist darauf zu achten,daß immer die entsprechenden Signalwörter verwendet werden.-Auf intensive Spracharbeit ist bei Ls 6 besonderer Wert zu legen.

TEILLERNZIELE:

Die Schüler sollen:

1. die Bedeutung der neuen Struktur erkennen,
2. den richtigen Gebrauch des Simple Present erkennen und eine entsprechende Regel formulieren können,
3. den Unterschied zwischen stimmhaftem und stimmlosem s erkennen,
4. die richtige Verwendung des stimmhaften und stimmlosen s der 3.Person Einzahl erkennen und eine einfache Regel formulieren können,
5. die neue Struktur des Simple Present richtig aussprechen können,
6. die 3.Person Einzahl des Simple Present selbständig bilden und anwenden können.

MEDIEN:
- Wandbilder A,B,C(siehe Literatur 2)
- Wortkarten A – F
- Bildkarten:Biene,Schlange
- OHP-Transparent
- OHP-Projektor
- Arbeitsblatt
- farbige Kreide
- farbige Filzstifte

LITERATUR:

1. Dietz,Kroj,Meyse:Learning English T.2,Klett Stuttgart 1972,S.8,9,12
2. Wandbilder zu Learning English,Klett Stuttgart T.1:Bild 6,11 – T.2:Bild 2
3. Friedrichs:English Ausgabe H 1,Oldenbourg München 1970, S.89,95

OHP-TRANSPARENT:

EVERY DAY...

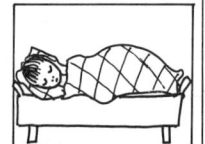

TAFELBILD:

Mrs Brown's week

Every day...

First ... then...

... she opens [A] the windows
she makes [B] the beds.
she cleans [C] the rooms.
she works [D] in the garden.
she reads [E] the newspapers.
she prepares [F] lunch.

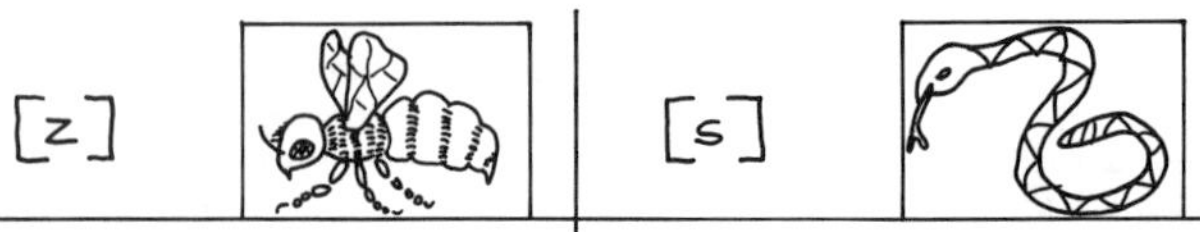

ARBEITSBLATT:

FILL IN THE RIGHT FORM:

1. Every day Ann_____(to play)in her room.
2. Daddy often_____(to sit)in his armchair.
3. On fine days Tom_____(to get up)early.
4. First Susan_____(to take) a piece of paper.
   Then she_____(to write) a letter.
5. On Sundays Mary_____(to wear) a nice dress.
6. Every afternoon Bob_____(to listen)to the radio.
7. On Saturdays Peter_____(to cut)the grass.

[z] OR [s]

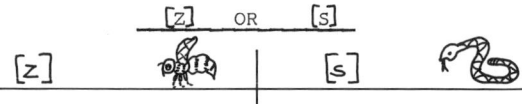

| [z] | 🐝 | [s] | 🐍 |

[z] 🐝   [s] 🐍

she opens   she makes
she cleans   she works
she reads
she prepares

UG	Lehrschritte (Artikulationsdefinition)	Lehrinhalte und Lernziele (= Lz)	Lehrakte .... Lernakte		Sozial-formen	Lernhilfen
Eröffnungsphase	1. Lehrschritt (Anknüpfung)	Anwendung der Verlaufsform	Unterrichtsimpuls: "Look what Mrs Brown is doing now."	-betrachten -sich äußern	Hb	Wandbild A (s.Literatur)
	2. Lehrschritt (Zielangabe)	Mrs Brown's week	Feststellung: "Let's see what Mrs Brown has to do every day of the week. Every day, that means on..."	-zuhören -sich äußern	Hb	Tafel: Überschrift
	3. Lehrschritt (Teilzielerarbeitung)	Präsentation der 3. Person Einzahl des Simple Present in Verbindung mit den Signalwörtern LZ 1,5	Feststellung: "This is what Mrs Brown does every day. Every day she opens the windows. Every day she.."(siehe Tafelbild)	-vorsprechen -nachsprechen -chorsprechen -einzeln sprechen	Hb/ Aa	Wandbild A: Tagesablauf
			Feststellung: "Every day Mrs Brown has to work. First she opens the windows. Then she..."(s.Tafelbild) (Beim letzten Einzelsprechen Anheften der Wortkarten)	-vorsprechen -nachsprechen -chorsprechen -einzeln sprechen -lesen	Hb/ Aa	Wandbild A Gestik Tafel Wortkarten A - F
Erarbeitungsphase	4. Lehrschritt (Sprachbetrachtung)	Bewußtmachung der Verwendung des Simple Present LZ 2	Sachimpuls: Lehrer liest noch einmal die Sätze vor und unterstreicht dabei sowohl die Signalwörter als auch die Form des Simple Present farbig.	-betrachten -überlegen -formulieren	Hb	Tafel,farbige Kreide
	5. Lehrschritt (Teilzusammenfassung)	Zusammenhängende Übung der neuen Struktur des Simple Present LZ 6	Arbeitsaufgabe: "Write down the right form."	-aufschreiben -überprüfen	Aa/ Hb	OHP-Transparent
	6. Lehrschritt (Teilzielerarbeitung)	Unterscheidung: stimmhaftes s - stimmloses s LZ 3	Sachimpuls: Lehrer liest nur die Formen des Simple Present vor. "Listen carefully." Nachdem der Unterschied von den Schülern erkannt worden ist,nimmt der Lehrer dann die erste Wortkarte und steht unschlüssig vor der Tabelle z s (Biene,Schlange).Die Schüler helfen ihm und ordnen dann die restlichen Wortkarten ein.Danach erfolgt sehr gründliches und sorgfältiges Lesen.Verschiedenfarbiges Unterstreichen des s-Lauts.	-zuhören -überlegen -zuordnen -chorsprechen -einzeln lesen -unterstreichen	Hb/ Aa	Tafel,Wortkarten A-F Bildkarten: Biene-Schlange farbige Filzstifte
	7. Lehrschritt (Regelfindung)	Bewußtmachung des Gebrauchs:stimmhaftes s - stimmloses s LZ 4	Erarbeitungsgespräch nach Impuls: "Wenn du den Nachbarlaut des s genauer betrachtest,ihn dir einmal leise vorsprichst und dabei gut hinhörst,kannst du erkennen,wann das s stimmhaft und wann es stimmlos gesprochen wird."	-betrachten -sich vorsprechen -überlegen -formulieren	Hb	Tafel,Wortkarten A - F
Sicherungsphase	8. Lehrschritt (Gesamtzusammenfassung)	Zusammenfassende Übung des Simple Present LZ 5,6	Rundgespräch nach Impuls: "Look at the Brown family.What do they do every Saturday when the weather is fine? What do they do first? Bee or snake?"	-betrachten -sich äußern	Hb	Wandbild B:typische Arbeiten am Samstag: Autowaschen... Wandbild C: Picknick (s.Literatur) Bildkarten: Biene-Schlange
	9. Lehrschritt (Lernzielkontrolle)	Bearbeiten des Arbeitsblattes	Arbeitsaufgabe: "Fill in the right form." Ergebniskontrolle	-ausfüllen -zuordnen -überprüfen	Aa Hb	Arbeitsblatt
	10. Lehrschritt (Anwendung)	Übung des Simple Present im Zusammenhang LZ 5,6	Lernspiel: "Du nennst ein Zeitwort in der Grundform.Dein Nachbar bildet daraus die 3.P.Einzahl des Simple Present.Wer nun zuerst erkennt,ob diese Form zur "Biene" oder zur "Schlange" gehört,darf das nächste Zeitwort nennen."	-ausführen	Pa/ Hb	

Hauptlernziel: Einsicht in die Bildung und Verwendung einer Struktur	Unterrichtsthema: Simple Past in Aussagesätzen	Autor: Renate Nemmaier
		Unterrichtszeit Empfehlung: 3 UE

Vorbemerkungen: Aus dem Gesamtkomplex "Simple Past" wurde nur ein besonders wichtiger Teilbereich ausgewählt.

Lernvoraussetzungen:
- Kenntnis von is/was
- Kenntnis der Verben, Lehrschritt 3 bis einschl. 11 im Simple Present

Literatur:
- Curricularer Lehrplan für das Fach Englisch, 6.Jahrgangsstufe, Amtsblatt KM Bayern, SoNr. 1, 1976
- "English", H2, Cornelsen-Velhagen & Klasing

Teillernziele:
1. Einsicht in die Bildung und Verwendung des Simple Past in Aussagesätzen anhand einiger starker und schwacher Verben;
2. Beherrschung einiger Verben in Simple Past und Simple Present;
3. Fertigkeit im Gebrauch des Wörterbuches;
4. Fähigkeit, einen Text von Simple Present nach Simple Past zu transformieren.

Medien: Tafel, Tageslichtprojektor, Arbeitsblätter, Kontrollfolien, Kalender

Hausaufgabe: Als Hausaufgabe sollten die Schüler vorbereiten: Verschiedene Tätigkeiten aus dem Alltag

---

Tafelanschrift zu Lehrschritt 3:

- clean bike
- watch TV
- visit a friend
- help in the house
- write a letter
- buy a magazin
- work in the garden

Tafelanschrift zu Lehrschritt 4,5,6:

Monday, 4th	I .... my bike.
Tuesday, 5th	I .... a magazin.
Wednesday, 6th	I .... TV.
Thursday, 7th	I .... in the garden.
Friday, 8th	I .... a friend.

[watched] [cleaned] [visited] [helped] [bought]

Tafelanschrift zu Lehrschritt 7:

[Simple Past]
↓
Über Vergangenes berichten

Signal-words: last week
yesterday

Arbeitsblatt, Nr. 1:
(und Kontrollfolie, Nr. 1)
→ Fill in!

Last week Bill ...... very busy. He
...... his mother with the household.
He ...... with his father in the garden.
One afternoon he ...... a friend and
...... a letter to his pen-friend.
Later in the evening he ...... TV.

helped, was, visited, watched, worked, wrote

Arbeitsblatt, Nr. 2:

Read the text! → I go shopping.
I buy something at the supermarket.
I help at home.
I buy some flowers.
I go swimming.
I write a letter.

Write down what happened yesterday! → I ...... shopping
I ...... something at ...
I ......

Folie, Nr. 2:

[Every day]   [Yesterday]

Today ist Tuesday.   Yesterday was Monday.

1. I stay in bed until 7 o'clock.
2. I get up.
3. I go to the bathroom.
4. I put my clothes on.
5. I have breakfast.

1. I ...... in bad until 7 o'clock.
2. I ...... up.
3. I ...... to the bathroom.
4. I ...... my clothes on.
5. I ...... breakfast.

got, went, stayed, had, put

Arbeitsblatt, Folie, Nr.3:

It's summer. Bill and John go camping. They go by bike.

They sleep in their tent. Suddenly Bill hears a noise. He stets up. He listens.

John switches his torch on. He opens the tent. The boys begin to laugh. A cow is outside!

Arbeitsblatt, Folie, Nr. 4:

August, 2nd

Dear Mum,
Bill an I went camping. We went ....
....
....
....

Love
John

UG	Lehrschritte (Artikulationsdefinition)	Lehrinhalte und Lernziele (= Lz)	Lehrakte .... Lernakte		Sozialformen	Lernhilfen
Eröffnungsphase	1. Lehrschritt (Wiederholung)	Vorentlastung durch Wiederholung der Wochentage in spielerischer Form (CuLP 5/Rz 1/7.3)	Impuls: - Today is Tuesday. Go on quickly! - Yesterday was Monday!	- sprechen: Wednesday, Thursday - sprechen: Sunday, etc.	HkF Aa	
	2. Lehrschritt (Wiederholung)	s.o., Wochentage und Datum (7.3)	Impuls: - Let's remember the last week! - Today is Tuesdas, 12th.	- lesen - sprechen einzeln/Chor - zuhören	HkF/Aa	Kalender
	3. Lehrschritt (Bereitstellen des sprachlichen Materials)	Sammeln von verschiedenen Tätigkeiten (Auswertung der vorbereitenden Hausaufgabe)	Unterrichtsfrage: - What did you do last week?	- antworten - notieren in Stichwörtern - lesen	Hb	Tafel
Erarbeitungsphase	4. Lehrschritt (Einführung des Simple Past/SiPa)	Zuordnen von Tätigkeiten zu verschiedenen Tagen	Sachimpuls: Aufdecken der vorbereiteten Tafelanschrift Auftrag: - Fill in!	- lesen - auswählen - einsetzen der Wortstreifen	Hb/Aa	Tafel
	5. Lehrschritt (Verdeutlichung von Klang- und Schriftbild)	Lesen und Sprechen (CuLP 6/Rz. 2/5.)	Fragen zur Tafelanschrift: - What did you do on Monday, 4th? - What did you do on Tuesday, 5th? etc.	- antworten		
	6. Lehrschritt (Sprachbetrachtung: Bildung von SiPa)	Einsicht in die Bildung der Struktur durch Vergleich mit den Grundformen (CuLP 6/Rz. 1/5.3)	Optischer Impuls: - Unterstreichen mit Farbkreide Akustischer Impuls: - Vorlesen Verarbeitungsgespräch: Veränderungen im SiPa	- betrachten - zuhören - erkennen - verbalisieren auf deutsch	Hb Hb Hb	Tafel
	7. Lehrschritt (Sprachbetrachtung: Verwendung von SiPa)	Erkennen der Verwendungsmöglichkeit der Struktur (CuLP 6/Rz.1/5.3)	Optischer Impuls: - Anschreiben des grammatischen Begriffs, Pfeil ... Verarbeitungsgespräch: Über Vergangenes berichten, Signalwörter	- betrachten - lesen - erkennen - verbalisieren auf deutsch	Hb Hb	Tafel
	8. Lehrschritt (Anwendung)	Einsetzübung	Arbeitsauftrag: - Fill in the gaps!	- durchführen (evtl. als Hausaufgabe)	Pa/Aa	Arbeitsblatt, Nr. 1
	9. Lehrschritt (Kontrolle)	Kontrolle des Texts	Verarbeitungsgespräch: - Let's check your text!	- satzweises Vorlesen - vergleichen	Hb	Arbeitsblatt, Folie zur Kontrolle, Nr. 1
	10. Lehrschritt (Verdeutlichung SiPa/SiPres)	Verdeutlichung anhand einer Tabelle (CuLP 6/Rz.1/5.3)	Arbeitsaufträge: - Read the sentences! - Fill in the gaps! - Compare the verbs! Verarbeitungsgespräch: Unterschiede, Signalwörter	- lesen - einsetzen - sprechen, Verben SiPa/SiPr - erkennen - verbalisieren	Hb/Aa Hb	Folie, Nr. 2
	11. Lehrschritt (Texttransformation)	Texttransformation	Arbeitsaufträge: - Read the text! - Underline the verbs! - Write down what happened yesterday!	- durchführen - kontrollieren durch lautes Vorlesen - einsetzen - kontrollieren	Hb/Aa	Arbeitsblatt, Nr. 2
Sicherungsphase	12. Lehrschritt (Vertiefung durch Bildgeschichte)	Schrittweise Entwicklung und Kontrolle eines Textes in SiPres; gemeinsame Endform	Arbeitsauftrag: - Write a text for this story! Use your dictionairy! Arbeitshilfen je nach Niveau der Lerngruppe	- betrachten - nachschlagen - fixieren - ergänzen	Fa	Arbeitsblatt, Folie, Nr. 3
	13. Lehrschritt (Übertragung)	Schreiben eines Briefes (CuLP 7/Rz.1/5.1)	Erklärung und Arbeitsauftrag: - Next morning John wrote a letter to his mother. Look, that's the beginning of the text .... (Erklärungen der Briefformeln) - Now you are John! Write down the story!	- zuhören - lesen - aufschreiben - kontrollieren	Hb/Aa	Arbeitsblatt, Folie Nr. 4

Hauptlernziel: Die Schüler sollen eine lehrbuchunabhängige englische Hörszene miterleben (understand – comprehend – communicate)	Unterrichtsthema: Steigerung von Adjektiven und Vergleiche (Towser is Lost)	Autor: Gerhard Simon
		Unterrichtszeit Empfehlung: 2 UE zu je 45 Min.

VORBEMERKUNGEN:

Die Englisch-Lehrpläne der 6. Jahrgangsstufe verlangen Vergleichssätze mit Adjektiven der Grundform und der gesteigerten Form. Die Einführung dieser neuen Strukturen erfolgt in der Regel gemäß dem verwendeten Lehrbuch. Das Hörspiel "Towser is Lost" des Instituts für Film und Bild bietet eine hervorragende Möglichkeit der Vertiefung und Sicherung dieses Unterrichtsgegenstands. Entscheidend für den Einsatz des Tonbandes ist jedoch die seltene Gelegenheit, in der Routine des Sprachlehrgangs dem Schüler eine "Story" anzubieten, die ihn durch ihren Inhalt und unbekannte native speakers zu interessiertem Zuhören und sprachlichem Mittun motiviert.

Da sich die Geschichte von Mary und ihrem Hund Towser inhaltlich in 2 Teile gliedert (Mary in the Lost Property Office – Mary in the Lost Dogs' Home), kann das Unterrichtsthema nach dem 6. Lehrschritt unterbrochen und in einer nachfolgenden Englischstunde wieder aufgenommen werden. Die Durchführung der UE in einer Doppelstunde ist ebenfalls denkbar, da sowohl der Ablauf der Geschichte, als auch ein häufiger Tätigkeitswechsel das Interesse der Schüler wachhält.

TEILLERNZIELE:

Die Schüler sollen:

1. die Fähigkeit entwickeln und Freude daran haben, Stimmen von noch unbekannten Sprechern unterscheiden und verstehen zu können (kognitiv/affektiv)
2. Sinnzusammenhänge (Situationen) erfassen, die allein akustisch dargeboten werden (kognitiv)
3. Aussprache, Intonation und Sprechtempo der native speakers imitieren (kognitiv/psychomotorisch)
4. durch optische Hilfen (Bilder) unterstützt, neues Wortmaterial mündlich und schriftlich einüben (kognitiv)
5. nach einem vorgegebenen Pattern analoge Sätze bilden können (kognitiv):
   a) Verwendung von as .... as
   b) Verwendung von not so .... as } bei Vergleichssätzen
   c) Verwendung von ...er than

MEDIEN:

TB 374 "Towser is Lost" vom Institut für Film und Bild im Verleih der Landesbildstellen
Tonbandgerät (möglichst mit zusätzlichem Raumlautsprecher)
Tafelbild Teil A (mit 5 Wortkarten)
Tafelbild Teil B (mit 5 Hundebildern und Wortkarten)
2 Schülerarbeitsblätter

ANSCHRIFTEN:

Das Tonband kann von jeder Schule kostenlos (Portogebühren) per Postkarte angefordert werden von
a) Landesbildstelle Nordbayern
   Josephsplatz 8, 8580 Bayreuth
b) Landesbildstelle Südbayern
   Prinzregentenstr. 10, 8000 München

LITERATUR:

1. zum Stundenaufbau: Konrad Macht: "Kernprobleme eines Englischunterrichts für alle" in "Lehrer in Ausbildung und Fortbildung", Verlag Ludwig Auer, Donauwörth 1978, SS. 171 – 196.
2. zu den Sprechübungen: Reinhold Freudenstein: "Der didaktisch-methodische Ort des Sprachlabors" in "Unterrichtsmittel Sprachlabor", Kamps päd. Taschenbücher, Bd. 42, Bochum 1971, SS. 155 – 162

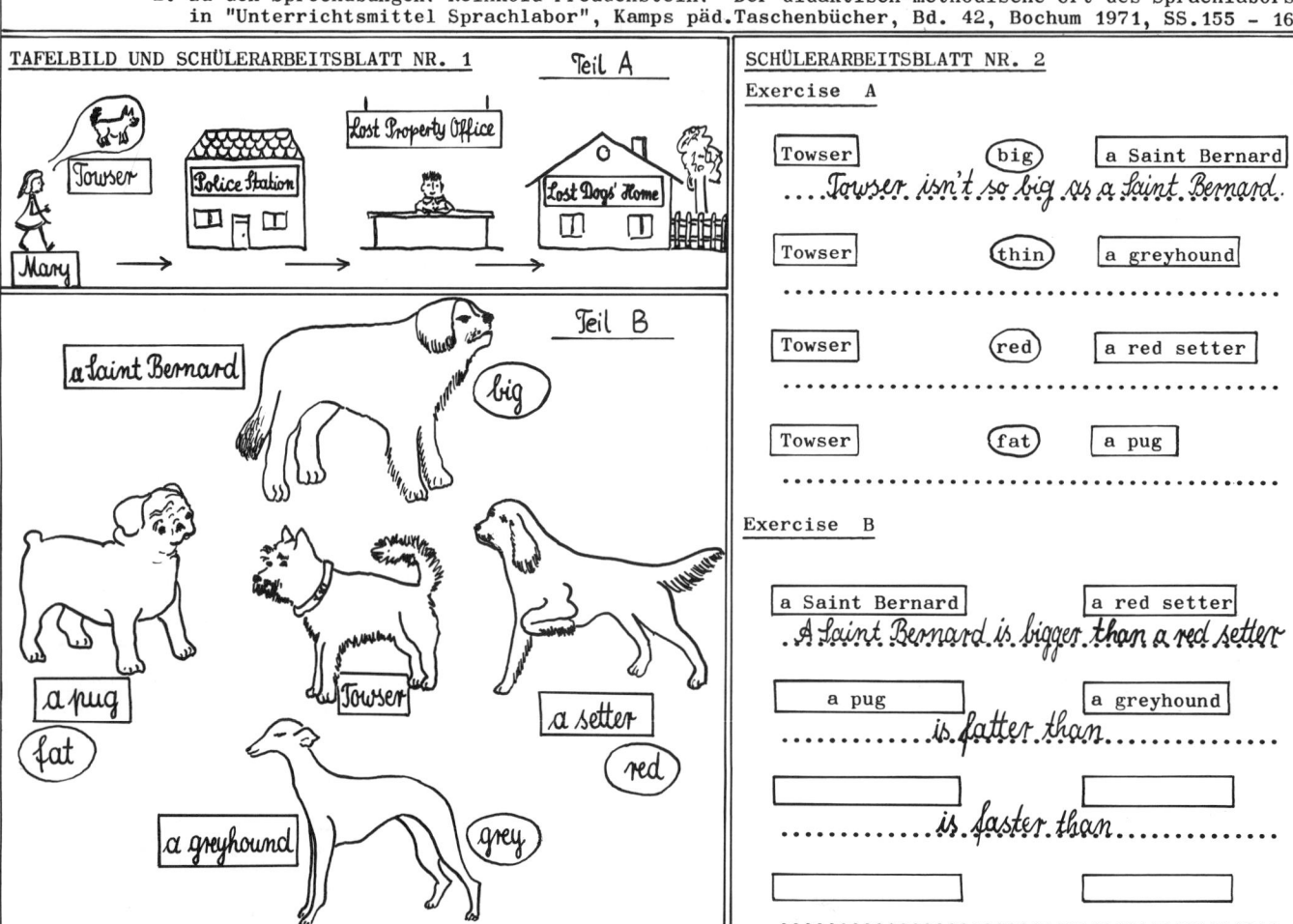

TAFELBILD UND SCHÜLERARBEITSBLATT NR. 1 — Teil A

Teil B

SCHÜLERARBEITSBLATT NR. 2

Exercise A

Towser – big – a Saint Bernard
...Towser isn't so big as a Saint Bernard.

Towser – thin – a greyhound
....

Towser – red – a red setter
....

Towser – fat – a pug
....

Exercise B

a Saint Bernard – a red setter
..A Saint Bernard is bigger than a red setter.

a pug – a greyhound
.........is fatter than..........

.........is faster than..........

UG	Lehrschritte (Artikulationsdefinition)	Lehrinhalte und Lernziele (= Lz)	Lehrakte .... Lernakte		Sozial-formen	Lernhilfen
Eröffnungsphase	1. Lehrschritt (Einführung in den Themenbereich)	Gewinnung eines Zugangs zum Unterrichtsthema	Fragen: Who of you has got a dog? What's his/her name? Did it run away from home once?	-antworten in der Fremdsprache oder in deutsch	Hb	
	2. Lehrschritt (Zielangabe)		Ankündigung: Let's listen to this tape now. You will hear of an English girl. She is looking for her dog.	-zuhören	Hb	
	3. Lehrschritt (Hörszene I)	Anbahnung des Verständnisses durch Hören (Lz 1 und Lz 2)	Darbietung der Hörszene I durch native speakers: Mary is looking for Towser in the Lost Property Office.	-zuhören -die Situation erfassen	Hb	Tonband
	4. Lehrschritt (Verarbeitung)	Verständniskontrolle durch Fixierung des Handlungsablaufs	Aufforderung: Look at these words, listen and repeat.	-nachsprechen	Hb	Wortkarten *Mary* *Towser*
			Arbeitsauftrag: Now look at the picture in your worksheet and put in the fitting words.	-Wörter zuordnen	Aa	Arbeitsblatt Nr.1 Teil A
			Kontrolle: Let's do the same here at the board and compare with your worksheet.	-vergleichen -evtl. verbessern	Hb Aa	Tafelbild Teil A und Wortkarten
Phasen der Erarbeitung und Sicherung	5. Lehrschritt (Anwendung)	4-Phasen - Nachsprechübung (Lz 3)	Die "native speakers" fordern zum Nachsprechen auf.	-zuhören -nachsprechen -einprägen	Hb	Tonband
	6. Lehrschritt (Teilzielerarbeitung)	neues Wortmaterial (Lz 4)	Impuls: Look at all these dogs here. (Auf der Tafel sind die Bildunterschriften vertauscht)	-zuhören	Hb	Tafelbild Teil B 5 Hundebilder 5 Wortkarten (Hunderassen) 4 Wortkarten (Adjektive) Arbeitsblatt Nr.1 Teil B
			Arbeitsaufträge: Take your worksheet: Find the correct name for each dog. Which adjective fits?	-richtigstellen -zuordnen	Aa	
			Kontrolle: korrigiertes Tafelbild	-überprüfen	Pa	Tafelbild
	(Anwendung)		Sprechimpulse durch Rätselfragen der Schüler: "My dog is fat" - "So it's a pug" "My dog is grey" - "So ...."	-bilden Sprechreihen -einüben	Hb	mit/ohne Tafelbild

Bei Unterteilung der UE in 2 getrennte Englischstunden müßte dem 7. Lehrschritt nochmals Hörszene I (siehe 3. Lehrschritt) vorangestellt werden.

UG	Lehrschritte	Lehrinhalte und Lernziele	Lehrakte	Lernakte	Sozialformen	Lernhilfen
	7. Lehrschritt (Teilzielerarbeitung)	4-Phasen - Sprechübung (Lz 5a und Lz 5b)	Die "native speakers" fordern zum Antworten auf und geben eine Musterantwort vor.	-antworten -wiederholen und verbessern	Hb	Tonband
	8. Lehrschritt (Fixierung und Anwendung)	schriftl.Fixierung der patterns auf dem Arbeitsblatt	Arbeitsauftrag: Let's do Exercise A on your worksheet. Compare with your partner.	-3 Sätze schreiben -gegenseitige Hilfe	Aa Pa	Arbeitsblatt Nr. 2 Exercise A
	9. Lehrschritt (Hörszene II)	(Lz 1 und Lz 2)	Darbietung der Hörszene II: Mary finds Towser in the Lost Dogs' Home.	-zuhören -die Situation erfassen	Hb	Tonband
	10. Lehrschritt (Teilzielerarbeitung)	4-Phasen - Sprechübung (Lz 5c)	Aufforderung durch die "native speakers" Vergleichssätze der Steigerungsstufe zu bilden: Bsp.: What's bigger, a Saint Bernard or a red setter?	-antworten -wiederholen und verbessern	Hb	Tonband
	11. Lehrschritt (Hausaufgabenstellung)	Sicherung der gelernten Vergleichssätze	Auftrag: Look at the example in Exercise B and try to find some more sentences.			Arbeitsblatt Nr. 2 Exercise B

Hinweis: Es wird nötig sein, die Schüler in nachfolgenden Englischstunden erneut für "Towser" zu interessieren. Eine Wiederholung der 4-Phasen-Übungen (Lehrschritte 5, 7 und 10) ist nach dem Prinzip des "overlearning" zur Sicherung der Strukturen unerläßlich. Wenn kein Sprachlabor zur Verfügung steht, lassen sich die "drills" auch mit dem Tonbandgerät im Klassenzimmer üben.

Hauptlernziel: Bereitstellung, Sicherung und sinnvolle Verwendung von neuem Wortmaterial	Unterrichtsthema: Wortschatzarbeit zu "Let's Lay the Table" (Guests are Coming)	Autor: Gerhard Simon
		Unterrichtszeit Empfehlung: 1 UE=45 M.

VORBEMERKUNGEN:

Der Themenkreis "Einladung/Geburtstagsfeier/Mahlzeiten" verlangt die Einführung einer unverhältnismäßig großen Anzahl noch unbekannter Substantive. Damit das Verständnis für die Situation nicht durch ein Übermaß an neuem Wortschatz verstellt wird, soll in diesem Unterrichtsmodell dargestellt werden, wie Wortmaterial den Schülern nahegebracht werden kann und wie Aussprache und Schreibung zu sichern sind. Dem verwendeten Lehrbuch gemäß, kann die UE (in vereinfachter Form) bereits im 5. Schülerjahrgang eingesetzt werden (vgl. Cornelsen: H 1, Step 10 oder Westermann: English 5, Unit 14/2). In diesem Fall bietet sich bei entsprechenden Themen des 2. Lernjahrs eine ausweitende Wiederholung des Unterrichtsmodells an (vgl. Cornelsen H 2, Unit 2a).

TEILLERNZIELE:

Die Schüler sollen:

1. den neuen Wortschatz verstehen, der einsprachig dargeboten wird (kognitiv),
2. durch mehrmaliges, sinnvolles Wiederholen die Klanggestalt des Wortes aufnehmen (kognitiv),
3. das Schriftbild der neuen Wörter kennenlernen (kognitiv),
4. durch mehrmaliges Abschreiben das Schriftbild sichern (kognitiv/psychomotorisch),
5. den neuen Wortschatz in einfachsten Situationen (Minidialogen) sinnvoll gebrauchen (kognitiv),
6. das neue Wortmaterial in einem Lückentext sinnvoll verwenden (kognitiv).

MEDIEN:

- Wandbild oder Folie einer Tischgesellschaft
- Ein Korb mit Geschirr, Besteck, Servietten für vier Personen
- Eine Vase mit Blumen
- Ein (Eß-) Tisch in der Mitte der Klasse
- Hafttafel mit Bildelementen entsprechend dem Tafelbild 1
- Wortkarten für das Tafelbild 2
- Schülerarbeitsblatt (siehe unten)

LITERATUR: Lehrerkolleg "Zur Didaktik des Englischunterrichts" TR-Verlagsunion, München 1972, SS 34 - 42 Stichwort "Wortschatz".
Didaktik und Methodik des Englischunterrichts (Fernstudienlehrgang der Universität Tübingen) 7. Studienbrief: "Wortschatzarbeit", Cornelsen Verlag, Berlin 1969

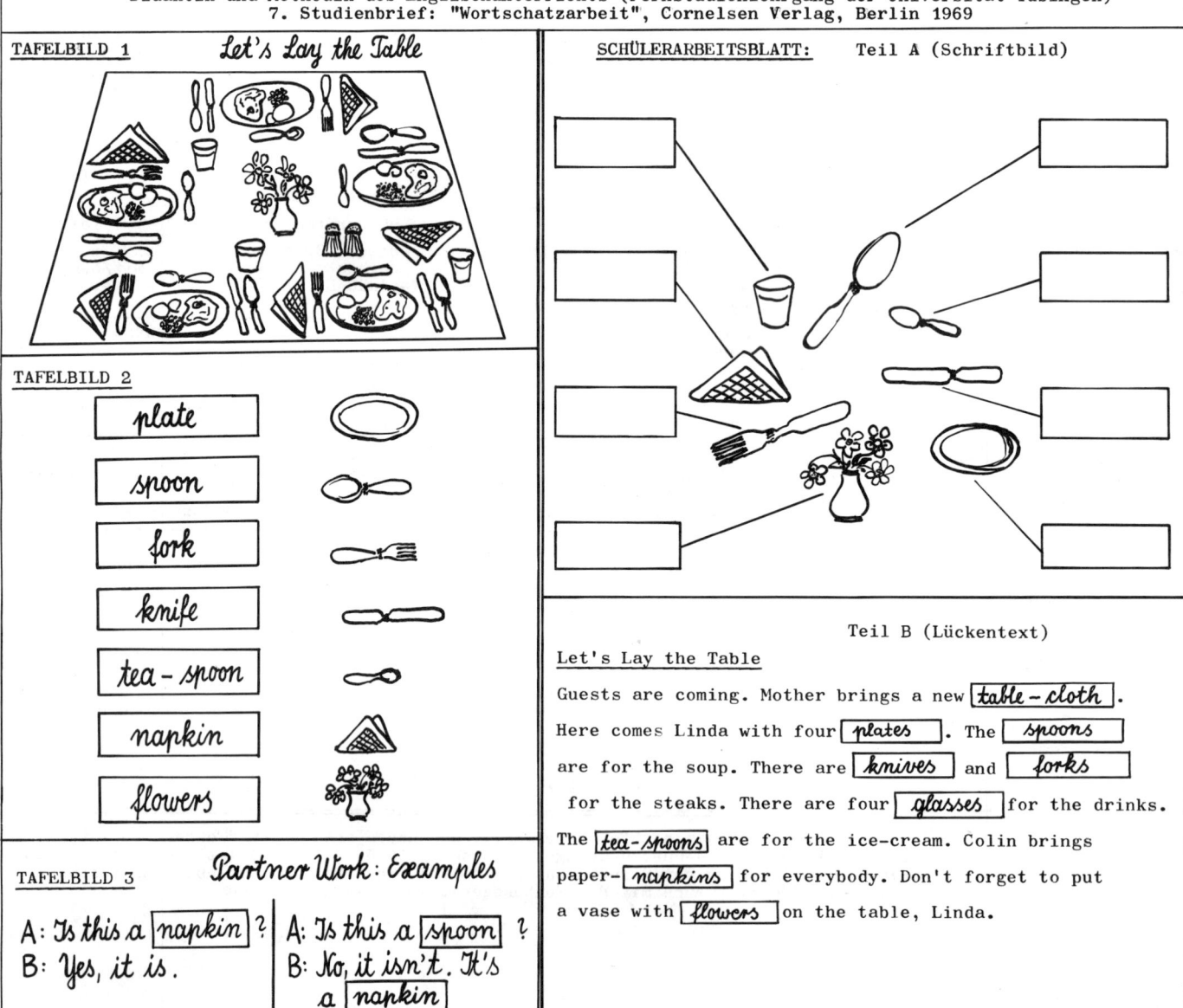

TAFELBILD 1 — *Let's Lay the Table*

TAFELBILD 2

- plate
- spoon
- fork
- knife
- tea-spoon
- napkin
- flowers

TAFELBILD 3 — *Partner Work: Examples*

A: Is this a napkin?
B: Yes, it is.

A: Is this a spoon?
B: No, it isn't. It's a napkin.

SCHÜLERARBEITSBLATT: Teil A (Schriftbild)

Teil B (Lückentext)

Let's Lay the Table

Guests are coming. Mother brings a new table-cloth. Here comes Linda with four plates. The spoons are for the soup. There are knives and forks for the steaks. There are four glasses for the drinks. The tea-spoons are for the ice-cream. Colin brings paper-napkins for everybody. Don't forget to put a vase with flowers on the table, Linda.

UG	Lehrschritte (Artikulationsdefinition)	Lehrinhalte und Lernziele (= Lz)	Lehrakte .... Lernakte		Sozial-formen	Lernhilfen
Eröffnungsphase	1. Lehrschritt (Problem-begegnung)	Darstellen der Situation Aktivieren der Vorkenntnisse	Ankündigung: "The Scotts (Bartons, Pims, ...) are having guests for tea." Impuls: "There's a lot to do before the guests arrive."	–zuhören –reagieren auf englisch oder deutsch	Hb	evtl.Wandbild oder Folie einer Tisch-gesellschaft
	2. Lehrschritt (Provokation)	Hinführung zum eigentlichen Unterrichtsthema	Sachimpuls: (Geschirr, Tischtuch, Servietten, Blumen werden vom Lehrer wahllos auf den Tisch gehäuft) "Let's put all these things on the table – and now let the guests come."	–protestieren	Hb	Tischtuch, Ge-schirr, Ser-vietten, Blu-men
	3. Lehrschritt (Zielangabe)	Das Ziel wird von den Schülern formuliert	Feststellung: SS: "Der Tisch muß schön gedeckt werden!" L: "All right, let's lay the table, then."	–formulieren –verstehen	Hb	Tafelanschrift <u>Let's lay the table</u>
Erarbeitungsphase	4. Lehrschritt (Erarbeitung) (Teilziel-wiederholung)	Sinnerfassendes Hören des neuen Wortschatzes (Lz 1) Festigung der Klanggestalt durch sinnvolle Wiederholungen (Lz 2)	Aufforderung: "Stand round our dining table and help me to lay the table." Erklärung: "This is the table-cloth and let's put the flowers right here in the middle." ... Impulse: L: "...and here's a plate on my side ..." SS an den 4 Seiten des Tisches decken ebenfalls je einen Teller auf und wiederholen dabei: "... and a plate on my side." Analog wird die engl. Bezeichnung der übrigen Gegenstände einge-führt und gefestigt.	–stehen um den Tisch –zuschauen –zuhören –decken den Tisch –nachvollziehen –nachsprechen	Kf Kf Kf	ein hübsch gedeckter Tisch
	5. Lehrschritt (Lernziel-kontrolle)	Kontrolle des Hör-verständnisses und Vervollständigung des Tafelbildes (1.Abstraktions-phase: Vom wirkl. Gegenstand zum Tafelbild)	Aufträge: (sollen auch von den SS gegeben werden) "Ingrid, please put the plates on the board." "Walter, please put the napkins on the board." "... "	–rufen auf –befestigen die Haftelemente an der Tafel	Hb/Aa	Hafttafel mit Haftelementen (Tafelbild 1)
	6. Lehrschritt (Erarbeitung)	Vermittlung des Schriftbildes (Lz 3) (2.Abstraktions-phase: Vom Bild zur Schrift)	Arbeitsaufgabe: L: "Look at this list of new words. Find a picture and fit it to a word card." S: "This here is the plate." S: "... "	–ordnen das jeweilige Bildelement zu –verwenden die neuen Aus-drücke	Hb	Wortkarten und einzelne Haft-elemente aus Tafelbild 1 ergeben Tafel-bild 2
Sicherungsphase	7. Lehrschritt (Teilziel-anwendung)	Sicherung des Schriftbildes durch selbst.Bear-beitg. des Arbeits-blattes (Lz 4)	Arbeitsaufgabe: "Find the fitting words for the pictures in your worksheet. Compare with the flannel-board." Anschließend: Ergebniskontrolle	–suchen –ausfüllen –vergleichen	Aa Hb	Schülerar-beitsblatt (Teil A)
	8. Lehrschritt (mdl. Lern-zielkontrolle)	Leistungsdifferen-zierte Wortschatz-übung (Mini-dialoge) (Lz 5)	Arbeitsanweisung: "Use your worksheets (Teil A) and ask your partner questions according to the examples on the board." (Tafelbild 3) Differenzierungsmöglichkeiten: 1. Partner A erfragt nur die "yes-Form" des Minidialogs 2. Partner B muß bei seiner Ant-wort das Schriftbild abdecken 3. Partner A soll auch auf Wörter früherer Lektionen zurückgreifen	–fragen –antworten	diff. Pa	Schüler-arbeitsblatt (Teil A) und Musterdialog (Tafelbild 3)
	9. Lehrschritt (schriftl. Lernziel-kontrolle)	Lückentext als Hausaufgabe	Auftrag: "Try to find fitting words for the text in your worksheet, part B." (mehrere Lösungen möglich)	–Aufgabe lösen	Aa	Schüler-arbeitsblatt (Teil B)
	Anmerkungen:	a) Die Besprechung der Hausaufgabe sollte eine Singular/Plural - Übung des neuen Wort-schatzes einschließen. b) Der Lückentext (Schülerarbeitsblatt, Teil B) bietet sich von der Länge und vom Schwierigkeitsgrad her als Diktattext an.				

Hauptlernziel: Aufnahme von Substantiven und Verben aus dem Sachbereich "Friseur" in den aktiven Wortschatz	Unterrichtsthema: "At the hairdresser's"	Autor: Oskar Hof
		Unterrichtszeit Empfehlung: 1 UE

VORBEMERKUNGEN:

Aus Platzmangel wurden die Präsentation bzw. die Anwendung von Substantiven und den entsprechenden Verben (z.B.: the comb - to comb) in jeweils einem Lehrschritt zusammengefaßt (Ls 12-20). In der Praxis dürfte es jedoch zweckmäßig sein, Substantive und Verben getrennt voneinander einzuführen und zu üben.

Auf die Pluralform "scissors" sollte bei der Präsentation des Schriftbildes (Ls 11) besonders eingegangen werden (evtl. Hinweis auf "shorts, trousers" etc.).

TEILLERNZIELE:

Die Schüler sollen:
1. die Bedeutung der neuen Wörter erkennen,
2. die neuen Wörter richtig aussprechen können,
3. die neuen Wörter in anderen Zusammenhängen sinnvoll verwenden können,
4. die neuen Wörter lesen und richtig abschreiben können.

MEDIEN:
- Wandbilder (s. Literatur 2)
- Bild (evtl. Zeichnung): Friseur, Trockenhaube
- Gegenstände aus dem Friseurladen: Kamm, Haarbürste, Wandspiegel, Schere, Modellkopf
- verschiedene Gegenstände: kleine Scheren, farbige Kämme, Schachtel, Taschenspiegel
- Haftelemente: verschiedene Personen, Haartrockner
- Flanelltafel
- OHP-Transparent
- OHP-Projektor
- Wortkarten A - I
- Arbeitsblatt

LITERATUR:
1. Dietz, Kroj, Meyse: Learning English T.2, Klett Stuttgart 1972, S.79
2. Wandbilder zu Learning English T.2, Klett Stuttgart, Bilder Nr. 8, 10
3. Jacobi: English 5, Westermann Braunschweig 1975, S.74, 75

TAFELBILD:

At the hairdresser's

My [hairdresser]^A is Mr Miller
He has a big [mirror]^B.
He needs [scissors]^C.
Look, what is Mr Miller doing?
He is [combing]^D my hair with a [comb]^E.
He is [drying]^F my hair with a [hair-dryer]^G.
He is [brushing]^H my hair with a [hairbrush]^I.

OHP-TRANSPARENT:

ARBEITSBLATT:

At the hairdresser's

A) The hairdresser needs a lot of things.

He has: (Mark the right word)

(mirror)	☐ a comb ☐ water	☐ a chair ☐ a mirror
(scissors)	☐ a hair-dryer ☐ scissors	☐ a comb ☐ a desk
(hairbrush)	☐ a hairbrush ☐ a mirror	☐ a comb ☐ a table
(brush)	☐ scissors ☐ a hairbrush	☐ water ☐ a mirror
(dryer hood)	☐ a bag ☐ a hair-dryer	☐ a hairbrush ☐ a scarf

B) Look, what the hairdresser is doing:
(Fill in the right word)

He is _____ the hair.
He is _____ the hair.
He is _____ the hair.
He is _____ the hair.

Lehrschritte (Artikulationsdefinition)	Lehrinhalte und Lernziele (= Lz)	Lehrakte .... Lernakte		Sozialformen	Lernhilfen
1.Lehrschritt (Anknüpfung)	Anwendung bekannter Substantive (shopping-street)	Feststellung: "It's Saturday. You go shopping for Mummy. She needs rolls. You go to the baker's." "She needs... I go to..."	−zuhören −sich äußern	Hb	Wandbild: verschiedene Lebensmittel
2.Lehrschritt (Zielangabe)	At the hairdresser's	Feststellung: "Your hair is very long. So you must go to the hairdresser's. Today we want to hear something about the hairdresser."	−zuhören	Hb	Tafel: Überschrift
3.Lehrschritt (Präsentation)	Bedeutungserschl., Klangbild, Lz 1,2	Feststellung: "This is a hairdresser."	−zuhören −nachsprechen	Hb	Bild: Friseur
4.Lehrschritt (Anwendung)	Übung des neuen Wortes, Lz 2,3	Unterrichtsimpuls: "Look at the hairdresser." Unterrichtsfrage: "My hairdresser is Mr Gerich. Who is your hairdresser?"	−sich äußern −fragen −antworten	Hb Hb/Aa	Bild: Friseur
5.Lehrschritt (Präs.d.Schr.)	Verb.: Klangbild-Schriftbild, Lz 4	Feststellung: "My hairdresser is Mr Miller."	−chorsprechen −einzeln lesen	Hb/Aa	Wortkarte A
6.Lehrschritt (Präsentation)	Bedeutungserschl., Klangbild, Lz 1,2	Feststellung: "The hairdresser has a mirror."	−zuhören −nachsprechen	Hb	Spiegel
7.Lehrschritt (Anwendung)	Übung des neuen Wortes, Lz 2,3	Sachimpuls: Legen von Situationen (in, on...)	−handeln −sich äußern	Hb	Taschenspiegel
8.Lehrschritt (Präs.d.Schr.)	Verb.: Klangbild - Schriftbild, Lz 4	Feststellung: "He has a big mirror."	−chorsprechen −einzeln lesen	Hb	Wortkarte B
9.Lehrschritt (Präsentation)	Bedeutungserschl., Klangbild, Lz 1,2	Feststellung: "The hairdresser wants to cut your hair. He needs scissors."	−zuhören −nachsprechen	Hb	Schere
10.Lehrschritt (Anwendung)	Übung des neuen Wortes, Lz 2,3	Lernspiel: "How many scissors are there in my box?"	−handeln −raten	Hb	versch. Scheren, Schachtel
11.Lehrschritt (Präs.d.Schr.)	Verb.: Klangbild - Schriftbild, Lz 4	Feststellung: "He needs scissors."	−chorsprechen −einzeln lesen	Hb/Aa	Wortkarte C
12.Lehrschritt (Präsentation)	Bedeutungserschl., Klangbild, Lz 1,2	Feststellung: "Now your hair is short and the hairdresser needs a comb. With a comb I can comb my hair."	−zuhören −nachsprechen	Hb	Kamm
13.Lehrschritt (Anwendung)	Übung der neuen Wörter, Lz 2,3	Sachimpuls: Äußerungen zu farbigen Kämmen Feststellung: "I can comb my brother's,...hair."	−sich äußern	Hb Hb	farbige Kämme
14.Lehrschritt (Präs.d.Schr.)	Verb.: Klangbild - Schriftbild, Lz 4	Feststellung: "He is combing my hair with a comb."	−chorsprechen −einzeln lesen	Hb/Aa	Wortkarten D,E
15.Lehrschritt (Teilzusammenfassung)	Übung der neuen Wörter im Zusammenhang, Lz 4	Arbeitsaufgabe: "Write down the right word."	−erkennen −aufschreiben −überprüfen	Aa	OHP-Transparent
16.Lehrschritt (Präsentation)	Bedeutungserschl., Klangbild, Lz 1,2	Feststellung: "If the hairdresser washes your hair, it is wet. He needs a hair-dryer. With a hair-dryer I can dry my hair."	−zuhören −nachsprechen	Hb	Bild: Trockenhaube
17.Lehrschritt (Anwendung)	Übung der neuen Wörter, Lz 2,3	Sachimpuls: Verschiedene Personen sitzen unter der Trockenhaube Feststellung: "With a hair-dryer I can dry black.....hair."	−betrachten −sich äußern	Hb Hb	Haftelemente: versch. Personen, Trockenhaube
18.Lehrschritt (Präs.d.Schr.)	Verb.: Klangbild - Schriftbild, Lz 4	Feststellung: "He is drying the hair with a hair-dryer."	−chorsprechen −e.lesen	Hb/Aa	Wortkarten F,G
19.Lehrschritt (Präsentation)	Bedeutungserschl., Klangbild, Lz 1,2	Feststellung: "Now the hairdresser takes a hairbrush. With a hairbrush I can brush my hair."	−zuhören −nachsprechen	Hb	Haarbürste
20.Lehrschritt (Anwendung)	Übung der neuen Wörter, Lz 2,3	Unterrichtsfrage: "Do you have a hairbrush at home?" Feststellung: "The zoo-keeper brushes..."	−fragen −antworten −sich äußern	Hb Hb	Wandbild: Zootiere
21.Lehrschritt (Präs.d.Schr.)	Verb.: Klangbild - Schriftbild, Lz 4	Feststellung: "He is brushing my hair with a hairbrush."	−chorsprechen −e.lesen	Aa/Hb	Wortkarten H,I
22.Lehrschritt (Gesamtzusammenfassung)	Zusammenfassende Übung der neuen Wörter, Lz 2	Sachimpuls: Jeweils ein Schüler demonstriert am Modellkopf Tätigkeiten des Friseurs.	−beobachten −sich äußern	Aa/Hb	Modellkopf, Kamm, Schere...
23.Lehrschritt (Lernzielkontrolle)	Bearbeiten des Arbeitsblattes	Arbeitsaufgabe: "Mark the right word at A. Fill in the right word at B." Anschließend: Kontrolle der Arbeitsergebnisse	−überlegen −ausfüllen −überprüfen	Aa Hb	Arbeitsblatt

Hauptlernziel:	Unterrichtsthema:	Autor: Oskar Hof
Aufnahme der europäischen Ländernamen in den aktiven Wortschatz	A map of Europe	Unterrichtszeit Empfehlung: 1 UE

VORBEMERKUNGEN: Die Übungsmöglichkeiten für Ländernamen sind in der 6.Jahrgangsstufe noch beschränkt.Um eine ständige Wiederkehr gleicher Übungen zu vermeiden,habe ich den sich an die Präsentation anschließenden Lernschritt "Anwendung" nur gerade so umfangreich gehalten,daß eine korrekte Aussprache des neuen Wortes gewährleistet ist,dafür aber einen größeren Anwendungsteil an den Schluß der Stunde gestellt,wenn alle Ländernamen eingeführt sind.-Bedingt durch den Umfang des Wortschatzes konnten nicht alle Lernschritte der Erarbeitungsphase aufgeführt werden.So ist ab Ls 19 entsprechend den vorangegangenen Lernschritten zu verfahren,etwa:France(Autos), Spain(Früchte),Switzerland(Waren aus der Schweiz),Austria(Urlaubsziele),Italy(Speisen).Ein Hinweis dazu gibt auch das Tafelbild.-Zur Präsentation der neuen Wörter wird jeweils ein Mädchen- bzw.Bubensymbol mit dem entsprechenden Fähnchen auf das jeweilige Land der Europakarte geheftet.

TEILLERNZIELE:

Die Schüler sollen:

1. die Bedeutung der neuen Wörter erkennen,
2. die neuen Wörter richtig aussprechen können,
3. die neuen Wörter in anderen Zusammenhängen sinnvoll verwenden können,
4. die neuen Wörter lesen und richtig abschreiben können.

MEDIEN:
- Haftelemente:Personen,Landkarte,Verkehrsmittel (Zug,Auto...)
- Zeichnungen(auf Karton):Europakarte(s.Tafelbild), Rückseite eines Autos(mit Schlitz zum Einstecken der Nationalitätenkennzeichen
- Wandkarte von Europa
- 10 Nationalitätenkennzeichen
- je 5 Symbole für Mädchen und Buben
- Bilder:bekannte Deutsche,Gemüsearten,Blumen, Käse
- 10 Fähnchen der entsprechenden Nationen (als Partystäbchen erhältlich)
- Flanelltafel
- OHP-Transparent
- OHP-Projektor
- Wortkarten A - K
- Arbeitsblatt

LITERATUR:

1. Dietz,Kroj,Meyse:Learning English T.2,Klett Stuttgart 1972,S.52,53
2. Jacobi:English 5,Westermann Braunschweig 1975,S.27-29
3. Friedrichs:English Ausgabe H3,Oldenbourg München 1972,S.48

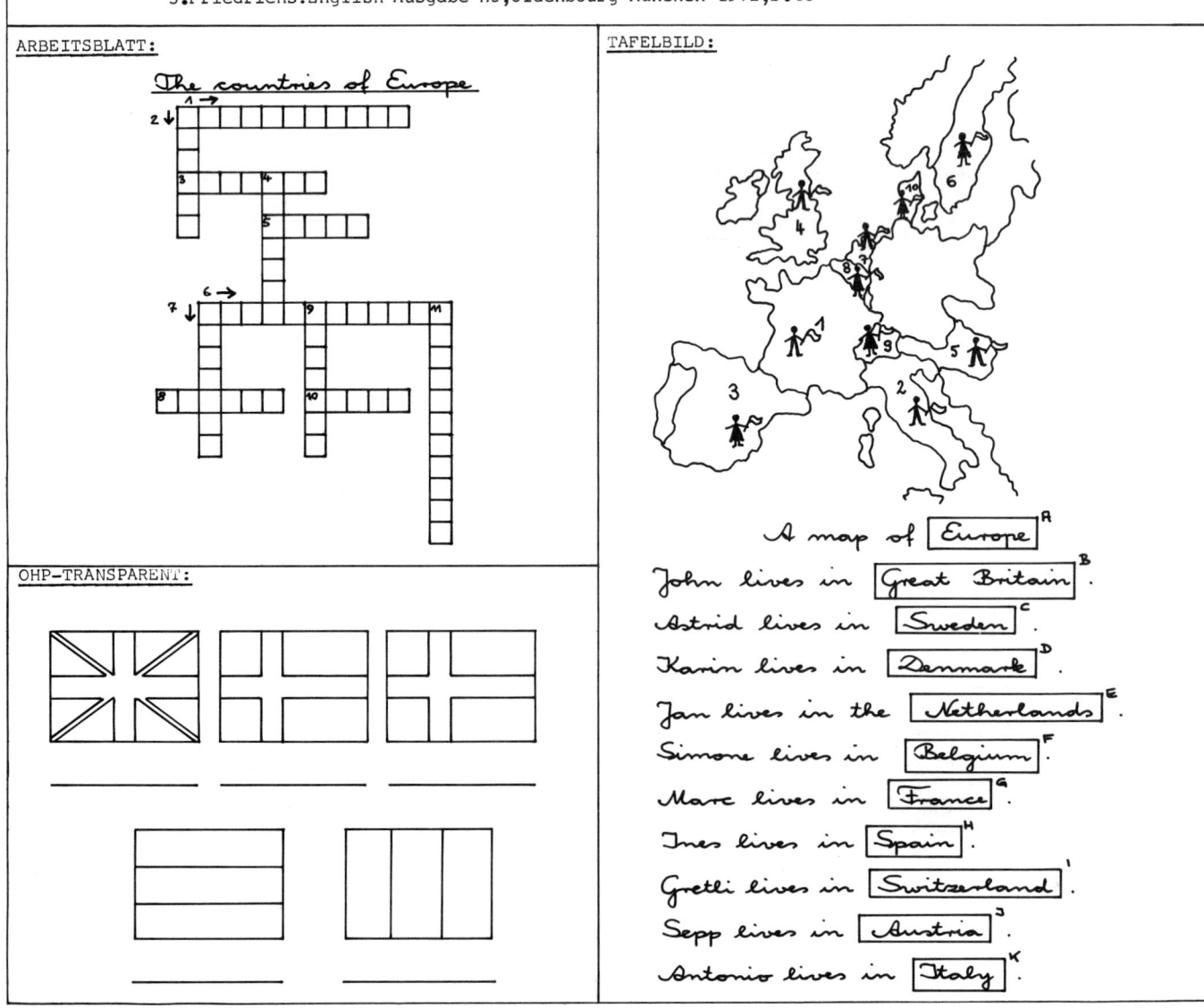

ARBEITSBLATT:

The countries of Europe (crossword puzzle)

TAFELBILD:

A map of Europe [A]
John lives in Great Britain [B].
Astrid lives in Sweden [C].
Karin lives in Denmark [D].
Jan lives in the Netherlands [E].
Simone lives in Belgium [F].
Marc lives in France [G].
Ines lives in Spain [H].
Gretli lives in Switzerland [I].
Sepp lives in Austria [J].
Antonio lives in Italy [K].

OHP-TRANSPARENT:

UG	Lehrschritte (Artikulationsdefinition)	Lehrinhalte und Lernziele (= Lz)	Lehrakte .... Lernakte		Sozial-formen	Lernhilfen
Eröffnungsphase	1.Lehrschritt (Wiederholung)	Anwendung bekannten Wortschatzes	Unterrichtsimpuls: "Look at the Harveys." Erklärung: "I have a map,too.There are a lot of countries on it." Auftrag: "Show me where you live."	-beschreiben -sich äußern -zuhören -handeln	Hb Aa/ Hb	Haftelemente: Personen,Land-karte Wandkarte
	2.Lehrschritt (Zielangabe)	A map of Europe	Unterrichtsfrage: "But where do the other boys and girls live?Let's look at the map."	-zuhören	Hb	Tafel,Flanell-tafel,Kinder-symbole
	3.Lehrschritt (Präsentation)	Bedeutungserschl., Klangbild,Lz 1,2	Feststellung: "John lives in Great Britain."	-zuhören -nachsprechen	Hb	Europakarte, Junge mit engl. Fahne
	4.Lehrschritt (Anwendung)	Übung des neuen Wortes,Lz 2,3	Unterrichtsfrage: "Is....a town in Great Britain?"	-fragen -antworten	Hb	Wandkarte
	5.Lehrschritt (Präs.d.Schr.)	Verb.:Klangbild - Schriftbild,Lz 4	Feststellung: "John lives in Great Britain."	-chorsprechen -einzeln lesen	Hb/ Aa	Wortkarte B
	6.Lehrschritt (Präsentation)	Bedeutungserschl., Klangbild,Lz 1,2	Feststellung: "Astrid lives in Sweden."	-zuhören -nachsprechen	Hb	Karte,Mädchen m.schwed.Fahne
	7.Lehrschritt (Anwendung)	Übung des neuen Wortes,Lz 2,3	Erklärung: "I can go to Sweden by..."	-sich äußern	Hb	Haftelemente: Zug,Auto...
	8.Lehrschritt (Präs.d.Schr.)	Verb.:Klangbild - Schriftbild,Lz 4	Feststellung: "Astrid lives in Sweden."	-chorsprechen -einzeln lesen	Hb/ Aa	Wortkarte C
	9.Lehrschritt (Präsentation)	Bedeutungserschl., Klangbild,Lz 1,2	Feststellung: "Karin lives in Denmark."	-zuhören -nachsprechen	Hb	Karte,Mädchen m.dän.Fahne
	10.Lehrschritt (Anwendung)	Übung des neuen Wortes,Lz 2,3	Unterrichtsfrage: "Are there towns,mountains...in D.?"	-fragen -antworten	Hb	Wandkarte
Erarbeitungsphase	11.Lehrschritt (Präs.d.Schr.)	Verb.:Klangbild - Schriftbild,Lz 4	Feststellung: "Karin lives in Denmark."	-chorsprechen -einzeln lesen	Hb/ Aa	Wortkarte D
	12.Lehrschritt (Präsentation)	Bedeutungserschl., Klangbild,Lz 1,2	Feststellung: "Jan lives in the Netherlands."	-zuhören -nachsprechen	Hb	Karte,Junge m. holl.Fahne
	13.Lehrschritt (Anwendung)	Übung des neuen Wortes,Lz 2,3	Unterrichtsfrage: "What can you buy from the N.?"	-fragen -antworten	Hb	Bilder:Blumen, Gemüse,Käse...
	14.Lehrschritt (Präs.d.Schr.)	Verb.:Klangbild - Schriftbild,Lz 4	Feststellung: "Jan lives in the Netherlands."	-chorsprechen -einzeln lesen	Hb/ Aa	Wortkarte E
	15.Lehrschritt (Präsentation)	Bedeutungserschl., Klangbild,Lz 1,2	Feststellung: "Simone lives in Belgium."	-zuhören -nachsprechen	Hb	Karte,Mädchen m.belg.Fahne
	16.Lehrschritt (Anwendung)	Übung des neuen Wortes,Lz 2,3	Unterrichtsfrage: "Does he (she) live in Belgium?"	-fragen -antworten	Hb	Bilder bekann-ter Deutscher
	17.Lehrschritt (Präs.d.Schr.)	Verb.:Klangbild - Schriftbild,Lz 4	Feststellung: "Simone lives in Belgium."	-chorsprechen -einzeln lesen	Hb/ Aa	Wortkarte F
	18.Lehrschritt (Teilzusammen-fassung)	Übung der neuen Wörter im Zusammen-hang,Lz 4	Arbeitsaufgabe: "Look at the flags and write down the right country."	-betrachten -ausfüllen -überprüfen	Aa	OHP-Transparent
	19. - 33. Lehrschritt	Bedeutungserschl., Klangbilder,Schrift-bilder,Lz 1 - 4	Präsentation und Anwendung der Substantive"France, Spain,Switzerland,Austria,Italy"entsprechend der vorangegangenen Lernschritte		Hb	Wortkarten G-K
	34.Lehrschritt (Präsentation)	Bedeutungserschl., Klangbild,Lz 1,2	Feststellung: "All these countries belong to Europe."	-zuhören -nachsprech.	Hb	Europakarte
	35.Lehrschritt (Anwendung)	Übung des neuen Wortes,Lz 2,3	Feststellung: "....is a country of Europe."	-sich äußern	Hb	Europakarte
	36.Lehrschritt (Präs.d.Schr.)	Verb.:Klangbild - Schriftbild,Lz 4	Feststellung: "It's a map of Europe."	-chorsprechen -einzeln lesen	Hb/ Aa	Wortkarte A
Sicherungsphase	37.Lehrschritt (Anwendung)	Übung der neuen Wörter,Lz 2,3	Unterrichtsimpuls: "Look at the map.Germany is a neighbour of..." Feststellung: "I want to spend my holidays in..." Unterrichtsfrage: "Where does the car come from?" Unterrichtsfrage: "What colour is the flag of...?"	-sich äußern -sich äußern -fragen -antworten -fragen -antworten	Hb	Europakarte Auto,Nationali-tätenkennzei-chen europ.Fahnen
	38.Lehrschritt (Gesamtzusam-menfassung)	Zusammenfassende Übung der neuen Wörter,Lz 2	Unterrichtsimpuls: "Look at the map of Europe. Number 1 is..."	-sich äußern	Hb	Europakarte
	39.Lehrschritt (Lernzielkon-trolle)	Bearbeiten des Arbeitsblattes	Arbeitsaufgabe: "Fill in the names of the countries." Anschließend:Ergebniskontrolle	-ausfüllen -überprüfen	Aa Hb	Arbeitsblatt

Damit die Prüfung sitzt

sollte das Praktikum auf zwei Beinen stehen!

- Arbeitshilfen für Basisinformationen und Beobachtungskriterien
- Arbeitsbögen zur Übertragung allgemein-didaktischer Aussagen auf das konkrete Unterrichtsgeschehen.

Beides finden Sie in:

Dieter Davidson · Hans Joachim Jenchen

Das Praktikum

Arbeitshilfen und Arbeitsbögen zur Unterrichtsbeobachtung und Unterrichtsanalyse

Oldenbourg

Fertig formulierte Beobachtungsaufträge ermöglichen eine eigenverantwortliche Gestaltung des Praktikums zur Vorbereitung auf die 2. Lehramtsprüfung.

215 Seiten, DIN A 4
Best.-Nr. 486-17491

Oldenbourg

Lehrerfortbildung und Seminar

Handreichung
zur Planung und Gestaltung
des Unterrichts
in Grund- und Hauptschule

von Heinrich Geiling

Diese neue Reihe bietet den Studierenden der Pädagogik, den Lehrkräften im Vorbereitungsdienst und den praktizierenden Lehrern Handreichungen zur Orientierung. Sie wollen Diskussionsgrundlage sein, Sicherheit vermitteln, zur Fortentwicklung pädagogischer und didaktischer Erkenntnisse anregen und auf das Gemeinsame ausrichten.

Arbeitslehre
32 S., zahlr. Abb., DIN A 4, geheftet
Best.-Nr. 3-486-14681-5

Biologie
48 S., zahlr. Abb., DIN A 4, geheftet
Best.-Nr. 3-486-14641-6

Erdkunde
80 S., zahlr. Abb., DIN A 4, geheftet
Best.-Nr. 3-486-14631-9

Erstlesen
120 S., DIN A 4, geheftet
Best.-Nr. 3-486-16531-3

Erziehungskunde
ca. 96 S., DIN A 4, geheftet
Best.-Nr. 3-486-18191-2,

Geschichte
96 S., zahlr. Abb., DIN A 4, geheftet
Best.-Nr. 3-486-14661-0

Kunsterziehung
48 S., zahlr. Abb., DIN A 4, geheftet
Best.-Nr. 3-486-16011-7

Literatur und Gebrauchstexte
104 S., zahlr. Abb., DIN A 4, geheftet
Best.-Nr. 3-486-10801-8

Mündliche und schriftliche Sprachgestaltung
56 S., zahlr. Abb., DIN A 4, geheftet
Best.-Nr. 3-486-15991-7

Musik
88 S., zahlr. Abb., DIN A 4, geheftet
Best.-Nr. 3-486-10821-2

Musik- und Bewegungserziehung
64 S., DIN A 4, geheftet
Best.-Nr. 3-486-10831-X

Physik/Chemie
48 S., zahlr. Abb., DIN A 4, geheftet
Best.-Nr. 3-486-14671-8

Rechtschreiben
88 S., zahlr. Abb., DIN A 4, geheftet
Best.-Nr. 3-486-15981-X

Sport
64 S., zahlr. Abb., DIN A 4, geheftet
Best.-Nr. 3-486-10751-8

Sprachlehre, Sprachkunde
64 S., zahlr. Abb., DIN A 4, geheftet
Best.-Nr. 3-486-16081-8

Sozialkunde/Sozial- und Wirtschaftslehre
62 S., zahlr. Abb., DIN A 4, geheftet
Best.-Nr. 3-486-14651-3

Technisches Zeichnen
64 S., zahlr. Abb., DIN A 4, geheftet
Best.-Nr. 3-486-10771-2

Weiterführendes Lesen
56 S., zahlr. Abb., DIN A 4, geheftet
Best.-Nr. 3-486-16001-X

Die Reihe wird fortgesetzt

R. Oldenbourg Verlag München